湯原心一
Shinichi Yuhara

証券市場における情報開示の理論

はしがき

　本書は，金融商品取引法の情報開示制度およびこれに関連する責任制度の理論を検討することを目的としている。
　証券市場を規制する方法として情報開示制度が重要なのはいうまでもない。また，実際，金融商品取引法に基づく情報の開示事項は，年々増える傾向にあり，情報開示制度は，重要性を増しているともいえる。しかし，情報開示制度の理論的な基礎についての検討は，その重要性と比較して少ないように思われる。実務では，証券募集のたびに，また，継続開示義務が発生するたびに，社内で大量の情報を収集する作業が行われ，多額の費用をかけてそれが開示される。
　かつて，筆者は，金融商品取引法および米国連邦証券取引法の実務に従事していたが，当時，開示制度自体にとりたてて疑問を抱いたことはなかった。実務家として，既に存在している法制度を否定することなどできるはずがない上に，当該情報開示制度の正当化も簡単にできるのではないかと考えていた（この点，その後研究を進めてみると，情報開示制度の正当化根拠について多くの議論が存在することを知った）。他方，多くのプロジェクトメンバーが夜を徹して作成した数百ページに及ぶ目論見書を投資家が通読していないのではないかという疑念も確かに存在した。特に，開示規制は，複雑かつ詳細であるため，一般的な個人投資家には理解できないか，理解するための費用をかけることができないようにも思える。そのような情報開示を正当化付ける根拠があるのかという基本的な問題意識から，本書では，金融商品取引法により発行者に強制される情報開示制度について理論的に検討した。本書には，二つの特徴がある。
　第一に，本書は，情報開示制度を強制することが必要なのかという問題について多くの検討を費やした。なぜなら，法制度が存在せずとも市場に参加する当事者が情報開示の適切な誘因を有していれば，情報開示制度が，過剰規制であったり，無駄である可能性があるからである。本書の結論は，情報開示制度に意義を見出すことができるというものであるが，その理由として情報の非対

称性ではなく，情報開示による正の外部性に多くを拠っている。

　第二に，本書は，検討手法として，伝統的な法律解釈論の他に，法と経済学（法の経済分析），ファイナンス，行動経済学などの知見を応用することを試みた。市場を対象とする金融商品取引法の分野では，経済学の応用は，今後ますます重要になるであろう。本書の結論だけでなく，これらの手法に関する方法論についても，ご指摘およびご教示を賜ることができれば幸いである。

　筆者は，早稲田大学大学院法学研究科において本書の基礎となる博士論文の執筆に際して，黒沼悦郎先生のご指導を賜る機会を得た。先生は，金融商品取引法の第一人者であり，特に，開示制度の研究に注力されておられる。博士論文は，先生がご教示下さった様々な概念や分析方法を適用・応用したものである。博士論文および本書の題名を先生の助手論文から一部お借りしたことを含めて，この機会に，先生から頂戴した学恩に改めて深く感謝申し上げたい。また，同研究科において，江頭憲治郎先生，上村達男先生，岩原紳作先生，宮川成雄先生，尾崎安央先生，鳥山恭一先生にご指導いただいた。諸先生方のご指導を仰ぐ機会を得た幸運に深く感謝している。

　さらに，脚注に掲げた通り，本書は多くの先行研究に拠っている。これらの著者である先生方にも感謝の思いを捧げたい。学術研究においてよくいわれることだが，私が，少しでも遠くを見ることができたとしたら，それはひとえに多くの先行研究を打ち立てた巨人の肩の上に乗っていたからである。

　また，本書の一部は既に論文として公開されているが，当該論文の執筆にあたり，公益財団法人末延財団および公益財団法人石井記念証券研究振興財団から奨学金および研究助成を受けた。また，本書の出版にあたり，公益財団法人日本証券奨学財団 (The Japan Securities Scholarship Foundation) の助成金を受けた。さらに，本書の出版については，弘文堂の北川陽子氏に特別のご配慮をいただいた。心より御礼を申し上げる。

　2016 年 1 月

湯原心一

目　次

はしがき　*i*
凡　例　*xviii*

第1章　序　論……………………………………………………*1*
　第1節　問題の所在…………………………………………*3*
　第2節　考察の範囲…………………………………………*5*
　第3節　分析の方法…………………………………………*14*
　第4節　本書の意義…………………………………………*20*
　第5節　本書の構成…………………………………………*23*

第2章　証券市場の効率性………………………………*27*
　第1節　序　論………………………………………………*29*
　第2節　市場の効率性の定義の分類………………………*32*
　第3節　市場の効率性に対する各法域での態度…………*47*
　第4節　市場の効率性の分類および適用の類型…………*89*
　第5節　ディスカウント，プレミアムおよび株価の関係…………*116*

第3章　情報開示の理論……………………………………*133*
　第1節　序　論………………………………………………*135*
　第2節　金融商品取引法における企業内容の開示の概要……*137*
　第3節　開示制度の目的および機能の分類………………*165*
　第4節　証券取引と社会厚生の関係………………………*180*
　第5節　証券市場における情報開示と市場の失敗………*211*
　第6節　開示制度の限界……………………………………*279*
　第7節　小括と検討…………………………………………*342*

第4章　情報開示に基づく責任の理論……………………*347*
　第1節　序　論………………………………………………*349*
　第2節　開示に基づく民事責任制度の概要………………*353*

第3節	開示制度と責任制度	391
第4節	損害因果関係と損害額	407
第5節	金商法21条の2に関する諸問題	435

第5章　結　論 ………………………………………………469
　第1節　本書の概観 ……………………………………………471
　第2節　今後の研究課題 ………………………………………487

事項索引（和文・欧文）　*491*
法令索引（和文・欧文）　*501*

細 目 次

はしがき　*i*
凡　例　*xviii*

第1章　序　論 …………………………………………………… *1*
第1節　問題の所在 ……………………………………………… *3*
証券法制において強制開示が行われる理論的根拠／虚偽記載に関する責任制度の理論的検討
第2節　考察の範囲 ……………………………………………… *5*
第1款　検討対象とする法域 ………………………………… *5*
序　論／証券法および取引所法を比較法の対象とする理由／デラウェア州会社法を比較法の対象とする理由／法制度の経路依存
第2款　検討対象 (外) の開示規制 ………………………… *9*
勧誘過程の説明／組織再編成における開示／確認書および内部統制報告書／株式以外の証券／法律以外の手段によって強制される開示／情報開示を禁止する規定
第3節　分析の方法 …………………………………………… *14*
第1款　ファイナンス …………………………………… *14*
効率的市場仮説
第2款　法の経済分析 …………………………………… *16*
効率性の定義／パレート効率性／カルドア＝ヒックス効率性／法令解釈の基準としての効率性
第4節　本書の意義 …………………………………………… *20*
第1款　本書の意義および本書の主張 ……………………… *20*
経済分析／市場の効率性／合理性／開示制度の理論的根拠／開示制度と責任制度の関係
第2款　経済分析の手法の紹介 ……………………………… *22*
第5節　本書の構成 …………………………………………… *23*
市場の効率性に関する議論／開示の理論的根拠／開示に基づく民事責任／結　論

第2章 証券市場の効率性……………………………………………27
第1節 序　論………………………………………………………29
本章の構成
第2節 市場の効率性の定義の分類………………………………32
第1款 序　論……………………………………………………32
第2款 反映される情報に基づく効率性の分類………………32
第1目 弱度の効率的市場……………………………………33
第2目 準強度の効率的市場…………………………………33
第3目 強度の効率的市場……………………………………35
第3款 効率性のモデルに基づく分類…………………………36
第1目 期待利得／公正ゲーム・モデル……………………36
期待利得モデル／確率変数の概念／集合の表記／期待利得モデルの含意としての公正ゲーム・モデル
第2目 劣マルチンゲール・モデル…………………………40
マルチンゲールの賭博において，期待収益率はどの時点でも一定である／実際の賭博では，収益は正にも負にもなりうる／期待収益率がゼロでない場合，優マルチンゲールまたは劣マルチンゲールという／マルチンゲール・モデルと証券市場の関係
第3目 ランダム・ウォーク・モデル………………………45
第3節 市場の効率性に対する各法域での態度…………………47
第1款 序　論……………………………………………………47
第2款 強度の効率的市場の否定………………………………49
第1目 序　論…………………………………………………49
第2目 デラウェア州…………………………………………49
第3目 米国連邦法……………………………………………50
第4目 日　本…………………………………………………51
第5目 小　括…………………………………………………52
第3款 準強度の効率性の検討…………………………………54
第1目 序　論…………………………………………………54
第2目 連邦裁判所……………………………………………55
序　論／*Basic* 判決と情報効率性／情報効率性に関する *Basic* 判決の限界／基礎的価値に関する効率性／*Amgen* 判決／*Halliburton II* 判決
第3目 米国証券取引委員会…………………………………64
序　論／効率的な市場の概念／効率的市場仮説の認識および受容／近年の効率的市場への対応
第4目 デラウェア州…………………………………………69

　　　　　　序　論／情報効率性の肯定／基礎的価値に関する効率性および本源
　　　　　　的価値に関する効率性の否定／基礎的価値または本源的価値に関す
　　　　　　る効率性を一定程度認める判決／小　括
　　　第5目　日　　　本 73
　　　　　　序　論／市場価格の参照／新株発行／株式買取請求権／基礎的価
　　　　　　値に関する効率性が否定される事例／ディスカウンテド・キャッ
　　　　　　シュ・フロー法（DCF法）の利用／金融商品取引法──証券募集
　　　　　　の文脈での待機期間（効力停止期間）／補論──市場価格の正確性
　　　　　　と裁判所の裁量の範囲／補論──株価の期間参照／補論──計量経
　　　　　　済学を用いた株価の補正／補論──「今後の株価の上昇に対する期
　　　　　　待」の取扱い／補論──効率的市場仮説，取引因果関係および虚偽
　　　　　　記載の事実公表後の売却
第4節　市場の効率性の分類および適用の類型 89
　第1款　序　　　論 89
　第2款　効率性の概念の分類 90
　　　第1目　序　　　論 90
　　　第2目　情報効率性 91
　　　　　　情報効率性と情報が市場価格に反映される速さ／情報効率性と情報
　　　　　　が市場価格に反映される量
　　　第3目　基礎的価値に関する効率性 92
　　　　　　一般に利用可能な情報／発行者が保有する情報／現存するすべての
　　　　　　情報
　　　第4目　本源的価値 93
　第3款　どの効率性が考慮されるかに関する事案に応じた分類 94
　　　第1目　序　　　論 94
　　　第2目　市場の効率性の考慮を要しない事案 94
　　　　　　原状回復および原状回復的損害賠償／株価に影響が存在したかを統
　　　　　　計的に判断する場合
　　　第3目　情報効率性が考慮されるべき事案 97
　　　　　　発行者内部の情報を考慮しない証券の価格が決定されるべき場合／
　　　　　　株式買取請求権における退出権の保障／虚偽記載に基づく損害賠償
　　　　　　責任／セルアウト権
　　　第4目　基礎的価値に関する効率性が考慮されるべき事案 100
　　　　　　発行者内部の情報を用いた証券の基礎的価値が決定されるべき場合
　　　　　　／マネジメント・バイアウト／支配株主がキャッシュ・アウトを行
　　　　　　う場合
　　　第5目　本源的価値との比較が求められる事案 102
　　　　　　敵対的買収防衛策に関する取締役の義務／特に有利な価格／株式買
　　　　　　取請求権におけるシナジー分配価格の下限としての本源的価値／シ
　　　　　　ナジー発生事案における株式買取請求権／シナジーという正の利得
　　　　　　（プレミアム）の享受／利得の発生の有無／シナジーの分配／シナ

　　　　　　　ジーの分配に関する最高裁判所の立場／株式買取請求権でのシナ
　　　　　　　ジー分配価格の下限としての本源的価値──再論
　　第5節　ディスカウント，プレミアムおよび株価の関係……………116
　　　第1款　序　　論……………………………………………………116
　　　　　　　公正市場価値／投資価値／本源的価値
　　　第2款　会社レベルでのディスカウント…………………………120
　　　　第1目　序　　論………………………………………………120
　　　　第2目　潜在的な譲渡課税……………………………………121
　　　　第3目　重要な役員または従業員に関するディスカウント…121
　　　　第4目　ポートフォリオ・ディスカウント…………………122
　　　　第5目　偶発債務ディスカウント……………………………122
　　　　第6目　小　　括………………………………………………122
　　　第3款　株主のレベルでのディスカウント………………………124
　　　　第1目　序　　論………………………………………………124
　　　　第2目　市場性の欠落によるディスカウント………………125
　　　　第3目　マイノリティ・ディスカウント……………………127
　　　　　　　シナジー以外の私的利益／狭義のシナジー

第3章　情報開示の理論……………………………………………133
　第1節　序　　論……………………………………………………………135
　第2節　金融商品取引法における企業内容の開示の概要………………137
　　第1款　有価証券の定義……………………………………………137
　　　第1目　金商法2条1項…………………………………………138
　　　第2目　金商法2条2項…………………………………………138
　　　第3目　集団投資スキーム持分…………………………………138
　　第2款　有価証券届出書……………………………………………140
　　　第1目　有価証券の募集…………………………………………141
　　　　　　　「有価証券の募集」の定義／第2項有価証券
　　　第2目　開示制度の適用除外……………………………………144
　　　第3目　届出の免除………………………………………………145
　　　　　　　ストック・オプション
　　　第4目　有価証券の売出し………………………………………146
　　　　　　　「有価証券の売出し」の定義／売付け勧誘等／「有価証券の売出し」
　　　　　　　に該当しないもの／開示が行われている場合における売出し
　　　第5目　組込方式および参照方式………………………………149
　　　　　　　参照方式を用いるための条件／参照方式を用いる場合の企業内容の

　　　　　　　開示
　　　　第6目　発行登録制度 ·· *150*
　　第3款　目論見書 ·· *151*
　　　　　　目論見書の機能／目論見書の交付義務
　　　　第1目　目論見書以外の資料の使用 ··· *152*
　　　　第2目　目論見書の三部化 ··· *152*
　　　　第3目　目論見書交付の省略 ··· *153*
　　　　　　　訂正目論見書の省略
　　第4款　有価証券報告書 ··· *155*
　　　　第1目　1号義務および2号義務 ··· *156*
　　　　第2目　3号義務 ·· *156*
　　　　第3目　4号義務（外形基準） ··· *158*
　　第5款　半期報告書および四半期報告書 ·· *160*
　　第6款　臨時報告書 ·· *160*
　　第7款　適時開示 ·· *160*
　　第8款　少額募集 ·· *162*
　　　　第1目　少額募集における開示の免除 ··· *162*
　　　　第2目　クラウドファンディング ··· *164*
第3節　開示制度の目的および機能の分類 ··· *165*
　　第1款　序　　論 ·· *165*
　　第2款　投資家への情報の提供および投資家保護 ···································· *165*
　　　　　　市場価格に含まれる情報を増やす／洗練されていない投資家
　　第3款　正確な株価形成および資源配分への影響 ···································· *168*
　　第4款　市場の失敗 ·· *169*
　　　　第1目　公共財としての情報 ··· *170*
　　　　第2目　外部性──取引費用の低減 ··· *171*
　　　　第3目　外部性──開示される情報の第三者による利用 ················· *171*
　　　　第4目　情報の非対称性 ··· *172*
　　第5款　権利の実質化機能 ··· *174*
　　第6款　不正抑止機能 ·· *175*
　　第7款　投資家の自己責任と限定合理性 ·· *175*
　　第8款　市場への信頼 ·· *176*
　　第9款　システミック・リスクの監視および金融の安定化 ···················· *177*
　　第10款　継続開示義務の根拠としての市場の利用 ·································· *178*
第4節　証券取引と社会厚生の関係 ··· *180*

第1款　序　　論 …………………………………………………… *180*
　　　第2款　発行会社による実体資産への投資 …………………………… *181*
　　　　第1目　序　　論 …………………………………………………… *181*
　　　　第2目　資金調達と投資判断の関係 ………………………………… *182*
　　　　　　序　論／モディリアーニ＝ミラーの第一命題／静的トレード・オフ
　　　　　　理論
　　　　第3目　実体資産への投資が効率的ではなくなる類型 …………… *185*
　　　　第4目　小　　括 …………………………………………………… *186*
　　　第3款　流通市場での取引 …………………………………………… *187*
　　　　第1目　序　　論 …………………………………………………… *187*
　　　　第2目　流通市場と資源配分の関係 ………………………………… *188*
　　　　第3目　流通市場と社会厚生の関係 ………………………………… *190*
　　　　　　序　論／流通市場での取引にかかる取引費用／流通市場で新たに生
　　　　　　じるディスカウント／その他流通市場が間接的に社会厚生に影響を
　　　　　　与えうる例
　　　　第4目　市場の価格形成機能と資金調達コストの関係 …………… *194*
　　　　　　序　論／内部留保や社債による資金調達／モディリアーニ＝ミラー
　　　　　　の第一命題
　　　　第5目　小括と検討 ………………………………………………… *198*
　　　第4款　発行市場での取引 …………………………………………… *199*
　　　　第1目　序　　論 …………………………………………………… *199*
　　　　第2目　発行市場による資源配分の例 ……………………………… *201*
　　　　　　序　論／発行価格が効率的である場合／発行価格が非効率である
　　　　　　場合
　　　第5款　小括と検討 …………………………………………………… *204*
　　　　第1目　市場の効率性と投資家保護の関係 ………………………… *206*
　　　　　　序　論／市場の効率性と投資家保護が同時に達成される場合／市場
　　　　　　の効率性と投資家保護が相反する場合／既存の学説との関係
　第5節　証券市場における情報開示と市場の失敗 ……………………… *211*
　　　第1款　序　　論 …………………………………………………… *211*
　　　　第1目　序　　論 …………………………………………………… *211*
　　　　第2目　不完全競争 ………………………………………………… *213*
　　　　第3目　公共財 ……………………………………………………… *214*
　　　　第4目　外部性 ……………………………………………………… *215*
　　　　　　外部費用／外部利益
　　　　第5目　不完全情報 ………………………………………………… *218*
　　　第2款　公共財としての投資情報 …………………………………… *219*

第1目　序　　論 …………………………………………………… *219*
　　第2目　排除不可能性と投資情報 ………………………………… *221*
　　第3目　非競合的消費と投資情報 ………………………………… *223*
　　第4目　小括と検討 ………………………………………………… *224*
　　　　外部投資家が生産する情報／インサイダー取引が許容される場合の
　　　　内部情報／インサイダー取引が許されない場合で強制開示が存在し
　　　　ない場合／強制開示で開示が要求される情報
　第3款　外部性 ………………………………………………………… *227*
　　第1目　序　　論 …………………………………………………… *227*
　　第2目　企業内容の開示に伴う外部費用 ………………………… *228*
　　　　序　論／発行市場および流通市場における発行者の費用負担／発行
　　　　市場および流通市場における投資家の費用負担／流通市場における
　　　　投資家の逸失利益／複数の投資家が存在する場合の集合行為の問題
　　第3目　企業内容の開示に伴い発行者と投資家が得る利益 …… *233*
　　　　序　論／発行市場において発行者が得る利益／流通市場において発
　　　　行者が得る利益／発行市場における情報開示の受益者／流通市場に
　　　　おける情報開示の受益者
　　第4目　企業内容の開示に伴う外部性 …………………………… *238*
　　　　序　論／他社の理解促進および標準化／株主以外の潜在的な投資家
　　　　への情報開示という外部利益／投資家以外の者への情報開示という
　　　　外部利益／事業上の競争者への情報開示という外部利益
　第4款　不完全情報 …………………………………………………… *244*
　　第1目　序　　論 …………………………………………………… *244*
　　第2目　流通市場における投資家間の情報の非対称性の不存在 … *245*
　　　　序　論／流通市場への企業内容の開示に関する論点／発行者が流通
　　　　市場に自主的に情報を開示する誘因が存在するか／法制度で強制す
　　　　る理由があるか
　　第3目　流通市場における発行者と投資家の情報の非対称性 … *251*
　　　　序　論／発行者の内部情報が与える影響／発行者の重要な内部情報
　　　　が既に開示されているという解釈／発行者の内部情報が株主価値に
　　　　影響を与えないという解釈
　　第4目　発行市場における発行者による情報の自発的開示 …… *255*
　　　　序　論／発行者による自発的開示の概要／アンラベリング／情報の
　　　　検証可能性／情報費用／投資家が会社が情報を有していることを
　　　　知っている／発行者が株価を上昇させる誘因を有しない場合／アン
　　　　ラベリングの検討から得られる示唆
　　第5目　発行市場における逆選択とペッキング・オーダー理論 …… *263*
　　　　序　論／ペッキング・オーダー理論の概観／株式発行の場合／事前
　　　　の損失／負債発行の場合／株式発行か負債発行かの選択／ペッキ
　　　　ング・オーダー理論に基づく検討／第三者を情報の媒介とする方法

――引受人にのみ情報を開示する方法／第三者を情報の媒介とする方法――監査法人による監査証明／その他のゲートキーパー／事前の損失 (ex ante loss) への対処

第 6 目　小　　括 ……………………………………………………………… 276
第 5 款　小　　括 ………………………………………………………………… 277
小括と検討

第 6 節　開示制度の限界 …………………………………………………………… 279
第 1 款　序　　論 ………………………………………………………………… 279
第 2 款　開示制度に関する費用 ………………………………………………… 279
第 1 目　米国連邦証券法 3 条(b)項(1)号に基づく開示規制の適用免除 …………………………………………………………………………… 280
第 2 目　新興企業活性化法に基づくレギュレーション A の拡充 ……… 282
第 3 目　米国におけるクラウドファンディング ………………………… 284
序　論
第 4 目　新興企業活性化法による開示の簡素化 ………………………… 285
「新興企業」の定義／経営者の報酬と発行者の業績との関係の開示の不適用／新興企業の登録届出書の開示事項の削減／財務統制に関する監査人の証明義務の免除
第 5 目　小括と検討 ………………………………………………………… 287
第 3 款　ポートフォリオ理論 …………………………………………………… 288
第 1 目　序　　論 …………………………………………………………… 288
第 2 目　ポートフォリオ理論の概観 ……………………………………… 289
証券の利得の分散／証券の標準偏差と共分散／証券の相関係数／二つの証券から構成されるポートフォリオの期待利得／二つの証券から構成されるポートフォリオの分散／二つの証券に投資する場合の分散投資の効果／多数の証券に投資する場合の分散投資の効果
第 3 目　ポートフォリオ理論から得られる含意 ………………………… 293
一つの証券にのみ投資する投資家／二つ以上の証券に投資する投資家／分散投資をする投資家／分散投資と責任制度の関係
第 4 目　ポートフォリオ理論に基づく開示制度の限界への反論 ……… 295
発行市場での不適用／分散投資をしない投資家に関する考察
第 4 款　行動経済学 ……………………………………………………………… 296
第 1 目　序　　論 …………………………………………………………… 296
第 2 目　限定合理性の概要 ………………………………………………… 298
序　論／限定合理性の例／個人投資家の投資行動／小　括
第 3 目　限定合理性と開示制度との関係 ………………………………… 306
序　論／複雑な投資商品／個人投資家には理解できない程度に複雑な投資商品／限定合理性に対処するための強制開示

　　　　第4目　規制主義と開示主義の比較 ·· 316
　　　　　　　序　論／開示主義／規制主義／規制主義的手法／小括と検討
　　　　第5目　情報の提供方法に関する論点 ·· 324
　　　　　　　序　論／情報の提供方法（開示の方法）／待機期間
　　　　第6目　非効率的市場の概要 ·· 328
　　　　　　　序　論／非効率的市場／Shleifer 教授による非効率的市場の理論的
　　　　　　　基礎／投資家が合理的に値付けを行うか／投資家の行動には組織的
　　　　　　　な逸脱がみられるか／非合理的な投資家の影響が打ち消されるか
　　　　第7目　非効率的市場における情報開示の論点 ······························ 334
　　　　　　　序　論／非効率的な市場への情報開示／非効率的な市場への情報開
　　　　　　　示と社会厚生／非効率的市場を解消するための情報開示／非効率的
　　　　　　　市場に基づく虚偽記載責任
　第7節　小括と検討 ··· 342
　　　　　　　本章から得られる示唆／本書と過去の論考の主張の関係／小　括

第4章　情報開示に基づく責任の理論 ·· 347
　第1節　序　論 ··· 349
　　第1款　序　論 ··· 349
　　第2款　検討対象（外）とする虚偽記載 ··· 349
　　　　　　　価格が下落する情報の隠匿，価格が上昇する虚偽記載／任意開示書
　　　　　　　類／段階的に行われる虚偽記載，徐々に明らかになる真実
　第2節　開示に基づく民事責任制度の概要 ··· 353
　　第1款　序　論 ··· 353
　　第2款　有価証券届出書に関する虚偽記載に基づく発行者の賠償
　　　　　　責任（金商法 18 条 1 項） ·· 354
　　　　第1目　序　論 ·· 354
　　　　　　　序　論／重要性／不法行為との比較／損害因果関係の推定，取引因
　　　　　　　果関係／虚偽記載公表前に処分した株主／損害因果関係の推定／無
　　　　　　　過失責任／流通市場に対する責任／消滅時効・除斥期間
　　　　第2目　損害額 ·· 359
　　　　　　　損害賠償額の法定
　　　　第3目　有価証券届出書の虚偽記載等と売出人への利益移転 ··········· 360
　　　　　　　金商法 19 条は損害賠償額に基づく株価下落を含むか／残存株主か
　　　　　　　ら売出人への利益移転
　　第3款　有価証券届出書に関する発行者以外の賠償責任
　　　　　　（金商法 21 条 1 項） ·· 363
　　　　　　　序　論／「応じて取得した者」／投資家の主観／過失責任／損害額お
　　　　　　　よび損害因果関係／取引因果関係

第 4 款　有価証券届出書に関する発行者以外の賠償責任
　　　　（金商法 22 条）･･･ 366
　　　　序　論／責任主体／過失責任，損害因果関係，取引因果関係／投資
　　　　家の主観／準　用
第 5 款　虚偽記載等のある公衆縦覧書類の提出者の賠償責任
　　　　（金商法 21 条の 2）･･ 368
　　第 1 目　序　　論･･ 368
　　　　序　論／提訴期間／無過失責任の過失責任への改正／損害賠償を請
　　　　求できる者／投資家の主観／損害額，損害因果関係，損害因果関
　　　　係論／金商法 21 条の 2 第 3 項を援用できる者／取引因果関係／
　　　　損害賠償額の上限（金商法 19 条 1 項の準用）／公表日の定義／当
　　　　該公表日前後 1 ヶ月間の市場価額平均／法定開示書類以外の開示
　　　　書類
　　第 2 目　原告が売買を繰り返す場合････････････････････････････････････ 374
　　　　試　論／ライブドア事件の控訴審判決の評価／個別比較法，総額比
　　　　較法／原告が複数の口座を有する場合
　　第 3 目　循環問題，株主間の利益移転････････････････････････････････ 378
　　　　序　論／循環と利益移転／長期保有株主に関する補足
第 6 款　虚偽記載のある目論見書に基づく発行者の賠償責任
　　　　（金商法 18 条 2 項）･･ 384
　　　　序　論／無過失責任，立証責任，損害額，投資家の主観，損害因果
　　　　関係および取引因果関係／売出し
第 7 款　虚偽記載のある目論見書に基づく役員等の賠償責任
　　　　（金商法 21 条 3 項）･･ 385
　　　　序　論／過失責任，損害額，損害因果関係，取引因果関係／準用の
　　　　範囲
第 8 款　虚偽記載のある目論見書等を使用した者の賠償責任
　　　　（金商法 17 条）･･･ 386
　　　　序　論／流通市場および私募への不適用／過失責任／有価証券を取
　　　　得させた者／損害額，損害因果関係／取得者の主観／投資家の善意
　　　　無過失
第 9 款　届出の効力発生前の有価証券の取引禁止等に基づく賠償
　　　　責任（金商法 16 条）･･ 388
　　　　序　論／無過失責任／投資家が立証すべき事項／私法上の効果との
　　　　関係
第 3 節　開示制度と責任制度･･･ 391
　第 1 款　序　　論･･ 391
　第 2 款　開示制度と責任制度の関係･････････････････････････････････････ 392
　　第 1 目　責任制度が全く存在しない場合──ケース A ･････････････ 392

第2目　責任制度は存在するが，開示義務が存在しない場合
　　　　　　　——ケースB………………………………………………394
　　　　　序　論／開示される情報の量／責任制度と自主的な開示／責任制度
　　　　　の費用／不法行為責任
　　　第3目　開示義務と責任制度が両方存在する場合——ケースC………399
　第3款　エージェンシー費用………………………………………………400
　　　第1目　序　　論…………………………………………………………400
　　　第2目　エージェンシー費用の定義……………………………………401
　　　第3目　情報開示とエージェンシー費用の関係………………………403
　　　　　監視費用／保証費用／残余損失
　　　第4目　小　　括…………………………………………………………405
第4節　損害因果関係と損害額…………………………………………………407
　第1款　序　　論……………………………………………………………407
　第2款　検討の視座…………………………………………………………407
　　　第1目　株価変動の分類…………………………………………………407
　　　　　序　論／株価変動の分類
　　　第2目　損害因果関係論の概要…………………………………………409
　　　　　序　論／差額説／取得自体損害説／修正取得自体損害説／取得時差
　　　　　額説（高値取得損害説）／虚偽記載の事実が判明した後の株価が取
　　　　　得価額よりも大きい場合／市場下落説／検　討
　　　第3目　流通市場での虚偽記載における損害額算定の視座…………416
　　　　　序　論／前　提／基本例／期間C／期間D／期間E
　　　第4目　小　　括…………………………………………………………425
　第3款　統計を用いた分析…………………………………………………426
　　　第1目　序　　論…………………………………………………………426
　　　　　序　論
　　　第2目　統計を用いた損害額の算定……………………………………427
　　　　　前　提
　　　第3目　統計を用いた損害額算定の限界………………………………430
　　　　　序　論／事例1（虚偽記載と関係のない理由で株価が下落する場
　　　　　合）／事例2（虚偽記載の内容が徐々に株価に反映する場合）／事例
　　　　　3（虚偽記載と本業の悪化が同時に公表される場合）／事例4（情報
　　　　　漏洩）
第5節　金商法21条の2に関する諸問題……………………………………435
　第1款　序　　論……………………………………………………………435
　　　第1目　序　　論…………………………………………………………435
　　　第2目　過失責任化と訴訟の提起………………………………………436

xvi　細目次

　　　　　　序　論／訴訟が提起される理由／無過失となるための水準が高すぎる／発行者への責任追及が発行者内の役員や従業員の抑止力になっていない／発行者は，過失がないよう行動したつもりだったが，実際は，過失があった／発行者に過失が存在しないにもかかわらず提起される訴訟

　　第 2 款　金商法 21 条の 2 による事後の効果 …………………………442
　　　第 1 目　序　　論 ……………………………………………………442
　　　第 2 目　株主間の利益移転 …………………………………………442
　　　　　　序　論／具体例／小　括
　　　第 3 目　取引費用 ……………………………………………………445
　　　　　　序　論／投資家の取引費用／消費者の財産的被害の集団的な回復のための民事の裁判手続の特例に関する法律／投資家による分散投資
　　　第 4 目　保険制度 ……………………………………………………448
　　　　　　序　論／会社補償支払特約／企業情報開示危険補償特約
　　　第 5 目　小括と検討 …………………………………………………451
　　　　　　序　論／ポートフォリオ理論と責任制度の関係／情報に基づき取引する投資家

　　第 3 款　金商法 21 条の 2 による事前の効果 …………………………454
　　　第 1 目　代位責任 ……………………………………………………454
　　　　　　序　論／代理人の純資産が過少である場合／加害者と被害者の情報の非対称性／責任を負うべき過失水準
　　　第 2 目　株主に与える誘因 …………………………………………460
　　　　　　僅少な株式しか保有しない株主／金商法 21 条の 2 を行使することができる株主
　　　第 3 目　取締役に与える誘因 ………………………………………461
　　　　　　取締役への規律の帰趨／会社役員賠償責任保険／保険の問題点
　　　第 4 目　最終回問題 …………………………………………………464
　　　　　　序　論／最終回問題の開示の文脈での例／最終回問題の検討
　　　第 5 目　小　　括 ……………………………………………………467

第 5 章　結　　論 ……………………………………………………………469
　第 1 節　本書の概観 ………………………………………………………471
　　第 1 款　証券市場の効率性 ……………………………………………471
　　　第 1 目　市場の効率性の定義の分類 ………………………………471
　　　第 2 目　各法域における市場の効率性の取扱い …………………471
　　　第 3 目　市場の効率性の会社法および金商法への適用 …………473
　　　第 4 目　ディスカウント，プレミアムおよび株価の関係 ………476
　　第 2 款　情報開示の理論 ………………………………………………477

　　　　第 1 目　金融商品取引法における企業内容の開示の概要 *477*
　　　　第 2 目　開示制度の目的および機能の分類 *477*
　　　　第 3 目　証券取引と社会厚生の関係 *477*
　　　　第 4 目　証券市場における情報開示と市場の失敗 *479*
　　　　　　　公共財／外部性／不完全情報
　　　　第 5 目　開示制度の限界 *481*
　　　　　　　開示制度に関する費用／ポートフォリオ理論／行動経済学
　　　第 3 款　情報開示に基づく責任の理論 *483*
　　　　第 1 目　民事責任制度の概要 *483*
　　　　第 2 目　開示制度と責任制度の関係 *483*
　　　　第 3 目　損害因果関係と損害額 *484*
　　　　第 4 目　金商法 21 条の 2 に関する諸問題 *485*
　　第 2 節　今後の研究課題 *487*
　　　　　　金商法の目的に関する議論／社会厚生を最大化させる開示の範囲／
　　　　　　効率的市場およびリスク回避の組み合わせ／市場の効率性／市場価
　　　　　　格の利用および理解

事項索引（和文・欧文）　　*491*
法令索引（和文・欧文）　　*501*

凡　例

本書における法令は，平成 27 年 4 月 1 日現在の内容による。
本書における略号は，以下を用いるほか，慣例にならった。

- ●法令
  - 会社計算　　会社計算規則
  - 会社則　　　会社法施行規則
  - 開示府令　　企業内容等の開示に関する内閣府令
  - 金商法　　　金融商品取引法
  - 金商令　　　金融商品取引法施行令
  - 定義府令　　金融商品取引法第 2 条に規定する定義に関する内閣府令
- ●判例集
  - 刑集　　　　最高裁判所刑事判例集
  - 集民　　　　最高裁判所裁判集民事
  - 民集　　　　最高裁判所民事判例集
  - 金判　　　　金融・商事判例
  - 金法　　　　金融法務事情
  - 判時　　　　判例時報
  - 判タ　　　　判例タイムズ
- ●雑誌
  - 企会　　企業会計
  - 神戸　　神戸法学雑誌
  - 国学院　國學院法学
  - 司研　　司法研修所論集
  - 上法　　上智法学論集
  - ジュリ　ジュリスト
  - 資料商事　資料版商事法務
  - 商事　　旬刊商事法務
  - 駿河台　駿河台法学
  - 成蹊　　成蹊法学
  - 専法　　専修法学論集
  - 同法　　同志社法学
  - 都法　　東京都立大学法学会雑誌
  - 名法　　名古屋大学法政論集
  - 阪法　　阪大法学
  - 一法　　一橋大学研究年報法学研究
  - 一論　　一橋論叢
  - 法協　　法学協会雑誌
  - 法教　　法学教室
  - 法セ　　法学セミナー
  - 論叢　　法学論叢
  - 曹時　　法曹時報
  - 法時　　法律時報
  - 北法　　北大法学論集
  - 早法　　早稲田法学

この他，和文の文献の引用は，法律編集者懇話会『法律文献等の出典の表示方法』(2014) に従った。英文の文献の引用については，COLUMBIA LAW REVIEW, HARVARD LAW REVIEW, UNIVERSITY OF PENNSYLVANIA LAW REVIEW & YALE LAW JOURNAL, THE BLUEBOOK: A UNIFORM SYSTEM OF CITATION (20th ed. 2015) に従った。

第 1 章

序　　論

第 1 節　問題の所在
第 2 節　考察の範囲
第 3 節　分析の方法
第 4 節　本書の意義
第 5 節　本書の構成

第1節　問題の所在

　本書は，開示制度に関する理論的な問題を検討する。わが国において法令が情報の強制開示を求める例は，多数存在するが，本書では，金融商品取引法（昭和23年4月13日法律第25号）（以下，「金商法」という）に基づく企業内容の開示を対象とする。具体的にいえば，証券募集（発行開示）および継続開示の文脈で行われる法律上強制される企業内容の開示について，理論的な理解を深めることを目的とする[1]。

　実際に金商法が存在し，また，証券取引法の時代から開示制度が存在していたため，「開示制度が必要か」という問題（すなわち，開示制度の必要性の理論的根拠）は，「どのような情報を開示したらよいか」という問題や「どのように開示したらよいか」という問題と比較して，法学の分野では，研究が進んでいないように思われる[2]。

　本書における問題および関心は，主に①証券法制において強制開示が行われる理論的根拠は何か，および②特に，開示制度と虚偽記載に基づく民事責任の理論的な関係は何という点にある[3]。第一の点について，本書では，金商法における情報開示制度の必要性を，情報開示制度が存在しなかった場合と比較す

---

1) 同様の主題を使う論文として，龍田節「開示制度の目的と機能」論叢110巻4-6号112頁（1962），神崎克郎「証券発行会社の事実開示の規制」神戸17巻4号1頁（1968），同「ディスクロージャー制度（その一）―企業内容開示制度」法教153号72頁（1993），弥永真生「株式会社とディスクロージャー」商事1400号22頁（1995）等がある。証券取引の文脈に限らず強制開示一般の問題点を示す文献として，例えば，OMRI BEN-SHAHAR & CARL E. SCHNEIDER, MORE THAN YOU WANTED TO KNOW: THE FAILURE OF MANDATED DISCLOSURE 3–13 (2014)がある。

2) 飯田秀総准教授は，公開買付規制の文脈で，「現在の日本の公開買付規制は，情報開示にとどまらない規制を定めているが，その核となる哲学があまり明確ではない。そのため，ルールそれ自体を体系的に理解することは簡単ではないし，限界事例における解釈の指針を得ることが困難な状況である。……このような状況で公開買付規制の改革を考える場合には，弥縫策的な改正……も重要かつ必要ではあるが，規制の目的として何をコアとするべきなのかを考えるほうがより重要だろう」と述べる。飯田秀総「公開買付規制の改革」商事1933号14頁（2011）。飯田准教授の述べるところは，金商法の開示規制にもそのまま当てはまるように思われる。本書では，開示制度の理論的根拠について詳しく検討することにする。

3) REINIER KRAAKMAN ET AL., THE ANATOMY OF CORPORATE LAW: A COMPARATIVE AND FUNCTIONAL APPROACH 275–76 (2d ed. 2009)は，主要な問題は，強制開示の要件を課す必要があるか，また，そうであれば，どの程度であるかであると述べる。

ることで検討している。

以下，それぞれの問題および関心について敷衍する。

証券法制において強制開示が行われる理論的根拠　この問題は，そもそも証券法制上，強制開示が行われることが正当化されるかという疑問を出発点とする。例えば，資金調達の文脈において，①資金調達を行おうとする発行者と投資者との間で任意に開示事項を定めることができれば強制開示は必要ないのではないか，②虚偽記載を行う場合に，虚偽記載に基づく責任制度があれば，強制的に情報を開示させる必要はないのではないか，③強制開示が免除される証券や取引が存在する場合，強制開示を免除する理論が開示を強制する理論と整合的かというような問題である。

虚偽記載に関する責任制度の理論的検討　第二の問題点は，虚偽記載に関する責任制度の理論的検討である。近年，わが国でも証券市場への情報開示に関する虚偽記載に基づく民事責任が争われることが増加してきた（例えば，西武鉄道事件〔最三小判平成23・9・13民集65–6–2511, 最三小判平成23・9・13集民237–337〕，ライブドア事件〔最三小判平成24・3・13民集66–5–1957〕，アーバンコーポレイション事件〔最二小判平成24・12・21集民242–91〕などである）。

民事責任規定は，解釈や法理の研究が進んでいる段階であるが，理論的な研究も平行して行うことに意義があるように思われる。まだ，解釈や法理が固まっていない部分も多く，理論的な研究が，今後の解釈や法理の研究に影響を与えうるからである。本書では，民事責任規定を次の二つの観点から検討する。

- 第一に，民事責任規定に解釈の余地がある場合に，どのような解釈をとるべきかである。本書では，経済分析を用いて，理論的に解釈を導くことを試みている。
- 第二に，民事責任規定の理論的評価である。金商法には様々な民事責任規定が存在しているが，相互に平仄が合っているのか，経済的にはどのような意義を有しているのかを明らかにする。

第2節　考察の範囲

第1款　検討対象とする法域

序　論　　本書の分析の対象は，金融商品取引法ならびに米国の1933年証券法 (Securities Act of 1933)[4]（以下，「証券法」という。）および1934年証券取引所法 (Securities Exchange Act of 1934)[5]（以下，「取引所法」という。）である。関連する場合，デラウェア州一般会社法 (Delaware General Corporation Law)[6]および判決を検討する。

証券法および取引所法を比較法の対象とする理由　　米国の証券法および取引所法を比較法の対象とする理由は，①わが国の旧証券取引法が米国の法制度を参考に制定されたこと[7]，②現在においても類似の規定が存在するため，米国での議論が参考になること，③米国では民事責任に関して証券クラスアクションが盛んに提起されているだけでなく，証券取引委員会による民事訴訟や司法省による訴追も盛んに行われており，理論だけでなく現実への影響を含めた検討の対象が豊富に存在すること[8]，④米国において強制開示の理論が1980年以降盛んに議論され，参考になると思われること[9]，および⑤米国の資本市

---

4) 48 Stat. 74, Pub. L. No. 73-22 (codified at 15 U.S.C. § 77a *et seq.*).
5) 48 Stat. 881, Pub. L. No. 73-291 (codified at 15 U.S.C. § 78a *et seq.*).
6) DEL. CODE ANN. tit. 8, § 101 *et seq.*
7) 神崎克郎＝川口恭弘＝志谷匡史『金融商品取引法』47頁（青林書院・2012）。山下友信＝神田秀樹編『金融商品取引法概説』15頁（有斐閣・2010）〔山下友信〕。旧証券取引法について，わが国の証券取引所の組織その他戦前の取引所法を継受した部分も相当にあると指摘されることがある。上村達男「新体系・証券取引法 (1) 証券取引法の目的と体系」企会53巻4号612頁 (2001)。本書は，開示制度の検討であるため，比較的米国法の検討が役に立つと思われる。
8) 2012年および2013年において，証券クラスアクションはそれぞれ，152件および166件提起された。CORNERSTONE RESEARCH, SECURITIES CLASS ACTION FILINGS 2013 YEAR IN REVIEW 3 (2014). 1997年から2012年までに提起された証券クラスアクションの数の平均は，年に191件である。*Id.*
9) 英文の法律論文データベースであるHeinOnline (http://heinonline.org) を強制開示 (mandatory disclosure) というキーワードで検索すると，2014年5月2日時点で，4,251件の論文 (articles) が該当する。このうち，題名に強制開示 (mandatory disclosure) というキーワードを含む論文

場が規模の点で世界で最も大きく，ひいては影響が大きいため検討に値すること[10]が挙げられる。

デラウェア州会社法を比較法の対象とする理由　デラウェア州を比較法の対象とする理由は，①米国において，本書が対象とする取引所法に基づく報告義務を負う上場会社の57.75％がデラウェア州を設立準拠法としていること[11]，②デラウェア州を設立準拠法とする会社が多いため影響力が大きいこと[12]，および③デラウェア州の裁判所の裁判官が会社法事案の判断に関して優秀であり判決が理論的な問題に対する参考になること[13]が挙げられる。

法制度の経路依存　本書では，比較対象として，主に米国の連邦証券法制を検討する。比較法の前提として，法制度の経路依存[14]について簡単に付言する。経路依存(path-dependence)とは，進化の安定状態が

は，57件ある。最も被引用件数が多いのは，Frank H. Easterbrook & Daniel R. Fischel, *Mandatory Disclosure and the Protection of Investors*, 70 Va. L. Rev. 669 (1984) で，386回引用されている。

10) World Federation of Exchanges, 2012 WFE Market Highlights 6 (January 19, 2012) (持分証券(equity)に関する市場価値でNYSE Euronextの米国部門が世界最大，NASDAQ OMXの米国部門が二番手となっている), http://www.world-exchanges.org/home/index.php/files/18/Studies%20-%20Reports/11/2012%20WFE%20Market%20Highlights.pdf (last visited Mar. 11, 2012).

11) *See* Lucian Arye Bebchuk & Assaf Hamdani, *Vigorous Race or Leisurely Walk: Reconsidering the Competition over Corporate Charters*, 112 Yale L.J. 553, 567 tbl.2 (2002) (デラウェア州を設立準拠法とする会社が，全上場会社の57.75％，Fortune 500のうち59.46％および1996年から2000年の間に上場したFortune 500のうち67.86％であることを示す); Lucian Arye Bebchuk & Alma Cohen, *Firms' Decisions Where to Incorporate*, 46 J.L. & Econ. 383, 391 tbl.2 (2003). 2013年には，新規株式公開(IPO: initial public offering)した会社のうち，83％がデラウェア州会社法を設立準拠法として選択した。Del. Dep't of State, *Delaware is the Jurisdiction of Choice for U.S. IPOs*, Del. Corp. & Legal Service Blog (June 2, 2014).

12) デラウェア州を設立準拠法とする会社(corporations)の数は，2008年末で29万5,245社である。Mark J. Roe, *Delaware's Shrinking Half-Life*, 62 Stan. L. Rev. 125, 134 tbl.1 (2009). デラウェア州の州務長官によると2012年における新規の会社設立は，3万1,472社であった。Jeffrey W. Bullock, Delaware Division of Corporations 2012 Annual Report 2 (2013), http://corp.delaware.gov/pdfs/2012CorpAR.pdf (last visited Apr. 26, 2014).

13) デラウェア州の優位性について，ネットワーク外部性，デラウェア州が政策について一定のコミットメントをしていること，衡平法裁判所(Delaware Court of Chancery)を含めた優秀さ，他の州への移転に費用がかかること等を挙げている論文として，Ehud Kamar, *A Regulatory Competition Theory of Indeterminacy in Corporate Law*, 98 Colum. L. Rev. 1908, 1927–39 (1998).

14) 法制度の経路依存について，例えば，仮屋広郷「アメリカ会社法学に見る経済学的思考」一法30巻140–145頁（1997）。

初期状態に依存する現象をいう[15]。経路依存の問題は，既に株式所有構造などの企業統治の分野で言及されている[16]。株式所有構造の経路依存性についての検討は，証券法制にも適用でき，各国の制度の差異が継続することを示しうる[17]。法の経路依存が存在し，実際，わが国の証券法制以外の制度と米国やデラウェア州の証券法制以外の制度に違いが存在するため，米国やデラウェア州の証券法制をそのままわが国に適用することはできない[18]。経路依存が生じる理由として，次の諸点が指摘されている。

- ある証券法制の構築のために社会が費用を投下した場合，当該社会費用を投下する前であれば別の制度を構築することが効率的であったにもかかわらず，既に費用を投下してしまったために当該制度を維持することが効率的である（適用埋没費用：adaptive sunk costs）[19]。
- ある支配的な制度や実務に適応して証券法制が発展するため，当該制度

---

15) 岡田章『ゲーム理論・入門』251頁（有斐閣アルマ・2008）。See S.J. Liebowitz & Stephen E. Margolis, *Path Dependence, Lock-In, and History*, 11 J.L. ECON. & ORG. 205, 205–06 (1995).

16) Lucian Arye Bebchuk & Mark J. Roe, *A Theory of Path Dependence in Corporate Ownership and Governance*, 52 STAN. L. REV. 127, 139–42 (1999). 同論文の紹介として，伊藤靖史「各国の株式会社の株式所有構造の相違とその収斂の可能性—Lucian Arye Bebchuk & Mark J. Roe, *A Theory of Path Dependence in Corporate Ownership and Governance*, 52 STAN. L. REV. 127 (1999)」アメリカ法2000–2号336頁 (2000)。

17) 米国の証券法制がそうであるように，わが国における証券法制も経路依存に従い，現行の法制度が発展してきたと考えられる。John C. Coffee, Jr., *Re-Engineering Corporate Disclosure: The Coming Debate Over Company Registration*, 52 WASH. & LEE L. REV. 1143, 1145 (1995)は，Milton Cohen, *Truth in Securities Revisited*, 79 HARV. L. REV. 1340 (1966)を挙げて，米国の証券法制が経路依存によるものだと指摘する。

18) 例えば，証券法制は，法制度の発展の段階において，その規制の目的または方法が異なりうる。そのため，先進国の制度を発展途上国にそのまま用いることはできない。Troy A. Paredes, *A Systems Approach to Corporate Governance Reform: Why Importing U.S. Corporate Law Isn't the Answer*, 45 WM. & MARY L. REV. 1055, 1072–73 (2004) （米国の制度を発展途上国にそのまま移植することはできないと述べる）。証券市場の成長と規制理念の変遷を概観するものとして，例えば，上村・前掲注7) 611頁（証券規制には証券市場の発展段階に応じた規制理念の変遷があると述べる）。

19) Bebchuk & Roe, *supra* note 16, at 139–40. 埋没費用とは，既に発生してしまった費用であり，過去のものなので，プロジェクトを採択するか否かの決定によって変えることはできず，また，それゆえ無視しなければならない。See RICHARD A. BREALEY, STEWART C. MYERS & FRANKLIN ALLEN, PRINCIPLES OF CORPORATE FINANCE 135 (11th ed. 2013); STEPHEN A. ROSS, RANDOLPH W. WESTERFIELD & JEFFREY JAFFE, CORPORATE FINANCE 172 (10th ed. 2012). T_0の時点である制度Aを導入することが効率的であるにもかかわらず，費用を掛けて別の制度Bを導入した場合，T_1の時点で制度Aへの乗り換えの費用が高いとき，本来であれば制度Aの方が効率的であったにもかかわらず，制度Bを使い続けることがT_1の時点で効率的となりうる。後述する準強度の経路依存（本書8頁）を参照。

を維持することが効率的である（補完性：complementarity）[20]。
- ある支配的な制度や実務に適応して証券法制以外の制度が発展するため，当該制度を維持することが効率的である（ネットワーク外部性：network externality）[21]。
- ある証券法制への参加者は，当該法制度を高く評価するため，異なる制度と比較した場合，現状の法制度の価値が高くなる（賦与効果：endowment effects）[22]。
- 異なる社会制度では，異なる点が最適解を持ちうる（多重最適状態：multiple optima）[23]。

二つの法制度が違う場合，当該法制度は同様に効率的であるかもしれないし（弱度の経路依存：weak form path dependence）[24]，非効率ではあるが，その程度は，効率的にするために制度を改革するほどではない（効率化のための費用が，効率化によってもたらされる便益を上回る）かもしれないし（準強度の経路依存：semi-strong form path dependence）[25]，現状が非効率ではあるが，経路によって生じた費用が非効率な現状を改善することを妨げるかもしれない（強度の経路依存：strong form path dependence）[26]。本書が，経路依存の存在にもかかわらず，米国法を参照する理由は，理論的な問題を検討するにあたり，各国でどのような法制度となっているのかを参照することが理解に資するからである。理論上の諸問題に対して，各国の対応が違うとすると，それは理論上の問題に対する対処方法が一つではない可能性を示しているものといえる[27]。

---

20) Bebchuk & Roe, *supra* note 16, at 140–41.
21) *Id.* at 141.
22) *Id.*
23) *Id.* at 142. *See* Christine Jolls, Cass R. Sunstein & Richard Thaler, *A Behavioral Approach to Law and Economics*, 50 STAN. L. REV. 1471, 1482 (1998). また，多重最適状態について補足すると，二つの制度が，同時に最適解となり，ナッシュ均衡を達成する場合，当該二つの制度は，安定し，収斂しないことがある。*See* DOUGLAS G. BAIRD, ROBERT GERTNER & RANDAL PICKER, GAME THEORY AND THE LAW 35–37 (1994).
24) Mark J. Roe, *Chaos and Evolution in Law and Economics*, 109 HARV. L. REV. 641, 647 (1996).
25) *Id.* at 648.
26) *Id.* at 651 (ビルを建てたにもかかわらず，真っ直ぐな道を作る価値がビルを取り壊す費用よりも高い場合，真っ直ぐな道を作るべきである。しかし，ビルを建てるという経路を過去に選択したことにより，現状維持のグループが出現しており，真っ直ぐな道を作ることを阻む（公共選択）および真っ直ぐな道を作ることの利益を理解し難いために現状維持が存続する（情報効果）という例を挙げる).
27) なお，本書では，各国の証券法制が収斂する可能性については検討していない。証券監督者国際

第 2 款　検討対象 (外) の開示規制

　本書では，いわゆる企業内容の開示の様態における開示を対象とし，その他の様態の開示を検討対象としていない。また，企業内容の開示として，金商法における発行開示 (主に有価証券届出書) および継続開示 (主に有価証券報告書，半期報告書および四半期報告書ならびに臨時報告書) に範囲を限定している[28]。

勧誘過程の説明　　勧誘の過程での説明として，金融商品の販売等に関する法律による説明義務 (金融商品の販売等に関する法律 3 条)，契約締結前の書面交付義務 (金商法 37 条の 3) があるが検討対象外とする[29]。他に，対象外の開示としては，公開買付けの開示 (金商法第 2 章の 2) および大量保有報告の開示 (金商法第 2 章の 3) 等が挙げられる[30]。発行市場および流通市場で行われる発行者による開示のうち，発行者による企業内容の開示が最も重要で

機構 (IOSCO: International Organization of Securities Commissions) は，証券監督に関する原則や指針等の国際的なルールの策定をしており，この活動が，国際的な証券規制の漸進的な収斂をもたらす可能性がある。例えば，証券監督者国際機構は，以下の主題に関して，原則等の策定を提言している。IOSCO, *International Disclosure Standards for Cross-Border Offerings and Initial Listings by Foreign Issuers* (Sept. 1998), https://www.iosco.org/library/pubdocs/pdf/IOSCOPD81.pdf (last visited Aug. 13, 2014) (海外発行者による募集および上場); IOSCO, *International Disclosure Principles for Cross-Border Offerings and Listings of Debt Securities by Foreign Issuers—Final Report* (Mar. 2007), https://www.iosco.org/library/pubdocs/pdf/IOSCOPD242.pdf (last visited Aug. 13, 2014) (海外発行者による負債証券の募集および上場); IOSCO, *Disclosure Principles for Public Offerings and Listings of Asset-Backed Securities—Final Report* (Feb. 2010), https://www.iosco.org/library/pubdocs/pdf/IOSCOPD318.pdf (last visited Aug. 13, 2014) (資産担保証券の募集および上場); IOSCO, *Principles for Periodic Disclosure by Listed Entities—Final Report* (Feb. 2010), https://www.iosco.org/library/pubdocs/pdf/IOSCOPD317.pdf (last visited Aug. 13, 2014) (上場会社の継続開示); IOSCO, *IOSCO Publishes Principles for Ongoing Disclosure for Asset-Backed Securities* (Nov. 27, 2012), https://www.iosco.org/news/pdf/IOSCONEWS259.pdf (last visited Aug. 13, 2014) (資産担保証券の継続開示)。

28) 商業登記，公告，会社の本店および支店における公開，株主への直接の提供および計算書類の電磁的公開制度等，実質的に企業内容について開示する様態について総合的に検討した論文として，黒沼悦郎「企業内容の公示・開示」浜田道代先生還暦記念『検証会社法』513頁 (信山社・2007)。
29) 商品先物取引法において商品先物取引業者に課される説明義務 (商品先物取引法218条) や書面交付義務 (商品先物取引法217条) は，本書の対象外とする。なお，商品先物取引における説明義務について，河内隆史＝尾崎安央『商品先物取引法』221-223頁 (商事法務・2012)。
30) このような開示を含めた包括的な議論の例として，黒沼悦郎「ディスクロージャーに関する一省察」江頭憲治郎先生還暦記念『企業法の理論〔下巻〕』595頁 (商事法務・2007)。対応する米国法上の開示として，公開買付けの開示 (15 U.S.C. § 78n(d) (2014); 17 C.F.R. §§ 240.13e-3, 240.14d (2014))，大量保有報告の開示 (15 U.S.C. § 78m(d), (g) (2014); 17 C.F.R. § 240.13d (2014))，取引の確認 (17 C.F.R. § 240.10b-10 (2014), FINRA Rule 2232) がある。

あると考えるからである。

組織再編成における開示 　組織再編成の対価として証券が用いられる場合に、株主や投資家を保護し、組織再編成の透明化を図るためには、対価として交付される株式および存続会社や交付される株式の発行者に関する情報を開示させることが望ましいと考えられるため[31]、金商法は、証券の発行を伴う組織再編のうち一定のものを「特定組織再編成発行手続」(金商法2条の2第1項、2項、4項)と、既発行の証券を対価として用いる組織再編のうち一定のものを「特定組織再編成交付手続」(金商法2条の2第1項、3項、5項)と定義し、それぞれを「有価証券の募集」および「有価証券の売出し」の定義に含める(金商法4条1項)ことにより、届出制度における届出の対象としている[32]。①非開示会社の株主が非開示証券の交付を受ける場合に開示を要求されない点で不十分である[33]、および②組織再編成に関する届出について、目論見書の交付は義務付けられていないが、分割会社の売出しの届出は、組織再編成に関する届出ではないため、目論見書の作成および交付義務が免除されない点が問題である[34]と指摘されているが、これらの点も含め、本書では資金調達および継続開示の文脈での情報開示を中心に検討するため、議論の対象外とする[35]。

確認書および内部統制報告書 　本書では、証券の価値を判断するための中心的な情報として、企業内容等の開示を取り扱う。継続開示に伴って一定の会社により提出される確認書(金商法24条の4の2〔有価証券報告書の記載内容に係る確認書の提出〕、24条の4の8〔確認書に関する規定の四半

---

31) 近藤光男＝吉原和志＝黒沼悦郎『金融商品取引法入門〔第4版〕』108頁(商事法務・2013)。三井秀範＝池田唯一監修『一問一答金融商品取引法改訂版』113頁(商事法務・2008)は、端的に、「開示の充実を図る観点から」と述べる。

32) 組織再編成で対象となる会社(株主が証券の交付を受ける会社)の株券等について開示が行われている場合に該当しない場合(金商法4条1項2号イ)、組織再編成発行手続に係る新たに発行される有価証券または組織再編成交付手続きに係る既発行有価証券について開示が行われている場合(同法4条1項2号ロ)は、届出制度における届出の対象とならない。川口恭弘「組織再編成・集団投資スキーム持分等の開示制度」金融商品取引法研究会編『金融商品取引法制の現代的課題』29-46頁(日本証券経済研究所・2010)。

33) 黒沼悦郎「新会社法と証券市場法制との関係」法時78巻5号28頁(2006)。

34) 川口・前掲注32) 46頁。そもそも、目論見書の交付義務が免除されている点で、通常の証券募集との平仄が合っていないように思われる。会社法と金商法との統合または調整が進められているが、目論見書と株主総会参考書類との調整が必要ではないだろうか。See 17 C.F.R. §§ 230.153a, 230.162(b) (2014).

35) 米国での議論を検討するものとして、柳明昌「米国における組織再編成に係る情報開示に関する法理の展開」関俊彦先生古稀記念『変革期の企業法』493頁(商事法務・2011)(米国における組織再編成に係る開示規制の変遷をたどる)。

期報告書への準用〕，24条の5の2〔確認書に関する規定の半期報告書への準用〕）および内部統制報告書（金商法24条の4の4第1項，内部統制府令3条）の開示[36]は，それら自体が証券の価値に関する有用な情報となりうるし，また，開示された情報の信頼性を向上させる上で重要な情報といえるが，本書では，主要な論点として取り扱わない[37]。

　有価証券報告書等の継続開示と比較すれば，確認書や内部統制報告書が企業価値に与える影響は，間接的であるといえるし，本書が対象とする情報開示の要否は，そもそも確認書の対象となる継続開示書類を対象とする議論であるからである。

株式以外の証券　本書では，主に株式を対象に議論を進め，社債，転換社債，優先株式，国債，地方債等に関する議論は行わない。また，証券市場で取引される金融商品は，株式会社の株式だけでなく，上場投資信託（ETF: exchange traded fund）が含まれ，また，米国では，リミテッド・パートナーシップのリミテッド・パートナーとしての持分や，リミテッド・ライアビリティ・カンパニー（LLC：limited liability company）における持分の上場が可能であるが[38]，これらも議論の対象としない。また，デリバティブ取引に係る勧誘規制も取り扱わない[39]。

---

[36] 有価証券報告書の記載内容に係る確認書の公衆縦覧（金商法25条1項5号），四半期報告書および半期報告書の記載内容に係る確認書の公衆縦覧（同法25条1項9号），内部統制報告書の公衆縦覧（同法25条1項6号）が定められている。

[37] 内部統制報告書に関する検討として，黒沼悦郎「ディスクロージャー制度の多様化」ジュリ1368号27–29頁（2008），神崎ほか・前掲注7）380–392頁，小谷融「企業内容等開示制度の整備」証券取引法研究会編『金融商品取引法の検討（1）』別冊商事308号98–100頁（商事法務・2007）。

[38] 米国では，リミテッド・パートナーシップのリミテッド・パートナーとしての持分や，LLCにおける持分の上場が可能である。*E.g.*, Carlyle Group L.P., Prospectus (Form 424B4) (May 4, 2012) (デラウェア州のリミテッド・パートナーシップのリミテッド・パートナーとしての持分が上場された事例); KKR & Co. L.P., Prospectus (Form 424B3) (July 7, 2010) (同上); The Blackstone Group L.P., Prospectus (Form 424B4) (June 25, 2007) (同上); Apollo Global Management, LLC, Prospectus (Form 424B4) (Mar. 30, 2011) (デラウェア州のLLCのClass A LLC持分が上場された事例); Och-Ziff Capital Management Group LLC, Prospectus (Form 424B4) (Nov. 15, 2007) (同上). 理論的に考えれば，法形態に基づき一律に上場の可否を判断するのではなく，その機能や特徴に基づいて上場の可否が判断されなければならないであろうし，開示の議論は，株式以外も考慮しなければならないであろう。

[39] 黒沼悦郎「金融商品取引法の将来像」上村達男編『企業社会の変容と法創造4企業法制の現状と課題』221頁（日本評論社・2009）は，①ディスクロージャー制度を資金調達に関連する投資手段に限らず，広く資産運用の対象となる商品に関する投資判断資料を提供する制度であると捉えれば，デリバティブ取引（とりわけ市場デリバティブ取引）にディスクロージャー制度を及ぼすことに，理念上の問題がなく，②カバードワラント（金商法2条1項19号）にディスクロージャー制度を適用できるのであれば，それ以外のデリバティブ取引にもディスクロージャー規制を及ぼすことが技術的に可能

残余財産請求権である株式の価格は，企業価値[40]に基づき決定され，開示された情報に影響を受ける（反応する）と考えられ，情報開示の意義や影響を検討するために適当であると考えるからである。

法律以外の手段によって強制される開示　本書での議論は，金商法上の発行開示および継続開示義務に焦点をあて，さらに対象を企業内容の開示に絞っている。開示義務という観点からは，金融商品取引所に株式を上場している上場会社が課される開示義務（例えば，東京証券取引所の有価証券上場規程402条および403条が定める適時開示[41]義務，404条が定める決算短信等）がある。自主規制の長所としては，金融商品取引が専門的であり，国家が規制するよりも実態に精通している自主規制機関に任せるほうが良い規制結果を期待できるという点が考えられる[42]。

金融商品取引所により課される開示義務も興味深い研究対象であるが，今回は，範囲を限定するために金商法上の発行開示および継続開示に焦点をあてる。

情報開示を禁止する規定　証券法制には，情報の開示を強制する規定だけではなく，一定の情報の開示を禁止する規定が存在する。例えば，届出書提出前の有価証券の募集の禁止（金商法4条1項，2条3項），目論見書と整合的な資料の使用義務（平成16年改正前証券取引法13条5項）[43]や

である，および③デリバティブ取引について，どのようなディスクロージャー制度が有効であるかは，今後の重要な検討課題である旨，指摘する。

40) 本書では，企業価値（EV: enterprise value）は，ファイナンスで標準的に用いられる定義である株主価値および負債価値の和を用いる。CHENG F. LEE & ALICE C. LEE, ENCYCLOPEDIA OF FINANCE 104 (2006). 本書で用いる定義と同様の定義に言及するわが国における判例として，東京地判平成24・3・15金法1951–114（事実認定において，企業価値から，有利子負債を控除することによって，株式価値を得ている証拠を採用している），東京地判平成23・9・2〔2011WLJPCA09028004〕（事実認定において，有利子負債と株主価値の和を企業価値とし，企業価値から非事業資産を減じた差を事業価値とする証拠を採用している）がある。また，デラウェア州の判例として，Prescott Group Small Cap, L.P. v. Coleman Co., Inc., 2004 WL 2059515, at *16 (Del. Ch. Sept. 8, 2004) (Jacobs, J.)や In re Synthes, Inc. S'holder Litig., 50 A.3d 1022, 1030 n.39 (Del. Ch. Aug. 17, 2012) (Strine, C.)がある。本書と類似の定義として，スティーブン・A・ロス＝ランドルフ・W・ウェスターフィールド＝ジェフリー・ジャフィ（大野薫訳）『コーポレート・ファイナンスの原理〔第9版〕』84頁（金融財政事情研究会・2012）（企業価値の定義として，時価総額に利付負債の市場価値を加えた和から，現金を減じた差と定義する)，鈴木克昌＝峯岸健太郎＝根本敏光＝前谷香介「ライツ・イシューの実務上の諸問題（上）」商事1896号12頁注16（2010）。本書でもこれに従う。

41) タイムリー・ディスクロージャーとも呼ばれるが，本書では，適時開示の用語を用いる。

42) 河本一郎＝大武泰南『金融商品取引法読本〔第2版〕』518頁（有斐閣・2011）。

43) 平成16年改正前証券取引法13条5項は，「何人も，有価証券の募集又は売出しのために，前三項の規定により記載すべき内容と異なる内容を記載した目論見書を使用し，又は第二項若しくは前項の規定により記載すべき内容と異なる内容の表示をしてはならない」と定めていた。

届出書の効力発生等が内閣総理大臣による記載の正確性の認定や有価証券の価値の保証であるという表示をすることの禁止（金商法 23 条 2 項）である。

　情報の開示を禁止する根拠として，強制開示で社会厚生が増加することの裏返しとして，情報開示を禁止することで社会厚生が増加する場合があることが指摘されている[44]。例えば，届出書提出前の勧誘の禁止は，投資家が不十分な情報に基づいて投資判断を行い，当該情報が行動経済学でいう基準 (anchor) となってしまうことを防ぐという理由であるように思われる。また，目論見書と整合的な資料の使用義務も，目論見書と整合的でない情報に基づいて投資判断を行い，その後で目論見書が開示されても，一度形成された投資判断が変えられないという理由に基づくように思われる。

　しかし，金商法上の情報開示の禁止の根拠としてこの根拠を用いるものは，少ないように思われる。情報開示を禁止する規定は，情報開示を強制する規定と同様の重要性を有し，大変興味深い問題ではあるが，本書では扱わない。

---

44) 藤田友敬「『法と経済学』の観点から見た情報開示」判タ 1178 号 35 頁（2005）（自発的な情報開示の誘因が過剰になるモデルへの言及）。

第3節　分析の方法

検討の視座として，ファイナンス理論および法の経済分析が挙げられる。

第1款　ファイナンス

本書では，ファイナンス理論のうち，主に，①効率的市場仮説を考慮して議論を進める。他に，②資本コストに関するモディリアーニ・ミラー理論（本書181頁）[45]，③ポートフォリオ理論（本書288頁）[46]，および④法とファイナンス（本書206頁）を用いて議論を進める[47]。ここでは，効率的市場仮説について付言しておきたい。

効率的市場仮説　効率的市場仮説[48]について，現在のファイナンスの専門家における通説と同様[49]，本書では，市場が完全に効率的であるとの理解はとっていない。市場の効率性は，市場ごと，証券ごと，情報ごとに異なり，その程度は，非常に高い効率性から，低い効率性まで様々である[50]。その上で，本書では，まず効率的な市場に焦点をあてて議論を進め[51]，

---

45) モディリアーニ・ミラー理論は，資本市場と社会厚生の関係を検討する際に，資金調達と資本コストの関係を理解する上で用いる。
46) 開示制度の分析にあたり，情報を受け取る投資家像を検討すると，投資家がどのようなポートフォリオを有しているのかが関係するからである。
47) 法とファイナンスにおける規範的な分析では，法制度が市場に与える影響を理論的に分析する視座を与えてくれる。
48) 証券市場の効率性とその法的意義について検討する論文として，岩原紳作「証券市場の効率性とその法的意義」貝塚啓明編『金融資本市場の変貌と国家』100–101頁（東洋経済新報社・1999）。
49) Ronald J. Gilson & Reinier Kraakman, *The Mechanisms of Market Efficiency*, 70 VA. L. REV. 549, 552 (1984); Nicholas Barberis & Richard Thaler, *A Survey of Behavioral Finance*, *in* 1B HANDBOOK OF THE ECONOMICS OF FINANCE 1051, 1054 (George M. Constantinides et al. eds., 2003); ANDREI SHLEIFER, INEFFICIENT MARKETS: AN INTRODUCTION TO BEHAVIORAL FINANCE 2 (2000).
50) *See* Gilson & Kraakman, *supra* note 49, at 554, 593.
51) 効率性は，程度を有する概念であり（すなわち，効率的な市場と非効率的な市場という二元論で語ることはできず，非効率性の程度が様々である），程度の高い効率性を有する証券は限られ，また，証券の数だけでいえば，非効率的な市場で取引される証券の方が多いかもしれないが，非効率的な市場において取引される証券を考察する前提として，効率的な市場で取引される証券に関して考察するこ

その後，非効率的な市場を考慮する。なぜなら，効率性が高い市場から得られる含意を前提とした上で，非効率な市場である場合に，どこまでその含意を維持できるかを検討することが，議論の順序として適当であると考えるからである。非効率的な市場を検討する際に，市場の非効率性をもたらす人間の限定合理性についても検討を加える（本書298頁）。

本書第2章において，市場の効率性に対する認識が法域によって異なることを示す（本書47頁）。実際，金融商品取引法には，一定程度の市場の効率性を前提としているように思われるもの[52]や，市場の非効率性（投資家の限定合理性）を前提としているように思われるもの[53]が混在している。この点の議論は今まで不十分であるように思われる。そこで，効率的市場仮説（すなわち，市場の効率性または非効率性）を考慮に入れて議論を進める。

本書では，市場が効率的であれば，証券法制は，不要であるとか，逆に非効率であるから証券法制は，必要であるといった極端な立場をとっていない。市場が非効率である場合でも開示制度が不要であるとの議論[54]はなされており，本書は，これらも考慮に入れた上で検討しようと試みるものである。

また，効率的市場を前提として，損害賠償の算定方法について市場価格が参照される場合，統計手法を用いた損害賠償額の算定がなされている。統計手法を用いた損害賠償額算定を検討する上での視座や，その限界について検討する。

なお，本書の結論としては，市場が効率的である場合も非効率的である場合も，強制開示制度を正当化することができる可能性があるというものである。

とは，意義があろう。経済的な分析において，効率的市場は，前提となる条件が多いが，そこから得られる含意を知ることができる。他方，非効率的市場は，前提となる条件は，効率的市場と比較して少ないが，そこから示唆を得ることが比較的難しいからである。
52) 例えば，インサイダー取引の禁止に関して「当該業務等に関する重要事実の公表がされた後でなければ……売買……してはならない」（金商法166条）は，情報が開示されればインサイダー取引の問題はなくなるという前提が置かれている。これは，情報が市場に開示されることで，市場が当該情報を考慮にいれること（典型的には市場価格に反映すること）を前提としているといえよう。
53) 典型的には，開示に付随する待機期間（熟慮期間）の存在である（本書81頁および327頁）。
54) Stephen M. Bainbridge, *Mandatory Disclosure: A Behavioral Analysis*, 68 U. CIN. L. REV. 1023, 1056 (2000).

第2款　法の経済分析

　本書では理論的な分析の手法として，市場の効率性を含むファイナンスの理論に加えて法と経済学 (law and economics) の理論を用いて，開示制度という法制度の経済分析 (economic analysis of law) を行う[55]。

　著者は，法律を理論的に検討するにあたり，法と経済学の視点は不可欠であると考えている[56]。金商法が資本市場を対象とした規制である点に鑑みれば，どのような規制がなされるべきかを検討するにあたり，経済分析の視点は，不可避でもある。本書では，市場を効率化し，社会厚生[57]を増加させる法制度を目指すべきであるという点を中心に検討する。

効率性の定義　　本書では，社会厚生の最大化[58]に資するか否かという観点から，強制開示の理論的根拠を検討している。会社法の

---

[55] 本書では，法と経済分析に関して，主に，ROBERT B. COOTER & THOMAS ULEN, LAW AND ECONOMICS (6th ed. 2011) およびSTEVEN SHAVELL, FOUNDATIONS OF ECONOMIC ANALYSIS OF LAW (2004) を参照している。また，翻訳に際して，それぞれの訳書である，ロバート・D・クーター＝トーマス・S・ユーレン（太田勝造訳）『新版 法と経済学』（商事法務・1997) およびスティーブン・シャベル（田中亘＝飯田高訳）『法と経済学』（日本経済新聞社・2010) を適宜参照している。

[56] 経済分析の有用性について，例えば，田中亘「流通市場における不実開示による発行会社の責任――インセンティブの観点から」落合誠一先生古稀記念『商事法の新しい礎石』865-873頁（有斐閣・2014）。

[57] 本書では，実際のところ，社会厚生の増加を証明できずに，一部の関係当事者の事前の期待効用の最大化が議論されているのみである。それにもかかわらず，社会厚生の用語を用いることについて，批判を免れ得ないであろう。

[58] 会社法の議論において，株式会社の目的を社会に新しい富を創出することだと述べ，その上で，当該富の創出が公正なものでなければならないと述べるものがある。落合誠一編『会社法コンメンタール8――機関 (2)』5頁（商事法務・2009)，落合誠一「新会社法講義 (6) 第3章株式会社のガバナンス」法教312号26頁，KRAAKMAN ET AL., supra note 3, at 28 & n.79. 会社法では，一般に残余権者である株主の余剰を最大にすること（株主利益の最大化）が望ましく，そうすることが原則的に他のステークホルダーの要求も充足することになるという観点から議論がなされる。落合誠一「新会社法講義 (5) 第2章株式会社法の基本的特色 (2)」法教311号30頁 (2006)，田中亘「総論――会社法学における実証研究の意義」商事1874号12頁注8 (2009)（「会社法のルールは，すべて究極的には，個人の効用の総和によって計算される社会厚生 (social welfare) の最大化という目的を持っており，経営の監視とか少数株主保護とか債権者保護といった，会社法学でしばしば言及される具体的な目的は，すべてこの究極的な目的に資する限度で価値を持つにすぎない」）。本書における議論も，証券法制について同様の社会厚生を観念する点および金商法の目的を社会厚生の最大化と捉える点において，考え方を共有している。また，落合誠一「企業法の目的――株主利益最大化原則の検討」岩村正彦ほか編『岩波講座現代の法7企業と法』（岩波書店・1998)（以下，「落合・岩波」という）は，株主利益最大化原則の文脈で，幾つかの考え方の立場を示し，会社を契約の束 (nexus of contracts) として捉える契約モデルを紹介する。本書では，契約モデルに基づき証券市場への情報開示を検討するものである。Michael C. Jensen & William H. Meckling, Theory

文脈で，William T. Allen 教授，Reinier H. Kraakman 教授および Guhan Subramanian 教授の会社法の教科書が簡単にこの意味を説明しているので，本書の前提として概観する。

Allen 教授らは，会社法が個人の効用を増加させることができる限度で成功であるという場合，暗黙のうちに法律の評価について，経済的な効率性を基準としていると述べる[59]。そこで，経済的な効率性がどのように定義されるのかが問題となる。

パレート効率性 　基本的な経済的効率性の定義として，パレート効率性 (Pareto efficiency) がある[60]。これは，ある所与の資源配分が，当該資源があるグループや領域 (territory) の中で，誰にも悪影響を与えずに (worse off) 誰かをより良い状態 (better off) にするような再分配ができないときのみ，効率的であると定義される[61]。このような状態をパレート最適

---

of the Firm: Managerial Behavior, Agency Costs and Ownership Structure, 3 J. FIN. ECON. 305, 310–11 (1976)（契約関係の束 (nexus of contracting relationships) という用語を用いる）; Marcel Kahan & Michael Klausner, *Path Dependence in Corporate Contracting: Increasing Returns, Herd Behavior and Cognitive Biases*, 74 WASH. U. L.Q. 347, 347–49 (1996). なお，本書では，nexus of contracts に契約の束という用語を用いるが，経済学では交換がなされることが取引であり，経済学者は取引と契約を同義に用いていると判断され，すなわち，この定義における「契約」の意味は法律学でいう契約よりも広く，「取引の束」といった方がより正確であるとの指摘がある。落合・岩波28頁。

59) WILLIAM T. ALLEN, REINIER KRAAKMAN & GUHAN SUBRAMANIAN, COMMENTARIES AND CASES ON THE LAW OF BUSINESS ORGANIZATION 3 (2d ed. 2007). ある法制度が望ましいかを測る尺度として，効率性 (efficiency) が挙げられることがある。例えば，田中亘編著『数字でわかる会社法』9–11頁（有斐閣・2013）〔田中〕（同書において法制度の分析について効率性という基準によって行っている場合が多いと述べる）。該当部分の議論において田中亘教授は，カルドア＝ヒックス効率性を前提に効率性を議論しているように思われる（パレート最適が望ましいのは，当然のことであろう）。法制度が，人々に便益だけでなく費用（損失）ももたらす場合は，便益から費用を差し引いたもの（ネットの便益）の大きさによって，その望ましさを評価することになる。田中編著・前掲10頁。
60) ALLEN ET AL., *supra* note 59, at 4.
61) ALLEN ET AL., *supra* note 59, at 4; Guido Calabresi & A. Douglas Melamed, *Property Rules, Liability Rules, and Inalienability: One View of the Cathedral*, 85 HARV. L. REV. 1089, 1093–94 (1972); A. MITCHELL POLINSKY, AN INTRODUCTION TO LAW AND ECONOMICS 7 n.4 (4th ed. 2011); COOTER & ULEN, *supra* note 55, at 14; LOUIS KAPLOW & STEVEN SHAVELL, FAIRNESS VERSUS WELFARE 54 (2002). Calabresi 教授および Melamed 弁護士による論文の紹介として，藤倉皓一郎「Guido Calabresi & A. Douglas Melamed, *Property Rules, Liability Rules, and Inalienability: One View of the Cathedral*, 85 HARV. L. REV. 1089 (1972)」アメリカ法1976–1号85頁（1976），翻訳は，グイド・カラブレイジィ＝ダグラス・メラムド（松浦以津子訳）「所有権法ルール，損害賠償法ルール，不可譲な権原ルール：大聖堂の一考察」松浦好治編『不法行為法の新世界』115頁（木鐸社・2001）。

(Pareto-optimal) という[62]。パレート効率性には，次のような特徴がある。

- 第一に，パレート最適である場合，再分配は，少なくとも一当事者が利益を得，他の当事者が利益を得るかまたは損失を被らないというような，自発的な交換によってなされなければならない。
- 第二に，パレート効率性は，当初の分配 (original distribution) の正統性について評価できない——ある取引が効率的か否かを判断するだけである[63]。また，ある当初の分配がパレート効率的な配分を導くという点についても，取引費用が存在しないという前提が置かれる[64]。
- 第三に，裁判所または立法において，誰かに悪影響を与えず，何らかの決定を行うことは不可能に近い[65]。私的な合意によって第三者に悪影響を与えることもある。どれだけ良い効果が存在しても，誰かに悪影響を与えるとパレート効率性を満たさない[66]。このため，ほとんどすべての公的な政策や多くの私的な取決めは，パレート効率性を満たすことが難しい[67]。

カルドア＝ヒックス効率性　第二の効率性の基準として，カルドア＝ヒックス効率性 (Kaldor-Hicks efficiency) がある[68]。これは，「ある行動（または規則）は，社会厚生の総合的な改善 (overall improvement) を導く——つまり，少なくとも一当事者が，取引または政策から損失を被る者すべてを賠償したとしても，それから利得を得ることができる——場合に効率的である」と定義される[69]。実際に賠償を行うことは定義に入っていない[70]。

カルドア＝ヒックス効率性は，利得の総額を効率性の基準としているために

---

62) ALLEN ET AL., *supra* note 59, at 4.
63) *See id.* 当初の分配が違えば，結果として生じるパレート効率的な配分も異なる。Calabresi & Melamed, *supra* note 61, at 1095.
64) Ronald H. Coase, *The Problem of Social Cost*, 3 J.L. & ECON 1, 8, 10 (1960). ただ，これだけでは，実際にパレート効率的な配分がなされるとは限らない。取引費用が存在しないとしても，再配分が行われるためには，取引当事者に一定の対価の支払能力が必要である。Calabresi & Melamed, *supra* note 61, at 1095.
65) ALLEN ET AL., *supra* note 59, at 4; KAPLOW & SHAVELL, *supra* note 61, at 56.
66) ALLEN ET AL., *supra* note 59, at 4.
67) *Id.*; COOTER & ULEN, *supra* note 55, at 42.
68) ALLEN ET AL., *supra* note 59, at 5.
69) *Id.*; COOTER & ULEN, *supra* note 55, at 42.
70) ALLEN ET AL., *supra* note 59, at 5; COOTER & ULEN, *supra* note 55, at 42.

「富の最大化」の基準 (rule of wealth maximization) と呼ばれる[71]。なお，カルドア＝ヒックス効率性には，①パレート効率性と同様，当初の分配の正統性について評価できない，②政策による実際の分配の帰結を無視している，および③第三者に対する消極的または積極的な効果を図ることが難しいという点で限界がある[72]。

法令解釈の基準としての効率性　前述のパレート効率性やカルドア＝ヒックス効率性は，裁判官が法令を解釈する際の重要な要素になると思われる。裁判官が法令を解釈する際に，立法経緯，反対解釈や類推解釈等は重要な基準であろうし，会社法や金商法の事案において，これらの理由に基づく解釈が行われることもあるだろう。しかし，憲法や刑法に比較すれば会社法や金商法は，解釈の根拠として効率性を用いることができる場面が多いように思われる。特に，立法経緯，反対解釈や類推解釈等が問題とならない場面で解釈の余地があるとき，パレート効率性やカルドア＝ヒックス効率性が考慮されて然るべきであるように思われる[73]。

---

71) ALLEN ET AL., *supra* note 59, at 5.
72) *Id.*
73) *See* RICHARD A. POSNER, ECONOMIC ANALYSIS OF LAW 738, 741 (9th ed. 2014). そもそも，実体法の重要な目的の一つが経済的効率性を高めることであろう。Richard A. Posner, *An Economic Approach to Legal Procedure and Judicial Administration*, 2 J. LEGAL STUD. 399, 400 (1973). そのため，裁判制度自体が実体法の目的を実現するために効率的かということが問題となりうる。*Id.* at 401 (司法制度の過誤が社会費用になりうるとの指摘)。

第4節　本書の意義

第1款　本書の意義および本書の主張

本書の意義および本書の主張として，次の点が挙げられる。

経済分析　第一に，金商法の開示規制を経済的な観点から分析するという点である。金商法について経済分析を行うことで，既存の議論では得られなかった含意を得ることができる。本書で用いた経済分析として，ミクロ経済学，法の経済分析，ファイナンスが挙げられる。経済分析の有用性については，既に述べられているが[74]，社会厚生の増大を基準とした法制度を構築することに資する。

市場の効率性　第二に，市場の効率性について，まとまった検討を行った点である。市場の効率性（または，市場が完全に効率的ではあり得ないことを鑑みれば，非効率性）の程度によって，法制度に与える影響が異なることを示す（本書 27 頁）。また，非効率的市場が開示制度に与える影響についても概観する（本書 328 頁）。市場の効率性に関する議論は，金商法だけではなく，会社法における解釈にも影響を与えるため，本書を含めた，今後の検討が重要になるものと思われる。

合理性　第三に，金商法の開示規制について，合理的な投資家と非合理的な投資家の双方を明示的に区分して検討する点である。従来，金商法の法制度の目的には様々な議論が存在したが，合理的な投資家のための法制度と非合理的な投資家のための法制度が併存している点は，明示的に，指摘されていなかった。本書は，開示制度の文脈で，非合理的な投資家が存在することと，その場合の開示制度の意義について検討する（本書 298 頁）。

従来の議論において，開示制度を含む証券法制の目的について，市場の価格

---

[74] 例えば，田中・前掲注56) 865–873頁。

を効率的にするという目的と情報の非対称性の解消が並列に列挙されている場合，その議論は一方で投資家の合理性を（投資家が合理的でなければ市場価格は効率的にならない），他方で投資家の非合理性を（投資家が合理的であれば情報の非対称性の解消は必要ない）前提としており，前提が矛盾している。本書は，投資家の合理性を前提とした議論を第 3 章第 5 節（211 頁）で行い，非合理性を前提とした議論を同章第 6 節（279 頁）で行っており，従来，見過ごされていた問題を明確化する。

行動経済学および人間の限定合理性は，市場の非効率性と同様，金商法だけでなく，会社法の文脈でも今後重要になることが予想される。既に行動経済学に関する法律家の論文は存在するが[75]，今後は，行動経済学の知見を会社法および金商法に応用する議論が重要になると考える。

開示制度の理論的根拠　第四に，開示制度の理論的根拠を検討し，合理的な投資家を前提とする場合，その根拠は主に外部性に求められることを明らかにする（本書 227 頁）。既存の議論では，強制開示の目的を情報の非対称性の解消に置くことが多かった。しかし，投資家が合理的である限り，得られた情報に基づき値付けがなされるため（情報が存在しない場合は低い価格をつける），投資家は自らを保護することができる。そのため，合理的な投資家を想定する限り，情報の非対称性という理由は，強制開示の主要な理由とならない（本書 176 頁注 166））。また，非効率的な市場を前提とする場合には，開示制度の効果は，減少するが，それでも外部性を生じさせるという理由が維持されることに言及する（本書 338 頁）。

開示制度と責任制度の関係　第五に，責任に関する論点にも経済的な分析が有用であることを示す。まず，責任制度が開示制度の前提となっていることを示す。特に，責任制度によりエージェンシー費用が削減されることを示す。次に，幾つかの責任に関する規定を具体的に検討する。例えば，金商法 18 条に関して有価証券届出書の虚偽記載等と売出人への利益移転の議論や（本書 360 頁），原告が虚偽記載後真実が判明するまでに売買を繰り返す場合の議論（本書 374 頁）である。

---

75) 尾崎安央「『行動経済学に基づく法と経済学』と会社法制—公開型株式会社における株主像を検討するにあたって」石山卓磨先生・上村達男先生還暦記念『比較企業法の現在—その理論と課題』241 頁（成文堂・2011），川濱昇「行動経済学の規範的意義」田中成明先生古稀記念『現代法の変容』405 頁（有斐閣・2013）。

第2款　経済分析の手法の紹介

　本書では，法の経済分析を行っている。そして，法の経済分析の行うにあたり，前提となる経済理論を知る必要がある。わが国の法学の論文で既に議論されていれば，当該論文を引用する[76]。しかし，わが国の法学の論文では紹介されていないか，本書で用いるほどには詳しく紹介されていない経済理論や概念も多く存在する。その場合，本書では，どのような経済理論が前提となっているのかについて紹介した上で，当該経済理論を開示制度に適用して分析を行う。そのため，本書には，わが国の会社法および金商法の事案で用いるために経済理論を紹介し，また，実際に経済分析を行う例となるという意義もある。経済理論についても紹介するものは，次の通りである。

- 市場の効率性（本書 32 頁）
- 株式のディスカウントおよびプレミアム（本書 116 頁）
- モディリアーニ＝ミラーの第一命題（本書 196 頁）
- 発行市場による資源配分の例（本書 201 頁）
- 発行市場における発行者による情報の自発的開示（アンラベリング）（本書 255 頁）
- ペッキング・オーダー理論（本書 263 頁）
- ポートフォリオ理論（本書 288 頁）
- 限定合理性の例（本書 299 頁）および非効率的市場の例（本書 328 頁）
- 個人投資家の投資行動（本書 302 頁）
- 非効率的市場の理論（本書 329 頁）

---

76) 例えば，株主価値最大化の議論。本書16頁注58）。

第5節　本書の構成

　本書の構成は，以下の通りである。

市場の効率性に関する議論　　第2章では，市場の効率性について検討する。市場の効率性については，様々な議論があり，これを法律上の問題解決のために利用する視座は，必ずしも整理されていない。そこで，第2章は，会社法および金商法の立法論・解釈論において用いるために，効率的な市場の概念を整理することを第一の目的とする。効率性の概念の差異が，法律上の問題を解決するための複数の視座を提供するからである。第2章での問題意識の根底には，わが国の裁判で深く考えられずに株価が用いられていることへの違和感がある。例えば，市場の効率性の定義が様々であるにもかかわらず，裁判所は，様々な事案で株価を用いている（株価を用いずにディスカウンテド・キャッシュ・フロー（DCF）法などを用いる場合もあるが，詳細は第2章で議論する）。しかし，市場の効率性の定義が様々であるにもかかわらず，裁判所が市場価格を用いることは正当化されるのだろうか。むしろ，事案に応じて，必要とされる市場の効率性は異なるのではないだろうか。そして，市場の効率性を考慮して，必要な市場の効率性が存在する場合のみ，裁判所は，市場価格を用いることができるのではないだろうか。

　第2章では，まず，市場の効率性の定義を概観し（32頁），市場の効率性に関する日米の現状を概観する（47頁）。これらを踏まえて，市場の効率性を分類し，会社法および金商法の事案でどのように適用すべきかを検討する（89頁）。第2章は，これ以降の章で効率性の概念を用いるための基礎となるものである。第2章の一部は，早稲田大学大学院法学研究科が発行する法研論集に掲載された[77]。

開示の理論的根拠　　第3章では，開示制度の理論的根拠として，大きく分けて，次の二つの問題を検討する。

---

[77] 湯原心一「証券市場の効率性の分類とその会社法・証券法事案への応用（1）〜（3・完）」早稲田大学法研論集144号239頁（2012）・145号311頁（2013）・146号219頁（2013）。

● 第一に，開示制度がなぜ必要かという問題，特に，開示制度が存在しなくても自主的に最適な量の情報が開示されるのではないかという問題である。第二に，投資家が合理的であり，市場が効率的である前提を置いた検討と，投資家が非合理的であり，市場が非効率的である前提を置いた検討で，開示制度の理論的根拠に差異が生じるかということである。

　　第一の点の問題の根底には，投資家が合理的であれば，情報が開示されなくともリスクに応じて，低い価格で証券を購入することができるのだから，それ以上の情報開示や投資家保護は必要ではないという議論がある。この観点からすれば，合理的な投資家を想定する限り，当事者間の情報の非対称性を解消するという機能は限定的である。そうであれば，情報開示制度を正当化するためには情報の非対称性の解消以外の理由付けが必要となる。本書では，強制的な情報開示により，正の外部性を生じるという効果が存在しうることを示す。

● 第二の点の問題は，現行の法制度において合理的な投資家を想定している部分（例えば，完全開示）と非合理的な投資家を想定している部分（例えば，待機期間）が混在することに起因する。金商法の開示制度において，合理的な投資家を想定する規定と非合理的な投資家を想定する規定が混在することは，どのように正当化できるだろうか。

　第3章では，まず，現状の開示制度を概観（137頁）し，その目的および機能を分類する（165頁）。その後，証券取引が社会厚生に与える影響を概観する（180頁）。証券取引が社会厚生に与える影響を知ることで，開示制度の機能が一定程度明らかになるからである。次に，情報開示に関して市場の失敗が生じているかを検討する（211頁）。本書で扱う企業内容の開示制度は，強制開示である。任意の制度とは違い，情報開示が強制されている。開示が強制される理由は，自主的な情報開示が社会的に最適な水準の情報開示をもたらさないからであろう。そして，社会的に最適な水準の情報開示をもたらさない理由として，市場の失敗が考えられる。そこで，公共財（219頁），外部性（227頁），および不完全情報（244頁）に基づく市場の失敗が生じうるかを検討する。最後に，開示制度の限界を検討する（279頁）。第一に，開示制度に費用が掛かることについて議論する（279頁）。第二に，ポートフォリオ理論が開示制度に与える影

響を検討する (288頁)。第三に，行動経済学が開示制度に与える影響を検討する (296頁)。第3章の一部は，早稲田大学が発行する紀要に掲載された[78]。

開示に基づく民事責任　第4章では，虚偽記載に基づく民事責任について検討する。第2節 (353頁) では，開示に基づく民事責任制度を概観する。第3節 (391頁) では，開示制度と責任制度の関係を検討し，責任制度が開示制度には必須であることを示す。第4節 (407頁) では，損害因果関係と損害額に関係する論点を検討する。第5節 (435頁) では，金商法21条の2を検討する。

結論　第5章は，本書の結論である。第一に，本書の概要を示し，第二に，今後の研究課題を指摘する。

---

78) 湯原心一「証券取引と社会厚生 (1) (2・完)」早稲田大学法研論集147号283頁 (2013)・148号281頁 (2013)，同「証券市場における情報開示と市場の失敗 (1) (2・完)」早稲田法学会誌64巻2号543頁 (2014)・65巻1号521頁 (2014)。

証券市場の効率性

第1節　序　　論
第2節　市場の効率性の定義の分類
第3節　市場の効率性に対する各法域での態度
第4節　市場の効率性の分類および適用の類型
第5節　ディスカウント，プレミアムおよび株価の関係

第1節 序　　論

　証券市場において，投資者が発行者に関する情報に基づいて投資判断を行うため，証券市場で決定される有価証券の市場価格は，一般的には，企業に関する情報を反映しているといえる。もっとも，市場がどのような情報をどの程度反映しているか，すなわち「市場の効率性」(market efficiency) については，様々な議論があり，これを法律上の問題解決のために利用する視座は，必ずしも整理されていない。そこで，本章は，会社法および金商法の立法論・解釈論において用いるために，効率的な市場の概念を整理することを第一の目的とする。効率性の概念の差異が，法律上の問題を解決するための複数の視座を提供するからである。

　また，各国の当局，判例等がどの程度，効率的市場仮説 (efficient market hypothesis)[1]，効率的市場または市場の効率性という概念を受け入れているかを検討することを第二の目的とする。1980年代前半までは，市場が効率的であることを前提とした議論が多かったように思われる[2]。しかし，1980年代以降，①効率的な市場とは不整合な変則的な事実 (anomalies) の存在，②裁定機会の存在，③市場に勝つ投資者の存在，④株価の過大な変動，⑤ブラック・マンデー，および⑥バブルの発生[3]等を根拠に効率性への批判が高まった[4]。米国連邦裁判所や米国証券取引委員会による市場の効率性に関する言及をたどると，このような市場環境の変化が影響を与えているように思われるので，市場

---

1) 効率的市場仮説へのわが国の法学者の初期の言及として，江頭憲治郎「企業内容の継続開示」『商取引法の基本問題』339–341頁（有斐閣・2011）〔河本一郎先生還暦記念『証券取引法大系』所収189頁（商事法務・1986）〕。
2) 例えば，Michael C. Jensen教授が効率的市場仮説以上に実証による証拠が強固な経済学上の命題は存在しないと書いたのは，1978年である。Michael C. Jensen, *Some Anomalous Evidence Regarding Market Efficiency*, 6 J. Fin. Econ. 95, 95 (1978).
3) オランダのチューリップ・バブル，英国の南海バブル，米国の大恐慌前のバブルについて，例えば，Burton G. Malkiel, A Random Walk Down Wall Street: The Time-Tested Strategy for Successful Investing 37–55 (10th ed. 2012).
4) 岩原紳作「証券市場の効率性とその法的意義」貝塚啓明編『金融資本市場の変貌と国家』104–105頁（東洋経済新報社・1999）。

の効率性への言及の変遷を概観する。また，米国連邦裁判所やデラウェア州裁判所と比較してわが国での効率性の解釈は，情報効率性よりも基礎的価値に関する効率性を重視していることを示す。

効率的市場仮説を含む市場の効率性は，様々な概念を前提として成立している。すなわち，市場が効率的であるという場合，派生的に様々な前提または仮定を置いていることになる。例えば，ある証券について，市場が効率的だという場合，①当該市場に投資する投資家が合理的[5]な期待を抱いており（合理的期待仮説）[6]，②各投資者は，証券価格の一時的な乖離や予想される変動に基づく投機ではなく，各株式の本来的な価値だけを基準として投資決定をする[7]，③各投資者は，他の投資者も同様に価値にのみ基づいて投資決定をし，その結果として市場価格が決定されると考えている[8]，④取引を行うための取引費用が存在しない，および⑤情報が費用を伴うことなくすべての市場参加者に利用可能である[9]という前提が置かれることがある。この場合，これらの条件が満たされていることが前提とされるか，または，仮定され，議論が進められる。しかし，これらの前提が現実世界で完全には妥当しないことも考えられ，その場合，どの程度，上述の前提が満たされていないのかを事案に応じて検討することになる。

また，市場の効率性には幾つかの異なった定義が存在する。効率的な市場という概念の説明として，①「市場に存在する情報が常にすべて証券価格に反映している」という概念[10]や，②株価がランダム・ウォークをするので長期的

---

5) 柳川範之＝藤田友敬「会社法の経済分析：基本的な視点と道具立て」三輪芳朗＝柳川範之＝神田秀樹編『会社法の経済学』13頁（東京大学出版会・1998）（合理性の仮定に関する簡易な説明）。
6) これによれば市場が効率的であるとは，「市場が合理的に期待を形成していること」とされる。倉澤資成「資本市場の効率性：日本における実証研究の展望」フィナンシャル・レビュー15号4頁（1989）。Fama教授は，1970年の論文において，「すべて〔の市場参加者〕が各株式に関する現在の価格のための現在の情報の含意と将来の価格の分布(distribution)について合意している」と表現する。Eugene F. Fama, *Efficient Capital Markets: A Review of Theory and Empirical Work*, 25 J. Fin. 383, 387 (1970). Fama教授自身が厳密な市場の効率性への態度を軟化させている点について，Jon E. Hilsenrath, *Stock Characters: As Two Economists Debate Markets, The Tide Shifts—Belief in Efficient Valuation Yields Ground to Role of Irrational Investors—Mr. Thaler Takes on Mr. Fama*, Wall St. J., Oct. 18 2004, at A1.
7) 倉澤・前掲注6) 4頁。
8) 倉澤・前掲注6) 4頁。
9) Fama, *supra* note 6, at 387; Eugene F. Fama, *Efficient Capital Markets: II*, 46 J. Fin. 1575, 1575 (1991).
10) Fama, *supra* note 6, at 383.

に投資者は市場平均と比べて超過収益を得ることができない[11]という概念が挙げられる。これら二つの概念は両方共に効率的な市場を適切に説明しているものである。しかし，これら二つの説明に違いが生じるのは，効率的な市場が達成する事象を違った角度から説明しているからである。効率性の概念には，様々な差異が存在し，論者によって様々な角度から様々な含意が議論されている点に留意する必要がある。

このような状況の中で，各国の当局，判例等がどの程度効率的市場仮説，効率的市場または市場の効率性という概念を受け入れているかを検討する。米国連邦裁判所やデラウェア州裁判所と比べるとわが国での効率性の解釈は，情報効率性よりも基礎的価値に関する効率性を重視していることを示す。

本章の構成　本章での議論は，次のように進める。第2節において，市場の効率性の定義を分類する。第3節において，市場の効率性に対する各法域での態度を検討する。

第4節では，分類した効率性をどのような場面で適用するべきかについて検討する。最後に，補足として，第5節において，ディスカウントおよびプレミアムの分類を試みた上で，効率的な市場における株価との関係を検討する。

---

11) 例えば，Burton G. Malkiel教授は，市場平均に投資するインデックス・ファンドを超える超過収益（リスク調整済み）を得ることはできないという意味の市場の効率性は，情報効率性や基礎的価値に関する効率性よりも，「より重要」(more important)であると述べる。MALKIEL, *supra* note 3, at 269; ANDREI SHLEIFER, INEFFICIENT MARKETS: AN INTRODUCTION TO BEHAVIORAL FINANCE 2-3 (2000).

第2節　市場の効率性の定義の分類

第1款　序　論

　効率的市場 (efficient market)[12]の定義は様々である[13]。本節では，効率性の定義に様々な種類が存在することを示す。最初に，反映される情報に基づく効率性の分類を検討し，次にモデルに基づく分類を検討する。この議論は，後の議論で各法域がどのような態度をとっているかを検討する前提として，どのような理論的な議論がなされているかを予め検討するものである。

第2款　反映される情報に基づく効率性の分類

　ここでは，効率性に関して反映される情報に基づく分類を検討する。Fama教授による1970年の論文における程度による効率性の分類が著名であり，そこでは，反映される情報の違いに基づき，弱度 (weak form)，準強度 (semi-strong form) および強度 (strong form) といった差異が認識されている[14]。この三つの差異により，それぞれの効率性が持つ含意が異なる。

---

12) 効率的市場 (efficient market) に代わり効率的資本市場 (efficient capital market) という用語が用いられることもあるが，本書では，効率的市場で統一する。効率的資本市場の用語を用いる例として，例えば，スティーブン・A・ロス＝ランドルフ・W・ウェスターフィールド＝ジェフリー・ジャフィ（大野薫訳）『コーポレート・ファイナンスの原理〔第9版〕』670–680頁（金融財政事情研究会・2012）。

13) 例えば，1976年の論文では，「情報処理において効率的な市場のことである。効率的市場においてはいかなる時点においても観察される証券の価格は，その時点で利用可能なあらゆる情報の『正しい』評価にもとづいている。すなわち，価格は利用可能な情報を『十分に反映している』」と定義されている。倉澤・前掲注6) 3頁 (EUGENE F. FAMA, FOUNDATIONS OF FINANCE 133 (1976) を引用する)。これは情報が価格に織り込まれる費用や取引費用がゼロであることを前提としている。Fama, *supra* note 9, at 1575. より現実的な定義として「情報に基づいて行動することにより得る限界収益が限界費用を超えない程度に情報が価格に反映する」がある。*Id.*; GEORGE RUTLEDGE GIBSON, THE STOCK EXCHANGES OF LONDON, PARIS, AND NEW YORK: A COMPARISON 11 (1889).

14) この3分類は，Fama, *supra* note 6, at 388による。訳語は，倉澤・前掲注6) 8頁による。

第1目　弱度の効率的市場

　弱度の効率的市場では，市場価格は，過去の市場価格に関する情報を含んでいるとされる[15]。つまり，過去の価格は将来の価格に対して影響を与えないということであり，また，長期的な株価の傾向を無視すれば[16]，価格は一定の法則に従って変化するものではなくランダム・ウォーク (random walk) するということでもある。

　弱度の効率的市場が成立する場合，いわゆるテクニカル分析[17]では超過収益を得ることができない[18]。ある証券について弱度の効率的市場が成立する場合，テクニカル分析はすべて無意味である[19]ということになるし，テクニカル分析で超過収益を得ることができるというような広告は虚偽ということになる。また，株価は過去10年間でみた場合，底であり今後上がる等というような表現もできないということになる。このように，証券の勧誘の文脈で，弱度の効率的市場が成立しているか否かが意味を持つ場面がありそうである。しかし，強制開示制度にとって，弱度の効率的市場が特段の意味を持つということはないと思われる。

第2目　準強度の効率的市場

　準強度の効率的市場では，一般に利用可能な情報が市場価格に完全に反映さ

---

15) ANDREW W. LO & A. CRAIG MACKINLAY, A NON-RANDOM WALK DOWN WALL STREET 13 (1999); FRANK J. FABOZZI, FRANCO MODIGLIANI & FRANK J. JONES, FOUNDATIONS OF FINANCIAL MARKETS AND INSTITUTIONS 357 (4th ed. 2010).
16) 証券価格は，長期的に一定の傾向を示すことがある。このような一定の傾向は，証券価格がランダムに変動するという概念とは相容れないものであるようにみえる。しかし，このような長期的傾向は，短期的に見た場合の株価のランダムウォークを否定するものではない。なぜなら，このような長期的な傾向を日次の株価変動として認識しようとしても限りなくゼロに近い数値となってしまうからである。
17) 例えば，弱度の効率性が成立する場合，3日連続で株価が下落したからといって，4日目に下落する可能性が50％より高いということはなく，上昇するか下落するかはランダム（50％ずつ）となる。テクニカル分析に関する懐疑的な態度について，例えば，MALKIEL, supra note 3, at 138-62.
18) Fama教授は1991年の論文において，弱度の効率性の検証を「収益予測の検証」(tests for return predictability) を含んでいると述べる。Fama, supra note 9, at 1576. NASSER ARSHADI & THOMAS H. EYSSELL, THE LAW AND FINANCE OF CORPORATE INSIDER TRADING: THEORY AND EVIDENCE 13 (1993).
19) MALKIEL, supra note 3, at 157.

れている[20]とされる[21]。ここで「一般に利用可能な情報」とは，日本企業でいえば有価証券報告書に記載されるような正式な情報や監査済み財務諸表の情報だけでなく，企業が発信するプレス・リリースや製品に関する情報も含まれ，発行者に関する情報だけでなく経済一般，製品市場全般に関する情報も含まれる。また，理想的な準強度の効率的市場では，情報は一瞬で市場価格に反映される。

一般に利用可能な情報が市場価格に完全に反映されている場合，企業について特別な情報を有していない一般の投資者は，超過収益を得ることはできず，また，価格はランダムに変動する[22]。

理想的な準強度の効率的市場仮説が成立する場合，情報は一瞬で資本市場に反映されるために，類似の情報を何度も開示しても株価に影響を与えない。例えば，プレス・リリースで業績を開示した後，同じ情報を有価証券報告書で開示することに意味はない。超過収益を得ることができる場合があるとすれば，有価証券報告書が民事責任を課される法定開示であるという点や監査人により監査を受けており，より信用できるといった点のみである。同様に，業績発表がされ，その情報が株価に反映された後で，証券会社のアナリストが業績に関するアナリスト・レポートを発行したとしても，当該アナリスト・レポートに新たな情報がない限り，投資者は，超過収益を得ることができない[23]。

証券募集における開示との関係でいえば，上場会社が証券募集をする際に，既に開示され株価に織り込まれている情報を再度開示させることは意味がない

---

[20] 「完全に反映されている」という用語のより詳細な定義として，「市場がある情報集合に対して効率的であるということは，その情報をすべての市場参加者に明らかにしても，証券価格が影響を受けないことをいう。さらに情報集合に関する効率性とは（その情報集合に基づいて）経済的な利益を得ることができないということである」が挙げられる。ジョン・Y・キャンベル＝アンドリュー・W・ロー＝A・クレイグ・マッキンレイ（祝迫得夫＝大橋和彦＝中村信弘＝本多俊毅＝和田賢治訳）『ファイナンスのための計量分析』21頁（共立出版・2003）。Burton G. Malkiel, *Efficient Market Hypothesis*, in 1 NEW PALGRAVE DICTIONARY OF MONEY AND FINANCE 739 (Steven N. Durlauf & Lawrence E. Blume eds., 1992).

[21] Fama, *supra* note 6, at 383; FABOZZI, MODIGLIANI & JONES, *supra* note 15, at 357.

[22] キャンベルほか・前掲注20) 24頁。準強度の効率的市場が成立している場合に，企業の基礎的価値の分析 (fundamental analysis) によって超過収益が得られないという点について，MALKIEL, *supra* note 3, at 186-88; ARSHADI & EYSSELL *supra* note 18, at 13.

[23] あるとすれば，当該アナリスト・レポート自体が市場価格に影響を与える場合である。例えば，市場に影響力がある投資銀行の著名なアナリストが業績発表を受けて，投資推奨を「買い」から「売り」に変更する場合やアナリストが独自に行った市場調査や製品の販売数量の予測調査を新たに発表する場合等が考えられよう。

ということになる。つまり，継続開示から変更がなければ，同じ情報を開示させることに意味はない。ただし，継続開示で開示された情報が証券募集の時点でも変わっていないことを確認する効果はある。

　本書では，開示に関する問題を取り扱うため，準強度の効率的市場が中心的なテーマとなり[24]，これが成立するか否か，どの程度で成立するか否か等を問題とする。

第3目　強度の効率的市場

　強度の効率的市場では，株式価値に関する情報で，少なくとも一人の投資家に知られているものなら，当該情報は，株価に完全に織り込まれているとされる[25]。また，強度の効率的市場については，発行者以外の者が保有する開示されていない情報についても市場価格に反映される[26]。強度の効率的市場仮説を熱心に唱える者は，インサイダー情報を利用して取引しようとした瞬間に，市場がそれを察知して株価が変動し，または，秘密などというものは存在せず，株価に影響を与える情報はすぐに漏れてしまうと考えているのかもしれない[27]。

　強度の効率性に基づき，市場があまりに効率的であるから，真に価値のある内部情報を持つ者でさえ，当該情報を用いて利益を得ることができないと考えるのは難しい[28]。本書は，強度の効率的市場が成立していないという前提を置いている[29]。強度の効率的市場仮説の否定に関しては，本章第3節第2款（49頁）を参照。

---

24) STEPHEN J. CHOI & A.C. PRITCHARD, SECURITIES REGULATION: CASES AND ANALYSIS 34 (3d ed. 2011) (市場の効率性の種類の中で，準強度の効率的市場仮説が，証券規制に対して最大の影響を及ぼしたと述べる).
25) ロスほか・前掲注12) 678頁。FABOZZI, MODIGLIANI & JONES, *supra* note 15, at 357.
26) Fama, *supra* note 6, at 383; STEPHEN A. ROSS, RANDOLPH W. WESTERFIELD & JEFFREY JAFFE, CORPORATE FINANCE 355-57 (7th ed. 2005).
27) ロスほか・前掲注12) 678頁。ARSHADI & EYSSELL *supra* note 18, at 13.
28) ロスほか・前掲注12) 678頁。
29) 実証研究は，強度の効率的市場を否定している。Fama, *supra* note 6, at 410; ARSHADI & EYSSELL *supra* note 18, at 13; SHLEIFER, *supra* note 11, at 7.

第3款　効率性のモデルに基づく分類

　本款では，市場の効率性をファイナンスのモデルという観点から分類する。ファイナンスの代表的なモデルに基づくと[30]，効率的市場仮説は，①期待利得／公正ゲーム・モデル (expected return/fair game models)，②劣マルチンゲール・モデル (submartingale model) および③ランダム・ウォーク・モデル (random walk model) として捉えることができる。

　開示の研究という本書の目的に関連して期待利得／公正ゲーム・モデルとランダム・ウォークが重要であるが，証券法制の目的という観点からはマルチンゲール・モデルも重要であるので，ここでこれらを順に概観する。

第1目　期待利得／公正ゲーム・モデル

　期待利得／公正ゲーム・モデル (expected return/fair game models) は，ある時点で市場価格に反映される情報に基づき得られる収益率と同等の収益率の変動が市場で発生することを意味する[31]。つまり，このモデルは効率的市場仮説で定義される「情報が完全に反映される」という部分に重きを置いたモデルである。期待利得モデルが成立するとき，その情報が価格に反映されるから情報開示には意味があるといえる。また，ある時点ですべての情報が価格に反映されているなら，株価は新しい情報でのみ変動することになり，一般の投資者は，ある情報の影響が株価に反映される前に，当該情報を知り，株式の取引をすることができない[32]と考えられるので，超過収益を得られないということになる。

---

30) これらの分類は，Fama, *supra* note 6, at 384–88による。
31) 公正ゲーム・モデルへの言及として，江頭・前掲注1) 356頁，尾崎安央「企業のソフト情報の開示規制とその問題点 (1)」早法67巻1号82頁，84頁 (1991)（証券市場が実際にフェア・ゲーム化しているかは実証研究によるべきであると留保しつつ，効率的な市場を形成することで投資家が保護されれば良いという意見があることに言及する）。
32) 取引時間中に生じる情報について即時に情報を知り，その情報に基づき取引を行うことができる投資者は限られるであろう。また，取引時間外に情報が生じる場合，翌営業日の取引開始の時点で取引に参加する投資者は，当該情報を考慮した上で始値の値付けを行うため，当該情報に基づく利益を特定の投資家が得ることはない。

期待利得モデル　　E が期待値を表し，$p_{j,t}$ を時間 t における証券 j の価格であるとする。$p_{j,t+1}$ を時間 $t+1$ における証券 j の価格であるとする。$r_{j,t+1}$ は，ある一期間における収益率を表したものであり，$(p_{j,t+1} - p_{j,t})/p_{j,t}$ と同義であるとする。Φ_t は，時間 t において市場が完全に反映すると仮定される情報をいう[33]。これらを用いると，以下の式 2.1 が得られる[34]。

$$E(\tilde{p}_{j,t+1} \mid \Phi_t) = [1 + E(\tilde{r}_{j,t+1} \mid \Phi_t)]p_{j,t} \tag{2.1}$$

確率変数の概念　　$\tilde{p}_{j,t+1}$ および $\tilde{r}_{j,t+1}$ の上のチルダ記号（˜）は，時間 $t+1$ における確率変数 (random variable) であることを意味している。確率変数とは，それがとる各値に対しそれぞれ確率が与えられている変数をいう[35]。例えば，正六面体のサイコロであれば，サイコロが取りうる値は，1 から 6 までであり，また，サイコロのそれぞれの値は 6 分の 1 の確率で出るため，確率変数であるといえる。確率変数であることを表すためにチルダを付して，$\tilde{x}$ と表す。例えば，サイコロを振って 3 の目がでたのであれば，以後は $x = 3$ とチルダを除いて表される。

集合の表記　　「|」という記号は，集合の記法の一つであり，この記号の右側が条件を表し，その条件における左側が当該集合の要素を表す。例えば，

$$A = \{x \mid x \in B \,\text{and}\, x \in C\} \tag{2.2}$$

という式の右辺について，「|」の左側は，集合を構成する元の定義であり，これが x であることを表している。「|」の右側は集合 x を定義する条件である。この例の場合，「B に含まれる x」かつ「C に含まれる x」という条件が課されているため，右辺は，「集合 B および C の両方に含まれる x」を意味する。

期待利得モデルの含意としての公正ゲーム・モデル　　期待利得モデルでは，式 2.1 が示す通り，時間 t において反映される情報を元に決定される期待収益率に時間 t の証券価格を乗じたものが，左辺である時間 $t+1$ における証券価格の期待値となることを意味する。この式に基づいて，$x_{j,t+1}$ を

---

[33] Fama, *supra* note 6, at 384.
[34] *Id.*
[35] 東京大学教養学部統計学教室編『統計学入門』88頁（東京大学出版会・1991）。

$x_{j,t+1} = p_{j,t+1} - E(p_{j,t+1} \mid \Phi_t)$（時間 $t+1$ における価格から，時間 t における情報を反映したときに得られる時間 $t+1$ における証券価格の期待値を控除したもの）と定義すると，公正ゲーム・モデルとして，次の式 2.3 が得られる[36]。

$$E(\tilde{x}_{j,t+1} \mid \Phi_t) = 0 \tag{2.3}$$

情報がすべて反映されることを前提とし，超過収益を得ることができないことを意味している[37]。

例えば，流通市場での取引がゼロ・サム・ゲームだとした上で，インサイダー取引が行われ，内部者が超過収益を得る場合，それ以外の株主から内部者に対して利益移転が生じたと捉えることができる。この場合，投資者が情報開示から得る期待利得はゼロ以下となり，公正ゲーム・モデルが成立しない[38]。

次に，期待利得／公正ゲーム・モデルを例を用いて説明する。以下の仮定を置く。

- ある上場会社 j の発行済株式総数が 100 株で，当該株式が 1 株当たり 100 円で取引されているとする。つまり，時価総額が 1 万円である。
- 会社が新たに油田を発見したことを発表したとする。当該情報について，市場は，事前に何らの情報も有していなかったとする。
- 油田は，現在価値に換算して，① 1,000 円の利益を得られる可能性が 50% であり，② 3,000 円の利益を得ることができる可能性が 50% であるとする。会社が得る，期待利得は，2,000 円である（$(1,000 \times 0.5) + (3,000 \times 0.5) = 2,000$）。1 株当たりに換算すると，1 株当たり 20 円となり，収益率は，20% となる。

これを，モデルにあてはめると，以下の通りとなる。

- $p_{j,t}$ は，時点 t での株価である，100 円である。
- Φ_t は，時点 t において，油田を発見したという情報となる。
- $E(\tilde{r}_{j,t+1} \mid \Phi_t)$ は，油田を発見したという情報に基づき，予想される期待収益率であるから，20% (0.2) となる。
- $E(\tilde{p}_{j,t+1} \mid \Phi_t)$ は，t 時点での株価の期待値（時点 t における情報を反映した

---

36) Fama, *supra* note 6, at 385.
37) *Id.* at 384–85.
38) 式2.3に従って表記すれば，$E(\tilde{x}_{j,t+1} \mid \Phi_t) \leq 0$ ということになるであろう。

ときに，時点 $t+1$ における株価が幾らになるかということに関する時点 t における期待値）であるから，120円となる。

$$E(\tilde{p}_{j,t+1} \mid \Phi_t) = [1 + E(\tilde{r}_{j,t+1} \mid \Phi_t)]p_{j,t} \qquad (2.4)$$
$$= [1 + E(0.2)] \times 100 \qquad (2.5)$$
$$= 120 \qquad (2.6)$$

　期待利得モデルは，証券法制において開示が求める前提条件であるといえる。なぜなら，もし，期待利得モデルが成立しないのであれば，情報を開示してもその情報が価格に影響を与えないということになり，法律上の開示に意義を見出すことが難しくなる。ただし，取引費用や投資者の限定合理性が存在するために[39]，期待利得モデルが「完全に」例外なく成立する——つまり，株価を変動させる情報が発生すると例外なく当該情報が株価に反映される——ことは，ありえない（限定合理性について，本書296頁参照）。完全な効率性が存在しないという点は，期待利得モデルだけでなく，公正ゲーム・モデルについてもいえる。公正ゲーム・モデルは，情報が即時に反映されるために，投資家が超過収益を得ることができないことを意味するが，一部の証券について一部の投資家が超過収益を得られるような状況は，考えられるであろう[40]。

　しかし，重要な情報が価格に反映されていれば，重要ではない情報が価格に反映されていなくても，実質的には大勢に影響がないということもいえよう。例えば，株価を100円変える情報が存在する場合に，株価が当該情報に基づいて99円変動するのであれば，株価に反映されなかった価値が存在するとしてもその1円分の価値の乖離に基づき利益を得ることは，相当程度難しくなる。また，期待利得モデルや公正ゲーム・モデルが完全に成立している必要はないとの前提に立ったとして，法律が想定するまたは前提とする効率性の程度がどの程度であるかという問題がある[41]。

---

39) 限定合理性について，本書第3章第6節・279頁参照。
40) Sanford J. Grossman 教授および Joseph E. Stiglitz 教授は，裁定取引により市場価格がいつでも均衡に達しているという仮定は，裁定取引に費用がかかるという仮定と相容れないということを示した。Sanford J. Grossman & Joseph E. Stiglitz, On the Impossibility of Informationally Efficient Markets, 70 AM. ECON. REV. 393, 393 (1980).
41) 例えば，金商法166条と価格への信頼の文脈で，岸田雅雄監修『注釈金融商品取引法第3巻』141頁（金融財政事情研究会・2010）〔行澤一人〕は，「情報効率性が完全に保障された市場であることを必ずしも前提としない」と述べる。

同様に，どのような開示制度（例えば，開示の方法）を義務付ければ完全ではなくとも，法律が想定するまたは前提とする程度での効率性が成立するかという問題があるといえるだろう。

第2目　劣マルチンゲール・モデル

劣マルチンゲール・モデル (submartingale model) を検討する前に，マルチンゲールという概念について紹介する[42]。抽象的な定義について紹介するよりも具体例を挙げたほうが理解しやすいと思われるため，以下では，例を挙げてマルチンゲール・モデルの特性を説明する。偶数か奇数に賭けて正六面体のサイコロを振り，予想が当たった場合に賭金を2倍にして返し，予想が外れた場合に賭金を没収される賭博は，マルチンゲールであるとされる。このゲームには幾つかの特性がある。

マルチンゲールの賭博において，期待収益率はどの時点でも一定である

第一に，この賭博において，サイコロを振る前 ($t=0$) に 100 円を有する賭博者が 100 円を賭ける場合，サイコロを振った後 ($t=1$) に賭博者の資金が 200 円になる確率が 50％ あり，0 円になっている確率が 50％ になる[43]。この場合，$t=1$ での期待値は，この賭博を行う前と変わらず 100 円である。

$$E[\tilde{x}_{t=1}] = (勝利時収益 \times 勝つ確率) + (敗北時収益 \times 負ける確率) \quad (2.7)$$

$$= 200 \times \frac{1}{2} + 0 \times \frac{1}{2} \quad (2.8)$$

$$= 100 \quad (2.9)$$

つまり，事前の 100 円から全く利益を得られないということであり，期待収益率はゼロである。この賭博を続ける限り，次の回 ($t=2$) であろうとも，それ以後の回 ($t=3$……) であろうとも，賭博から得られる期待収益率は，ゼロで変わらない。

[42) ファイナンスにおいて，マルチンゲール・システムとは，負けるたびに賭け金を2倍にする賭博における戦略を意味する。マルチンゲールという用語は，「勝つまで掛金を倍にしていく」をフランス語で書いた時の各単語の頭文字が語源という説もあるようである。木島正明『金融工学―経済学入門シリーズ』147頁（日経文庫・2002）。

[43) 賭博者が偶数に賭けるにしろ，奇数に賭けるにしろ，予想があたる可能性が 50％ であり，外れる可能性が 50％ である。

実際の賭博では，収益は正にも負にもなりうる

第二に，賭博者が十分な資本を有し（例えば，1万円），賭けを続ける（例えば，1回100円の賭博を続ける）場合，短期的には予想があたる場合も外れる場合もあるため，賭けを行った後の実績をみた場合，賭博者の財産は，増減しうる[44]。

100円を賭けた場合の賭けの期待値が，100円であり，また，期待収益率がいずれの回の賭けにおいてもゼロであるにもかかわらず，財産は，変動しうるのである。

期待収益率がゼロでない場合，優マルチンゲールまたは劣マルチンゲールという

第三に，現実の賭博や投資では，期待収益率がゼロではない場合があるということである。

例えば，先ほどの1回100円の賭博について，毎回10円の場所代を親に支払う場合を考える。この場合，100円の賭けを行う前 ($t=0$) の時点で予想される賭けを行った後 ($t=1$) の期待値は，以下の式の通り90円となる。

$$E[\tilde{x}_{t=1}] = 200 \times \frac{1}{2} + 0 \times \frac{1}{2} - 10 \quad (2.10)$$
$$= 90 \quad (2.11)$$

期待収益率は，-10% である。

$$E[\tilde{r}_{t=1}] = \frac{E[\tilde{x}_{t=1}] - x_{t=0}}{x_{t=0}} \quad (2.12)$$
$$= \frac{90 - 100}{100} \quad (2.13)$$
$$= -0.1 \quad (2.14)$$

場所代を払わないケースと同様，短期的には予想が当たる場合も外れる場合もあるため，賭けを行った後の実績をみた場合，賭博者の財産は，増減しうる。期待収益率が0より低いにもかかわらず，運が良ければ，勝ち続け，正の利得を得ることもある。しかし，場所代として10円を払い続ける限り，期待収益率は，-10% で変わらない。

時点 t での情報 Φ_t を基準にした場合に，時点 $t+1$ での期待値が，時点 t での資産価格を下回る場合を，優マルチンゲール (supermartingale) という。端的

---

[44] たまたま，1万円を元手とし，賭けを継続した後，ある一時点でそれまでの勝ちと負けが同数であり，元手に増減がみられないことは，ありうる。

にいえば，長期的にみて損する場合である[45]。

$$E(\tilde{p}_{t+1} \mid \Phi_t) \leq p_t \tag{2.15}$$

優マルチンゲールの場合の逆の場合として，劣マルチンゲール (submartingale) がある。例えば，賭博者がサイコロに細工をしたために，偶数が出る確率が 55% となり，奇数が出る確率が 45% になるとする。その他の条件は，① 1 回当たり 100 円を賭ける，②場所代は支払わない，および③賭博者は，偶数の目が出る方に賭けるとする。この場合，時点 $t=1$ での期待値は，110 となる。

$$E[\tilde{x}_{t=1}] = 200 \times \frac{55}{100} + 0 \times \frac{45}{100} \tag{2.16}$$
$$= 110 \tag{2.17}$$

期待収益率は，+10% である。

$$E[\tilde{r}_{t=1}] = \frac{E[\tilde{x}_{t=1}] - x_{t=0}}{x_{t=0}} \tag{2.18}$$
$$= \frac{110 - 100}{100} \tag{2.19}$$
$$= 0.1 \tag{2.20}$$

以上が，マルチンゲール・モデルの特性といえる。正式には，マルチンゲール (martingale model) とは，「ある時点までの資産価格に関する情報を所与だと考えると，明日の資産価格の期待値が今日の資産価格の期待値に等しいこと」を意味する[46]。先ほどの例を用いると，①優マルチンゲールの賭博であれば，$t=0$ の時点でも，それ以外の時点でも，賭博の期待収益率は，ゼロ以下で一定である，また，②劣マルチンゲールの賭博であれば，$t=0$ の時点でも，それ以外の時点でも，賭博の期待収益率は，ゼロ以上で一定である。

証券市場は，非合法の賭博場ではないし，証券投資は，非合法の賭博ではないが，優マルチンゲール，劣マルチンゲールおよびマルチンゲールの特徴をうまく言い表した文章をキャンベルほかが引用しているので，それを紹介したい。〔　〕は，筆者による補足である。

[45) この式に関して，Fama, *supra* note 6, at 386 (劣マルチンゲールを表す式) を参照した。
[46) キャンベルほか・前掲注20) 30頁。マルチンゲール・モデルについて，同書29–31頁参照。

賭博における最も基本的な原則は，条件の平等にほかならない。すなわち対戦相手に関する，見物人に関する，状況に関する，サイコロを振る筒に関する，そしてサイコロそのものに関する平等な条件だ。平等な条件から逸脱する場合，もしそれが対戦相手の有利になる〔つまり，自分にとって優マルチンゲールになる〕ならそのプレーヤーは愚か者だし，もし己の有利になる〔つまり，自分にとって劣マルチンゲールになる〕ならそのプレーヤーは卑怯者である[47]。

マルチンゲール・モデルと証券市場の関係 既に言及したが，劣マルチンゲール・モデルは，数学的には，以下の式 2.21 が成立する場合をいう[48]。

$$E(\tilde{p}_{j,t+1} \mid \Phi_t) \geq p_{j,t} \tag{2.21}$$

この式は，時点 t における証券価格を $p_{j,t}$ とし，時点 t において存在する情報 Φ_t が証券価格に反映されるとすると，時点 $t=1$ における証券価格の期待値は，$p_{j,t}$ と同一かまたはそれ以上となることを意味する[49]。つまり，ギャンブルを比喩として用いれば，証券の購入は，長期的には，投資家に有利なギャンブルと同等の存在を意味する。

マルチンゲール・モデルと証券市場との関係を検討する際の論点として，①証券市場への投資が投資者にとって長期的に利益を生むか，②投資者の利得が長期的にみて正である場合（劣マルチンゲール）であっても，取引費用などを考慮して実際上正にならなければ意味がないという点，および③投資者の利得が長期的にみて正である場合，投資者は，証券を購入しそのまま保持する，いわゆる買持ち戦略 (buy-and-hold strategy) をとることが合理的な投資戦略となる[50]という点が挙げられる。以下，順に敷衍する。

- 第一に，証券市場には様々な種類の投資商品が存在する。そのうち一部の商品には市場価格が存在する。例えば，銀行預金では元本は守られつつ利息を得ることができる[51]が，当該預金は，市場での売買の対象と

---

47) キャンベルほか・前掲注20) 29頁（ジローラモ・カルダーノによる1565年の「賭博についての考察」の草稿を引用する）。
48) Fama, *supra* note 6, at 386.
49) Id. at 386.
50) CHENG F. LEE & ALICE C. LEE, ENCYCLOPEDIA OF FINANCE 586 (2006).
51) ここでは銀行の破綻，物価変動や為替相場の影響等は考えない。

なっておらず，市場価格は存在しない[52]。それらの証券に市場価格が存在する場合，当該証券の価格は，日々変動する。当該証券への投資は元本割れを起こす可能性がある。日々の株価変動は正にも負にも振れるが，長期的にみて投資者は正の利得を得ることができるだろうか。長期的な利得がゼロまたは負である場合，投資者は，当該証券に投資をしない方が良いということになる。

● 第二に，投資には取引費用がつきものであるため，劣マルチンゲールであるか優マルチンゲールであるかは，取引費用を考慮した上で判断しなければならない。その上で，証券投資を行っているということは，投資者は，当該証券への投資を劣マルチンゲールであると考えているのだと推定される[53]。

● 第三に，投資者がある証券への投資を劣マルチンゲールであると考える場合，日々の変動によっては損をする場合もあろうが，長期的には利得が上がることが予想されるため，買持ち戦略をとることが合理的な選択肢となる[54]。

通常，証券を購入する場合，投資者は，証券価格の上昇を予期しているのであるから，モデルとの関係でいえば，劣マルチンゲールが成立していることを前提としているといえる。しかし，証券市場では，空売りやデリバティブ等の証券価格の下落を予期した投資行動も存在するし，一時的な証券価格の基礎的価値 (fundamental value) や本源的価値 (intrinsic value) からの乖離に着目した空売りやデリバティブの取引もありうるところである。そのように考えると，マルチンゲール・モデルが実際の市場にどの程度整合的かを判断することは難しいように思われる。

マルチンゲール・モデルが売買を惹起する場合とは，投資家が，ある証券に

---

[52] 銀行預金の金利は，基準割引率および基準貸付利率（かつての公定歩合）や国債の市場価格と高い連動性を有するが，これは無視する。

[53] 賭博は，優マルチンゲールであると考えられる。しかし，賭博の場合，賭博という行為自体から賭博者が効用——例えば，射幸心を煽られることによる興奮を楽しむ——を得ている可能性はある。このため，賭博による期待収益率がゼロ未満であっても，賭博行為による効用を勘案すると，賭博を行うことが合理化されるのかもしれない。本書では，投資行為自体から効用を得るという考え方は，採用していない。

[54] Stephen F. LeRoy, *Efficient Capital Markets and Martingales*, 27 J. ECON. LIT. 1583, 1593 (1989).

関して劣マルチンゲールと優マルチンゲールが入れ替わると予想する場合であろう。すなわち，長期的にみて証券価格が上昇すると予想する場合（劣マルチンゲール）に証券を購入し，長期的にみて証券価格が下落すると予想する場合（優マルチンゲール）に証券を売却するのであろう[55]。また，証券の株価が劣マルチンゲールに従うのであれば，劣マルチンゲールである限り，投資者は，会社の開示情報の内容如何にかかわらず，また，一時的な株価変動にかかわらず，株価を保有し続けることが合理的な選択肢になる[56]。

ただし，投機家は，短期的な株価の動向を予想し，ある証券について，①長期的に優マルチンゲールであると信じながら短期的に株価が上昇すると判断して当該証券を買い，または，②長期的に劣マルチンゲールであると信じながら短期的に株価が下落すると判断して当該証券を売却する可能性がある。つまり，市場で生じる売買は，一時的な株価の乖離に基づく売買も行われるため，すべての売買が優マルチンゲールと劣マルチンゲールの入れ替わりによって生じるわけではないことに留意する必要がある。

第3目　ランダム・ウォーク・モデル

株価がランダム・ウォークするとき，市場は効率的であると理解するのが，ランダム・ウォーク・モデル (random walk model) による効率性の定義である[57]。この理解は，①「市場価格には，現在得られる情報がすべて織り込まれている」ならば，価格の変化をもたらすのは，事前には予期できなかった偶発的な要因だけであり，このため，各期の価格変化は独立になる，および②価格の変化が同一の分布に従うという二つの認識から生まれる[58]。

ランダム・ウォーク・モデルは，証券の価格の変化が独立同一分布 (i.i.d.: independently and identically distributed) に従うと表現される[59]。ランダム・

---

55) 他に，現金が必要なときに証券を売却して手元資金を増やすということが考えられる。
56) *Id.*
57) 倉澤・前掲注6) 10頁。
58) Fama, *supra* note 6, at 386. 倉澤・前掲注6) 10頁。
59) μ を期待される価格の変化分（ドリフトとも呼ばれる）とし，ϵ を撹乱項だとすると，時点 t での価格は，以下の式で表される。

$$P_t = \mu + P_{t-1} + \epsilon_t \qquad \epsilon_t \sim \text{IID}(0, \sigma^2) \qquad (2.22)$$

右の式は，ϵ_t が，平均ゼロ，分散 σ^2 独立かつ同一の分布に従うことを示す。キャンベルほか・前掲注20) 31頁。

ウォークモデルの帰結として，市場が情報に関して効率的である場合に，一般に利用可能な情報のみに基づいた投資戦略では，市場の収益率を上回る投資収益を得ることができないことを意味する[60]。

ランダム・ウォーク・モデルでの価格の変動は，独立および同一という点を重視しており，期待値がゼロ以外となること（ドリフト）を許容する[61]。この点は，マルチンゲール・モデルと類似性がある。第2目でみた通り，マルチンゲール・モデルには，独立性および同一性という制限は課されていないため，ランダム・ウォークによる効率性の定義は，マルチンゲールによるそれよりも強く，マルチンゲール・モデルの一様態であると考えられる[62]。つまり，ランダム・ウォークはマルチンゲールにほかならないが，マルチンゲールはランダム・ウォークになるとは限らない[63]。

---

60) 倉澤・前掲注6) 10頁。
61) キャンベルほか・前掲注20) 31頁。
62) 倉澤・前掲注6) 10頁。
63) 倉澤・前掲注6) 10頁。

第3節　市場の効率性に対する各法域での態度

第1款　序　論

　本節では，市場の効率性に対するわが国，米国連邦裁判所および米国デラウェア州の裁判所の態度ならびに米国連邦証券取引委員会の態度を比較，検討する。

　第2款（49頁）において，強度の効率的市場仮説を否定する姿勢を概観する。第3款（54頁）において，準強度の効率性に関する姿勢を概観する。これには，「情報が価格に反映される」といういわゆる情報効率性 (informational efficiency) を認めるかという議論と「市場価格が発行者の価値を表している」といういわゆる基礎的価値に関する効率性 (fundamental value efficiency) を認めるかという議論が存在する[64]。

　「基礎的価値に関する効率性」という用語は，ある情報について証券価格が正しく値付けされているという意味で用いられている[65]。ここで，基礎的価値とは，将来のキャッシュ・フローをリスクの性格に応じて正味現在価値に割り引いたものをいう[66]。基礎的価値に関する効率性が達成される場合[67]とは，すべての情報が即時にすべて反映されるという完全な情報効率性を達成する場合と類似している[68]。しかし，基礎的価値に関する効率性と情報効率性では，

---

64) 情報効率性と基礎的価値に関する効率性の違いについて，梅津昭彦「『市場に対する詐欺理論』における効率的市場要件—*In re* PolyMedica Corp. Sec. Litig., 432 F.3d 1 (1st Cir. 2005)」商事1780号47頁（2006）を参照。
65) *In re* PolyMedica Corp. Sec. Litig., 432 F.3d 1, 15 (1st Cir. 2005). Daniel R. Fischel教授は，これを価値効率性 (value efficiency) と呼ぶ。Daniel R. Fischel, *Efficient Capital Markets, the Crash and the Fraud on the Market Theory*, 74 CORNELL L. REV. 907, 909 (1989); Ian Ayres, *Back to Basics: Regulating How Corporations Speak to the Market*, 77 VA. L. REV. 945, 969 & n.97 (1991).
66) SHLEIFER, *supra* note 11, at 2.
67) *Id.*
68) Jonathan R. Macey & Geoffrey P. Miller, *The Fraud-on-the-Market Theory Revisited*, 77 VA. L. REV. 1001, 1012–15 (1991) (市場が情報効率的でなければ，基礎的価値に

考え方に相違点も存在する。情報効率性の程度は，情報が反映される速度[69]と量で測られる。他方，基礎的価値に関する効率性は，前述の通り，証券価格が正しいか否かによって測られる[70]。基礎的価値に関する効率性の概念の延長線上には，個々の情報が正しく値付けされる結果，証券価格が会社の基礎的価値を表しているという考え方がある[71]。情報効率性と基礎的価値に関する効率性の差異について，本章第3節第3款（54頁）でさらに検討する。

　本書では，この概念をもう少し敷衍して，「証券の価格が証券により表彰される事業の本源的価値 (intrinsic value) を表すという」意味で「本源的価値」という用語を用いる[72]。この用語は市場価格が会社の本源的価値と合致しているか否かという点を問うものである。会社の真実の本源的価値が幾らであるかは，推測することしかできない[73]。なぜなら，会社の将来キャッシュ・フローを完全に予測することができないし，正しい割引率を知ることができないからである。しかし，会社の本源的価値を措定することは有用であるし，裁判所には「真実の価値」に言及するものもあるので，この用語の定義が必要になる[74]。本書では，「真実の価値」(true value) と本源的価値を同義で用いる[75]。

　　関する効率性は達成できないと述べる); Donald C. Langevoort, *Theories, Assumptions, and Securities Regulation: Market Efficiency Revisited*, 140 U. PA. L. REV. 851, 857 n.15 (1992).
69) Lynn A. Stout, *The Mechanisms of Market Inefficiency: An Introduction to the New Finance*, 28 J. CORP. L. 635, 640 (2003).
70) *Id.*
71) *Id.*
72) 伊藤邦雄『ゼミナール企業価値評価』13頁（日本経済新聞出版社・2007）は，本源的価値を，「企業が将来にわたり生み出す利益やキャッシュ・フローをベースに理論的かつ分析的に導き出された価値」と定義する。また，"intrinsic value" という用語に「本源的価値」だけでなく「内在価値」との訳語を付する。
73) *See* Merritt B. Fox, Randall Morck, Bernard Yeung & Artyom Durnev, *Law, Share Price Accuracy, and Economic Performance: The New Evidence*, 102 MICH. L. REV. 331, 345 (2003).
74) *Cf.* Ronald J. Gilson & Reinier H. Kraakman, *The Mechanisms of Market Efficiency Twenty Years Later: The Hindsight Bias*, 28 J. CORP. L. 715, 716 n.4 (2003)（基礎的価値に関する効率性が情報効率性と異なる，すなわち，情報効率性とは別個の概念として基礎的価値に関する効率性が観念できる，と主張する場合，それは，①市場が情報を不正確に評価していること，ひいては鞘取りによって利益を得る機会を有する，または②誰かが現在の株価が不正確となるような価格決定モデルを含め非公開の情報を有していることのどちらかを意味するということではないかと指摘する）。同論文における市場の効率性と情報に関する費用の関係について，野田耕志「証券開示規制における引受証券会社の責任」関俊彦先生古稀記念『変革期の企業法』450-456頁（商事法務・2011）参照。
75) 文脈は違うが，真実の価値と本源的価値とを同義に扱うものとして，Stewart C. Myers & Nicholas S. Majluf, *Corporate Financing and Investment Decisions When Firms*

なお，本書では，次章以降で，価格を確率変数と捉えて，価格の正確性を議論することがある。この場合，価格が不偏 (unbiased) であれば，確率変数の期待値と本源的価値が等しく，また，確率変数の分散は，価格の期待される正確性を図る指標となりうる[76]。例えば，ある市場価格が利用可能なすべての情報を正確に反映しており，反映されていない情報のうち価格を上昇させるものと下落させるものが平等に存在している場合，当該証券から得られる利得の期待値は，本源的価値と等しくなるため問題にならず，証券の価格の正確性に関して残る問題は，証券の分散（ボラティリティ）に鑑みて，どの程度の不正確性が存在しているかとなる。すなわち，本源的価値との正確性が問題になる場合の論点は，①本源的価値の推定を行うにあたり，価格が不偏であるか否か，②不偏ではない場合，分散に鑑みて，どの程度の確率で正確であるといえるかということになろう。すべての情報が価格に反映されている場合，知られていない情報は，定義上，予測不能ということであり，すなわちランダムに価値に影響を与える[77]。それゆえ，すべての情報を反映した価格は，完全に正確ではないものの，不偏であり，また，その時点での最も正確な価格であるといえよう[78]。

第2款　強度の効率的市場の否定

第1目　序　論

本款では，強度の効率的市場を否定する議論を概観する。まずは，デラウェア州の判例理論を概観し，次に，米国連邦証券法制から示唆を得る。最後に，わが国における議論を検討する。

第2目　デラウェア州

1985年にデラウェア州最高裁は，組織再編の文脈で，以下の通り判示した。
「我々は社外の〔専門家による〕価値評価が情報に基づく経営判断 (informed

Have Information That Investors Do Not Have, 13 J. FIN. ECON. 187, 191 (1984).
76) Fox et al., *supra* note 73, at 345 n.42.
77) *Id.* at 350.
78) *Id.*

business judgment) に必須であるということを意味せず，また，独立の投資銀行によるフェアネス・オピニオンが法律上必要というわけでもない。時に，継続企業の事業に精通した内部者は，関連する情報を集めるという点で外部者に比べて有利な地位にあり，また，適切な状況では，そのような〔内部者である〕取締役は経営陣からの価値評価の報告に誠実に依拠することについて完全に保護 (fully protected) される。」[79]

デラウェア州最高裁判所の判示は，会社内部の情報が市場に反映されていないことを前提としており，市場が強度の効率性を有していないと解していることを明らかにしたものといえる[80]。

第3目　米国連邦法

証券取引委員会および司法省は，会社内部者（インサイダー）による重要な内部情報（インサイダー情報）に基づく取引を取り締まっている[81]。例えば，2011

---

79) Smith v. Van Gorkom, 488 A.2d 858, 876 (Del. 1985). *Van Gorkom* 判決の評釈として，神崎克郎「判批」商事1164号36頁，38頁（1988）。*See* Paramount Communications, Inc. v. Time Inc., 571 A.2d 1140, 1150 n.12 (Del. 1989); Air Products and Chemicals, Inc. v. Airgas, Inc., 16 A.3d 48, 112 (Del. Ch. 2011) (Chandler, C.). 日本語での評釈として，例えば，白井正和「判批」樋口範雄＝柿嶋美子＝浅香吉幹＝岩田太編『アメリカ法判例百選』別冊ジュリ213号238–239頁（有斐閣・2012），德本穣「判批」野村修也＝中東正文編『M&A判例の分析と展開』255頁（経済法令研究会・2007）。*Airgas* 事件について，田中亘『企業買収と防衛策』200–201頁（商事法務・2012）参照。
80) ただし，会社の内部者が必ず優れた判断を行うことを意味するものではない。例えば，デラウェア州衡平法裁判所の Chandler 首席裁判官は2011年に会社の取締役会が企業価値の予測を（企業価値が高まるという自信過剰な方向に）誤る可能性があることを指摘している。*Air Products v. Airgas*, 16 A.3d at 112 n.430. Black教授およびKraakman教授による，株式市場からは認識できない会社の隠れた価値の存在を前提とする価値モデル (hidden value model) は，デラウェア州におけるレブロン基準の発動要件を説明するにあたり肯定的に紹介されているようである。白井正和「友好的買収の場面における取締役に対する規律（4）」法協128巻6号1616頁注995（2011）(Bernard Black & Reinier Kraakman, *Delaware's Takeover Law: The Uncertain Search for Hidden Value*, 96 Nw. U. L. Rev. 521 (2002)について議論する). *In re* Dollar Thrifty S'holder Litig., 14 A.3d 573, 612 n.213 (Del. Ch. 2010) (Strine, V.C.) (Black教授およびKraakman教授のうち，経営者による会社の価値が市場価格よりも低くないという主張は，低いという主張よりも信用しやすいと述べる). *Cf. Air Products v. Airgas*, 16 A.3d at 112 n.430 (Black教授およびKraakman教授の論文を引用し，隠れた価値が存在しうる可能性を肯定しつつも，同事案における隠れた価値の存在を否定する).
81) Roger Lowenstein, *The War on Insider Trading: Market-Beaters Beware*, N.Y. Times, Sept. 25, 2011, at MM36 (証券取引委員会の法執行局のRobert Khuzami局長がインサイダー取引に関する議会での証言で市場平均を3％一貫して超過する収益を得た者はインサイダー取引の候補に上がると述べたことを引用する). これは強度の効率的市場を否定する見解をとっているものと考えられる。

年に証券取引委員会は，57件の訴訟を提起した[82]。

米国においてインサイダー取引は，取引所法10条(b)項および14条(e)項等を用いて規制がなされている。主に用いられる取引所法10条(b)項の理論的根拠には少なからぬ変遷がある[83]が，そのいずれの理論[84]も情報の非対称性を前提としており，強度の効率的市場仮説を否定しているといえよう[85]。

この他，強度の効率性の否定と整合的な規制として，公開買付けにおける対象会社の意見表明を強制する規則14d–9[86]やマネジメント・バイアウト(MBO: management buyout)等における内部情報の開示を強制する規則13e–3[87]が挙げられる。

第4目　日　本

金商法166条は，内部者等が上場会社等の業務等に関する重要事実を職務に関し知った場合等について，重要事実を公表した後でなければ内部者等による上場会社の有価証券等の売買を禁じる旨規定している。規制の趣旨として，

---

82) Sec. & Exch. Comm'n, *Press Release, SEC Enforcement Division Produces Record Results in Safeguarding Investors and Markets* (Nov. 9, 2011), http://sec.gov/news/press/2011/2011-234.htm (last visited Feb. 12, 2012); Sec. & Exch. Comm'n, *Spotlight on Insider Training* (June 14, 2011), http://www.sec.gov/spotlight/insidertrading.shtml (last visited Feb. 12, 2012); Sec. & Exch. Comm'n, *SEC Enforcement Actions—Insider Trading Cases* (Oct. 6, 2011), http://www.sec.gov/spotlight/insidertrading/cases.shtml (last visited Feb. 12, 2012).
83) *See* STEPHEN M. BAINBRIDGE, CORPORATION LAW AND ECONOMICS 518–609 (2002); Stephen M. Bainbridge, *Insider Trading, in* 3 ENCYCLOPEDIA OF LAW AND ECONOMICS 772–812 (Boudewijn Bouckaert & Gerrit De Geest eds., 2000); JOHN C. COFFEE, JR. & HILLARY A. SALE, SECURITIES REGULATION CASES AND MATERIALS 1182–1213 (12th ed. 2012); JAMES D. COX, ROBERT W. HILLMAN & DONALD C. LANGEVOORT, SECURITIES REGULATION: CASES AND MATERIALS 905–43 (7th ed. 2013); CHOI & PRITCHARD, *supra* note 24, at 336–85; THOMAS LEE HAZEN, SECURITIES REGULATION: CASES AND MATERIALS 719–88 (8th ed. 2009); 米国のインサイダー取引の理論の変遷を概観するものとして，梅津昭彦「アメリカ法におけるインサイダー取引規制の基礎理論の展開」関俊彦先生古稀記念『変革期の企業法』530–538頁（商事法務・2011）。わが国における最近の論文について同論文529頁注5参照。他に，萬澤陽子『アメリカのインサイダー取引と法』223–267頁（弘文堂・2011）。米国の議論の要約として，黒沼悦郎「判批」樋口ほか編・前掲注79) 246頁, 247頁。
84) 情報の平等理論，信任義務理論および不正流用理論の解説について，黒沼悦郎『アメリカ証券取引法〔第2版〕』160–167頁（弘文堂・2004），近藤光男＝吉原和志＝黒沼悦郎『金融商品取引法入門〔第4版〕』315頁（商事法務・2015）を参照。
85) Bainbridge, *supra* note 83, at 785（インサイダーと一般投資家との間の情報の非対称性は，連邦証券法制における強制開示の規則が，発行者に対して投資者の投資判断に重要な情報であるにもかかわらず，当該情報を開示せずとも良い(confidential)とすることによって生じるとする）。
86) 17 C.F.R. § 240.14d–9 (2014).
87) 17 C.F.R. § 240.13e–3 (2014).

公正性，健全性等が挙げられる[88]が，この内部者取引規制は，情報の非対称性を前提とした規制であるから，強度の効率性を否定しているものと考えられる[89]。

また，公開買付けの文脈での対象会社の意見表明報告書（金商法27条の10第1項，金商令13条の2第1項）も，対象会社内部にある情報である対象会社の経営者の意見表明を義務付けている点で，会社内外の情報格差を前提とした規定であるといえよう。ひいては，強度の効率性を否定しているものと考えられる。

さらに，経営者による企業買収（MBO）の文脈で，買収者である経営者と株主の間の情報の非対称性が認識されている[90]。例として，買収価格の適切性に関する議論が挙げられ，2007年9月4日に公表された経済産業省「企業価値の向上及び公正な手続確保のための経営者による企業買収（MBO）に関する指針」では，「MBOの場合には，株式の買付者側である取締役と売却者側である株主との間に，大きな情報の非対称性も存在する」と指摘する[91]。

なお，わが国における会社による自己株式の取得は，平均すると市場平均を超える収益を上げているという実証研究があり，これは強度の効率的市場仮説と矛盾するものである[92]。

第5目　小　　括

以上から，各法域で，強度の効率性が妥当するとは考えられていないことが

---

88) 神田秀樹＝黒沼悦郎＝松尾直彦編『金融商品取引法コンメンタール（4）』112-113頁（商事法務・2011）〔神作裕之〕，岸田監修・前掲注41) 141頁〔行澤〕。
89) 代表的な事案としては日本商事事件，日本織物加工事件，村上ファンド事件およびマクロス事件がある。最三小判平成11・2・16刑集53-2-61，最一小判平成11・6・10刑集53-5-415，最一小決平成23・6・6刑集65-4-385，東京地判平成4・9・25金判911-35。証券取引等監視委員会の立場から，情報の非対称性に言及するものとして，木下信行「国民経済と証券取引等監視委員会の活動」商事1892号5-6頁（2010）を参照。
90) 東京地判平成23・2・18金判1363-48，白井正和「友好的買収の場面における取締役に対する規律（二）」法協128巻4号1031頁（2011），加藤貴仁「レックス・ホールディングス事件最高裁決定の検討（中）」商事1876号9頁および注40（2009），飯田秀総「MBOを行う取締役の義務と第三者に対する責任」ジュリ1437号98頁（2012）。
91) 経済産業省「企業価値の向上及び公正な手続確保のための経営者による企業買収（MBO）に関する指針」4頁（2007）。加藤・前掲注90) 9頁。企業価値研究会「企業価値の向上及び公正な手続確保のための経営者による企業買収（MBO）に関する報告書」4頁（2007）も同様。
92) Masaya Ishikawa & Hidetomo Takahashi, *Testing the Managerial Timing Ability: Evidence from Stock Repurchases in Japan*, 8 FIN. RESEARCH LETTERS 21, 26 tbl.3 (2011).

明らかになった。強度の効率性が認められないということは，発行者内部の情報が，上場証券の市場価格には反映されていないということであり，また，会社内部の情報が外部に出ていないと言い換えることができる。強度の効率的市場仮説が妥当しない場合，市場一般と会社内部に情報の非対称性が認められることになる。このため，法政策上，情報の開示に関する様々な規制を行うか否か，どの程度の範囲でそれを行うかが問題となる。

例えば，①内部者取引規制では内部者が外部者よりも情報の保有において有利な立場に立つ場合，当該取引が不公平となる類型はどのようなものか，②敵対的買収防衛策の文脈では，株主が賛成しているにもかかわらず取締役会が有する内部情報に基づけば株式価値がより高いと信じる場合に，取締役会が敵対的な買収提案を拒否することが許されるか[93]等の文脈で問題となりうるだろう。

本書の目的との関係でいうと，①発行開示において発行者の内部情報の開示を要求すべきか，要求すべき場合どの程度の情報を開示すべきか，既に証券を上場（または届出）している発行者が証券募集を行う場合とは違った判断が求められるか，②継続開示で会社内部情報の開示を要求すべきか，要求すべき場合

---

[93] デラウェア州では，買収提案における価格が会社の本源的価値よりも低すぎ，株主が当該低い価格の買収提案を受け入れてしまうことが，取締役会が自らの権限で会社を防衛する際の理由となりうる脅威と認識されている。Ronald J. Gilson & Reinier Kraakman, *Delaware's Intermediate Standard for Defensive Tactics: Is There Substance to Proportionality Review?*, 44 BUS. LAW. 247, 267 (1989). この脅威は，二段階買収で生じる構造的な強圧性 (structural coercion) との対比で実質的強圧性 (substantive coercion) と呼ばれる。デラウェア州は，最高裁において実質的強圧性の存在を認めた。*Paramount v. Time*, 571 A.2d at 1153; Unitrin, Inc. v. American General Corp., 651 A.2d 1361, 1383–85 (Del. 1995); *Air Products v. Airgas* 16 A.3d at 57. しかし，実質的強圧性が株主に対して現実の強圧性を生じているのか，疑問が呈されている。Lucian Arye Bebchuk, *The Case Against Board Veto in Corporate Takeovers*, 69 U. CHI. L. REV. 973, 999–1004 (2002) （実質的強圧性は，取締役会が敵対的買収防衛策を発動する際に取締役会の行動を正当化する理論的根拠とならない旨の主張); Ronald J. Gilson, *Unocal Fifteen Years Later (and What We Can Do About It)*, 26 DEL. J. CORP. L. 491, 497 n.23 (2001); *Air Products v. Airgas*, 16 A.3d at 100–01 （実質的強圧性に疑義を呈するAllen首席裁判官の*Interco*判決およびStrine裁判官のChesapeake Corp. v. Shore, 771 A.2d 293 (Del. Ch. 2000) に「理論的に賛同」(agree theoretically) する). *See* William T. Allen, Jack B. Jacobs & Leo E. Strine, Jr., *Function over Form: A Reassessment of Standards of Review in Delaware Corporation Law*, 56 BUS. LAW. 1287, 1315 n.111 (2001) （*Paramount v. Time*の最高裁判決によって実質的強圧性が取締役会の敵対的買収防衛策発動の根拠となる脅威 (threat) となりうることに言及); *Paramount v. Time*., 571 A.2d at 1153 （*Interco*判決を明示的に否定); City Capital Assoc. Ltd. P'ship v. Interco Inc., 551 A.2d 787, 797–98 (Del. Ch. 1988) (Allen, C.). 実質的強圧性に懐疑的な意見として，田中・前掲注79) 29–31頁。*Interco*事件の解説として，白井正和「友好的買収の場面における取締役に対する規律 (6)」法協128巻11号2696頁，2734頁注1360（2011）。

どの程度の情報を開示すべきか，③適時開示を要求すべきか，要求すべき場合どのような基準が適切か等といった問題が生じる．情報の強制開示が認められるべきかについては，本書第3章第5節（211頁）で検討する．

第3款　準強度の効率性の検討

第1目　序　　論

本款では，準強度の効率性について，①株価がすべての利用可能な情報を反映しているという情報効率性と②市場価格が発行者の価値を表しているという基礎的価値に関する効率性を中心に検討する．すなわち，本章第2節第3款（36頁）で検討した情報が価格に反映されるという公正ゲーム・モデルの前提となる部分——情報効率性——と市場価格が発行者の価値を表しているという公正ゲーム・モデルの中心部分——基礎的価値に関する効率性——という二つの論点を検討する[94]．

一般に利用可能な情報が増えれば情報効率性が高まるという意味で情報効率性という用語が用いられることもあるが[95]，本書では，どれだけ早く一般に利用可能な情報が価格に反映されるかという意味で，情報効率性 (informational efficiency) という用語を用いる[96]．情報が一般に公開された後，即時に証券価格に反映されれば効率性が高いという定義に基づけば，効率的な市場では，証券価格に情報が即時に反映されるため，情報に基づく取引を行っても超過収益を得ることができないということになる[97]．

---

94) Randall S. Thomas & James F. Cotter, *Measuring Securities Market Efficiency in the Regulatory Setting*, 63 LAW & CONTEMP. PROBS. 105, 106 n.4 (2000)（ファイナンスの専門家は，情報がどれだけ早く価格に織り込まれるかを重視しがちであり，法律専門家は，情報が正しく価格に織り込まれるかを重視する傾向があるとする）．

95) 例えば，藤田友敬「内部者取引規制」フィナンシャル・レビュー49号63頁（1999）（「内部者取引を解禁すると内部者の行動から市場が情報を読み取って価格形成がなされることで，未公開情報が株価にいちはやく反映するようになり，このことは市場の情報効率性を高め望ましいといえそうである」）．

96) 例えば，*In re* PolyMedica Corp. Sec. Litig., 432 F.3d 1, 7–8 (1st Cir. 2005)は，効率性 (efficiency) という用語を「適用となる市場での情報の流れおよび当該情報の〔市場〕価格への影響」を意味するとしている．本判決を検討するものとして，神戸大学企業立法研究会「信頼理論モデルによる株主主権パラダイムの再検討（4）」商事1869号45–46頁（2009），梅津・前掲注64）47–48頁．

97) *E.g.*, Stout, *supra* note 69, at 651; Gilson & Kraakman, *supra* note 74, at 716 n.4.

本款における検討は，米国の①連邦裁判所，②連邦証券取引委員会，③デラウェア州裁判所，最後に，④わが国の順に行う。

第2目　連邦裁判所

序論　米国連邦裁判所の立場について，1988年の *Basic* 判決[98]を検討する。この判決の解釈について，まずは，① *Basic* 判決が情報効率性に基礎を置いているのではないかという議論を行う。次に，② *Basic* 判決における情報効率性に基づく議論の限界について検討する。最後に③ *Basic* 判決は，基礎的価値に基づく効率性に基礎を置いていないことを明示する下級審判決が存在するので，それに言及する。

なお，市場の効率性の具体的な適用が問題となる証券法および取引所法に関する事案で，実際に，当該証券に関する市場が効率的か否かが争われることがある[99]。この場合，裁判所は，ファイナンス理論に従って効率的か否かを判断するのではなく，*Cammer v. Bloom* 判決[100]が示した基準に則って判断をす

黒沼悦郎『証券市場の機能と不公正取引の規制』15頁（有斐閣・2002）。例えば，情報が即時に市場に反映する例として，タバコ訴訟の結果に関する誤った情報が一時的に市場に反映して，株価を乱高下させた例が紹介されている。RONALD J. GILSON & BERNARD S. BLACK, THE LAW AND FINANCE OF CORPORATE ACQUISITIONS 217–20 (2d ed. 2002) (citing Seth Faison, *Cigarette Ruling: Hour of Confusion*, N.Y. TIMES, June 26, 1992, at D1).

98) Basic Inc. v. Levinson, 485 U.S. 224, 246 (1988). *Basic* 事件は，Blackmun 裁判官が多数意見を執筆し，Brennan 裁判官，Marshall 裁判官および Stevens 裁判官が同調したものであった。White 裁判官および O'Connor 裁判官は，多数意見の重要性に関する判示には同意したものの，市場に対する詐欺については反対した。Rehnquist 首席裁判官，Scalia 裁判官および Kennedy 裁判官は，本件に参加していない。*Id.* at 225. 日本語による評釈として，例えば，黒沼悦郎「会社情報の開示と民事責任—Basic 判決を中心として」名法133号10頁（1990），萬澤陽子「判批」樋口ほか編・前掲注79）244–245頁。

99) R. Bhattacharya & Stephen Jerome O'Brien, *Arbitrage Risk and Market Efficiency—Applications to Securities Class Actions* 4 tbl.1 (Jan. 28, 2015), http://ssrn.com/abstract=2557174 (last visited Feb. 9, 2016)（市場価格が効率的な価格から乖離した場合，鞘取りによって価格が効率的な価格に戻るおよび鞘取りの費用が多い株式は，相対的に非効率であるとの前提のもとで，様々な株式について効率性を検討した結果，①株式時価総額が効率性と正の相関を有する，②買い呼び値と売り呼び値の価格差（スプレッド）が効率性と負の相関を有する，③機関投資家の保有比率が効率性と正の相関を有する点を示した。ただし，④株式の回転率が効率性と負の相関を有し，⑤NASDAQのマーケット・メイカーの数が効率性と負の相関を有する，および⑥市場価格の自己相関（serial correlation）が高いほど効率性が高い，という点で，従来の効率性の予想とは不整合な結果が出ている）。松尾直彦弁護士は，端的に，「現実の市場は……『効率的市場仮説……』が想定するような市場価格に利用可能な情報が完全に反映されているものではなく，不完全な市場であると言わざるをえないと述べる。松尾直彦『金融商品取引法〔第3版〕』5頁（商事法務・2014）。

100) Cammer v. Bloom, 711 F. Supp. 1264 (D.N.J. 1989). *Cammer* 判決で示された基準を

る場合がある。その基準とは，①週の平均取引量，②対象となる株式を追跡している証券アナリストの数，③当該証券について活動しているマーケット・メイカーの数，④米国における参照方式の有価証券届出書に相当する様式 S–3 に基づく登録届出書を提出する資格を有しているか，および⑤予想外の事態ならびに財務上の公表に適時に価格が反応したかの履歴[101]である。具体的事案において，効率性がどのように判断されるべきかは，興味深い問題であるが，本書では，取り扱わない[102]。

Basic 判決と情報効率性　継続開示における虚偽記載責任に関する Basic 判決において，合衆国最高裁判所は，十分に発展した市場で取引される株式の市場価格は，一般に利用可能な情報をすべて反映しており，それゆえ，虚偽記載も反映していると判示した[103]。なお，Basic 判決は，効率的市場仮説に基づく市場に対する詐欺理論 (fraud-on-the-market theory) によって，取引所法 10 条 (b) 項に基づく訴訟の訴訟原因である信頼要件の推定を認めているが，この信頼の推定は，反証を許容するものである[104]ことに留意する必要がある。

なお，Basic 判決では，効率的な市場への言及はあるが，効率的市場仮説への直接の言及はない。

情報効率性に関する Basic 判決の限界　Basic 判決は，以下の 3 点において厳密な情報効率性を求めていない可能性がある。すなわち，①情報がす

　　　過去の判決と比較して，裁判所が Cammer 判決で示した基準に沿って効率性を判断していると指摘するものとして，DAVID TABAK, DO COURTS COUNT CAMMER FACTORS (Aug. 7, 2012)。
101) *Cammer*, 711 F. Supp. at 1285–87. 梅津・前掲注64) 49頁。
102) どのように市場の非効率性が生じるかについて，本書330頁にて議論している。ここでの議論に鑑みて，Cammer 判決で挙げた基準よりも，市場の失敗が生じる要素がないか，ひいては鞘取りに障害がないかを検討したほうが良いのではないかという指摘がある。Frederick C. Dunbar & Dana Heller, *Fraud on the Market Meets Behavioral Finance*, 31 DEL. J. CORP. L. 455, 516–17 (2006). 関連する問題として，効率性を促進または確保するためにどのような情報の提供が望ましいかという問題がある。本書では，限定合理性との関係で，情報の提供方法の問題を簡単に取り上げる（本書324頁）。効率的な市場を形成するための方法論および効率的な市場の判定方法等は，将来の課題とする。
103) 吉井敦子「市場における詐欺理論による信頼の推定—Basic Inc. v. Levinson, 108 S. Ct. 978 (1988)」商事1262号32頁（1991）。なお，Basic 判決は，価格に依拠することによる信頼要件の推定であり，すべての情報を知っているという推定が働くということはない。Merck & Co., Inc. v. Reynolds, 559 U.S. 633, 661, 130 S. Ct. 1784, 1803 (2010) (Scalia, J., concurring in part and concurring in the judgment).
104) *Basic*, 485 U.S. at 248, 250.

べての投資者に考慮されているとせず，専門家が情報を考慮していることを重視していること，②専門家がすべての情報を考慮しておらず，ほとんどの情報を考慮していると述べていること，および③情報が即時に反映されているかまたは完全に反映されているかについて特定の理論を採用していないと明示していることである。以下順に検討する。

● ***Basic* 判決が専門家を重視していること**　*Basic* 判決において，最高裁判所は，市場の専門家 (market professionals) が，一般的にほとんど (most) の発行者による発表 (announced material statements) を考慮し，このため市場価格に影響を与えていること，のみを信じている (only believe) と述べる部分がある[105]。最高裁判所は，市場の専門家が情報を考慮していれば当該情報が市場価格に影響を与えることができると考えているようである。これは専門家による情報に基づく取引 (professionally informed trading)[106]をもって，情報が市場価格に反映されるという点での情報効率性を達成できるという考え方といえよう。しかし，この状態は普遍的に知れ渡った情報に基づく取引 (universally informed trading)[107]よりは効率性の程度が低いことを許容しているともいえる。さらに，価格に対する信頼を投資者が置いているという市場に対する詐欺理論を構成するにあたり，一般投資家ではなく，市場の専門家が情報を考慮 (consider) しているか否かという点に注目したことは示唆的である[108]。

● **すべての情報が反映されていることを要していないこと**　さらに，前述の引用部分で「ほとんど (most)」の発行者による発表を考慮していると述べ[109]，「すべての」という用語を用いていない。最高裁判所は *Basic*

---

105) *Basic*, 485 U.S. at 247, 246 n.24.「すべて」と述べる部分と「ほとんど」と述べる部分が混在している。
106) Ronald J. Gilson & Reinier Kraakman, *The Mechanisms of Market Efficiency*, 70 VA. L. REV. 549, 569–72 (1984).
107) *Id.* at 568–69.
108) 証券法制に基づく情報の開示は，一般投資家に対する開示よりも，専門家に対する開示を重視すべきであるとする論文に，Zohar Goshen & Gideon Parchomovsky, *The Essential Role of Securities Regulation*, 55 DUKE L.J. 711 (2006)がある。同論文は，①インデックスに投資する投資家，および②非合理な投資家は，開示された情報に基づいて取引をしておらず，証券規制は，これら二者よりも開示された情報に基づく取引を行う専門家に対する開示を重視すべきであると主張する。*Id.* at 714–15.
109) *Basic*, 485 U.S. at 247.

事件において厳格な意味での情報効率性を前提としていなかった可能性がある[110]。ただし,効率的な市場は利用可能な「すべての」情報を十分に (fully) 反映しているものだと判断した控訴裁判所もある[111]。この点,後述する *Halliburton II* 判決を参照。

● **情報効率性について特定の理論を採用していないと明示していること**　*Basic* 判決は,情報が即時に反映されているかまたは完全に反映されているかについて特定の理論を採用していないと明示しており,完全な情報効率性を要するとの理論を前提としている訳ではない[112]。特に,情報が即時に反映されない可能性を考慮している点が興味深い。

基礎的価値に関する効率性　*Basic* 判決は,効率的市場仮説を受け入れた判決として認識されているが,前述の通り,その判旨は,情報効率性にしか及んでおらず,基礎的価値に関する効率性 (fundamental value efficiency) について直接の言及はない。実際,*Basic* 判決の後の最高裁判決で *Basic* 判決を引用するもの[113]は,基礎的価値に関する効率性については

---

110) *PolyMedica*, 432 F.3d at 11–12 (*Basic* 判決には,情報効率性の対象として「すべての」情報に言及する部分と,「ほとんど」の情報に言及する部分がある。これら二つの用語を比較検討し,効率的な市場とは,株式の市場価格が,公表された利用可能な情報のすべてを完全に反映している (fully reflect) 市場であると判示する)。

111) *PolyMedica* 事件は,効率的な市場は利用可能な「すべての」情報を十分に (fully) 反映しているという一般的な効率的市場の定義 (prevailing definition) を採用し,原審マサチューセッツ州連邦地裁裁判所による「市場に対する詐欺に基づく信頼の推定のための効率的な市場は,市場の専門家 (professionals) が一般的にほとんどの公表される重要な会社に関する声明 (statements) を考慮している」という定義を受け入れなかった。*In re PolyMedica*, 432 F.3d at 10. 第1巡回区合衆国控訴裁判所は,地方裁判所の定義を受け入れなかった理由として,①最高裁判所が *Basic* 判決で引用した第3巡回区合衆国控訴裁判所の判決が「ほとんど完全」という用語を用いていること,および② *Basic* 判決で引用される第6巡回区合衆国控訴裁判所の判決が「すべて」の情報を反映しているという定義と整合的であることを挙げた。ただし,情報が即時に反映されているかまたは完全に反映されているかについて特定の理論を採用していないと明示していることに鑑み,第1巡回区合衆国控訴裁判所は,*Basic* 判決がどちらかの理論を採用したものではなく,下級審にこれらの理論の発展を委ねていると解釈しており,同控訴裁が態度を明確にしたとはいえない。*PolyMedica*, 432 F.3d at 12. また,同時期の *In re Xcelera.com Sec. Litig.*, 430 F.3d 503, 508 (1st Cir. 2005) において,同控訴裁は,同様に,市場が効率的であるために市場が情報に「迅速に」(rapidly) 反応することを求めるが,「正確に」(accurately) であることは求めていない。

112) *Basic*, 485 U.S. at 249 n.28. しかし,*Basic* 判決は,意識的にしろ無意識的にしろ,準強度の効率性を前提としているとの指摘がある。Jonathan R. Macey & Geoffrey P. Miller, *Good Finance, Bad Economics: An Analysis of the Fraud-on-the-Market Theory*, 42 STAN. L. REV. 1059, 1077–79 (1990).

113) Amgen Inc. v. Connecticut Retirement Plans and Trust Funds, 133 S. Ct. 1184 (2013); Janus Capital Group, Inc. v. First Derivative Traders, 131 S. Ct. 2296 (2011); Erica P. John Fund, Inc. v. Halliburton Co., 131 S. Ct. 2179 (2011); Matrixx Initiatives, Inc. v. Siracusano, 131 S. Ct. 1309 (2011); Morrison v. Nat'l Australia

言及していない。

　この立場を明確にしたものとして，第1巡回区合衆国控訴裁判所の判決が挙げられる。そこでは，「市場に対する詐欺理論に基づく信頼の推定は，市場価格の正確さに基づくものではない。……この推定は株式の市場価格がすべての利用可能な情報を反映しているか否かに基づくものであ〔る〕」という判示がある。続けて，同控訴裁は「株式が基礎的価値 (fundamental value sense) という意味でそれ以上または以下の価値がある (worth) か否かは，〔信頼の推定〕に対して不可欠な要素ではない」[114] と判示する。また，同時期の他の第1巡回区合衆国控訴裁判所の判決でも，「市場に対する詐欺の推定を確立するために，効率的な市場の株価がすべての利用可能な情報を反映することを要求する際に，我々は，市場価格が株式の基礎的価値を正しく反映していなければならないということを示唆 (suggest) しない」[115] と判示した。

　なお，合衆国地方裁判所のレベルでも，*Basic* 判決に基づいて市場に対する詐欺理論で要求される効率性は，基礎的価値に関する効率性ではなく，情報効率性を意味するとの判決が複数存在する[116]。一方，情報効率性の判定に当たっては，基礎的価値に関する効率性にも留意しなければならないと判示した合衆国地方裁判所判決もある。ただし，当該事案では，クラスの認定の段階では，市場に対する詐欺の推定について，基礎的な事実が証明されれば足りるとした[117]。

　これらの判決は，第2巡回区合衆国控訴裁判所が，Viacom International

　　Bank, 130 S. Ct. 2869 (2010); Merck & Co., Inc. v. Reynolds, 130 S. Ct. 1784 (2010); Stoneridge Investment Partners, LLC v. Scientific-Atlanta, Inc., 552 U.S. 148 (2008); Dura Pharmaceuticals, Inc. v. Broudo, 544 U.S. 336 (2005); Wharf (Holdings) Ltd. v. United Int'l Holdings, Inc., 532 U.S. 588 (2001); Central Bank of Denver, N.A. v. First Interstate Bank of Denver, N.A., 511 U.S. 164 (1994); Musick, Peeler & Garrett v. Employers Ins. of Wausau, 508 U.S. 286 (1993); U.S. v. Landano, 508 U.S. 165 (1993); Va. Bankshares, Inc. v. Sandberg, 501 U.S. 1083 (1991); Lampf, Pleva, Lipkind, Prupis & Petigrow v. Gilbertson, 501 U.S. 350 (1991); Cottage Sav. Ass'n v. C.I.R., 499 U.S. 554, (1991); Kungys v. U.S., 485 U.S. 759 (1988). なお，後述する *Halliburton II* 判決（本書62頁）参照。

114) *Xcelera*, 430 F.3d at 510.
115) *PolyMedica*, 432 F.3d at 16.
116) Beach v. Healthways, Inc., 2010 WL 1408791, at *3 (M.D. Tenn. Apr. 2, 2010); *In re* Verifone Sec. Litig., 784 F. Supp. 1471, 1478 n.7 (N.D. Cal. 1992); *In re* Countrywide Fin. Corp. Sec. Litig., 273 F.R.D. 586, 610 (C.D. Cal. 2009); *In re* Boston Scientific Corp. Sec. Litig., 604 F. Supp. 2d 275, 283–84 (D. Mass. 2009).
117) *In re* Netbank, Inc. Sec. Litig., 259 F.R.D. 656, 669 (N.D. Ga. 2009).

Inc. v. Icahn 事件[118]において,「我々は，……株式の価値を決定する際に，市場価格が唯一の考慮される要素であるとは信じていない。効率的資本市場理論も，明らかに，価値を決定する唯一の手段ではない」と述べているところと整合的であるといえよう。

Amgen 判決　　2013 年の *Amgen* 判決[119]は，取引所法規則 10b-5 に基づく訴訟のクラスの認定の段階で，重要性の立証が必要か否かが争われ，6 対 3[120]で，クラスの認定の段階では重要性の立証が不要であるとの判決が下された[121]。*Amgen* 事件では，虚偽記載の対象となった証券（Amgen 社の株式）が効率的な市場で取引されていたことに争いはなく[122]，同事件では，市場に対する詐欺理論自体の妥当性は，争われなかった[123]。

---

118) Viacom Int'l Inc. v. Icahn, 946 F.2d 998, 1000–01 (2d Cir. 1991), *cert. denied*, 502 U.S. 1122 (1992).
119) Amgen Inc. v. Connecticut Retirement Plans and Trust Funds, 133 S. Ct. 1184 (2013). 同判決の評釈として，藤林大地「判批」商事2015号38頁（2013），湯原心一「判批」比較法学48巻1号201頁（2014）。
120) Ginsburg裁判官が，法廷意見を執筆し，Roberts首席裁判官，Breyer裁判官，Alito裁判官，Sotomayor裁判官，Kagan裁判官が同調した。Alito裁判官は，別途，同調意見を執筆した。Scalia裁判官は，反対意見を執筆した。Thomas裁判官が執筆した反対意見には，Kennedy裁判官が同調し，また，Scalia裁判官が，一部（Part I-B）を除いて同調した。*Amgen*, 133 S. Ct. at 1190. Ginsburg裁判官による法廷意見，Alito裁判官による結果同意意見，Scalia裁判官による反対意見，Thomas裁判官による反対意見と四つの意見が執筆されたが，結果，6対3となり，クラス認定の時点では重要性の立証が不要であるとされた。
121) *Amgen*事件は，クラスの認定の段階で，証拠の優越 (preponderance of the evidence) によって，①虚偽記載が公に知られていたこと，②株式が効率的な市場で取引されていたことを立証しなければならないという点は，既存の判例法理を変えていない。*Amgen*, 133 S. Ct. at 1198. *Basic*判決の脚注27は，市場に対する詐欺を主張するためには，本文で挙げた三つの要素に加えて，重要性を主張および立証する必要があるという控訴裁判所の判示に言及している。*Basic*, 485 U.S. at 248 n.27. *Amgen*判決は，最終的な立証の必要性という点で*Basic*判決の脚注27で列挙された事項を是認したものの，このうち重要性の立証がクラスの認定の段階における連邦民事訴訟規則23(b)(3)の要件に関して，不要である旨，認めたものといえよう。*Amgen*, 133 S. Ct. at 1196. *See* Latham & Watkins LLP, Memorandum, *US Supreme Court Holds That Proof of Materiality is not a Prerequisite to Certifying a Securities Fraud Class Action Under § 10(b) of the Securities Exchange Act and Rule 10b-5* 5 (Mar. 5, 2013), http://www.lw.com/thoughtLeadership/Proof-of-materiality-not-a-prerequisite (last visited Aug. 13, 2014); Skadden, Arps, Slate, Meagher & Flom LLP, Memorandum, *Supreme Court Holds Securities Fraud Plaintiffs Are Not Required to Prove Materiality of Allegedly False Statements to Certify a Class* 1 (Feb. 2013), http://www.skadden.com/sites/default/files/publications/ITC_SecuritiesMarketingDistribution_AmgenCaseDecidedbyUSSupremeCourt.pdf (last visited Aug. 13, 2014). この点は，*Halliburton II*判決でも表面上維持されている。Halliburton Co. v. Erica P. John Fund, Inc., 134 S. Ct. 2398, 2412 (2014) [hereinafter *Halliburton II*].
122) *Amgen*, 133 S. Ct. at 1190.
123) *Id.* at 1193 n.2.

しかし，Amgen 事件では，4人の裁判官が市場に対する詐欺理論に基づく取引因果関係の推定に疑義を表明した[124]。4人の裁判官が疑義を表明しているということは，最高裁判所は，裁量上訴を認めることができるということである[125]。ただし，4人の裁判官が疑義を表明しているからといって，市場に対する詐欺理論を覆す法廷意見が形成されるとは限らない[126]。この点，Amgen 判決における法廷意見の脚注6は，Amgen 社による市場の効率性の議論に疑義が存在すること，すなわち，市場の効率性が完全ではないとの議論が存在することに言及し，Amgen 事件は，市場の効率性が完全ではないことが市場に対する詐欺の推定について検討するために適切な事件ではない (poor vehicle) であると述べる[127]。この脚注6の正確な理解は，難しいが，反対意見や Alito 裁判官の結果同意意見とは違い，市場に対する詐欺理論に対して直接疑義を表明しているわけではないように思われる。しかし，市場の効率性を市場に対する詐欺理論の前提とする Basic 判決における判例法理に基づけば，市場の効率性が存在しない場合には，市場に対する詐欺理論に基づく取引因果関係の推定の根拠が失われることは，当然であるように思われる[128]。すなわち，市場の

---

124) *Id.* at 1204 (Alito, J., concurring), 1208 n.4 (Thomas, J., dissenting).
125) 合衆国最高裁判所は，少なくとも4人の裁判官が認める場合には，裁量上訴を認めるという慣習があり，「4人ルール」(rule of four) と呼ばれる。Joan Maisel Leiman, *The Rule of Four*, 57 COLUM. L. REV. 975, 975, 981–82 (1957); CHARLES ALAN WRIGHT & MARY KAY KANE, LAW OF FEDERAL COURTS 802 (7th ed. 2011).
126) Scalia 裁判官，Thomas 裁判官，Kennedy 裁判官および Alito 裁判官が市場に対する詐欺理論に疑義を表し，もう一人，市場に対する詐欺理論を覆す裁判官が必要であった。また，先例拘束性の原理 (stare decisis) に鑑みて，最高裁が判例変更を行うかが問題となる。*Basic* 判決が4対2の判決であった点に鑑みて（本書55頁注98）参照)，最高裁が *Basic* 判決を覆す可能性がありそうにもみえた。しかし，*Halliburton II* 判決では，Kennedy 裁判官は，*Basic* 判決を覆すべきという少数意見に賛同せず，Roberts 首席裁判官らとともに，*Basic* 判決に基づく市場に対する詐欺理論の枠組みを維持した。
127) 脚注6は，被告である Amgen 社が，市場の効率性が完全ではないことを指摘している点について，法廷意見も市場の効率性が完全ではないとの指摘が存在することを認めていると理解することができよう。*Amgen*, 133 S. Ct. at 1197 n.6. しかし，Amgen 社が同社の株式に関する限り（本件に関する限り），市場の効率性が満たされている点に合意していることに鑑みて，法廷意見は，*Amgen* 事件に関する限り，市場が非効率的である場合にどのような影響が存在するかは，関係がないため，*Amgen* 判決においてこの点を検討しないことを明示したといえよう。
128) *See* GAMCO Investors, Inc. v. Vivendi, S.A., 2013 WL 765122, at *6 & n.80 (S.D.N.Y. Feb. 28, 2013)（市場が効率的ではないことは，市場に対する詐欺理論の反証となるのではなく，そもそも市場に対する詐欺理論が適用とならないのではないかと述べる); Freeman v. Laventhol & Horwath, 915 F.2d 193, 198 (6th Cir. 1990)（市場に対する詐欺理論は，効率的ではない市場で取引される証券について，論理的に適用することができないと述べる)。他方，市場に対する詐欺理論を市場の効率性ではなく，価格に対する影響に基づくべきだとする考え方がある。Jonathan R. Macey, Geoffrey P. Miller, Mark L. Mitchell & Jeffry M.

効率性を争うことで，市場に対する詐欺理論自体を争う余地が生じた[129]。

Halliburton II 判決　　*Halliburton II* 判決[130]は，*Amgen* 判決によって生じた市場に対する詐欺理論への疑義について，直接最高裁判所が判決を下した 2014 年の事件である[131]。前述の通り，最高裁判所は，1988 年の *Basic* 判決において市場に対する詐欺理論を認め，その後の最高裁判決は，何度か *Basic* 判決に言及したが，*Basic* 判決それ自体の妥当性について検討したのは，1988 年以来のことであり，注目された。

Halliburton II 事件では，次の 2 点が争われた[132]。

- 最高裁は，市場に対する詐欺理論に由来するクラス全体の信頼の推定を認めた (recognize) 点について，*Basic* 事件の判示を覆すかまたは実質的に修正するべきか。
- 原告がクラスの認定に際して信頼の推定を用いる場合，被告は，クラスの認定が争われる段階で信頼の推定に反論することができるか，また，クラスの認定を妨げるために，原告が主張する虚偽記載が株式の市場価格を歪めていないという証拠を，クラスの認定が争われる段階で被告が

Netter, *Lessons from Financial Economics: Materiality, Reliance, and Extending the Reach of* Basic v. Levinson, 77 VA. L. REV. 1017, 1018 (1991)（投資家が市場を信頼しているか否かではなく，価格が虚偽記載により歪んでいたか否かを基準とすべきであるとする。また，イベントスタディにより証券の価格に統計的に有意な影響がみられる場合には，裁判所が市場に対する詐欺理論を用いることが正当化されると述べる）。

129) *Amgen* 判決後の規則 10b–5 に基づく証券訴訟の被告の戦略として，市場の効率性を争うことが考えられる。市場の効率性を争うことが，ひいては，市場に対する詐欺理論を争うことになり，最高裁で市場に対する詐欺理論を覆すことができる可能性を得ることができるからである。Gibson, Dunn & Crutcher LLP, U.S. Supreme Court Holds That Plaintiffs Need Not Prove Materiality to Obtain Class Certification in Securities-Fraud Class Actions 5 (Mar 1, 2013). なお，実際に，市場に対する詐欺を争うために最高裁判所への裁量上訴を申し立てた事案がある。Petition for a Writ of Certiorari for Defendant-Appellant, Halliburton Co. v. Erica P. John Fund, Inc., 2013 WL 4855972 (Sept. 9, 2013). 最高裁は，裁量上訴を認めた。Halliburton Co. v. Erica P. John Fund, Inc., 2013 WL 4858670 (mem.) (Nov. 15, 2013). これを次に検討する。

130) Halliburton Co. v. Erica P. John Fund, Inc., 134 S. Ct. 2398 (2014). この判決に関する議論として，池谷誠「Halliburton 事件最高裁判決の検討──効率的市場仮説の有効性と検証方法」商事 2042 号 41 頁（2014）。

131) *Halliburton II* 判決の法廷意見は，Roberts 首席裁判官が執筆し，これに，Kennedy 裁判官，Ginsburg 裁判官，Breyer 裁判官，Sotomayor 裁判官および Kagan 裁判官が同調した。Ginsburg 裁判官は，別途，同意意見を執筆して，Breyer 裁判官，Sotomayor 裁判官および Thomas 裁判官が同調した。Thomas 裁判官が結果同意意見を執筆し，Scalia 裁判官および Alito 裁判官が同意した。

132) Petition for a Writ of Certiorari, Halliburton Co. v. Erica P. John Fund, Inc., 2013 WL 4855972, at *i (Sept. 9, 2013); *Halliburton II*, 134 S. Ct. at 2405.

提出することができるか。

Halliburton II 判決は，まず，第一の論点について，*Basic* 判決に基づく市場に対する詐欺理論が維持されることを確認した[133]。その上で，第二の論点について，①市場が効率的でないことに加えて，虚偽記載が市場価格に影響を与えていないことを立証することも認められること，および②価格に対する影響 (price impact) が存在しないことについて，被告が，クラスの認定の段階で争うことができることを明らかにした[134]。

Halliburton II 判決は，証券クラスアクションの手続きについて様々な論点を惹起するものであるが，その点は措き[135]，市場の効率性および市場に対する詐欺理論との関係について述べると次の通りとなる。

- 前述の通り，市場に対する詐欺理論が維持されているため，裁判所は，市場の効率性を一定程度で認めていることになる。
- 基礎的価値に関する効率性について明示的な議論は存在しないものの，「〔株式の〕価格が不正確であることは，虚偽記載が価格に影響を与えたという事実を損なうものではない」[136]という最高裁判所の判示は，基礎的価値に関する効率性を否定していると考えられる。*Halliburton II* 判決の法廷意見は，裁判所が依拠する市場の効率性が厳密（完全）なもので

---

133) *Halliburton II*, 134 S. Ct. at 2408. なお，Thomas 裁判官が市場に対する詐欺理論を否定する結果同意意見を執筆し，Scalia 裁判官および Alito 裁判官がこれに同調した。

134) *Halliburton II* 判決以前に，何らかの規範の修正を予想し，*Basic* 判決が覆されるのであれば，効率的市場仮説に代わって，歪んだ価格に基づく責任を認めるというものになると予想するものとして，John C. Coffee, Jr., *After The Fraud on the Market Doctrine: What Should Replace It?*, The CLS Blue Sky Blog (Jan. 21, 2014), http://clsbluesky.law.columbia.edu/2014/01/21/after-the-fraud-on-the-market-doctrine-what-should-replace-it/ (last visited Aug. 13, 2014).

135) 特に，クラスの認定の段階で価格に対する影響を争うことが，当事者間で重要性や損害因果関係の有無を争うことと類似するのではないかという懸念がある。*Halliburton II* 判決が *Halliburton I* 判決を実質的に覆すものであると述べるものとして，John C. Coffee, Jr., *Death by One Thousand Cuts*, The CLS Blue Sky Blog (June 30, 2014), http://clsbluesky.law.columbia.edu/2014/06/30/death-by-one-thousand-cuts/ (last visited Aug. 13, 2014); Merritt B. Fox, *Halliburton II: Who Won and Who Lost All Depends on What Defendants Need to Show to Establish No Impact on Price*, The CLS Blue Sky Blog (June 30, 2014), http://clsbluesky.law.columbia.edu/2014/06/30/ (last visited Aug. 13, 2014) (損害因果関係をクラスの認定の段階で争うものであると指摘する). 市場価格への影響が存在しないことをどのように立証するかが次の論点となろう。特に，Macey 教授らのいう統計的な相関関係の存在を価格への影響と解するとしても，統計的な相関関係の不存在は，価格に対する影響の不存在を示すものではない。

136) *Halliburton II*, 134 S. Ct. at 2410.

はないと判示している$^{137)}$。これは，情報効率性の中でも緩い情報効率性を肯定したものと理解されよう$^{138)}$。

第3目　米国証券取引委員会

序論　証券取引委員会の効率的市場仮説の立場は，幾らかの変遷がある。本目では，最初に，① 1970 年前後に効率的市場の概念が言及された例に触れ，次に② 1970 年代後半以降に証券取引委員会自身が市場の効率性を前提として規則を制定した例，すなわち，証券取引委員会による効率的市場仮説の受容，を挙げる。その後，③ 1990 年以降，証券取引委員会による効率的市場に対する立場は，必ずしも明らかではないが，その中でも関係があると思われる幾つかの例を挙げる。

効率的な市場の概念　効率的市場仮説という概念が証券取引委員会で正式に採用される前段階から，市場が効率的であることが投資者に好ましいという概念自体は存在した。

例えば 1969 年のニューヨーク証券取引所副社長によるスピーチには「投資者の為の効率的な市場 (an efficient market for investors)」といった用語が出現し$^{139)}$，また，1973 年の証券取引委員会委員長のスピーチでは「自由で効率的な資本市場は自由経済に不可欠であることは疑いがない」$^{140)}$との言及がある。

---

137) *Id.* at 2410.
138) *Halliburton II* 判決によって情報効率性が緩いものであることが確認され，クラスの認定において市場の効率性という要件を満たしやすくなった点を原告側にとって僥倖であると述べるものがある。Ann Lipton, *Halliburton II—An Unexpected Gift to Plaintiffs*, BUSINESS LAW PROF BLOG (June 28, 2014), http://lawprofessors.typepad.com/business_law/2014/06/halliburton-ii-an-unexpected-gift-to-plaintiffs.html (last visited Aug. 13, 2014). *Halliburton II* 判決において最高裁判所が基礎的価値に関する効率性ではなく，情報効率性を基礎としていると指摘するものとして，James D. Cox, *The Mist of Halliburton II*, THE CLS BLUE SKY BLOG (June 30, 2014), http://clsbluesky.law.columbia.edu/2014/06/30/the-mist-of-halliburton-ii/ (last visited Aug. 13, 2014). 他に，Donald C. Langevoort, *Halliburton II and Market Efficiency*, THE CLS BLUE SKY BLOG (July 10, 2014) (この効率性は，インデックス投資が合理的な投資戦略であるかの代理変数であると述べる), http://clsbluesky.law.columbia.edu/2014/07/10/halliburton-ii-and-market-efficiency/ (last visited Aug. 13, 2014).
139) Eugene Miller, Vice President, New York Stock Exchange, The Commission Rate Structure and the Institutional Investor, Remarks at the 1969 Mutual Funds Conference 8 (Mar. 14, 1969), http://www.sechistorical.org/collection/papers/1960/1969_0314_CommissionMillerT.pdf (last visited Mar. 9, 2012).
140) Ray Garrett, Jr., The Securities Industry: A Look Ahead, An Address at Securities Industry Association Annual Convention 2 (Nov. 29, 1973), http://www.sec.gov/

効率的市場仮説の認識および受容

1970年代後半から証券取引委員会は，効率的市場仮説を認識し，それを政策に取り込み始めたようである。例えば，1979年に証券取引委員会委員であったKarmel氏のスピーチにおける発行開示と継続開示の統合（統合開示）への言及において，「過去の開示が価格に反映しているという効率的市場仮説を考慮に入れた取り組み」であると言明している[141]。しかし，これは情報効率性への言及であって，基礎的価値に関する効率性について肯定していない点に留意すべきである。また，当時から，すべての証券について効率的な市場が存在するということではなく，証券によっては情報が効率的に処理されないことが認識されていた[142]。

1982年に証券取引委員会は，様式S–3を採択し，発行開示において継続開示を参照することが許されるようになった。これは発行開示と継続開示を統合することから，統合開示 (integrated disclosure) と呼ばれる。この規則の中で，証券取引委員会は，「効率的市場理論に依拠し，様式S–3は，取引所法の報告書の参照を最大限許容する」[143]と述べた。同様に，1983年の一括登録 (shelf registration) を許容する規則制定でも「様式S–3およびF–3は会社に関する高品質な情報を間断なく提供し，かつ，会社に関する情報が広く拡散される会社に関する効率的市場理論の適用を認識するものである」[144]と述べた。興味深い点は，証券取引委員会は裁判所と違い，効率的な市場という概念だけでなく，

---

news/speech/1973/112973garrett.pdf (last visited Aug. 13, 2014).

141) Roberta S. Karmel, The SEC Disclosure Process in a Changing Environment, Remarks to the Treasurer's Club 11 (Oct. 31, 1979), http://www.sec.gov/news/speech/1979/103179karmel.pdf (last visited Mar. 9, 2012).

142) Stephen J. Friedman, Capital Formation, the Market Economy and the SEC, Remarks to National Association of Manufacturers Government Regulation and Competition Committee 10 (Sept. 8, 1980), http://www.sec.gov/news/speech/1980/090880friedman.pdf (last visited Mar. 9, 2012).

143) Adoption of Integrated Disclosure System, Securities Act Release No. 6,383, 47 Fed. Reg. 11466, 1982 SEC LEXIS 2190, at *17 (Mar. 16, 1982) (final rule) [hereinafter *Integrated Disclosure System*].

144) Shelf Registration, Securities Act Release No. 6,499, 1983 SEC LEXIS 315, at *15–16 (Nov. 17, 1983) (final rule). *See* Stephen J. Choi, *Company Registration: Toward a Status-Based Antifraud Regime*, 64 U. CHI. L. REV. 567, 570 (1997). わが国でも1988年に組込方式および参照方式による有価証券届出書の提出が認められた。その後，1995年に利用適格が緩和されたが，この点についてわが国の証券市場がバブルの崩壊を経験しており，情報効率性に疑いが挟まれている点に鑑みて，このような政策をとることが株主と投資者の利害の適切な調整にはなっていないのではないかという意見が存在した。黒沼悦郎「証券取引と法」岩村正彦ほか編『岩波講座現代の法7企業と法』291頁（岩波書店・1998）。米国における一括登録制度に関する初期の研究として，例えば，吉川満「米国における一括登録制度」商事1100号43頁（1987）。

効率的市場仮説という講学上の概念への言及を厭わなかった点であろう[145]。なお、この段階で、証券取引委員会が言及する効率的市場の概念が情報効率性であるのか基礎的価値に関する効率性であるのかは必ずしも明らかではない。

1987年、Basic 事件のために最高裁判所に提出した法廷助言者 (amicus curiae) としての意見書において、証券取引委員会は、「活発な流通市場は会社情報を効率的に発信 (efficient transmitters) しており、また、当該市場における価格は情報を反映しているという研究が強固に確立している」と述べた[146]。この時点では、証券取引委員会のいう効率性が情報効率性であることが明らかになったように思われる。また、証券取引委員会による情報効率性に関する効率的市場仮説の支持は、相当強い文言であり、特筆に値する。

近年の効率的市場への対応 1990年以降、証券取引委員会の効率的市場仮説に対する立場は明示されていない。しかし、その中で参考になると思われる点を四つほど挙げる。

第一に、2005年の証券募集改革 (Securities Offering Reform) 規則の提案[147]および採択[148]において、証券取引委員会が効率的市場仮説という用語を全く用いなかった点が挙げられる。証券募集改革規則は、証券募集の手続きに様々な変更を加え、実務が一変した。改革の中には自動発効一括登録届出書 (automatic shelf registration) の採用[149]がある。自動発効の一括登録届出書は、情報効率性という意味での効率的市場仮説を再度確認したものといえるので、以下

---

145) 証券取引委員会は、これらが準強度の効率的市場仮説に依拠していたことを明らかにしている。Securities Act Concepts and Their Effects on Capital Formation, Securities Act Release No. 7,314, 61 Fed. Reg. 40047 n.25 (1996) (concept release).
146) Br. for the Sec. & Exch. Comm'n, Basic v. Levinson, 1987 WL 881068, at *23–24 (Apr. 30, 1987). その後証券取引委員会は「*In re* LTV Sec. Litig., 88 F.R.D. 134, 135, 144 (N.D. Tex. 1980)において、裁判所は、……多量の経済研究が『大企業で広く追跡される証券の市場価格は、すべての利用可能な情報——それゆえ、必然的にすべての重要な虚偽記載も——を反映している』ということを証明したと述べた。他の多くの裁判所も、活発な流通市場で取引される証券の価格は市場に頒布された情報を反映しているという圧倒的な実証研究を受け入れている」と続ける。
147) Securities Offering Reform, Securities Act Release No. 8,501, 69 Fed. Reg. 67392 (Nov. 3, 2004) (proposed rule) [hereinafter *Securities Offering Reform Proposed*]. 提案時点での論文として、大崎貞和「金融・証券規制動向米国SECのディスクロージャー制度改革提案」資本市場クォータリー8巻3号26頁（2005）。
148) Securities Offering Reform, Securities Act Release No. 8,591, 70 Fed. Reg. 44722 (July 19, 2005) (final rule) [hereinafter *Securities Offering Reform Final*].
149) *Id.* at 44777–82.

で検討する[150]。

　自動発効の一括登録届出書は，一定の発行者にのみに利用が限られてはいるが，証券取引委員会に届け出る[151]と同時に発効し，即座に証券募集ができる。つまり，自動発効の一括登録届出書は，新たに開示される①証券発行を行うという事実，および②証券情報について発行市場が即座に当該情報を咀嚼 (digest) できるという前提に立脚した制度であるように思われる。したがって，自動発効の一括登録届出書の制度は，情報効率性の中でもかなり程度の高い情報効率性を前提とした改革提案であると言えよう。それにもかかわらず，提案および採択に際して，証券取引委員会は，効率的市場仮説にまったく触れなかった。程度の高い情報効率性を前提とした制度を新たに採択しながら，効率的市場仮説に触れないという事実は，近年の証券取引委員会が効率的市場仮説自体に対して冷淡であることを象徴しているように思われる。

　なお，2005年の証券募集改革規則の制定後も，その他の証券取引委員会規則において一定の周知期間または熟慮期間を求める制度は残存しており，あらゆる規則が程度の高い情報効率性を前提としているということではない。例えば，公開買付けにおける最低20営業日の公開買付期間[152]，参照方式による登録届出書（様式S–4および様式F–4）を用いる場合の委任状勧誘書類配布から株主総会までの20営業日の期間[153]，証券法8条に基づく20日後の発効を遅らせる文言 (delaying amendment)[154]，非公開化等に関する情報の証券保有者への取引実施，総会決議等の20日前までの提供[155]，特例の大量保有報告を提出していた者が通常の大量保有報告を提出する際に，当該通常の大量保有報告が提出され10日が経過するまで追加の証券取得が禁止される冷却期間 (cooling-off period)[156]等である。2005年の証券募集改革規則の制定は，自動発効の一括登録届出書の利用資格[157]のある登録者 (registrant) について，程度の

---

150) わが国において，訂正発行登録書を提出した場合の，効力停止に関して，本款第5目（81頁）の「金融商品取引法──証券募集の文脈での待機期間（効力停止期間）」を参照。
151) 証券取引委員会が運営する電磁的情報収集，分析および取得システム (EDGAR: the Electronic Data Gathering, Analysis, and Retrieval system) を経由して提出する。
152) 17 C.F.R. § 240.14e–1(a) (2014).
153) 17 C.F.R. § 239.34, General Instruction A.2 (2014)（様式F–4）.
154) 17 C.F.R. § 230.473(a) (2014).
155) 17 C.F.R. § 240.13e–3(f) (2014).
156) 17 C.F.R. § 240.13d–1(e)(2) (2014).
157) 17 C.F.R. § 239.13, General Instruction D (2014)（様式S–3）; 17 C.F.R. § 239.33,

高い情報効率性が肯定されることを証券取引委員会が確認したものと理解すべきであろう。

第二に，2007年の証券取引委員会の様式S-3およびF-3に関する規則改正では，前述の1983年の規則改正における効率的市場という概念への参照がなされているものの，該当部分ではその主張が少し弱まっているように思われる。なぜなら，証券取引委員会は「〔証券取引〕委員会の統合開示のシステムは，開始時から，会社の登録届出書による開示は市場が既にその情報を考慮に入れている範囲で合理化することができるという前提に依拠してい」[158)]ると述べ，「市場が既にその情報を考慮に入れている範囲で」という限定を付したからである。つまり，この時点では，情報効率性についても限界があることを強く認識[159)]するに至ったものと思われる。

第三に，最近，証券取引委員会は効率的市場仮説という用語に代えて，価格効率性(price/pricing efficiency)という用語を用いている[160)]。この価格効率性は，証券取引委員会により「財務価格(financial prices)は，すべての利用可能な情報を反映し，それゆえ，新しい情報を反映するために迅速に調整されると推定され(assumed)」[161)]ることであると説明されている。これはいわゆる情報効率性と同義である。そうであれば，証券取引委員会の立場は第一および第二

General Instruction C (2014) (様式F-3).
158) Revisions to the Eligibility Requirements for Primary Securities Offerings on Forms S-3 and F-3, Securities Act Release No. 8,878, 72 Fed. Reg. 73534, 73536 (Dec. 19, 2007) (final rule).
159) 過去の証券取引委員会のスピーチ等でRonald J. Gilson教授およびKraakman教授によるGilson & Kraakman, *supra* note 106を参照していることから，効率性に限界が存在すること（または効率性が相対的な理解であること）はある程度認識していたものと思われる。Joseph A. Grundfest, The New Technology of Finance, Address to the Fifth Annual Conference on Current Financial Issues 6 (Nov. 5, 1986), http://www.sec.gov/news/speech/1986/110586grundfest.pdf (last visited Aug. 13, 2014). 「市場が既にその情報を考慮に入れている範囲で」という文言を用いることで効率性に限界があることを強調したとはいえないだろうか。
160) 価格効率性という用語を用いる証券取引委員会の文書の例として，Amendments to Regulation SHO, Exchange Act Release No. 60,509, 74 Fed. Reg. 42033, 42034-36 (Aug. 17, 2009) (proposed rule); Large Trader Reporting System, Exchange Act Release No. 61,908, 75 Fed. Reg. 21456, 21480 (Apr. 14, 2010) (proposed rule) [hereinafter *Large Trader Reporting System Proposed*]; Amendments to Regulation SHO, Exchange Act Release No. 61,595, 75 Fed. Reg. 11232, 11234 (Feb. 26, 2010) (final rule). 価格効率性という用語はGilson教授およびKraakman教授の1984年の論文でも用いられている用語である。Gilson & Kraakman, *supra* note 106, at 624 n.201, 626 n.205.
161) Large Trader Reporting System Proposed, *supra* note 160, at 21480 n.179.

で指摘した立場と特段の相違はないであろう。

第四に，連邦証券取引委員会が情報効率性 (informational efficiency) という用語を用いる頻度が増加している点である。情報効率性の用語は，2010 年から用いられ，様々な資料で散見される[162]。

第4目　デラウェア州

序論　デラウェア州の態度について，最初に，①情報効率性を肯定しているのではないかと思われる点について例を挙げる。その後，②基礎的価値に関する効率性および本源的価値に関する効率性の否定に言及した事案を議論する。最後に，③基礎的価値に関する効率性および本源的価値に関する効率性を一定程度認める判決について言及する。

情報効率性の肯定　デラウェア州の判決において効率的市場仮説が明示的に言及された事例として，2010 年の *Dollar Thrifty* 事件が挙げられる。この事件では，組織再編に関連して取締役の信任義務が争われ，Strine 裁判官は「原告は，取締役会が現在の市場価格を意思決定に当たり信頼できる道標とするという，効率的資本市場仮説における準強度の効率性の原始的な表現に盲目的に従わない場合，私にそれを非難させようとしている。〔しかし，〕私の効率的資本市場仮説の理解では，それによる主張はもっと穏やかなものである」[163]と述べた。これは効率的市場仮説に対するデラウェア州の懐疑的な態度を示す代表的な意見であると思われる。

しかし，この判示に付されている脚注を検討すると，基礎的価値に関する効率性は否定するものの，情報効率性については肯定しているようにもとれる。具体的にいえば，*Dollar Thrifty* 判決の脚注 211[164]において，「金融市場が相対的に効率的であるとき，投資者は継続的に市場を超える〔超過収益を得ることを〕期待することはできないが，個々の株価はそれでもいつの時点でも不正

---

162) *E.g.*, Money Market Fund Reform; Amendments to Form PF, 2014 SEC LEXIS 2712 (July 23, 2014) (final rule); Removal of Certain References to Credit Ratings and Amendment to the Issuer Diversification Requirement in the Money Market Fund Rule, Securities Act Release No. 9,616, 2014 SEC LEXIS 2638 (July 23, 2014) (re-proposed rule); Crowdfunding, Securities Act Release No. 9,470, 2013 SEC LEXIS 3346 (Oct. 23, 2013) (proposed rule).
163) *In re Dollar Thrifty*, 14 A.3d at 611.
164) *Id.* at 611 n.211.

確でありえる」[165]）および「『効率的市場』について語る多くの理論家は，情報効率性に関する〔基礎的価値に関する効率性ではなく〕もう一つの概念に依拠しているようにみえる——それは，価格は新しい情報に対して迅速に (quickly) 反応しており，取引を行う者は情報に基づいて利益をあげることができないというものである」[166]）と述べる部分である。

基礎的価値に関する効率性および本源的価値に関する効率性の否定　効率的市場に懐疑的な判決の例として，組織再編の文脈で，買収価格を決定するにあたり，市場価格への上乗せ (premium) のみを基礎として，買収価格を決定したことが不適切だとデラウェア州最高裁判所が判示した *Van Gorkom* 判決がある[167]）。デラウェア州最高裁は，*Van Gorkom* 判決の中で「〔企業買収の文脈における〕プレミアムが会社の真実の価値を適切に反映していると結論づける根拠として市場価格を用いることは明らかに欠陥のある，実際誤った推論に基づく (fallacious)，根拠であ〔る〕」と判示した。また，株式買取請求権の文脈でも，デラウェア州最高裁判所は，*Technicolor IV* 事件において，株価は，「真実の価値」の代表 (representative) ではないと判示した[168]）。*Technicolor IV* 判決は，「真実の価値」という用語を用いていることから本源的価値に関する効率性を否定しているといえよう。

　基礎的価値の否定という点について，デラウェア州衡平法裁判所の Chandler 首席裁判官は，2011 年に，市場による評価も不完全であり，しばしば企業価値を高く推定する誤りを犯すと指摘している[169]）。また，前述の *Dollar Thrifty* 判決の脚注 211 では，「意見が一致しない世界では，証券市場が基礎的価値に関する点で効率的かを疑わなければならない。……実際，基礎的価値に関する効率性は市場における出来事によりその地位を追われ，ファイナンス経済学

---

165) *Id.* (citing Michael L. Wachter, *Takeover Defenses When Financial Markets Are (Only) Relatively Efficient*, 161 U. PA. L. REV. 787, 792 (2003)).
166) *Id.* (citing Lynn A. Stout, *Inefficient Markets and the New Finance* 7 (Univ. of Cal. Research Paper No. 05–11 2005), http://ssrn.com/abstract=729224).
167) *Van Gorkom*, 488 A.2d at 875–76.
168) Cede & Co. v. Technicolor, Inc., 684 A.2d 289, 300–01 (Del. 1996) (反対株式の買取請求権での文脈での判示。*Paramount v. Time*, 571 A.2d at 1150 n.12 を引用する). *Technicolor IV* 事件の評釈として，田村詩子「判批」商事 1515 号 29 頁（1999），明田川昌幸「判批」アメリカ法 1999–1 号 146 頁（1999）。
169) *Air Products v. Airgas*, 16 A.3d at 112 n.430.

者には，〔情報効率性〕が一般的になった」[170]，「ほとんどの市場の効率性に関する検証 (tests) は，相対的な価格に関連し，簡単に利益をあげることができるかに焦点を当てている。株式が正しく値付けされているかを知ることはほとんど不可能である。なぜなら，誰も正しく真実の価値を測ることはできないからである」[171]などと，学説が引用されており，基礎的価値に関する効率性は否定されている。

以上の例は，デラウェア州の裁判所が，基礎的価値に関する効率性を否定しているものである。次に，逆に，デラウェア州の裁判所が基礎的価値に関する効率性または本源的価値に関する効率性に配慮した判決を検討する。

基礎的価値または本源的価値に関する効率性を一定程度認める判決

2010 年の衡平法裁判所の事案において，Chandler 首席裁判官は「私は，時価総額が必ずしも公正価値と厳密に同じではない——実際そうではないだろう——と認識している，また，効率的市場仮説がしかるべき批判を受けていることも認識している。しかし，流動性のあるエクイティ市場での時価総額を常にかつ相当 (drastic) に下回る企業価値評価は〔企業価値算定式〕が公正価値と相当違った (very different) 何かを測っているのではないかということを示していると信じる」[172]と判示した。また，ジェネラル・パートナーが自らの持分を増加させるために持分の併合他の措置を講じたことが争われた事案で，「現実の世界において市場価格は，重要 (matter) であり，かつ，通常価値の最も良い (best) 証拠であると考えられている」[173]という同裁判所における Strine 裁判官の判示や，支配株主による利益相反取引等に関して株式を 17% のディスカウントで発行した事案で，「市場価格を下回る価格での大量の株式の発行は疑わしい」[174]とする同裁判所における Jacobs 裁判官の判示がある。このような市場価格の参照は遅くとも 1971 年の判示に現れている[175]。

---

170) *Dollar Thrifty*, 14 A.3d at 611 n.211 (citing Stout, *supra* note 166, at 7).
171) *Id.* (citing RICHARD A. BREALEY & STEWART C. MEYERS, PRINCIPLES OF CORPORATE FINANCE 368 (9th ed. 2008)).
172) *In re* Sunbelt Beverage Corp. S'holder Litig., 2010 WL 26539, at *8 (Del. Ch. Jan. 5, 2010) (Chandler, C.).
173) Gotham Partners, L.P. v. Hallwood Realty Partners, 855 A.2d 1059, 1080 (Del. Ch. 2003) (Strine, V.C.).
174) Gibralt Capital Corp. v. Smith, 2001 WL 647837, at *13 (Del. Ch. May 9, 2001) (Jacobs, V.C.).
175) 1971年の古い判決においてデラウェア州衡平法裁判所が，「開かれた市場で自由に取引されて値付

この他，2004年のデラウェア州衡平法裁判所のStrine裁判官による判決では，会社を買収する機会が存在する場合，その結果生じる市場価格は，公正価値の信頼できる証拠になると述べられている[176]。このような市場価値に基づいて基礎的価値に関する効率性を一定程度認める判決は，同時に情報に関する効率性についてもその前提としてある程度是認しているものと考えられる。

小 括　デラウェア州では，①定義に厳密な準強度の効率的市場仮説が支持されているとは言い難いものの，②市場価格に対する一定の配慮がみられる。特にデラウェア州裁判所の場合，会社法訴訟が提起される管轄であり，裁判所が会社の価値に関して判断をしなければならないことが多々ある[177]。そのために，議論が情報効率性ではなく，基礎的価値に関する効率性に向けられることになる。本節第2款で概観した通り，デラウェア州では強度の効率性は否定されている。少なくとも，市場価格は会社の内部情報を反映しておらず，その範囲で基礎的価値を表してはいない。それゆえ，デラウェア州では，株価を基礎的価値または本源的価値であると全面的に支持することはない。それにもかかわらず，事案に応じて，一証拠として市場価格をみているように思われる。

　デラウェア州では，訴訟当事者の意見を聞いた上で，裁判所が妥当な結論を導き，市場価格がその結論を支持する場合には市場価格が会社の価値を表しているという議論に配慮し，市場価格がその結論を支持しない場合には市場価格が会社の価値を表していないという道筋をたどっているように思われる。デラウェア州の判決が規範に従っているというよりは，些細な事実によって結論が変わりうるという一例といえるかもしれない[178]。

　　　けが為される市場価格は，合併の全体としての公正さ評価する上で最も重要な要素である」と判示している。David J. Greene & Co. v. Schenley Indus., Inc., 281 A.2d 30, 34 (Del. Ch. 1971) (Marvel, V.C.).
176) Union Ill. 1995 Inv. Ltd. P'ship v. Union Fin. Grp., Ltd., 847 A.2d 340, 357 (Del. Ch. 2004) (Strine, V.C.).
177) *E.g.,* *Air Products v. Airgas* 16 A.3d at 59 n.17. 訴訟当事者により算定される企業価値に関する懐疑的な態度について，William T. Allen, Jack B. Jacobs & Leo E. Strine, Jr., *The Great Takeover Debate: A Meditation on Bridging the Conceptual Divide*, 69 U. CHI. L. REV. 1067, 1092 & n.74 (2002)を参照。
178) Ehud Kamar, *A Regulatory Competition Theory of Indeterminacy in Corporate Law*, 98 COLUM. L. REV. 1908, 1915 (1998).

第5目　日　本

序　論　本目では,最初に市場価格への参照を行っている裁判例を検討する。そこでは,わが国の裁判例において,情報効率性に関する議論よりも基礎的価値に関する効率性に関する議論がなされていることを示す。しかし,すべての判決において市場価格が用いられているわけではなく,限界があるので,次いで,そのような事案や議論について検討する。

市場価格の参照　そもそも裁判所が証券の価値を判断しなければならない状況に置かれる場合,市場価格を参照するかしないかという点が論点になりうる。市場価格を参照するということは,市場価格に何らかの意味を置いているということである。ただし,その程度は,①株式の市場価格が株式価値を表しているというものから,②市場価格は株式価値を計る際の参考になるというものまで様々であるし,③株主は市場価格で株式を売却できるのだから市場価格を無視することはできない,といった消極的な理由も考えられるだろう。

しかし,何にせよ,裁判所が証券の価値を判断する文脈で市場価格を参照する場合,一定程度,株式の市場価格が株式が表彰する事業の価値を表しているということを前提にし,ひいては市場が準強度の効率性を有していることを前提としていると考えることもできる[179]。このような例としてわが国において裁判所が市場価格を参照した事例を検討する。最初に,①新株発行の事案を,次いで②株式買取請求権（および会社法172条に基づく価格決定）の事案を検討する。

なお,市場の効率性以外の理由から,事案に応じて市場価格の参照を否定すべきであることを指摘する見解があるので,これについて触れておく。例えば,「経営統合を行うこと」や「経営統合協議を開始すること」のみが「経営統合に関する条件」に先行して公表されている場合には,当該条件の詳細が公

---

179) 藤田友敬教授は,「取引相場のある株式について市場価格が基準とするのは,市場価格が企業価値を反映しているという考え方,──市場の情報効率性を原則として信頼するという積極的な理由からか,企業価値について他により信頼できるデータがないという消極的な理由からかはともかく,──を前提としていると考えるべきである」とする。藤田友敬「基礎講座 Law & Economics 会社法（7）株式会社の企業金融（2）」法教265号76頁（2002）。

表される前の市場価格を参照することは，不適切であるとする意見がある[180]。同様に，経営統合の条件やシナジーの分配割合の公正性が争われる事案では，「経営統合を行うこと」等が公表される前の段階では，当事会社の経営統合によって生じるシナジーおよびディスシナジーの内容と量に関する情報は，当事会社の株価に織り込まれていないため，経営統合発表前の株価を参照することはできないと指摘されている[181]。この見解は，市場の効率性を否定しているものではなく，市場価格の参照を一般的に否定するものでもない。内部情報を考慮すべき場合や，市場に情報が反映されていない場合には，市場価格を基準として用いることができないことを指摘するものといえよう。

新株発行 理論的には，証券の価格はリスク，期待利得および当該証券の将来のキャッシュ・フローに基づき決定される[182]。したがって，①ある発行者の市場価格を前提とし，②当該発行者が調達した資金で行う正の利得を有するプロジェクトがあり，③当該プロジェクトのリターンに基づく価値が現在の市場価格を超える場合，当該プロジェクトの発表時点で証券価格は，上昇するはずである。しかし，①需給のバランスが崩れること，②負債と株式の税制上の取扱いの違い，③負債比率が減少することによる株主から債権者への利益移転，④経営陣が負債ではなく株式を選択したという事実による影響[183]等が株価に影響を与え，株価の下落要因となりうることが指摘されている[184]。株式を発行する取引自体が株価に与える影響が考えられるが，この点は，検討から除く。特に，過去に，発行者を救済するという情報により株価が上昇した場合（例えば，東京高判昭和 48・7・27 判時 715–100）および第三者による買収の対象となった会社の株価が上昇した場合に，第三者割当による新株発行が争われている。これらの事例において，準強度の効率性を前提とした上で，市場価格に影響を与えるどのような情報が生じるかまたは反映されるかとい

---

180) 太田洋「テクモ株式買取価格決定申立事件東京地裁決定の検討（下）」商事1908号50頁（2010）。
181) 太田・前注180) 50頁。
182) Paul Asquith & David Mullins, *Equity Issues and Offering Dilution*, 15 J. FIN. ECON. 61, 61 (1986).
183) 経営者が株式を選択した事実により株価が減少する点について，本書183頁注187)参照。
184) Asquith & Mullins, *supra* note 182, at 61–62. ただし，RICHARD A. BREALEY, STEWART C. MYERS & FRANKLIN ALLEN, PRINCIPLES OF CORPORATE FINANCE 389 (11th ed. 2013) は，株価下落の理由を情報効果によるものであって，需給によるものではないとする。

う点が論点になるが，これらは既に議論されているため，本書では検討しない[185]。以下では，新株発行の事案において市場の効率性がどのように取り扱われたかを分析し，検討を加える。

最三小判昭和50・4・8（民集29-4-350）の横河電機事件は，上場会社による株式の第三者割当てにおける発行価額が「著シク不公正ナル発行価額」に該当するか否かが争われた事案において，上場株式会社の新株発行価額が新株発行決定直前の株価に近接していることを理由として当該新株発行価額が「特ニ有利ナル価額」に該当しないとした。この判決は，情報効率性や基礎的価値に関する効率性に直接言及していないが，代わりに，新株発行価額の決定に関して「新株主に旧株主と同等の資本的寄与を求めるべき」という理由を挙げている。これは，間接的に株価を用いることによって「新株主に旧株主と同等の資本的寄与」が図られるという意味で，情報効率性というよりは基礎的価値に関する効率性に重きを置く考え方といえるかもしれない。

また，東京地決平成元・9・5（判時1323-48）の宮入バルブ事件は，投機等により株価が急騰した場合に，「株価が客観的価値を反映したものとはいい難い」という理由で発行価額について株価急騰前の期間の平均株価を参照する。同事件では，株価を参照する理由として，「会社資産の内容，収益力および将来の事業の見通しなどを考慮した企業の客観的価値が市場価格に反映されて〔株価〕が形成される」と述べる。一般に利用可能な情報が反映されているか否かというよりは，客観的「価値」が反映されているか否かに焦点を当てており，議論の枠組みとしては，情報効率性ではなく，基礎的価値に関する効率性の有無を判断しているように思われる[186]。東京地決平成元・7・25（判時1317-28）の忠実屋事件も同様の枠組みに従って判断がなされている。

さらに，類似の案件として，新株予約権付社債の発行条件が上場株式の市場価格を用いたオプション理論に基づき決定された事案で，上場株式の市場価格が純資産等から乖離していることをもって新株予約権付社債の発行条件が「特に有利な条件」に該当するとした主張を否定した事案がある[187]。これは，前

---

[185] 最近の議論の例として，松中学「市場価格が高騰している場合の有利発行の判断基準」商事1911号27頁（2010）。
[186] 藤田・前掲注179) 75頁。東京地決平成元・9・5判時1323-48。
[187] 名古屋地決平成20・11・19金判1309-20。明田川昌幸「判批」ジュリ1424号116頁（2011）。

述の昭和50年4月8日の横河電機事件の最高裁判決に言及しており，市場価格にある程度の信頼を置いているといえるだろう。

株式買取請求権　最高裁判所は，平成23年の楽天対TBS事件で，反対株主の株式買取請求権に基づく株式買取価格決定の文脈で，反対株主の株式買取請求権および公正な価格の意義について述べ[188]，これは，平成24年のテクモ事件（最二小決平成24・2・29民集66-3-1784）において，以下の通り一般化された。

> 反対株主に「公正な価格」での株式の買取りを請求する権利が付与された趣旨は，反対株主に会社からの退出の機会を与えるとともに，退出を選択した株主には，株式移転がされなかったとした場合と経済的に同等の状態を確保し，さらに，株式移転により，組織再編による相乗効果（以下，「シナジー効果」という）その他の企業価値の増加が生ずる場合には，これを適切に分配し得るものとすることにより，反対株主の利益を一定の範囲で保障することにある。

最高裁判所の判示は，①退出権の保障として，「株式移転がされなかったとした場合と経済的に同等の状態」（以下，「ナカリセバ価格」という）が保障され，また，②組織再編による相乗効果（以下，「シナジー」という）が発生する場合には，シナジーの分配を含む価格（以下，「シナジー分配価格」という）が保障されることを意味する[189]。

最高裁判所は，また，楽天対TBS事件において，「株式が上場されている場合，一般に，市場株価には，当該企業の資産内容，財務状況，収益力，将来の業績見通しなどが考慮された当該企業の客観的価値が，投資家の評価を通して反映されているということができるから，上場されている株式について，反対株主が株式買取請求をした日のナカリセバ価格を算定するに当たっては，それが企業の客観的価値を反映していないことをうかがわせる事情があれば格別，そうでなければ，その算定における基礎資料として市場株価を用いることには，合理性が認められる」[190]と判示した。「一般に」とあるので，判決は例外を認

[188) 最三小決平成23・4・19民集65-3-1311。
[189) 鳥山恭一「判批」金判1389号1頁（2012）。
[190) 最三小決平成23・4・19民集65-3-1311。楽天対TBSは吸収分割の事案であったが，全部取得条項付き種類株式を用いた事案で同様の判示として大阪高決平成21・9・1金判1326-25。

めている[191]点に留意する必要があるものの，この判示は情報効率性だけでなく，基礎的価値に関する効率性についても肯定しているように思われる。

　また，最二小決平成24・2・29（民集66-3-1784）では，「株式が上場されている場合，市場株価が企業の客観的価値を反映していないことをうかがわせる事情がない限り，『公正な価格』を算定するに当たって，その基礎資料として市場株価を用いることには合理性があるといえる」と判示しており，ここでも市場価格と客観的価値との関係を肯定している[192]。

　このように，わが国では，基礎的価値に関する効率性を肯定するような裁判例が存在する。この点，情報効率性は，認めるものの，基礎的価値に関する効率性について認めていないように思われる米国連邦裁判所や，基礎的価値に関する効率性を一部でしか認めていないデラウェア州の裁判所とは違った立場をとっているように思われる。しかし，わが国でも基礎的価値に関する効率性が認められない場合も存在するので，この点について次に検討する。

基礎的価値に関する効率性が否定される事例　過去の裁判例において，基礎的価値に関する効率性が認められなかった事例として，①株式の市場価格が何らかの理由で客観的価値[193]からかけ離れている場合に，市場価格であるという理由だけではそれが基準とされないとしたもの[194]や，②株式市場での高騰が一時的現象に留まる場合にのみ基礎的価値に関する効率性が否定され，投機の対象として株価が高騰してもそれによって必ずしも算定基礎としての適格性が否定されないとした下級審判決[195]が挙げられる。

---

191) この例外がどのようなものであるか，正確なところはわからないが，推測するに①市場がある株式について効率的ではない（例えば，取引高が不足しているまたは存在しない），②市場がある情報について効率的ではない（例えば，ある情報について市場に伝わっていない），③株式が客観的価値を反映しない何らかの事情を有している（例えば，公開買付期間に含まれていて高騰している），および④前提となる公開されている情報に瑕疵があるまたはその他の方法で株価が操作されている（例えば，公開に係る情報に虚偽記載が存在する）等多様な例外が考えられよう。
192) 須藤正彦裁判官の補足意見は，上場株式の市場価格は，企業の客観的評価が反映されうるとしつつも，①会社内部の情報が市場に反映していないという情報の非対称性を認識し，また②株価が思惑等で変動するという偶発的要素が存在することを認識している。内部情報が反映しておらず，また，株価の偶発的要素を認めつつ，株式が客観的価値を表すという論理は正当化が難しいように思われる。
193) 「客観的価値」の意味を検討するものとして，吉本健一「会社支配権の価値と新株発行価額の公正性（中）」商事1239号11-13頁（1991）（わが国の判例は，「企業の客観的価値」とは何かについて述べていないが，一応，企業の実質的ないし真偽価値（intrinsic or true value）を考え，この価値から乖離した部分については，これを投機（bubble）として排斥するものと考えられると述べる。）。
194) 藤田・前掲注179) 75-76頁は，例として大阪地決昭和62・11・18判タ678-178，東京地決平成元・9・5判時1323-48を挙げる。
195) 藤田・前掲注179) 76頁。東京地決平成元・7・25判時1317-28。

この議論は，証券の価値の算定に関して市場価格を参照することができるかというものである。この点，事案によっては株式の価値評価に市場価格以外の手法を用いるということが行われている。このような手法が用いられる場合，市場価格が株式の基礎的価値を表していないことを認めているとも考えられる。このような手法のうち代表的なものであるディスカウンテド・キャッシュ・フロー (DCF: discounted cash flow) 法（以下，「DCF 法」という）について以下で若干の検討を行う。

ディスカウンテド・キャッシュ・フロー法（DCF 法）の利用　ケインズのいうように投資家が「美人投票」[196]のような投資行動をとる場合，株式の市場価格は，必ずしも基礎的価値を表すものではないといえるだろう。また，上場会社にしても非上場会社にしても，将来の投資費用を払った後の株主に帰属する純キャッシュ・フロー（つまり，会社のフリー・キャッシュ・フロー）の現在価値が株式が表彰する事業の価値である[197]とする考え方に立てば，株式の価値は，株価とは独立に決定されることになる。

　旧商法下での営業譲渡に関する株式買取請求権の文脈で非上場会社のナカリセバ価格が争われた事案で，DCF 法を是認するカネボウ事件の東京高裁の決定[198]では，旧商法下での「公正ナル価格」の意義について，「営業譲渡が行われず会社がそのまま存続すると仮定した場合に形成されたと想定される株式の客観的交換価値」とする。客観的交換価値がどのようなものかが問題となるが，本決定では，「上場会社の場合には，株式の市場価額という客観的な

---

196) JOHN MAYNARD KEYNES, THE GENERAL THEORY OF EMPLOYMENT, INTEREST AND MONEY, Ch. 12 § 5 (1936); Langevoort, *supra* note 68, at 866（最も美人であるという基礎的価値に基づいて判断するのではなく，投票者全体の中で誰が最も人気があるだろうという観点から判断される）。
197) DCF 法は，「理論的に最も信頼が厚い」といわれる。ASWATH DAMODARAN, DAMODARAN ON VALUATION: SECURITY ANALYSIS FOR INVESTMENT AND CORPORATE FINANCE 10 (2d ed. 2006); SHLEIFER, *supra* note 11, at 2（投資家が合理的であれば，証券の基礎的価値を測るために，将来のキャッシュ・フローをリスクの特性に応じて割り引いて，正味現在価値を算出すると指摘する）。他にも，デラウェア州衡平法裁判所の判決は，DCF法について，「当裁判所において，DCF法は，際立ってよく用いられている (prominently featured)。なぜなら，金融業界において，最も高い信頼を得ているからである」と述べる。Cede & Co. v. JRC Acquisition Corp., 2004 WL 286963, at *2 (Del. Ch. Feb. 10, 2004) (Chandler, C.). DCF法を中心に，わが国における株式価値の評価を解説するものとして，久保田安彦「株式価値の評価」田中亘編『数字でわかる会社法』14–38頁（有斐閣・2013）。
198) 東京高決平成22・5・24金判1345–12（「本件では……DCF法により評価することが一番妥当であるというべき」）。

指標が存するが,非上場会社の場合は,株式の市場価額が存在しないため,当該企業価値を表象〔ママ〕する重要な原因が何であるかに着眼し,その着眼点に合致した方法により株式評価を行うことが相当」であると判示した。これは,上場会社の場合,市場価格が客観的価値を表しており,非上場会社についてそれに代替する評価をしなければならないと判示したものといえるだろう。決定は,続けて「営業譲渡……は,会社の財産処分としてこれを捉えることができるから,少数派の反対株主は,会社が清算される場合と同様,会社の全財産に対する残余財産分配請求権を有すると観念的には捉えることができるところ,その価値は,……その事業から生ずると予想される将来のキャッシュ・フローの割引現在価格に一致すると考えるのが合理的である」と述べる。これは,株式が表彰する残余財産分配請求権の価値がDCF法に基づき決定されうることを判示しているものといえる。東京高裁は,残余財産分配請求権の価値が株式価値と同義であるとは述べていないし,DCF法に基づき決定される価額が客観的価値であると明示してはいないが,全体としてみれば,DCF法によっても客観的価値が求められると考えているとみられる[199]。

　非上場会社の株式の評価についてDCF法を許容する裁判例は,この外にも,平成21年のホスピカ事件[200],カルチュア・コンビニエンス・クラブ事件[201]

---

[199] 読み方次第では,本決定の射程を会社の清算と同様の観念ができる場合のナカリセバ価格の算定に限定することもできよう。しかし,DCF法に基づき株式の価値が客観的に算定できるのであれば,その射程はナカリセバ価格の算定に限定されないはずである。なぜなら,上場会社の株式を対象とする場合でも,また,ナカリセバ価格ではなくシナジーを織り込んだ価格を算定する場合でも,キャッシュ・フローを割り引くという手法自体は利用可能だからである。

[200] 福岡高決平成21・5・15金判1320-20(譲渡制限のある非上場会社の株式について売買価格の決定を求めた事案において「DCF法は,継続企業価値の把握という面では正しいものを含んでいることは明らかであって,本件株価の算定にあたって,これを全面的に無視することは許されないといわなければならない」としつつも,問題点も指摘する)。

[201] 大阪地決平成24・4・13金判1391-52。白井正和「判批」ジュリ1455号118頁(2013)。カルチュア・コンビニエンス・クラブ株式取得価格決定申立事件に関して,論点を二つ挙げる。第一に,企業買収を促進する法政策をとるべきか否かという文脈で,全部取得条項付種類株式の取得価格がいかなる価格であるかを決定すべきであるということである。シナジー分配価格を許容する「公正な価格」は,ナカリセバ価格のみである場合と比較して,企業買収の誘因を減少させる代わりに,株主の保護に厚い。ナカリセバ価格のみとする場合,市場の情報効率性を前提として株価を用いることが考えられるが,市場が効率的ではない場合が考えられるので,市場価格を用いる以外のナカリセバ価格の算定方法を考えなければならない。すると,理論的に優れた方法であるDCF法に用いて算定される本源的価値の最良の推定を下回ることができるかという問題に帰着するように思われる。すなわち,本文において後述する「シナジー以外の私的利益」の分配をどのように行うかという問題である。第二に,公開買付価格がDCFの下限を下回っているのであれば,本源的価値の最良の推定よりも公開買付価格が下回っているということになる。この場合,DCFの下限を下回る価格で公開買付けをされる場合に,買収対象会社の取締役が信任義務との関係で,どのような対応をすべきであるかという問

や，前述のカネボウ事件の地裁判決[202]）がある。

　また，上場会社の組織再編の文脈で，DCF 法を含む市場価格以外の要素を考慮することを認めた判決も存在する。平成 23 年の興亜損保・損保ジャパン事件では，株式移転における移転比率が争われた。同事案では，株式移転の当事者に関して，複数の証券会社が，①市場株価法，②類似上場会社比較法，③DCF 法，④配当割引モデル分析法 (DDM: dividend discount model) および⑤貢献度分析法を用いて，株式の評価を行った。裁判所は，これらの評価手法について，上場会社の株式評価に際してごく一般的に用いられる手法であり，市場株価法以外の評価法による株式評価額を勘案することを否定すべき事情を認めるに足りる証拠はないとした[203]），端的にいえば，市場価格以外に DCF 法等の利用を許容したのである。

　このようにわが国では事例によっては DCF 法等を認め，市場価格のみに依拠しないということも行われている。

　なお，DCF 法に関する留意点としては，DCF 法自体が割引率の算出に際して市場の効率性に依拠していると指摘されていること[204]）および DCF 法について確立した基準が存在しないことを理由に，これを株式評価方法として認めなかった裁判例[205]）が存在することも挙げられる。

　　　題が生じるように思われる。後者の問題は，価格算定の問題ではないが，一応，言及しておく。本書102 頁参照。
202) 東京地決平成 20・3・14 金判 1289-8（「継続企業としての価値の評価に相応しい評価方法は，収益方式の代表的手法である DCF 法ということができ，相手方の株式価格の評価に当たっては，DCF 法を採用することが相当である。」）。
203) 東京地判平成 23 年 9 月 29 日判時 2138-134。弥永真生「判批」ジュリ 1437 号 3 頁（2012）。
204) 神戸大学企業立法研究会・前掲注96）41 頁。資本資産価格モデル (CAPM: capital asset pricing model) を用いた資本コストの算定に際してベータを用いることになるが，これが効率的市場を前提としているからであろうか。資本資産価格モデルを用いる場合のベータの推計について，例えば，マイケル・エアハルト（真壁昭夫＝鈴木毅訳）『資本コストの理論と実務―新しい企業価値の探究』48-57 頁（東洋経済新報社・2001）。
205) 全部取得条項付種類株式を用いた MBO における価格決定の申立ての文脈で「本件では，市場価格に基づいて株式の公正な価格の評価が可能であるから，他の評価法を斟酌する必要はないというべきである。また，DCF 法は，企業価値の評価の場面においては，小規模リスクプレミアムの採否，リスクプレミアムや永久成長率の割合について，確定した基準があるわけではなく，評価の手法により算定された価額の較差が大きくなることなどを考えると，株式の公正な価格を評価する方式として，DCF 法を組み入れることは相当でない」と述べる判決がある。大阪高決平成 21・9・1 金判 1326-25。例えば，デラウェア州の裁判所は，価値評価の方法について，「金融業界で受け入れられていると一般に考えられている方法」と述べた上で，価値評価の技術革新に応じて，違った価値評価の方法を受け入れている。Weinberger v. UOP, Inc., 457 A.2d 701, 713 (Del. 1983); Global GT LP v. Golden Telecom, Inc., 993 A.2d 497, 517 (Del. Ch. 2010) (Strine, V.C.), aff'd, 11 A.3d 214 (Del. 2010) (資本コストの算定に際し，かつて衡平法裁判所が採用

最後の点について述べると，評価方法に多様な方法が存在することは確かではあるが，状況に応じて適切な DCF 法の手順を確立することは不可能ではないであろうから，単に現在確立した基準が存在しないことだけを理由に DCF 法を否定することはできないであろう。現在においても，裁判で，DCF 法に基づく基準を主張・立証させることは可能であるし，どのような DCF 法の手順が適切であるかという判決が積み重なることにより，手順が確立するものと思われる。

金融商品取引法——証券募集の文脈での待機期間（効力停止期間）　少し視点を変えて，金商法において，市場の効率性がどのように捉えられているかを簡単に検討したい。その素材として，参照方式を用いて行われる発行登録書および訂正発行登録書を用いる。わが国における発行登録書に関する規制を検討すると，①情報が市場に浸透するまでの間，一定期間を要するとの前提に立っていること，②情報の種類の違いに基づき情報が市場に浸透するまでの時間に差異があるとの前提に立っていること，および③情報の開示の方法の相違により情報が市場に浸透するまでの時間に差異があるとの前提に立っていることがわかる[206]。

参照方式を用いて，発行登録書が提出される場合（金商法 23 条の 3）で[207]，発行登録書の参照書類と同種の書類が新たに提出されるとき，訂正発行登録書[208]の提出が要求される（金商法 23 条の 4）。

発行登録は，原則として，発行登録書または訂正発行登録書を内閣総理大臣が受理した日から 15 日を経過した日に効力を生じる（金商法 23 条の 5 第 1 項，8 条 1 項および 2 項）。ただし，①発行登録をした者が待機期間の短縮を求める場

した歴史的なエクイティ・リスク・プレミアムではなく，長期的なエクイティ・リスク・プレミアムの期待値を採用した事例。裁判所は，専門家の新たな意見を採用することの意義について言及している）．

206) 本文に挙げた前提は，情報効率性に関する代表的な論文での議論の枠組みと整合的であるといえる。Gilson & Kraakman, *supra* note 106, at 559, 592（情報の種類により効率性が異なると考えられること，および情報の当初の頒布 (initial distribution) と効率性の関係について）．類似の指摘として，わが国において個別銘柄によって情報効率性に差が存在する研究が存在することを指摘するものがある。黒沼悦郎「証券市場における情報開示に基づく民事責任（5・完）」法協 106 巻 7 号 1241-1242 頁（1989）．

207) 内国会社は，①通常，第 11 号様式，②コマーシャル・ペーパー（以下，「CP」という）の場合第 11 号の 2 様式，および③短期社債の場合第 11 号の 2 の 2 様式を用いる。

208) 内国会社の場合，第 11 号の 3 様式を用いる。

合，受理から7日を経過した時点で発行登録の効力が生じる（企業内容等開示ガイドライン 8-2 ③および 23 の 5-1），また，②自発的な訂正が行われた場合には，事案に応じて1日から2日の間，効力が停止される[209]。これは，情報が市場に浸透するまでの間，一定期間を要するとの前提に立っていると理解することができ，程度の高い情報効率性が否定されていると捉えることができる。

企業内容等開示ガイドラインをみると，金融庁は，情報の種類の違いに基づき効力停止期間に差異を設けている。例えば，参照書類と同種の書類として有価証券報告書が電子開示システムを用いて提出されたことによる訂正について，効力停止期間は，提出日を含めて概ね2日とされ，また，参照書類と同種の書類として臨時報告書が提出されたことによる訂正について，効力停止期間は，提出日を含めて，概ね1日とされている（企業内容等開示ガイドライン 23 の 5-3 イ①および③）。これは，情報の種類の違いに基づき情報が市場に浸透するまでの時間に差異があるという前提に立っていると理解することができる。

また，金融庁は，情報の提供方法の違いに基づき効力停止期間に差異を設けている[210]。例えば，参照書類と同種の書類として新たに有価証券報告書が提出された場合の訂正発行登録書の提出について，電子開示システムを用いたときの効力停止期間は，概ね2日，電子開示システムを用いないときの効力停止期間は，概ね4日と定められている（企業内容等開示ガイドライン 23 の 5-3 イ①）。これは，情報の提供方法の相違により情報が市場に浸透するまでの時間に差異があるという前提に立っていると理解することができる。

以上で，わが国における準強度の効率的市場に関連する検討を終えることにする。以下では，市場の効率性と関連する幾つかの論点について若干の補足を行う。

補論――市場価格の正確性と裁判所の裁量の範囲

組織再編における反対株主の買取請求権において「公正な価格」を裁判所が決定する場合，その決定は裁判所の合理的な裁量に委ねられているものと解されている（最一小決昭和 48・3・1 民集 27-2-161）。この場合，裁判所にどの程度の裁量が存在する

---

[209] 短期社債およびCPの場合，発行登録の効力停止は行われず，金商法8条3項の規定を適用して直ちに，その効力を生ずる旨を通知することができるとされる。企業内容等開示ガイドライン23の5-2。

[210] See Donald C. Langevoort, Basic at Twenty: Rethinking Fraud on the Market, 2009 WIS. L. REV. 151, 170（情報が違えば，同じ発行者であっても情報が価格に反映される速度が異なることを指摘する）。

のかが問題となりうる。

　直接，最高裁がどの程度の正確性であれば市場価格を受け入れることができるかを判示したものではないが，インテリジェンス事件において，田原睦夫裁判官の補足意見は 4.5% の価格差が存在する場合に，買取価格をすべて同一価格と定めることは裁量の範囲外であることを示した（最三小決平成 23・4・26 集民 236-519）。価格は日々上下するので，平均値をとる場合や補正等が入る場合には，計算結果に差異が生じる。田原裁判官の意見は多数意見ではないものの，このような差異について受け入れることができない上限——企業価値評価は少なくとも 4.5% 価値が違うのであれば当該市場価格を受け入れることができない——を画したものと捉えることもでき，興味深い。

補論——株価の期間参照　株価を参照する際に，一時点ではなく一定期間の株価を参照することが度々行われる。

　基礎的価値に関する効率的市場仮説が妥当すると考えられる場合，市場価格はその時点における利用可能な情報に基づく当該証券の価値を表していると考えられる。そのような市場価格を用いてある時点の価値を算定する場合，原則として，当該一時点の市場価格を参照すればそれで足り，一定期間の市場価格を参照する必要はない。特に，市場の効率性が認められる場合，理論的には需要曲線が水平になり，ひいては，市場価格の操作が難しくなるため，当該一時点の株価を用いることが理論的には正しいということになる。つまり，ある暦年の 3 月 31 日株式の価値を求める必要があり，当該株式が上場されていて，裁判所が当該株価が市場に存在する情報を反映していると認めるならば，理論的には裁判所がこのような株価の一時点（3 月 31 日）を参照すべきであり，当該一時点から遡った期間を参照することは逆に，市場に基づいて定められた価値を人為的に歪めることに他ならない。しかし，株価操作等を懸念して一定期間の株価を参照するというような実務も存在する。流動性が高くない証券，または，空売りが禁止されている，もしくは，制度信用取引において空売りが可能とされている貸借銘柄に該当していない証券について，一時点の価格が効率的か否かを判断するより，一定期間の平均をとることで，市場の一時的な変動の影響を減殺するという考え方もあろうが，このような証券についてはそもそも効率的な市場が形成されていると判断することが難しいようにも思われる。

　この点，最高裁判所は，株式買取請求権の文脈で「特定の時点の市場株価を

参照するのか，それとも一定期間の市場株価の平均値を参照するのか等については，当該事案における消滅株式会社等や株式買取請求をした株主に係る事情を踏まえた裁判所の合理的な裁量に委ねられているものというべきである」とし，一定期間の株価を参照することが許される旨判示した（最三小決平成23・4・19民集65-3-1311）。裁判所の裁量との関係での判示であり，効率的な市場を否定するという趣旨であるとは思われない[211]。

類似の議論として，金商法21条の2第3項が，公衆縦覧書類への虚偽記載に基づく損害額の推定として，真実の公表日前後1ヶ月の市場価格の平均を用いていることが挙げられる。

立案担当官は，まず，「開示書類の虚偽記載等の証券価格への影響は継続的なものであることから，その価格への影響を考えるには一定期間の価額をとることが望ましい」[212]，と述べる。この部分は，準強度の効率的市場仮説とは整合的ではない。なぜなら，準強度の効率性に従えば，開示された情報は，即時に証券価格に反映され，情報が継続的に影響を受けるという考え方と整合的ではないからである。

次に，立案担当官は，「開示書類の虚偽記載等の証券価格への影響は継続的なものであることから，その価格への影響を考えるには一定期間の価額をとることは，その価額がその日に特に発生した特殊な事情を反映した額である可能性があり，必ずしも適当とはいえない」[213]と述べる。この部分は，準強度の効率的市場と整合的ではないものの合理的であると考えられる。なぜなら，確かに，証券価格の変動は様々な要因が考えられるため，悪影響が存在する場合，その影響を排除するか，でなければ次善策として平準化することが考えられるからである。

さらに，立案担当官は，「特に公表直後については虚偽記載等の公表に対す

---

211) 弥永真生「反対株主による株式買取請求と買取価格決定」ジュリ1399号113頁（2010），太田・前掲注180) 52頁。Christopher Ting, *Which Daily Price is Less Noisy?*, 35 FIN. MGMT., Issue 3, 91–92 (2006)（出来高加重平均が単純終値平均よりも優れているとする）; Pierre Hillion & Matti Suominen, *The Manipulation of Closing Prices*, 7 J. FIN. MKTS 369–70 (2004)（単純終値平均について操作の誘因が存在することを指摘し，完全ではないものの出来高加重平均等がより優れているとする）。平均を計算するにあたり，各証券営業日の終値を参照せず，各証券営業日の日中の取引高加重平均を用いるという点も，類似の議論があてはまるであろう。
212) 三井ほか『課徴金制度と民事賠償責任―条解証券取引法』158頁（金融財政事情研究会・2005）。
213) 三井ほか・前掲注212) 158頁。

る市場の過剰な反応による部分(いわゆるオーバーシュート)もあることから,そのすべての下落額を虚偽記載等によって生じたとすることは妥当でない」[214]と述べる。「過剰な反応」[215]とは,つまり,「すべての下落額を虚偽記載等によって生じたとすることは妥当でない」ということであり,合理的であるように思われる。

補論──計量経済学を用いた株価の補正　TBS対楽天事件における吸収分割での反対株主の株式買取請求権(最三小決平成23・4・19民集65-3-1311),インテリジェンス事件における株式交換での反対株主の株式買取請求権(最三小決平成23・4・26集民236-519)および全部取得条項付種類株式を用いた少数株主の排除が行われた松尾橋梁事件における会社法116条1項2号に基づく反対株主の株式買取請求権(大阪地決平成23・1・28金判1390-38)の文脈で,ナカリセバ価格を決定する際に,組織再編等の計画公表前の株価を参照株価とし,それを基準日まで補正することができる旨およびそのような補正が裁判所の裁量の範囲内である旨が指摘されている[216]。

証券価値の算定等の文脈でマーケット・モデル[217]に基づく株価への補正を加えるのであれば,それは効率的市場を前提としているということができよう[218]。最高裁判所は,株式買取請求権の文脈で,「上記公表等がされた後株式

---

214) 三井ほか・前掲注212) 158頁。
215) 米国における1995年の証券民事訴訟改革法でも,過剰な反応に対処するための損害賠償額の上限が設けられている。Private Securities Litigation Reform Act of 1995, Pub. L. No. 104-67, 109 Stat. 737 (1995), § 101(b) (adding 15 U.S.C. § 78u-4(e)). H.R. Rep. No. 104-369, at 36 & n.25 (1995) (Conf. Rep.), 1995 U.S.C.C.A.N. 730, 741 & n.25 (citing Baruch Lev & Meiring de Villiers, *Stock Price Crashes and the 10b-5 Damages: A Legal, Economic, and Policy Analysis*, 47 STAN. L. REV. 7, 9-11 (1994)). Baruch Lev教授らは,株価に悪影響を与える情報が開示された後の株価の下落は,当該情報に基づく企業価値の下落以外の要素が存在することを指摘する。Lev & de Villiers, *supra*, at 14-15. また,過剰な反応は,(基礎的価値に関する効率性ではなく)情報効率的な効率的市場仮説と整合的であるとする。*Id*. at 21 & n.69. 証券民事訴訟改革法における損害賠償の上限を定める規定について検討する論文として,黒沼悦郎「アメリカにおける証券民事訴訟制度の改革」神戸47巻3号455-457頁(1997)。
216) 弥永真生「判批」江頭憲治郎ほか編『会社法判例百選』別冊ジュリ180号191頁(有斐閣・2006),田中亘「株式の買取・取得価格の決定の意義と課題」MARR 178号11頁(2009)。
217) マーケット・モデルに言及する法学の文献として,Christopher Paul Saari, *The Efficient Capital Market Hypothesis, Economic Theory and the Regulation of the Securities Industry*, 29 STAN. L. REV. 1031, 1037 n.29 (1977).
218) マーケット・モデルという手法は効率的市場を前提としており,非効率的市場では,適用に限界がある。マーケット・モデルの技術的な限界の議論として,黒沼悦郎「証券市場における情報開示に基づく民事責任(3)」法協106巻2号258-259頁(1989),黒沼・前掲注84) 123-124頁。池谷誠「会社訴訟におけるマーケットモデルとイベント分析の利用(上)──インテリジェンス事件を例として」

買取請求がされた日までの間に当該吸収合併等以外の市場の一般的な価格変動要因により，当該株式の市場株価が変動している場合に，これを踏まえて参照株価に補正を加えるなどして同日のナカリセバ価格を算定するについても，〔裁判所の合理的な裁量に委ねられているもの〕である」と判示した[219]。これは，具体的な補正の方法に言及しておらず，特段，効率的市場を意識した判示ではないと思われるが，マーケット・モデルに基づく株価への補正を行うのであれば，少なくとも当該株式に関する情報効率性は前提となるであろう（本書 97 頁参照）。

補論――「今後の株価の上昇に対する期待」の取扱い

効率的市場を前提としない市場価格の解釈の例として，会社法 172 条 1 項に基づく全部取得条項付種類株式の取得の価格の決定の文脈で「強制的取得により失われる今後の株価の上昇に対する期待を評価した価額をも考慮する」（東京高決平成 20・9・12 金判 1301-28）としたレックス事件が挙げられる。レックス事件において，最高裁判所の田原睦夫裁判官は補足意見において「取得価格は，① MBO が行われなかったならば株主が享受し得る価値と，② MBO の実施によって増大が期待される価値のうち株主が享受してしかるべき部分とを，合算して算定すべきものと解することが相当である。原決定が，『公正な価格を定めるに当たっては，取得日における当該株式の客観的価値に加えて，強制的取得により失われる今後の株価の上昇に対する期待を評価した価額をも考慮するのが相当である』とする点は，後の『株価の上昇に対する期待の評価』の項において説示するところからすれば，実質的には上記と同旨をいうものと解することができる」（最三小決平成 21・5・29 金判 1326-35）と意見を述べた[220]。

原決定・原々決定との関係について，田原補足意見は，実質的には同一の立場に立つと明示するが，原決定の文言自体をそれ自体としてみると，原決定で

商事 1990 号 13-16 頁（2013）。
[219] 最三小決平成 23・4・19 民集 65-3-1311。最三小決平成 23・4・26 集民 236-519（株式買取請求期間中に当該株式の上場が廃止されたとしても，変わるところはない）。
[220] この部分については，①田原裁判官の解釈である「MBO の実施によって増大が期待される価値のうち株主が享受してしかるべき部分」と，原決定における「強制的取得により失われる今後の株価の上昇に対する期待」が同じ意図を共有していたか，②原決定において客観的価値といいつつ，次に上昇の期待という主観的要素を考慮している点が是認できるか，③市場が効率的であれば，このような期待は既に価格に織り込まれており，加えて価格上昇の期待を評価すると，この点を二重に評価しているのではないか等の論点が存在するであろう。

は既に株価に織り込まれている[221]「株価の上昇に対する期待」を再度追加するということになり，これは市場の効率性を無視しているといえる。しかし，それが「MBOの実施によって増大が期待される価値のうち株主が享受してしかるべき部分」が存在することを意味するのであれば，それに株主によって享受されてしかるべき場合が存在しうることについて賛成できる[222]。

なお，効率的市場の立場から検討すると，市場が劣マルチンゲールであると信じる投資家が，長期的に市場に応じて株価が上昇すると期待することが考えられる。その後，実際に市場が上昇するか下落するかは定かではないが，市場と同等の変動（個別株式の場合，アルファやベータを考慮する）を保護する根拠として，「今後の株価の上昇に対する期待」を位置づけるということは，ありえるだろう。

補論――効率的市場仮説，取引因果関係および虚偽記載の事実公表後の売却

次に，虚偽記載公表後の売却に関して検討するために，西武鉄道事件の最高裁判決（最三小判平成23・9・13集民237-337）を検討する。同事件では，原告は，主位的主張として，西武鉄道社の有価証券報告書に虚偽記載がなければ，西武鉄道株式を取得することはなかったと主張した。以下，本書において，虚偽記載がなければ証券を購入しなかったという関係を，「狭義の取引因果関係」という。

寺田逸郎裁判官は，原告が狭義の取引因果関係を主張した点に鑑みて，「虚偽記載の公表による市場価額の変動が収束したとみられる時期以後も当該株式を処分しなかったときは，『公表があれば取得しなかった』という前提との一貫性から，もはやその後の価額下落による損失については当該虚偽記載と相当因果関係がないものとして扱うべき」と意見を述べた。この考え方は効率的市場仮説とは整合的ではない。

なぜなら，①劣マルチンゲール・モデルが妥当し，すべての情報を反映した価格が市場において値付けされる限り，証券の市場価格はランダム・ウォーク

---

221) 小出篤「平成一九年度会社法関係重要判例の分析（上）」商事1839号4頁，8頁（2008）（「そうした期待権は本来……株式の『客観的な時価』（市場株価）にすべて織り込まれているはず」），清水建成「カネボウ株式買取価格決定事件―非上場株式の評価に関する裁判例―東京地裁平成20・3・14」判タ1279号39頁（2008），加藤貴仁「レックス・ホールディングス事件最高裁決定の検討（下）『公正な価格』の算定における裁判所の役割」商事1877号24頁（2009）。

222) 「今後の株価の上昇に対する期待」に言及する他の事例として，大阪地決平成24・4・13金判1391-52や札幌地決平成22・4・28金判1353-58がある。ただし，法政策として，マネジメント・バイアウトにおいて増大が期待される価値のうち，どの程度を株主が享受して然るべき部分とするのかは，難しい問題である。

し，証券保有者は取引費用を回避するために証券を保有し続けることが投資戦略として合理的であり[223]，②虚偽記載の公表による市場価格の下落により，株価が下がりすぎているのであれば，株式を保有すべきであり，他方，虚偽記載の公表がなされたにもかかわらず，当該公表の影響が株価に完全に反映せず，今後さらに下がるというような状況は，情報効率性という点で効率的市場仮説と整合的ではないからである。

また，寺田裁判官が判示する，取引因果関係が存在するのであれば，虚偽記載の存在を知った後に，株式を処分するはずであるという考え方は，株主が行った投資判断がその時点以後にも妥当する——言い換えれば，証券の購入と売却が同じ理由を根拠として行われる——ということと同義である。しかし，証券を購入するということと，証券を売却するということは別の投資判断であり，証券を購入するという投資判断を行ったことが必ずしも証券を売却するという投資判断に繋がるわけではない。

虚偽記載の事実が公表された後，株価が下落するとして，①投資者が当該株式を売却するのは，株価がさらに下落すると予想する場合である。しかし，情報効率性が確保された市場では，株価は一般に利用可能な情報を反映しており[224]，この仮定は適当ではない。むしろ，②虚偽記載の事実が公表された後の株価下落の最中でも，市場は一般に利用可能な情報を即時に反映していると考えるべきであろう。そうであれば，前述の通り，株式を保持し続けることが合理的な戦略となりうる。また，③情報効率性を否定し，株式が下落しすぎた（今後反発する）と考える投資者が存在する場合，やはり株式を保持し続けることが合理的な選択となる。寺田裁判官の意見は②および③を否定したもので，適切であるとは思えない[225]。

---

[223] Fama, *supra* note 6, at 395. また，税務上の損失や利益の実現をその時点で求めるかは各株主の状況による。利益が存在する場合，課税を繰り延べるために利益の確定を遅らせる誘因が存在することは広く知られている。例えば，芳賀真一「課税繰延べの根拠とその合理性：アメリカ連邦所得税における同種の資産の交換の規定と組織変更税制を中心に」一法8巻1号304頁注3（2009），芳賀真一「企業組織再編成税制における課税繰延べの根拠と合理性：公平・効率・簡素の視点から」一法5巻1号361頁注7（2006）。

[224] ストップ安の場合など特殊な場合を除く。

[225] 寺田裁判官の意見に賛成するものとして，黒沼悦郎「判批」金判1396号5頁（2012）。この論点を議論するものとして，黒沼悦郎「西武鉄道事件の2つの東京高裁判決について」早法85巻3号365頁（2010）。

第4節　市場の効率性の分類および適用の類型

第1款　序　　論

　前節までに，様々な効率性の概念を検討した。そこでは，効率性の概念は，様々な異同がみられること，および法域によって適用される効率性に差異がみられることがわかる。このような差異は，合理的なものであろうか。デラウェア州の裁判所は，効率性の概念に内包する微妙な差異を，裁判所が理解した上で，判決を下しているように思われる。他方，わが国の裁判所では，明文では，この点を明らかにしていない。このような違いは，肯定されうるのだろうか。

　本節では，まず，市場の効率性の概念を分類し，次に，分類された市場の効率性を適用する場面がどのような場面であるかという点を検討してみたい。本節での議論は，会社法および金商法に関する事案の文脈で，市場価格や市場の効率性が利用される場面に関する試論であり，議論は，例示的なものに留まっており，包括的なものとはなっていない。また，本書での議論は，市場の効率性の解釈に留まっており，実証的分析（例えば，法がどのように運用されているか）[226]，規範的分析（どのような法制度が望ましいか）[227]や法政策の観点からの分

---

[226] Gretchen Morgenson, *A Safety Valve for Dell Investors*, N.Y. TIMES, June 23, 2013, at BU1（米国において，①1984年から2004年までの40件を対象とした研究で買取請求訴訟により決定された価格が，中央値で買収価格へのプレミアムが50.2％であったこと，および②他の1985年からの46件を対象とした研究で，買取請求により決定された価格が買取価格を下回ったものが7件しか存在せず，買取価格へのプレミアムは，72％であったことに言及する）．

[227] 例えば，飯田秀総「株式買取請求権の構造と買取価格算定の考慮要素（3）」法協129巻5号986頁（2012）（株式買取請求権の存在は，買取側にとってコスト増大要因であり，買収価格を引き下げる要因となりうること，ひいては買収対象会社株主の利益とならない可能性があることを指摘する），飯田秀総「株式買取請求権の構造と買取価格算定の考慮要素（4）」法協129巻6号1255頁（2012）（シナジーの分配により支配株主が企業価値を高めるような合併を実行する誘因を損うことになるという学説を紹介する）。また，柳明昌「株式買取請求権制度における『公正な価格』の意義―シナジー分配の問題を中心として」青柳幸一編『融合する法律学（上）』384頁（信山社・2006）は，株式買取請求権におけるシナジー分配の文脈で，実際にどの程度の多数派が詐欺的な手段による取引を行うか，効率的な取引を過度に抑制することなく，多数派の恣意的な行動を抑えることができるかが鍵になると述べ，実証的分析および規範的分析の必要性に言及している。

析228)を欠いている229)。これらは今後の課題としたい。

本節の議論は，次の順に進める。第2款では効率性の概念の分類を，第3款では分類された概念の適用を扱う。

第2款　効率性の概念の分類

第1目　序　　論

本款では，市場の効率性の概念の分類を試みる230)。まず，情報効率性と基礎的価値に関する効率性について述べる。その後，効率性の概念ではないが，重要な概念であるため，本源的価値の概念を参照する。ここで分類した効率性（および本源的価値）の概念が，どのような場面で利用されるかについて，次款で検討する。

---

228) *In re* Synthes, Inc. S'holder Litig., 50 A.3d 1022, 1040 & n.83 (Del. Ch. Aug. 17, 2012) (Strine, C.) (*Cavalier Oil* 判決を引用し，デラウェア州の株式買取請求権では，少数株主が比例的に取り扱われ，マイノリティ・ディスカウントが適用ならない点について，支配株主がプレミアムを要求することを難しくさせるだけでなく，買主が買収を行うことを制限すると指摘する)。例えば，Frank H. Easterbrook & Daniel R. Fischel, *The Proper Role of a Target's Management in Responding to a Tender Offer*, 94 HARV. L. REV. 1161 (1981) [hereinafter, Easterbrook & Fischel, *Proper Role*] や Alan Schwartz, *The Fairness of Tender Offer Prices in Utilitarian Theory*, 17 J. LEGAL STUD. 165 (1988) 等での主張を適用すると，規範的観点から，株式買取請求権が行使された場合のシナジー分配価格の下限として本源的価値を認めることは，否定的に解されるし，そもそも株式買取請求権では，ナカリセバ価格のみを認め，シナジー分配価格を認めるべきではないという結論になるように思われる。

229) 江頭憲治郎「裁判における株価の算定―日米比較をまじえて」司研122号60頁 (2013) (株式買取請求の文脈の公正な価格について，米国では，シナジーを含めるべきではないという見解が相当根強いことを紹介する)。*See* Frank H. Easterbrook & Daniel R. Fischel, *Corporate Control Transactions*, 91 YALE L.J. 698, 709–11 (1982) (組織再編から生じる利益の分配を強制することで，①買収者が組織再編から利益を得ることができなくなる可能性に言及する，②既存の株主が組織再編後の利益へのただ乗りを意図して公開買付けに応募しない (hold out) 問題を生じうる，および③公正な価格が幾らになるのかを事前に予期できないというリスクを買収者が負担しなければならなくなるという点を指摘する) [hereinafter Easterbrook & Fischel, *Corporate Control Transactions*]。他に，不法行為に基づく損害賠償請求における損害額について，相当因果関係の範囲が市場の効率性の議論によって限定されるか等，具体的な適用の場面に関する検討も不十分である。

230) 本款における分析は，Marcel Kahan, *Securities Laws and the Social Costs of Inaccurate Stock Prices*, 41 DUKE L.J. 977, 979–80 nn.11–12 (1992) において，情報効率性と基礎的価値に関する効率性が言及されていたことを契機とする。

第2目　情報効率性

　情報効率性という用語自体は，様々な意味で用いられている。古い文献や著者によっては，情報効率性と基礎的価値に関する効率性の概念が峻別されていないことがある。また，①情報効率性と②基礎的価値に関する効率性は重複する部分が存在することも確かである[231]。

　①情報効率性と②基礎的価値に関する効率性を分けて考える場合，情報効率性は二つの基準で測られる。一方が，情報が市場価格に反映される速さであり，他方が，市場価格に反映される情報量である。

情報効率性と情報が市場価格に反映される速さ　情報が市場に反映される速さについては，即時から時間を経て反映するものまで，様々である。完全な情報効率性が達成される場合，情報が開示された瞬間に証券の価格に反映される。しかし，すべての情報が即時に反映される市場という概念は，現実にはありえないだろう。他方，一般の投資者が超過収益を得ることができない程度に効率的な市場[232]ということは，ありうるであろう[233]。そして，この「情報がある程度の速さで反映するために一般的な投資者が超過収益を得られない市場」というものが，証券市場を分析する際に中心的な問題となる。

情報効率性と情報が市場価格に反映される量　情報が市場に反映される量についていえば，そもそも弱度の効率性，準強度の効率性および強度の効率性で反映される情報量が違っている。しかし，情報効率性の文脈で，市場に反映される情報の量が問題になる場合，準強度の効率性を前提として議論することが一般的であるため，ここでは準強度の効率性を前提とする。

---

231) *E.g.* Macey & Miller, *supra* note 68, at 1012–15.
232) 将来の価格が予想できないことが，論理的に市場が効率的であることを意味しないとの指摘がある。*See* Hilsenrath, *supra* note 6, at A1 (Yale大学のRobert Shiller教授は，価格が予測不可能であることが効率的であることを意味しないという点で，効率的市場仮説を採用する理論家が大きな過ちを犯したと述べる)。Shiller教授の指摘に従えば，超過収益を得ることができない程度に効率的な市場という用語の使い方は，誤解を招くかもしれず，非効率的だが超過収益を得ることができない市場というべきかもしれない。Lo & MacKinlay, *supra* note 15, at 5 (価格が予想できないことは，市場が効率的なことを意味しないし，価格が予想できるからといって，市場が効率的ではないことを意味しないと述べる)。
233) 即時に情報が反映しないとしても，一定程度の時間が経過すれば情報が反映される傾向にあると述べるものもある。Ayres, *supra* note 65, at 975.

この場合，一般に利用可能な情報がすべて市場価格に反映している状態が考えられる。これが最も効率的な状態といえるが，すべての情報が反映しているということは，現実には存在しないであろう。

次に，一部の情報が市場価格に反映していない状態が考えられる。一部の情報が市場価格に反映されていないという状態は，情報が市場に反映されるまで時間が掛かるために一部の情報がまだ反映されていない状態と類似しており，かつ両者の状態は併存しうる。情報が市場価格に反映していない場合といっても，その程度は重要な情報が反映しているという状態から，重要な情報も反映されていないという状態まで様々であろう。また，前段落と同様，「情報がある程度の速さで反映するために一般的な投資者が超過収益を得られない市場」という状態が考えられる。

第3目　基礎的価値に関する効率性

基礎的価値に関する効率性の概念は，市場が情報を正しく値付けしているかを問題とする。基礎的価値に関する効率性を反映されている情報量に応じて分類してみたい。

一般に利用可能な情報　一般に利用可能な（つまり，公表されている）すべての情報が正しく値付けされている状態が考えられる。この状態は，一般に存在するすべての情報をもとに証券に適切な客観的な価値が付けられた状態といえよう。この概念は，客観的な市場価格を問題とする場合に有用である。

発行者が保有する情報　発行者が保有する情報を考慮に入れた上で存在しうる基礎的価値という概念が考えられる。実際は，発行者が有する情報がすべて市場に開示されることはないため，これに基づく市場価格は，仮定のものであるが，会社の内部情報を考慮に入れた上で存在しうる市場価格という概念が必要な場合には有用な概念といえよう。この価格は，現実には存在しえないために，効率性を云々する概念ではないように思われるが，発行者が重要な内部情報を開示する旨の義務を課されていて，実際に当該重要な内部情報が開示される場合には，特に有用であろう。

現存するすべての情報　この世に存在するすべての情報を正確に考慮した上で存在しうる基礎的価値という概念も考えられるで

あろう[234]。これは，この世に存在する情報をすべて適切に値付けしたら得られるであろう証券価格ということになる。この価格も現実には存在しえないが，基礎的価値の概念の中で最も真実の価値に近いものとなる。

第4目　本源的価値

最後に，本源的価値または真実の価値がある。これは，将来に生じるすべてのキャッシュ・フローを現在価値に割り引いたものと等しいといえる。例えば，2001年4月1日の時点で地震が起きて，ある発行者の重要な工場が被災し，製品の製造が一年にわたり停止するとする。地震が起こる前日における基礎的価値に関する最良の推定は，推定される将来キャッシュ・フローを現在価値に割り引いたものであるが，割引率は，地震が生じる可能性を考慮したものとなるだろう。なぜなら，2001年3月31日の時点では，地震が生じる可能性があるという情報は存在するものの，翌日に地震が生じることを知る由もない（つまり，翌日に地震が生じるという情報は存在しない）からである。他方，本書において真実の価値という用語を用いる場合，それは，2001年4月1日に生じる地震を考慮した上で，2001年3月31日の時点で将来に生じるすべてのキャッシュ・フローを現在価値に割り引いたものをいう。ここでは，将来に生じるすべてのキャッシュ・フローを知っていることを前提としており，その意味においてこれは真実の価値ともいうべきものであり，かつ，現実には把握不可能なものである。現実には把握不可能ではあるが，開示制度の目的はある意味において真実の価値の把握に努めるものともいうことができるので，本源的価値または真実の価値の概念は開示制度の検討にとって有用な概念である。

基礎的価値に関する効率性と本源的価値を比較すると，基礎的価値に関する効率性という場合，情報の評価を「市場が」正しく行っているか否かという点で，「市場」という要素が介在しているが，本源的価値に関しては，このような市場の関与はない。ただし，本源的価値をDCF法等で算出する場合，算出する主体によって評価が変わる場合がある[235]。その場合でも，本源的価値が市場によって算出されるということにはならないだろう。

---

234) Kahan, *supra* note 230, at 979 n.11.
235) 例えば，所有者価値の概念について，関俊彦『株式評価論』184-185頁（商事法務・1983）。なお，価値の算出が客観的に行われるべきか主観的に行われるべきかは，対象となる法制度による。

また，本源的価値は，市場という要素が介在しないため，市場の効率性とは，違う次元の概念である。しかし，前述の通り，会社の本源的価値という概念を措定することは，分析において有用であると思われる。

第3款　どの効率性が考慮されるかに関する事案に応じた分類

第1目　序　論

本款では，前款で試みた市場の効率性の分類を，どのように事案に当てはめるべきかについて検討する。まず，市場の効率性を考慮せずに株価を用いることができる事案を検討する。次に，株式を評価する文脈で，情報効率性が考慮されるべき事案（公開情報を反映した市場価格が用いられるべき事案）を検討し，さらに基礎的価値に関する効率性が考慮されるべき事案（基礎的価値を反映した市場価格が用いられるべき事案）を検討する。最後に，本源的価値との比較が求められる事案を検討する。

第2目　市場の効率性の考慮を要しない事案

市場の効率性を考慮せずに株価を用いることができる類型として，①原状回復と同等の経済効果を与える損害賠償額を算定する場合，および②情報の株価への影響が存在したか否かを統計的に判断する場合が考えられる。本目では，これを「原状回復的損害賠償」という。

原状回復的損害賠償について検討する前に，まず，原状回復について検討してみたい。

原状回復および原状回復的損害賠償　例えば，証券の購入に関する詐欺事案について，原状回復（原状回復的損害賠償ではない）が救済方法であれば，救済を与える際に株価を参照する必要はない。なぜなら，投資家が購入した証券を返却して，証券の売主が購入額を返金すれば良いからである。株価を参照する必要がないのであるから，情報効率性や基礎的価値に関する効率性など，市場の効率性の概念を持ち込む余地はない。

ただ，投資家が詐欺によって購入した証券を市場で売却した上で，損害賠償を求める場合などは，原状回復（原状回復的損害賠償ではない）よりも，原状回復

第 4 節　市場の効率性の分類および適用の類型　　95

的損害賠償が妥当な救済方法となる可能性がある[236]。このような場合を考慮して，証券法制の中で，原状回復と同等の経済効果を与えるための損害賠償額が規定され[237]，またはこれに類似する思想の下に損害賠償額が規定される場合がある。

原状回復的損害賠償の例として，証券の購入額と処分額の差額の賠償が挙げられる。また，証券を保有している場合には，証券の購入額と時価との差額の賠償も，賠償額の算定がなされる時点で証券を時価で処分することができれば，原状回復と同等の経済効果を有するものといえる[238]。後者の場合，時価への参照があるが，この文脈でいえば，裁判所が時価を用いる際に市場の効率性を認定する必要はないであろう。

わが国では，西武鉄道事件の最高裁判決（最三小判平成 23・9・13 集民 237-337）における寺田逸郎裁判官の補足意見が，原状回復的損害賠償の考え方と整合的であるといえる[239]。

---

[236] 投資家が再度市場で証券を購入して，売主に当該証券を返却するという方法も考えられなくはないが，①一度売却した証券を購入することで，投資家に利益や損失が生じること，②当該利益や損失が売主への損害賠償請求で考慮されるとは限らないこと，ならびに流動性の高い証券市場が存在しない場合および一度証券を売却した後で会社が倒産する場合など，市場で証券を購入できるとは限らないことが考えられる。

[237] *E.g.*, 15 U.S.C. § 77l(a)(2) (2014).

[238] 原状回復的損害賠償の規定の例として，金商法19条1項。*E.g.*, 15 U.S.C. § 77k(e) (2014). 米国の規則10b-5に基づく損害賠償請求は，通常，売買に係る価額と詐欺が存在しなかった場合の価額の差額である。Affiliated Ute Citizens of Utah v. U.S., 406 U.S. 128 (1972). しかし，取引所を用いない証券取引では，原状回復が救済として認められる余地があった。Huddleston v. Herman & MacLean, 640 F.2d 534, 554 (5th Cir. 1981), *aff'd in part and rev'd in part on other grounds*, 459 U.S. 375 (1983); *In re* Letterman Bros. Energy Sec. Litig., 799 F.2d 967, 972 (5th Cir. 1986). また，1986年の最高裁判決は，取引所法10条(b)項の事案において，どのような状況において原状回復が認められるかは，未確定の問題であると述べる。Randall v. Loftsgaarden, 478 U.S. 647, 661 (1986). また，2012年の第9巡回区合衆国控訴裁判所の判決は，1995年証券民事訴訟改革法による損害因果関係の要求および現実損害（actual damages）の賠償を禁じる取引所法28条(a)項に鑑みて，損害額の立証が不要であるという主張を退けた。Strategic Diversity, Inc. v. Alchemix Corp., 666 F.3d 1197, 1207 (9th Cir. 2012) (citing 15 U.S.C. §§ 78u-4(b)(4), § 78bb(a)). *See* Cox, Hillman & Langevoort, *supra* note 83, at 757-58 (*Randall*判決への言及).

[239] 法廷意見が，「有価証券報告書等に虚偽の記載がされている上場株式を取引所市場において取得した投資家が，当該虚偽記載がなければこれを取得することはなかったとみるべき場合，当該虚偽記載により上記投資者に生じた損害の額，すなわち当該虚偽記載と相当因果関係のある損害の額は，上記投資者が，当該虚偽記載の公表後，上記株式を取引所市場において処分したときはその取得価額と処分価額との差額を，また，上記株式を保有し続けているときはその取得価額と事実審の口頭弁論終結時の上記株式の市場価額（上場が廃止された場合にはその非上場株式としての評価額。以下同じ。）との差額をそれぞれ基礎とし，経済情勢，市場動向，当該会社の業績等当該虚偽記載に起因しない市場価額の下落分を上記差額から控除して，これを算定すべきものと解される」と述べるところ，寺田逸郎裁判官は，「多数意見が，取得した株式の市場価額が〔ろうばい売りが集中することによる過剰な

原状回復や原状回復的損害賠償が救済方法として定められる場合，原状回復がなされるまでの価格変動の利益およびリスクは，原状回復を行う側が負担している。例えば，50円の価値しか存在しない証券について，不適切な勧誘が行われたため，当該証券を100円で購入した場合，当該証券の価値が虚偽記載以外の理由で無価値になっている場合，原状回復的救済は，虚偽記載による50円を超える損害について，被告が責任を負うことになる。どのような場合に，被告が原状回復がなされるまでの価格変動の利益およびリスクについて責任を負うべきか[240]，および原告にどのような立証を課すべきかが検討されるべきであろう[241]。

株価に影響が存在したかを統計的に判断する場合

後述する *Halliburton II* 判決で議論するように，虚偽記載が株価に影響を与えたか否かを統計的に判断する場合，情報効率性を前提とせずとも判断できるという考え方がある[242]。この場合，虚偽記載が株価に影響を与えたかを判断する前提として情

下落による損失]以外の経済情勢，市場動向，当該会社の業績等虚偽記載とは無関係な要因に基づき下落したことによって投資者に損失が生じた場合に，投資者はそのような価額の変動を市場参加者として想定しておくべきであり，そのリスクは自ら負うべきであるとして，これをすべて投資者の負担に帰せしめ，それらの要因に基づく株式の市場価額の下落分による損失一般につき相当因果関係を欠くものとして〔投資者が当該虚偽記載の公表後，当該株式を取引所市場において処分したときはその取得価額と処分価額との差額……，また，当該株式を保有し続けているときはその取得価額と事実審の口頭弁論終結時の当該株式の市場価額との差額〕から控除されるべきであると結論付ける部分には賛成することができない」と述べる。

240) 米国では，公開市場における不実開示について，原状回復が用いられないことが指摘されている。黒沼・前掲注218) 243頁。
241) 市場価格の変動は，理論的には，会社固有の変動と市場全体の影響による変動に分けることができる。そのため，まず，市場全体の影響について，原状回復の対象とするための立証がどのようなものであるかが問題となる。次に，会社固有の変動に関して，事案の対象となる株価変動以外について，原状回復の対象となるかが問題となる。例えば，有価証券報告書への虚偽記載に関する事案の場合，虚偽記載以外の影響による会社固有の株価変動（例えば，業績の変動，製品のリコールの影響等）について，原告にどのような立証責任を課すかが問題となる。
242) *Basic* 判決を批判して，市場が効率的であるか否かではなく，市場が効率的ではなくても，そのボラティリティによって価格の変動が統計的に有意か否かを判断できると指摘するものとして，Macey et al., *supra* note 128, at 1029–30, 1042–49. 市場が非効率であっても，各会社のベータを用いて，超過収益を算定し，検定を行うことができるという前提であろうと思われる。*See* Macey & Miller, *supra* note 112, at 1087–89; Langevoort, *supra* note 68, at 899 n.166（重要なのは市場の効率性ではなく，株価が変動したか否かという点であることについてJonathan R. Macey教授およびGeoffrey P. Miller教授に同意する）; Langevoort, *supra* note 210, at 179; Lucian A. Bebchuk & Allen Ferrell, *Rethinking* Basic, 69 BUS. LAW. 671, 685 (2014). 統計的因果関係への依拠は，わが国では，例えば，公害訴訟において疫学的統計因果関係が認められるかという論点と類似するものであるといえよう。小賀野晶一「判批」『環境法判例百選〔第2版〕』別冊ジュリ206号12頁（有斐閣・2011）。非効率的市場における取引因果関係について，統計的に有意である市場価格に対する影響（価格の歪み）を根拠にするとしても，損害額および損害因果関係を算定することは容易ではないように思われる。Langevoort, *supra* note 210,

報効率性を前提とせずに株価を用いることができる。ただし，株価が影響を与えたか否かを統計的に判断することができたとしても，虚偽記載が株価に何円の影響を与えたのかを算定する場合や虚偽記載に基づく損害賠償額を株価を補正して算定する場合（この例は次目にて示す）には，情報効率性を必要とするように思われる。

第3目　情報効率性が考慮されるべき事案

発行者内部の情報を考慮しない証券の価格が決定されるべき場合　証券価格の決定に際して発行者内部の情報を考慮しない証券の価格が決定されるべき場合，証券市場が情報効率性を有していれば市場価格を参照することが理論的に正当化される。ただし，完全な情報効率性というものは認められないであろうから，どの程度の情報効率性が担保されれば市場価格を参照することができるとするかを考慮する必要がある。

証券価格の決定に際して発行者内部の情報を考慮しない証券の価格が決定されるべき事案では，基礎的価値に関する効率性は求められないものと思われる。なぜなら，市場価格が基礎的価値を表していないとしても，投資者は，市場価格でしか売買できないために，市場価格と基礎的価値が一致していることを保障する必要はないからである。

「証券価格の決定に際して発行者内部の情報を考慮しない証券の価格が決定されるべき事案」とは，例えば，組織再編における上場会社の反対株主の株式買取請求権の行使の場面における退出権の保障[243]としてのナカリセバ価格の決定（ナカリセバ価格について計量経済学の手法を用いて補正が可能か否かを検討する場合および実際に補正する場合を含む[244]），流通市場における発行者等による虚偽記載が問題になる場合で，いわゆる市場に対する詐欺理論を用いるとき，ならびに少数株主に対するセルアウト権等が考えられるだろう[245]。

---

at 180; Alon Brav & J.B. Heaton, *Market Indeterminacy*, 28 J. CORP. L. 517, 537 (2003); Dunbar & Heller, *supra* note 102, at 513.
[243] 藤田友敬「新会社法における株式買取請求権制度」江頭憲治郎先生還暦記念『企業法の理論上巻』282頁（商事法務・2007）。
[244] 例えば，マーケット・モデルは，効率的市場を前提としている。黒沼・前掲注218) 259頁。
[245] これらの事案で基礎的価値に関する効率性が無意味だということはないが，基礎的価値に関する効率性が妥当する場合に導かれる「証券の価値が発行者の基礎的価値に一致する」という点は，これらの事案では重要ではない。なぜなら，これらの事案では，証券市場がどのような値付けを行うかという

株式買取請求権における退出権の保障　組織再編における上場会社の反対株主の株式買取請求権の行使の場面における退出権の保障について補足をすると，株式買取請求権で，ナカリセバ価格が問題になる場合として，組織再編においてシナジーが発生しない事案（例えば，単独株式移転，単独新設分割[246]，ペーパーカンパニーである完全子会社との合併や吸収分割[247]）や企業価値または株主価値が毀損している場合（例えば，株価が 200 の A 社と 200 の B 社が合併して，株主価値が 360 となると市場が予想する場合に，株価が A および B 共に 180 になる場合[248]，また，株価が 200 の会社 C と株価が 200 の会社 D が合併して，シナジーが発生して統合後の会社の株主価値が 500 になると考えられるものの，合併比率が 1 対 4 なので，C の株価が 100 に下落する場合[249]）が考えられる。後者の場合は，さらに二つの場合が考えられる。すなわち，①市場価格が株式の客観的価値を表しており，市場価格を前提として，株主が市場価格に基づくナカリセバ価格の支払いを求める事案と，②市場株価が何らかの理由で会社の客観的価値を表していないために，市場価格よりも高い値段での買取りを求める事案である。

　前述の通り，退出権が問題となる事案では，市場価格が客観的価値を表しているか否かを判断するために，原則として，情報効率性の有無が問題になると思われる（①の事案）。すなわち，これらの事案では，株価が証券の価値を表していることまで認定する必要はない。なぜなら，株主が必要とするのは，組織再編がなかったとした場合に存在する株価と同額の価値が保証されれば良いのであって，組織再編がなかったとした場合に存在する基礎的価値や本源的価値とは解釈されないであろうからである。

　では，②の事案はどうだろうか。これも退出権が問題となる事案だが，株主は組織再編行為がなかったならば生じていたであろう市場価格（すなわち，ナカリセバ価格）を求めているのではなく，ナカリセバ価格以上の価格を求めている

点がより重要であり，証券価格が基礎的価値に一致しているか否かは，問題としなくても良い類型であるからである。
246) これら二つの例でシナジーが発生しないことにつき，柳明昌「組織再編に係る株式買取請求権における『公正な価格』」浜田道代＝岩原紳作編『会社法の争点』204 頁（有斐閣・2009）参照。
247) 完全子会社への吸収分割について最高裁判所はシナジーの発生を認めなかったが，事業を統合することによるシナジーは発生しうるので，完全子会社への吸収分割が必ずシナジーを生じないというわけではないというべきである。最三小決平成 23・4・19 民集 65-3-1311。弥永真生「第一審判批」ジュリ 1399 号 113 頁（2010），松井秀征「第一審判批」商事 1902 号 10-11 頁（2010）。
248) 藤田・前掲注 243) 270-272 頁，282 頁。
249) 藤田・前掲注 243) 272-274 頁，282 頁。

ことになる[250]。特に，資本多数決に基づいて忠実義務違反の組織再編行為がなされたことによって反対株主が被った損害の填捕を一定の範囲で認める必要がある場合[251]（例えば，MBO を行う際に MBO を行う経営者が開示情報を操作して株価を下落させる場合[252]），情報効率性や会社の内部情報を含まない基礎的価値に関する効率性は問題とならず，シナジー分配価格の場合と同様の検討が必要になるであろう。この点について，後述する。

虚偽記載に基づく損害賠償責任 　流通市場における発行者等による虚偽記載が問題になる場合で，いわゆる市場に対する詐欺理論を用いるときとは，発行者による虚偽記載に基づいて株価が変動し，その株価変動について発行者が責任をとるべき場合を意味している。市場の効率性は，価格への影響の有無という意味で情報効率性のみが求められ[253]，基礎的価値に関する効率性は必ずしも必要ないと考えられるからである[254]。

---

250) 江頭・前掲注229) 40頁は，株式交換に関する株式買取請求の事案である東京高決平成22・10・19判タ1341-186に関する言及において，株式交換において正のシナジーを生じる場合の公正な価格は，そのシナジーを考慮した価格でなければならないので，正のシナジーを生じない場合と正のシナジーが生じるけれども交換比率が不公正な場合の両方について，株式買取請求の公正な価格がナカリセバ価格となるとした判示を批判する。

251) 神田秀樹「株式買取請求権制度の構造」商事1879号5頁（2009）。

252) John C. Coffee, Jr., *Transfers of Control and the Quest for Efficiency: Can Delaware Law Encourage Efficient Transactions While Chilling Inefficient Ones*, 21 DEL. J. CORP. L. 359, 408 (1996)（マネジメント・バイアウトの文脈で合併前の株価がバイアスのない会社の価値を示すものではないことを指摘する）。

253) 市場に対する詐欺理論を用いる場合，原告は，虚偽記載が効率的市場によって価格に反映したと主張する。このため，虚偽記載に基づく重要性，損害因果関係および損害額の算定は，証券の基礎的価値への影響や基礎的価値と売買価格の乖離というよりも，上場されている証券の価格への虚偽記載の影響やこれによる価格変動に基づいて検討されることになるであろう。市場に対する詐欺理論を用いる場合，証券の基礎的価値からの乖離ではなく，それが価格に影響を与えたかという点を問題とせざるを得ないのだから，基礎的価値に関する効率性ではなく，情報効率性を問題にしているといえよう。

254) 市場に対する詐欺理論を批判して，市場価格が歪んでいることが統計的に立証されれば，責任を認めることができるという意見がMacey教授らによって提唱されている（本書96頁注242)）。米国のように虚偽記載に基づく損害賠償責任が存在したか否かを訴訟の前半で争い，訴え却下の申し立てを認めるか，またはクラスを認定するかが重要な場合，虚偽記載による責任が存在することを認めるために，統計に基づく株価の歪みを用いるということは考えられよう。そうであれば，本文に記載したところとは違い，虚偽記載に基づく責任を追及する際に，情報効率性は不要ということになる。この点は，疫学的統計により責任の有無の認定ができるかという問題と類似しており，さらなる検討を要する（例えば，ギリギリで統計的に有意にならない場合に，統計的に有意にならないからといって責任を認めないと割り切れるものだろうか）。この上で生じる論点は，責任の額を統計的因果関係から説明できるかという問題である。管見では，Macey教授の意見を採用したとしても，損害賠償額を統計的に計算するにはさらなる検討が必要なように思われる（例えば，統計的に有意になったからといって株価変動のすべてを安直に損害賠償額とすることができるだろうか）。流通市場での虚偽記載の責任は，理論的には，取得時差額説が正しいと思われる。しかし，わが国では，金商法21条の2第1項，3項および6項について虚偽記載等と相当因果関係のある損害をすべて含むものとされる（最三

セルアウト権　　情報効率性が用いられる例として，他に，少数株主のセルアウト権が考えられる[255]。株主にセルアウト権を付与すべき事案として考えられるのは，例えば，組織再編の公表後株価が下落する場合に，少数株主がナカリセバ価格の保障を求める場合であり，これは前述の「株式買取請求権における退出権の保障」の場合と同様である。また，二段階目が存在しない支配権の移動を伴う企業買収において，対象企業の株主が当該買収提案に反対するものの，支配権の移動を伴う場合には株式を売却したいというような場合[256]である。一般化していえば，第三者による買収提案であれば，情報効率性を有する株式市場の価格を前提としたセルアウト権を付与するという政策が考えられよう[257]。

第4目　基礎的価値に関する効率性が考慮されるべき事案

発行者内部の情報を用いた証券の基礎的価値が決定されるべき場合　　発行者内部の情報を用いた価格決定がされるべき場合において，市場価格を用いるためには，情報効率性に加えて，基礎的価値に関する効率性を考慮する必要があると考えられる。この例として，マネジメント・バイアウト（以下，「MBO」と

　　小判平成24・3・13民集66-5-1957）。株価の歪みが解消されることによる株価の下落がすべて相当因果関係にある損害に含まれる可能性は十分にありそうである（前掲最三小判平成24・3・13）における田原睦夫裁判官補足意見。これらの点に鑑みると，Macey教授の意見は，わが国においても判例と整合的に取り入れる余地がありそうである。Macey教授の意見が採用される場合，やはり，本文に記載したところとは違い，虚偽記載に基づく責任の額の算定に際しても，情報効率性は不要ということになる。

255) セルアウト権について，例えば，奈須野太「経済産業省意見『今後の企業法制の在り方について』」商事1906号46頁（2010），太田洋＝山本憲光「支配株主のバイアウト権と少数株主のセルアウト権（上）（下）その論点と課題」商事1910号48-49頁・同1912号37-40頁（2010）。

256) *See* Bebchuk, *supra* note 93, at 981-82（提案される組織再編に賛成するか否かとは別に，反対株主に対して，他の株主が賛成するために組織再編が可決する場合に，（組織再編に賛成に鞍替えして）対価を受領するかを明らかにするという手続きを提案）．ある上場会社の全部ではない過半数の株式に対して公開買付けがなされ，ある株主が，他の株主が公開買付けに応募するか否かを知らない（tender-in ignorance）場合に，複数のナッシュ均衡が生じうる点を定式化するものとして，Schwartz, *supra* note 228, at 174-75．ナッシュ均衡とは，他人が行動を変えない限り，誰も，自らが行動を変えることで利得を増加させることができない状態をいう。*See* ROBERT B. COOTER & THOMAS ULEN, LAW AND ECONOMICS 35 (6th ed. 2011). 公開買付けに内在する売却圧力の問題を議論する論文として，飯田秀総「公開買付規制における対象会社株主の保護」法協123巻5号945-951頁（2006）。

257) ①買収者である第三者が買収に際して対象会社に対してデュー・ディリジェンスを行う場合，買収者が対象会社の内部情報に接しているため，情報の平等が保たれておらず，情報効率性だけでは足りず，②会社支配権市場の活性化の観点からセルアウト権の付与が望ましいかを検討する余地があると思われる。

いう）および支配株主がキャッシュ・アウトを行う場合を検討する。

マネジメント・バイアウト　MBO における反対株主の株式買取請求権が問題になる場合で，退出権の保障ではなく，また，企業価値の毀損が認められないという事案のとき（つまり，いわゆるナカリセバ価格ではなく，シナジー分配価格が争われるとき），かつ，一般の投資家が会社の内部情報へのアクセスを有していない（知らない）場合，公正な価格は，一般に利用可能な情報だけでなく，会社内部にある情報も考慮して決定されるべきである[258]。なぜなら，MBO の一方当事者が，会社の内部情報を利用して買収価格を決定しているにもかかわらず，反対株主が内部情報を考慮しない価格に甘んじるのは，不公平だからである[259]。この場合，会社の外部者である株主が，会社の内部者である経営者と同等の立場になるために，経営者が知る発行者の内部情報が株価に反映された場合にいくらとなるかが問われるであろう。MBO の場合には会社の重要な内部情報を開示して，株主との間の情報の非対称性を解消することが検討されてしかるべきであろう。重要な情報を開示することができない場合も考えられるが，この場合には，株式買取請求権で株主は，株価以外の方法に基づいて算定される価値が公正な価格として認められてしかるべきであろう。会社が重要な情報を開示する場合，株価を用いるのであれば，当該株価が情報に反映したというだけでなく，開示された内部情報を含めた価値を反映している（すなわち，基礎的価値に関する効率性を満たす）必要がある。このとき，当該内部情報が市場価格に反映されうるか否かという意味で情報効率性が問われ（情報効率性が満たされない場合，情報を開示しても株価に反映されない），また，内部情報を含めた市場価格が発行者の基礎的価値を表しているか否かという意味で基礎的価値に関する効率性が問われることになる。

支配株主がキャッシュ・アウトを行う場合　支配株主がキャッシュ・アウトを行う場合，支配株主が内部情報へのアクセスを有している（知っている）のであれば，MBO の場合と同様の理由で，

---

258) この議論は，会社法に基づいて株式買取請求を行使した反対株主に対して「公正な価格」が与えられることを前提としている。会社支配権市場の活性化という規範的および法政策的な問題として，①（ナカリセバ価格）公正な価格とすべきか，および②公正な価格を前提として発行者内部の情報を用いた証券の基礎的価値が決定されるべきか否かは，検討の余地がある。
259) ここで不公平という意味は，株主から内部者への利益移転が生じることを意味する。株主が事前の観点からこの可能性を考慮して値付けするのであれば，不公平は生じない。しかし，そのような政策が会社支配権市場の活性化の観点から妥当であるかは，検討の余地がある。

少数株主の退出権の保障として，会社の内部情報を考慮した価格が算定されるべきであろう[260]。この場合も，MBOと同様の理由で，支配株主が有する重要な内部情報が開示されるべきであり，開示されない場合には株価以外の方法を用いて価値を算定すべきであろう。重要な内部情報を開示する場合，株価を用いるのであれば，当該株価が情報に反映したというだけでなく，開示された内部情報を含めた価値を反映している（すなわち，基礎的価値に関する効率性を満たす）必要がある。

なお，本目の議論は，基礎的価値に関する効率性が適用されるべき事案について検討しているものであり，基礎的価値を市場価格で測ることが望ましいということを意味しているわけではない[261]。そもそも，基礎的価値は，市場価格を用いずに，内部に存在する情報を含めて，会社の本源的価値が幾らであるかを追求するという観点からDCF法等を用いて価格を決定することが考えられ，理論的にはこの方法がより望ましいことも多いであろう。この場合，市場価格を算定の一要素とする可能性はある。

第5目　本源的価値との比較が求められる事案

会社や株式の価値が問題となる事案で，市場価格が問題とならないような事案では，会社や株式の本源的価値との比較が求められているといえよう。このような事案の例として，組織再編に対して取締役の義務（善管注意義務および忠実義務）が問われる場合，募集株式の発行等が会社法199条3項でいう特に有利な金額に該当するか否かが争われる場合および株式買取請求権に関するシナジー分配価格の下限としての本源的価値が考えられる。以下，順に検討する。

敵対的買収防衛策に関する取締役の義務　取締役会が第三者を買収した際の買収価格の決定に関して，信任義務が問われる場合，第三者から受けた買収提案に関して，取締役会が敵対的買収防衛策を展開することで，信任義務が問われる場合および取締役会による当該会社の売却価格が「株主のために合理

---

260) MBOの場合と同様，規範的および法政策の問題として，①公正な価格とすべきか，および②公正な価格を前提として発行者内部の情報を用いた証券の基礎的価値が決定されるべきか否かは，検討の余地がある。
261) また，原状回復を目的とする救済であれば，市場が効率的であるか否かを問わず，市場価格を参照するということも考えられよう。

的に得ることができる最も高い価値」[262]であるか否かが争われる場合，市場価格ではなく，本源的価値の検討が必要になるだろう。

例えば，買収防衛策を展開する取締役会が，買収者の提案する買収価格が会社の本源的価値に比べて不十分 (inadequate) であると主張するのであれば，買収価格と本源的価値との比較が必要になるだろう。この場合，買収価格と市場価格を比較することは，適切ではない場合がありえる。なぜなら，取締役が義務を果たしたか否かを判断するにあたり，市場がどのように内部情報を判断するかというリスクを取締役が負う[263]ことは適切でないからである。また，敵対的な公開買付けが行われた場合の，意見表明報告書の内容は，市場価格と公開買付価格の乖離（プレミアム）よりも，本源的価値および公開買付価格の比較に基づいて判断されるべきであろう。

取締役の信任義務を本源的価値を用いて判定するという点について，2点補足しておきたい。

第一に，敵対的買収防衛策に関して本源的価値を用いて取締役の義務違反を判断するということは，本源的価値が高いにもかかわらず，低い価格で買収提案がなされた場合には，取締役の義務は，買収を拒否する方向で働くが，逆に，本源的価値が高い場合に，買収防衛策と称して低い価格で第三者割当等を行うことは義務に反するということになる。

第二に，敵対的買収防衛策に関する取締役の義務違反を本源的価値を用いて判定することは，必ずしも取締役が本源的価値以下のすべての買収提案を拒否できることを意味しない。本源的価値が高いことを理由として取締役が買収防衛策を展開することは，株主の適正な投資判断を確保するために用いられるべきであり，買収提案が構造的強圧性 (structural coercion) を有しておらず，ま

---

262) デラウェア州の *Revlon* 義務が典型例である。*See* Revlon, Inc. v. MacAndrews & Forbes Holdings, Inc., 506 A.2d 173, 182 (Del. 1986); Mills Acquisition Co. v. Macmillan, Inc., 559 A.2d 1261, 1288 (Del. 1988). 日本語での評釈として，例えば，米田保晴「判批」樋口範雄＝柿嶋美子＝浅香吉幹＝岩田太編『アメリカ法判例百選』別冊ジュリ213号242頁（有斐閣・2012），三浦治「判批」野村修也＝中東正文編『M&A判例の分析と展開』250頁（経済法令研究会・2007）。

263)「市場がどのように内部情報を判断するかというリスクを取締役が負う」とは，事業計画等の内部情報が市場に開示された場合に市場がどのように反応するかを考慮して，その価額と買収提案価格を比較する場合をいうものとする。しかし，内部情報について市場がどのように反応するのかを予め推定することは難しいため，このようなリスクを取締役に負わせることは適切ではないということになろう。

た，株主が本源的価値を含めた投資判断に関する情報および考慮期間を入手した後であれば，義務は満たされたと考えられ，株主の判断に委ねられるべきであろう[264]。

特に有利な価格　募集株式の発行等が会社法199条3項でいう特に有利な金額に該当するか否かが争われる場合，本源的価値が問われうるであろう[265]。

　吉本健一教授は，上場会社の新株発行価額の公正性の文脈で，株価と企業価値との関連性を問うことなく，新株発行価額の決定に際して市場価格を出発点とする「市場価格アプローチ」を批判し，新株発行価額の算定において市場価格を基礎とする理由として，当該市場価格が企業のなんらかの実体的価値を反映しているからという「企業価値アプローチ」を主張する[266]。吉本教授は，新株発行の不公正性の問題や取締役の責任の問題に関して，「企業価値アプローチ」に基づく公正な発行価額を求めざるを得ないと指摘している。また，吉本教授は，株式の買集めにより高騰する以前の株価は，通常株式の投資価値を反映している一方，株価が高騰しているときには，投資価値に加えて，会社支配権の価値を基礎とする株式の支配価値を反映していることを指摘し，この価値を「会社企業の実体的価値を反映した合理的なもの」であると指摘する[267]。吉本教授がいう，「実体的価値」は，本書でいう「本源的価値」に相当すると

---

264) *See* City Capital Assoc. Ltd. P'ship v. Interco Inc., 551 A.2d 787, 797–98 (Del. Ch. 1988) (Allen, C.); *Air Products v. Airgas*, 16 A.3d at 112. デラウェア州の判例法理では，*Interco* 判決は，Paramount Commc'ns, Inc. v. Time Inc., 571 A.2d 1140 (Del. 1989) によって否定されているが，理論的な観点からみると相当有力であるように思われる。Ronald J. Gilson, *A Structural Approach to Corporations: The Case against Defensive Tactics in Tender Offers*, 33 STAN. L. REV. 819, 878–79 (1981). *Cf.* Easterbrook & Fischel, *Proper Role*, *supra* note 228, at 1199–1201（敵対的買収への取締役の関与を強く否定する主張をしている点で，限定的な関与を正当化するGilson教授の意見とは異なるが，最終的に株主が決定するという点では共通である）; Alan Schwartz, *The Sole Owner Standard Reviewed*, 17 J. LEGAL STUD. 231, 231 (1988).

265) 江頭憲治郎『株式会社法〔第6版〕』762–763頁注3（有斐閣・2015）では，市場価格のない株式について，様々な企業価値評価法により算出される評価額より低い払込金額であれば，「特に有利な金額」となると述べる。市場価格のある株式について，①株式の買占めにより市場価格が高騰する場合，市場価格は，実体価格と大きく乖離するから公正な払込金額の基準として役に立たず，また，②企業提携の噂が流れたために株価が高騰する場合，急騰前の市場価格を払込金額とすることは，シナジーを，募集株式の発行等が行われた後の持ち株比率に比例して両者に分配することを意味し，通常公正であると述べる。本書よりも進んだ議論として，行澤一人「上場会社の募集株式の発行に係る有利発行規制と市場価格」商事2076号30頁（2015）。

266) 吉本・前掲注193）12頁。

267) 吉本健一「会社支配権の価値と新株発行価額の公正性（下）」商事1241号39頁（1991）。

思われる。

　吉本教授は，株価が高騰している場合でも，支配価値を表しているのであるから，当該株価を新株発行価額算定の基礎から排除できないと指摘する。すなわち，吉本教授は，株価が実体的価値を表していることをもって，株価を用いることを主張しているのである。

　本書では，株価は，市場を介しているために必ずしも本源的価値と同一にならず，そのため，基礎的価値に関する効率性とは別個の存在として，本源的価値という概念を用いている。では，私見が吉本教授の意見と不整合かというとそうでもない。

　1991年の論文において，吉本教授は，企業価値アプローチをとる場合の最も深刻な問題として，会社企業の支配権価値を算定する方法が確立していないこと，ひいては支配価値についても明確な数値を求めることが容易であるとは言い難い状況にあることを指摘していた[268]。また，吉本教授は，新株発行に関する法理論の発展のあり方を考えるのであれば，株価の高騰を投機として排除し，市場において成立する株価をそのまま受け入れるのではなく，会社支配権の価値に基づく支配価値を直視して，既存株主の利益保護を図ることが望ましいと述べておられた[269]。本書は，会社の本源的価値という用語を用いてはいるが，実体的価値に着目して判断を行うべき場合があることを指摘するものである[270]。

株式買取請求権におけるシナジー分配価格の下限としての本源的価値

　株式買取請求権の行使事例で，シナジー分配価格が問題となる場合，株式の本源的価値が問題となる。株式買取請求権に関する訴訟では，ナカリセバ価格，または，シナジー分配価格のうち，高い方が与えられるとする考え方が通説[271]であるといえるが，本源的価値は，シナジー分配価格の下限を画するものである。

シナジー発生事案における株式買取請求権

　組織再編においてシナジーが発生する場合における株式買取請求権には，様々な論点が存在す

---

268) 吉本・前掲注267) 41頁。
269) 吉本・前掲注267) 41頁。
270) 組織再編を前提として高騰した株価には，対象会社が単体の会社として有する本源的価値に加えて，シナジーのうち対象会社が享受すると予想される部分が含まれている。特に有利な価格の判断に際して，「シナジーのうち対象会社が享受すると予想される部分」をどのように取り扱うかは，別途検討を要するが，本書では，省略する。
271) 藤田・前掲注243) 282頁。

る。シナジーが発生しない場合や，株主価値が毀損する場合については，前目で検討した通りであるので，本目では，シナジーが発生する事案における株式買取請求権について，まず，シナジー発生の組織再編当事者への影響，次に，プレミアムの有無を検討し，次にシナジーの分配を検討する。

シナジーという正の利得（プレミアム）の享受 シナジーの本来的な意味は，ある二つ以上の事業が統合することにより新たに生じる価値である[272]。シナジーは正のシナジーも負のシナジーも発生しうる。正のシナジーが発生しないのであれば，組織再編は行わない方が良い。しかし，そのような負のシナジーが生じるのであっても，現金による対価や株式の交換比率によっては，一方当事者が利得を得る可能性はある[273]。このような場合，二つの事業体が統合することにより全体として正のシナジーを得るか否かは，利得を得る当事者の株主にとっては，重要ではない――全体として負のシナジーが存在するにしても当該取引から利益を得ることができるという点が重要である――と考えられる。このように考えると，組織再編において，全体としてシナジーが発生したか否かは問題ではなく，対象会社の株主の観点からすると正の利得（企業買収の文脈で言えば，対象会社の株主にとってのプレミアム）を享受することができるか否かが問題となる。この考え方は，株式買取請求権に基づく訴訟では，ナカリセバ価格，またはシナジー分配価格の高い方が与えられるとする考え方と整合的である[274]。

テクモ事件における最高裁は，「株式移転によりシナジー効果その他の企業価値の増加が生じない場合には，……『公正な価格』は，原則として，〔ナカリセバ〕価格をいうと解するのが相当であるが……，それ以外の場合には，株式移転後の企業価値は，株式移転計画において定められる株式移転設立完全親会社の株式等の割当てにより株主に分配されるものであること（以下，株式移転設立完全親会社の株式等の割当てに関する比率を『株式移転比率』という）に照らすと，上

---

272) DAMODARAN, *supra* note 197, at 541 (「シナジー—2つの事業体(entities)を統合することにより新しいより価値のある事業体が創出されることにより生み出される価値の増加」)。プライベート・エクイティによる買収の場合，当該プライベート・エクイティによって買収された会社間での事業提携は，通常行われないため，シナジーは，発生しない。事業会社(strategic buyer)とプライベート・エクイティ等のフィナンシャル・バイヤー(financial buyer)の違いに言及するものとして，例えば，*Synthes*, 50 A.3d, at 1045.
273) 藤田・前掲注243) 272–274頁，282頁。
274) 藤田・前掲注243) 282頁。

記の『公正な価格』は，原則として，株式移転計画において定められていた株式移転比率が公正なものであったならば当該株式買取請求がされた日においてその株式が有していると認められる価格をいうものと解するのが相当である」（最二小決平成 24・2・29 民集 66-3-1784）と述べる。最高裁は，全体としてのシナジーの発生の有無よりも企業価値の増加が生じない場合とそれ以外の場合（言い換えれば，生じる場合とそれ以外の場合）を分けて考えるという点で，前段落の議論と整合的である。しかし，最高裁の文言は，ナカリセバ価格，または，シナジー分配価格という二者択一の議論となっており，シナジーが生じる場合に，ナカリセバ価格，またはシナジー分配価格の高い方が与えられるとする考え方について言及していない[275]。この点は，今後の最高裁の判示を待つ必要があろう。以下では，シナジーの発生の有無を，当該当事者にとって利得が生じているか否かと置き換えて，議論を進める。

　なお，テクモ事件の最高裁判所の法廷意見は，当該事案におけるシナジーの発生を当然の前提としているようである[276]。

利得の発生の有無　利得の発生の有無はどのように判断されるべきであろうか。対価が現金の場合には，組織再編の公表後の株価は，当該買収対価に近似する値をとると考えられ[277]，この場合，利得の発生を観念しやすい[278]。では，対価が株式の場合には，利得の発生の有無はどのように判断すべきであろうか。

　第一の方法として，上場会社同士の合併の場合，情報が開示された後の株価

---

275) 石綿学「テクモ株式買取価格決定事件最高裁決定の検討（上）―最高裁平成 24・2・29」商事 1967 号 18–19 頁（2012）。石綿弁護士は，「本最高裁決定の立場からは，〔企業再編による企業価値の増加分を公正に分配したのに株主価値が毀損するという事態が出てくる〕場合であっても，企業再編により企業価値の増加が生じている以上，原則として，シナジー反映価格の保障にとどまり，ナカリセバ価格の保障はなされないように思われる」と述べる。この指摘は，藤田友敬教授が指摘するところと同様であろう。藤田・前掲注243) 272–274 頁（272 頁に掲げる①の例）。また，本決定を素直に読めば，ナカリセバ価格の保障はなされないという解釈も導かれよう。しかし，公正に分配した結果，企業価値が毀損された場合に，ナカリセバ価格が保障されないという結論は，最高裁判所が意識的に選択したのだとしたら，誤っており，ナカリセバ価格が保障されるべきであろう。藤田・前掲注243) 282 頁。
276) 「原審は，本件株式移転により企業価値が増加することを前提としながら……」という部分。最二小決平成 24・2・29 民集 66-3-1784。
277) 組織再編が成功すると市場が信用する場合，概ね，当該現金対価から金利と取引費用を除いたものとなるはずである。
278) 分配が適正か否かを判断することはできないが，シナジーとしての正の利得の発生は，株価をもって判断することができよう。

に基づきファイナンス理論を用いて合併当事者に生じたシナジーを測ることができるので，それを用いるということが考えられる[279]。具体的には，組織再編事案の発生翌日の株価を基礎として，超過収益（すなわち，利得）が生じたか否かを判断し，超過収益（すなわち，利得）が生じていない場合には，退出権の保障という観点でナカリセバ価格を与えるというものである[280]。

株式を対価とする場合，組織再編の公表後の株価は，予測が難しく，組織再編当事者の意思に反して株価が下落する可能性もある[281]。このような可能性は組織再編の対価として株式を用いることを避ける要因となるかもしれない[282]。

第二の方法として，シナジーの発生は，会社内部の情報に基づき判断されるべき，という考え方があろう。交渉中の取締役からすれば，市場の動きは予測不能であろうからその時点でシナジーの発生の有無を知ることはできないから，外部に開示した情報に基づく株価の変動ではなく，組織再編の当事者が有する情報を基礎として，発生すべきシナジーの額を算定すると考えるのであ

---

279) 江頭憲治郎教授は，1995年の著書において，わが国の株式市場の効率性の程度が米国と比較してかなり低いとの見解が存在することから，効率的市場を前提としたファイナンス理論を用いたシナジーの算出に慎重な意見を述べている。江頭憲治郎『結合企業法の立法と解釈』276頁注7（有斐閣・1995）。
280) シナジーの本来的な意味は，ある二つ以上の事業が統合することにより新たに生じる価値である。本書106頁注272）参照。そうであれば，事実としてのシナジーは，組織再編の完了後に，事業の統合が進むとその段階に応じて発生すると考えられる。大阪地決平成24・4・13金判1391-52における「MBOの実施によって増大が期待される価値」は，『MBO実施後の増大が期待される対象会社の企業価値を前提とした株式価値』から，MBOが行われない場合の対象会社の企業価値を前提とした株式価値（ナカリセバ価格）を差し引いたものである」という判示と整合的な考え方である。しかし，そのような事業の統合とそれにより株主に帰属するキャッシュ・フローの増加，ひいては，生じる株主価値の増加を予測し，現在価値に割り引くことで，株価は，シナジーの現在価値を織り込むことができるのである。吉本・前掲注267) 33-34頁（1991）は，シナジーを，①営業シナジーと②財務シナジーに分類し，さらに，営業シナジーを，規模の経済，垂直的統合の経済，多角化の経済および市場競争力に分類する。
281) 契約当事者となる会社の取締役からすれば，公表後の株価の変動は，結果論であり，交渉の時点では知ることができないものである。
282) 合併の両当事者が上場会社の場合で対価が株式であるとき，合併比率を公開した後，効力発生日までの間，特に，対象会社の株式が上場廃止となるまで，両当事者の市場価格が連動することになる（乖離すれば鞘取りの機会となる）。市場が効率的であると考えれば，この価格の推移は合併後の企業価値を基礎としたものとなる。対象会社の市場価格が，合併の公表後に一時的に利得（プレミアム）を反映して上昇し，その後下がり続ける場合（特に負の超過収益が発生している場合），対象会社の株主はナカリセバ価格を求めて買取請求権を行使することができるだろうか。この問題は，基準日が株式買取請求権の行使日であることを前提として，利得が発生している事案において，株主が事後的な株価の推移を見て，ナカリセバ価格を求めることができるかと言い換えることができる。最二小決平成24・2・29民集66-3-1784。

る。また,実際に組織再編行為が開示された後で,株価が上昇しない場合,組織再編の当事者である取締役は,①市場が正のシナジーをもたらす内部情報を反映していないという理由や,②開示した正のシナジーをもたらすべき情報を誤って解釈している等の理由で,発生すべき正のシナジーが株価に反映されていないというかもしれない。①が市場の効率性と整合的な考え方である一方,②は,市場の効率性を否定する考え方といえる。

　この点,テクモ事件の補足意見として,須藤正彦裁判官が「企業の客観的価値は,理論的,分析的には,当該企業の将来のキャッシュ・フロー……の割引現在価値……の総和から負債価値を控除したものとされるとしても,将来のキャッシュ・フローは未来の不確実な事象に基づく不確実な数字であるから,正確な企業価値を直接に測定することは不可能である。企業再編でシナジー効果が生ずる場合の客観的な企業価値の増加分については一層そのようにいえるだろう。そうすると,企業価値の増加分を分配した理論的な株式の価格等は,いずれも直ちには算出し得ないことになる」(最二小決平成24・2・29民集66-3-1784)と述べている。この補足意見は,以下の含意を有しているものと考えられる。

- テクモ事件の文脈において,株主価値の客観的価値は,企業の将来のキャッシュ・フローの割引現在価値の総和から負債価値を控除したものである。
- 将来のキャッシュ・フローは,未来の不確実な事象に基づき算定されるため,正確な企業価値を一意に測定することは不可能である。
- シナジー効果が生ずる場合,シナジーという未来の不確実な事象に基づいて算定されるため,正確なシナジーの増加分を計算することは,より困難である。
- さらに,シナジーの分配が生じる場合,将来のキャッシュ・フローやシナジーが,未来の不確実な事象に基づいて算定されるため,シナジーを分配した理論的な株式の価格等は,直ちには算出しえない。

　私見では,須藤裁判官の意見は,①シナジーの算定方法は,ファイナンス理論に従って行う,②ファイナンス理論に従うにしても,シナジーの算定が困難である,および③シナジーの分配に関する理論について,直接議論はしていないと思われる。①および②について,本書で既に述べているところであるの

で、③のシナジーの分配が理論的にどのようになされるべきかについて次に検討する。

シナジーの分配　発生したシナジー以上の経済的利得が一方当事者に分配される場合、他方当事者の株主価値が毀損されるものとして、ナカリセバ価格に関する議論になるのは、前述の通りである。では、発生したシナジーが双方に割り振られる場合、その分配方法がどのようになるかは理論的には難しい問題である。考え方としては、①1対1で割り振る、②従前の株主価値または企業価値に応じて分配する[283]、および③シナジーの源泉に応じて分配する[284]等の方法が考えられるだろう。

①と②の問題点は理論的根拠が薄弱である点であろう[285]。③の問題点は、それぞれがどれだけの割合で貢献するのか、または、貢献したのかを測ること

---

[283] テクモ事件の最高裁判決において、須藤正彦裁判官は例として「例えば、各当事企業の再編前の客観的な企業価値及び再編による客観的な企業価値の増加分の合計を各当事企業の再編前の企業価値に応じるなどして各当事企業に分配」するという方法に言及するが、この考え方に整合的であると言えよう。最二小決平成24・2・29民集66-3-1784。株主価値ではなく、企業価値に応じて分配することを合理的であるとする論文として、池永朝昭=小舘浩樹=十市崇「MBO（マネージメント・バイアウト）における株主権」金判1282号10頁（2008）。「企業価値」という用語を用いるが、実質的に株主価値に応じてシナジーの分配がなされる場合に、一応の公正と述べるものとして、江頭・前掲注279）273頁および注6。

[284] 第三者割当増資による支配従属関係の形成から生じるシナジーに関して、シナジーの中の貢献部分がその者に帰属すれば満足すべきものとする。江頭・前掲注279）227頁および229頁注6。また、吉本・前掲注267）37頁は、株式の支配価値の議論の中で、①当該支配価値の分類の例として、「全株主に帰属する価値と支配株主のみに帰属する価値」を挙げ、②株式の支配価値が企業価値の増加に基づかない場合には、当該支配価値は、特定の支配株主のみに帰属すると、述べる。

[285] ②について、田中亘「MBOにおける『公正な価格』」金判1282号21頁（2008）は、「企業価値の増分を取引直前の各当事会社の企業価値に応じて分配するという考え方自体、特に合理的な根拠があるわけではない」と指摘する。また、①との関連で、ゲーム理論に基づく取引の余剰の分配について、「我慢強さ」を示す時間選好が具体的に主張・証明できない場合、両当事者で等しいと仮定し、かつ、交渉が決裂したときに各当事者が有する代替的取引機会（退出オプション）を双方に具体的に主張・証明できない場合という仮定した上で、理論上、1対1の分配が予想されると指摘する。同21頁。白井・前掲注201）119頁は、代替的な機会が立証されれば、時間選好に基づいて分配の価格が決まりそうだが、そのような立証に成功することは容易ではないと指摘する。プレイヤーが2人だけの協力ゲームにおけるシャープレー値（Shapley value）は、狭義のシナジーを1対1で分配したものになるので、1対1による分配にもそれなりの合理性があるものと思われる。協力ゲーム (N,v) における i のシャープレー値 (φ) は、プレイヤーの集合を N および N の部分集合を S とした場合、次の式で与えられる。

$$\varphi_i(N,v) = \frac{1}{N!} \sum_{S \subseteq N \setminus \{i\}} |S|!(|N|-|S|-1)![v(S \cup \{i\}) - v(S)] \qquad (2.23)$$

買収者を A とし、対象会社を T とし、買収者 A の単体での価値を $v(A)$ とし、対象会社 T の単体での価値を $v(T)$ とし、生じるシナジーを $v(s)$ とした場合、N は、2である。それゆえ、計算に係る順序は、例えば、T から見た場合 $(i=T)$、S に A が含まれる場合と含まれない（空集合である）場合の2通りしか与えられない。すなわち、T から見た場合、$S=\{A\}$ と $S=\{\emptyset\}$ である。T のシャープ

が難しいことである[286]。さらに，シナジーが相手方の貢献によって生じるのだとしても，交渉次第で，一定程度の当該シナジーの分配を要求することは可能であろう[287]。

シナジーの分配に関する最高裁判所の立場　シナジーの分配の公正性に関する最高裁判所の立場を示すものとして，テクモ株式買取価格決定事件がある。最高裁判所は，以下の通り，判示した（最二小決平成 24・2・29 民集 66-3-1784）。

レー値(φ_T)は，次の通り計算される。

$$\varphi_T = \frac{v(T) + v(T) + v(A) + v(s) - v(A)}{2} \tag{2.24}$$

$$= v(T) + \frac{v(s)}{2} \tag{2.25}$$

最初の$v(T)$は，T単体が最初に計算される場合であり，$v(T) + v(A) + v(s) - v(A)$は，$A$の後に$T$が計算される場合である。同様に，$A$のシャープレー値は，次の通り計算される。

$$\varphi_A = \frac{v(A) + v(A) + v(s) - v(T)}{2} \tag{2.26}$$

$$= v(A) + \frac{v(s)}{2} \tag{2.27}$$

シャープレー値の説明について，例えば，Martin J. Osborne & Ariel Rubinstein, A Course in Game Theory 289-91 (1994)。ただし，現実の組織再編では，プレイヤーが2人だけではないため，解がコアに含まれるか等の点において，このモデルを拡張する必要があり，また，1対1で対象会社と買収会社で分配したシナジーをさらに内部でどのように分配するかは，別の議論が必要になろう。特に，後者の問題に関して，株式の数に応じて比例的に取り扱うことの理論的根拠および株式買取請求権が行使される場合，株式買取請求権を行使する株主は，提携に反対しており，非協力ゲームの枠組み（提携に賛成することが前提）で解決できるのかが問題となる。これらの点は，将来の課題としたい。なお，シナジーの分配を1対1で行うべきものと判示したものとして，大阪地決平成24・4・13金判1391-52（「『MBOの実施によって増大が期待される価値』の分配については，原則として，買収者と反対株主に対し，それぞれ1対1の割合により分配するのが相当である」と述べる）がある。

286) 江頭・前掲注279) 272頁（シナジーの分配を考慮して合併比率を定めることは，実際には容易でないことを指摘する）。
287) 本文で挙げた，相手方の貢献によって生じるシナジーの分配を要求することができる例として，提案ゲームが挙げられる。提案ゲームは，①提案者(Proposer)が，ある金額について，自らと相手方(Responder)への分配を決定するという提案を行う，②相手方は，その分配を受け入れるか，拒絶するかを選択できる，③受け入れる場合，相手方は提案された金額を，提案者は残額を得る，および④拒絶する場合，提案者も相手方も，その金額を得ることはできないとする。経済理論に基づけば，提案者は，名目的な金額を提案し，相手方はそれを受け入れるはずである。どんなに少額でも相手方は，受け入れないよりは，受け入れたほうが経済的効用が高いからである。しかし，実証研究によれば，相手方は，通常，20%以下の提案を拒絶する。つまり，自らが不利益を被るにしても，不公正な行動を罰しようとするのである。提案者は，この対応を予想しているようであり，通常は，40-50%を提案する。Christine Jolls, Cass R. Sunstein & Richard Thaler, *A Behavioral Approach to Law and Economics*, 50 Stan. L. Rev. 1471, 1489-90 (1998). これをシナジーの分配の状況に置き換えると，提案者の貢献によってシナジーが生じる場合でも，相手方に相当程度を分配しない限り，相手方が取引を拒絶するということを意味する。

相互に特別の資本関係がない会社間において，株主の判断の基礎となる情報が適切に開示された上で適法に株主総会で承認されるなど一般に公正と認められる手続により株式移転の効力が発生した場合には，当該株主総会における株主の合理的な判断が妨げられたと認めるに足りる特段の事情がない限り，当該株式移転における株式移転比率は公正なものとみるのが相当である。

最高裁判所の判示は，①シナジーの分配を正当化する理論的な根拠を最高裁判所が示したものではなく，②シナジーの分配の公正性という実体的な問題を裁判所が判示するという困難な作業を回避するために，一定の場合には，株式移転比率は公正なものと推定される[288]，③「特段の事情がない限り」という限定が付されているため，特段の事情を立証することで推定を覆すことができる，と解釈されよう。

株式買取請求権でのシナジー分配価格の下限としての本源的価値——再論

前段落までの議論は，組織再編の文脈でのシナジーの発生や，その認識およ

---

[288] 東京地決平成21・4・17金判1320-31①事件，田中亘「組織再編と対価柔軟化」法教304号79-80頁（2006），藤田・前掲注243）290-291頁，加藤・前掲注90）5-6頁，加藤・前掲注221）25頁等と整合的な判決であるといえる。弥永真生「判批」ジュリ1441号3頁（2012）。独立当事者基準を採用することを肯定的に解するものとして，例えば，石綿学「テクモ株式買取価格決定事件最高裁決定の検討（下）」商事1968号13-14頁（2012）がある。理由として，①企業再編の条件の算定は，通常，再編当事者のそれぞれの市場株価から一義的に算出するといったほど単純なものではなく，②企業再編の条件は，公開情報やデューディリジェンスを通じて入手した情報を基礎とし，専門家の助言を得ながら，当事者間の交渉によって定める，③交渉では，当該会社の株価動向，経営成績，財務内容，企業再編を行う目的や必要性，企業再編が企業価値に与える効果，企業再編から生じる相乗効果に対する各当事会社の寄与度，企業再編に代替しうる選択肢の有無，当該会社が置かれた状況等が考慮される，④将来予測を含む判断が必要である，および⑤財務や経営の専門家ではない裁判所の事後的な法的判断よりも，忠実義務を負う取締役や最大の利害関係者である株主の判断になじむという点を挙げる。同論文中，石綿弁護士は，裁判所が株価に依拠しがちなことを懸念するが，裁判所が，シナジー分配価格の判断にあたって，テクモ事件のような独立当事者間での取引という前提などをおかず，単に株価を用いるのであれば，それは誤りであろう。石綿弁護士が挙げる通り，シナジー分配価格の決定は，多様な要素が関係するからである。しかし，手続き面を強調して，公正なシナジー分配価格を導くという方法は，肯じることができない。市場がどのように働いているかについて疎く，企業価値評価の方法を含むファイナンス理論の知識に乏しい裁判官には，判断が難しいかもしれないが，市場取引のメカニズムを知悉した上でファイナンス理論を専門家と同等の水準で扱うことができる組織再編を専門に扱う弁護士を代理人（例えば，石綿弁護士は，この事案を容易に扱うことができるであろう）に立てて，公正なシナジー分配価格を疎明させた上で，裁判官が判断するという枠組みをとれない理由はないように思われる。裁判所が手続き面を重視して，実体的な判断を忌避するのは，法で定められた「公正な価格」を判断する義務を，安易に回避しているように思われる。特に，反対株主買取請求権は，少数株主に与えられた権利であり，善管注意義務や忠実義務を負うとはいえ，多数派株主が任命した取締役の経営判断にいとも簡単に従うことを求められるようでは，会社法が，少数株主に買取請求権を与えた基礎を損なっているように思われる。

び分配に関する理論について検討するものである。しかし，シナジーがどのように分配されるべきかという論点は，さらに検討する必要がある[289]。個々の株主へのシナジーの分配がいかになされるべきかは大変興味深い論点ではあるが，具体的な額に関する議論を行うことが本書の目的ではないため[290]，本源的価値と関連する議論ということで，以下では，当該シナジー分配における下限について，検討する。結論からいうと，シナジー分配における下限は，本源的価値となるべきであると考える。なぜ，シナジー分配における下限が，本源的価値となるべきかについて，以下で敷衍する。

上場会社の株式について株式買取請求権が行使される場合で，ナカリセバ価格が問題となるとき，組織再編が公表される前の市場価格を参照して，基準日まで補正をする必要があることが指摘されている。これは，退出権の保障として，仮に組織再編がなかったとしたら，現に存在した株価について，株主に保障するためであると考えられる。典型的には，組織再編自体に反対する株主に対して，組織再編がなければ存在したであろう価格を保障するということが考えられる。

他方，シナジー分配価格は，組織再編自体には賛成ではあるものの，①組織再編の前提となる会社の株主価値（すなわち，本書でいう本源的価値）の算定，または②組織再編によって生じるシナジーの分配に反対する株主に関して問題となろう。

このうち，後者の組織再編によって生じるシナジーの分配が問題となる場合は，本書での議論の対象外とする。なぜなら，大変難しい上に論点が多岐にわたるからである[291]。そこで，本書では，シナジーの分配がたとえゼロである

---

[289] わが国での議論として，前掲注288)で掲げた論文に加えて，例えば，飯田・前掲注256) 945–951頁，伊藤達哉「公開買付価格が公正な価格と認められるための必要十分条件の検討」商事1906号63頁（2010)，内田修平「『公正な価格』の理論的検討」商事1887号106頁（2010)，江頭・前掲注279) 37–41頁（独立当事者間取引基準)，同227–233頁（シナジーの分配）がある。DAVID LARO & SHANNON P. PRATT, BUSINESS VALUATION AND FEDERAL TAXES: PROCEDURE, LAW AND PERSPECTIVE 273 (2d ed. 2011); Vernon L. Smith, *An Experimental Study of Competitive Market Behavior*, 70 J. POL. ECON. 111, 134 (1962) (実験において，参加者の数は少なくとも，談合を禁止し，かつ，すべての売値，買値および取引を公開すると，需要と供給の競争的均衡への強い傾向をみることができる).

[290] 具体的なシナジーの分配の方法は，古くから難問であることが知られていた。飯田秀総「株式買取請求権の構造と買取価格算定の考慮要素（1)」法協129巻3号520頁（2012)。

[291] この問題に言及するものとして，田中・前掲注288) 79–80頁，藤田・前掲注243) 290–291頁，加藤・前掲注90) 5–6頁，加藤貴仁「レックス・ホールディングス事件最高裁決定の検討（下）『公正な

としても，株主に保障されるべき価格である，前者の組織再編の前提となる会社の株主価値の算定について，検討する。この組織再編の前提となる会社の株主価値の算定は，本源的価値に基づきなされるべきであると思われる。また，シナジーの分配を考慮すれば，本源的価値以上の価格がシナジー分配価格となるので，シナジー分配価格の下限を画するものといえる。

組織再編の前提となる会社の株主価値の算定において株価が利用できない理由として，①シナジー分配価格は，組織再編における会社の株主価値の算定が問題となり，この文脈では，市場がどのように判断するのかといった市場の介在を許すべきではないこと[292]，②株価には内部情報が反映していないこと，および③上場会社と非上場会社で株主価値算定の根拠を同一にすべきであること[293]が挙げられる。以下で例をもって，この点を検討する。

A社について，株式が100株発行されており，1株当たりの市場価格が100円であるとし，また，負債が存在しないものとする。この場合，A会社の株式時価総額は1万円である。また，A社およびA社の支配株主であるB社は，A社の本源的価値を1万6000円と見積もっているとする。そこで，会社Aが，株式時価総額および本源的価値が1万円のB社から合併提案を受けたとする。仮に，A社株式1株当たり120円の現金を対価とする合併を提案したとし，合併後株式時価総額が3万円になるとする。この場合，シナジー分配価格は，どのように定められるべきだろうか。

株主に対する情報開示の充実，第三者委員会に対する諮問および第三者委員会による交渉等の措置をとり，手続きに問題がないという理由で裁判所が，

価格』の算定における裁判所の役割」商事1877号25頁（2009），飯田・前掲注256) 945–951頁，伊藤・前掲注289) 64–68頁，内田・前掲注289) 106頁，江頭・前掲注279) 37–41頁（独立当事者間取引基準），同227–233頁（シナジーの分配）がある。

[292] Stout, *supra* note 69, at 626–33（投資家間で一致しない期待(heterogeneous expectations)が形成され，情報効率的な市場が基礎的価値の最善の推測から大きく離れてしまうことがありえることを説明する).

[293] 非上場会社であれば，市場価格が存在しないため，本源的価値を基準としてシナジー分配価格の下限が画されるべきであることは，容易に想像できる。そうであれば，上場会社の取扱いを変える必要はないと思われる。吉本教授は，新株発行価額の公正性の文脈で，非公開会社の場合，市場価格が存在しないため，「市場価値アプローチ」は，取り得ないこと，および上場会社と非公開会社とにおいて異なるアプローチをとると一貫性を欠くことを指摘し，新株の発行価額の公正性は，「企業価値アプローチ」に基づき会社企業の実体的価値を基準として判断すべきと主張する。吉本・前掲注193) 12–13頁。シナジー分配価格を検討する際も，同様に，市場価格ではなく，本源的価値を基準として考えるべきであろう。

120円という価格を公正な価格と決定することは妥当であろうか。

　また，株価および株式時価総額を基礎として考えれば，株式時価総額が合計2万円の会社が3万円になったのであるから，市場価格に基づいて算定されるシナジーは，一見，1万円ということになりそうである。仮に，裁判所がシナジーを一対一で分配するものと決定したとすると，決定にかかる公正な価格は，150円となるが，この価格を公正な価格とすることは妥当であろうか。

　本源的価値が160円であるのであれば，対象会社の取締役は，160円以上の価格を引き出すべく買収者と交渉すべき[294]であるし，それが実現していないのであれば「公正な価格」と定められている以上，株式買取請求権で160円という本源的価値が認められるべきではないのだろうか。

---

294) そもそも，会社は，市場に対して1株当たり160円の価値があることを投資家への広報(IR: investor relations)等の手段を用いて説得すべきであるが，この点は措く。

第5節　ディスカウント，プレミアムおよび株価の関係

第1款　序　論

　本章での議論は，これまでのところ株価がどのように形成されるかという視点を欠いていた。特に，会社法および証券法の文脈で適用するために必要な，株価を構成する要素について，検討を行っていなかった。本節では，株価を構成する要素を分類して理解することを試みる。具体的には，株価および企業価値の評価に際して言及される，様々なディスカウントおよびプレミアムについて，議論を紹介する。

　株式に代表される持分証券の価値は，その企業の将来収益とその収益をあげる可能性（リスク）の予想に基づき決定され，当該将来収益およびリスクは，企業経営に関する情報を基礎として判断される[295]。まず，ここでいう証券の「価値」には，様々な種類が存在することを紹介したい。「価値」という用語は，主体が変われば違うものを意味する[296]。また，同じ主体にとっても文脈が違えば，価値は変わりうる[297]。

　本節の導入として，事業価値評価に標準的に適用される価値のうち①公正市場価値 (fair market value)，②投資価値 (investment value)，および③本源的価値 (intrinsic value) に関する Pratt 博士の議論を紹介する[298]。

---

[295] 黒沼悦郎「証券市場における情報開示に基づく民事責任（一）」法協105巻12号1616頁（1988）参照。

[296] SHANNON P. PRATT, ROBERT F. REILLY & ROBERT P. SCHWEIHS, VALUING A BUSINESS 28 (4th ed. 2000).

[297] Id. Pratt博士らは，様々な価値の例として，公正市場価値(fair market value)，市場価値(market value)，公正価値(fair value)，真実の価値(true value)，投資価値(investment value)，本源的価値(intrinsic value)，基礎的価値(fundamental value)，保険価値(insurance value)，簿価(book value)，使用価値(use value)，担保価値(collateral value)，従価税に関する価値(ad valorem value)等が存在することを挙げる。Id.

[298] わが国において，価値論に言及するものとして，例えば，関・前掲注235) 175–189頁があり，価値評価が客観的ないし主観的に行われうることを指摘した上で，法律の解釈の問題として価値評価を含む場合には，基本的に，主観的価値論の立場に立たなければならないと主張する。

第5節　ディスカウント，プレミアムおよび株価の関係　117

公正市場価値　公正市場価値とは，米国鑑定士協会 (ASA: American Society of Appraisers) において，「強制されずに，かつ，関連する事実について合理的な知識を有する自発的な売主と買主の間で，財産が移転する価額」と定義される[299]。言い換えると，公正市場価格は，特定の買主や売主を考慮せず，公開の市場で通常の動機 (normally motivated) を有する投資家の間で行われる独立当事者間取引において最も有りえそうな価格 (most likely price) を意味する[300]。例えば，譲渡制限が付された会社の少数株式が相対的に魅力的ではない点に鑑みて，公正市場価値を算定する場合，事業価値からのディスカウントは，相当大きなものとなるとされる[301]。

投資価値　Pratt 博士の概説書では，投資価値という用語は，不動産の評価に関する用語であるようだが，「特定の投資家または特定の種類の投資家に対する個別の投資要件に基づく投資の特定の価値であり，非個性的 (impersonal and detached) な市場価値とは区別される」と定義される[302]。また，Pratt 博士らは，公正市場価値と投資価値の違いの一つとして，「所有または支配する他の事業とのシナジー」が含まれることを挙げる[303]。本書では，議論しないが，組織再編の文脈では，買収者の投資価値と現在の株価との差異を検討することが必要になろう。この差異のうち，現在の株価，買収後に生じる狭義のシナジー，および買収後に生じる買収者の私的利益については，本書でも若干の検討を行うが，企業買収の文脈では，株価に反映されていない基礎的価値（この基礎的価値は，一般に利用可能な情報と買収者が有する情報に基づき計算される）が重要な要素となる。

本源的価値　Pratt 博士らは，本源的価値とは，株式の評価において，会社の資産，収益力およびその他の要素について基礎的分析 (fundamental analysis) を完了した証券アナリストが適切であると考える証券の価格であり[304]，基礎的分析において，期待収益の分析が最も重要であるが，

---

299) PRATT, REILLY & SCHWEIHS, *supra* note 296, at 28; SHANNON P. PRATT, BUSINESS VALUATION DISCOUNTS AND PREMIUMS 10 (2d ed. 2009).
300) PRATT, REILLY & SCHWEIHS, *supra* note 296 at 375.
301) *Id.*
302) *Id.* at 30.
303) *Id.*
304) *Id.* at 31.

配当,資本構成,経営の質等も分析されると述べる[305]。また,ファイナンスの論文において本源的価値を決定するための様々な手法は,予想と割引キャッシュ・フローに基づいていると述べる[306]。

以上,簡単ではあるが,公正市場価値,投資価値および本源的価値の定義について Pratt 博士らの議論を紹介した。思うに,公正市場価値は,市場価格が存在しない場合(または存在する市場価格を利用できないまたは補正しなければならない場合)に,ありうる市場価格を算定する場合やナカリセバ価格の算定に用いられる概念であるといえそうである。投資価値は,組織再編等においてシナジーを含めた価値を算定する場合に観念される概念であり,シナジー分配価格において用いられる概念といえそうである。公正市場価値では,売買主体が「強制されずに,かつ,関連する事実について合理的な知識を有する自発的な売主と買主」と一般的に定められているところ,投資価値は,「特定の投資家または特定の種類の投資家に対する個別の投資要件に基づく投資の特定の価値」と定められており,この特定性が公正市場価値と投資価値の違いといえよう。本源的価値は,企業のキャッシュ・フローに基づいて決定される価値が一番近いように思われる。本源的価値は,「公開の市場で通常の動機 (normally motivated) を有する投資家の間で行われる独立当事者間取引において最も有り得そうな価格」というような,市場でどのような価値となりうるかという要素を欠いている点で,公正市場価値と違うといえよう。

ディスカウントやプレミアムとの関係でいうと,どの「価値」を選択するかにより,適用となるディスカウントやプレミアムが変わってくるといえよう。この意味で,ディスカウントやプレミアムを個別に取り出して議論する場合,プレミアムやディスカウントは,相対的な概念であるといえる。他方,実際の法制度において適用される場合,どの価値概念を用いているのか,また,当該制度において選択される価値概念において,どのディスカウントやシナジーが適用されるかを明らかにしていく作業が必要となろう。

例えば,狭義のシナジーは,特定の組織再編手続きを前提とした投資価値であり,公正市場価値を求める場合には,考慮されるべきではないはずである。他方,ディスカウンテド・キャッシュ・フロー法を用いる場合,狭義のシナ

---

305) *Id.*
306) *Id.*

ジーを考慮した（含めた）事業計画を割り引けば，狭義のシナジーを含めた価値が計算されてしまう。法制度が狭義のシナジーを含めた価値を求めるものなのか，それとも狭義のシナジーを含めない価値を求めているのかで，対応が変わってこよう。

本書では，プレミアムとは，株式の価値を増加させる何らかの原因に基づいて生じる株式の価値の増加または増加額のことをいうものとする。本書では，「プレミアムを反映する」または「プレミアムが生じる」という用語を用いる場合，価値を増加させる要因を反映させることまたは価値が増加することを意味する。典型的なプレミアムは，支配株式を保有することにより生じるコントロール・プレミアムである。しかし，株式の価値を増加させる原因は，支配権に限らないため，様々なプレミアムが観念できる。

逆に，株式の価値評価の文脈でディスカウントとは，株式の価値を減少させる何らかの原因に基づいて生じる株式の価値の減少または減少額のことをいうものとする。本書では，「ディスカウントを反映する」または「ディスカウントが生じる」という用語を用いる場合，価値を減少させる要因を反映させることまたは価値が減少することを意味する。支配株式と比較を例に挙げると，支配権を有しない一単位の株式は，価値が低く，この差額がディスカウントとなる[307]。

以下では，本章の議論の補足として，上場会社の株式を中心に，ディスカウントおよびプレミアムの分類を試みた上で，効率的な市場における株価との関係について既存の議論を紹介する[308]。株価の構成要素を理解することにより，会社法事案や金商法事案の文脈で価値評価を行う際に，どの株価の構成要素が

---

307) この例は，江頭憲治郎「支配権プレミアムとマイノリティ・ディスカウント」関俊彦先生古稀記念前掲注74) 117頁による。
308) 本節では，株式が継続企業としての価値を表す状況を前提としている。LARO & PRATT, *supra* note 289, at 17; Tri-Continental Corp. v. Battye, 74 A.2d 71, 72 (Del. 1950). しかし，実質債務超過の会社や破産手続き，民事再生手続き等が予見される会社の株価が，清算価値を指標として値付けされることはありえよう。デラウェア州において継続企業を前提として株式買取請求権の価格算定を行った最近の例として，*In re* Appraisal of the Orchard Enter., Inc., 2012 WL 2923305, at *6-7 (Del. Ch. July 18, 2012) (Strine, C.) (優先株式が有する残余財産優先分配権(liquidation preference)について，当該優先株式の定めによると非公開会社化の取引において発動せず，残余財産優先分配権を優先株式の価値算定に含めてはならないと判示した例。理由として *Cavalier Oil* 判決では，投機的な価値(speculative value)は，価値から除外されることになっており，優先株式の価値は，清算価値ではなく，優先株を転換したとしたら得られる価値(as-converted basis)であると判示した)。Cavalier Oil Corp. v. Harnett, 564 A.2d 1137 (Del. 1989).

問題となるかを把握することができるようになるからであり，また，どのプレミアムおよびディスカウントが開示制度と関連しているかを理解する上で有用であると思われるからである。ただし，本節での議論は，本書に関連する範囲のごく基本的な事項のみを対象としている[309]。

ディスカウントには，①会社レベルでのディスカウント (entity-level discount)[310]，および②株主のレベルでのディスカウント (shareholder-level discount) がある。第2款において，会社レベルでのディスカウントを，第3款において，株主のレベルでのディスカウントを概観する。

第2款　会社レベルでのディスカウント

第1目　序　　論

会社レベルでのディスカウントとは，会社全体に対して適用されるディスカウントであり，個々の株主の状況によらず，すべての株主が有する株式の価値に影響を与えるものである[311]。会社レベルのディスカウントを本源的価値からの価値の減少要因と捉えるか，会社レベルのディスカウントを反映した価値が本源的価値であるのかは，議論がありそうである。しかし，デラウェア州の *Cavalier* 判決およびその後の判決である *Rapid-American* 判決をみる限り，本源的価値を算定するために会社レベルのディスカウントを許容し，株主レベルのディスカウントを許容しないという立場がとられているようである[312]。すなわち，本源的価値は，会社レベルのディスカウントを反映した（価値を下げた）ものであるという立場をとっている。

本款では，会社レベルのディスカウントの例として，潜在的な譲渡課税，重

---

309) 例えば，具体的なディスカウントの額やその価値算定手法の詳細については，ほとんど触れていない。
310) 会社レベルでのディスカウントについて，"company level" という用語が用いられている例と "firm level" という用語が用いられている例がある。 *Cavalier Oil*, 564 A.2d at 1144 ("company level" を用いる例); John C. Coates, IV, *Fair Value as an Avoidable Rule of Corporate Law: Minority Discounts in Conflict Transactions*, 147 U. PA. L. REV. 1251, 1273 (1999).
311) LARO & PRATT, *supra* note 289, at 249; PRATT, *supra* note 299, at 2.
312) *Cavalier Oil*, 564 A.2d at 1144–45; In the Matter of Appraisal of Shell Oil Co., 1990 WL 201390, at *32 (Del. Ch. Dec. 11, 1990) (Hartnett, V.C.); Rapid-American Corp. v. Harris, 603 A.2d 796, 806 (Del. 1992).

要な役員または従業員に関するディスカウント，ポートフォリオ・ディスカウントおよび偶発債務ディスカウントを順に紹介する。

第2目　潜在的な譲渡課税

　会社が多額の含み益を抱えた資産を有している場合，当該資産の売却の際に，譲渡課税が課される[313]。また，潜在的な売却に際して生じる譲渡課税がディスカウントとして認識されうる[314]。これを潜在的な譲渡益課税に基づくディスカウント (trapped-in capital gains discount) という。米国の判例では，潜在的な譲渡益課税に基づくディスカウントが認められない場合の理由は，当該資産を売却する意図を有しないことである[315]。

　また，買収対象会社が多額の含み益を抱えた資産を保有している場合で，非適格組織再編であるとき，買収対象会社が保有する時価評価資産について課税されることとなるが，これも潜在的な譲渡課税と同様のものといえるであろう。ただし，後者の問題に対しては，買収対象会社への時価評価課税を回避する方法として，実務上，全部取得条項付種類株式を用いた完全子会社化がされている[316]。潜在的な譲渡課税に対するディスカウントを軽減する要因といえる。

第3目　重要な役員または従業員に関するディスカウント

　重要な役員または従業員に関するディスカウント (key person discount) は，会社が重要な役員または従業員を失ったまたは失った場合の潜在的な影響がディスカウントとして認識される[317]。他の条件が同等であれば，実際に生じた重要な役員または従業員の喪失に基づく損失は，潜在的な重要な役員または従業員の喪失よりも大きくなる[318]。

---

313) LARO & PRATT, *supra* note 289, at 250.
314) *Id.*
315) *Id.*
316) 渡辺邦広「全部取得条項付種類株式を用いた完全子会社化の手続」商事1896号26頁（2010）。
317) LARO & PRATT, *supra* note 289 at 256; Hodas v. Spectrum Tech., Inc., 1992 WL 364682, at *5 (Del. Ch. Dec. 7, 1992) (Berger, V.C.) (会社の創業者であり，科学の博士号を持ち，顧客であるDu Pont社との窓口を務めていた者の退職に関して，代わりの者がすぐに見つかるかが不明であり，会社の崩壊であるとして，重要な従業員に基づくディスカウントが許容された事例)。
318) LARO & PRATT, *supra* note 289 at 256.

第4目　ポートフォリオ・ディスカウント

ポートフォリオ・ディスカウント (portfolio (non-homogeneous assets) discount) は，全く異なるまたは一様ではない事業を有する会社について，適用されるディスカウントである[319]。このディスカウントがなされる理由として，投資家は，一般的に，全く異なる事業や資産の寄せ集めよりは，一つの業種に専念している会社を買いたがることが挙げられる[320]。この場合，個々の資産を個別に売却した場合の売却額の合計よりも，複数の資産を一括して売却する場合の額が低くなることになり，この価格の低下をポートフォリオ効果 (portfolio effect) という[321]。

①会社の傘の下で多角化した投資を行っている場合，②多角化した投資を管理することが困難である場合，③望まない資産を売却するために時間が必要であると予想される場合，④複数の投資の売却に際して追加の費用を負担することが予想される場合，および⑤望まない投資を処分することに伴うリスクが存在する場合，ポートフォリオ・ディスカウントの理由となりうる[322]。

第5目　偶発債務ディスカウント

偶発債務ディスカウント (contingent liabilities discount) は，偶発債務を予期して織り込むディスカウントである。しかし，偶発債務の影響を予測することは，難しい。企業買収の文脈で，例えば，環境汚染に関する訴訟において被告となっている会社の株式を購入する場合，親会社が一定の金額をエスクローに付し，問題が解決した場合に，当該エスクローから支払をなすというような取決めを行うことがある[323]。

第6目　小　　括

本款では，会社レベルのディスカウントの例として，潜在的な譲渡課税，重要な役員または従業員に関するディスカウント，ポートフォリオ・ディスカウ

---

319) *Id.* at 263.
320) *Id.*
321) *Id.* at 263–64.
322) *Id.* at 264.
323) *Id.* at 267–68.

ントおよび偶発債務ディスカウントを紹介した。

　会社レベルでのディスカウントは，基本的に，株価に反映されている（すなわち，その分株価が低くなっている）と考えられる。なぜなら，保有者と関係なく存在しているディスカウントだからである。例外が考えられるとすれば，ディスカウントが何らかの理由で存在しなくなることを予測して，ディスカウントがなくなる確率にディスカウントがなくなった場合に増加する価値を乗じた積が株価のプラス要因となることが考えられる[324]。

　市場価格に会社レベルのディスカウントが反映されているとして，それを修正すべき（価格を上げるべき）状況は，考えにくい。例えば，デラウェア州では，株式買取請求権の行使にあたり，会社レベルで行われるディスカウントが許される（価格を下げることができる）が，株主レベルで行われるディスカウントは許されない（価格を下げることができない）とされる[325]のが一例であるといえよう。デラウェア州で株主レベルのディスカウントが行われない理由として，裁判所が，デラウェア州一般会社法262条[326]に基づく手続きでは，株主が保有する株式ではなく，会社自体を評価する意図であると述べたことが挙げられる[327]。

---

[324] 例えば，環境汚染を行った疑惑を持たれた会社が存在したとする。株主価値は，偶発債務ディスカウントを反映して，一時的に下落しよう。当該会社が土壌について10ヶ所検査を行い，そのうち三つについて，土壌汚染がなかったと発表したとしよう。この場合，会社が環境汚染を行ったか否か，当該環境汚染を行ったことにより損害賠償責任を負うか否かは，確定的には，わからない。既に織り込んだ環境汚染が存在したら生じたであろう株主価値の下落に環境汚染が存在しない確率を乗じた積について，株主価値が増加する（元に戻る）ものと思われる。

[325] 飯田秀総「株式買取請求権の構造と買取価格算定の考慮要素（2）」法協129巻4号794頁（2012）。*Cavalier Oil*, 564 A.2d at 1144, 1146; EDWARD P. WELCH, ANDREW J. TUREZYN & ROBERT S. SAUNDERS, FOLK ON THE DELAWARE GENERAL CORPORATION LAW § 262.10.1.1 (5th ed. 2012); *Cavalier Oil*, 564 A.2d at 1145（マイノリティディスカウントは，会社を継続企業として捉えるという要件と相容れないと述べる）; *cf.* Paskill Corp. v. Alcoma, 747 A.2d 549, 557 (Del. 2000)（米国証券取引委員会に登録されていないか公開市場で取引されていないことによる市場性を有しない証券（unmarketable shares）に通常適用されるディスカウントは，株式買取請求手続きでは，株主レベルでの不適切なディスカウントであると判示する）; Borruso v. Commc'ns Telesystems Int'l, 753 A.2d 451, 460 (Del. Ch. 1999) (Lamb, V.C.)（市場が存在していないことを理由とするディスカウントは，株式の取引の正確（trading characteristics）に基づくものであり，*Cavalier Oil*判決が禁止していると述べる）。この点を確認する最近の判決として，例えば，*Orchard Enterprises*, 2012 WL 2923305, at *8（*Cavalier Oil*判決が株主レベルのマイノリティ・ディスカウントを排除していることを指摘する）; *Synthes*, 50 A.3d, at 1039（株式買取請求では，マイノリティ・ディスカウントを無視して，比例的に（pro rata）取り扱う必要があると述べる）; Gearreald v. Just Care, Inc., 2012 WL 1569818, at *11 (Del. Ch. Apr. 30, 2012) (Parsons, V.C.)（一般的な流動性に関するディスカウントは，株式買取請求手続きでは適用にならないと判示する）がある。

[326] DEL. CODE ANN. tit. 8, § 262 (2010).

[327] BAINBRIDGE, *supra* note 83, at 644 (citing *Cavalier Oil*, 564 A.2d at 1144–45).

第3款　株主のレベルでのディスカウント

第1目　序　　論

　株主レベルでのディスカウント（またはプレミアム）は，一定の株主にだけ適用がある[328]と定義されるが，これには，すべての株主に影響を与えるようなディスカウントも含まれる。最初に，大要を把握するために，Pratt博士らによる株価に関する一般的なモデルを提示しよう[329]。

　最も低い価値を有する株式として，①市場性も流動性もない会社の少数株式が考えられる[330]。次に，②当該会社が上場した場合で，株式が何らかの理由で譲渡不能である場合（例えば，上場に際して株主が一定期間株式を売却しないことに同意した場合が考えられる），当該株式は，流通市場が存在しているという点で，株式の価値が増加することになる[331]。③当該上場株式が譲渡できるようになると，譲渡可能であることによる価値について，株式の価値が増加することになる[332]。次に，④株式の過半数を保有することにより生じる，支配価値が考えられる。この価値は，少数株式と対比して付加される価値であると考えれば，プレミアムであり，コントロール・プレミアムと呼ばれる。逆に，支配権を有する一定量の株式と少数株式を対比すれば，減じられるディスカウントであり，マイノリティ・ディスカウントと呼ばれる。最後に，⑤株式の過半数を保有する会社と他の会社との間で生じる狭義のシナジーによる価値が考えられる。この価値は，株式の支配を前提としているため，支配価値の中の一部分と考えることもできよう。

---

[328] *See* Laro & Pratt, *supra* note 289, at 271; Pratt, *supra* note 299, at 2.
[329] 以下の分類は，Laro & Pratt, *supra* note 289, at 273 ex.19.1 (citing Jay E. Fishman, Shannon P. Pratt, J. Clifford Griffith & James R. Hitchner, Guide to Business Valuations 8–8 (20th ed. 2010))による。
[330] 別途支配株主が存在するか否か等，価値に影響を与える要素が考えられるが，詳細は，省略する。
[331] どの程度，流動性のある市場が形成されているか，どの市場に上場しているか等が株価に影響を与えることが考えられるが，詳細は，省略する。また，譲渡が禁止される形態（定款，契約，時間的制約等）により，価値に影響を与える程度が違う可能性がある。また，例えば，時間的制約の場合，時間の経過に従って，株価に影響を与えることが考えられる。
[332] 上場された株式のうち，一部は，支配権を含んだ価格が付けられているのではないかという議論があるが，本書では省略する。Pratt, *supra* note 299, at 29–35.

次目以降において,前段落で大まかに議論したディスカウントおよびプレミアムについて,個々の要素を検討する。

本款では,第2目において,譲渡不能によるディスカウントを含む,市場性の欠落によるディスカウントを検討する。Pratt 博士らのモデルにおける,②および③に対応する。第3目において,マイノリティ・ディスカウントを扱う。これは,Pratt 博士らのモデルにおける,④と⑤の部分に対応する。

株主レベルでのディスカウントには,他に,議決権に関するディスカウント[333],一定量の上場株式を有する場合に,株式市場で株式を売却しようとすると,株価を押し下げる効果を生むことによるディスカウント (blockage)[334],対象物を分割することができないことによるディスカウント[335]が,考えられるが本書では省略する。

第2目 市場性の欠落によるディスカウント

市場性 (marketability) とは,資産を最小限の費用で即座に現金化する能力を言う[336]。市場性は,活発で公開の市場が存在するかで測られる[337]。市場性の欠落によるディスカウントは,(市場性が存在する場合と比較して) 市場性が存在し

---

333) LARO & PRATT, supra note 289, at 321–24. 無議決権株式,議決権制限株式,議決権数が他の種類に較べて相対的に低い種類株式の当該他の種類と比較した場合のディスカウント等が考えられよう。DAMODARAN, supra note 197, at 489–92は,議決権の価値の性質について,①会社支配の変更の可能性が存在しない場合,議決権株式と無議決権株式の価値の差(以下,「議決権プレミアム」という。) は,存在しなくなる,②上手に経営されている会社よりも,下手に経営されている会社の方が,議決権プレミアムが大きくなる,③無議決権株式の数と比較して,議決権株式の数が少なくなると,議決権株式が大きくなる,④多くの議決権株式が上場されるほど,議決権株式に付される議決権プレミアムが大きくなる,および⑤無議決権株式と対比した場合に存在する議決権株式の権限に影響を与える出来事があると,それらは議決権プレミアムに影響を与えると述べる。他に,Henry T.C. Hu & Bernard Black, The New Vote Buying: Empty Voting and Hidden (Morphable) Ownership, 79 S. CAL. L. REV. 811, 852–53 (2006)は,市場価格には議決権の価値が含まれること,および支配者が生じた場合,当該議決権に関する価値は,支配者が生じていないよりも減少すると考えられることを指摘する。
334) LARO & PRATT, supra note 289, at 324–30. このディスカウントは,市場性に関するディスカウントの部分集合であると捉えることもできる。Id. at 324. Aswath Damodaran教授は,①上場証券の買い呼び値と売り呼び値のスプレッド,②上場証券を取引することにより生じる価格への影響,および③取引を行うことができるまで待つ必要があるという機会費用 (opportunity cost) を取引費用とし,このディスカウントを取引費用の一部と解している。DAMODARAN, supra note 197, at 497–98, 503–06.
335) 不動産や芸術品等に関して,対象物を分割することができないことによるディスカウントであり,本書で対象とする株式には,当てはまらない。LARO & PRATT, supra note 289, at 330.
336) LARO & PRATT, supra note 289, at 281.
337) Id.

ないことにより生じる所有権から減額される額および割合と定義される[338]。市場性が存在しない場合，株主は，当該証券の現金化について不確実性という不利益を受ける[339]。

伝統的には，市場性の概念は，流動性の概念を含むものであったが，現在では，市場性（譲渡または売却の可能性および容易性）の概念と流動性（元本の毀損なくして直ちに資産を現金化する能力）の概念は，相互補完的に用いられているようである[340]。市場性は，完全な流動性を意味するものではない。なぜなら，市場が存在するからといって，流動性が十分に存在しない場合，現金化の能力に制限がかかるからである[341]。

市場性および譲渡禁止の概念は，二元的な概念ではなく，市場性の欠落および譲渡禁止の概念にも様々な程度が存在する。例えば，証券が上場されており，活発な流通市場が存在する，証券は上場されているが，活発な市場が存在しない，証券は上場されていないが，保有する証券を特定の第三者に売却するプット・オプションを有する状態，近日中に有価証券の募集・売出しを行う予定である非上場会社[342]，定期的に有価証券の私募・私売出しを行っている非上場会社，過去に私募を行ったことがない非上場会社，譲渡について会社の承認を要する非上場会社等，様々な程度が考えられる[343]。

市場性の欠落が有価証券が上場されていないことに起因する場合，情報効率的または基礎的価値に関する効率性を満たす市場価格は，存在しない。また，上場されていない有価証券に関して過去に行った取引の売買価格を知ることができるとしても，当該価格それ自体で，情報効率性や基礎的価値に関する効率性を満たすとは，思われない。それゆえ，市場性の欠落と株価との関係が問題になることはないであろう。問題になる場合があるとすれば，公正価値や企業価値算定の文脈で，市場性の欠落を考慮にいれるべきか否かである。補正が必

---

338) Id.
339) Id. at 282.
340) Id. at 305; PRATT, supra note 299, at 7.
341) LARO & PRATT, supra note 289, at 305.
342) ある研究では，2001年から2009年までのIPO前の取引のディスカウントの中央値を見ると，①IPO直前から90日前に行われた取引について，15%，②91日前から180日前までに行われた取引について，25%，③181日前から270日前までに行われた取引について，37.87%，④271日前から365日前までに行われた取引について，47.18%，また，⑤1–2年前に行われた取引について，53.30%であった。Id. at 292 tbl.20.6.
343) Id. at 283.

要であるかについては,検討の対象となる法制度が株主レベルでのディスカウントの補正を必要としているかという制度ごとの政策論が重要であり,一概に市場性の欠落によるディスカウントをすべきとも,するべきでないともいえない。本書では,この点の検討を省略する。

第3目 マイノリティ・ディスカウント

マイノリティ・ディスカウント (minority discount) とは,少数株主が有する持分に対する減額を意味し,支配権に対する割増を意味する支配権プレミアム (control premium) を反対側からみた概念といえる[344]。本目でも,コントロール・プレミアムとマイノリティ・ディスカウントを同義で用いる。

株式の持分割合は,様々であり,100%の支配株式を有する場合から,数億株の発行済株式総数を有する会社の1株ということも考えられる。株式の持分割合の程度が様々であり,すなわち,支配の程度が様々であるため,マイノリティ・ディスカウントも支配の程度に依存する[345]。

Mergerstat Review 2006によると,米国の2001年から2005年までの全業種平均の支配権プレミアムは,それぞれ,57.2%,59.7%,62.3%,30.7%および34.5%であった[346]。

本目では,マイノリティ・ディスカウントおよび支配権プレミアムと株価の関係について論じる。特に,市場の効率性を前提とした場合,市場価格が支配権に関してどのような影響を受けているかを検討する。市場性の欠落での議論と同様,どのような状況でマイノリティ・ディスカウントを考慮し,支配権プ

---

[344] 江頭・前掲注307) 117頁。LARO & PRATT, *supra* note 289 at 274. コントロール・プレミアムがどれくらいの額であるかの研究は,複数存在する。PATRICK A. GAUGHAN, MERGERS, ACQUISITIONS, AND CORPORATE RESTRUCTURINGS 564, 572 (2011) (2009年時点での少数持分と支配持分を比較したコントロール・プレミアムの平均を58.7%とし,2009年に支払われた株価に対する買収時のプレミアムの平均を58.7%とする)。コントロール・プレミアムは,支配権を有しない株式へのプレミアムを,マイノリティ・ディスカウントは,支配権を有する株式からのディスカウントの割合を表す。例えば,コントロール・プレミアムが35%である場合,マイノリティ・ディスカウントは,約26%となる。PRATT, *supra* note 299, at 17. 飯田・前掲注227) 995頁(わが国の裁判例において,①市場価格を利用する際に,マイノリティ・ディスカウントの問題が存在しているという考え方が出てこないこと,②わが国の裁判所では,原則として,マイノリティ・ディスカウントの修正が行われていないことを指摘する。ただし,市場価格にマイノリティ・ディスカウントが含まれていることが疎明された場合,マイノリティ・ディスカウントの修正を行う余地があると解する)。

[345] PRATT, *supra* note 299, at 7.
[346] *Id.* at 63 ex.3.9.

レミアムを考慮すべきかは，特段論じない[347]）。

マイノリティ・ディスカウントおよび支配権プレミアムは，次の二つの形態をとる[348]）。第一に，支配権に由来するプレミアムである。第二に，特定の支配者との間に生じるシナジーに由来するプレミアムである。本書では，前者を「シナジー以外の私的利益」と定義し，後者のシナジーを「狭義のシナジー」と定義する[349]）。

シナジー以外の私的利益 支配権の変更により増加する価値が，支配権に基づき会社の運営が変化することにより生じ，既に存在する資産から生まれるキャッシュ・フローを増やす，キャッシュ・フローの成長率を伸ばす，高い成長が続く期間を伸ばす，資金調達の費用を減らす，非事業用資産 (nonoperating assets) の運用を変更する等であること[350]）に鑑みれば，特定の支配者との間に生じるシナジーに由来するプレミアムは，支配権に由来するプレミアムに包含される概念であるといえ，これら二つの概念を区分することは，便宜的なものであるといえよう。

シナジー以外の私的利益には，例えば，取締役を任命し，会社の運営を支配することができる価値[351]），買収に伴う所有構造の変化によるエージェンシー費用 (agency costs) の低減[352]），少数株主，債権者，従業員等の関係者からの

---

[347] 江頭・前掲注307) 132–141頁は，マイノリティ・ディスカウントを含めるべき場合や支配権プレミアムを含めるべき場合がどのような状況であるかを論じている。

[348] LARO & PRATT, *supra* note 289 at 273.

[349] この用語法は，飯田・前掲注227) 992頁を参考にした。他に，例えば，石綿・前掲注275) 17頁は，「シナジー効果以外の企業価値の増加」という表現を用いる。

[350] DAMODARAN, *supra* note 197, at 459–64.

[351] ロスほか・前掲注12) 1401頁（非効率な経営陣の排除の例として，浪費行動を行ったCEOを排除するために行われたRJRナビスコの買収や新たな油田の探索に費用をかけすぎる油田会社の買収提案を例に挙げる）。後者について，Michael C. Jensen, *Agency Costs of Free Cash Flow, Corporate Finance, and Takeovers*, 76 AM. ECON. REV. 323, 326–29 (1986).

[352] Easterbrook & Fischel, *Proper Role*, *supra* note 228, at 1169–71; Easterbrook & Fischel, *Corporate Control Transactions*, *supra* note 229, at 706. エージェンシー費用には，所有と経営の分離により生ずるエージェンシー費用と支配株主が私的支配権益 (private benefits of control) を独占する可能性に基づき支配株主と非支配株主との間に発生するエージェンシー費用が考えられる。尾形祥「支配株主による会社支配と企業統治—アメリカの議論とスウェーデン型会社支配の検討」早稲田法学会誌58巻2号211–212頁（2008）。例えば，完全子会社化であれば，後者のエージェンシー費用は，完全になくなると考えられる。完全子会社であるとしても，株主が経営者を別途専任する場合に，前者のエージェンシー費用が，完全に払拭できるかは，議論があろう。私的支配権益とエージェンシー費用の検討について，同204–210頁。飯田・前掲注227) 1000–1001頁（マイノリティ・ディスカウントに関する議論の一つとして，エージェンシー費用がマイノリティ・ディスカウントの源泉であるという説を紹介する）。

利益移転353)が含まれる354)。

特に,「取締役を任命し,会社の運営を支配することができる価値」には,買収前に会社が行わなかったプラスの正味現在価値を有するプロジェクト(positive NPV projects)を実行することにより得られる利益や過度の余剰資産や遊休資産を有している場合にそれらを売却することから得られる利益が含まれる。会社が効率的に運営され,かつ,少数株主から搾取する余地が小さい場合,どの買収者にも共通して存在しうるコントロール・プレミアムは,小さなものとなるだろう355)。

また,証券市場において,純資産を割るような証券価格が付けられるような事例が散見される。これには,クローズドエンド型投資信託,持株会社,天然資源の権益を有する会社等が挙げられる356)。証券市場においてディスカウントがされている理由として,前述のエージェンシー費用や市場の非効率性が考えられる357)。完全子会社であれば,親子会社間の情報の非対称性が減少し,エージェンシー費用が低減すると考えられるのであれば,これらのディスカウントは,マイノリティ・ディスカウントの一種であるといえよう358)。

狭義のシナジー　狭義のシナジーである特定の買収者にのみ存在するコントロール・プレミアムには,収益力の向上359),規模の経済

---

353) Andrei Shleifer & Lawrence H. Summers, *Breach of Trust in Hostile Takeovers*, in CORPORATE TAKEOVERS: CAUSES AND CONSEQUENCES 33, 34–37 (Alan J. Auerbach ed., 1988). なお,田中・前掲注79) 327頁注10 (会社資産収奪の例として春日電機事件を挙げる) 参照。
354) MBOの事案における上場廃止による上場維持費用の削減も,これに含まれる。上場維持費用の削減が問題となった事案として,東京地決平成25・9・17金判1427-54。Easterbrook & Fischel, *Corporate Control Transactions*, supra note 229 at 706 (支配者による少数株主の排除による価値の上昇の原因の例として,規模の経済,中央集権や企画における規模の経済,情報の経済(economies of information),利益相反回避費用の低下および上場維持費用の削減を挙げる)。
355) LARO & PRATT, supra note 289, at 274. *See* Alexander Dyck & Luigi Zingales, *Private Benefits of Control: An International Comparison*, 59 J. FIN. 537, at 551 tbl.II (2004) (各国支配権を有するブロックに対するプレミアムを検討している。中央値が低い国として,オーストラリア(1%),カナダ(1%),フィンランド(1%),フランス(1%),ノルウェー(1%),南アフリカ共和国(0%),台湾(0%),英国(0%)が挙げられる)。
356) Reinier Kraakman, *Taking Discounts Seriously: The Implications of Discounted Share Prices as an Acquisition Motive*, 88 COLUM. L. REV. 891, 891 (1988).
357) *Id.* at 897–901; Jeffrey N. Gordon, *The Mandatory Structure of Corporate Law*, 89 COLUM. L. REV. 1549, 1566 (1989).
358) このディスカウントを会社レベルのディスカウントと捉える考え方もありそうである。ただし,それでも,マイノリティ・ディスカウントとして,すべて説明できるようには,思われない。この点は,今後の研究課題としたい。
359) ロスほか・前掲注12) 1399頁。

や垂直的統合による費用の削減[360]，独占や寡占がもたらす利益[361]等が挙げられよう。特定の買収者にのみ存在するコントロール・プレミアムなのであるから，当然，買収者によって生じる狭義のシナジーの額は変わりうる。

　シナジー以外の私的利益および狭義のシナジーに関連して①買取請求権等の文脈での公正な価格に含まれるのか，②企業買収の交渉の文脈で，売主側が分配を要求できるのか[362]等の問題は，狭義のシナジーをめぐる中心的な問題であるが，省略する[363]。

　ここでは，簡単に，どのような場面でコントロール・プレミアムが市場価格に含まれるのかという点を検討する。端的にいえば，シナジー以外の私的利益および狭義のシナジーの期待値は，当該シナジー以外の私的利益および狭義のシナジーにより増加する価値に支配権の変動が生じる可能性を乗じた積であると思われる[364]。すなわち，平時において，株価には，原則としてシナジー以外の私的利益および狭義のシナジーは，含まれていないが，これは，シナジー以外の私的利益および狭義のシナジーによる価値の増加を生じる支配権の変動が生じる可能性が極めてゼロに近いからであるといえよう。逆に，例えば，ある会社が組織再編の対象会社になっているという報道がなされた場合に，買収対象となる可能性を考慮した期待が生じて，株価が上昇することになるだろう。

　前述の通り，本書では，どのような状況でシナジー以外の私的利益および狭義のシナジーを考慮すべきかは，特段論じない。例えば，株式買取請求権が行使された場合の公正な価格に，シナジー以外の私的利益や狭義のシナジーを含

---

360) ロスほか・前掲注12) 1399頁。
361) Kraakman, *supra* note 356, at 894 n.10. ロスほか・前掲注12) 1399頁。
362) そもそも，対象会社がシナジー以外の私的利益を享受できるのか，狭義のシナジーの一部を享受する権利を有するかという論点がある。また，対象会社の取締役は，シナジー以外の私的利益や狭義のシナジーを享受する努力をすべきかが問題となろう。支配株主と少数株主の文脈では，完全子会社化により生じるシナジー以外の私的利益や狭義のシナジーを少数株主に分配する義務を有するかが問題となろう。例えば，飯田・前掲注256) 921頁は，市場外での相対取引と，公開買付けの組合せで企業買収が行われる場合にコントロール・プレミアムの平等な分配を強制する制度にはなっていない点および強制的公開買付制度は3分の1超という取得株式の数が要件となっていてコントロール・プレミアムの支払いが要件になっているわけではない点を指摘し，強制的公開買付制度をコントロール・プレミアムの分配のための制度と理解することには無理があることを指摘する。
363) 例えば，LARO & PRATT, *supra* note 289, at 273（「シナジーが特定の買主から発生する場合，公正な市場価格に含めることは適切ではないが，シナジーを享受するであろう複数の買主が市場を形成する場合には，シナジーを公正な市場価格に含めることができるかもしれないと述べる」）。
364) DAMODARAN, *supra* note 197, at 457は，コントロール・プレミアムの期待値は，支配権の変更により増加する価値に支配権の変動が生じる可能性を乗じた積であると述べる。

むべきか365)についてである。シナジー以外の私的利益および狭義のシナジーが含まれるべきか否かは，対象となる法制度によって異なるし，法政策による考慮点が大きいため366)，本書で詳細に論じることができないからである。

　一点，本章と関連する論点として，株価にシナジー以外の私的利益および狭義のシナジーが含まれているかという点のみ，確認すると，状況によっては，株価には，シナジー以外の私的利益および狭義のシナジーへの期待が含まれているといえるだろう367)。株価を会社法および証券法に関する事案で用いるためには，まず，①シナジー以外の私的利益および狭義のシナジーを含んだ価格が求められるべきか，排除された価格が求められるべきかを検討した上で，②参照する価格にシナジー以外の私的利益および狭義のシナジーが（一部でも）含まれているか否かを検討し，③補正の必要がある場合には，所要の補正を行うということになろう。

---

365) シナジーの分配に関する実証研究の結果の概要について，例えば，DAMODARAN, supra note 197, at 567-70は，①JensenおよびRubackの研究によると，公開買付けによる対象会社株主の利得は，約30%，合併では20%であった，②JarrellおよびPaulsonの研究では，60年代の公開買付けのプレミアムが平均19%，70年台では35%，80年から85年までは30%であった，他方，③JensenおよびRubackによる，買収会社の株価は，公開買付けの発表に際して4％上昇したものの，合併の事案では，変化はみられなかった，④JarrellおよびPaulsonの研究では，買収会社の株価について，60年代には4％上昇したものの，70年台には2％となり，80年から85年には，マイナス1％となったと述べる。See Gregg A. Jarell, James A. Brickley & Jeffry M. Netter, The Market for Corporate Control: The Empirical Evidence Since 1980, 2 J. ECON. PERSPECTIVES 49 (1988).

366) 社会厚生の最大化のために，公開買付価格がいくらであるべきかという議論が典型例であろう。米国における議論を紹介するものとして，吉田直「テンダー・オファーにおける標的企業の経営者の役割」国学院28巻4号47頁，47-65頁（1991）。

367) 買収提案が正式発表前に新聞等で明らかになり，当該情報に基づく期待（現在の株主が買収者が得るシナジー以外の私的利益および狭義のシナジーの分け前を得ることができるという期待）が株価に反映されるというのが典型例であろう。

情報開示の理論

第1節　序　　論
第2節　金融商品取引法における企業内容の開示の概要
第3節　開示制度の目的および機能の分類
第4節　証券取引と社会厚生の関係
第5節　証券市場における情報開示と市場の失敗
第6節　開示制度の限界
第7節　小括と検討

第1節　序　　論

　本書の目的は，証券市場[1]における開示制度の必要性の理論的根拠を検討する点にある。ここでいう開示制度とは，法令が課す強制的な開示制度（強制開示）を意味するものとする。開示制度の必要性の理論的根拠という場合，このような強制的な開示が必要であるかという点が出発点になる[2]。強制開示制度が存在しなくても，必要に応じてなされる証券の発行者による自発的な情報開示で十分であれば[3]，強制開示制度が不要となるからである[4]。

　また，強制開示制度を批判する場合，要不要の問題に加えて，強制開示の程度が問題となる。強制開示制度の適用範囲が狭すぎる場合，例えば，強制開示が存在せずとも自発的に開示される情報のみが強制開示の対象となっている場合，強制開示は，不要ということになろう。逆に，強制開示により投資判断に必

---

[1] 本書において市場(market)とは，特定の財やサービスについて，売主と買主のグループをいう。*E.g.*, N. GREGORY MANKIW, PRINCIPLES OF MICROECONOMICS 66 (6th ed. 2012). 市場では，買主が財の需要を決定し，売主が財の供給を決定する。*Id.* 原初状態から発展し，市場を形成するまでについての記述として，例えば，ウェーバー（中村貞二＝柴田固弘訳）『取引所』6-11頁（未来社・1968）。

[2] 会社法の文脈では，例えば，FRANK H. EASTERBROOK & DANIEL R. FISCHEL, THE ECONOMIC STRUCTURE OF CORPORATE LAW 15 (1991) （会社法を契約のひな形(standard-form contract)と捉える考え方); Marcel Kahan & Michael Klausner, *Path Dependence in Corporate Contracting: Increasing Returns, Herd Behavior and Cognitive Biases*, 74 WASH. U. L.Q. 347 (1996) （経路依存性および行動経済学の会社契約への影響に関する論考）が参考になる。

[3] *See* Adam C. Pritchard, *Revisiting "Truth in Securities" Revisited: Abolishing IPOs and Harnessing Private Markets in the Public Good*, 36 SEATTLE U. L. REV. 999, 1004 (2013) （私募では開示要件は課されないものの，市場が強制開示の重要な部分(core)を要求すると指摘する). Doran v. Petroleum Management Corp., 545 F.2d 893, 904 (5th Cir. 1977).

[4] 類似の議論として，法令以外により開示が要求される場合を検討することもできよう。例えば，証券取引所が課す開示規制や慣習によって行われている開示等である。しかし，議論の出発点としては，契約に基づく義務と捉えることのできる取引所が課す開示の義務や慣習という程度が不明確な義務よりも，一定の状況に置かれた場合に法令によって課される開示義務の方が，強制の程度が高いと考えられる。そこで，本書では，法令に基づく開示義務を検討する。また，本書では，企業内容の開示を対象とするため，発行者による情報開示のみを検討する。しかし，類似の問題は，発行者が関与しない証券取引に関する当事者間でも存在する。また，そもそも，開示義務が必要かという問題は，証券取引以外の文脈でも理論的な研究がなされている。本書では，証券取引以外の文脈での（主に経済学による）理論的な研究も参考にしながら，議論を進める。

要のない情報や開示に費用が掛かりすぎる情報の開示が要求されている場合，強制開示制度が，存在しないほうが悪影響が少ないということもありえる[5]。

さらに，強制開示制度を設計する際に，一つの規則を多数の発行者に無差別に適用することが不合理である可能性も考えられる。すなわち，ある発行者に関しては開示を強制することが合理的であるとしても，他の会社に関して開示を強制することが不合理であるということもありえよう。この場合，硬直的な規則に基づいてすべての発行者を規制するのではなく，規則に何らかの柔軟性が必要になるということになる。

本章では，これらの論点に対してすべて答えるものにはなっていない。しかし，本章では，これらの問題について検討するための視座を提供し，できる限り理論的な結論を明らかにすることを試みる。本章の議論は，次の通り進める。

第2節では，わが国において金商法の下で課される強制開示制度である，企業内容の開示の制度を概観する。第3節では，強制開示の目的として挙げられている理由を列挙し，それらの理由の分類を試みる。第4節では，強制開示の目的として挙げられる資源配分の効率性を分析するために，証券取引と社会厚生[6]の関係を検討する。第5節では，強制開示が存在しない場合に，市場原理に従った情報開示が社会厚生の最大化を導かない類型として，市場の失敗が存在する場合を検討する。この節では，市場の失敗が必ず生じるとは言い切れないものの，市場の失敗が生じないとも言い切れないことを示す。これは，政府による介入の余地が存在することを示すものであるといえる。第6節では，開示制度の限界について検討する。まず，開示制度と費用の関係について概観し，また，投資家がポートフォリオを組むことによって開示制度の機能の一つであるアンシステマティック・リスクを減らすという効果が減じることを示す。最後に，行動経済学，特に，限定合理性および市場の非効率性と開示制度との関係を示す。第7節は，小括である。

---

5) *See* Daniel M. Gallagher, U.S. Sec. & Exch. Comm'n, Remarks at Society of Corporate Secretaries & Governance Professionals (July 11, 2013), http://www.sec.gov/news/speech/2013/spch071113dmg.htm (last visited Aug. 13, 2014) (米国連邦証券取引委員会が開示に関する規則を制定する際に投資家にとって重要な情報であるかまた費用が便益を超えるかに留意しなければならないと述べる)。

6) 本書では，社会の構成員の効用と社会厚生の関係を明示的に区別しておらず，議論が抽象的なものに留まっている。社会厚生について，例えば，HAL R. VARIAN, INTERMEDIATE MICROECONOMICS: A MODERN APPROACH 634–38 (8th ed. 2010).

第2節　金融商品取引法における企業内容の開示の概要

　本節では，わが国の金商法における強制開示制度である，企業内容の開示制度の現状を概観する。発行市場における開示として，①金商法5条1項に基づく有価証券届出書[7]，および②金商法13条に基づく目論見書が挙げられる。また，流通市場のための開示として，③有価証券報告書，④半期報告書または四半期報告書，⑤臨時報告書がある。さらに，わが国の場合，⑥証券取引所に提出される適時開示書類が重要であるのでこれも取り上げる。情報が投資者に直接提供される直接開示および情報が財務局や証券取引所に提出された上で公衆縦覧に供される間接開示という分類[8]に従えば，目論見書が直接開示にあたり，それ以外が間接開示となる。

第1款　有価証券の定義

　有価証券の定義は，金商法の適用範囲を定め，規制が及ぶ範囲を画するという効果もある[9]。本書との関係でいえば，ディスクロージャー規制の適用範囲を画するということにも通じる。このため，本款では，有価証券の定義につい

---

[7] 金商法5条1項に基づいて届出書を提出しなければならない外国会社に関して，平成23年改正により，金商法5条6項は，外国会社届出書の制度を設けている。外国会社届出書の場合，証券情報は，日本語である必要があるものの，発行者情報については，英語での記載が許容される。証券情報については，投資者の投資判断に直接的に影響を及ぼす重要な情報であり，金融商品取引業者が説明責任を果たす上で重要であるから日本語で作成されていること，また，発行者情報については，投資者が適正に投資判断を行うためにはその情報が投資者の十分な評価の対象となっており，その発行者の有価証券について市場において適正な価格形成が行われていることが必要であると考えられることから，外国の法令等に基づき外国の市場において適正に開示されていることを要求している。古澤知之ほか『逐条解説2011年金融商品取引法改正』99頁（商事法務・2011）。

[8] 龍田節「証券取引の法的規制」竹内昭夫ほか『現代の経済構造と法』490頁（筑摩書房・1975）（投資者にとって間接開示よりも直接開示の方が便利ではあるが，①分量が多い場合に経済的な限界がある，および②もとよりすべての情報の開示が不可欠でもないという理由で，間接開示で済ませると述べる）。

[9] 近藤光男＝吉原和志＝黒沼悦郎『金融商品取引法入門〔第4版〕』28頁（商事法務・2015）（有価証券概念と金商法の規制対象の関係について），藤田友敬「有価証券の範囲」証券取引法研究会研究記録25号2頁（日本証券経済研究所・2008）。

て概観する。

有価証券の定義は，金商法2条1項および2項においてなされている。

第1目　金商法2条1項

金商法2条1項各号は，有価証券となるものを列挙している。例えば，国債証券（1号），社債券（5号），株券（9号）等である。同条1項各号は，証券または証書という物理的な存在を前提とした規定となっている[10]。同項21号は，政令への権限の委任であり，「流通性その他の事情を勘案し」，「公益又は投資者の保護を確保することが必要と認められるもの」について，政令で追加が可能になっている（金商令1条）。

第2目　金商法2条2項

金商法2条2項は，①同条1項で定められた証券または証書に「表示されるべき権利」，②電子記録債権法に基づく電子記録債権および③同条1項で列挙される有価証券以外の権利について，有価証券とみなして金商法を適用する場合を定めている（金商法2条2項各号）（以下，「みなし有価証券」という）。同条2項各号は，証券または証書という物理的な存在を前提としていない[11]。同条2項7号は，①みなし有価証券と同様の経済的性質を有すること，②公益または投資者の保護を確保することが必要かつ適当と認められること等を条件として，みなし有価証券について，政令で追加が可能になっている（金商令1条の3の4）。

第3目　集団投資スキーム持分

金商法2条2項5号は，集団投資スキーム持分に関する定義として，包括的な定めをする条項である[12]。集団投資スキーム持分は，民法上の組合契約等の権利のうち，出資者が出資または拠出をした金銭を充てて行う事業（以下，「出資対象事業」という）から生ずる収益の配当または当該出資対象事業に係る財産の分

---

10) 金商法2条第1項に定める有価証券は，原則として，講学上の有価証券の流通方法（指図証券の裏書，無記名証券の証券交付）による流通が可能であるという性格がある。山下友信＝神田秀樹編『金融商品取引法概説』32頁（有斐閣，2010）〔山下友信〕。
11) 山下＝神田編・前掲注10) 32頁〔山下友信〕。
12) 神田秀樹ほか「座談会新しい投資サービス法制」商事1774号9-10頁（2006）〔松尾直彦発言〕。

配を受けることができる権利と定められる[13]が，幾つかの例外を置いている。

---

[13] 法改正の際に参考とされた米国連邦証券判例である Howey 基準では，投資契約は「投資家が，投資家の金銭を，投資家以外のプロモーターまたはその他の者の努力のみから利益を得る期待をもって，共同事業に投資する」と解釈されている。Sec. & Exch. Comm'n v. W.J. Howey Co., 328 U.S. 293, 298 (1946). 共同事業の形態には，水平的共同（horizontal commonality），広範な垂直的共同（broad vertical commonality）および限定された垂直的共同（narrow vertical commonality）がある。See Sec. & Exch. Comm'n v. SG Ltd., 265 F.3d 41, 49 (1st Cir. 2001).「水平的共同」は，事業からの利益とリスクを分配するために，複数の投資家からの資産をプールすることを指す。See id. わが国で Howey 基準が言及される場合に，合同運用という用語が用いられる場合，水平的共同を意味していると思われる。「垂直的共同」は，ある投資家と一緒に投資する他の投資家の利益や損失が対応するかではなく，個々の投資家と事業の運営を行う者との利益や損失が連動するかに注目する。See id. その中でも，「広範な垂直的共同」は，すべての投資家の損得が事業の運営を行う者（プロモーター）に依存することを要求する。See id. 他方，「限定的な垂直的共同」は，投資家の財産が，プロモーターや第三者の努力や成功に絡み合い，かつ，依存（interwoven with and dependent upon）することを要求する。See id. 垂直的共同は，投資家が一人の場合でも満たしうる。Howey テストにおける共同事業（common enterprise）の定義は各巡回区控訴裁判所で判断が異なっているが，最高裁判所での判断は，まだなされていない。See Mordaunt v. Incomco, 469 U.S. 1115 (1985) (mem.). そこで，各控訴裁判所の判断を検討すると，水平的共同を採用し，広範な垂直的共同および限定的な垂直的共同の判断を明示的に保留する控訴裁判所として，第1, 3, 4巡回区合衆国控訴裁判所およびコロンビア特別区合衆国控訴裁判所が挙げられる。See Sec. & Exch. Comm'n v. SG Ltd., 265 F.3d at 50 & n.2; Sec. & Exch. Comm'n v. Infinity Group Co., 212 F.3d 180, 187–88 (3d Cir. 2000), cert. denied, 532 U.S. 905 (2001); Teague v. Bakker, 35 F.3d 978, 986 n.8 (4th Cir. 1994). 第2巡回区合衆国控訴裁判所は，水平的共同を採用し，広範な垂直的共同を明示的に否定し，限定的な垂直的共同について，明示的に判断を保留している。See Revak v. SEC Realty Corp., 18 F.3d 81, 87–88 (2d Cir. 1994). 第5, 11巡回区合衆国控訴裁判所は，広範な垂直的共同を採用し，水平的共同および限定的な垂直的共同を否定する。See Sec. & Exch. Comm'n v. Koscot Interplanetary, Inc., 497 F.2d 473, 478–79 (5th Cir. 1974); Villeneuve v. Advanced Bus. Concepts Corp., 698 F.2d 1121, 1124 (11th Cir. 1983), aff'd en banc, 730 F.2d 1403 (11th Cir. 1984); Sec. & Exch. Comm'n v. ETS Payphones, Inc., 300 F.3d 1281, 1284 (11th Cir. 2002). 第6, 7巡回区合衆国控訴裁判所は，水平的共同を採用し，広範な垂直的共同と限定的な垂直的共同を明示的に否定する。See Curran v. Merrill Lynch, Pierce, Fenner & Smith, 622 F.2d 216, 222, 224 (6th Cir. 1980), aff'd on other grounds, 456 U.S. 353 (1982); Wals v. Fox Hills Dev. Corp., 24 F.3d 1016, 1018 (7th Cir. 1994). 第8巡回区は，現在のところ，何らの判示も行っていないようである。See Top of Iowa Coop. v. Schewe, 6 F. Supp. 2d 843, 852 (N.D. Iowa 1998). 第9巡回区合衆国控訴裁判所は，水平的共同と限定的な垂直的共同を認めているように思われるが，広範な垂直的共同に言及する判決は存在しないようである。See Hocking v. Dubois, 885 F.2d 1449, 1459 (9th Cir. 1989) (en banc); Sec. & Exch. Comm'n v. Glenn W. Turner Enters., 474 F.2d 476, 482 n.7 (9th Cir. 1973); U.S. v. Sumeru, 449 Fed. Appx. 617, 620 (9th Cir. 2011). 第10巡回区合衆国控訴裁判所は，経済実質テスト（economic reality test）という独自の基準を用いている。See McGill v. American Land & Exploration Co., 776 F.2d 923, 925–26 (10th Cir. 1985). 水平的共同および垂直的共同の両方を採用していないともいえるが，経済実質が存在すれば，水平的共同や垂直的共同が存在している事案について，共同性を認めているように思われる。See Sec. & Exch. Comm'n v. Merrill Scott & Assocs., Ltd., 2011 U.S. Dist. LEXIS 134010, *35–36 (D. Utah Nov. 21, 2011). 集団投資スキーム持分は，合同運用を含む共同事業を要件としていない点で，Howey 基準とは違いがある。黒沼悦郎「金融商品取引法の適用範囲と開示制度」金法1779号11頁（2006），黒沼悦郎「金融商品の種類」河本一郎=龍田節編『金融商品取引法の理論と実務』14頁（経済法令研究会・2007），山下=神田編・前掲注10）38頁注46〔山下友信〕。

例外として①出資者全員が，出資対象事業に関与する場合（金商法2条2項5号イ，金商令1条の3の2），②出資または拠出をした金銭の額を超えて配当または財産を受けることがない場合（金商法2条2項5号ロ），③保険契約や共済契約等の権利（金商法2条2項5号ハ）および④政令で定める権利（金商法2条2項5号ニ，金商令1条の3の3，持株会の規定として同条5号および6号，定義府令6-7条）が定められている。例外が置かれる理由として，①投資者としての保護が不要である，②投資性が乏しいおよび③業法で手当するため[14]）が挙げられる[15]）。

集団投資スキーム持分は，包括条項であり，包括条項の導入に反対する意見として，明確性に欠けるというものがあった。しかし，法令適用事前確認手続（日本版ノー・アクション・レター）制度が創設されて，法の適用の有無については，以前より予測可能性が高まっていると指摘されている[16]）。

投資商品について，①形式だけで規定できるもの，②形式に加えて実質で判断するもの，③実質でしか規定できないものの3類型に対応するために，金商法では，第一のものについて個別列挙，第二のものについて政令指定，第三のものについて包括条項で対応するという方針であるといえる[17]）。

金商法は，有価証券を定義する際に，流動性を要件とせず，流動性の乏しい商品について，公衆縦覧型の開示に代えて相対型の情報提供規制を用いるという方向性を示したと理解される[18]）。

第2款　有価証券届出書

有価証券の募集および売出しは，発行者が，当該有価証券の募集または売出しに関し，届出をしていなければすることができないと定められており（金商

14）この点，確定金銭債権である社債と銀行預金について取扱いが分かれているが，ある投資対象を金商法の適用対象とするかについての政策論的考慮が働いていること，および変額保険・変額年金のように一部集団投資スキーム持分の定義を満たすものがあるだけであり，保険一般が集団投資スキーム持分に該当するとは理解できないことが指摘されている。山下＝神田編・前掲注10) 39-40頁〔山下友信〕。

15）黒沼・前掲注13) 14頁。

16）神崎克郎＝川口恭弘＝志谷匡史『金融商品取引法』116頁（青林書院・2012）。

17）黒沼悦郎「総論―改正の概要と背景」証券取引法研究会編『金融商品取引法の検討（1)』別冊商事308号2頁（商事法務・2007）。

18）黒沼悦郎「金融商品取引法の将来像」上村達男編『企業社会の変容と法創造4 企業法制の現状と課題』230頁（日本評論社・2009）。

法4条1項)[19]，当該届出は，有価証券届出書を提出することによって行われる（金商法5条1項）。

第1目　有価証券の募集

「有価証券の募集」の定義　有価証券の募集は，金商法2条3項において定義される。同項は，まず，新たに発行される有価証券の取得の申込みの勧誘を「取得勧誘」と定義する[20]。取得勧誘のうち，募集に該当するものは，第1項有価証券[21]と第2項有価証券[22]で個別の規定が定められている。

第1項有価証券である場合は，①「多数の者」[23]として50人以上の者（金商令1条の5）を相手方として，取得勧誘を行うこと（以下，「多人数向け取得勧誘」という）（金商法2条3項1号），ならびに②多人数向け取得勧誘以外で，適格機関投資家向け取得勧誘（プロ私募）（金商法2条3項2号イ，金商令1条の4）[24]，特定

---

19) 他に，適格機関投資家取得有価証券一般勧誘（金商法4条2項本文，定義府令10条2項）および特定投資家取得有価証券一般勧誘（金商法4条3項本文）が挙げられる。

20) 「取得勧誘類似行為」として，定義府令9条で定められる行為も，取得勧誘に含まれる。金融商品取引法2条3項柱書第1括弧書。取得勧誘類似行為として規制される行為のうち，重要なものとして，会社法199条1項の規定に基づいて行う自己株式の売付けの申込みまたはその買付けの申込みの勧誘がある（定義府令9条1号）。有価証券の売出しとしてではなく，有価証券の募集として開示規制を適用することが，投資者保護の観点から適切であると説明されている。谷口義幸「『有価証券の売出し』定義の見直し等」商事1872号41頁（2009）。

21) 金商法2条1項に掲げる有価証券または同条2項により有価証券とみなされる有価証券表示権利もしくは特定電子記録債権にかかるものをいう（金商法2条3項）。

22) 金商法2条2項により有価証券とみなされる同項各号に掲げる権利をいう（金商法2条3項）。

23) 対象となる証券（同等の証券を含む。定義府令10条の2）が，金融商品取引法24条1項各号に該当せず，特定投資家向け有価証券ではなく，かつ，譲渡制限が付された（金商令1条の4）場合，適格機関投資家（定義府令10条）を除く（金商法2条3項1号）。

24) 適格機関投資家（金商法2条3項1号，定義府令10条）が含まれる場合であって，取得勧誘において適格機関投資家以外の者に譲渡されるおそれが少ない場合として，金商令1条の4で定められる場合を除く。例えば，株式の場合，①発行者が，上場有価証券（金商法24条1項1号），店頭売買有価証券（金商法24条1項2号，金商令3条），募集または売出し（組織再編成発行手続きまたは組織再編成交付手続きに基づく発行および交付を含む）につき届出を行った有価証券（特定投資家向け有価証券を含む）（金商法24条1項3号），所有者が1,000人以上である有価証券（金商法24条1項4号）である株券等（「株券等」の定義は金商令1条の4第1号本文）を発行する者でないこと（金商令1条の4第1号イ），②同一の発行者により発行された，株式に係る剰余金の配当等の内容が同一である有価証券が，特定投資家向け有価証券でないこと（金商令1条の4第1号ロ，定義府令10条の2第1項9号）および③適格機関投資家以外の者に譲渡を行わない旨を定めた譲渡に係る契約を締結することを取得の条件として，取得勧誘または組織再編成発行手続きが行われること（金商令1条の4第1号ハ）というすべての条件を満たす場合，適格機関投資家以外の者に譲渡されるおそれが少ない場合として届出が不要となる。

投資家私募（金商法2条3項2号ロ）[25]，ならびに少人数向け取得勧誘（少人数私募）（金商法2条3項2号ハ）[26]のいずれにも該当しない取得勧誘をいう。

　私募および後述する私売出しが認められる理由として，①少人数が勧誘の対象となる場合，投資者は，発行者から情報を取得する能力があり，また勧誘を受ける者が投資に関する知識や経験を有する場合，投資者は情報分析および評価能力を有すると認められるから，投資者と発行者の情報の非対称性を軽減し，投資者保護を図る必要性が類型的に低いと考えられ，②情報開示費用を低減して，有価証券の発行を円滑化する必要があることが挙げられる[27]。正確な証券価格の算定には，①情報の取得と②取得した情報に基づく分析能力の両方が必要であると考えられる。どちらか一方が欠ける場合は，発行者から情報を取得する能力があり，また，情報分析能力があるとしても，正確な証券価格の算定を行うことはできない[28]。法が，私募と私売出しの条件を定めている理由は，正確な証券価格の算定を行わずとも証券を購入する投資判断を行うことが，情報開示費用や分析費用との勘案で，首肯できる場合があるからといえよう。

---

25) 特定投資家（金商法2条31項）のみを相手方として行う場合であって，①国，日本銀行および適格機関投資家以外の特定投資家（金商法79条の21，定義府令23条）の場合，金融商品取引業者または登録金融機関（金商法34条）が顧客からの委託によりまたは自己のために当該取得勧誘を行うこと（金商法2条3項2号ロ(1)），ならびに②有価証券が特定投資家以外の者に譲渡されるおそれが少ない場合（金商令1条の5の2）に該当することという条件をすべて満たす場合をいう（金商法2条3項2号ロ）。ただし，特定投資家私募からプロ私募は，除かれる（金商法2条3項2号ロ本文括弧書）。

26) 少人数向け取得勧誘は，①多人数向け取得勧誘，適格機関投資家向け取得勧誘，特定投資家向け取得勧誘以外の場合（金商法2条3項2号ハ）であるが，②当該有価証券と種類を同じくする有価証券の発行および勧誘の状況等を勘案して政令で定める場合を除き（金商法2条3項2号ハ括弧書，金商令1条の6），かつ，③有価証券が多数の者に所有されるおそれが少ないものとして，政令で定める場合（金商法2条3項2号ハ，金商令1条の7）をいう。②について，政令は，発行前6ヶ月間に行われた同種の新規発行証券（定義府令10条の2第2項）が発行されており，取得勧誘を行った相手方の人数の合計が50名以上となる場合と定める（金商令1条の6。なお，50名以上の者を相手方として行う場合は，少人数向け勧誘には該当しない。金商令1条の7第1号）。また，③について，政令は，例えば，株券の場合，発行者が当該株式と同一種類の株式について，上場有価証券（金商法24条1項1号），店頭売買有価証券（金商法24条1項2号，金商令3条），募集または売出し（組織再編成発行手続きまたは組織再編成交付手続きに基づく発行および交付を含む）につき届出を行った有価証券（特定投資家向け有価証券を含む）（金商法24条1項3号）または所有者が1,000人以上である有価証券（金商法24条1項4号）を発行する者でないこと（金商令1条の7第2号イ(1)），および株式に係る剰余金の配当等の内容が同一である有価証券が特定投資家向け有価証券でないこと（金商令1条の7第2号イ，定義府令10条の2第1項9号）を条件として定める。

27) 松尾直彦『金融商品取引法〔第3版〕』107頁（商事法務・2014）。

28)「勧誘を受ける者が投資に関する知識や経験を有する」という要素のみでは，私募を認める根拠とならないと判示した例として，Doran v. Petroleum Mgmt. Corp., 545 F.2d 893, 902 (5th Cir. 1977)がある。

第 2 項有価証券　　　第 2 項有価証券の募集は，新たに発行される有価証券の取得の申込みの勧誘（取得勧誘）のうち，その取得勧誘に応じることにより 500 名以上の者が当該有価証券を所有することになる場合をいう（金商法 2 条 3 項 3 号，金商令 1 条の 7 の 2）。500 名という基準の根拠として，当時の外形基準と整合的な値という点を指摘する意見があり[29]，また，流通性が低いことが挙げられていた[30]。また，この基準について，① 500 名という基準が高すぎる[31]，②流通性が低いことが投資家保護の必要性が低いことを意味しない[32]，および③発行開示の根拠に販売圧力[33]があり，外形基準が募集売出しとは違う人数を定めるのはおかしなことではない[34]との指摘がある。

第 1 項有価証券と第 2 項有価証券に関して，募集の定義を比較すると，以下の二点の違いがみられる。第一に，募集について「勧誘の相手方の数」ではなく，勧誘に応じることによる「所有者の数」を基準として募集の判定を行う点である。第二に，対象となる人数が 50 人ではなく，500 人となっている点である。この点は，第 2 項有価証券は，組成において，投資者の需要を踏まえながらその内容を確定していく方法がとられる場合が多いという事情を踏まえて設定されたものだと説明されている[35]。しかし，募集および売出しの概念は，証券取得者の数ではなく，勧誘対象者の数を基準としており，これは勧誘対象者が多数であることにより販売圧力が生じるおそれを懸念してのものであっ

---

[29] 大崎貞和『解説金融商品取引法〔第 3 版〕』29–30 頁（弘文堂・2007）。
[30] 黒沼・前掲注 13）17–18 頁，山下＝神田編・前掲注 10）40–41 頁〔山下友信〕。
[31] 桜井健夫＝上柳敏郎＝石戸谷豊『新・金融商品取引法ハンドブック〔第 3 版〕』210 頁（日本評論社・2011）は，500 名以上とすると多くの集団投資被害が対象外となることを挙げる。
[32] 転売による資金回収の道が閉ざされているため，逆に情報開示が必要であると指摘する。黒沼・前掲注 18）219 頁。
[33] 龍田節『証券取引法 I』91–92 頁（悠々社・1994）。販売圧力とは，短期間に大量の有価証券を販売する場合，投資者に対して交渉のための十分な時間が与えられないまま販売攻勢がかけられる結果，投資判断に必要な十分な情報を得ることができず，熟慮に基づく投資判断を行うことができなくなることを言うとされる。山下＝神田編・前掲注 10）58 頁〔久保大作〕。例えば，黒沼悦郎『金融商品取引法入門〔第 5 版〕』54–55 頁（日経文庫・2013）は，販売圧力について，「〔発行者〕は，……発行する証券の全部を投資家に取得させようと盛んに勧誘を行うでしょう。一方で，……通常は，証券会社……が発行者と投資家の間に入り，投資家に対してはその販売網を利用して販売勧誘を行い，発行者に対して……証券の売れ残りリスクを負担するサービス（引受けという）を提供します。販売の成績を上げるため，もしくは，売れ残りリスクを減少させるため，熱心な勧誘が行われることになります。熱心な勧誘が行われると，投資家に販売圧力（投資家にとっては購入圧力）がかかり，情報に基づいた投資決定を阻害するおそれがあります」と説明する。他に，黒沼悦郎「ディスクロージャーに関する一省察」江頭憲治郎先生還暦記念『企業法の理論（下）』602 頁（商事法務・2007）。
[34] 黒沼・前掲注 33）613 頁。
[35] 近藤ほか・前掲注 9）123 頁。

た。取得させる相手方を限定しつつ，多数の者に勧誘をすると，かえって販売圧力が生じることが指摘されている[36]。また，被勧誘者の数を実際上算定することが困難なこと，および勧誘を受けただけで有価証券を取得しなかった者が特別の情報開示を受けなかったことによって利益を侵害されることにならない点に鑑みて，有価証券の現実の取得者の数を基準とする立法は検討に値するとの意見がある[37]。

第2目　開示制度の適用除外

金融商品取引法3条は，企業内容等の開示（金商法第2章）の適用を，幾つかの証券に関して除外している。この適用除外は，三つの種類に分けて理解することができる[38]。

第一に，債務不履行が考えにくい有価証券として，国債，地方債（金商法3条1号），政府保証債（金商法3条4号）（以下，「公共債」という）がある。債務不履行となる危険がほとんどないため，開示義務を課す必要がないと理解されている[39]。正確を期せば，①対象となる証券が負債であり，証券からの収益が固定的であること，かつ②債務不履行となる危険がないという二つの理由により，投資家が投資判断にあたり，発行者についての開示が不要だといえるのであろう。ただし，①公共債について，債務不履行がないと言い切れるのか[40]という問題と，②その場合に，開示規制により対処ができるのかという問題が存在する[41]。本書では，この論点は，取り上げない。

---

36) 黒沼・前掲注13) 15–16頁。
37) 神崎ほか・前掲注16) 215頁。一方，証券を取得しなかった投資者が，有価証券届出書による情報開示を受けなかったことにより利益を侵害されなかったとは必ずしもいえないという意見もある。加藤貴仁「開示規制の適用範囲」証券取引法研究会編『金融商品取引法の検討(1)』別冊商事308号68頁（商事法務・2007）。
38) 山下＝神田編・前掲注10) 74–75頁〔久保大作〕。
39) 神崎ほか・前掲注16) 257頁，山下＝神田編・前掲注10) 74頁〔久保大作〕。
40) 神崎ほか・前掲注16) 120頁注3は，地方債について，当然に国債と同様の免除を認めるかについて，立法論的に検討に値すると述べる。
41) 公共債が債務不履行に陥った後の法律関係を検討するものとして，江頭憲治郎「公共債のデフォルト」江頭憲治郎＝増井良啓編『融ける境超える法3 市場と組織』59頁（東京大学出版会・2005）参照。外国政府等による国債等の発行について，外国債の発行者の内容等の開示に関する内閣府令5条は，有価証券届出書の提出義務を定め，同府令2号様式は，有価証券届出書の記載内容を定める。第二部【発行者情報】の第3【発行者の概況】として，例えば，発行者が国である場合，①概要，②経済，③貿易および国際収支，④通貨・金融制度，⑤財政，⑥公債，ならびに⑦その他という記載事項が定められている。なお，同様式の記載上の注意(30)–(37)参照。

第二に，別の法律や制度により投資者保護が図られている有価証券がある（金商法3条2号）。これは，当該特別法により投資者の保護が図られると考えられる[42]。

　第三に，類型的に流通性に乏しいと考えられる有価証券として，集団投資スキーム持分（金商法2条2項5号）が挙げられている（金商法3条3号）。これに含まれる集団投資スキーム持分は，主として有価証券に対して投資を行うもの（投資型ファンド）とそれ以外のもの（事業型ファンド）でディスクロージャーの適用を分けられている。集団投資スキーム持分には，有価証券の券面が発行されないこと等から，一般的に流動性に乏しく，その情報を公衆縦覧により広く開示する必要性は低いとの理由[43]から，集団投資スキーム権利等に係る事業が主として有価証券に対する投資を行う事業であるもの（投資型ファンド）を除き，原則として，開示規制（金商法第2章）が適用されない（金商法3条3号）。立案担当官は，第二項有価証券は，「有価証券の券面が発行されないこと等から，一般的に流動性が乏しく，その情報を公衆縦覧により広く開示する必要性は低いものと考えられる」と述べる[44]。これには，横断的に規則を適用するという金商法の理念に反するとの批判がある[45]。

第3目　届出の免除

　有価証券の募集または売出しに該当する場合であっても，一定のものについては，届出の免除が認められている（金商法4条1項但書）。本目では，本書の目的との関係で，ストック・オプション（金商法4条1項1号）を取り上げる。次目にて，開示が行われている場合における売出し（金商法4条1項3号）を扱う。

---

42) 山下＝神田編・前掲注10) 75頁〔久保大作〕，神崎ほか・前掲注16) 257頁。
43) 谷口義幸＝野村昭文「企業内容等開示制度の整備」商事1773号40頁（2006)。
44) 谷口＝野村・前掲注43) 40頁。証券または証書に，表章もしくは表示される，または，表章もしくは表示されうるということをもって，流動性の判断基準としているともいえる。藤田友敬「有価証券の範囲」金融商品取引法研究会編『金融商品取引法制の現代的課題』4頁注7（日本証券経済研究所・2010)。黒沼・前掲注33) 35頁（株券が電子化され帳簿の振替により株式の譲渡が行われるようになれば株式の流動性は増すので，権利を証券・証書に表示すれば流動性が高まるという考え方が通用しなくなってきていることを指摘する)。
45) 黒沼・前掲注18) 219頁。ただし，事業型ファンドでも，自己募集を行う場合（金商法2条8項7号ヘ），金融商品取引業者としての登録が求められ（金商法28条2項)，当該金商業者は，顧客に契約締結前交付書面を交付しなければならない（金商法37条の3)。

ストック・オプション 新株予約権証券の性質を有するもので，かつ，譲渡制限が付されているものの発行者である会社が，当該会社，完全子会社，完全子会社の完全子会社（当該会社と完全子会社で発行済株式の総数を所有する場合を含む）の取締役等に，当該新株予約権証券の取得勧誘または売付け勧誘等を行う場合，届出を免除している（金商法4条1項1号，金商令2条の12，開示府令2条1項および2項）。届出が免除される理由として，発行者や発行される証券のことをよく知っているか容易に知りうることが挙げられる[46]。

第4目　有価証券の売出し

「有価証券の売出し」の定義 有価証券の売出しは，金商法2条4項で定義される。同項は，有価証券の売出しを，既に発行された有価証券の売付けの申込みまたはその買付けの申込みの勧誘（売付け勧誘等）のうち，①第一項有価証券について，50名以上（金商令1条の8）の者を相手方として行う場合，または，適格機関投資家私売出し[47]，特定投資家私売出し[48]，少人数私売出し[49]に該当しない場合，および②第二項有価証券について，その売付け勧誘等に応じることにより相当程度多数の者（500名）が当該売付け勧誘等に係る有価証券を所有することとなる場合として政令（金商令1条の8の5）で定める場合（金商法2条4項3号）と定めている。

平成21年改正前は，有価証券の売出しの定義に「均一の条件」で多数の者を相手として行うものという要件が存在した。しかし，この「均一の条件」と

---

46) 近藤ほか・前掲注9) 130-131頁，岸田雅雄監修『注釈金融商品取引法第1巻』145頁（金融財政事情研究会・2011）〔川口恭弘〕。

47) 適格機関投資家を相手方として行う場合であって，当該有価証券がその取得者から適格機関投資家以外の者に譲渡されるおそれが少ないものとして政令で定める場合をいう（金商法2条4項2号イ，金商令1条の4）。

48) 特定投資家（金商法2条31項）のみを相手方として行う場合であって，①売付け勧誘等の相手方が国，日本銀行および適格機関投資家（金商法79条の21，定義府令23条）以外の者である場合は，金融商品取引業者等が顧客からの委託によりまたは自己のために当該売付け勧誘等を行うこと，ならびに②有価証券がその取得者から特定投資家等以外の者に譲渡されるおそれが少ないものとして政令で定める場合（金商令1条の8の2）に該当することという両方の条件を満たすものである（金商法2条4項2号イ）。ただし，特定投資家私売出しから適格機関投資家私売出しは，除かれる（金商法2条4項2号ロ本文括弧書）。

49) 多人数向け売付け勧誘（金商法2条4項1号），適格機関投資家向け私売出し（金商法2条4項2号イ），特定投資家私売出し（金商法2条4項2号ロ）以外の場合で，当該有価証券が多数の者に所有されるおそれが少ないものとして政令（金商令1条の8の4）で定められる場合をいう（金商法2条4項2号ハ）。

いう要件は，①勧誘する相手方 49 名ごとに売出価格をわずかに変えて勧誘を行い，売出しに基づく法定開示を免れるという運用が存在したこと，および②時差の関係で証券会社が自己勘定で買った証券をその後投資家に販売する場合，50 名以上となる場合には，有価証券の売出しの定義に該当しうることになることから弊害があるとの指摘がなされていた[50]。平成 21 年改正は，「有価証券の売出し」に係る開示規制について，経済実体として「プライマリー的な販売勧誘」が行われる場合は，法定開示を求めるという実体に即した整備をすることとした[51]。また，勧誘の相手方の人数を 49 名ごとに分けて行うことにより，開示規制を潜脱することを防止するため，過去 1 ヶ月以内に行われた売付け勧誘等における勧誘者数を通算して有価証券の売出しに該当するかを判断するという通算規定が，追加された（金商法 2 条 4 項 2 号ハ括弧書，金商令 1 条の 8 の 3）[52]。

売付け勧誘等　　既に発行された有価証券の売付けの申込みまたはその買付けの申込みの勧誘が，「売付け勧誘等」と定義される（金商法 2 条 4 項柱書）。ただし，取得勧誘類似行為に該当するものその他内閣府令で定めるもの（金商法 2 条 4 項柱書第 1 括弧書）が「売付け勧誘等」には該当しないものとして，規制の対象外となる[53]。

「有価証券の売出し」に該当しないもの　　取引所金融商品市場における有価証券の売買およびこれに準ずる取引に係るものは，「有価証券の売出し」に該当しないものとして除かれる（金商法 2 条 4

---

50) 池田唯一ほか『逐条解説2009年金融商品取引法改正』91頁（商事法務・2009）。
51) 池田ほか・前掲注50) 91頁（プライマリー的な販売勧誘とは「販売勧誘される有価証券や発行体に関する情報等に関し，一度に大量の有価証券が売りさばかれて販売圧力が生じる場合のように，販売サイドと投資者との間の情報格差の是正のために発行開示を要する状況」であると述べる）。谷口・前掲注20) 39頁。別の箇所では，①販売勧誘が，発行者や有価証券等に係る情報が周知されていない，および②流通市場が不十分であることから，販売勧誘にあたり販売サイドと投資者の間に情報格差があり，その是正が必要とされるという理由が挙げられている。池田ほか・前掲注50) 92-93頁。
52) 谷口・前掲注20) 42頁。
53) 取得勧誘類似行為は，募集として規制がなされている（金商法2条3項柱書第1括弧書，定義府令9条）。「その他内閣府令で定められるもの」は，法令上の義務の履行として行う有価証券に関する情報の提供，および認可金融商品取引業協会等に対して，その規則に基づき行われる有価証券に関する情報の提供と定められている。定義府令13条の2。有価証券に流通性を付与し，また，財産評価の基準を提供するため等の理由で行われ，積極的な勧誘行為を伴うものではないから，届出義務の対象外とされる。近藤ほか・前掲注9) 127頁。

項柱書第 2 括弧書)54)。

開示が行われている場合における売出し　金商法 4 条 1 項 3 号は，有価証券に関して開示が行われている場合における当該有価証券の売出しを，届出義務から除外している。ここでいう「開示が行われている場合」とは，金商法 4 条 7 項で規定される。

「開示が行われている場合」は，同項において，①金商法 4 条 1 項または 2 項による届出が効力を生じている場合（金商法 4 条 7 項 1 号），②有価証券が上場または店頭登録され，その後有価証券報告書が提出されている場合（金商法 4 条 7 項 2 号，開示府令 6 条 3 号），③後述する外形基準に該当し，その後有価証券報告書が提出されている場合（金商法 4 条 7 項 2 号，開示府令 6 条 4 号）等を指す。この場合，有価証券届出書の提出は，免除されるが，目論見書の作成義務は，免除されず（金商法 13 条 1 項後段，15 条 2 項），また，一定の場合，有価証券通知書の作成が，必要となる（金商法 4 条 6 項）。

「開示が行われている場合」にも目論見書の作成が免除されない理由として，①正当な表示を定型化し，表示を受けた投資家が公衆縦覧に基づいてチェックするため55)，および②多数の者に対する勧誘が行われるにもかかわらず，情報開示を求めないと投資者保護が十分に図られないおそれがある56)という理由が挙げられている。

売出しに関する「開示が行われている場合」における届出の免除に関して，

---

54) 金商令 1 条の 7 の 3 は，①取引所金融商品市場（金商法 2 条 17 項）における有価証券の売買，②店頭売買有価証券市場（金商法 67 条 2 項）における有価証券の売買，③私設取引システム（PTS: proprietary trading system）（金商法 2 条 8 項 10 号）における金融商品取引所に上場されている有価証券または店頭売買有価証券の売買，④市場外のブロックトレード，⑤外国証券業者が金融商品取引業者等または適格機関投資家に対して行う譲渡制限のない（金商法 2 条 4 項 2 号イまたはロ，2 条の 2 第 5 項 2 号イまたはロに定める譲渡制限が付されていない）海外発行証券の売付け，⑥金融商品取引業者等または適格機関投資家による譲渡制限のない海外発行証券の転売，⑦発行者，発行者の役員等，主要株主等，子会社等，金商業者以外の者が所有する譲渡制限のない有価証券（金商令 1 条の 7 の 3 第 7 号柱書）の売買，⑧発行者，発行者の役員等，主要株主等，子会社等，金融業者間での譲渡制限のない有価証券の売買（ただし，金融業者間での売買を除く），⑨国債，社債等の負債証券，投資法人債の現先取引（定義府令 13 条の 3 第 2 項），⑩発行者または当該発行者に対する有価証券の売付けを行おうとする者に対する当該有価証券の売付け，ならびに⑪金融商品取引業者等が行う有価証券の売買の取次ぎに伴う有価証券の売買を，「有価証券の売出し」に該当しない取引として規定している。谷口義幸「『有価証券の売出し』に係る開示規制の見直しの概要（上）」商事 1902 号 38-41 頁（2010），黒沼悦郎「売出しの定義（2）」金融商品取引法（2010 年 10 月 4 日），http://blogs.yahoo.co.jp/mousikos1960/34197321.html (last visited Aug. 13, 2014).
55) 神田秀樹監修『注解証券取引法』103 頁（有斐閣・1997）。
56) 河本一郎＝関要監修『三訂版逐条解説証券取引法』150 頁（商事法務・2008）。

重複があるかもしれないが論点を挙げると，①「開示が行われている場合」に該当するからといって当然に売出しについて届出が免除されるべきか，②届出書の提出義務について，募集と売出しで差を設ける理由が正当化できるかという問題がある。③届出書の提出義務を免除しつつ，目論見書の作成義務を課すことも問題となるが，この点は，後述する（本書148頁）。

第5目　組込方式および参照方式

わが国では，一定の条件のもとで，組込方式（金商法5条3項，開示府令9条の3）および参照方式（金商法5条4項，開示府令9条の4）での開示が認められている[57]。

参照方式を用いるための条件　参照方式を用いるための主要な条件は，①1年間有価証券報告書を提出していること（金商法5条4項1号，開示府令9条の4第2項），②当該有価証券報告書が金商法24条1項に基づき第3号様式の有価証券報告書または金商法24条3項に基づき第4号様式の有価証券報告書（開示府令9条の4第3項，9条の3第2項）であること，③当該会社の商号，企業集団，経理の状況その他事業の内容に関する重要な情報その他公益または投資者保護のために必要かつ適切なものとして定められる情報が，既に広範に提供されているものとして，主に，発行済株式について年平均の売買金額および時価総額が100億円以上であること，過去3年間の発行済株式の平均時価総額が250億円以上であること，過去5年間において発行開示を行った募集または売出しに係る社債券等の券面総額が100億円以上であること，または法令により優先弁済を受ける権利を保証されている社債券を既に発行していること等（開示府令9条の4第5項）を満たすことである。この場合に用いる有価証券届出書は，第2号の3様式である（開示府令9条の4第1項）。

参照方式を用いる場合の企業内容の開示　参照方式で有価証券の届出が行われる場合の開示事項は，第2号の3様式で定められているが，当該様式第三部の「参照情報」という部分で，①有価証券報告書およびその添付書類，②四半期報告書または半期報告書，③臨時報告書，ならびに④訂正報告書が参照されており，企業内容の開示に関する特段の追加情報は存在しない。

---

57) 組込方式が省令改正により先に導入され，その後，参照方式が導入された。上田善久「ディスクロージャー制度見直しに伴う改正省令・新通達の概要（上）」商事1103号6頁（1987）。

つまり，企業内容の開示に関する限り，発行開示と継続開示に差異は存在しないということになる。

なお，事業等のリスクについて，参照書類から変更等が生じた場合には，その旨およびその内容を記載しなければならないが，これは，追加の企業内容の開示というよりは，情報の更新義務と捉えるべきであろう[58]。

また，参照方式を用いる場合，将来に提出される継続開示書類は，当然には参照されず，有価証券届出書の参照書類と同種の書類が新たに提出された場合には，訂正届出書の提出を要するものとされる[59]。

以上の通り，わが国では，発行開示と継続開示の統合が図られ，企業内容の開示に関する限り，その差異が存在しないことが理解されよう。

第6目　発行登録制度

発行登録制度（金商法23条の2）は，参照方式を利用できる者（金商法5条4項）について，機動的な有価証券の発行を許容する最も簡素化された発行開示の方法である[60]。すなわち，予め一定の事項を記載した書類を提出して発行の登録を行うことにより，企業情報について，新たな情報を提供することなく，主に証券情報を記載した情報を提出する（金商法23条の8第1項，開示府令14条の8，例えば，内国会社が株式を発行する場合には，12号様式）ことで，証券の募集または売出しを行うことができるようになる。

発行登録制度を用いる場合には，発行登録書（金商法23条の3第1項，開示府令14条の3第1項，例えば，内国会社の株式について11号様式[61]）を提出しなければならない。発行登録書の内容として，11号様式をみると，第一部が証券情報，第二部が参照情報となっており，会社の概況および事業の概況等（金商法5条1項2号に掲げる事項）について，第二部の参照方式で開示がなされることになる。

発行登録が効力を生じている場合は，前述の通り，発行登録追補書類（金商法23条の8第1項，開示府令14条の8，12号様式[62]）を提出することにより，証

---

58) 開示府令第2号の3様式記載上の注意（2）c。
59) 金融庁「企業内容等開示ガイドライン」7-10（平成25年8月）。
60) 近藤ほか・前掲注9) 156頁。
61) コマーシャル・ペーパーについて，11号の2様式。開示府令14条の3第1項，1条1号チ，定義府令2条。外国会社について14号様式。開示府令14条の3第1項。
62) コマーシャル・ペーパーについて，12号様式。外国会社について15号様式。

券の募集または売出しを行うことができる。

参照方式による募集の場合と同様,将来に提出される継続開示書類は,当然には参照されず,発行登録書の参照書類と同種の書類が新たに提出された場合には,訂正発行登録書の提出を要するものとされる（金商法23条の4前段）。

第3款　目論見書

有価証券届出書の提出を要する有価証券の発行者は,募集または売出しに際して,目論見書を作成しなければならない。目論見書の作成義務が,金商法13条で規定されている（金商法13条1項前段）。

目論見書の機能　通常の証券募集の文脈で登録届出書と目論見書に記載される事項は相当な部分が重複している[63]。しかし,その機能は同一ということではない。

目論見書の機能として,①投資者が発行される証券の価格付けが適切に行わせる[64],②目論見書の情報を投資者に直接与えることにより,投資者の目的に即した投資を行わせる[65],③投資者の証拠を保全する機能が指摘されている[66]。

目論見書の交付義務　有価証券を取得させ,または売り付ける際に,発行者,売出人,引受人,金融商品取引業者等は,目論見書を投資家にあらかじめ,または同時に交付しなければならない（金商法15条2項本文）[67]。

---

[63] 金商法5条1項,13条2項1号イ (1),開示府令8条,12条。Cf. 15 U.S.C. §§ 77g, 77j(a)(1) (2014)。

[64] 黒沼悦郎「判批」ジュリ1202号103頁（2001）。

[65] 黒沼・前掲注64) 103頁。

[66] 神作裕之「判批」神田秀樹＝神作裕之編『金融商品取引法判例百選』別冊ジュリ214号9頁（有斐閣・2013)。

[67] 目論見書の交付が取引契約の締結と同時でもよいとされている点について,投資者が投資判断を行った後に目論見書が交付されており,交付義務の意義を減殺しているため,立法論として再検討する必要があるとの意見がある。近藤ほか・前掲注9) 183頁。仮目論見書の利用が強制される場合,最終目論見書で追加される情報は,限定的なものとなるのが通常である。この場合,最終目論見書の交付を,取引契約の締結と同時としても,実際上の影響は,(事案にもよるが,一般的に）小さなものであるといえるだろう。しかし,仮目論見書の利用が強制されない場合,取引契約の締結と同時に初めて目論見書が交付される可能性があり,その場合,目論見書の交付は,①投資家が,取引契約締結の時点で投資家に提供される情報に基づき,民事責任を追及できることを前提として,②目論見書に記載されている情報を,当該投資家に提供される情報に含めるという意義があるといえよう。すな

開示が行われている場合の有価証券の売出しは,届出が免除されるが,売出し価額の総額が1億円以上の場合,目論見書の作成および交付が要求される(金商法13条1項後段,15条2項)。

第1目　目論見書以外の資料の使用

投資勧誘に際して,潜在的な投資家にどのような資料を提示するかは,投資家の投資判断にとって重要であるだけでなく,証券を販売する側に立つ発行者や引受証券会社にとっても重要な要素である。証券取引法平成16年改正は,それまで存在した要約目論見書および墓石広告の規定を廃し(旧13条3項および5項),代わりに①虚偽の記載があり,または記載すべき内容の記載が欠けている目論見書を使用してはならない(金商法13条4項),および②目論見書以外の文書,図画,音声その他の資料を使用する場合には,虚偽の表示または誤解を生じさせる表示をしてはならない(金商法13条5項)と定めた。

募集および売出しに際して,証券の購入者に交付される目論見書に虚偽記載がないことを前提とした上で,投資者に虚偽あるいは誤解を生じさせない限り,目論見書の記載内容と異なる表示が許されると解される[68]。つまり,投資者に誤解を生じさせないのであれば,目論見書の記載内容と異なる資料を用いることができ[69],また,目論見書の記載内容を欠くものの使用も許されるということであろう。

第2目　目論見書の三部化

平成10年の証券取引法改正以来,投資信託の目論見書に証券取引法上のディスクロージャー規制が適用されてきた。追加型の投資信託の場合,投資家の追加購入が受益証券または投資証券の募集に該当し,これに伴い,継続的に目論見書の作成および交付が必要となるため,多大な費用が掛かるという問題

わち,投資家の投資判断の道具ではなく,責任の範囲を画するために用いられるということである。このような理解が正しいのか,また,政策として望ましいのかは,検討する必要があるが,本書の検討対象からは,除外する。*See* Securities Offering Reform, Securities Act Release No. 8,591, 70 Fed. Reg. 44,722, 44,766 & n.394 (July 19, 2005) (final rule) [hereinafter *Securities Offering Reform Final*].

68) 川口恭弘「証券取引法における有価証券の範囲・目論見書制度の見直し」商事1709号9頁(2004)。
69) 川口・前掲注68) 9頁。

があった[70]。

　平成16年改正は，目論見書を，すべての投資者に交付する目論見書（以下，「交付目論見書」という）（金商法15条2項本文）と，投資者からの請求に交付する目論見書（以下，「請求目論見書」という）（金商法15条3項）に区分した。また，請求目論見書の対象となる有価証券を，投資信託または外国投資信託の受益証券および投資証券もしくは投資法人債券または外国投資証券に限定することとした（金商法15条3項，2条1項10号および11号，金商令3条の2）[71]。

　平成16年の改正後の法律は，投資者の投資判断に極めて重要な影響を及ぼす情報として内閣府令で定めるものを交付目論見書に（金商法13条2項1号イ(1)，特定有価証券開示府令15条），投資者の投資判断に重要な影響を及ぼす情報として内閣府令で定めるものを請求目論見書に（金商法13条2項2号イ(1)，特定有価証券開示府令16条），記載するものとした[72]。

　交付の機会を確保するため，投資家の請求により請求目論見書が交付される旨が記載される（金商法13条2項1号イ(2)，特定有価証券開示府令15条の2第1項1号ハ）。また，実際に請求があった場合には，直ちに交付しなければならない（金商法15条3項）。交付目論見書と請求目論見書を合冊したものについて，請求目論見書が含まれている旨を告げれば，請求目論見書を交付したと解することができるだろう[73]。交付目論見書の交付時期は，契約締結前または同時（金商法15条1項）であるが，契約締結後に交付の請求があっても，請求目論見書の交付義務はないと解される[74]。

第3目　目論見書交付の省略

　前目に加え，金商法15条2項は，以下の場合に，目論見書の交付の省略を

---

70) 黒沼悦郎「目論見書制度の改革」証券取引法研究会編『証券・会社法制の潮流』1頁（日本証券経済研究所・2007）。
71) 黒沼悦郎『目論見書制度の改革』証券取引法研究会研究記録8号8-9頁（日本証券経済研究所・2005）は，事業を営む会社が証券を公募する場合には，資金を何に投資するかは公募ごとに変わるため，投資信託以外に関して，証券所有者への目論見書交付を免除することに批判的である。
72) 黒沼・前掲注71) 3-4頁（交付目論見書と請求目論見書の記載事項に関する金商法上の規定において，それぞれ，「投資者の投資判断に極めて重要な影響を及ぼすもの」（金商法13条2項1号イ(1)）と「投資者の投資判断に重要な影響を及ぼすもの」（金商法13条2項2号イ(1)）と書き分けられている点について，「苦肉の策」と述べる）。
73) 黒沼・前掲注70) 5頁。
74) 黒沼・前掲注70) 4頁。

認めている。
- 有価証券を適格機関投資家に取得させ,または売り付ける場合(目論見書の交付の請求があった場合を除く)(金商法15条2項1号)。
- 取得または売付けに係る有価証券と同一の銘柄を所有する者,または,その同居者が既に目論見書の交付を受け,もしくは,確実に交付を受けると見込まれる者で,目論見書の交付を受けないことについて同意した者に当該有価証券を取得させ,または売り付ける場合(目論見書の交付の請求があった場合を除く)(金商法15条2項2号)[75]。
- 新株予約権無償割当て(会社法277条)により行う新株予約権証券の募集(有価証券届出書の提出が求められるもの)のうち,①当該新株予約権証券が金融商品取引所に上場されており,またはその発行後,遅滞なく上場されることが予定されていること,および②当該新株予約権証券に関して有価証券届出書の提出を行った旨その他内閣府令で定める事項を,当該届出を行った後,遅滞なく,時事に関する事項を掲載する日刊新聞紙に掲載した場合(金商法15条2項3号,13条1項但書)[76]。

なお,金商法15条2項但書に基づき目論見書の交付が免除される場合,企業内容等開示ガイドライン15-2および特定有価証券の内容等の開示に関する留意事項について(以下,「特定有価証券開示ガイドライン」という)の15-1において,免除される目論見書が対象とする証券について,目論見書を新たに作成し,重要な事項に変更があると判断したときは,再度,当該新たに作成した目論見書の交付を要する旨が,規定されている[77]。

訂正目論見書の省略　募集または売出しにおける条件決定時の訂正目論見書の特例として,ブックビルディング方式等による募集または売出しにおいて,価格等を未定とし,当該価格等が決定された場合の当該価格等の通知方法を明記した目論見書を交付し,かつ,当該明記された方法により当該価格等が通知された場合には,当該価格等に係る訂正目論見書の交

---

75) 田原泰雅ほか「証券取引法等の一部改正の概要」商事1703号8頁(2004)。既発行証券の所有者であれば一般的に情報を有しているはずだという考え方は,発行開示を一切否定することになりかねず,到底妥当といえないとの指摘がある。黒沼・前掲注71) 9頁。

76) 小長谷章人=芝章浩「ライツ・オファリング(上)」商事1961号21頁,22-23頁(2012)。

77) 黒沼・前掲注71) 8頁は,重要な事項に変更がある場合の目論見書の交付義務は,金商法には,明示されておらず,金融庁の解釈は,法律の規定からは読み取れない点を指摘し,交付義務が免除されない旨を法律に規定すべきであったと指摘する。

付義務を免除することとされた（金商法15条4項5項）。理由として，①訂正目論見書の交付が申込期間に間に合わなかったことにより投資家が投資のタイミングを失うことを避けること，および②販売会社の訂正目論見書交付のためのコストを軽減することが挙げられている[78]。具体的な公表の方法として，①日刊新聞紙2紙に掲載する方法，および②日刊新聞紙1紙に掲載しかつ発行者等のホームページに掲載する方法等が定められている（開示府令14条の2）。

なお，この場合であっても，当該価格等に係る訂正届出書の提出は必要である[79]。

第4款　有価証券報告書

流通市場での取引に関して，発行者は，取引の当事者ではないため，発行者が情報の開示義務を負う根拠を正当化することが難しい[80]。しかし，この問題は，とりあえず措いて，金商法上の継続開示義務について概観する。

継続開示には，有価証券報告書，半期報告書，四半期報告書，臨時報告書および内部統制報告書がある。本書では，内部統制報告書は，取り扱わないため，以下の議論では，内部統制報告書について，省略する。

金商法は，有価証券報告書の提出義務を負う会社に，有価証券報告書他の継続開示書類の提出義務を課すという形式を採用している[81]。すなわち，有価証券報告書の提出義務が他の継続開示書類の提出の起点となっている。そこで，有価証券報告書の提出義務について検討する。

年次報告書である有価証券報告書の提出義務は，有価証券の発行者に課される。有価証券報告書は，金商法24条1項各号に定められ，以下の発行者に要求される。それぞれ，1号義務，2号義務，3号義務および4号義務と呼ぶものとする。

●金融商品取引所に上場されている有価証券（金商法24条1項1号）
●認可金融商品取引業協会に店頭登録されている有価証券（金商法24条1

---

78) 田原ほか・前掲注75）8頁，尾崎輝宏＝遠藤晃＝芳賀裕司「改正証券取引法の12月施行に伴う関係政省令改正の概要」商事1718号18頁，19頁（2004）。
79) 田原ほか・前掲注75）8頁。
80) 近藤ほか・前掲注9）261頁。
81) 四半期報告書について金商法24条の4の7第1項，半期報告書について同24条の5第1項，臨時報告書について同条4項。

項2号，金商令3条の6第2項，2条の12の4第3項2号）
- これらに該当せず，募集または売出しについて有価証券届出書または発行登録追補書類の適用を受けた有価証券（金商法24条1項3号）[82]
- これらに該当せず，当該事業年度または当該事業年度の開始の日前4年以内に開始した事業年度のいずれかの末日における所有者の数[83]が1,000以上[84]である有価証券（株券，金商法2条2項の規定により有価証券とみなされる有価証券投資事業権利等その他の政令で定める有価証券に限る[85]））（金商法24条1項4号，金商令3条の6第4号）。

第1目　1号義務および2号義務

1号義務および2号義務の対象となる会社は，いわゆる上場会社である。1号義務および2号義務が課される理由として，流通市場において，その証券が頻繁に取引されるため，取引に伴う表示を監視する必要がある[86]ことが挙げられる。実際，上場会社に対しては，継続開示義務よりも高度な義務であるところの，適時開示義務や適時開示について情報伝播の手段として投資家にとって公平な手段を用いること（公平開示義務）が課される必要があり，継続開示義務は，それらの基礎となる義務であるといえよう。

第2目　3号義務

3号義務が課される理由として，①証券の募集または売出しを行うと，通常，証券保有者が多数に上り，証券保有者が発行者に関する情報の開示を必要とする[87]，および②発行市場に参加した者であり，再び発行市場に参加することが予想されるため，表示を監視する必要性が認められること[88]が挙げられる。

3号義務は，①過去5事業年度の末日に300名未満となり（金商法24条1項

[82) 同号の合理性について検討するものとして，久保田安彦「発行開示と継続開示の接続とその合理性——金融商品取引法24条1項3号に関する一考察」阪法62巻3–4号215頁（2012）。
[83) 所有者の数の算定方法について，開示府令16条の3，開示ガイドライン24–6。
[84) 特定投資家向け有価証券である場合には，1,000に特定投資家の数を加えた数。金商令3条の6第4号括弧書。
[85) 金商令3条の6第3項は，株券，有価証券信託受益証券で受託有価証券が株券であるもの，および金商法2条1項20号に掲げる有価証券で株券に係る権利を表示するものと定める。
[86) 神田監修・前掲注55) 211頁。
[87) 近藤ほか・前掲注9) 263頁。
[88) 神田監修・前掲注55) 211頁。

但書の冒頭，金商令3条の5第2項），②清算中であり（金商法24条1項但書の末尾，金商令4条2項1号），相当の期間事業を休止しており（金商法24条1項但書の末尾，金商令4条2項2号）もしくは更生手続開始の決定を受けており（金商法24条1項但書の末尾，金商令4条4項），または，③所有者が25名以下に（金商法24条1項但書の末尾，金商令4条2項3号，開示府令16条2項）なった上で，内閣総理大臣の承認を受けたときには，開示義務を免れる。有価証券報告書の目的を，流通性のある証券の発行者の企業内容等の開示に求め，流通性がなくなった場合に，有価証券報告書を提出させる実益がないと述べるものがある[89]。①の場合，継続開示義務は，停止ではなく，終了する[90]。すなわち，別途，金商法24条各号に該当しない限り，300名を超えても継続開示義務は，発生しない。

上記③の25名の基準は，届出義務が課せられる勧誘者の数の基準である50名の半分とされる[91]。しかし，この基準は，厳格すぎること，および後述する外形基準の免除要件の300名（24条1項但書，金商令3条の6第1号）との平仄との関係から，上記①の300名基準（金商令3条の5第2項）が定められた。

5年間という基準は，発行開示と継続開示の連動を断ち切った上で（発行開示を行った発行者が継続開示を廃止する基準を大幅に緩めた上で）[92]，継続開示が行われなくなるまでの猶予期間を定めたものとみることができる[93]との指摘がある。行動経済学における，近視眼的行動と時間非整合割引率[94]に基づけば，投資家は，未来において継続開示が存在しないことによる流動性の低減，ひいては価値の低減を正確に評価することができない可能性があり，そのため最初の5年間の継続開示が（他の基準に該当しない限り）保証されている点は，投資家の判断を補っている側面がある。ただし，5年間という期限付きではあるので，これに伴う価値の低下を遅かれ早かれ投資家は，受けるかもしれない。

---

89) 河本＝関・前掲注56) 224頁。
90) 企業内容等開示ガイドライン24-12。
91) 近藤ほか・前掲注9) 263-264頁。
92) 久保田安彦教授は，平成18年度に新設された所有者数300名未満という3号義務の免除の理由に関して，「現行法が実質的には発行開示義務と継続開示義務を切断している，とまで評価できるかには疑問がある」と述べる。久保田・前掲注82) 252頁注40。
93) 黒沼・前掲注33) 613頁。同様に，久保田教授は，5年間の継続開示が最低限保証されている点について，投資家の期待を保護していると述べる。久保田・前掲注82) 234頁。
94) 将来のことより現在の関心事を重視してしまう心理をいう。時間選好性ともいう。山田哲也「行動ファイナンスの新展開：不確実性下における投資理論を中心として」金融研究30巻第1号125頁，(2011)。本文のように近視眼的な行動が選択されることの説明に使われる。

第3目　4号義務（外形基準）

外形基準による1,000人という基準について、金融審議会金融分科会第一部会報告「我が国金融・資本市場の競争力強化に向けて」（2007年12月18日）は、①同年のプロに限定した市場の整備により、相当程度の流動性が生じること、および②外形基準の導入後、十数年間の有価証券報告書提出会社の実態等に鑑みて、1,000人という基準を提案した。しかし、人数基準の引き上げは、特定投資家向け有価証券である場合に「1,000に特定投資家の数を加えた数」とする改正の理由付けにはなるが、市場一般の証券も対象にした改正でもあるため、①は、それだけでは理由とはならないように思われる[95]。②の理由である、外形基準導入後の実態が問題となる。金融審議会の議事録によると、改正の議論をしていた当時、500人という外形基準に該当して有価証券報告書を提出していた会社は、41社あった[96]。また、外形基準の対象を1,000人を基準として引き上げた場合には、外形基準の対象となる会社が21社に減ることが指摘されていた[97]。さらに、対象となる会社について開示費用をかける意味があるか疑問である、および特定投資家から一般投資家になる投資家の把握という実務上の困難さを考慮という理由が挙げられていた[98]。4号義務は、利用されないほうが良いといっているようなものである。実際、4号義務を課す具体的な理由を見出すことは難しい。

4号義務（外形基準）の根拠として、①発行者が開示を欲するかではなく、それを必要とする一般投資家が存在するか（投資関心の有無）によって決すべきである[99]および同様の意見として②株主数が多いことにより有価証券の流通が予想されること[100]という意見がある。しかし、国内非上場公募（POWL: public offering without listing）の数が限られていることを勘案すると[101]、投資家が期

---

95) 金融審議会金融分科会第一部会「第51回議事録」（2007年12月11日）〔黒沼悦郎発言〕。
96) 金融審議会金融分科会第一部会「第51回議事録」（2007年12月11日）〔三井秀範発言〕。
97) 同上。
98) 同上。
99) 神崎ほか・前掲注16) 362頁、近藤ほか・前掲注9) 263頁。
100) 神田監修・前掲注55) 211頁。同書は、併せて、多数の者を相手に資金調達がなされる可能性を指摘する。神田監修・前掲注55) 211–212頁。
101) 2009年のシャンダ・ゲームズ（Shanda Games）、2008年ビザ・インク（Visa Inc.）、2006年の韓国のロッテ・ショッピング・カンパニー・リミテッド（Lotte Shopping Co., Ltd.）等。日本経済新聞「米ビザ株日本でも公募、米最大の新規公開、顧客開拓、個人も対象」朝刊7頁（2008年3月

待しているのは，通常，継続開示ではなく，上場という形態での流動性ではないのだろうか。上場をしない前提の有価証券について，継続開示義務を課すことで，どれだけ投資家保護を図ることができるのか，再検討が必要であろう。

　また，4号義務に基づく継続開示義務は，①対象となる有価証券の発行者の資本金の額が事業年度の末日において5億円未満[102]であるとき（金商法24条1項但書，金商令3条の6第1項），および②事業年度の末日において所有者が300名未満となったとき（金商法24条1項但書，金商令3条の6第1項）には，提出義務が停止する[103]。技術的な問題ではあるが，継続開示義務の入口と出口に関して，3号義務と4号義務での人数の違いが指摘されている。第1項有価証券を例にとると，有価証券の募集の定義に該当し，3号義務が課されるのは，勧誘される人数が50名以上とされる一方，4号義務では，1,000名となっている。また，3号義務を終了する基準として，25名または過去5事業年度の末日に300名未満という基準が定められ，4号義務を免れる[104]ための基準として300名未満という基準が定められている。これら出口の人数の基準は，入口の基準と違う。黒沼教授は，人数基準の不整合について，以下の二つの方法での解決が考えられると述べる[105]。

- 人数基準を統一すること。しかし，発行開示と継続開示には，販売圧力や売主と買主の情報格差という相違が存在する点[106]に留意する。
- 発行開示義務と継続開示義務を切り離し，有価証券の募集または売出し後，当該有価証券の所有者が一定数以上にならない限り継続開示義務を負わないものとする。ただし，継続開示が行われない旨を公募時に周知し，かつ，「証券取得者に売却の機会を与えるために，継続開示義務の免除を認めるまで一定の期間を置くことが必要かも知れない」[107]と述べる。

5日），日本経済新聞「新規株式公開に再開機運，世界の市場，8月は前年の5倍強（景気がわかる）」朝刊3頁（2009年9月16日）。2006年の国内非上場公募は，7件とされる。日経金融新聞「新興国投資熱，冷めず―連鎖安でリスク認識，現地通貨建て債広がる」1頁（2007年3月8日）。
102) 有価証券投資事業権利等であるみなし有価証券について，当該会社の資産の額として金商令4条の2第2項で定めるものの額が当該事業年度の末日において1億円未満（金商令4条の11第2項）となる場合である。
103) 提出義務は，停止であって，終了ではない。
104) 4号義務については，終了なのか停止なのか不明であるように思われる。
105) 黒沼・前掲注33) 613–614頁。
106) 黒沼・前掲注33) 602–603頁。
107) 黒沼・前掲注33) 614頁。

第5款　半期報告書および四半期報告書

　有価証券報告書の提出会社は，半期報告書または四半期報告書の提出を求められる。上場有価証券（金商法24条1項1号），または，店頭売買有価証券（金商法24条1項2号，金商令3条）のうち，株券，優先出資証券，外国有価証券で株券または優先出資証券（以下，本段落において「株券等」という）の性質を有するもの，有価証券信託受益証券で，受託有価証券が株券等であるもの，外国預託証券で株券等に係る権利を表示する会社は，四半期報告書を提出しなければならない（金商法24条の4の7，金商令4条の2の10）。これ以外の有価証券報告書提出会社は，半期報告書（金商法24条の5第1項）の提出義務が課せられる。

第6款　臨時報告書

　投資者の投資判断に重大な影響を与える情報については，定期的な開示を待つことなく，情報を流通させる必要があり[108]，臨時報告書の提出義務が課されている（金商法24条の5第4項）。また，臨時報告書は，迅速な開示を行うことにより，内部者が重要な内部情報を利用して不当な取引を行うことを事前に阻止する機能を有する[109]。

　重要性の定義との関係で臨時報告書の提出義務がいつになるべきかは，難しい問題である[110]。

第7款　適時開示

　証券取引所は上場会社に対して会社内で生じた重要な情報の迅速な開示（適時開示，タイムリー・ディスクロージャー）を要請してきたが，1999年9月に適時開

---

108) 山下＝神田編・前掲注10) 133頁〔久保大作〕，神崎ほか・前掲注16) 198頁。
109) 神崎ほか・前掲注16) 197頁。
110) 例えば，合併について，企業内容等の開示に関する内閣府令では19条2項7号の3において臨時報告書の提出は「……吸収合併が行われることが，当該提出会社の業務執行を決定する期間により決定された場合」とされる。これは情報が重要性を持つと考えられる時点よりも遅い。どの時点で情報が重要になるかについて近藤ほか・前掲注9) 323頁注60。

示を上場規則として定めた。1998年7月以降，適時開示は，東京証券取引所ではTDnet，大阪証券取引所では，ED-NETと呼ばれる電子情報開示ネットワークシステムを通じて行われ，2005年に両システムが統合された[111]。

東京証券取引所の有価証券上場規程402条は，上場会社に関する決定事実（有価証券上場規程402条1号），および発生事実（有価証券上場規程402条2号），ならびに子会社の決定事実（有価証券上場規程403条1号），および発生事実（有価証券上場規程403条2号）について，別途定める軽微基準に該当するものを除き[112]，直ちにその内容を開示しなければならないと定めている。

例えば，上場会社に関する決定事実についてみると，業務執行を決定する機関が，新株発行等の当該上場会社の運営，業務もしくは財産または当該上場株券等に関する重要な事項であって投資者の投資判断に著しい影響を及ぼすものを行うことについての決定をした場合[113]に，直ちにその内容を開示しなけれ

---

111) 大阪証券取引所「TDnetシステムへの参加に伴う関連諸規則の一部改正について」（2005年9月30日）。
112) 上場会社に関する決定事実に係る軽微基準は，有価証券上場規程施行規則401条，上場会社に関する発生事実に係る軽微基準は，同402条，子会社に関する決定事実に係る軽微基準は，同403条，子会社に係る発生事実に係る軽微基準は，同404条に定められている。
113) 具体的には，(a) 会社法199条1項に規定する株式会社の発行する株式（自己株式を含む）の募集もしくは同法238条1項に規定する募集新株予約権（自己新株予約権）を引き受ける者の募集，または，株式もしくは新株予約権の売出し，(b) 募集もしくは売出しに係る発行登録（および取下げ）または需要状況の調査の開始，(c) 資本金の額の減少，(d) 資本準備金または利益準備金の額の減少，(e) 自己株式の取得，(f) 株式無償割当てもしくは新株予約権無償割当て，その発行登録（取下げ），または(fの2) 需要状況に係る権利行使の見込みの調査の開始，(g) 株式の分割または併合，(h) 剰余金の配当，(i) 株式交換，(j) 株式移転，(k) 合併，(l) 会社分割，(m) 事業の全部または一部の譲渡または譲受け，(n) 解散，(o) 新製品または新技術の企業化，(p) 業務上の提携または業務上の提携の解消，(q) 子会社等の異動，(r) 固定資産の譲渡または取得，(s) リースによる固定資産の賃貸借，(t) 事業の全部または一部の休止または廃止，(u) 上場の廃止または登録の取消しに係る申請，(v) 破産手続開始，再生手続開始または更生手続開始の申立て，(w) 新たな事業の開始，(x) 第三者による公開買付けまたは自社株公開買付け，(y) 第三者による公開買付けまたは買集め行為への対抗，(z) ストック・オプションの付与，(aa) 代表取締役または代表執行役の異動，(ab) 人員削減等の合理化，(ac) 商号または名称の変更，(ad) 単元株式数の変更または単元株式数の定めの廃止もしくは新設，(ae) 事業年度の末日の変更，(af) 預金保険法74条5項の規定による申出，(ag) 特定債務等の調整の促進のための特定調停に関する法律に基づく特定調停手続きによる調停の申立て，(ah) 上場債券，上場転換社債型新株予約権付社債券もしくは上場交換社債券に係る全部もしくは一部の繰上償還または社債権者集会の招集その他上場債券，上場転換社債型新株予約権付社債券もしくは上場交換社債券に関する重要な事項，(ai) 普通出資の総口数の増加を伴う事項，(aj) 有価証券報告書または四半期報告書に記載される財務諸表等または四半期財務諸表等の監査証明等を行う公認会計士等の異動，(ak) 財務諸表または四半期財務諸表に継続企業の前提に関する事項を注記すること，(akの2) 開示府令15条の2第1項等の規定に基づく当該各項に規定する承認申請書の提出，(al) 株式事務を当取引所の承認する株式事務代行機関に委託しないこと，(am) 内部統制に開示すべき重要な不備がある旨または内部統制の評価結果を表明できない旨を記載する内部統制報告書の提出，(an) 定款の変更，(ao) 上場無議決権株式，上場議決権付株式また

ばならないと定めている（有価証券上場規程402条1号）。

また，上場会社の発生事実については，災害による損害等，当該上場会社の運営，業務もしくは財産または当該上場株券等に関する重要な事実であって投資者の投資判断に著しい影響を及ぼす事実が発生した場合[114]に，直ちにその内容を開示しなければならないと定められている（有価証券上場規程402条2号）。

上場会社が要求される適時開示の事項は，相当に広範であり，規模の大小を問わず上場会社に求められているという特色がある[115]。

第8款　少額募集

第1目　少額募集における開示の免除

開示がなされる情報が有用であるとしても，過度に費用がかかる情報の開示

は上場優先株等に係る株式の内容その他のスキームの変更，(ap) その他，当該上場会社の運営，業務もしくは財産または当該上場株券等に関する重要な事項であって投資者の投資判断に著しい影響を及ぼすものが挙げられている（有価証券上場規程402条1号）。

[114] 具体的には，(a) 災害に起因する損害または業務遂行の過程で生じた損害，(b) 主要株主または筆頭株主の異動，(c) 特定有価証券または特定有価証券に係るオプションの上場の廃止の原因となる事実，(d) 財産権上の請求に係る訴えの提起または判決もしくは裁判によらない完結，(e) 事業の差止めを求める仮処分命令の申立て，またはその裁判もしくはその裁判によらない完結，(f) 免許の取消し，事業の停止に関する行政庁による処分または告発，(g) 支配株主または一定の関係会社の異動，(h) 第三者による破産手続開始の申立て等，(i) 手形もしくは小切手の不渡りまたは手形交換所による取引停止処分，(j) 親会社等に係る破産手続開始の申立て等，(k) 不渡り等，破産手続開始の申立て等により，主たる債務者に対する求償権について債務の不履行のおそれが生じたこと，(l) 主要取引先等との取引の停止，(m) 債権者による債務の免除もしくは返済期限の延長または第三者による債務の引受けもしくは弁済，(n) 資源の発見，(o) 株主による株式もしくは新株予約権の発行または自己株式の処分の差止めの請求，(p) 株主による株主総会の招集の請求，(q) 保有有価証券の全部または一部について，事業年度または四半期会計期間の末日における時価額が帳簿価額を下回ったこと，(r) 社債に係る期限の利益の喪失，(s) 上場債券等に係る重要な事項，(t) 公認会計士等の異動，(u) 監査報告書または四半期レビュー報告書を添付した有価証券報告書または四半期報告書を，提出期間内に提出できる見込みのないこと，提出しなかったこと，これらの開示を行った後提出したこと，および(uの2) 提出期間の延長の承認を受けたことまたは受けられなかったこと，(v) 監査報告書または四半期レビュー報告書に関する，限定付適正意見，限定付結論，不適正意見，否定的結論，意見不表明，または，結論不表明，(vの2) 内部統制監査報告書への不適正意見または意見不表明，(w) 株式事務代行委託契約の解除等，(x) その他，当該上場会社の運営，業務もしくは財産または当該上場株券等に関する重要な事実であって投資者の投資判断に著しい影響を及ぼすものと定められている（有価証券上場規程402条2号）。

[115] 黒沼悦郎「上場会社とマーケットの双方にとって有益な決算情報とは何か」Exchange Square 19巻7頁（2006）（東京証券取引所による2006年の決算短信規則の改正に際し，従前の規則は，すべての開示事項がすべての上場会社に適用されていたが，すべての上場会社にとって重要かというと必ずしもそうではなく，有価証券報告書に記載されていればそれで足りるというものもあったことを指摘する）。

を強制すべきかという問題に対して[116]，証券の募集による手取金の額が少額の場合の届出，登録および目論見書作成の免除が定められているのは，費用倒れになる場合には，開示を免除するという政策判断によるといえよう。

まず，金商法4条1項5号は，発行価額または売出価額の総額が1億円未満の有価証券の募集または売出しについて，有価証券届出書の提出を免除している（例外について，開示府令2条4項[117]）。開示による効果と開示に伴う発行者の負担[118]および発行開示を強制してまで投資者を保護する必要性が大きくないこと[119]が理由として挙げられている。また，金商法5条2項において発行価額または売出価額が5億円以下の一定のものについて，少額募集等として簡素な開示が認められている（開示府令8条1項2号，2号の5様式）。発行者の規模が小さい場合や発行される証券の金額が小さい場合，どこかで費用が効果を超過し，また，開示規制による投資者保護の必要性が低くなる[120]。さらに，開示が免除される場合であっても，内閣総理大臣への通知が要求される場合がある（有価証券通知書，金商法4条6項，開示府令4条）。さらに，発行（売出）価額の総

---

[116] 龍田節「開示制度の目的と機能」論叢110巻4-6号114頁（1962），河本一郎＝大武泰南『金融商品取引法読本〔第2版〕』56頁（有斐閣・2011）（開示費用の問題に言及する）。

[117] 例外として，①行使する際に払い込む金額が合計1億円以上となる新株予約権の募集または売出し（開示府令2条4項1号），②ストック・オプションおよび有価証券届出書を提出したものを除く，過去1年間における同一の種類の有価証券の発行価額または売出価額の総額との合計が1億円以上となる募集または売出（開示府令2条4項2号），③過去6ヶ月の少人数私募による同種の新規発行証券の発行価額の総額との合計が1億円以上となる募集（開示府令2条4項3号），④過去1ヶ月の少人数向け勧誘に該当しない同種の既発行証券の売出しの総額との合計が1億円以上となる売出し（開示府令2条4項3号の2），⑤同一の種類の有価証券で2組以上の募集または売出しが並行して行われ，合計額が1億円以上となる募集または売出し（開示府令2条4項4号），⑥発行価額または売出価額の総額が1億円以上となる募集または売出しと並行して行われる同一の種類の有価証券の募集または売出し（開示府令2条4項5号），⑦届出の効力の停止の処分等を受けている届出者が行う募集または売出し（開示府令2条4項6号），⑧発行登録の効力の停止の処分等を受けている登録者が行う募集または売出し（開示府令2条4項7号）および⑨金融商品取引所に株式を上場しようとする会社または認可金融商品取引業協会に発行株式を店頭売買有価証券として登録しようとする会社で，継続開示会社でないものが行う当該金融商品取引所または当該認可金融商品取引業協会の規則による発行株式の募集または売出し（開示府令2条4項8号）が定められている。

[118] 開示に関する費用は，発行者が支払うが，最終的には，投資者の負担となることに言及するものがある。久保田・前掲注82) 226頁，マーク・ラムザイヤー『法と経済学—日本法の経済分析』154頁（弘文堂・1990）。エージェンシー費用に保証費用(bonding cost)が含まれ，エージェンシー費用は，最終的に本人の負担になる。Michael C. Jensen & William H. Meckling, *Theory of the Firm: Managerial Behavior, Agency Costs and Ownership Structure*, 3 J. FIN. ECON. 305, 308 (1976). 投資者が本人，発行会社が代理人の関係に立っており，発行会社が支払う保証費用が，最終的には投資者の負担となっていると理解できよう。

[119] 近藤ほか・前掲注9) 134頁。

[120] 免除されるのは開示規制であり，詐欺防止条項等の保護の必要性は，相対的にみて発行者の規模の大小や発行される証券の金額の多寡の影響を受けにくいであろう。

額が1,000万円以下の場合，有価証券通知書の提出も免除される（金商法4条6項，4条1項5号，開示府令4条5項）。

第2目　クラウドファンディング

わが国におけるクラウドファンディングについて，考え方は必ずしも明らかではないが，金融庁に設置されたワーキング・グループの報告書をみる限り，①発行者にとって負担の少ない制度でのリスクマネーの供給促進と②詐欺的な悪用の防止のバランスをとるという点で，米国と同様であると思われる[121]。

平成26年に成立した金融商品取引法等の一部を改正する法律（法律第44号，平成26年3月14日提出，平成26年5月23日成立，平成27年5月29日施行）により，クラウドファンディングに関する規定が追加された（金商法29条の4の2, 29条の4の3, 35条の3, 43条の5）。

金商法29条の4の2第10項において，「第一種少額電子募集取扱業務」が，①金融商品取引所に上場されていない株券または新株予約権証券（政令で定めるものを除く）の募集の取扱いまたは私募の取扱いであって，当該有価証券の発行価額の総額および当該有価証券を取得する者が払い込む額が少額であるものとして政令で定める要件を満たすものに限る，または②第一種少額電子募集取扱業務に関して顧客から金銭の預託を受けることと定められている。また，「第一種少額電子募集取扱業者」とは，登録申請書に第一種金融商品取引業のうち第一種少額電子募集取扱業務のみを行うものをいう（金商法29条の4の2第9項）。

金融商品取引業の登録（金商法29条）を受けようとする者が第一種金融商品取引業のうち第一種少額電子募集取扱業務のみを行おうとする場合，登録の申請（金商法29条の4の2第1項）などの要件が緩和されている[122]。

---

[121] 金融審議会新規・成長企業へのリスクマネーの供給のあり方等に関するワーキング・グループ「報告書」3頁（2013年12月25日）。

[122] 登録の拒否事由の緩和（金商法29条の4の2第2項，29条の4第1項），届出業務の通知義務の緩和（金商法29条の4の2第3項，35条2項3項），承認業務（金商法29条の4の2第4項，35条4項），標識の掲示（金商法29条の4の2第5項，36条の2第1項。ただし，金商法29条の4の2第8項），金融商品取引責任準備金および自己資本規制比率（金商法29条の4の2第6項，46条の5, 46条の6）。

第3節　開示制度の目的および機能の分類

第1款　序　論

　本書は，開示制度の必要性の理論的根拠を検討するものである。理論的根拠の検討に際して，本書では，目的と機能を一緒に議論する[123]。既に開示制度の目的および機能については，既に相当の議論が存在するため[124]，本節では，これらの議論を概観しつつ，分類することにしたい。

第2款　投資家への情報の提供および投資家保護

　企業内容の開示制度の目的として，投資家の投資判断に資する情報の提供という目的が挙げられる[125]。会社法において，株主に対する情報の提供が規制

---

[123] 鈴木竹雄＝河本一郎『証券取引法〔新版〕』86頁（有斐閣・1984）。本書で「機能」という場合，制度が機能することによる効果も考慮に入れるものとする。それが意図されたものであれ，意図されていないものであれ，法制度が何らかの効果を有する場合に，当該制度の当否について検討がなされるべきであるからである。

[124] 本文において，以下で列挙する開示の目的および機能は，脚注に掲げた文献の他，次の文献から抽出している。神崎ほか・前掲注16) 193–194頁，近藤ほか・前掲注9) 104–106頁および261–262頁，山下＝神田編・前掲注10) 58–59頁〔久保大作〕，龍田・前掲注116) 123–125頁。Donald C. Langevoort, *Information Technology and the Structure of Securities Regulation*, 98 HARV. L. REV. 747, 782–85 (1985); Luis A. Aguilar, U.S. Sec. & Exch. Comm'n, Facilitating Real Capital Formation, at nn.20–26, Apr. 4, 2011, http://www.sec.gov/news/speech/2011/spch040411laa.htm (last visited Oct. 21, 2011)（強制開示の利点として，2003年から2010年までの強制開示に関する実証研究を紹介した上でその有用性を主張する証券取引委員会委員による講演）。

[125] 龍田・前掲注116) 123–124頁，鈴木＝河本・前掲注123) 86頁，神崎ほか・前掲注16) 193頁，松尾・前掲注27) 89頁（「投資者が資本市場において有価証券にかかる投資判断をするには，当該有価証券やその発行者などに関する情報が必要不可欠である」と述べる）。類似の理由として，開示により投資家が合理的な情報に基づく投資判断を行うことができるという理由が挙げられる。Gallagher, *supra* note 5. 有価証券報告書の虚偽記載に関する刑事責任を認めた判決において，投資者の保護を強調する控訴審判決がある（東京高判平成20・7・25判タ1302–297）。

されているところ[126]，証券法制の目的は，株主以外の投資家を含めた情報開示であると捉えられる。投資家の投資判断に資する情報の提供という目的の下で，強制開示は，様々な機能を発揮する。

また，強制開示の目的として投資家保護も挙げられている[127]。例えば，投資判断に必要かつ十分な情報を有するときは，詐欺的な行為から自己を守ることができるとの指摘[128]や事実を知らされないことによって被る損害からの投資家保護の方策として開示制度を挙げる例がある[129]。

強制開示，ひいては，投資家の投資判断に資する情報の提供という目的や投資家保護という目的の当否は，投資家への情報提供という機能およびそれに伴う効果を支持しうるかにかかっている。そこで，以下では，開示規制の機能を順に概観する。

市場価格に含まれる情報を増やす　強制開示の理由として，市場価格に含まれる情報を増やすというものがある。市場の失敗が発生する場合に，強制開示が，最適な情報を開示するように促すという効果を得ることができるのであれば，市場価格に含まれる情報を増やすということも正当化されよう[130]。強制開示制度があれば，投資家に情報が提供され，

---

126) 例えば，株主が数千人以上である場合を含め，株主総会に出席しない株主が書面によって議決権を行使することができる場合には，株主総会の招集通知に際して株主総会参考書類が交付される。会社法298条1項3号，2項，301条1項，会社則65–66条，73–95条。また，取締役会設置会社は定時株主総会の招集の通知に際して，計算書類および事業報告等を提供しなければならない（会社法437条，会社則133条，会社計算133条）。
127) See JOHN C. COFFEE, JR. & HILLARY A. SALE, SECURITIES REGULATION 2–4 (12th ed. 2012). 証券取引審議会特別委員会「株主構成の変化と資本市場のあり方について」の審議内容取りまとめ」（昭和51年3月18日）は，投資者保護の方策の一つとして，ディスクロージャーを挙げる。橋本貞夫「投資者保護の徹底」商事735号28頁（1976）（証券取引審議会特別委員会「株主構成の変化と資本市場のあり方について」の審議内容取りまとめ」（昭和51年3月18日）を掲載する。同取りまとめは，投資家保護に関して，①必要性として，有価証券は，価値の測定が難しいこと，および取引自体が技巧的操作の対象となりやすいこと，②投資家保護の方策として，事実を知らされないことによって被る損害からの保護としてディスクロージャーの充実を，不公正な取引によって被る損害の保護として，不公正取引の防止を挙げる）。
128) 神崎ほか・前掲注16) 194頁。
129) 松尾・前掲注27) 6頁。
130) この議論は，情報を開示すること自体に焦点を当てていて，誰が最初に情報を取得するかを考慮していないという点が指摘されている。Frank H. Easterbrook & Daniel R. Fischel, *Mandatory Disclosure and the Protection of Investors*, 70 VA. L. REV. 669, 695 (1984). 選択開示の問題は，本書では，取り扱わない。17 C.F.R. §§ 243.100–03 (2014) (Regulation FD); New York Stock Exchange, Listed Company Manual § 202.06(A) (レギュレーションFDに従った情報の開示を要求する). See Easterbrook & Fischel, supra, at 689 (情報を有する投資家が取引をすることで情報を有しない投資家が情報を得ることを指摘する).

市場は，効率性の程度は措くとしても一般論として，当該情報に基づき価格決定をするという点に異論はないし，市場価格に反映される情報が増えることで，価格が真実の価値に近づく可能性が上昇するということも恐らく正しいであろう。

しかし，「市場価格に含まれる情報を増やす」ことが良いことだという議論は，①現在の情報開示が過少であるという前提に立っているか，②情報開示に費用が掛からないもしくは情報開示の費用はそこから得られる便益よりも必ず低いという前提に立っているか，または③市場価格に含まれる情報が増えることは市場の効率性を促進するから良いことであるという抽象的な命題を提示しているだけであるように思われる。これらの観点は，情報開示に伴う利益に着目し，情報開示に伴う費用との勘案という視点が欠け，また，なぜ情報開示をしなければならないのかという視点を欠いており，「市場価格に含まれる情報を増やす」ということのみでは強制開示を正当化する理由にならない。

洗練されていない投資家　投資家保護のうち，投資家を洗練された投資家と洗練されていない投資家に分けて，洗練されていない投資家を保護する目的で強制開示を位置付けることが考えられる。この場合，次のような論点が考えられる。

第一に，市場の効率性である。洗練された投資家が市場に多数存在しており，市場が効率的であれば，洗練されていない投資家も効率的な価格で証券を取引することができるのであるから，洗練された投資家が相場操縦をするような場合を除き，投資家保護が必要ないと考えられる[131]。通常，市場の効率性が議論される場合，流通市場を対象としている。洗練されていない投資家保護の文脈では，流通市場の効率性だけでなく，発行市場の効率性も考慮する必要がある。それゆえ，洗練されていない投資家保護という問題は，流通市場の効率性の程度がどの程度であるのか，および発行市場の効率性が確保されているのかという論点を伴うものとなる。限定合理性，ひいては市場の非効率性については，本章第6節（279頁）にて取り扱う[132]。

---

131) Easterbrook & Fischel, *supra* note 130, at 694.
132) 市場が非効率的であるとしても，相場操縦に該当するようであれば，それは，強制開示の問題ではなく，不公正取引の問題として対処されるべきであろう。また，市場が非効率である場合に，洗練された投資家と洗練されていない投資家の間で情報格差が存在するとした場合，①そのような情報格差を矯正する必要があるのか（金商法は，インサイダー取引のような特別の場合を除き，投資家間での情

第二に，洗練されていない投資家に関して，情報開示制度が情報の取得や処理を補助する役割を有しているという考えがありえよう。この点も，市場が効率的であれば，洗練されていない投資家も，効率的な市場価格によって取引できるという点は，前述の通りである。その上で，洗練されていない投資家の情報処理を助けるというのであれば，この問題も，投資家の限定合理性という問題となる。市場の効率性に反して取引する（すなわち，不合理な取引を行う）投資家は，個人投資家であれ，機関投資家であれ，存在するであろう。しかし，投資家が望んで行う不合理な取引を妨ぐべきか[133]および投資家の不合理な取引を矯正する方法が，強制開示であるべきかという問題が存在するであろう。限定合理性の問題は，本章第6節（279頁）にて取り扱う。

第3款　正確な株価形成および資源配分への影響

開示が正確な株価形成に寄与するという意見がある[134]。この正確な株価が形成されることの副次的な効果として，企業が資金を調達しやすくなるという効果[135]，ひいては資源の最適な配分に役立つ[136]，証券アナリストが開示された情報に基づく分析を提供することで，さらに市場価格が正確になる[137]という効果が指摘されている。

この論点は，資源配分の効率性ひいては社会厚生との関係を問題としている。証券市場および金商法を含む証券法制は，社会厚生の増大を目的としてい

報格差を許容している），および②情報格差の矯正の方法として，強制開示制度が適切かという問題があろう。
133) 投資家が望んで行なっているのであるから，法制度でそのような取引を断念させるということは難しいであろう。そのような取引について，処置なしと述べるものとして，Easterbrook & Fischel, supra note 130, at 695.
134) 龍田・前掲注116) 124頁（上場証券のように市場性がある場合は，投資者は市場で決まる価格に大きく依存するから，投資判断にとって重要な情報が市場に提供されていることが必要であると述べる）。See STEPHEN J. CHOI & A.C. PRITCHARD, SECURITIES REGULATION: CASES AND ANALYSIS 28 (3d ed. 2011).
135) 龍田・前掲注116) 124頁。
136) 龍田・前掲注116) 124頁，神崎ほか・前掲注16) 193-194頁（情報開示は，投資者による個別銘柄の有価証券の相対的な投資価値の判断を可能にし，金融商品市場を通じての資源の効率的な配分を高めるのに役立つと述べる），久保田・前掲注82) 227頁，神田監修・前掲注55) 210頁（流通市場の価格形成の歪みが証券市場の適正かつ迅速な資金配分機能に悪影響を及ぼすことを避けることを挙げる）。
137) See CHOI & PRITCHARD, supra note 134, at 28-29.

ると考えられる[138]。社会厚生の増大を達成する方法として資源配分を効率的に行うことが挙げられる。また，証券法制の一分野である開示制度の目的として資源配分を効率的に行うことが挙げられることがある[139]。そこで，開示制度と資源配分の効率性にどのような関係が存在するのか，また，開示制度と資源配分に関係が存在するのであれば，どの程度で関係が存在するのかという点を検討する。開示制度自体は，様々な文脈で用いられている，本書が対象とする企業内容の開示についてみても，発行開示と継続開示では，社会厚生に与える影響が異なる点を示す。

本章では，第4節にて，資金調達が発行者の実体資産への投資判断にどのような影響を与えうるのか，および正確な株価形成が資源の最適な配分に役立つということの意味について検討する。特に，開示制度と関連する証券市場と資源配分の効率性という観点から，①発行会社による実体資産への投資，②流通市場での取引，および③発行市場での取引の三つの観点から検討する。そこでは，開示制度は，発行者による実体資産への投資という点での資源配分に与える影響が限定的であるものの，投資家による証券への投資判断，および社会厚生の最大化に影響を与えることを明らかにする。

第4款　市場の失敗

開示の根拠として，市場の失敗 (market failure) が挙げられる。これは，強制開示が存在しない場合に，市場原理に基づく開示が効率的な水準で行われるか否かという問題である。市場の失敗が存在する場合，市場原理では，効率的な水準で需要と供給が均衡しないことから，開示規制を強制する理由となりうる[140]。

---

138) ラムザイヤー・前掲注118) 156頁（証券取引法が有利な法制度になるか否かは，投資家の利益を増大化するかにより判断される問題であると述べる），尾崎安央「企業のソフト情報の開示規制とその問題点（1）」早法67巻1号69頁注24（1991）（開示規制のあり方を考える上で，コスト・ベネフィットの比較検討は不可欠であると述べる）。
139) 神崎ほか・前掲注16) 193–194頁。
140) 後述する通り，市場の失敗は，政府の介入の必要条件ではあっても，十分条件ではない。コースの定理の含意の一つである「私的合意に対する障害を取り除くように法を構築せよ」という原則は，私的な交換が法的権利を効率的に配分できるということを前提としている。*See* ROBERT D. COOTER & THOMAS ULEN, LAW AND ECONOMICS 92 (6th ed. 2011); Stephen M. Bainbridge, *Mandatory Disclosure: A Behavioral Analysis*, 68 U. CIN. L. REV. 1023, 1030

一方で，強制開示に反対する議論として，資本市場の取引当事者には，自発的に情報を開示する誘因が存在するというものが挙げられる[141]。

　他方，発行者が自発的な情報開示を行う誘因が十分ではないという場合が考えられる。経営者が悪い情報を隠す誘因が存在しうる，および発行開示はともかく，継続開示に関して，発行者が自発的に情報開示を行う誘因が十分ではない[142]といった議論である。本書では，自発的な開示が社会厚生を最大化する程度でなされない場合を市場の失敗が存在する場合と捉える。また，市場の失敗の典型例として，不完全競争，公共財，外部性および不完全情報が挙げられるが，本章では，このうち公共財，外部性および不完全情報について検討する。以下では，市場の失敗と関係する情報開示の機能について検討する。

第1目　公共財としての情報

　市場の失敗の一類型として，対象となる財が公共財である場合が挙げられ，また，情報が公共財としての性質を有することを指摘するものがある[143]。また，公共財としての性質を有している場合に，情報の生産が過少になる[144]場合が存在するため，開示制度には，効率的な市場を有していない証券やアナリ

　　　(2000). ロバート・D・クーター＝トーマス・S・ユーレン（太田勝造訳）『新版法と経済学』144頁（商事法務・1997）。また，法は合意ができない場合に備えて，「私的合意が失敗した場合の損害が最小となるように法を定めよ」という原則が導かれる。See COOTER & ULEN, supra, at 92–93. クーター＝ユーレン・前掲・145頁。そのため，前提として，パレート効率性を阻害する市場の失敗が生じるかを検討することになる。See Bainbridge, supra, at 1030.

141) See Easterbrook & Fischel, supra note 130, at 683–85. 発行者が自発的に情報を開示する誘因を有するという立場であるマーク・ラムザイヤー教授は，著書において「情報の開示が株主にとって有利であることが予測できれば，法が強制してもしなくても会社は自発的に開示し，……その効率性について心配しなくてもよいことになる……。資金を調達するためには，企業は投資者を引きつけなければならない。それゆえ，投資者にとって情報の開示が……有益になると社員が思えば，開示することによってより容易に資金を調達し得ることになるので，彼らは自発的に開示する。……結局，最適な情報開示の制度とは，開示を強制しない制度なのである」と述べる。ラムザイヤー・前掲注118) 154–155頁。See CHOI & PRITCHARD, supra note 134, at 24.

142) See CHOI & PRITCHARD, supra note 134, at 24.

143) See John C. Coffee, Jr., *Market Failure and the Economic Case for a Mandatory Disclosure System*, 70 VA. L. REV. 717, 725–27 (1984); Joseph E. Stiglitz, *Knowledge as a Global Public Good, in* GLOBAL PUBLIC GOODS: INTERNATIONAL COOPERATION IN THE 21ST CENTURY 308 (Inge Kaul, Isabelle Grunber & Marc Stern eds., 1999). 江頭憲治郎「企業内容の継続開示」『商取引法の基本問題』346–347頁（有斐閣・2011）〔河本一郎先生還暦記念『証券取引法大系』189頁（商事法務研究会・1986）所収〕。

144) See JOSEPH E. STIGLITZ & CARL E. WALSH, ECONOMICS 255 (4th ed. 2006); Troy A. Paredes, *Blinded by the Light: Information Overload and its Consequences for Securities Regulation*, 81 WASH. U. L.Q. 417, 421 (2003).

ストが存在しない証券について情報が提供されることを確保するという機能が存在する。

公共財としての情報の性質については，本章第5節第2款（219頁）において検討する。

第2目　外部性——取引費用の低減

市場の失敗が存在する場合の一類型として，外部性が存在する場合が挙げられる[145]。具体的には，発行者が情報を開示することにより，投資家による投資に関する情報処理等の取引費用の低減が挙げられる。例えば，開示制度には，開示の形式や事項を標準化し，資料の比較可能性を高める[146]，個々の投資者による情報収集が困難である[147]ことから，情報開示により投資家による情報取得の費用を低減する[148]等の機能や効果が考えられる。

本章では，外部性による市場の失敗を，本章第5節第3款（227頁）において検討する。

第3目　外部性——開示される情報の第三者による利用

外部性による市場の失敗は，既存株主の取引費用に関するものだけではない。例えば，情報開示には，株主だけでなく広く一般に投資に関する判断材料を与えるという効果があるとされる[149]。

第三者による情報の利用は，発行者にとって不利益になる場合がある。例え

---

145) 会社法の文脈において，裁判所による会社契約自由への介入を正当化する根拠として，外部性に言及するものとして，玉井利幸「会社法の自由化と事後的な制約—デラウエア会社法を中心に (1)」一法3巻2号356–357頁，360–361頁（2004）。
146) *See* CHOI & PRITCHARD, *supra* note 134, at 27; REINIER KRAAKMAN ET AL., THE ANATOMY OF CORPORATE LAW: A COMPARATIVE AND FUNCTIONAL APPROACH 279 (2d ed. 2009); COFFEE & SALE, *supra* note 127, at 6.
147) 松尾・前掲注27) 89–90頁（一般の投資者が自らの努力により投資判断に必要かつ十分で正確な情報を得ることは容易ではないと述べ，また，機関投資家であってもすべての開示情報を収集・分析した上で投資判断を行うことは容易ではないと述べる）。
148) 黒沼悦郎「証券市場における情報開示に基づく民事責任 (1)」法協105巻12号1617–1618頁（1988）（強制的な開示制度は，市場参加者の情報獲得コストを下げ，取引効率性を確保することを通じて証券市場の機能を保障する役割を果たすことができると述べる）。
149) *E.g.*, Aguilar, *supra* note 124（例として電話会社の開示をみて無線やIP音声通信に関する事業を立ち上げる起業家を挙げる）; Donald C. Langevoort & Robert B. Thompson, *Publicness in Contemporary Securities Regulation after the JOBS Act*, 101 GEO. L.J. 337, 367 (2013).

ば，発行者の秘密情報を開示しなければならない場合，競業他社が当該情報を利用することができると，発行者にとっては，不利な情報を開示しなければならないということになる[150]。発行者の企業秘密を開示させる制度が存在する場合，発行者は，将来的に開示が要求されるような企業秘密を開発する誘因を失うことになりうる。他に，開示義務を標準化することで，均一な競争の場を形成しうる[151]という点が指摘されている。

本章では，外部性による市場の失敗として，本章第5節第3款（227頁）において検討する。

第4目　情報の非対称性

市場の失敗の一類型として，情報の非対称性が存在する場合が挙げられる。情報の非対称性が存在すると，危険な企業だけが資金を調達しようとする逆選択が生じうる。また，逆選択の存在を懸念する投資家は，情報の非対称性が存在する場合，投資家が証券を購入する際に，低い価格でしか投資しないかまたは高い価格の証券しか存在しない場合に投資を避けることになる。

情報の非対称性との関連で強制開示義務への反論として情報開示を強制しなくても発行者が自発的に情報を開示するという理由が挙げられ，再反論として企業が都合の良い情報のみを開示する誘因が存在することが指摘されている。この点，継続開示においても，同様の議論があることが指摘されている[152]。これに対して，企業の経営者が個人的な利益のために，都合の良い虚偽の情報を開示する誘因があることは否定できないため，虚偽の情報開示を禁止した上で一定の情報開示を強制する必要があるとの指摘がある[153]。自主的な開示により情報の非対称性が埋められない場合，逆選択の可能性が残る。

そこで，情報開示には発行者と投資家との間の情報ギャップを埋めるという機能（地位の平準化機能）が指摘されている[154]。発行市場では，発行者と投資家

---

150) *See* COFFEE & SALE, *supra* note 127, at 5.
151) Aguilar, *supra* note 124, at the paragraph accompanying note 19.
152) 近藤ほか・前掲注9) 261頁。
153) 近藤ほか・前掲注9) 261頁。
154) 龍田・前掲注116) 120頁，黒沼悦郎「企業内容の公示・開示」浜田道代先生還暦記念『検証会社法』515頁（信山社・2007）。松尾・前掲注27) 6頁（事実を知らされないことによって被る損害からの投資家保護の方策として開示制度を挙げる）。

の間に情報の非対称性が存在する[155]ため,悪意ある発行者に投資家が騙され,犠牲となる可能性がある。証券法制の目的として,発行市場における発行者と投資家との間の情報の非対称性という市場の失敗の原因を解消する機能を挙げることができよう[156]。

　流通市場での取引では,通常,投資家間の情報の非対称性は,存在しない[157]。例外的に,発行者が自社株買いを行う場合,発行者の役員等が内部情報に基づいて取引を行う場合や発行者の内部者が情報を秘密裏に外部者に伝える場合等は,流通市場における取引の当事者間で情報の非対称性が生じうる。しかし,この点は,主に,情報開示制度ではなく,金商法の他の制度での対応がなされている[158]。ただ,証券取引所による適時開示制度や臨時報告書の制度は,流通市場への情報開示を促進し,一部の投資家への選択的開示を防ぎ,ひいては,流通市場における投資家間の情報の非対称性を緩和するという機能を有しているといえよう。また,流通市場における投資家間の情報の非対称性を緩和

---

[155] *See* Stewart C. Myers & Nicholas S. Majluf, *Corporate Financing and Investment Decisions When Firms Have Information That Investors Do Not Have*, 13 J. FIN. ECON. 187, 189 (1984)(発行者と投資家の間の情報の非対称性を所与であり,実際そうである(a fact of life)と述べる).松尾・前掲注27) 89頁(投資者と発行者との情報の非対称性に言及する)。

[156] 情報の非対称性については,責任規定との関係で二つの論点が存在する。第一に,情報の非対称性を悪用するような証券詐欺に対応するための責任規定が必要なのではないかという点である。第二に,証券詐欺への対応は,開示規制ではなく,民事責任等の責任規定のみで対処することが可能なのではないかという論点である。この論点は,本書392頁にて議論する。

[157] *See* Zohar Goshen & Gideon Parchomovsky, *The Essential Role of Securities Regulation*, 55 DUKE L.J. 711, 718 (2006).

[158] わが国において,インサイダー取引は,金商法166条,167条および167条の2で規制されている。また,自社株買いは,会社法155条以下で規制されている。米国連邦証券法における自社株買いに関する規定として,取引所法9条(a)項(2)号(15 U.S.C. § 77i (2014))があり,また,自社株買いにも適用となる規則10b-5 (17 C.F.R. § 240.10b-5 (2014))に対するセーフ・ハーバーとして,取引所法規則10b-18 (17 C.F.R. § 240.10b-18 (2014))がある。米国連邦証券法における選択的開示は,レギュレーションFD (17 C.F.R. §§ 243.100-103 (2014))において規制されている。また,経営者等による株式の売買を許可するために策定される事前の株式売買プランについて,規則10b5-1 (17 C.F.R. § 240.10b5-1 (2014))が定められている。米国連邦証券法において,インサイダー取引は,取引所法16条(15 U.S.C. § 78p (2014)),規則10b-5 (17 C.F.R. § 240.10b-5 (2014))や規則14e-3 (17 C.F.R. § 240.14e-3 (2014))で対応されている。強制的な情報開示は,流通市場での情報の非対称性を生じさせるインサイダー取引を予防するためにも有用であろう。*See* CHOI & PRITCHARD, *supra* note 134, at 25. 同様に,強制開示は,自社株買いや選択開示に基づく不正を予防するためにも有用であろう。本書では,発行者と投資家との情報の非対称性に焦点を当てるため,流通市場で生じる情報の非対称性については,取り上げない。尾崎安央「企業のソフト情報の開示規制とその問題点(2・完)」早法67巻2号100頁(1992)は,開示または取引断念の原則(disclose or abstain rule)について,情報の非対称性を利用した情報優位者の取引を抑止するものであることを指摘する。

することで，流通市場における公正性 (fairness) の確保が可能となり，また，投資家保護 (investor protection) が可能となるとの指摘がある。

情報の非対称性の問題は，本章第5節第4款（244頁）において検討する。

第5款　権利の実質化機能

金商法に基づく規制は，閉鎖会社と比較すれば，より大規模な会社への適用を想定している。会社が大規模になる場合，所有と経営の分離 (separation of ownership and control) が生じる[159]。所有と経営の分離の結果，会社の所有者である株主と会社の経営を支配する経営者との利益が乖離する可能性があり，エージェンシー費用の問題が生じる。

エージェンシー費用との関係で，第四の論点として，開示には，権利の実質化機能があるとされる。例えば，株主の経営者の監視および議決権行使に寄与する[160]という指摘がある。この指摘は，具体的には，経営陣と投資家の間のエージェンシー問題に関するものということができ，この文脈では，開示は，経営者に規律を与え，エージェンシー費用 (agency costs) を低減する効果があるといえる[161]。

権利の実質化機能の問題は，本書第4章第3節第2款（392頁）にて扱う。

---

159) ADOLF A. BERLE & GARDINER C. MEANS, THE MODERN CORPORATION AND PRIVATE PROPERTY 7 (rev. ed. 1968)（所有と経営の分離の結果，所有者と経営者の利益が乖離する可能性を指摘する）.
160) 龍田・前掲注116) 123–124頁，鈴木＝河本・前掲注123) 87頁。*See* KRAAKMAN ET AL., *supra* note 146, at 278.
161) *See* Paul G. Mahoney, *Mandatory Disclosure as a Solution to Agency Problem*, 62 U. CHI. L. REV. 1047, 1048 (1995); CHOI & PRITCHARD, *supra* note 134, at 28（株主が競合他社との比較で経営者の質を判断することができるようになること，および株主が過大な報酬を得る経営者を知ることができることを挙げる）; Paredes, *supra* note 144, at 463（米国連邦証券法制の目的の一つにエージェンシー費用の低減を挙げ，具体的な規定として経営者の報酬開示（17 C.F.R. § 229.402 (2014)) および利益相反取引（17 C.F.R. § 229.404 (2014)) の開示を挙げる）; COFFEE & SALE, *supra* note 127, at 7; Goshen & Parchomovsky, *supra* note 157, at 760（強制開示がエージェンシー費用を低減させることに言及する）; Joel Seligman, *Historical Need for a Mandatory Corporate Disclosure System*, 9 J. CORP. L. 1, 9 (1983)（強制開示がない場合，引受証券会社の費用や経営陣の報酬が過度に高くなると述べる）。松尾・前掲注27) 91頁（情報開示について上場会社に対する事実上の規律という機能があると述べる）。

第6款　不正抑止機能

　開示の根拠として，発行者の不正行為の抑止機能が挙げられることがある。開示により，権利が実質化され，株主による権利行使がなされるために，企業の不正行為が抑止されるということもありうるであろうから，その点では，前述の権利の実質化機能との重複があるといえよう[162]。企業の不正行為の抑止とは，開示が要求される場合に，違法ではなくとも社会的に非難されることになるような不当な行動を自ずから抑制し，その行動を公正なものにするように努力することであるとされる[163]。開示により恥をかかせるということも，開示の一要素でありうる[164]。

　他にも，法定開示は，責任を伴うため，発行者や取締役等が正確性により留意するという点が指摘されている。これも，不正の抑止機能の一類型といえよう。

　不正抑止機能の問題は，権利の実質化機能と同様，本書第4章第3節第3款（400頁）にて扱う。

第7款　投資家の自己責任と限定合理性

　開示制度には，投資家の自己責任の基礎として正確かつ十分な情報に基づいて投資判断を行わせるという目的も含まれているとされる[165]。

　投資家の自己責任を問うためには，投資家が自らの責任で投資判断を行う必要があり，その投資判断の前提として情報開示が必要であるとの理由は，もっともらしい。しかし，正確を期すのであれば，この理由付けには，さらなる前

---

162) *See* Paredes, *supra* note 144, at 463. 鈴木＝河本・前掲注123) 86頁，88頁は，権利の実質化とは別に企業の不正行為の抑止機能を挙げ，この点について，企業の不正抑止機能は，企業内容開示制度の副産物であると述べる。龍田・前掲注116) 127頁も同様。
163) 鈴木＝河本・前掲注123) 88頁，神崎ほか・前掲注16) 194頁（ただし，金商法が要求する情報開示は，投資判断資料を提供することが主たる目的であり，企業行動を公正にすることを直接の目的とするものではないと述べる）。
164) *See* Paredes, *supra* note 144, at 464 (citing David A. Skeel, Jr., *Shaming in Corporate Law*, 149 U. PA. L. REV. 1811 (2001)); Alan R. Palmiter, *Toward Disclosure Choice in Securities Offerings*, 1999 COLUM. BUS. L. REV. 1, 98.
165) 龍田・前掲注116) 119頁，神崎ほか・前掲注16) 193頁。

提が必要であるように思われる。なぜなら合理的な投資家について，投資が自発的なものであり，強制されたものでも詐欺や錯誤によるものでなければ，投資家は，強制開示制度により情報を得ることがなくても，利用可能な情報に基づいてそのリスクを判断して投資を行い，その結果について，自己責任を問うことは，可能であるからである[166]。

　他方，投資家が非合理的である場合，情報が存在しないことによるリスクを正確に把握できないことや，情報が開示されたとしても，当該情報に基づく証券の価値の把握が不十分である可能性がある。投資家の自己責任を問うために投資家が（経済学的な意味で）合理的であることを要求する必要はないが，投資家の自己責任の前提として情報に基づいて判断を行わせるという主張は，投資家が開示された情報を評価できる程度には合理的であると考えているのだと思われる。従来，開示制度が投資家の自己責任と関連付けられて議論されることがあったが，この論点は，自己責任を問うために開示制度が必要かという問題と，開示された情報の利用者として合理的な投資家を想定しているのか，非合理的な投資家を想定しているのかという問題を惹起するものである。

　本章では，投資家の自己責任と限定合理性の問題を，第6節（279頁）において扱う。

第8款　市場への信頼

　強制開示の理由として，投資家の市場への信頼を維持するためという意見がみられる[167]。投資家が資本市場を信頼しなくなる具体的な要因として，資本市場に存在する情報の非対称性により，情報を有していない投資家が不利益を被る可能性が存在すること，および資本市場において不公正取引の被害者と

---

166) 合理的な投資家は，信頼できる情報が存在する場合に，当該情報に基づいて購入価格を決定し，情報が存在しない場合には，購入価格を引き下げるはずである。例えば，ラムザイヤー・前掲注118) 155頁は，「情報を開示していないことを知りながら，ある会社に投資をし，その投資を通して損をしたからといって，その会社が情報を開示していなかったので市場は不公正であったと批難すべきではなかろう」と述べる。伊藤邦雄教授は，情報の少ない投資家が，必ずしも「無防備」ではない理由として，情報が多い投資家との売買をしないまたは分散投資を行う等の選択肢が存在することを挙げる。伊藤邦雄「インサイダー取引とディスクロージャー（下）」商事1168号16頁（1988）。

167) *See* Easterbrook & Fischel, *supra* note 130, at 692; Gallagher, *supra* note 5; Seligman, *supra* note 161, at 9.

なった場合の救済が不足していることの2通りが考えられる。前者の要因は，さらに，情報の非対称性により，証券市場において投資家が証券に対して高い価格をつけることができないという問題とそもそも証券を低い価格で購入することすらもせず，投資家が証券市場に参入しないという問題が考えられる[168]。

情報の非対称性の問題は，情報を有しない投資家が証券の価値を合理的に把握できるかという問題であり，また，合理的に把握できないのであれば，それは限定合理性の問題と捉えることができる。本書では，市場への信頼としてではなく，情報の非対称性の問題として本章第5節第4款（244頁）にて取り扱う。

後者の問題は，証券市場において不公正取引の禁止が必要か，また，不公正取引の禁止に関する法執行が十分かという問題であるといえよう。本書では，私法的保護に絞って，本書第4章第3節（391頁）にて検討する。

第9款　システミック・リスクの監視および金融の安定化

John C. Coffee, Jr. 教授および Hillary A. Sale 教授は，強制開示の目的として，システミック・リスクの監視および金融の安定化ならびに経済的発展および技術革新に資することを挙げる[169]。開示された情報が，システミック・リスクの監視および金融の安定化ならびに経済的発展および技術革新のために用いられる場合，当該情報は，本来想定される投資者による利用を超えて，システミック・リスクや金融の安定化を担当する規制当局や開示された情報を利用して技術革新を行うことを試みる技術者等によって利用されることになるであろう。このように，本来想定される投資家に対する情報提供として，価値を有しているのであれば，開示された情報は，外部利益（正の外部性）を有するといえよう。

広く証券法制として捉えた場合，その目的の一つに，システミック・リスク

---

168) 強制開示の理由を市場への信頼とする考え方に対する反論として，市場への信頼が株価の上昇によって測られるのであれば，米国において1934年以前の株価上昇は，投資家の市場への信頼を表しているという意見がある。See Easterbrook & Fischel, *supra* note 130, at 692. 株価が一定程度実体的な経済と関係を有するであろうことは，株式が企業の経済的な価値を前提としていることから明らかだと思われる。しかし，実体経済を正確に株価が反映するのか，即時に反映されるのか，株価に影響を与えた他の要因があるのではないか等，議論があると思われる。本書では，市場平均が上昇し続けるという理由で，市場の信頼が確保されているという立場はとらない。

169) COFFEE & SALE, *supra* note 127, at 4, 7–8.

の監視および金融の安定化が含まれるという点に異論はない[170]。また，証券法制の一部を構成する開示制度のうち，システミック・リスクの監視および金融の安定化を直接の目的として，市場参加者に一定の開示が求められており，この点において，開示制度がシステミック・リスクの監視および金融の安定化に資するものであると理解されているように思われる[171]。しかし，企業内容の開示は，システミック・リスクの監視および金融の安定化に資するとしても，システミック・リスクに関する規制の中で企業内容の開示が占める重要性は低く，また，間接的なものであろうから，本書では，議論を省略する[172]。

また，資本市場の発展と経済的発展および技術革新の因果関係は，大変興味深い問題ではあるが，相関関係があるとしても間接的なものに留まるであろうから，本書では，議論を省略する。

第10款 継続開示義務の根拠としての市場の利用

継続開示義務の根拠として，発行者が，発行市場を利用したか，利用する等，市場の恩恵を受ける者である[173]ことが挙げられている。この点，「発行会社は現行の強制的開示制度を前提として市場に参加するか否かを判断する」ことを

---

170) See FRANK J. FABOZZI, FRANCO P. MODIGLIANI & FRANK J. JONES, FOUNDATIONS OF FINANCIAL MARKETS AND INSTITUTIONS 13 (2009) (金融規制の分類として，金融機関の安定や経済活動の水準の統制を挙げる).
171) 例えば，金融規制改革法953条(a)項は，取引所法14条(i)項(15 U.S.C. § 78n(i))を追加した。Dodd-Frank Wall Street Reform and Consumer Protection Act of 2010, § 953(a), Pub. L. No. 111-203, 124 Stat. 1376 (2010). ここで，証券取引委員会は，年次株主総会での委任状勧誘および同意書勧誘書類の中で，レギュレーションS-Kのアイテム402 (17 C.F.R. § 229.402 (2014)) に従い開示される報酬に関して，経営陣の実際に支払われる報酬と発行者の業績の関係について説明する旨の規則(disclosure of pay versus performance)を定めなければならないと規定した。証券取引委員会は，2015年4月29日に規則を提案した。Pay Versus Performance, Exchange Act Release No. 74,835 (Apr. 29, 2015) (proposed rule). 2015年11月現在，最終規則は，未だ制定されていない。
172) 本書において，規制を，経済規制(economic regulation)，社会規制(social regulation)およびリスク規制(risk regulation)に分類して検討するアイデアは，Saule T. Omarova, *License to Deal: Mandatory Approval of Complex Financial Products*, 90 WASH. U. L. REV. 63, 79 (2012)による。ただし，Saule T. Omarova教授が同79頁注68で述べている通り，これらの規制は，互いに排他的なものではなく，議論の枠組みとしては，強固なものではない。しかし，分析の視座としては有用であろう。本文で述べた通り，本書では，主に，社会厚生を最大化する規制は，どのようなものかという視点から，金商法の制度を検討している。刑事責任，民事責任および課徴金等の文脈で，社会的な公正さの担保という問題は，既に議論がなされている。残るリスク規制の問題は，2008年からの金融危機を受けて，今後，議論すべき課題といえよう。
173) 神田監修・前掲注55) 211頁。

理由として，この見解に否定的なものがある[174]。

　発行者が市場を利用したからという理由または発行者が受け入れたからという理由は，流通市場での強制的な継続開示制度の正当化には足りないと思われる。なぜなら，流通市場での強制的な継続開示制度が存在しない場合に，社会厚生が増加するのであれば（特にパレート改善[175]が可能である場合），当該制度自体を正当化するものではないからである。例えば，一定の条件のもとで強制的に適用される継続開示開示制度が存在したとして，①当該継続開示制度の適用を受けないことを選択する者が，当該継続開示制度が存在しなければ社会厚生を増大させることができる場合（例えば，継続開示制度の適用を受けない場合に実行することができる正の価値を生じることで会社の基礎的価値を増加させるプロジェクトを有している場合），または②当該継続開示制度の適用を受けることを選択した者が，当該継続開示制度が存在しなければ社会厚生を増大させることができる場合（例えば，不必要な情報開示を減らすことで投資家にとっての開示される情報の価値を損なわずに，発行者が開示に掛ける費用を削減する場合）である。

　本書は，強制開示制度を前提として発行会社が資本市場に参加するか否かという観点ではなく，そもそも，強制開示制度が存在すること自体の適否を検討するものである。

---

174) 近藤ほか・前掲注9) 261頁。
175) VILFREDO PARETO, MANUAL OF POLITICAL ECONOMY 261 (Ann S. Schwier & Alfred N. Page eds., Ann S. Schwier trans., Augustus M. Kelley 1971) (1927).

第4節　証券取引と社会厚生の関係

第1款　序　　論

　本節では，証券取引と社会厚生[176]の関係を検討する。特に，証券市場の機能または目的のうち重要なものとして，効率的な資源配分を確保することが挙げられている[177]。そこで，本節では，証券法制，特に開示規制の検討でよく用いられる資源配分の効率性[178]を中心に，証券取引と社会厚生との関係について検討する[179]。本節での議論の大前提として，資源配分が効率的であると

---

176) Louis Kaplow教授およびSteven Shavell教授による議論に基づけば，個々の個人の厚生（individual's well being）は，広範な要素に基づいて決定される。この要素の中には，公平に扱われることにより得られる利得も含まれる。LOUIS KAPLOW & STEVEN SHAVELL, FAIRNESS VERSUS WELFARE 4, 18 n.6 (2002). 公平の概念は，既にこの段階で考慮されており，その後の社会厚生の増加を検討する段階では，考慮されない。

177) 黒沼・前掲注148) 1617頁，黒沼悦郎「証券市場の機能と不公正取引の規制」10頁（有斐閣・2002），神田監修・前掲注55) 12頁（開示制度の理由として，効率的な資源配分を挙げる）。See Merritt B. Fox, *Securities Disclosure in a Globalizing Market: Who Should Regulate Whom*, 95 MICH. L. REV. 2498, 2533 (1997).

178) 「資本配分の効率性」という用語も同様の意味で用いられているように見受けられる。

179) 資源配分に言及する論文として，黒沼悦郎「証券取引と法」岩村正彦ほか編『岩波講座現代の法7企業と法』285頁（岩波書店・1998）。神崎ほか・前掲注16) 20-21頁は，「金融商品市場は，有価証券に関する取引を通じて資源の効率的な配分をもたらす。……市場の価格形成機能は，企業の資金調達コストを決定する。……これらのことにより金融商品市場を通じて，限りある金融資源の適正な配分がなされる」とする。野田耕志「証券開示規制における引受証券会社の責任」関俊彦先生古稀記念『変革期の企業法』461頁（商事法務・2011）は，James D. Cox, *The Fundamentals of an Electronic-Based Federal Securities Act*, 75 WASH. U. L.Q. 857, 870 (1997)を引用して「配分的効率性」（allocative efficiency）について，取引市場において確立した正確な証券価格が，競争関係にある投資機会との間で資源を配分する役割であると述べる。上村達男「投資者保護概念の再検討──自己責任原則の成立根拠」専法42巻3頁（1985）は，証券取引法は，証券市場の市場機能を確保することにより，物と金の流れを決定し，適正な資源配分に資することをその役割とする法であると述べる。他に，上村達男「新体系・証券取引法（1）証券取引法の目的と体系」企会53巻4号614頁（2001），河村賢治「金融商品取引法に関する一考察」上村達男＝神田秀樹＝犬飼重仁編著『金融サービス市場法制のグランドデザイン』238-239頁（東洋経済新報社・2007），山下＝神田編・前掲注10) 8頁〔山下友信〕参照。逐条解説として，黒沼悦郎＝太田洋編著『論点体系金融商品取引法1』5-7頁（第一法規・2014）〔若林泰伸〕。

は，当該資源配分の結果，社会厚生が最大化する場合をいうものとする[180]。

そこで，証券市場に関して資源配分の効率性および社会厚生への影響を検討すべき場面を考えてみると，①発行会社による実体資産への投資，②流通市場での取引，および③発行市場での取引という三つの場面が考えられるように思われる。

本節では，これらの点について次の順序で検討する。第2款では，モディリアーニ＝ミラー理論を概観し，資源配分の効率性との関係を考慮に入れつつ，発行会社による実体資産への投資の影響を検討する。次に，第3款では，流通市場での取引の影響を，最後に，第4款では，発行市場での取引の影響を，検討する。

第2款　発行会社による実体資産への投資

第1目　序　論

本款では，資源配分の効率性を議論する前提として，モディリアーニ＝ミラー理論[181](Modigliani-Miller theorem) を概観しつつ，発行会社による実体資産への投資の効率性を検討する。

前述の通り，本節では，議論を，発行会社による実体資産への投資と投資家による発行会社への投資に分類し，さらに，投資家による発行会社への投資を，発行市場で証券を取得する場合と流通市場で証券を取得する場合に分類している。この点，発行会社による実体資産への投資は，投資家がどのように証券を取得したかにかかわらず，問題になる事項である。そのため，先に，実体資産への投資に関する議論を概観する。

[180) 田中亘「総論―会社法学における実証研究の意義」商事1874号13頁注20（2009）（「望ましいルールを選択する規範的な分析をモデル化するとすれば，あるルールを採用した場合に実現する社会厚生の期待値（期待社会厚生）を予測し，これを最大にするようなルールを選択するという問題となろう。ここで，『期待社会厚生』とは，あるルールの下で実現する可能性のある社会状態（複数あり得る）のそれぞれにおける社会厚生を，それぞれの社会状態が実現する主観的確率で重みづけした加重平均として定義できる」と述べる）。渡辺智之「経済学者から見た法と経済学」法教365号47頁（2011）参照。

181) Franco Modigliani & Merton H. Miller, *The Cost of Capital, Corporation Finance and the Theory of Investment*, 48 AM. ECON. REV. 261–97 (1958).

本款での議論は，次の通り進める。第2目では，資金調達と投資判断の関係を概観する。次に，第3目において，実体資産への投資が効率的ではなくなる類型を検討する。

第2目　資金調達と投資判断の関係

序論　本目では，資金調達と投資判断の関係について検討する。最初に，モディリアーニ＝ミラーの第一命題 (MM Proposition I)（以下，「MM第一命題」という）に基づく資金調達と投資判断の関係を概観する[182]。その後，MM第一命題の前提を少し緩やかにして，税金と倒産の可能性を考慮し加重平均資本コスト (WACC: weighted-average cost of capital)（以下，「WACC」という），ひいては，投資判断へどのような影響を与えるのかについて検討する。

モディリアーニ＝ミラーの第一命題　発行会社による実体資産への投資は，発行市場による調達を直接利用するものが考えられるが，銀行借入れによって得た資金を投資することや，会社の内部留保を再投資することも考えられる。様々な資金調達手段が，会社の価値に影響を与えるかという点について，MM第一命題は，税金，取引費用，その他の市場の不完全性が存在しない場合に，会社は，証券の価値の合計をキャッシュ・フローを分割することで変えることはできないと述べる[183]。MM第一命題には，税金，取引費用，その他の市場の不完全性が存在しないという前提が存在するが，この前提の下で，資本構成の割合を変えることで，発行済証券の総価値を変えることはできない[184]ということになる。

さらに，MM第一命題が適用される場合，資本構成にかかわらず加重平均資本コストは一定となる[185]。そうであれば，会社が投資判断をする際に，市場の

---

[182] MM第一命題を扱うものとして，例えば，藤田友敬「基礎講座Law & Economics会社法（2）会社法と関係する経済学の諸領域（2）」法教260号63-72頁，（2002）。神田秀樹「自己株式取得と企業金融（上）」商事1291号5頁（1992）は，自己株式取得の文脈で，簡単ではあるが，MM第一命題に言及する。

[183] *See* RICHARD A. BREALEY, STEWART C. MYERS & FRANKLIN ALLEN, PRINCIPLES OF CORPORATE FINANCE 427 (11th ed. 2013). これは，証券の価値の合計に関して，資本構成は，無関係であるということである。*See id.* また，レバレッジがある会社の価値は，レバレッジがない会社の価値と同じであると言い換えることができる。スティーブン・A・ロス＝ランドルフ・W・ウェスターフィールド＝ジェフリー・ジャフィ（大野薫訳）『コーポレート・ファイナンスの原理〔第9版〕』766頁（金融財政事情研究会・2012）。

[184] ロスほか・前掲注183) 767頁。

[185] ロスほか・前掲注183) 769頁（「MM命題Iのもつ意味は，資本構成にかかわらず所与の企業に対

不完全性が存在しない限り，正の正味現在価値を有するプロジェクト (positive net present value projects) であるか否か[186]は，資金調達によって変えることはできず，会社の実体資産への投資は，資金調達によっては，変わらないということになる[187]。ひいては，実体資産への投資に基づく資源配分の効率性にも影響を与えないだろう。

静的トレード・オフ理論 MM 第一命題の前提を緩やかにして，税金と倒産の可能性を導入する[188]。例えば，すべて株式で資金調達をしていた会社が，株式の資本コスト以下で負債を調達できる場合，ある程度までの負債の調達であれば，負債の調達に基づく節税により加重平均資本コストは，低下する。負債による調達の割合が増え続けると，倒産の可能性

して加重平均資本コストが一定であるということである」）。これは，モディリアーニ＝ミラーの第二命題 (MM Proposition II)「株主へのリスクはレバレッジとともに上昇するので，株主資本に要求されるリターンは，レバレッジと正の関係にある」という主張とも整合的である。ロスほか・前掲注183) 768-771頁。なお，加重平均資本コスト R_W は， R_B を負債コスト， R_S を株主資本コストまたは株主資本に対して要求されるリターン， R_W を加重平均資本コスト， B を負債または社債の価値， S を企業の株式または株主資本の価値とした場合，式3.1で表される。ロスほか・前掲注183) 769頁。

$$R_W = \frac{S}{B+S} \times R_S + \frac{B}{B+S} \times R_B \tag{3.1}$$

186) 会社は，正の正味現在価値を有するすべてのプロジェクトに投資し，負の正味現在価値を有する投資を行わないことで，価値を最大化することができる。See BREALEY, MYERS & ALLEN, *supra* note 183, at 105, 295; Marcel Kahan, *Securities Laws and the Social Costs of Inaccurate Stock Prices*, 41 DUKE L.J. 977, 1006 (1992); Myers & Majluf, *supra* note 155, at 187（市場が効率的であるため証券の売却に因る正味現在価値がゼロであるという前提において，投資判断は，内部資金か外部資金かにかかわらず，すべての正の正味現在価値を有するプロジェクトに対して投資をするというものになることに言及する）。ロスほか・前掲注183) 212頁。

187) なお，株式の市場価格が会社の本源価値と比較して高騰し，株式による資金調達をすることが株価が高すぎることのシグナルとなり，株価の下落を導くとき，既存株主の利益を優先する経営者は，株式による資金調達に基づくプロジェクトの実行をしないという指摘がある。Myers & Majluf, *supra* note 155, at 192-93. 情報の非対称性については，本章第5節第4款第5目（263頁）にて検討する。なお，株式による資金調達を行って投資する場合かつ経営者が旧株主の利益に配慮する場合で一定の条件を満たすとき，正の正味現在価値を有するかという点の他に，新旧株主間での投資後の価値の配分が問題となりプロジェクトが正の正味現在価値を有するとしても投資が行われないという議論がある。Myers & Majluf, *supra* note 155, at 199 fig.1, 200. 本節では，発行者の意図した結果が投資によって得られるかという議論に焦点を当てるため，この点を無視する。

188) この理論は，静的トレード・オフ理論 (static trade-off theory) と呼ばれる。See Wolfgang Bessler, Wolfgang Drobetz & Robin Kazemieh, *Factors Affecting Capital Structure Decisions*, *in* CAPITAL STRUCTURE AND CORPORATE FINANCING DECISIONS: THEORY, EVIDENCE, AND PRACTICE 18 (H. Kent Baker & Gerald S. Martin eds., 2011). 静的トレード・オフ理論に言及するものとして，藤田・前掲注182) 66-68頁。会社の資本構成の議論で，静的トレード・オフ理論だけではなく，エージェンシー理論に言及するものとして，藤田・前掲注182) 68-72頁。

が節税の利益を上回り,加重平均資本コストは,上昇する[189]。この前提の場合,資金調達の種類により,加重平均資本コストが変動するため,正の正味現在価値を有していたプロジェクトが負の正味現在価値を有することになることや,その逆が起こりうるため,発行者の投資判断に影響を与える可能性がある。

節税の利益を相殺する他の要素として,他に,社債権者が経営者との関係に関して生じるエージェンシー費用[190]が挙げられる[191]。会社の経営者は,株主価値と負債価値の合計よりも株主価値の最大化を優先する誘因がある[192]。例えば,負債を有する会社の経営者は,フリー・キャッシュ・フローがある場合,リスクを転嫁する戦略をとる傾向にある[193]。具体的には,第一に,成功すれば株主を利するが,失敗する際の損失を債権者が負うようなリスクの高いプロジェクトを実行することが考えられる[194]。また,第二に,負債比率の高い会社において正の正味現在価値を有するプロジェクトに基づく利益がすべて社債権者のものになる場合,経営者が当該プロジェクトを実行しないという場合が

---

189) ロスほか・前掲注183) 822頁図17.1。
190) *See* Bessler et al., *supra* note 188, at 18 (citing Jensen & Meckling, *supra* note 118, at 338).
191) ただし,負債には,エージェンシー費用を低減させる効果も存在することが指摘されている。*See id.* (citing Michael C. Jensen, *Agency Costs of Free Cash Flow, Corporate Finance, and Takeovers*, 76 AM. ECON. REV. 323, 324 (1986))。
192) *See* Jensen & Meckling, *supra* note 118, at 337–39 (経営者のエージェンシー費用に対する社債権者の対応について論じる)。このエージェンシー費用は,社債を取得する際に社債のプレミアムに含まれ,発行者に転嫁される。*Id.* at 338.
193) *See* Bessler et al., *supra* note 188, at 18.
194) *See In re* Central Ice Cream Co., 836 F.2d 1068 (7th Cir. 1987); Credit Lyonnais Bank Nederland, N.V. v. Pathe Commc'ns Corp., 1991 WL 277613, at *34 n.55 (Del. Ch. Dec. 30, 1991) (Allen, C.). 関連する論点として,①取締役が株主や会社ではなく債権者にも信認義務を負うべき場合があるか,②デラウェア州の判例法理において取締役が債権者に対して信認義務を負う場合はどのような状況か,③直接損害か間接損害か等の議論があるが,本書では,省略する。*E.g.*, Stephen M. Bainbridge, *Much Ado About Little? Directors' Fiduciary Duties in the Vicinity of Insolvency*, 1 J. BUS. & TECH. L. 335, 347–48 (2007) (N. Am. Catholic Educ. Programming Found. v. Gheewalla, 930 A.2d 92, 103 (Del. 2007)以前の議論); Douglas G. Baird & M. Todd Henderson, *Other People's Money*, 60 STAN. L. REV. 1309, 1324 (2008); Marcel Kahan & Edward Rock, *How to Prevent Hard Cases from Making Bad Law: Bear Stearns, Delaware, and the Strategic Use of Comity*, 58 EMORY L.J. 713, 738–39 (2009); Bessler et al., *supra* note 188, at 18. 後藤元「取締役の債権者に対する義務と責任をめぐるアメリカ法の展開」金融研究29巻3号123頁,130頁(2010)。また,類似の問題は,債権者だけではなく,取締役が優先株主に対して信認義務を負うかという文脈でも議論されている。HB Korenvaes Inv., L.P. v. Marriott Corp., 1993 WL 205040, at *16–17 (Del. Ch. June 9, 1993) (Allen, C.). 株主と優先株主との利益相反を扱った事案として,*In re* Trados Inc. S'holder Litig., 2013 Del. Ch. LEXIS 207, at *63 (Del. Ch. Aug. 16, 2013) (Laster, V.C.)。

考えられる[195]。例えば，額面 500 億円の負債が存在する債務超過である会社 A が存在し，事業から生じる価値（事業価値）が 20 億円の会社が存在する場合，株主価値は，ほぼゼロである[196]。この状態で，プラス 30 億円の正味現在価値があるプロジェクト B が存在したとする。社債権者からすれば，プロジェクト B の実行は，社債権者総体に 30 億円の利益をもたらす。オプション理論に基づけば，プロジェクト B の実行により，株主価値は，多少増加するが，その変動は，僅少であり，株主は，プロジェクト B を実行しないかもしれない。

第3目 実体資産への投資が効率的ではなくなる類型

Frank H. Easterbrook 教授（当時）および Daniel R. Fischel 教授の 1985 年の論文では，証券法に基づく損害賠償額に関する議論の文脈で，証券取引から生じる純損失 (net harm) として，取引による犯罪者に対する純移転 (net transfer) が存在する場合，詐欺をみつけるために講じる予防策の費用，訴訟費用，善良な会社が詐欺を行う会社とは違うことを明らかにするための費用等が存在する場合および非効率的な配分が生じる場合が挙げられている[197]。また，Easterbrook 教授および Fischel 教授は，最後の，実体資産について非効率な配分が生じる場合として，意図されていないプロジェクトへの投資を挙げ，これを三つに分類する[198]。すなわち，意図していないプロジェクトに投資することで資源配分の効率性 (allocative efficiency) が損なわれる例として，会社が投下された資本の一部（または全部）を，意図されたプロジェクトに用いない場合，期待利得は同じだが意図されたプロジェクトよりもリスク（ボラティリティ）の高いプロジェクトに資本を投じる場合および意図されたよりも期待利得が低いプロジェクトに資本を投じる場合である。強制開示は，このような損失を回避するための一手段ということになろう[199]。

---

195) *See* Bessler et al., *supra* note 188, at 18 (citing Stewart C. Myers, *Determinants of Corporate Borrowing*, 5 J. FIN. ECON. 147, 149 (1977)).
196) 後藤・前掲注194) 160頁（債務超過状態であって，株式にはコール・オプションとしての性格があるため，その価値はゼロにはならないことに言及する）。
197) Frank H. Easterbrook & Daniel R. Fischel, *Optimal Damages in Securities Cases*, 52 U. CHI. L. REV. 611, 622–25 (1985).
198) *Id.*
199) 特に株主としての権利行使まで視野に入れた場合，権利の実質化機能を果たすのは，金商法上の開示ではなく，開示を含めた会社法上の規制で対処すべきではないかまたは対処できており十分ではないかという意見が考えられるだろう。他方，金商法上の開示義務を会社法上どのように位置づけるかと

会社が意図していないプロジェクトに投資することを避けるような，良い投資判断をするためには，投資家は，新たな資本が将来どれだけの価値を生み出すかを知らなければならない[200]。Jeffrey N. Gordon 教授および Lewis A. Kornhauser 教授は，これを配分的効率 (allocatively efficient) と呼ぶ[201]。

　特に，発行市場での証券募集では，手取金の使途が開示されることが一般的であり[202]，発行会社が手取金を当該使途に用いる場合，証券市場は，投資市場における資源配分，ひいては，配分的効率に関与しているということができよう[203]。

第4目　小　　括

　本款では，第一に，発行者は，加重平均資本コストを超えるリターンを得ることができるプロジェクト（正の正味現在価値を有するプロジェクト）のすべてに投資すべきであるというファイナンス理論を前提として，資金調達が加重平均資本コストに影響を与えるか，ひいては発行者による投資プロジェクトの選択に影響を与えるかという点について概観した[204]。

　MM 第一命題に基づけば，資金調達は，加重平均資本コストに影響を与え

　　　いう問題と捉えることもできる。関連する意見として，上村達男「会社法制と資本市場（日本私法学会シンポジウム資料会社法改正の理論と展望）」商事1940号9頁（2011）は，金商法上の情報開示制度を会社法上の制度として認知するといった解決が必要であるとする。
200) *See* Jeffrey N. Gordon & Lewis A. Kornhauser, *Efficient Markets, Costly Information, and Securities Research*, 60 N.Y.U. L. Rev. 761, 767 (1985). 同論文の検討として，近藤光男「Jeffrey N. Gordon & Lewis A. Kornhauser, *Efficient Markets, Costly Information, and Securities Research*, 60 N.Y.U. L. Rev. 761 (1985)」アメリカ法1988-1号101頁（1988）。
201) Gordon & Kornhauser, *supra* note 200, at 767.
202) 例えば，開示府令第2号様式第一部【証券情報】第一【新規発行株式】10【新規発行による手取金の使途】(2)【手取金の使途】。*E.g.*, 17 C.F.R. § 239.11, Item 4 (様式S-1); 17 C.F.R. § 239.13, Item 4 (2014) (様式S-3).
203) *See* Merritt B. Fox, *Retaining Mandatory Securities Disclosure: Why Issuer Choice is not Investor Empowerment*, 85 Va. L. Rev. 1358-59 (1999). Gordon 教授および Kornhauser 教授は，この意味で，配分的効率性 (allocative efficiency) の用語を用いる。Gordon & Kornhauser, *supra* note 200, at 767. すなわち，配分効率的市場とは，実体資産への投資が最適に行われる市場をいう。
204) 本書では，さらに，株主価値を増加させることが社会厚生の増加に繋がるという前提に立脚している。この点，米国では，株主は，典型的には，富裕層で，年寄りでかつ白人であることから，株主価値の増加は，効率性に寄与することはあっても社会厚生への寄与への根拠としては薄弱であるという指摘がある。*See* William W. Bratton & Michael L. Wachter, *Shareholders and Social Welfare*, 36 Seattle U. L. Rev. 489, 525-26 (2013). わが国でも株主が社会の構成員の一部に偏っている場合，同様の指摘が可能であるかもしれない。

ず，発行者による投資プロジェクトの選択に影響を与えない。しかし，MM 第一命題の前提を緩やかにすることで，加重平均資本コストに影響を与えることがありえることを示した。

本款では，第二に，実体資産への投資が効率的ではなくなる類型として，Easterbrook 教授および Fischel 教授の議論を紹介した。すなわち，証券取引から生じる純損失として，犯罪者に利益移転が生じる場合，予防等に費用がかかる場合，資金が効率的に用いられない等の非効率的な配分が生じる場合である[205]。

民事責任の制度は，Easterbrook 教授や Fischel 教授が示すような純損失の発生を避け，実体資産への投資の効率性を確保する上で有用であろうと思われる。

第3款　流通市場での取引

第1目　序　論

前款では，会社のプロジェクト選択は，加重平均資本コストに基づいて行われるべきであることや MM 第一命題に基づけば，資金調達が発行者のプロジェクト選択に与える影響が限定的であることなどを概観した。その点で，資金調達は，発行会社による実体資産への投資の効率性，ひいては，資源配分に与える影響が限定的であることを示した。

本款では，流通市場での取引と社会厚生の関係について検討する[206]。第一に，流通市場と資源配分の効率性の関係について検討する。流通市場が資源配分の効率性に影響を与えているか否かについて，既存の議論を概観する。端的にいえば，流通市場での取引は，専ら，ゼロ・サム・ゲーム[207]であるため，資

---

[205] Easterbrook & Fischel, *supra* note 197, at 622–25.
[206] 流通市場での資金運用のためには，証券の市場価格が証券の価値を適切に反映する必要があり，ここでも情報の開示と取引の公正を確保することが望ましいとする意見がある。黒沼・前掲注 179) 284頁。
[207] *See* Eugene F. Fama & Arthur B. Laffer, *Information and Capital Markets*, 44 J. BUS. 289, 292 (1971); Coffee, *supra* note 143, at 734; Lynn A. Stout, *Are Stock Markets Costly Casinos? Disagreement, Market Failure, and Securities Regulation*, 81 VA. L. REV. 611, 622 & n.29 (1995). ゼロ・サム・ゲーム (zero-sum game) とは，

源配分に与える影響が限定的であることを示す[208]。

第二に、流通市場と社会厚生の関係について検討する。流通市場での取引は、投資家が流通市場に投資をしている以上、社会厚生との関係で問題になりうる。そこで、流通市場が社会厚生に与える影響について、資源配分に限定せずに、既存の議論を概観する。

第三に、市場の価格形成機能と資金調達コストの関係を概観する。いささか技術的であり、また、内容が著名なファイナンスの教科書で挙げられている事例をそのまま利用するものであるものの、理解が難しい点であるため、例を挙げて、説明する。

第2目 流通市場と資源配分の関係

本目では、流通市場での取引に関する資源配分の効率性を検討する。発行市

 プレイヤーがどのような戦略を選択しようとも、すべてのプレイヤーの利得の総和がゼロとなるゲームをいう。See ERIC RASMUSEN, GAMES AND INFORMATION: AN INTRODUCTION TO GAME THEORY 26 (4th ed. 2006).
208) 通常、自発的な取引(voluntary exchanges)は、双方にとって有益である。See STIGLITZ & WALSH, supra note 144, at 11 (経済学の重要な洞察は、自発的な交換の両当事者が利益を得ていることを認識していることであると述べる); Robert B. Wilson, Exchange, in 3 THE NEW PALGRAVE DICTIONARY OF ECONOMICS 80–86 (Steven N. Durlauf & Lawrence E. Blume eds., 2d ed. 2008). そして、それは、一方当事者が差し出す対価よりも当該当事者が受領する財により高い価値を置いているからに他ならない。See STIGLITZ & WALSH, supra note 144, at 10 (山でとれた肉および毛皮と魚との交換について、内陸に住む者は渡す肉と毛皮よりも高い価値を有する魚を欲し、また、その逆も同様であることを述べる). すなわち、交換によって財に対して高い価値を与えるものに所有が移転するということであり、この点は、組織再編の文脈でも指摘されている。See Frank H. Easterbrook & Daniel R. Fischel, Corporate Control Transactions, 91 YALE L.J. 698, 705 (1982) (会社支配権の自由な移転は、他の自発的な交換と同様、資産をより高い価値を与える者に移転される強い推定が働くと述べる); Alan Schwartz, The Fairness of Tender Offer Prices in Utilitarian Theory, 17 J. LEGAL STUD. 165, 170 (1988) (市場価格をある程度上回る価格での会社資産の移転は、事前の観点から効率的であると指摘する). 証券市場でも同様の効果を有する証券は、存在するであろう。Stout, supra note 207, at 669 n.181 (財の交換が両者にとって利益のあるものとなりうる例として、商品先物市場への言及). また、同様に、住宅購入の頭金として現金が必要な者と余剰資金を投資に回す者との間では、ある会社の株式と購入代金の間の価値が違い、交換が利益を生むかもしれない。しかし、例えば、ある発行者の株式の所有者が移転しても、少数株式であれば議決権を行使したとしても直接発行者から生じるキャッシュ・フローを変化させることはできない。また、証券の所有者ができることは単に証券を保有することであり、毛皮を衣服にするということや魚を食すといった方法で、証券から生じる価値を増やすことができない。以上の理由により、流通市場での証券の取引は、交換から付加価値が生じ難く、専ら、ゼロ・サム・ゲームとなるものと思われる。流通市場での取引がゼロ・サム・ゲームであることに言及する文献として、例えば、江頭・前掲注143) 349頁。例えば、逆に、流通市場で株式を買い集めて、支配権を取得するような場合、支配権を行使して対象となる発行者の経営に影響を与えて、発行者から生じるキャッシュ・フローを変化させることができるため、ゼロ・サム・ゲームにはならない。

場と較べて，流通市場と資源の適正配分の関係は，論じることが難しい[209]。継続開示は，流通市場に向けた開示であると考えられる。流通市場では，投資者間での証券の取引が行われている。流通市場に参加する投資家は，投資または投機の目的で証券を売買している。そして，投資家は，証券投資の見返りを配当または証券の値上がりとして受けることになる[210]。流通市場で値付けされる金融商品の価格は，資産運用の手段として流通市場で取引される証券へ投資する投資家にとって重要である。なぜなら，投資家は，利用可能な情報に基づき流通市場に流通する証券を購入しており，購入した証券から利用可能な情報に基づき予想される（配当または証券価格の変動[211]に基づく）利得を得るつもりであるからである。投資家にとって，流通市場においてどの証券に投資するかを決定することは，発行市場においてどの証券に投資するかと，同じくらい重要であろう[212]。

しかし，流通市場での取引は，投資家総体でみれば，投資家間の利益移転に

---

[209] 例えば，資源配分に係る証券取引委員会の影響力は，①資源配分という全体のプロセスのごく一部を占める，②新株発行に限定されているかもしれない，および③証券市場は，富の配分を行うが，資本の配分は行わないとの指摘がある。See Lynn A. Stout, *The Unimportance of Being Efficient: An Economic Analysis of Stock Market Pricing and Securities Regulation*, 87 MICH. L. REV. 613, 617 n.14 (1988) (citing HOMER KRIPKE, THE SEC AND CORPORATE DISCLOSURE 135–39 (1979)); Adolf A. Berle, *Modern Functions of the Corporate System*, 62 COLUM. L. REV. 433, 447 (1962).

[210] もちろん，元本割れの可能性がある証券を購入して証券が値下がりする場合もある。この点，証券市場が劣マルチンゲールであるかが問題となる。本書第2章第2節第3款第2目（40頁）参照。

[211] 効率的市場では，株価は，ランダム・ウォークするが，投資家が株価変動の予測を行わないということではない。投資家は，個々の証券のベータや，他の証券との相関係数等に基づいて，証券価格の変動を予想する。例えば，インデックス・ファンドに投資する投資家は，インデックス・ファンドの価格の変動がシステミック・リスクに基づく変動である市場平均に連動することを想定して，当該ファンドを購入する。また，ある証券への投資が劣マルチンゲール（本書40頁）に従うと考えられれば，短期的に証券価格の変動が存在するにしても，当該証券を保有し続けることが合理的な選択肢となる。

[212] See JAMES D. COX, ROBERT W. HILLMAN & DONALD C. LANGEVOORT, SECURITIES REGULATION: CASES AND MATERIALS 2 (7th ed. 2013). 株式を，新規株式公開で買う場合と，新規株式公開後の新株の募集（増資）に応募する場合と，流通市場で当該株式を購入する場合を比較してみると，投資家は，どの場合でも同じ権利を有する株式を入手することができる。しかし，新規株式公開の場合には，上場後の株式の流通の程度やその時点での価格は，予想することしかできない。増資の場合，①通常，流通市場での価格を参照して，数％のディスカウントを行うことが通常であるため，流通市場で購入するよりも低い価格で購入できるという点と，②増資後の需給の影響や増資自体が有する企業価値への影響が株価に反映されることが考えられる。See STEPHEN M. BAINBRIDGE, CORPORATION LAW AND ECONOMICS 120 (2002) (数％のディスカウントを行う点に言及する)。日本証券経済研究所編『図説日本の証券市場〔2012年版〕』37頁，48頁（日本証券経済研究所・2012）によると，わが国における株式の公募による資金調達は，2010年において，約3兆3,000億円であり，他方，証券取引所で行われた株式の売買金額は，約375兆4,700億円であった。

すぎず,専ら,ゼロ・サム・ゲームであると捉えられる。そうであれば,投資間での利益移転が起こっても,社会厚生の総量には影響を与えない。これは,企業の業績が株価に反映する結果生じる,個々の投資家に関する投資の成功や失敗は,金商法による保護が及ばない領域であると言い換えることができよう[213]。この観点からみると,社会厚生が増大するか否かという意味での継続開示が関連する資源配分の効率性といったものは,観念できない。

ただし,詐欺や虚偽記載に基づく投資により社会厚生が減少する場合は,詐欺防止条項による責任規定等による保護が必要となりうる[214]。この点,法とファイナンスに関する議論を参照されたい[215]。

第3目　流通市場と社会厚生の関係

序論　前目では,流通市場と資源配分の効率性の関係が限定的であることを概観した。しかし,流通市場と資源配分の効率性の関係が限定的であることは,流通市場が社会厚生の増減に影響を与えないということを意味しない。そこで,本目では,流通市場と社会厚生の関係を取り扱う。

特に,流通市場が専らゼロ・サム・ゲームであるにもかかわらず,社会厚生を維持するために金商法が考慮すべき事項として,第一に,流通市場での取引にかかる取引費用を概観する。次に,流通市場で新たに生じるディスカウント[216]を概観する。最後に,流通市場が社会厚生に影響を与える例を概観する。

---

[213] 虚偽記載等が存在しない投資判断に基づく投資の結果生じる失敗や成功について,金商法による保護が及ばないことに異論はないであろう。この点は,投資家の自己責任として,議論されている。神崎ほか・前掲注16) 7頁,193頁（金商法における情報開示の規制は,投資判断に必要な情報を投資者に開示させ,開示の完全性,正確性は国がチェックするが,有価証券の投資価値の判断自体は開示された情報に基づいて投資者自身に行わせる）。また,虚偽記載に基づく投資判断を行った場合に,投資家が,損害について完全な補償を求めることができるかについては,議論がある。証券法制が,虚偽記載に関する保険として機能するかという議論がなされている。See Jennifer H. Arlen & William J. Carney, *Vicarious Liability for Fraud on Securities Markets: Theory and Evidence*, 1992 U. ILL. L. REV. 691, 704 n.69; Basic Inc. v. Levinson, 485 U.S. 224, 252 (1988) (White, J., dissenting).

[214] 市場価格の効率性と投資家保護の必要性の関係について,例えば,黒沼・前掲注177) 15頁は,誤った情報に基づいて形成された非効率な価格に基づいて取引を行った投資家の保護の必要性を指摘する。See Easterbrook & Fischel, *supra* note 130, at 673. 尾崎安央「開示制度に関する覚書」別冊商事369号58頁（2012）（任意開示が虚偽でありまたは誤解を生じさせる危険性を排除させる法的関与が許されるし,必要ですらあると述べる）。尾崎教授の議論は,開示への詐欺防止条項の適用を肯定するものといえよう。

[215] 法とファイナンスについて,本書190頁注216) 参照。

[216] 本書において,法を流通市場での取引にかかる取引費用や流通市場で新たに生じるディスカウントと

流通市場での取引にかかる取引費用　流通市場での取引にかかる取引費用とは，投資家が流通市場で取引することにより生じる取引費用の総額を意味し，情報収集 (acquisition)，情報処理 (processing) および情報の検証 (verification)[217]，ブローカーにかかる費用，証券市場でのスプレッド，取引が市場に与える影響，取引の相手をみつけることができないことによる機会費用等が考えられるだろう[218]。投資家は，証券を売却するまでにかかる費用を考慮に入れて，証券を取得するための値付けを行うと考えられる[219]。証券募集の当初から，将来に負担する取引費用の現在価値が一定であれば，社会厚生に与える影響は，限られたものとなる。しかし，将来に負担すべき取引費用が増加する事実が新たに発生すると，その現在価値に対応する分

結びつけるというアイデアは，いわゆる法とファイナンスに由来している。*E.g.*, Rafael La Porta, Florencio Lopez-de-Silanes & Andrei Shleifer, *Law and Finance After a Decade of Research*, *in* 2A HANDBOOK OF THE ECONOMICS OF FINANCE 425, 435 (2013); Rafael La Porta, Florencio Lopez-de-Silanes, Andrei Shleifer & Robert Vishny, *Investor Protection and Corporate Valuation*, 57 J. FIN. 1147, 1162 tbl.III (2002) (トービンの Q を被説明変数とした回帰分析における，一定のモデルについて，①株主が郵送での投票が可能か，②株主総会の前に株式の預託が必要か，③累積投票または持分比率に応じた取締役の任命が可能か，④少数株主保護の仕組みが存在するか，⑤10％未満の株主について，臨時株主総会を招集する権利があるか，および⑥株主総会のみで放棄できる新株引受権が存在するかという要素に基づいて算出された指数 (anti-director rights index) の係数が統計的に有意であり，支配株主が存在する会社を対象に，少数株主の保護措置の存在と株価との正の相関関係を示す)。また，Rafael La Porta, Florencio Lopez-de-Silanes & Andrei Shleifer, *What Works in Securities Laws?*, 61 J. FIN. 1, 19 (2006) は，開示制度および民事責任と証券市場の大きさの相関関係を肯定している。資本市場の発展のためには投資家を保護する法制度の充実が必要であることを主張する代表的な見解として法とファイナンスに関する論文およびこれに反論する論文を紹介するものとして，白井正和「友好的買収の場面における取締役に対する規律 (1)」法協127巻12号1988頁注11 (2010)。証券規制が株価に影響を与えるという考え方は，証券法制を研究する学者に広く受け入れられている。*E.g.*, Fox, *supra* note 203, at 1335, 1415–16; James D. Cox, *Regulatory Duopoly in U.S. Securities Markets*, 99 COLUM. L. REV. 1200, 1230–31 (1999); Paredes, *supra* note 144, at 464 (citing Donald C. Langevoort, *Managing the "Expectations Gap" in Investor Protection: The SEC and the Post-Enron Reform Agenda*, 48 VILL. L. REV. 1139, 1152 (2003)); Katharina Pistor, *Law in Finance*, 41 J. COMPARATIVE ECON. 311, 311 (2013). EASTERBROOK & FISCHEL, *supra* note 2, at 18 (株価が決定されるメカニズムは，企業統治 (governance) と会社経営 (operation) の状態を価格に反映させることを確保するためであると述べる)。

217) *See* Ronald J. Gilson & Reinier Kraakman, *The Mechanisms of Market Efficiency*, 70 VA. L. REV. 549, 594 (1984); Easterbrook & Fischel, *supra* note 130, at 686 (情報開示には，理解や検証が簡単なものもあれば，開示といいつつ情報を隠すような効果を有する開示もあることを指摘する)。

218) *See* ASWATH DAMODARAN, DAMODARAN ON VALUATION: SECURITY ANALYSIS FOR INVESTMENT AND CORPORATE FINANCE 497–98 (2d ed. 2006).

219) 資産の現在価値は，当該資産の保有者に課せられるすべての取引費用の現在価値が反映 (低減) している。*See id.* at 508.

だけ株価は，下落し，社会厚生が減少すると思われる。また，取引が行われるたびに取引費用の分だけ，社会厚生は，減少する[220]。

流通市場で新たに生じるディスカウント　前段落で述べた通り，投資家は，証券の取得にあたり対象となる企業の価値だけでなく，取引費用を考慮して取得額を決定し，また，本書第2章第5節第3款（124頁）にて検討した通り，株主レベルでのディスカウントを考慮して取得額を決定する。本書第2章第5節第3款第2目（125頁）において検討したように，株主レベルでのディスカウントには，市場性の欠落によるディスカウントを含む。証券取得時に想定したよりも，市場性の欠落によるディスカウントが増加すれば，社会厚生は，その時点で減少することになる。

このため，投資家が，流通市場の存在を前提とし，証券を値付けする場合，継続開示義務は，当該投資家による流通市場で証券を売却できるという期待を保護する理由となりうる[221]。

その他流通市場が間接的に社会厚生に影響を与えうる例　最後に，流通市場が社会厚生に間接的に影響を与えうる例として，問題が生じた企業に関して株価が下落することで問題が生じていることを表すシグナルとして機能すること[222]および株価が下落することで，会社支配権市場が機能すること[223]等が挙げられる。

流通市場が社会厚生に影響を与えうる第一の例は，株価の下落が発行者に関する情報のシグナルとなっている点である[224]。基礎的価値に関する効率性を有する市場を前提とした場合，発行者に関する株価の下落は，当該発行者

---

220) See Stout, supra note 207, at 670–77.
221) 金商法1条における「有価証券の流通を円滑にする」ことの実質的な意味も，本目で議論するところの意味と解することができよう。投資家は，将来の取引費用を勘案する際に，流通市場に向けての情報開示が存在するかを考慮するものと思われる。例えば，流通市場における開示が存在する場合，投資家は，流通市場における開示の利益を享受することができるため，発行市場において，投資家は，流通市場における開示の利益が存在しないよりも高い価格で，証券を購入することができる。See CHOI & PRITCHARD, supra note 134, at 24.
222) See Merritt B. Fox, Randall Morck, Bernard Yeung & Artyom Durnev, *Law, Share Price Accuracy, and Economic Performance: The New Evidence*, 102 MICH. L. REV. 331, 339–40 (2003); Eugene F. Fama & Michael C. Jensen, *Separation of Ownership and Control*, 26 J.L. & ECON. 301, 313 (1983).
223) See Fox et al., supra note 222, at 340; Kahan, supra note 186, at 1029; Gordon & Kornhauser, supra note 200, at 824; Fama & Jensen, supra note 222, at 313.
224) 情報の保有者が自分の行動を通して間接的に相手に情報を伝える現象をシグナリングという。藤田友敬＝松村敏弘「取引前の情報開示と法的ルール」北法52巻6号2108頁（2002）。

またはその他の者から開示される情報に基づき，当該発行者の株主価値が下落していることを示すものである[225]。流通市場での取引に関する限り，取引は，事前の観点からは，専ら，ゼロ・サム・ゲームであると捉えることができる[226]が，事後の観点からすれば，株価の上昇が，発行者の基礎的価値を反映したものであれば，社会厚生の増減を表していると捉えることができる[227]。すなわち，発行者の基礎的価値の増加を反映した株価の上昇は，株主が保有する株式の価値を上昇させるという点で，社会厚生の増加を，同様に，株価の下落は，株主が保有する株式の価値を下落させるという点で，社会厚生の減少を意味しうる。基礎的価値に関する効率性を有する市場での株価の下落は，会社の株主価値を減じるような問題が生じていることを示す，シグナルとなろう。

そして，株価の下落が会社の問題を示すシグナルとして機能すると，経営者が市場の評価に基づいて経営方針を変更し，取締役会が経営者を解雇し，株主が経営者を交代させることが可能となるという点で，社会厚生に間接的に影響を与えうる[228]。

流通市場が社会厚生に影響を与えうる第二の例は，株価が下落することで，会社支配権市場[229]が機能することである[230]。会社支配権市場は，会社の支配権を財として扱い，支配権が一方当事者（売主）から他方当事者（買主）に移転する（取引される）ことを内容とする市場であるといえる[231]。会社支配権市場では，例えば，潜在的な能力は高いものの，経営が悪いために株価が低下しているような会社について，買収することで利益を得ることができる可能性を生む[232]。

---

225) 基礎的価値に関する効率性の議論については，本書第2章を参照。
226) 流通市場での取引が専らゼロ・サム・ゲームであるという点について，本書188頁注208）参照。
227) See Kahan, supra note 186, at 1029-30（社会厚生の観点からは，高い株価がそれ自体で望ましいわけではない，社会厚生は，株式の基礎的価値が上昇する場合でのみ増加すると述べる）。
228) 取締役会による経営者の解雇と株主による委任状合戦という点について，Kahan, supra note 186, at 1029.
229) Henry G. Manne, *Mergers and the Market for Corporate Control*, 73 J. POL. ECON. 110, 112 (1965)（①会社支配権は，価値のある資産である，②会社支配権は，規模の経済や独占による利益から独立して存在している，③活発な会社支配権市場が存在する，および④会社の合併は，会社支配権市場という特別な市場の結果であると述べる）。
230) 黒沼悦郎『アメリカ証券取引法〔第2版〕』12-13頁（弘文堂・2004）。
231) 経済学者は，財の交換が行われる状況を市場と捉える。See STIGLITZ & WALSH, supra note 144, at 11.
232) See Manne, supra note 229, at 113; Ronald J. Gilson, *A Structural Approach to Corporations: The Case against Defensive Tactics in Tender Offers*, 33 STAN. L.

また，買収の可能性があることによって，会社経営者に対して規律を与えることができる[233]。会社の経営に規律を与えることは，エージェンシー費用の低減に寄与するのであるから，株主は，その分の利得を得ることができる。

　社会厚生の観点からエージェンシー費用を考える際に，エージェンシー費用は，二つに分類して考えることができる。第一が，意識的な収奪 (intentional taking) であり，第二が経営の失敗 (mismanagement) である[234]。ここで，意識的な収奪とは，利益相反取引に代表される，株主から経営者への利益移転を意味している[235]。株主から経営者への利益移転であるから，社会厚生に変化はない。他方，経営の失敗[236]に関するエージェンシー費用の低減は，会社の基礎的価値を向上し，社会厚生を増加させるものとなる[237]。会社支配権市場は，経営の失敗に関するエージェンシー費用の低減をもって，社会厚生に影響を与えているといえる。

第4目　市場の価格形成機能と資金調達コストの関係

序論　第2目および前目での議論は，市場価格と資源配分の関係が限定的である一方，流通市場と社会厚生に関係があることを前提としている。

　他方，市場の価格形成機能と資金調達との関係において，市場価格に基づいて証券が発行される文脈で，神崎克郎教授，志谷匡史教授および川口恭弘教授は，「市場の価格形成機能〔が〕，企業の資金調達コストを決定する」[238]と述べ

REV. 819, 854 (1981)（会社支配権の文脈で，自発的な財の交換が双方にとって有益であることに言及する）.

[233] *See* Robert Daines & Michael Klausner, *Economic Analysis of Corporate Law, in* 5 THE NEW PALGRAVE DICTIONARY OF ECONOMICS 20–34 (Steven N. Durlauf & Lawrence E. Blume eds., 2d ed. 2008); Goshen & Parchomovsky, *supra* note 157, at 749（市場が経営者に対して意識的な収奪 (intentional taking) と経営の失敗 (mismanagement) の双方について規律を与えることに言及する）; Manne, *supra* note 229, at 113.

[234] *See* Goshen & Parchomovsky, *supra* note 157, at 749.

[235] 例えば，横領，利益相反取引および過度な報酬である。*See id.*

[236] 例えば，会社の規模を拡大するだけが目的の非効率な投資，会社の多角化を目的とした株主価値を減少させる買収，歪んだ経営判断などである。*See id.* at 749–50.

[237] *See* Easterbrook & Fischel, *supra* note 2, at 38（エージェンシー費用の増加により社会厚生が減少すると述べる）.

[238] 神崎ほか・前掲注16) 21頁。黒沼・前掲注177) 12頁は，より具体的に「銀行借入や社債発行のコストも，企業の業績の影響を受け，企業の業績を最も反映するものとして株価が参照されることがあり，また，新株発行の際のディスカウント率が一定していれば，他の企業との相対的関係において資

る。これは，流通市場が発行市場に影響を与える場面があることを指摘するものであると思われる。関連する論点として，企業は，内部留保や社債による資金調達を株式よりも多く行っており，新規株式公開を行った会社がその後増資を行う可能性が限定的であること，およびいわゆるモディリアーニ＝ミラーの第一命題に基づけば，資金調達が会社の実体資産への投資判断に影響を与えることが限定的であることが挙げられるため，これらの点について，順に検討する。

内部留保や社債による資金調達 神崎教授らのいう「市場の価格形成機能は，企業の資金調達コストを決定する」という概念は，新規株式公開を行った会社が上場されている株価を参照して，実際に増資を行う場合，適用される概念であると思われる[239]。しかし，内部留保，銀行借入およびコマーシャル・ペーパー等の方法で資金調達を行い，市場で資金調達を行わない会社も一定程度存在するため[240]，上場後に株式を募集することで追加の資金調達を行わない会社に対しては，影響が限定的であろう[241]。

表 3.1　資金調達パターン

単位：％	米国	日本	カナダ
内部調達資金	76.9	56.1	56.9
外部調達資金	23.1	43.9	43.1
（うち長期負債の増加）	7.1	16.7	13.9
（うち短期負債の増加）	20.8	21.7	15.8
（うち株式の増加）	−4.9	5.6	13.4

出所：ロスほか・前掲注 183) 747 頁表 15.1

源配分が効率的に行われていると言いうる」可能性があることを指摘している。
239) 新規株式公開から株式の追加募集（増資）を行うまでの期間についての研究によると，1980年から2000年という少し古い研究ではあるが，B. Espen Eckbo, Security Offerings, in 1 HANDBOOK OF CORPORATE FINANCE: EMPIRICAL CORPORATE FINANCE 259 tbl.5 (B. Espen Eckbo ed., 2007)によると，米国では，新規株式公開から，平均して3.3年から3.8年の間に，追加の株式の公募または私募が行われているようである。また，少し古いが，1983年から1986年までに米国の主要3市場に上場していた会社が普通株式の募集を行う頻度は，約18.5年に一度という統計がある。See Stout, supra note 209, at 647 n.186. この点に言及するものとして，他に，藤林大地「不実開示に対する発行会社等の民事責任の構造に関する一考察」同法63巻4号1937頁（2011）。
240) See Eckbo, supra note 239 at 259 (citing Myers & Majluf, supra note 155, at 187). ロスほか・前掲注183) 746頁図15.1は，米国における非金融企業の資金調達は，第一に内部資金調達，第二に新規負債で賄われていることを示す。また，同747頁表3.1は，1993年から1995年までの資金調達のパターンについて，上記の**表3.1**という結果を示している。
241) Stout, supra note 209, at 644–47. 加えて，黒沼・前掲注177) 12頁は，新株発行によって資

また，新規株式公開を行った会社が上場されている株価を参照して，その後実際に増資を行う場合でも，資金調達が資本コストに影響を与えないという議論があるので，この点を次に検討する。

モディリアーニ＝ミラーの第一命題 本章第2款第2目で概観した通り，税金，取引費用，その他の市場の不完全性が存在しないという前提の下で，MM第一命題に基づけば，①資本構成の割合を変えることで，発行済証券の総価値を変えることはできず，また，②資本構成にかかわらず加重平均資本コストが一定となる。すなわち，MM第一命題が適用となる場合，資金調達は，実体資産への投資に基づく資源配分の効率性には影響を与えないということになりそうである[242]。この点を上場している会社による新規の証券発行を例にとって概観したい。なお，事例は，Ross教授ほかの著名な教科書[243]をそのまま用いている。煩雑になるため，同書からの引用については，以下では，特段明記しないものとする。

最初に資本をすべて株式で調達し，年間1,000万ドルの期待リターンがある会社Cがあるとする。この会社は，利益のすべてを配当に回し，発行済株式数は，1,000万株とする。また，この会社の資本コストは，10％であるとする。会社の価値の価値は，1億ドル[244]であり，1株当たりの価格は，10ドルということになる。

この会社が，新しい工場を400万ドルで建設し，これにより年間100万ドルの追加キャッシュ・フローが期待されるとする。このプロジェクトの正味現在価値は，式3.3により600万ドルである。

$$-4{,}000{,}000 + \frac{1{,}000{,}000}{0.1} = 6{,}000{,}000 \tag{3.3}$$

まず，400万ドルの工場建設資金が株式で調達される場合を検討し，次に，

金を調達する場合でも，発行価格は，発行者と引受証券会社との交渉によって決まるため，市場価格が決定的な要素とならない可能性があると指摘する。

242) ただし，この場合でも，本書185頁で述べた純損失が生じる場合は，考えられ，この意味で社会厚生に影響を与えている。
243) ロスほか・前掲注183) 772–777頁。
244) 割引率をrとし，クーポンをCとする永久債（perpetuities）には，次の式が成立する。

$$PV = \frac{C}{r} \tag{3.2}$$

See BREALEY, MYERS & ALLEN, *supra* note 183, at 26. ロスほか・前掲注183) 157頁。

負債で調達される場合を検討して，比較する。株式により資金調達がされる場合，正の正味現在価値を有するプロジェクトを発表した瞬間に，株価は，この新しい工場の正の正味現在価値を反映して上昇する。会社の価値は，1億600万ドル（既存の価値として1億ドルがあり，工場建設プロジェクトの現在価値が600万ドル）になり，発行済株式総数は，新株発行の前には変わらず1,000万株であるから，1株当たりの株価は10.6ドル（106,000,000／10,000,000 = 10.6）になる[245]。

その後，400万ドル分の株式が発行されるとする[246]。株式は，1株当たり10.6ドルで売られるために，資金調達のためには，37万7,358株（≃ 4,000,000／10.6）が発行される。

株式が発行された後の株主の期待リターンは，10％で変わらない[247]。既存の資産から得られるキャッシュ・フローが年間1,000万ドル，新しい工場から得られるキャッシュ・フローが年間100万ドルであり，資本コストが10％であるから，これに基づく企業価値は，1億1,000万ドルとなる[248]。発行済株式が1,037万7,358となり，また，株価が10.6ドルである点も，これと整合的である（10,377,358 × 10.6 ≃ 110,000,000）。

次に負債による資金調達を検討する。例えば，工場建設費用の400万ドルを年利6％の借入れで賄うとする。この場合，利息の支払いは，年間24万ドル（= 4,000,000 × 0.06）ということになる。株式で資金調達をする場合と同様の理

---

[245] すなわち，この例では，新たな工場建設プロジェクトによる事業価値の増加は，新株発行前に株式を有する株主（旧株主）の間ですべて分割して享受され，新株発行に応じて株式を購入する株主（新株主）は，工場建設プロジェクトによる事業価値の上昇による利益を享受しない。
[246] この例では，取引費用や投資銀行による手数料などは，考慮していない。
[247] R_S を株式の資本コストまたは期待リターン，R_0 を負債が存在しない（レバレッジが存在しない）場合の資本コストまたは期待リターンとした場合，式3.4の通り表される。

$$R_S = R_0 = \frac{11,000,000}{110,000,000} = 0.10 \tag{3.4}$$

[248] 割引率をrとし，クーポンをCとし，次の通り算出される。

$$PV = \frac{C}{r} \tag{3.5}$$
$$= \frac{10,000,000 + 1,000,000}{0.1} \tag{3.6}$$
$$= 110,000,000 \tag{3.7}$$

See BREALEY, MYERS & ALLEN, *supra* note 183, at 26. ロスほか・前掲注183) 157頁。

由により，工場建設という正の正味現在価値を有するプロジェクトを発表することで株価は，即座に 10.6 ドルまで上昇する。

400 万ドルの負債が発行された後，株主が有する年次の期待キャッシュ・フローは，1,076 万ドルである。なぜなら，既存の資産から年間 1,000 万ドルのキャッシュ・フローを，工場建設から年間 100 万ドルのキャッシュ・フローを得，また，利息の支払いにより 24 万ドルを支払うからである[249]。ここから，株主の期待リターンは，10.15% となる[250]。

会社の加重平均資本コストは，10% で変化しない。これは，R_B を負債コスト，R_S を株主資本コストまたは株主資本に対して要求されるリターン，R_W を加重平均資本コスト，B を負債または社債の価値，S を企業の株式または株主資本の価値とした場合，次の式で表される。

$$R_W = \frac{S}{B+S} \times R_S + \frac{B}{B+S} \times R_B \tag{3.8}$$

$$= \frac{106,000,000}{110,000,000} \times 0.1015 + \frac{4,000,000}{110,000,000} \times 0.06 \tag{3.9}$$

$$\simeq 0.10 \tag{3.10}$$

工場建設後の会社の事業価値は，株式の価値が 1 億 600 万ドルおよび負債の価値が 400 万ドルであるから，1 億 1,000 万ドルとなり，株式で資金調達を行った場合と変わらないという結果となる。

第 5 目　小括と検討

本款は，流通市場と社会厚生や資源配分の関係について概観した。特に，流通市場は，資源配分との関係が限定的である一方，投資家の個々の効用という点で，社会厚生に関係があることを示した。

証券市場が，資源の配分の機能を一部でしか有していない場合，その主要な目的が何かが問題となる。私見では，市場の存在意義，そして市場が効率的であることの意義は，流動性のある証券市場を提供することであると理解する

---

249) 10,000,000 + 1,000,000 − 240,000 = 10,760,000.
250) 10,760,000/106,000,000 ≃ 0.1015. この結果は，前述の「株主へのリスクはレバレッジとともに上昇する」という MM 第二命題と整合的である。See BREALEY, MYERS & ALLEN, *supra* note 183, at 438 fig.17.2.

(なお,金融市場の目的について,本書229頁注354)参照)。ここで,「流動性のある証券市場を提供すること」とは,市場において流通する証券が,流動性の欠落によるディスカウントを反映しないことに他ならず,社会厚生を増大させる範囲でこのような状態を維持することが市場の存在意義および効率的な市場,ひいては,社会厚生の最大化を目指す目的といえよう。投資家は,流動性のない証券については,流動性の欠落によるディスカウントを行った上で(安く)証券を取得するのだから,必ずしも流動性のある証券市場を提供する必要はないのではないかという反論が考えられるであろうから,この点を補足する。

まず,流動性のない証券を投資家が流動性の欠落によるディスカウントを行った上で(安く)取得する[251]のであれば,投資家が適切に証券の価値を評価しており,投資家保護上の問題は,存在しない。

しかし,売却時にディスカウントをする必要があるため,そのような証券を保有することを望む投資家は限られる。負債よりも株式によるリターンが高いことに着目しかつ流動性の高い証券を保有したいという投資のニーズが存在するであろうから,株式投資の需要を満たすために,流動性の高い証券投資の機会を提供し,当該証券が流動性を維持することが証券市場には,期待されるのである。そして,証券市場において,流動性が高いことを前提とした証券が発行される場合,社会厚生を維持するために,流動性の欠落によるディスカウントを回避するための努力が社会厚生が維持される限度で行われるべきであろう。証券市場は,流動性の欠落によるディスカウントが行われないための仕組みであると理解することができるのではないだろうか。

第4款　発行市場での取引

第1目　序　論

本款では,発行価格の効率性の文脈を中心に発行市場での取引に関して,証券の発行が資源配分にどのような影響を与えるのかを概観する[252]。

---

251) *See* Easterbrook & Fischel, *supra* note 130, at 684.
252) 黒沼・前掲注148) 1617頁(発行市場の効率的な資金配分と情報の効率性および取引効率性への言及)参照。

投資家が発行会社から証券を購入する場合，発行会社は，当該資金を用いて何らかの投資を行うことが一般的である[253]。この点，投資家は，金融資産 (financial assets) を保有し，他方，発行会社は，実体資産 (real assets) を保有することになる[254]。Gordon 教授および Kornhauser 教授は，金融資産への投資が効率的であるとは，投機効率的市場 (speculatively efficient market) において，投資判断 (savings decisions) が最適に行われる市場をいう[255]と述べる。

発行市場において，証券が販売される場合，発行者が証券を販売するとき(新規に証券を発行する場合と発行者が金庫株を販売する場合を含む)と，売出人が証券を転売するときの2通りの可能性が考えられる。売出人が証券を転売する場合には，発行市場における売買といえども，流通市場における株主間の売買と類似するため，前款における流通市場での取引に関する議論が妥当すると思われる。そこで，本款では，発行者が証券を販売する，発行市場での取引を検討する。なお，発行市場で発行者が証券を販売する場合，発行者の手取金の投資に関しては，本節第2款 (181頁) における発行会社による実体資産への投資に関する議論が妥当すると考えられる。本款では，発行市場において，発行者が証券を販売する文脈で，投資家の発行者への投資に関する議論を概観する。さらに，発行者が証券を販売するときには，新規株式公開の場合等の流通市場の市場価格が存在しない場合と増資等の流通市場の市場価格が存在する場合が考えられる[256]。新規株式公開における発行価格の効率性については，販売圧力や引受契約の存在などに鑑みて，議論の余地があるが，本節では特段に区別せずに議論をする[257]。

株式の発行価格が会社の本源的価値から乖離する場合を株価が不正確な場合とすると，不正確な株価は，新旧株主間での富の配分という点で，資源配分に

---

253) 株式の発行における手取金の使途が負債の弁済であるような場合も考えられるが，本書では検討しない。
254) Gordon & Kornhauser, *supra* note 200, at 766.
255) *Id.* at 767 & n.10. 原文では，「貯蓄の判断」(savings decisions) という用語が用いられている。Gordon 教授および Kornhauser 教授は，良い貯蓄の判断をするためには，今日の消費を諦めることで，明日いくらの消費をすることができるかを知らなければならないと述べる。*Id.* この説明から，ここでいう貯蓄の判断とは，将来得られる収益を勘案して現在投資を行うかを判断するという投資判断を証券に対して行うことに他ならないと思われる。
256) *See* Stout, *supra* note 209, at 646.
257) 本款では，発行市場で証券を発行する際に必要となる，引受証券会社への手数料や市場価格へのディスカウント等も考慮に入れない。

影響を与える[258]。資源配分に与える影響は，限定的である[259]が，結果として，発行価額が高すぎて新たな株主から既存の株主に対する利益移転となる場合，会社は，利益を得ることができない (unprofitable) プロジェクトのために資金調達をしている可能性があり，また，本源的価値よりも低い発行価格で株式を売却することで生じる損失がプロジェクトの利益を超える場合，正の正味現在価値を有し，利益を得ることができる (lucrative) プロジェクトのために資金を調達することを控えている可能性がある[260]。

次目では，発行市場の価格が効率的な例と非効率な例を挙げて，発行市場の資源配分への影響を概観する。

第2目　発行市場による資源配分の例

序論　　本目では，発行市場の価格の効率性と資源配分の関係を明らかにするために，具体的な例を示す。この例は，Kahan 教授が論文で用いている例[261]をそのまま利用している。煩雑になるため，脚注は，省略する。

負債が存在せず，110万株の発行済株式を有する ABC 社と XYZ 社が存在したとする。それぞれの会社の既存の株式は，合計で，1億900万ドルの市場価値を有しているとする (つまり，1株当たり 99.09 ドルである)。ABC 社と XYZ 社の違いは，有しているプロジェクトである。ABC 社は，正の正味現在価値を有するプロジェクトを有していて，1,000万ドルを投資することで，1,100万ドルの現在価値を有するプロジェクト A の機会を有しているとする (つまり，100万ドルの正の正味現在価値である)。他方，XYZ 社は，1,000万ドルを投資することで，800万ドルの現在価値しか得ることができない負の正味現在価値を有するプロジェクト B を有しているとする (つまり，マイナス200万ドルの正味現在価値である)。この場合，社会的な観点からみた場合，ABC 社は，プロジェクト A に投資すべきであるし (正の正味現在価値を有するプロジェクトが実行されると社会厚生が増加する)，XYZ 社は，プロジェクト B に投資すべきではない (負の正味現在価値を有するプロジェクトが実行されると社会厚生が減少する)。

---

258) 本款での議論は，Kahan, *supra* note 186, at 1005–17 に基づいている。
259) Kahan, *supra* note 186, at 1005.
260) *Id.* at 1006.
261) *Id.* at 1007–08. 類似の例として，藤田友敬「基礎講座 Law & Economics 会社法 (6) 株式会社の企業金融 (1)」法教264号96–102頁 (2002) がある。

発行価格が効率的である場合　発行価格が効率的である場合，1,000万ドルの資金調達のために，ABC社は，10万株の株式を発行しなければならない。なぜなら，正の正味現在価値を有するプロジェクトを考慮に入れた上で，ABC社の価値は，1億2,000万ドルとなり，1株100ドルで株式10万株を発行することで，発行後の株式数（1,100,000＋100,000＝1,200,000）と調達額（120,000,000/1,200,000×100,000＝10,000,000）が釣り合うからである。この場合，既存の株主は，110万株を有しているのだから，既存の株主は総体として，1億1,000万ドルの価値を有していることになる。これは，投資前の1億900万ドルより100万ドル上昇している。すなわち，1,000万ドルを投資して，1,100万ドルの現在価値を有するプロジェクトから得られる，正の正味現在価値である100万ドルは，既存の株主が得るということになる。ABC社がプロジェクトAを実行すると社会厚生は増加する。

　他方，XYZ社は，1,000万ドルの資金調達のために，10万2,807株を発行しなければならない。なぜなら，10万2,807株を1株当たり97.25ドルで発行することで，約1,000万ドルの資金調達を行うことができ（102,807×97.25＝9,997,980.75），また，株主価値が1億1,700万ドル（既存の株主価値の1億900万ドルに新たなプロジェクトの800万ドルを加えた和）となる。発行後の株式数（1,100,000＋102,807＝1,202,807）と調達額（117,000,000/1,202,807×102,807＝10,000,290）がおおよそ釣り合うからである。このとき，既存の株式の価値は，負の正味現在価値を有するプロジェクトB（1,000万ドルを投資して，800万ドルの現在価値しか存在しない）を反映して，約1億700万ドルとなる（97.25×1,100,000＝106,975,000）。すなわち，既存の株主が負の正味現在価値に基づく200万ドルの損失を被るのである。経営者が既存株主のために行動する場合，経営者は，プロジェクトBのために株式を発行せず，そのため，社会厚生の減少を伴うプロジェクトBは実行されない。

　市場価格が効率的である場合，社会厚生を増加させるプロジェクト（本書の例でいうと，ABC社のプロジェクトA）が実行され，社会厚生を減少させるプロジェクト（本書の例でいうと，XYZ社のプロジェクトB）は，実行されない。しかし，市場価格が非効率である場合，この社会厚生の増加とプロジェクトの実行が必ずしも結びつかないことになる。この点を次に検討する。

発行価格が非効率である場合　発行価格が非効率である場合，例えば，XYZ社が1,000万ドルの資金調達のために，10万2,807株ではなく，1株当たり85ドルで11万8,000株（118,000 × 85 = 10,030,000）を発行し，プロジェクトAに投資をする場合，増資後の株主価値は，1億2,000万ドルになる。このうち，既存の株主は，発行済株式総数121万8,000株のうち，110万株を有しているのであるから，約1億800万ドル（120,000,000 × 1,100,000/1,218,000 = 108,374,384）の価値を有しているということになる。これは，資金調達前に有していた，1億900万ドルよりも低い。なぜなら，XYZ社の既存株主は，必要以上に安い価格で多くの株式を発行したからである。この例の場合，既存株主から新株主への利益移転が生じているということになる[262]。また，この場合，プロジェクトAによる株主価値の増加を考慮しても，旧株主が，損失を被るため，経営者は，新株式の発行を行わず，ひいては，社会厚生を増加させるはずの，プロジェクトAが実行されない。

逆に，ABC社が，1,000万ドルの資金調達のために，1株当たり134ドルで7万5,000株を売却して，プロジェクトBに投資するとする。この場合，既存の株主は，約50万ドルの利得を得る。なぜなら，プロジェクトBは，200万ドルの負の正味現在価値を有するプロジェクトであるが，新株主から既存株主に250万ドルの利益の移転があるからである[263]。なお，この場合，負の正味現在価値を有するプロジェクトBが実行されることにより，社会厚生は減少する。

---

[262] 利益移転の程度は，事案によって様々であろう。この例の場合，新株発行により実行する正の正味現在価値を有するプロジェクトから生じる利益は，すべて新株主に帰属している。この例の場合，増資後の株主価値は，1億2,000万ドルとなる。発行済株式総数が，増資後，121万8,000株となり，新株主は，そのうち11万8,000株を有することになる。新株主が有する株主価値は，次の通り計算される。

$$120,000,000 \times \frac{118,000}{1,218,000} = 11,625,615.7635 \tag{3.11}$$

本文で述べたように，新株主が新たに発行される株主に払い込んだ額は，1,003万ドルであるから，新株主は，差額の利益を得たことになる。

$$11,625,615.7635 - 10,030,000 = 1,595,615.7635 \tag{3.12}$$

[263] 本来であれば，750万ドルの価値しかない7万5,000株を，約1,000万ドル（75,000 × 134 = 10,050,000）で売却しているためである。この場合，株主価値は，1億1,700万ドルとなり，発行済株式総数は，117万5,000株であるから，1株当たりの価値は，約99.57ドルとなる。既存株主は，このうち110万株を有しているから，約1億953万1,915ドルの価値を有していることになる。これは，資金調達前の株主価値である1億900万ドルよりも約50万ドル高い。

第5款　小括と検討

　本節での議論には，証券法制が，投資家保護および市場の効率性の確保，ひいては，社会厚生の最大化のために用いられていることを示す幾つかの議論が含まれていた。前述の通り，本節では，資源配分が効率的であるとは，当該資源配分の結果，社会厚生が増加する場合をいうものとした。実際，市場の効率性の達成と社会厚生の最大化は，相互に関連するものであり，また，投資家保護が社会厚生の増大に及ぼす影響に関する議論も含まれていた。具体的には，次のような点が挙げられる。

　第一に，投資家が発行会社に投資する文脈で，価格が効率的である場合に，新旧株主間の利益移転を防ぐことができるという例を第4款（199頁）にて検討した。これは，市場価格が効率的である場合に，新旧株主の公平な取扱いがなされ，投資家保護が可能となり，また，効率的な資源配分（社会厚生の増加）がもたらされる例であろう。

　第二に，市場価格が効率的であっても，市場での取引が専らゼロ・サム・ゲームである点に鑑みて，そこだけをみれば社会厚生の最大化には影響を与えないが，市場での取引に関しても，社会厚生の増減に影響を与える場面があり，流通市場での取引にかかる費用や市場性の欠落によるディスカウントを議論した。流通市場での取引にかかる費用の削減と社会厚生の最大化という観点は，市場の効率性の達成と社会厚生の最大化が同義であることを示す例であろう。また，第3款（187頁）における市場性の欠落によるディスカウントと社会厚生の最大化という観点は，社会厚生を最大化するために一定の費用を費やすという場面が存在しうる例を示している。

　流通市場での費用の削減は（例えば，ビッドとアスクのスプレッドの低減），流動性を高めるという点で流動性ディスカウントを減じるものといえよう。そして，それは，投資家の利益となるものであり，さらに，社会厚生を増加させるものであるといえよう[264]。このように，多くの市場の効率性を高める措置は，投

---

264) ただし，流通市場での取引は，取引費用に鑑みてネガティブ・サム・ゲームであるから，流動性を高めることが必ずしも社会厚生を高めるものとはならない可能性があるという点について，Stout, *supra* note 207, at 698.

資家の利益となり（すなわち，投資家の保護に資するものであり），ひいては社会厚生の増加に資するものといえる。

第三に，本節の冒頭で企業の業績が株価に反映する結果生じる，個々の投資家に関する投資の成功や失敗は，金商法による保護が及ばないという点で，投資家保護が不要である点を述べたが，詐欺や虚偽記載に基づく投資により社会厚生が減少する場合は，詐欺防止条項による責任規定等による保護が必要である点に言及した。この点は，市場の効率性の追及や社会厚生の増大の他に，資源配分の公正性について，投資家保護の観点から何らかの規則が必要なことを示すものといえる。この点，法とファイナンスの考え方を用いて，投資家保護をすることにより，市場性の欠落によるディスカウントを防ぐことができるのであれば[265]，投資家の保護を達成すると同時に社会厚生の増大を達成しうる例であるといえる。ただし，投資家保護のために費用を費やすのであるから，必ず社会厚生が増大することを意味しない。投資家保護のために必要な費用と得られる社会厚生の増大を衡量する必要があろう。例えば，本書で後述する通り（400頁），エージェンシー費用の総額を削減するという観点からは，開示制度に係る責任制度で厳罰を課せば良いというものではない。この点は，投資家保護と市場の効率性の確保（社会厚生の最大化）が相反する場合といえる。

本節での議論は，証券法制全体を概観するものではない。それゆえ，前述の議論は，証券法制の一部である開示規制について，どのような機能があると考えられるかの一端を示すものにすぎない。この点で，甚だ不十分ではあるが，市場の効率性の維持および最大化ならびに投資家の保護は，社会厚生の最大化に資するものであり，これらは，相反するときもあれば，相互に関連し，重複が存在するという例を示すものである[266]。

---

265) 例えば，Kahan, *supra* note 186, at 985 n.36は，虚偽記載について刑事責任や民事責任を課すことで，投資家が開示された情報をより信頼することができるようになる可能性を指摘する。情報をより信頼することができるようになることは，市場性の欠落によるディスカウントを防ぐ効果を有するだろう。法とファイナンスについて，本書190頁注216) 参照。
266) 金商法の目的が市場の効率性の確保であり，消費者保護は，これに包含されるかといえば，そうではない。市場の効率性，ひいては，社会厚生の最大化というパイの大きさに影響を与えない場合でも，パイの配分を確保するために，投資家保護の法制度が用いられる場合が考えられる。証券法制や開示規制を検討する際に，資源配分が効率的であるか，ひいては社会厚生の最大化を導くかは，主要な関心事ではあるが，社会厚生の配分の問題も同時に存在する。社会厚生というパイを大きくすることと，パイをどのように分割するかは，別の問題だからである。*See* A. MITCHELL POLINSKY, AN INTRODUCTION TO LAW AND ECONOMICS 7 (4th ed. 2011). パイをどのように分割するのか，その分割をどのように確保するのかという問題の典型例は，詐欺防止条項であろう。この場合，市場

第1目　市場の効率性と投資家保護の関係

序　論　市場の効率性と投資家の保護の関係が，社会厚生に関して，相反するときもあれば，相互に関連し，重複が存在すると前述した。しかるに，規制の程度[267]と市場の効率性と投資家の保護の間にどのような関係がありえるだろうか。

市場の効率性と投資家保護が同時に達成される場合　例えば，ある規制の程度を増やすことに応じて市場の効率性と投資家保護が同時に達成され，規制の程度を増やすことにより市場の効率性と投資家保護により得られる社会厚生が増加するのであれば，社会厚生の最大化という目的のために，当該規制を推し進めることが推奨される。また，この場合，市場の効率性の達成と投資家保護の達成は，重複するということになる（図3.1参照）。この概念は，市場の効率性と投資家保護の達成に何らの矛盾が存在しない場合にのみ用いること

図3.1　市場の効率性の達成と投資家保護が重複する例

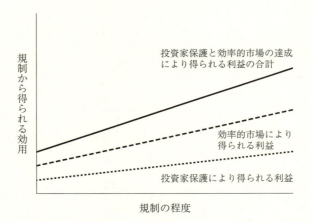

の効率性とは別に投資家保護という目的を観念できる。本文で述べたように，詐欺防止条項が市場の効率性に寄与している一面はあるが，詐欺防止条項の本質的な機能は，社会厚生の一定の配分を確保する点にあると思われる。すなわち，投資家は，詐欺によりパイを失うことがないということである。

[267] 本書において，規制の程度とは，規制によりどれだけの制約が課されるかという意味で用いる。規制の程度が増えるとは，規制により強制され，制約される事項が増えることを意味する。規制の執行の程度を増やすという点においても，本文と類似の議論ができるかもしれないが，とりあえず，本書の議論の対象外とする。

ができる。証券規制の中でも，市場の効率性と投資家保護の達成に（少なくとも一定程度まで）矛盾が存在しないものは，存在しうるであろう。

市場の効率性と投資家保護が相反する場合　他方，当初はある規制の程度を一単位増やすことにより得られる市場の効率性と投資家保護の効用が増加するが，一単位増やすことにより得られる市場の効率性と投資家保護の効用の増加分が逓減し，ある程度規制の程度が大きくなると一単位増やすことにより市場の効率性と投資家保護の効用の合計が減少するのであれば，社会厚生の最大化という目的のためには，当該規制は，一定程度推し進めることが必要になる。しかし，この場合，どこかの段階で過剰規制になるため，社会厚生が最大化する段階まで規制を推し進め，その段階で規制を留める必要がある。その段階を超えると，投資家保護から効用を得られたとしても，市場の効率性を損ない，ひいては，社会厚生を損なうものとなりうる。この点で，市場の効率性と投資家保護は，完全には，一致しない[268]。言い換えると，社会厚生が最大化する程度の規制を行う必要がある（図 **3.2** 参照）。

ある規制の機能を二つに分けることができ（この場合は，市場の効率性と投資家保

図 3.2　市場の効率性と投資家保護の効用が逓減する例

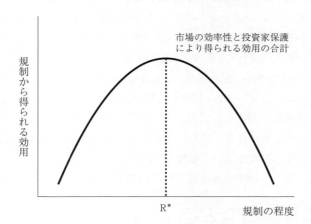

---

268) 既存の議論では，「証券取引法の大部分の規定は，効率性の達成・維持を目的としており，市場の効率性の達成・維持が投資家保護を図ることと同じ意義を有する」とも述べられており，「大部分」という限定が付されている。黒沼・前掲注177) 12頁。

護),それぞれの機能の合計について図 3.2 のような社会厚生が得られる場合,規制が,社会厚生を最大化する点で行われなければならないということに異論はないであろう。しかし,図 3.2 は,市場の効率性と投資家保護の双方から得られる効用の合計のみが表されていて,市場の効率性と投資家保護の個々の規制から得られる効用関数は示されていない。

市場の効率性を促進するための規制と投資家保護を促進するための規制は,千差万別であり,当該規制がもたらす効用(および効用関数)は,千差万別であろうが,具体的に,どのような規制であれば,市場の効率性と投資家保護から得られる利益の合計が,図 3.2 で示すような形状(凹関数)になると考えられるだろうか。例えば,規制の程度と投資家保護から得られる利益は,正比例するとして,この効用関数が $U_{CP} = x$ で与えられるものとする[269]。他方,投資家保護のための規制には,費用がかかり,市場の効率性を害すると仮定して,市場の効率性から得られる利得は,規制を推し進める初期の段階では,増加するものの,その後増加の程度が逓減するとしよう。例えば,規制により得られる市場の効率性に基づく効用が,$U_E = 2 + 2x - x^2$ という関数で与えられるものとしよう。これにより得られる,効用は,図 3.3 のようになる。

この場合,図 3.2 と同様,規制を推し進めすぎると,市場の効率性と投資家保護の効用の合計が減少するため,規制の程度,ひいては市場の効率性と投資家保護から得られる効用のバランスをとる必要が出てくる。市場の効率性と投資家保護の効用の合計は,$T(x) = 2 + 3x - x^2$ で表される。このとき,$T(x)$ の一次導関数 (first-order derivative) がゼロ $T'(x) = 0$ となる,停留値 (stationary value) $x = 1.5$ において臨界値 (critical value) に達し,市場の効率性と投資家保護の効用の合計は,最大化するため[270],この点が,適切な規制の程度ということになる。また,市場の効率性と投資家保護の効用の合計を超えて規制を推し進める場合,投資家保護により得られる効用は,単調に増加するものの,市場の効率性から得られる効用は,減少するため,投資家保護と

---

[269] 規制の程度を強化することで投資家保護に基づく効用が単調に増加するとは限らないが,議論を簡単にするために,投資家保護に基づく効用が,単調に増加する例を議論する。

[270] *See* ALPHA C. CHIANG & KEVIN WAINWRIGHT, FUNDAMENTAL METHODS OF MATHEMATICAL ECONOMICS 223–24 (4th ed. 2005). $T''(x) = -2$ であり,二次導関数 (second-order derivative) の解がゼロ未満であるため,$T(x)$ の傾きは,単調に減少している。*See id.* at 229. ゆえに,$x = 1.5$ は,最大値 (absolute/global maximum) である。

図 3.3 市場の効率性および投資家保護の効用ならびにそれらの合計

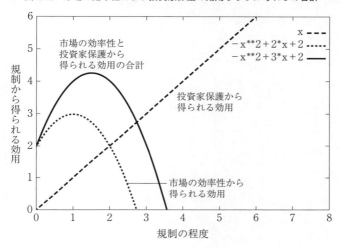

市場の効率性が緊張関係に立つことになる。

既存の学説との関係　本節における著者の意見は，金商法の目的に関する黒沼悦郎教授の「効率的な資源配分を達成するような市場は，同時に投資家の保護を達成する市場であり，逆に，投資家の保護を達成しようとすれば，同時に効率的な資源配分が達成されると考えている。すなわち，国民経済の適切な運営も投資家の保護も内容的には同じものであり，それは資源の効率的配分に他ならないと考える」という意見と整合的である[271]。また，黒沼悦郎教授は，「証券取引法の大部分の規定は，効率性の達成・維持を目的としており，市場の効率性の達成・維持が投資家保護を図ることと同じ意義を有する」[272]とも述べている。本節の議論は，情報開示の文脈で，黒沼教授の議論を精緻化したものであり，黒沼教授がいうところの「大部分」がどのような場合であるかの一端を明らかにするものである。投資家保護と市場の効率

---

[271] 黒沼・前掲注177) 10頁。また，金商法を市場法と捉え，詐欺防止のための投資者保護を重視すべきではないという考え方に対して，一般投資家の保護を通じて市場を確保することが国民経済に重要であるという考え方をとっており，市場法の考え方と矛盾しないという意見がある。志谷匡史ほか「金融商品取引法制の課題」私法73号137–138頁（2011）〔黒沼悦郎発言〕。岸田雅雄教授も同様の意見であるように思われる。岸田雅雄『金融商品取引法』10–12頁（新世社・2010）。著者も，金商法の市場法としての機能と投資家保護は，基本的に矛盾しないという立場をとる。

[272] 黒沼・前掲注177) 12頁。*See* Langevoort & Thompson, *supra* note 149, at 340.

性が緊張関係に立つことの具体的な例など，開示規制より広い証券法制の目的に関する議論は，別稿を期したい[273]。

---

[273] 上村・前掲注179) 615頁は，「公正な価格形成が達成されるためには，情報開示と公正取引が確保されれば足りるものではなく，業者規制を含むあらゆる規制が有機的に目的達成のために貢献する」と述べる。公正な価格形成というよりは，効率的な価格形成とすべきであると思われるが，情報開示と公正取引だけでなく，業者規制も影響を与えうるという指摘は，有用であろう。三井秀範＝池田唯一監修『一問一答金融商品取引法改訂版』78–79頁（商事法務・2008）（金商法の立案担当官は，目的規定（金商法1条）の改正に関して，国民経済の適切な運営および投資者の保護を最終的な目的としつつ，市場法としての性格も有することを明確化したと述べる）。また，金融取引における公正の概念もさらなる検討の余地があるように思われる。金融取引における公正 (fairness) の概念に関する法律問題研究会「金融取引における公正 (fairness) の概念」金融研究18巻5号5頁（1999）（「経済学においては，『公正』という語は，所得分配の問題を表現するものとして用いられることが多い（『所得分配の公正』）。すなわち，これは，通常『パイをどのように切るか』という問題を指す概念であり，『何をどれだけ』『どのように』生産するかという，資源配分の『効率性』（『所与の資源でいかにしてパイを大きくするか』という問題）としばしば切り離しうる概念として用いられる」と述べる）。

第5節　証券市場における情報開示と市場の失敗

第1款　序　論

第1目　序　論

　強制開示制度の必要性に関する理論的な論点として，市場の失敗が生じているかという問題が挙げられる。すなわち，市場が競争的であれば[274]，投資家は，情報収集から利益を得ることができる場合に限り，また，情報収集の結果利益を得ることができる範囲でのみ，情報収集費用を費やすようになるであろう[275]。同様に，発行者も，情報開示の結果，利益が得られる範囲で費用を負

---

[274] 市場が競争的であるための条件は，一般的に，①個々の会社や個人は，市場に比べれば極めて小さいため，市場価格に影響を与えることができない，②個々の会社および個人は，財の品質および価格に関する完全な情報を有している，③個々の会社および個人がとる行動は，価格以外に他の会社や個人に対して影響を与えない，および④財は，買主のみによって消費されるという条件を含むとされる。See STIGLITZ & WALSH, supra note 144, at 240. 金融取引における公正 (fairness) の概念に関する法律問題研究会・前掲注273) 7頁は，経済学における完全競争市場では，①各財・サービスの市場において成立する価格に関する情報は，すべての経済主体に瞬間的にかつ無費用で伝達されるため，すべての経済主体はどのような取引機会が存在しているかを知っていること，②各経済主体が市場のサイズに比較して十分に小さく，したがって各経済主体の需要・供給行動が，市場に対してそれと認められるほどの影響力を持ち得ないこと，そして③利潤機会を実現する可能性は誰に対しても平等に開かれていることという三つの条件を仮定している。

[275] コースの定理 (Coase theorem) によれば，〔取引費用が存在しないと仮定した場合，〕発行者と投資家の間で互恵的な交渉がなされることが予想される。See Easterbrook & Fischel, supra note 130, at 682-83 (citing Ronald Coase, *The Problem of Social Cost*, 3 J.L. & ECON. 1, 6, 8, 10 (1960) (取引費用が存在しない場合，権利の当初の割当てにかかわらず，当事者間の交渉により社会厚生が最大化するような取引が行われるというコースの定理を示す); RONALD H. COASE, THE FIRM, THE MARKET, AND THE LAW 158-59 (1988) [hereinafter COASE, THE FIRM, THE MARKET AND THE LAW]. Robert Cooter, *The Cost of Coase*, 11 J. LEGAL STUD. 1, 17-18, 28 (1982) (コースの定理に存在する問題として，仮に取引費用が存在しないとしても，交渉ゲームであれば，戦略的に行動する誘因の存在により，効率的な結果が達成されない可能性があることを示す)。また，取引費用が存在する場合，当事者間の交渉により社会厚生が最大化するような取引が必ずしも行われるわけではない); COASE, THE FIRM, THE MARKET AND THE LAW, *supra*, at 178. コースの定理について, 例えば, POLINSKY, *supra* note 266, at 13-16; COOTER & ULEN, *supra* note 140, 81-88; STEVEN SHAVELL, FOUNDATIONS OF ECONOMIC ANALYSIS OF LAW 83-84 & n.8 (2004); Francesco Parisi, *Coase Theorem*, *in* 1 THE

担して情報開示を行うだろう[276]。厚生経済学では，市場の失敗は，政府による介入の必要条件であるとされる[277]。強制開示に賛成する者は，強制開示が存在しない状態では，市場の失敗が生じ，パレート最適[278]な均衡が妨げられると考える[279]。そのため，市場の失敗が生じているか否かの検討が必要となる[280]。

1単位[281]の開示を行うことで得られる限界利益が逓減すると仮定する場合[282]，強制開示が正当化されうるか否かは，強制開示が存在しない場合に，参加者の自発的な取引が社会厚生を効率的な水準に導くか否かという観点から判断できる[283]。すなわち，この仮定を置いた上で，強制開示が正当化されるか否かは，強制開示が存在しない場合に，証券市場において情報開示が市場原理によって効率的な水準で均衡に至るか否かの問題であるといえよう[284]。経済

NEW PALGRAVE DICTIONARY OF ECONOMICS 855–61 (Steven N. Durlauf & Lawrence E. Blume eds., 2d ed. 2008).
276) ラムザイヤー・前掲注118) 154–155頁。See Donald C. Langevoort, *The SEC, Retail Investors, and the Institutionalization of the Securities Markets*, 95 VA. L. REV. 1025, 1065 (2009).
277) See BAINBRIDGE, *supra* note 212, at 121; FABOZZI, MODIGLIANI & JONES, *supra* note 170, at 12. Joseph A. Franco, *Why Antifraud Prohibitions Are Not Enough: The Significance of Opportunism, Candor and Signaling in the Economic Case for Mandatory Securities Disclosure*, 2002 COLUM. BUS. L. REV. 223, 246は，強制開示が経済的に正当化されるためには，①発行者が規制なくして社会的に最適な水準で情報を開示しない，および②強制開示が最適な状態ではない開示を生じさせている市場の失敗を矯正するという二つの証明が必要であると述べる。
278) パレート効率であるとは，誰かの効用を減じずに他の誰かの効用を増加させることができない状態をいう。COOTER & ULEN, *supra* note 140, at 14; E.N. BARRON, GAME THEORY: AN INTRODUCTION 159 (2008).
279) See BAINBRIDGE, *supra* note 212, at 121.
280) 類似の考え方を会社法に適用するものとして，例えば，落合誠一「企業法の目的―株主利益最大化原則の検討」岩村正彦ほか編『岩波講座現代の法7 企業と法』21頁（岩波書店・1998）。
281) 本書において，「1単位」という場合，経済学で限界効用や限界費用が議論される際に使用される場合の意味を有するものとする。すなわち，限界費用について，1単位が追加されるという場合，実際の単位がなんであれ，既存の費用に一定の追加の費用を加えることを意味する。See BAINBRIDGE, *supra* note 212, at 121.
282) 本節では，この仮定について，厳密な検討は，行わない。しかし，この仮定は，十分妥当するように思われる。See STIGLITZ & WALSH, *supra* note 144, at 345.
283) See BAINBRIDGE, *supra* note 212, at 121.
284) See id. at 121は，厚生経済学において政府の介入の必要条件（十分条件ではない）が，市場の失敗であると述べる。市場の効率性をこの観点から捉えるものとして，Michael C. Jensen, *Some Anomalous Evidence Regarding Market Efficiency*, 6 J. FIN. ECON. 95, 96 (1978); Eugene F. Fama, *Efficient Capital Markets: II*, 46 J. FIN. 1575, 1575 (1991). 強制開示の文脈における類似の指摘としてCOFFEE & SALE, *supra* note 127, at 5–6.

学では，不完全市場 (imperfect markets)[285]の原因として，市場の失敗 (market failure) が議論されている。そこで，本節では，情報提供市場において市場の失敗が生じうるか否かという点について，既存の議論を概観する。市場の失敗が生じうるか否かについて，様々な議論が存在することを示し，市場の失敗が必ず生じるとも言い切れないが，市場の失敗が生じないと言い切ることは，難しいことを示す。

経済学では，市場原理が働かない市場の失敗 (market failure) として，①不完全競争，②公共財，③外部性，および④不完全情報（情報の非対称性）の4種類が挙げられている[286]。本款では，次款以降で証券市場における情報開示について市場の失敗が生じているかどうかの検討を行う前提作業として，簡単にこれら市場の失敗の類型を概観する。

第2目　不完全競争

不完全競争 (imperfect competition) の例は，一つの会社がとある財をすべて供給しているという独占 (monopoly)，少数の会社がとある財の供給を行なっているという寡占 (oligopoly) および寡占状態とはいえない複数の会社は存在するが完全競争ではないという独占的競争 (monopolistic competition) である[287]。市場が競争的であれば，限界利益と限界費用が一致する[288]。しかし，独占者が存在する場合の当該独占者が利潤を最大化する際のアウトプットと価格の組み合わせは，単位当たりの価格が生産の限界費用を超える点で生じうる[289]。図 3.4 (次頁参照) に従って示すと，競争的な市場では，価格と数量は需要曲線と限界費用 (MC) が交差する点となる[290]。すなわち，数量が Q_c であり，価格が P_c となる点である。しかし，独占の場合，独占的な利益を有する会社は，限界費用 (MC) と限界利益 (MR) が交差する数量の商品を販売する[291]。この場合

---

285) 岸田雅雄『法と経済学』152–155頁（新世社・1996）は，完全市場の条件として，①取引される財の同質性，②多数の需要者と供給者，③情報の完全性，および④参入と退出の自由の要請を挙げる。
286) *See* STIGLITZ & WALSH, *supra* note 144, at 240–42.
287) *See id.* at 242–43.
288) *See* COOTER & ULEN, *supra* note 140, at 38; STIGLITZ & WALSH, *supra* note 144, at 244.
289) *See* COOTER & ULEN, *supra* note 140, at 38; STIGLITZ & WALSH, *supra* note 144, at 263.
290) COOTER & ULEN, *supra* note 140, at 29.
291) *Id.* at 31.

図 3.4 不完全競争

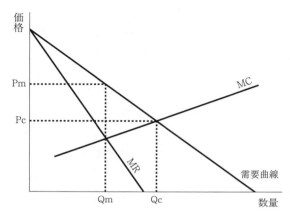

出所:この図は,COOTER & ULEN, supra note 140, at 31 fig.2.11 に基づく。

の数量は,Q_c よりも少ない Q_m となり,価格は,P_c よりも高い P_m となる。

効率性の観点からは,この価格は高すぎるし,供給される数量が少なすぎることになる[292]。対処方法としては,不完全競争を競争で置き換えることと,価格を統制することが考えられる[293]。前者は,独占禁止法による対処法であり,後者は,電気事業者等の規制方法である[294]。

第3目 公共財

通常の競争モデルでは,ある者が財を消費すると,他の者は,当該財を消費することはできない[295]。他方,公共財は,一人による財の消費が他のいかなる消費者の消費を減少させず,また,代価を払わずに財を消費する受益者を排除する費用が非常に高いため私的利益最大化企業が誰もその財を供給しようと

---

[292] See COOTER & ULEN, supra note 140, at 38; STIGLITZ & WALSH, supra note 144, at 245, 261–62 & fig.12.2B.
[293] See COOTER & ULEN, supra note 140, at 38; STIGLITZ & WALSH, supra note 144, at 295–98.
[294] See COOTER & ULEN, supra note 140, at 38; STIGLITZ & WALSH, supra note 144, at 245–46.
[295] See STIGLITZ & WALSH, supra note 144, at 241.

しない[296]。前者の特徴を非競合的消費 (non-rivalrous consumption) といい，後者の特徴を排除不可能性 (nonexcludability) という。

私的に提供される公共財の消費者には，ただ乗り (free ride) をする強い誘因が生じる[297]。つまり，自分では費用を払うことなく，他者の費用において利益を得ようと期待する[298]。そのため，公共財の供給は，過少となってしまう[299]。是正の方法として，政府が直接または間接的に租税制度を通じて公共財の私人による提供を補助する方法および政府自身が公共財を提供する方法が考えられる[300]。

第4目　外部性

市場における取引 (exchange) は，自発的に行われるものでかつ相互利益に合致するものである[301]。取引の当事者は，取引から生じるすべての利益と費用を負担するため，取引が望ましいか否かを判断するために最も良い情報を有している[302]。しかし，取引の影響は，取引の当事者以外にも及ぶ場合があり，また，その影響は，利益および不利益の双方が考えられる[303]。当事者が第三者に利益を与えるにもかかわらず，それについて支払いをされない場合，正の外部性 (positive externality) または外部利益 (external benefit) と呼ばれ，当事者が第三者に不利益を与えるにもかかわらず支払いを要しない場合，負の外部性 (negative externality) または外部費用 (external costs) と呼ばれる[304]。単に，外部性 (externalities) とも呼ばれる[305]。

外部性が存在する場合，財の生産者が，どれだけの生産を行うべきかを決定

---

296) *See* COOTER & ULEN, *supra* note 140, at 40; STIGLITZ & WALSH, *supra* note 144, at 241–42; MANKIW, *supra* note 1, at 218.
297) ただ乗りとは，財の利益を受けながら，それに対して支払いをしないことをいう。*See* MANKIW, *supra* note 1, at 220; STIGLITZ & WALSH, *supra* note 144, at 255.
298) *See* COOTER & ULEN, *supra* note 140, at 41.
299) *See* STIGLITZ & WALSH, *supra* note 144, at 255.
300) *See* COOTER & ULEN, *supra* note 140, at 41.
301) *See id.* at 39.
302) *See id.*
303) *See* SHAVELL, *supra* note 275, at 78.
304) *See* COOTER & ULEN, *supra* note 140, at 39; STIGLITZ & WALSH, *supra* note 144, at 252; SHAVELL, *supra* note 275, at 77; MANKIW, *supra* note 1, at 66.
305) *See* COOTER & ULEN, *supra* note 140, at 39; STIGLITZ & WALSH, *supra* note 144, at 241, 252.

する際に，社会的費用 (social costs) を勘案しないため，市場の財の配分は，非効率になり，均衡において社会厚生は，最大化されない[306]。以下では，この点を外部費用と外部利益に分けて，例を示す。

外部費用　最初に，外部費用が過剰生産を生じる場合の例を概観する（図3.5 参照）。

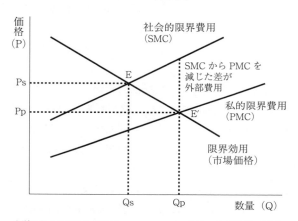

図 3.5　外部費用

出所：STIGLITZ & WALSH, *supra* note 144, at 406 fig.18.1.

外部性を発生させる生産者に関して，PMC を生産者が一単位の生産を行う際に私的に負うこととなる費用（私的限界費用：private marginal cost）とし，また，SMC を生産者が一単位の生産を行う際に負う私的限界費用とその他社会が負担する費用の和（社会的限界費用：social marginal cost）とする[307]。この前提において，$PMC < SMC$ のとき，外部性（外部費用）が発生することになり，私的限界費用 PMC と社会的限界費用 SMC の差 $SMC - PMC$ が外部費用となる[308]。ここで，生産者は，PMC が市場における競争的な価格 P_p となるまで $PMC = P_p$，つまり，限界効用（市場価格）と私的限界費用が一致するまで生産を増やし[309]，E' で均衡することになる。しかし，社会的に最適な生産

---

306) *See* STIGLITZ & WALSH, *supra* note 144, at 252; MANKIW, *supra* note 1, at 196.
307) *See* COOTER & ULEN, *supra* note 140, at 39; MANKIW, *supra* note 1, at 198.
308) *See* COOTER & ULEN, *supra* note 140, at 39–40.
309) *See id.*

は，$SMC = P_s$ の段階で達成される（この時の均衡は，E）ため，これを超えて行われる生産 $Q_p - Q_s$ は，過剰ということになる[310]。

すなわち，外部費用の存在で市場が失敗するのは，外部性を生じさせる者が第三者に生じる損害を支払わないからであり，その結果，過少な自制しかしないからである[311]。換言すると，私的限界費用より社会的限界費用が大きいという差異が存在するため，外部費用を生じさせる者は，過剰に生産を行い，これに伴い害悪を生じさせるのである[312]。外部性が存在する場合に社会的最適を達成するために，私的利益最大化を図る者に対して，その生産を私的に最適な水準より低い社会的に最適な水準に自制する誘因を与えることである。これが達成されれば，私的企業が外部費用を考慮するようになるので，外部性が内部化 (internalize) される[313]。

外部利益　次に，外部利益の例を挙げる（図 3.6 参照）。外部性が存在しない場合，私的限界効用 (PMB: private marginal benefit) と社会的限界効用 (SMB: social marginal benefit) が一致する。その上で，社会的限界効

図 3.6　外部利益

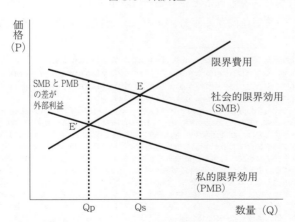

出所：STIGLITZ & WALSH, *supra* note 144, at 407 fig.18.2.

---

310) *See* COOTER & ULEN, *supra* note 140, at 40; MANKIW, *supra* note 1, at 198–99.
311) *See* COOTER & ULEN, *supra* note 140, at 39.
312) *See id.*
313) *See id.* at 40.

用（すなわち私的限界効用）が限界費用と一致する点 E で均衡する。しかし，外部利益が存在する場合，取引当事者が得られる限界効用は，社会的限界効用よりも低くなる（すなわち，$SMB > PMB$）[314]。このとき，均衡点（E'）は，限界費用と私的限界効用の交差点となる[315]。社会的限界効用と私的限界効用の差（$SMB - PMB$）は，外部利益となる。また，外部性が存在しない場合と比較して，供給は，$Q_s - Q_p$ だけ過少となる[316]。

第5目 不完全情報

基本的な競争モデルでは，市場参加者は，完全な情報を有しているという仮定が置かれる[317]。しかし，市場参加者が完全な情報を有していない場面が考えられ，不完全情報 (imperfect information) と呼ばれる。

不完全情報によって競争モデルから変化が生じ，情報の非対称性 (asymmetric information) や，ひいては，①自発的な開示によるアンラベリング (unraveling)，②レモンの市場および逆選択[318]，③シグナリング[319]，④価格からの品質の推定等の論点，が生じうる[320]。政府は，市場に介入して情報の非対称性を是正し，最適取引へと誘導しうるとされる[321]。

証券法制への適用に関する場合，第一に，不完全情報という点では，市場参

---

314) *See* STIGLITZ & WALSH, *supra* note 144, at 407; MANKIW, *supra* note 1, at 196.
315) *See* STIGLITZ & WALSH, *supra* note 144, at 407; MANKIW, *supra* note 1, at 196.
316) *See* STIGLITZ & WALSH, *supra* note 144, at 407; MANKIW, *supra* note 1, at 196.
317) *See* STIGLITZ & WALSH, *supra* note 144, at 247.
318) George A. Akerlof, *The Market for "Lemons": Quality Uncertainty and the Market Mechanism*, 84 Q.J. ECON. 488, 495 (1970). 製品に対する情報の非対称性が存在している場合，商品の購入者は，商品が有する品質を直接に観察できない。また，製品に対する情報の非対称性が存在している場合で，良い商品も悪い商品も平等に存在しているとき，購入者が支払う価格は，中間の品質を有する商品に対する価格であると考えられる。しかし，購入者が平均の品質の商品に対する価格を支払うということを供給者が知る場合，市場平均よりも良い品質を有する商品の供給者は，商品を供給しなくなる。なぜなら，商品の品質に見合った価格を得ることができないからである。他方，市場平均よりも悪い品質の供給者は，商品の品質よりも良い価格（市場平均の質の商品に対する価格）を得ることができるため，商品を供給するようになる。この供給者の行動を購入者が予想する場合，購入者は，市場に出回る商品の品質が悪くなることを想定して，支払っても良いと思う価格を下げることになる。このようにして，市場に出回る商品の質が悪化し，また，購入者が支払う購入価格は，下落する。これを逆選択または逆淘汰 (adverse selection) という。藤田=松村・前掲注224) 2109頁，藤田友敬「『法と経済学』の観点から見た情報開示」判タ1178号33頁 (2005)。*See* STIGLITZ & WALSH, *supra* note 144, at 334-35.
319) *See* STIGLITZ & WALSH, *supra* note 144, at 335-36.
320) *See id.* at 336.
321) *See* COOTER & ULEN, *supra* note 140, at 41.

加者が完全な情報を有していないことは，異論がないものと思われる。市場参加者は，それぞれが不完全な情報の部分集合を有しているということになる。そこで，第二に，取引当事者となる者の間で，情報の非対称性が存在するかが問題となる。実際に問題になる類型として，発行市場における発行者と投資家の間の情報の非対称性および流通市場における投資者間での情報の非対称性が挙げられる[322]。また，第三に，情報の非対称性により，一方当事者が有利になる場合等，情報開示により情報の非対称性を是正すべき根拠があるかが，問題となろう。

強制開示の文脈では，不完全競争を除く，他の三つの市場の失敗が議論となるので[323]，これらを次款以降で概観する[324]。公共財の問題を第2款（219頁）にて，外部性の問題を第3款（227頁）にて，不完全情報の問題を第4款（244頁）にて検討する。

一点付言する。本節では，証券市場における情報開示を取り扱い，現在の法制度では，それは企業内容の開示と呼ばれている。しかし，本節で企業内容の開示という場合，必ずしも強制開示制度に基づく開示を意味しない。本節では，企業内容の開示とは，自主的に開示される場合を含め，金商法において開示の対象となっている発行者内部の情報という意味で用いる。

第2款　公共財としての投資情報

第1目　序　論

一般的に，情報は，公共財であるといわれている[325]。そこで，本款では，企

---

322) 証券市場に存在する情報の非対称性は，本文で掲げたものに限られるものではない。他に，①経営者の報酬としてのストックオプションやインサイダー取引の議論では，経営者と投資家との間の情報の非対称性，②発行者と社債権者の情報の非対称性等，様々な情報の非対称性が問題となりえよう。また，会社法の分野に考慮点を広げれば，③大株主と少数株主の間の情報の非対称性や④企業統治の議論で，社内取締役と社外取締役の間の情報の非対称性等も問題になり得よう。
323) *See* BAINBRIDGE, *supra* note 212, at 122.
324) 他方，神作裕之『EUにおける資本市場法の統合の動向―投資商品，証券業務の範囲を中心として』証券取引法研究会研究記録5号16頁（日本証券経済研究所・2005）は，投資サービス提供の文脈において，競争の制限による市場の失敗が存在するリスクは極めて大きいと指摘する。本書では，証券法制のうち，開示規制にのみ焦点を当てているため，競争の制限に関する議論は，取り扱わない。
325) *See* Stiglitz, *supra* note 143, at 308.

業内容という情報の公共財としての性質について検討する。特に、情報が有する公共財としての性質と社会的に最適な量の情報が生産されるかについて検討する。

情報の社会的価値 (social value of information) とは、情報が化体した財を入手する者全体に関して増加する社会厚生の値をいう[326]。情報の社会的に最適な価値 (optimal social value of information) とは、財（情報）が最適に生産されるときの情報の社会的価値をいう。社会的に最適な情報生産は、当該情報を評価する者が生産費用よりも当該情報を高く評価する限り、当該情報を生産することで達成される[327]。本節の冒頭で仮定した通り、1単位の開示を行うことで得られる限界利益が逓減すると仮定する場合、情報の生産にかかる社会的費用が、当該情報から得られる社会的利益を下回る場合に限り、当該情報を生産することにより、社会的に最適な情報の生産が行われることになる[328]。

公共財は、1人による財の消費が他のいかなる消費者の消費をも減少させず、また、代価を払わずに財を消費する受益者を排除する費用が非常に高いため私的利益最大化企業は誰もその財を供給しようとしないものをいう[329]。前者の特徴を非競合的消費 (non-rivalrous consumption) といい、後者の特徴を排除不可能性 (nonexcludability) という。

これら二つの性質は、密接に関連するとされる[330]。公共財の問題点としては、私的に提供される公共財について、排除不可能性が存在するため、消費者にただ乗り (free rider) する誘因が存在し、標準的な公共財に関する理論に基づけば、市場を規制しないと当該公共財が、過少にしか生産されない[331]。

しかし、企業内容の開示を含む投資情報に関する限り、純粋公共財との性質

---

326) *See* SHAVELL, *supra* note 275, at 139.
327) *See id.*; BAINBRIDGE, *supra* note 212, at 122.
328) *See* Bainbridge, *supra* note 140, at 1028–30.
329) *See* COOTER & ULEN, *supra* note 140, at 40; STIGLITZ & WALSH, *supra* note 144, at 254–56. 特に、追加で提供するための限界費用がゼロである財を純粋公共財 (pure public goods) という。*See* STIGLITZ & WALSH, *supra* note 144, at 254. 純粋公共財の例は、国防である。なぜなら、国防は、誰か一人が享受すると減るような概念ではない（非競合的消費）からであり、また、国内に所在する限り誰か一人について享受することを排除することが難しい（排除不可能性）からである。投資情報に関する限り、追加で提供するための限界費用がゼロになるということはないであろうから、純粋公共財ではないと考えられる。
330) *See* COOTER & ULEN, *supra* note 140, at 40.
331) *See id.* at 41, 115; SHAVELL, *supra* note 275, at 140; Easterbrook & Fischel, *supra* note 130, at 681; Coffee, *supra* note 143, at 725, 727.

の違いが存在するように思われる。すなわち，情報が開示されない限り，当該情報を独占的に利用できるという点および情報が株価に反映されると，それ以上超過収益を得ることができないという点である。前者の論点を次目において，後者の論点を第3目（223頁）において議論する。その後，小括として，第4目（224頁）にて，小括と検討として発行者への情報開示義務と公共財の性質を検討する。

第2目　排除不可能性と投資情報

自発的にしろ強制的にしろ，公になった情報には，有体物とは違う特質がある。まず，公に利用可能な情報は，排除不可能性という公共財の属性を有している。排除不可能性は，代価を支払っていない受益者が，その商品を消費することを防ぐには多大な費用がかかるということとされる[332]。投資の文脈で考えると，企業内容に関する情報を含む投資判断に有用な情報（以下，「投資情報」という）が生産された後，何らかの方法で当該投資情報が市場で明らかになる場合，その他の投資家が，当該投資情報に基づき取引することを妨げることが難しいことであるといえよう[333]。

他方，投資情報を秘密裏に入手するか，自ら生産することができれば，当該投資情報に基づいて取引をすることで，独占的に当該投資情報を利用することができる。投資情報が非公開であるうちに取引をすることにより，当該投資情報が開示された際の株価変動について，利益を得ることができる。すなわち，投資情報が非公開である限り，排除不可能性は，当該投資情報には該当しないといえる。非公開の投資情報に基づいて株式の取引を行った後，発行会社が当該非公開の投資情報を公開しない場合，投資家は，非公開の投資情報に基づいて株式の取引をした後，当該非公開の投資情報を市場に開示する誘因を有す

---

[332] *See* COOTER & ULEN, *supra* note 140, at 40; Coffee, *supra* note 143, at 725. また，Coffee教授は，証券アナリストが生産した証券情報について，当該証券アナリストは，当該証券アナリストが生産した当該証券情報を直接購入する者から報酬を得ることができるかもしれないが，市場価格を変動させるために，情報の購入者は，当該証券情報を市場に開示する誘因を有し，一旦，当該証券情報が市場に開示された後，当該証券情報の利用を妨げることができないために（当該証券アナリストに対して報酬の支払いがなされないため）に，当該証券アナリストへの報酬が過少となると指摘し，ひいては，当該証券アナリストの証券の分析の努力が過少となると指摘する。Coffee, *supra* note 143, at 722, 726–27. 黒沼・前掲注230) 18頁（Coffee教授の議論を紹介する）。

[333] *See* Coffee, *supra* note 143, at 725.

る[334])。そうすることによって,投資家は,株価変動という利益を得ることができるからである。

また,財が過少供給に陥ることが公共財の特質であるが,情報の利益を享受する方法が,直接に当該情報を売却する方法以外に存在する場合,市場を規制せずとも最適量が生産されうる[335])。先ほどの例でいうと,投資判断に有用な投資情報が生産された後,当該投資情報を開示せずに当該投資情報に基づき取引を行うことができる場合で,直接に当該投資情報を売却するよりも多くの利益を得ることができるとき,投資家は,投資情報を生産する誘因を有し,過少生産という問題を低減することができる可能性がある。それどころか,情報の過少生産の問題とは逆に,重複投資という無駄によって,過剰な情報を生産する可能性がある[336])。この場合,政策として競争制限が掲げられる。資本市場についていえば,二つのことがいえるだろう。第一に,企業内容の開示については,発行者に対して義務(独占権)を付与して情報を生産させ,その情報を開示させることにより重複を回避しているということになる[337])。第二に,投資家側の情報に関する重複には,投資家自身が行う情報の生産や分析の他に,投資銀行によるアナリスト・レポートの作成等の第三者による情報の生産が挙げられる。投資銀行各社が重複してアナリスト・レポートを発行することは,ここでいう重複投資による情報の過剰生産に該当し,投資銀行による情報の生産も企業内容の開示の影響を受ける[338])。この点で,本書との関係は否めないが,投資銀行各社(セルサイド・アナリスト)によるアナリスト・レポートの発行については,投資銀行業務で得られる利益との関係等を考慮する必要があり[339]),

---

334) See id. at 725–26.
335) See COOTER & ULEN, supra note 140, at 126.
336) See id.; CHOI & PRITCHARD, supra note 134, at 29–30(情報で優位に立つ者が,市場において大きな利益を得ることができるという性質について言及し,複数の者が情報の獲得や分析に費用を費やし,その中で利益を得る者が一人だけの場合,社会全体でみれば,費用が無駄になっている点を指摘する)。
337) この点で,外部利益を生じているといえよう。情報生産の重複と社会厚生の関係に言及するものとして,例えば,Coffee, supra note 143, at 733; Goshen & Parchomovsky, supra note 157, at 738.
338) See Goshen & Parchomovsky, supra note 157, at 757(強制開示は,①証券に関する情報の取得に費用をかけすぎたり,かけなかったりすること,および②アナリストが情報について重複した費用をかけることの両方の問題を軽減することができると述べる)。
339) セルサイド・アナリストの利益相反の文脈で,費用負担等について検討するものとして,野田耕志「米国における証券アナリストのゲートキーパーとしての有効性」上法51巻2号770頁(2007)(リサーチ費用を埋め合わせる方法として,①ブローカーの仲介手数料に含める,②投資銀行の収益によ

また，発行者以外の開示も考慮に入れる必要がある[340]ため，本書では，投資家全体について一般的な議論をするに留め，具体的な議論を省略するものとする。

第3目　非競合的消費と投資情報

発行者の価値に関する情報は，一度だけしか使えないものであろうか，それとも何度も利用可能なものであろうか。

投資家の視点からみると複数回の使用ということもありうる[341]。例えば，ある上場会社が石油を掘りあてたという内部情報を得た者がいるとする（インサイダー取引規制が存在することは無視し，これ以外に株主価値に影響を与える情報が存在しないものとする）。また，この情報により株主価値は，現在の市場価格である1株50円から100円に上昇すると予想されるとする。この場合，内部情報の保有者は，株価が100円になるまで株式を購入し続けることが合理的な選択となる。株価が100円を下回る限り，内部情報の保有者は，何度でも内部情報に基づき，株価が100円になるまで株式を購入することができる[342]。また，内部情報の保有者の資本に限界がある場合，当該内部情報の保有者は，他の者に当該内部情報を伝達し，情報受領者が株式を購入することが考えられる。この場合も，情報が複数回使用されていることになる。複数の者によって同じ情報が何度も使用されているため，情報の非競合的消費 (non-rivalrous consumption) といえそうである。

しかし，株価への反映という観点からみると，複数回の使用は難しくなる。例えば，上場会社である発行者の価値に関する情報は，市場が効率的であれば，一度，市場に情報が開示され，市場価格に当該情報が反映されれば，二度目の利用という概念は存在しない。言い換えれば，ある会社の株価が50円であるとし，この会社が100円で公開買付けの対象となるという情報が存在するとする。100円以下の価格で株式を購入できる者は（その者の資源が無限であると

　　り埋め合わせる，および③アナリストまたは所属証券会社（ブローカー・ディーラー）の自己売買の利益により埋め合わせるといった方法を検討する）。
340) Coffee, *supra* note 143, at 723–24.
341) STEPHEN M. BAINBRIDGE, SECURITIES LAW: INSIDER TRADING 19 (2d ed. 2007) (情報は，複数の者が使用することで必ずしも価値が下がらないと指摘する).
342) 証券市場の需要曲線が右肩下がりか否かおよび価格弾力性があるかという論点は，ありえよう。

仮定すれば）最初の1人しか存在しない。2番目に当該情報を得た者が，当該情報に基づき取引を試みても，既に当該情報が反映され株価が100円になっていれば利益を得ることができないのである。1人しか利益を得るものが存在しないという点では，当該情報に財産権 (property rights) が認められる場合と類似していると言える。

情報に財産権が認められ，独占的に利用できる場合，最初に情報を所有することを試みる競争が発生し，情報生産を重複して行うという浪費 (waste) が発生する可能性がある[343]。これは，情報が過少生産されるという公共財の性質とは，逆の結果といえよう。

第4目　小括と検討

本款では，投資情報の公共財としての性質を概観したが，ここで発行者への情報開示義務と公共財の性質に焦点をあてて検討してみたい。第一に，外部投資家が生産する情報について，第二に，内部者により内部情報に基づく取引が行われる場合または外部者による内部情報に基づくインサイダー取引が許される場合の内部情報について，第三に，インサイダー取引が許されない場合で強制開示が存在しない場合について，第四に，強制開示で開示が要求される情報について検討する。

外部投資家が生産する情報　第一に，発行者以外が生産する情報として，公開情報等を基礎にした証券の価値の分析等が挙げられる。このような情報は，流通市場での取引に際して開示義務が存在しない（個々の投資家は，当該情報を秘密にしたまま取引が可能である）。それゆえ，当該投資家が情報を投資家内に留めている限り，公共財として排除不可能性や非競合的消費に基づく過少生産の問題は生じない。むしろ，投資家総体としてみれば，重複した分析を行う等，情報生産の過剰投資が行われる可能性がある[344]。

当該投資家は，市場価格に影響を与えるために，自発的に生産した情報を開示することができる。この場合，開示された情報は，以後，公共財として扱われる。外部投資家が生産する情報を開示するか否かは，当該外部投資家の選択に委ねられている。当該外部投資家は，自らの有するポジションに都合の良い

---

343) SHAVELL, *supra* note 275, at 144–45.
344) *See* Easterbrook & Fischel, *supra* note 130, at 681–82.

情報のみを開示する誘因を有しているといえるだろう。この前提を置いた上で，外部投資家の情報生産が過少になるのか，過多になるのか，また，情報開示が，社会厚生を最大化させるのか否かは，別途検討が必要であろう。少なくとも自発的に情報を開示する前に，情報を自由に利用できるのであるし，開示自体も自発的なのであるから，公共財としての性質を有することを理由とする情報の過少生産の問題は，存在しないように思われる。

むしろ，発行者による企業内容の開示には，投資家の情報収集等の費用を減らすという外部利益が存在し，企業内容を開示させる理由となりうる。外部利益の問題は，本節第3款（227頁）にて検討する。

インサイダー取引が許容される場合の内部情報　内部者により内部情報に基づく取引が行われる場合または外部者による内部情報に基づくインサイダー取引が許される場合，インサイダー取引を行う者は，内部情報を利用して取引を行うことができる。

まず，排除不可能性について検討すると，内部情報を秘密裏に入手した投資家は，内部情報を開示せずに証券取引を行うことができるため，排除不可能性は問題とならず，また，この意味での過少生産の問題は存在しない。すなわち，内部情報に基づいて取引ができる者は，投資価値のある情報を生産して（それが株主価値を増加させる情報であろうと，減少させる情報であろうと），当該情報に基づいて取引する誘因を有するであろう。むしろ，情報生産の過剰投資が行われる可能性がある。

同様に，非競合的消費について検討をすると，内部情報を秘密裏に入手した投資家は，内部情報を開示せずに証券取引を行うことができ，価格が内部情報を反映するまで，取引を続けることができる。排除不可能性の場合と同様，内部情報を開示せずに証券取引を行うことができるため，排除不可能性は問題とならず，過少生産の問題は存在せず，また，過剰生産の問題が生じうるといえよう。

インサイダー取引規制の根拠について，本書では，詳しく検討しないが[345]，現実の世界ではインサイダー取引が規制されているために，内部情報を利用してまたは内部情報を秘密裏に入手して取引するための情報生産活動は，抑止さ

---

[345] 本書51頁注83）の文献参照。インサイダー取引を通じた情報開示という意見もあるが，インサイダー取引規制の議論として詳細に検討されているため，本書では，検討しない。わが国において，この点を紹介するものとして，黒沼・前掲注177) 59-62頁。

れていると考えられよう。そこで，次に，インサイダー取引が許容されていない場合でかつ強制開示が存在しない場合について検討する。

インサイダー取引が許されない場合で強制開示が存在しない場合

インサイダー取引が規制される（許されない）場合で，強制開示が存在しない場合，内部情報に関する公共財の問題は存在しない。そもそも内部情報に基づく取引が規制されているからである。情報が会社外部に開示される場合，インサイダー取引が規制されている反射的効果として，情報があらゆる投資家で利用可能となるため，効率的な市場を前提とする限りで，投資情報としての価値をなくすであろう[346]。

関連する論点として，インサイダー取引規制がある場合に，自発的な情報生産が行われるかについて発行市場と流通市場を分けて考えてみる。

第一に，流通市場では，会社が情報を生産する理由は，限定的であるように思われる。なぜなら，インサイダー取引規制が存在するために，会社は，流通市場での取引当事者とはならないからである。そのため，公共財であるという理由ではなく，発行者が流通市場における取引当事者にはならないという理由で，情報が過少にしか生産されない可能性はありそうである。他方，会社が株価を上げたい理由がある場合に，情報開示のために情報生産が行われる可能性が考えられる。ストック・オプションなどを有する取締役には，株価を上昇させる誘因が存在するため，会社の中にある良い情報を集めて，開示するという誘因が存在しよう。これは，情報を生産する誘因であるが，この点を含めて，最適な情報開示を導くために法規制が必要であるかは，検討の余地があろう。

第二に，発行市場では，会社が情報生産をする理由は，一応，存在すると言えそうである。なぜなら，会社は，証券を販売する際に，投資家に対して，証券に価値があることを説得しなければならず，そうでなければ，投資家は，低い価格でしか証券を購入しないからである。特に，高い価値を有する発行者であれば，なおさらである。実際にこのような議論が成立するかを含めて，情報

---

346) ただし，インサイダー取引が禁止されている程度が低い場合には，情報の過剰生産の問題を生じうる。例えば，①内部者のみがインサイダー取引の規制対象となる場合，外部者が内部者から投資情報を得る誘因となる。同様に，②インサイダー取引の対象が一次的受領者のみで二次的受領者が規制対象とならない場合にも，二次的受領者に関して情報の過剰生産の問題が生じうる。本書ではインサイダー取引規制とは同時に選択開示も規制されている前提で議論を進めるが，選択開示が許されている場合も，情報の過剰生産の問題は生じる可能性があろう。

の非対称性の問題として，第 4 款（244 頁）にて検討する。

強制開示で開示が要求される情報　本書の目的は，強制開示義務を法的に課すことができるかを理論的に解明することである。そのため，強制開示制度が存在する場合にどのような含意が存在するかは，二次的な論点である。しかし，前述の通り，情報には公共財としての性質があり，強制的な情報開示制度によって開示された情報にも同じ性質が認められるため，この点に簡単に言及する。

　発行者が情報開示義務を負うことで，発行者から開示される情報に関する限り，開示に係る情報は，以後，公共財として扱われる。市場が効率的であれば，開示に係る情報が直ちに株価に反映されるため，当該情報に基づいて取引を行なっても誰も利益を得ることができない。また，当該情報が株価に反映されるため，当該情報は，それ以後，投資情報としては価値がなくなる。

　法律上，情報の生産と開示が要求されているのであるから，排除不可能性や非競合的消費による過少生産や過剰生産の問題は，存在しないといえるだろう。すなわち，単に会社は，強制されたものについて開示すると考えられる。ただし，法律が要求する情報生産が過少であるか過大であるか（社会厚生の最大化を導くか否か）という問題は存在する。すなわち，強制開示が，最適な水準での情報開示を導き，社会厚生の最大化に寄与しているかという問題は，依然として残るのである。

第3款　外部性

第1目　序　論

　本節第 1 款（211 頁）において述べた通り，取引の当事者は，一般的に，取引によって生じる利益を享受し，費用を負担する[347]。しかし，取引の当事者以外の第三者が，取引によって生じる利益を享受しかつ当該利益について取引当事者に支払わず，または費用（損失）を被りかつ当該費用（損失）について取引当事者から支払いを受けないことがあり[348]，これを外部性 (externalities) とい

---

347) *See* COOTER & ULEN, *supra* note 140, at 39.
348) *See id.*; MANKIW, *supra* note 1, at 196.

う。第三者が利益を享受する場合を外部利益といい，第三者が不利益を被る場合を外部費用という[349]。外部費用が存在する場合には，財は過剰に供給され，外部利益が存在する場合には，財が過少に供給される[350]。

次目では，企業内容の開示に伴う費用負担について，外部費用が生じうるかを検討し，外部費用の問題が限定的であることを示す。第3目（本書233頁）では，企業内容の開示に伴い発行者と投資家が得る利益を概観する。外部利益の問題を扱う前に，外部利益とならない利益（取引の前提として考慮される利益）について検討するためである。

最後に，第4目（本書238頁）において企業内容の開示に伴う外部性として，開示の標準化に伴う外部利益，株主以外の潜在的な情報開示という外部利益，投資家以外の者への情報開示という外部利益および事業上の競争者への情報開示という外部利益を検討する。

第2目　企業内容の開示に伴う外部費用

序論　発行者による発行開示に関して，費用を負担し，利益を享受するのは，証券募集に応じる者に限られない。また，継続開示に関しても，利益を享受するのは，株主である投資家に限らない。本款では，企業内容の開示が強制されることにより生じる，個々の発行者への影響および社会全体への影響を分析する[351]ことで，企業内容の開示に，どのような外部性が存在するかを検討する。

まず，企業内容の開示について，誰がどのような利益を享受し，誰がどのような費用を負担しているのかについて細かい点を無視して概観する。まず，開示に関する費用負担の側面について検討する。

発行市場および流通市場における発行者の費用負担　第一に，発行市場と流通市場の双方において，企業内容の開示に関して，発行者が費用を負担しているといえる[352]。そして，会社が費用を負担しているというこ

---

349) *See* COOTER & ULEN, *supra* note 140, at 39.
350) MANKIW, *supra* note 1, at 198–99; COOTER & ULEN, *supra* note 140, at 39–40; STIGLITZ & WALSH, *supra* note 144, at 252.
351) *See* KRAAKMAN ET AL., *supra* note 146, at 278.
352) 開示に関する費用は，様々である。発行会社は，情報開示のため，情報生産の費用，開示書類の作成・配布の費用等がかかるし，情報周知のために時間の負担もかかる。黒沼・前掲注179) 288–289

とは，残余権者である発行者の株主が費用を負担していると考えることができよう。すなわち，開示義務が存在しない場合（例えば，企業が商品に関する開示を行う場合），発行者は，会社自身の利益を考慮し，ひいては株主全体が得る利益を考慮して，会社自身（すなわち，株主全体）としての利益が費用を上回る限りで，開示を行うことになる[353]。発行者の費用負担について，最終的には残余権者である株主が負担しているが，会社の所有者である株主による費用負担は，予め想定されているところであり，この点で外部性は，存在していないと考えられる。

発行市場および流通市場における投資家の費用負担　第二に，発行市場と流通市場の双方において，企業内容の開示に関して，個別に開示された情報を獲得し，正確性の検討や分析等を行う投資家が存在する場合，当該投資家は，開示された企業内容に関する情報の獲得および分析等に伴う費用を負担しているといえよう[354]。開示された情報の正確性の検討や分析等は，法令上強制されておらず，投資家が任意に行っているため，当該投資家は，分析等により利益を得ることができ，また，その利益が費用よりも大きいと考えているからこそ費用を負担しているはずである。投資家による情報の正確性の検討や分析等に関する費用は，当該投資家のみが負担しており，この点で外部性は，存在していない。

流通市場における投資家の逸失利益　第三に，投資家同士が情報の獲得，検証および分析について流通市場において競争する場合，最初に情報を獲得，検証および分析した投資家が，当該情報に基づいて取引することで，他の投資家が利益を得ることができなくなる可能性がある。他の投資家にしてみれば，得るはずだった利益が得られないことによる

頁。Langevoort & Thompson, *supra* note 149, at 367（直接に掛かる費用として，時間，人件費，専門家の費用等を挙げる）。

353) 逆にいえば，発行者が得られる利益が，発行者が負担する費用を超える場合，自主的な開示は行われない。*See* Easterbrook & Fischel, *supra* note 130, at 687（会社が自主的な開示を行わない理由として，費用が利益を上回る場合に言及する）。

354) Goshen & Parchomovsky, *supra* note 157, at 737; FABOZZI, MODIGLIANI & JONES, *supra* note 170, at 6（金融市場の機能として，①価格発見，②流動性の提供，および③取引費用の低減を挙げ，取引費用として探索費用（search costs），および情報費用（information costs）を挙げる。探索費用は，売却の意図を知らせるための広告費用等の明示の費用や取引相手をみつけるために掛かる時間等の黙示の費用を含む。情報費用は，金融資産への投資のメリットを評価するために掛かる費用である）。

損失(逸失利益)と捉えることもできる。しかし,流通市場の取引について,事前 (ex ante) の観点で考えれば,投資家は,①情報の獲得,検証および分析やその後の取引等に伴う費用と,②当該情報に基づいて取引することで得られる期待利益をすべて考慮した上で,情報の獲得,検証および分析を行うか否か,また,当該情報に基づいて取引をするか否かを決定する。それゆえ,他の投資家の逸失利益は外部性に当たらない。

他方,発行市場での取引のタイミングは,画一であるため,他の投資家が同等の情報や分析に基づき取引を行って,当該情報や分析が価格に反映されてしまうということは,起こりえない[355]。

複数の投資家が存在する場合の集合行為の問題 第四に,複数の投資家が存在する場合で,ある投資家の投資情報に他の投資家がただ乗りできるようなとき,集合行為 (collective action) の問題が存在し,特に,合理的無関心 (rational apathy) と公共財の問題が存在する[356]。本書は,発行者の情報開示に焦点を当てているが,発行者が開示する情報が利用されるためには,投資家による費用負担も不可避であるため,この点を簡単ではあるが検討してみたい。

集合行為の問題は,ある集団に複数の個人が存在する場合に,当該個人が当該集団の共通の利益に関して,どのように行動するかを分析するものである。ある集団に属する個人が共通の利益のために行動する例は枚挙に暇がない。例えば,集団での勝利のために懸命に行動するサッカーのプレイヤー,国政選挙に参加する有権者などが挙げられよう。問題は,合理的 (rational) で自らの利益を優先する (self-interested) 個人を仮定した場合に,どのような結果が生じる

---

355) 同等の情報に基づき,証券募集に応じる投資家が増えることにより,当該募集において取得予定だった株式数を確保できないということはありえよう。

356) ANTHONY DOWNS, AN ECONOMIC THEORY OF DEMOCRACY 260–76 (1957) (選挙制度における投票について,①投票に費用が掛からない場合,無関心であるものは投票せず,何らかの選好を持つ者が投票する,②投票に費用が掛かる場合,選好を有する者が投票しないことが合理的である場合がある,③情報費用がかかる場合,収入が高いグループと比較して,収入が低いグループに対して,選挙権を奪う効果がある,④投票に費用が掛かる場合,収入が高いグループと比較して,収入が低いグループに対して,選挙権を奪う効果があること等を示す)。会社への適用について,集合行為の問題は,所有と経営の分離を根源にしているといえよう。BERLE & MEANS, *supra* note 159, at 7. その上で,所有者が多数になった場合に,集合行為の問題が先鋭化する。*See* MANCUR OLSON, THE LOGIC OF COLLECTIVE ACTION: PUBLIC GOODS AND THE THEORY OF GROUPS 55–56, 76 (1965) (集合行為の会社への適用およびただ乗りへの言及)。開示の文脈での集合行為への言及について,例えば,CHOI & PRITCHARD, *supra* note 134, at 54.

かである。本書の目的との関係で，多数の投資家が，発行者の株式の大多数を保有する場合，つまり，株式が分散保有される場合，投資家に共通する利益に関してどのような集合行為の問題が生じるだろうか[357]。

まず，発行者が開示する情報が利用されるためには，当該情報が，投資家によって獲得され，検証され，分析され，価格決定される必要がある。これらの活動には費用が掛かる[358]。ある発行者について，ある投資家が極僅かな株式しか所有していない場合（典型的には個人投資家），当該投資家が費用をかけて当該発行者に関する情報を処理する費用が，当該情報から得られる利益を超えやすくなる。実際，情報に関して掛かる費用が情報から得られると期待される利益を超える場合，投資家は，発行者の情報開示に無関心でいることが合理的な選択となる（合理的無関心）[359]。特に，株式が広く分散保有され，各投資家が有する持ち分が僅少となる場合，株主の誰も，発行者の開示に関心を示さないということが起こりうる。

また，集合行為から利益が生じる場合，当該利益は，公共財となる[360]。例えば，企業内容の開示制度に基づいて開示された利益相反取引の情報を分析した上で，違法な利益相反取引であるとして，代表訴訟を提起することは，個々の株主によって行われるが，経営者に規律を与えることや，訴訟の結果生じる

---

357) 柳川範之＝藤田友敬「会社法の経済分析：基本的な視点と道具立て」三輪芳朗＝柳川範之＝神田秀樹編『会社法の経済学』15–16頁（東京大学出版会・1998）（集合行為 (collective action) に関する簡易な説明）。Frank H. Easterbrook & Daniel R. Fischel, *Voting in Corporate Law*, 26 J.L. & ECON. 395, 402 (1983) (多くの者が投票する場合，誰も投票を決する票を投じることができない。結果，誰も会社を理解した上で投票するという適切な誘因を持たないと述べる。その例として，①ある選挙が各投票者につき，1,000ドルの影響を与える場合かつそれぞれが選挙の結果に影響を与えないことに確信がある場合，各投票者の最適な情報への投資額は，ゼロであること，および②もし，投票者が自らの投票が結果を左右すると考えるのであれば，1,000ドルまでの〔情報への〕投資が正当化されるが，1,000ドルの投資は〔情報への投資額としては〕不十分かもしれないことを指摘する); Frank H. Easterbrook & Daniel R. Fischel, *The Proper Role of a Target's Management in Responding to a Tender Offer*, 94 HARV. L. REV. 1161, 1171 (1981) (株主が会社の運営に関与することに対して合理的に無関心であることの例として，集合行為の問題とフリー・ライドの問題を挙げる)。

358) *See* Goshen & Parchomovsky, *supra* note 157, at 737.

359) 藤田友敬「基礎講座 Law & Economics 会社法（9）株式会社の企業金融（4）」法教267号106頁（2002）（社債の議論での合理的無関心への言及）（以下，「藤田・法教267号」という），藤田友敬「基礎講座 Law & Economics 会社法（7）株式会社の企業金融（2）」法教265号80頁（2002）（株式の有利発行に関するエンフォースメントの議論における合理的無関心への言及）（以下，「藤田・法教265号」という）。田中亘『企業買収と防衛策』28頁（商事法務・2012）（会社経営のコントロールの議論での合理的無関心への言及）。

360) *See* Mancur Olson, *Collective Action*, *in* 1 THE NEW PALGRAVE DICTIONARY OF ECONOMICS 876–80 (Steven N. Durlauf & Lawrence E. Blume eds., 2d ed. 2008).

経営者から会社への支払いによる利益は，株主全体で享受されることになる公共財といえる。

同様に，利用可能な情報に基づき取引する投資家 (information traders) が費用を負担して競争的な市場を作り出す場合，競争的な市場の存在は公共財であるといえよう[361]。当該競争的な市場でインデックス投資家等の他の投資家は，個々の会社の価値を理解するという費用を負担せずに，情報効率的な価格で証券を購入するという利益を得ることができる[362]。株主総会や企業統治の文脈で集合行為や合理的無関心の問題が取り扱われるが，証券投資の文脈で誰が費用を負担すべきかという点においても，類似の問題があることを示すものといえる[363]。

証券取引に関する取引費用には，情報収集，情報処理，情報の検証，ブローカーにかかる費用，証券市場でのスプレッド，取引が市場に与える影響，取引の相手をみつけることができないことによる機会費用等が考えられる。本書が対象とする発行者の情報開示は，証券取引に関連する費用負担のうち，主に，情報の収集に関する投資家の費用負担を減じるものである[364]。例えば，強制開示制度により情報が統一の様式で提供されることにより，情報の処理や検証の費用も一部低減しているかもしれない。しかし，市場の効率性を促進するために，投資家の費用負担を減らすという観点からは，強制開示制度以外の制度も検討する必要があるだろう[365]。この点，本書では，証券市場での取引に関

---

[361] See Goshen & Parchomovsky, supra note 157, at 715（情報に基づき取引する投資家による取引費用の減少や流動性の上昇等の利益は，他の投資家も享受することができると指摘する）.

[362] このため，市場平均の利益を得ることのみを目的とする投資家は，市場が情報効率的であるという前提で，個々の証券の基礎的価値を検討することなく，市場平均と連動する投資信託を購入することになる。インデックスであれば，投資の方法は，投資信託でなくても問題ない。投資信託を例に挙げた理由は，米国では，インデックスに投資する投資信託の費用が低いからである。BURTON G. MALKIEL, A RANDOM WALK DOWN WALL STREET: THE TIME-TESTED STRATEGY FOR SUCCESSFUL INVESTING 392–93 (10th ed. 2012)（インデックスファンドの費用が年に0.1％以下であると述べる）.

[363] 藤田・法教265号・前掲注359）80頁（有利発行における取締役の責任追及の文脈における合理的無関心への言及），藤田・法教267号・前掲注359）106–111頁（債権者による債務者の監視の議論における言及），田中亘「買収防衛策の限界を巡って—ニッポン放送事件の法的検討」金融研究第26巻法律特集号48頁（2007）（買収防衛策に対する株主の事前承認の議論における言及）．See Robert C. Clark, Vote Buying and Corporate Law, 29 CASE W. RES. L. REV. 776, 779–83 (1979)（株主総会の議論における言及）; Jeffrey N. Gordon, The Mandatory Structure of Corporate Law, 89 COLUM. L. REV. 1549, 1575–77 (1989)（株主総会の議論における言及）.

[364] See Coffee, supra note 143, at 733–34; Goshen & Parchomovsky, supra note 157, at 738.

[365] 例えば，詐欺防止条項は，投資家の情報検証の費用を削減する効果を有することが指摘されている。

する投資家の費用負担について，集合行為の問題やただ乗りの問題があることを指摘するに留める。本書では，発行者による情報開示に焦点をあて，その他の文脈での投資家による費用負担に関しては，今後の課題としたい。

第3目　企業内容の開示に伴い発行者と投資家が得る利益

序論　本目では，企業内容の開示に伴う外部性について，企業内容の開示を行う主体である発行者と，発行者による企業内容の開示の利益を主に享受する存在である投資家とが，どのような利益を得ているかについて概観する。

まず，発行市場と流通市場のそれぞれにおいて，情報開示によって発行者が得る利益を概観する。次に，発行市場と流通市場のそれぞれにおいて，情報開示によって生じる発行者以外の受益者について検討する。

発行市場において発行者が得る利益　企業内容の開示は，少なくとも一部で発行者にとって利益となると考えられる。すなわち，発行開示から発行者が得る利益が観念できる。発行市場では，発行者は，証券を発行し，当該証券をできるだけ高い価格で発行する誘因を有する。このため，発行者は，情報を開示する費用と当該情報の開示から得られる利益を勘案し，利益が得られる範囲で情報を開示する。原則としては，発行者の限界利益と限界費用が一致する点が，社会厚生を最大化する点である。

この場合，発行者とは証券発行後の株主を意味する。株式を募集する場合，既存の株主と証券募集に応募するであろう潜在的な投資家を意味する。負債の募集の場合，負債の募集によって間接的に得られる既存株主（残余権者）の利益との勘案となる。

流通市場において発行者が得る利益　流通市場での開示に関する限り，発行者は，直接的に開示による利益を得ていない。これは，流通市場での取引において，発行者が取引当事者になっていないことに起因する。ただし，発行者の所有者が株主であることに鑑みれば，発行者の株主が利益を得ることにより，発行者が利益を得ていると捉えることはで

See Easterbrook & Fischel, *supra* note 130, at 677（詐欺防止条項は，開示において質の悪い発行者が質の良い発行者の真似をする費用を高くすることで，買主の検証費用や売主の証明の費用を減じると述べる）; Goshen & Parchomovsky, *supra* note 157, at 743.

きよう[366]。すなわち，発行者は，既存の株主の利益と発行者が負担する費用を勘案する立場にあるといえる。

加えて，発行者が間接的に利益を得ている可能性がある。第一に，発行者が発行市場で証券を販売する際に，高い価格で証券を販売することができるという点である。流通市場での情報開示が，将来，証券を発行する際の流動性ディスカウントを減らすという効果が考えられるが，流通市場での情報開示を行う前であっても，流通市場で情報開示を行うことが保証されれば，流通市場での開示が行われる前の証券募集（典型的には，新規株式公開）であっても，流動性ディスカウントを減じることができるであろう。流通市場で情報開示を行うことの保証は，法令による強制[367]，証券を上場する取引所の規則，当該証券取引所に証券を上場すること，および当該証券取引所において証券の上場を維持することの約束[368]，ならびに私的な情報開示の約束[369]が考えられる。

第二に，発行者それ自身ではなく発行者の経営者が利益を得る場合である。

---

366) ただし，わが国では，会社法上，株主に対する情報開示制度が存在するため，会社法上の情報開示に加えて，金商法上の開示を行うことにより得られる株主の利益は，相対的に小さいものになる。

367) 金商法24条1項（有価証券報告書），24条の4の7第1項（四半期報告書），24条の5第1項（半期報告書および臨時報告書）。米国連邦証券法では，登録を要する証券の募集について，取引所法15条(d)項が，取引所法13条に基づく報告義務を導く。15 U.S.C. §§ 78m(a), 78o(d) (2014). 他に，米国連邦証券法規則144Aに基づく証券の転売については，一定の情報開示義務が付随している。17 C.F.R. § 230.144A(d)(4) (2014). 新興企業活性化法401条(a)項(2)号は，証券法3条(b)項(4)号を追加して，新たな登録免除を定め，その中で，証券取引委員会に対して，投資家への情報提供および証券取引委員会への情報提出に関する規則制定権限を付与している。Jumpstart Our Business Startups Act of 2012, Pub. L. No. 112–106, 126 Stat. 306, § 401(a)(2) (adding 15 U.S.C. § 77c(b)(4)). Edward Rock, *Securities Regulation as Lobster Trap: A Credible Commitment Theory of Mandatory Disclosure*, 23 CARDOZO L. REV. 675, 686–87 (2002) (強制開示による強制開示を，私人による契約によるものよりも強い誓約であると捉え，①情報の様式および量に関する標準化機能，②長期間にわたる開示内容の調整機能，③開示の包括性および量に関する法執行機能ならびに④強制開示からの離脱を限定する機能を有すると理解する). 尾崎・前掲注214) 57頁（強制開示に係る事項の有効性および有用性が長期的に検証されなければならないことに言及する）。

368) 上場契約では，通常，上場後の情報開示に関する規定が置かれる。例えば，東京証券取引所の株券上場契約書において，「取引所が現に制定している及び将来制定又は改正することのある業務規程，有価証券上場規程……のうち，会社及び上場される会社の株券……に適用のあるすべての規定を遵守すること」と定められ，上場規程の402条以下に適時開示の規程が定められている。2013年のListed Company Manual改正前のニューヨーク証券取引所の上場契約 (NYSE Listed Company Manual, § 901.01) では，年次の貸借対照表や損益計算書の開示 (NYSE Listed Company Manual, § 901.01(II)(1))，四半期報告書の開示等が規定されている。また，Listed Company Manualには，202条において，重要情報の取扱い (§ 202.01)，適時開示ポリシー (§ 202.05)，即時リリース・ポリシー (§ 202.06) 等が規定されている。

369) 例えば，Google, Inc.の上場前の投資家と会社との投資契約 (Third Amended and Restated Investor Rights Agreement) では，月次，四半期，年次の情報提供の誓約がなされている。Google Inc., Registration Statement (Form S–1), at ex.4.01, § 2.1 (Apr. 29, 2004).

すなわち，経営者が，株式またはストック・オプションを有することにより，高い株価により個人的な利益を得ることができる，低い株価は，取締役会が経営者を解雇する可能性を高める，低い株価は，会社が買収される可能性を高める，低い株価は，委任状合戦を仕掛けられる可能性を高める，高い株価が株主の利益となると認識されている等の理由により，経営者は，株価を上昇させる開示について，利益を得ている可能性がある[370]。この問題は，典型的なエージェンシー費用[371]と捉えることができる。発行者に利益がなくても経営者に利益があれば情報が開示されるし，経営者に利益のある情報のみ開示する誘因が存在することになる。

発行市場における情報開示の受益者 発行市場について発行者以外の情報開示の受益者を考えると，目論見書に基づく企業内容の開示について目論見書を受領する投資家が，また，有価証券届出書等の公衆縦覧型の開示について潜在的な投資家が，ほぼ無料での情報の獲得という利益を得ているといえる。この潜在的な投資家には，開示を行う発行者に投資をする投資家と投資をしない投資家の両者が含まれる[372]。

発行市場での開示に関して，発行者は，開示に関する費用を負担する立場にある。そのため，目論見書および公衆縦覧型の開示の双方について，開示から発行者が得る期待利益を勘案した上で費用を負担することができる立場にある。特に，発行者と契約関係に立つ投資家に関して，コースの定理の前提が成立する場合，法律上，開示義務を規定しても任意規定である限り，開示は，当事者間での合意により社会的に最適な水準で行われることになる[373]。

発行市場における情報開示の受益者として，潜在的な投資家が複数存在する点は，どのように理解すればいいであろうか。外部性の問題は，後で扱うことにして，証券の募集に応じる株主が複数となる点である。強制開示が存在しない場合に，投資家が開示されていない（非公開）情報を利用して取引ができる場合，当該投資家は，当該非公開情報に基づいて超過収益を得ることができよう。強制開示が存在しないため，投資家は，利益をもたらす投資情報を求め

---

370) *See* Kahan, *supra* note 186, at 1029.
371) *See* Jensen & Meckling, *supra*, note 118, at 308.
372) *See* Jonathan R. Macey, *Efficient Capital Markets, Corporate Disclosure, and Enron*, 89 CORNELL L. REV. 394, 412 (2004).
373) コースの定理について，本書211頁注275)参照。

て，個々に重複した情報取得，検証および分析の努力をするかもしれない。強制開示制度は，このような重複した努力を除去する効果を有するであろう[374]。この点で，強制開示は，社会厚生の増加に資するといえる[375]。

ただ，発行市場に関する限り，発行者は，複数の投資家に開示することによる個々の開示に関する限界費用の逓減を認識することが可能であり，外部性は，生じないように思われる[376]。例えば，発行者による情報の開示の量は，情報の受領者である投資家が得られる利益を勘案して決定されるであろう。外部性が存在しないということは，発行市場に関する限り，複数の投資家に情報を開示しているという点は，強制開示を正当化する理由にならないということになる。

強制的に情報が開示される場合，開示される情報に関して，投資家は，情報を収集，分析または加工する[377]誘因を失う。そして，自らが情報を収集，分析または加工するよりも安価に，当該情報を手に入れることができる。思うに，この場合，発行市場において，情報開示の利益は，目論見書や公衆縦覧型の開示を受ける者が享受するが，情報開示の費用は，これに応じる者が支払うことになるといえよう。例えば，金商法における株式の募集に関して，開示府令第2号様式の第一部第1【募集要項】10【新規発行による手取金の額】には，発行諸費用の概算額[378]を開示する旨の規定があり，募集に応募する投資家が，

---

374) 江頭・前掲注143) 348頁（継続開示の文脈での米国の議論の紹介），弥永真生「株式会社とディスクロージャー」商事1400号24頁（1995）（「会社に関する情報を必要とする利害関係者一人一人が情報を収集し，分析することになると，そのための手間やコストが重複し，社会全体としてはむだが生ずる」）。*See* Coffee, *supra* note 143, at 733; Goshen & Parchomovsky, *supra* note 157, at 738.

375) *See* Goshen & Parchomovsky, *supra* note 157, at 738 n.87（会社が情報を開示する費用が，投資家全体が独立に情報を獲得することによって費やされる費用を下回る場合には，会社が情報を開示することで社会厚生が増加することを指摘し，Douglas W. Diamond, *Optimal Release of Information by Firms*, 48 J. FIN. 1071, 1083, 1089 (1985)を引用する）。

376) *See* Easterbrook & Fischel, *supra* note 130, at 683（個々の投資家が，発行者の株式の一部のみを取り扱うため，情報の完全な価値を捉えることができないのに対し，発行者は，投資を完全にコントロールすることができ，また，情報の完全な価値(full value)を理解することができると指摘する）。例えば，大量の製品を製造する製造業者は，顧客が製品から得る利益を予測しつつ，製造量の設定，製造に費やす費用の設定，販売価格の設定等を行う。同様に，強制開示がなかったとしても，発行市場に関する限り，発行者の費用負担は，複数の投資家に開示することによる利益を勘案したものとなろう。なお，この場合でも，投資家以外の者が情報を利用することによる外部利益は生じうる。

377) 投資家がある情報Aを分析または加工して，より有用な情報Bを入手することができるとする。開示制度により情報Bが直接開示される場合，投資家は，情報Aを分析または加工して，情報Bを生成する誘因を失う。

378) 第2号様式の記載上の注意(19)(b)において，発行諸費用の概算額とは，「会社が負担すべき発行諸費

この発行諸費用を負担することになる。

　以上から，発行市場に関して，情報受領者が享受する外部利益は，会社に直接投資する投資家以外が享受するものを検討しなければならないと理解できよう。このような，企業内容の開示に関して，生じる外部性は，次目で検討する。

　具体的な外部性の検討に入る前に，流通市場についても同様の検討を行う。

流通市場における情報開示の受益者

本書で扱う公衆縦覧型の流通市場への開示について考えると，潜在的な投資家が，ほぼ無料で情報を獲得できるという利益を得ているといえる。他方，前述の通り，発行者が開示を行うことにより，既存の証券保有者が，流動性の確保という利益を得ているともいえよう。株主は，会社の所有者なのであるから，集合行為やエージェンシー費用の問題を無視すれば，流通市場における情報開示の量を調節できる立場にある。

　ただ，流通市場の開示は，公衆縦覧型であるために，開示は，株主以外の者も利用可能である。流通市場の開示の場合，証券の募集を伴わないために，開示の費用は，常に，現在の株主が負担している。そのため，株主以外の利用は，外部利益と捉えることができる。

　次目以降において，企業内容の開示に伴って生じる外部利益には，どのようなものが存在するかを概観する。すなわち，①開示内容，書式および質の標準化という外部利益および株主以外の潜在的な発行者への情報開示という外部利益，②株主以外の潜在的な投資家への情報開示という外部利益，③投資家以外の者への情報開示という外部利益，ならびに④事業上の競争者への情報開示という外部利益である。

　なお，これらの外部利益は，論理的な観点から，排他的ではないし，重複が存在する[379]。例えば，開示の標準化という外部利益は，投資家以外にも及ぶ。厳密さという点で多少の問題があるかもしれないが，少なくとも，外部利益が生じる例を示すことはできたものと思われる。

　　用の総額を記載する」ことと定められている。類似の開示は，米国連邦証券法にも定められている。例えば，様式S–1のアイテム8では，レギュレーションS–Kのアイテム508(e)に基づく引受人の報酬，様式S–1のアイテム8では，レギュレーションS–Kのアイテム511に基づくその他の費用負担の開示が求められている。

379)　社会厚生を計算するモデルを厳密に立てるのであれば，個々の外部利益について，対象となる範囲や，そこから得られる利益を厳密に計算し，重複をなくした上で，影響を与える要素を網羅的に考慮しなければならない。本節の分析は，範囲の確定，影響の算定，重複の除去といった点で不十分である。

第4目　企業内容の開示に伴う外部性

序論　本目では，企業内容の開示に伴う外部性を検討する。第一に，ある発行者の理解が他の発行者の分析に有益であるという外部利益ならびに開示内容，書式および質の標準化を検討する。第二に，株主以外の潜在的な投資家への情報開示という外部利益に示す。第三に，投資家以外の者への情報開示という外部利益を示す。第四に，事業上の競争者への情報開示という外部利益を検討する。

他社の理解促進および標準化　企業内容の開示に伴う外部性の一類型として，ある発行者を理解することが，同業他社を理解することを促進することが挙げられる[380]。例えば，企業内容の開示によりある発行者を理解することが同業他社を理解するために必要な分析の費用を軽減するという効果が考えられる。これは，ある会社による企業内容の開示が他の会社に投資するかを検討している投資家に対して外部利益を与える例である。

本書では，発行者による自主的な情報開示を超えて強制開示義務を課すべきかを検討しているが，強制開示義務が課される場合，同業他社の理解がさらに進む理由がある。それは，開示の様式を定めることで，開示される情報の標準化を図ることができるという点である。すなわち，開示の様式を定めて行う強制開示制度による企業内容の開示に伴う外部利益として，開示の内容，書式および質の標準化[381]，ひいては，比較可能性を高めること[382]が挙げられる。典型例は会計基準に従って開示される財務情報である。情報を標準化することにより比較可能性を高めることができるため，投資者によるその後の情報処理の費用を低減することができる[383]。

---

380) *See* Goshen & Parchomovsky, *supra* note 157, at 758–59 (ある発行者に関する情報が，他の発行者の理解に寄与することで，規模の経済が生じることを指摘する). ある発行者の理解が，同業他社の理解を促進するという規模の経済は，投資銀行において証券アナリストが業界単位で発行者を担当していること（すなわち，1人のアナリストが特定業種に属する複数の会社を担当していること）からも裏付けられよう。

381) *See* KRAAKMAN ET AL., *supra* note 146, at 278. 江頭・前掲注143) 348頁（標準化による比較可能性に言及する見解があることを紹介する）。

382) *See* KRAAKMAN ET AL., *supra* note 146, at 279; Lucian A. Bebchuk & Robert J. Jackson, Jr., *Shining Light on Corporate Political Spending*, 101 GEO. L.J. 923, 948 (2013) (会社による政治的支出(political spending)に関する開示について，比較可能性を高めるという観点から開示を強制すべきと述べる)。

383) 情報の比較という利点に言及するものとして，近藤ほか・前掲注9) 106頁。LOUISE GULLIFER &

開示内容の標準化やある発行者の開示が他の発行者の理解に資するという点
は，当該発行者の株主以外にも利益をもたらすものであり，当該株主以外は，
費用を負担していないため，外部性が生じているといえる。これは，情報を強
制的に開示するか否かという論点というよりは，どのように情報を開示するか
という問題であり，本書が扱う中心的な論点からは外れているが，一応指摘
した。

この点，開示の標準化が必ずしも強制開示を必要とせず，市場参加者が開示
の標準を形成することができる[384]という反論がある。

市場参加者が開示の標準を形成することができるという指摘に対する再反論
としては，①強制力が存在しない場合，標準化した開示に従わない発行者が出
てくることにより標準化による規模の経済が活かせないこと②標準化に従っ
ていると見せかけて（例えば，会計基準），実際は，標準化した規定に従わない発
行者が出てくることにより，詐欺や誤解を招く恐れがあることが考えられるこ
と[385]，および③群集行動（herd behavior）やネットワーク外部性により標準化
が最適なものとならない可能性があることが挙げられる[386]。難しいかもしれ
ないが，強制開示制度による標準化が私的な合意と比べて優れているかは，実
証的に検証されるべき問題であろう[387]。

関連する論点として，多くの株主に共通して利益を与える程度に重要な情報
のみを強制開示制度の対象とし，それ以外の情報について，強制開示制度の対
象外とすることが考えられるかもしれない。この場合，自主的な情報開示がど
のように発展するかについて，法の経路依存性（本書6頁）に鑑みて，留意する

JENNIFER PAYNE, CORPORATE FINANCE LAW: PRINCIPLES AND POLICY 423 (2011)は，開
示情報の標準化を最も説得力のある理由（most compelling argument）であると述べる。
384) See Easterbrook & Fischel, supra note 130, at 687; CHOI & PRITCHARD, supra note
134, at 27. 民間団体である公益財団法人財務会計基準機構内に設置された企業会計基準委員会が
会計基準設定主体として活動していることが典型例であろう。See CHOI & PRITCHARD, supra
note 134, at 27（米国の財務会計基準審議会（FASB: Financial Accounting Standards
Board）を例に挙げる）。この反論は，開示内容，書式および質の標準化という外部利益が存在するこ
とを否定するものではなく，強制開示が存在しなくとも，当該外部利益が自主的に生み出される可能
性を指摘するものである。
385) See Franco, supra note 277, at 288; Seligman, supra note 161, at 9（歴史的にみると，
強制開示を肯定する立場から，強制開示がない場合，州法および自主規制機関では，最適な開示の水
準を維持できないという意見があることを紹介する）。
386) See Palmiter, supra note 164, at 119 n.339 (citing Kahan & Klausner, supra note 2).
387) See Easterbrook & Fischel, supra note 130, at 687.

必要があろう[388]。

株主以外の潜在的な投資家への情報開示という外部利益　金商法の開示制度は，投資家へ直接に交付されるものと，公衆縦覧型の開示制度をとるものがある。公衆縦覧型の開示制度について，情報提供の対象者は，既に有価証券に投資している投資者のみならず，今後投資することがありえる潜在的な投資家が広く含まれるとされる[389]。発行市場に関する限り，複数の投資家への情報開示が外部利益を生じない点を指摘したが，流通市場では，株主以外の潜在的な投資家への情報開示は，当該潜在的な投資家が費用を負担していないため，外部利益を生じさせる[390]。

株主以外の潜在的な投資家は，企業内容の開示により，潜在的な投資対象についての情報収集，検証，分析および比較等に掛かる費用を軽減することができるであろう。

投資家以外の者への情報開示という外部利益　投資家以外の者への情報提供という機能は，古くから指摘されている[391]。発行開示にしろ継続開示にしろ，公衆縦覧型の開示は，現在では，電磁的に安価で入手することが可能であり，投資家に限らず，広く情報を利用可能にせしめるものといえる。

例えば，東京商工リサーチは，有価証券報告書をもとに，1億円以上の報酬を得た上場会社に関する調査をまとめている[392]，また，Wall Street Journal 誌は，ニューヨーク証券取引所への上場に関して，米国証券取引委員会に提出した登録届出書に基づき，上場会社が米国財務省外国資産管理室規制の対象となりうる取引を行ったとの記事を書いている[393]。他にも，例えば，環境保護

---

[388] 法制度の経路依存については，本書第1章第2節第1款第1款（6頁）参照。See Kahan & Klausner, supra note 2, at 366（会社契約の文脈で，個々の会社が自らの利益を最大化する努力をしたとしても，ネットワーク外部性や情報カスケード（informational cascades）により，すべての会社の利益の合計が最大化するとは，限らないことに言及する）．

[389] 松尾・前掲注27）92頁。

[390] 集合行為やエージェンシー費用の問題などを無視すれば，株主は，会社の所有者であるため，強制開示が存在しないと仮定した場合に，開示による現在の株主の利益と費用を勘案して，開示の程度を決定することができる立場にある。

[391] 鈴木＝河本・前掲注123）90–91頁（有価証券報告書に記載された情報に基づいて経済学者および計量経済学者が経済予測や経済企画の研究を進めているという例を挙げる）．

[392] 日経産業新聞「役員報酬，1億円以上は295人に，カシオ前会長首位，民間調べ」19頁（2012年7月12日）．

[393] Joe Palazzolo, *Sumitomo Mitsui Financial Group Discloses Potential Violations of US Sanctions*, WALL STREET JOURNAL BLOG (Oct. 22, 2010), http://blogs.wsj.com/corruption-currents/2010/10/22/sumitomo-mitsui-financial-group-discloses-potential-

団体が中国での水質汚染に関する資料の作成に，米国証券取引委員会に提出された書類を資料として用いている[394]）。

これらの利用は，株主や潜在的な投資家への情報開示ではないし，本来意図された利用とは，言い難い面もあるが，第三者による情報収集や分析の費用を減じている側面があり，外部利益を有しているといえよう。

事業上の競争者への情報開示という外部利益　企業は，秘密情報を開示したくないという外部性の問題に言及するものは多い[395]）。

例えば，ある発行者が有するある事業上の秘密が強制開示制度に基づいて開示されなければならないとし，当該事業上の秘密は，当該発行者の競争者が容易に利用することができるものとする。仮に，①証券の発行者である製鉄会社が銑鉄の強度を上げるために，鉄にある希少金属を混合しているとし，②この技術が特許や実用新案で保護されない類の営業秘密だとし，③当該希少金属は少数の国からしか産出されず，④そのうちC共和国から産出される当該希少金属の金額が最も廉価であり，⑤強制開示制度がC共和国から産出される希少金属について，C共和国から産出されていることの開示を要求する場合，どのような影響が考えられるだろうか。

発行者が，強制開示制度に服する場合，当該発行者は，強制開示において特定の希少金属を用いていることを明らかにしなければならず，競争相手が同様の製品を開発することを助けてしまう結果となるかもしれない[396]）。仮に，発

---

violations-of-us-sanctions/ (last visited Aug. 13, 2014); Sumitomo Mitsui Financial Group, Inc., Registration Statement (Form 20FR12B) (Oct. 20, 2010).
394) GREENPEACE INT'L, DIRTY LAUNDRY: UNRAVELLING THE CORPORATE CONNECTIONS TO TOXIC WATER POLLUTION IN CHINA (July 13, 2011).
395) *See* Easterbrook & Fischel, *supra* note 130, at 685（競合他社の情報の利用について支払いを受けることができないために，情報の生産が過少になることを指摘し，ホールドアウトの問題が生じることを指摘する）; Fox, *supra* note 203, at 1345–46（競争上の事業者に利益を与えるという費用は，個々の事業者が負担するが，競争者に利益を与えるため，社会的費用とはならないと指摘する。そして，社会的費用とならない部分が存在するため，私的費用が社会的費用を上回ることを指摘する）．例えば，弥永・前掲注374) 23頁注4，龍田・前掲注116) 114頁（企業秘密の例として，ノウハウや顧客リストを挙げる），江頭・前掲注143) 348頁，河本＝大武・前掲注116) 56頁（企業内容のディスクロージャーは，すべてを開示すればよいというものではないことの例として，企業秘密を挙げる）．
396) 発行者Aと発行者Bが営業秘密を有し，一方のみが当該営業秘密を開示する場合，他方が当該情報を利用でき，利益を得ることができるとし，一方が営業秘密を開示するのであれば，他方が営業秘密を開示することをためらわないような状態の場合，ホールドアウトの問題が発生する。両者が開示をためらう場合に，両者が開示するよりもそれぞれの発行者が得る利得が減少する場合には，ゲーム理論でいう囚人のジレンマの状態となる。囚人のジレンマとなるような例に言及する例として，Macey,

行者が，開示を行っても競争上の優位を維持することができると考えるのであれば，特定の希少金属を用いていることが開示され，これは競争者により利用されるため，外部利益を有するということになる（この開示および競争者が開示された情報を利用することによるメリットは，発行者に費用を課すものであろうから，正味で利益が生じるとは限らないがこの点は措く）。

　他方，発行者が，競争上の優位を維持するために，特定の希少金属を利用していることを開示したくない場合，発行者はどのような対策を講じることができるであろうか。まず，発行者は，開示制度の対象となることを恐れて開示制度の対象となるC共和国から産出される希少金属を利用しないかもしれない。この場合，発行者は，当該希少金属を他の国で入手することになる。C共和国以外の国から産出される当該希少金属は，C共和国で産出されるものよりも高価であり，より高い値段で当該希少金属を仕入れることは，発行者の競争力を減少させるかまたは高い価格で希少金属を調達することによる差額が製品価格に転嫁されることになろう。また，発行者は，競争上の有利さを得られないという理由で，そもそも当該希少金属を利用した新製品を販売しないかもしれないし，そもそも当該希少金属を利用した新製品を開発しようとすらしないかもしれない[397]。発行者が開示を行うか否かの選択は，発行者にとって，ひいては，発行者の株主にとってどちらが有利かによって決定されるであろうから，この点で，株主の利益が勘案されているといえる。しかし，情報開示がなされてしまうという理由で，社会的に有益な技術開発がなされなくなる場合には，開示がなければ得ることができたはずの，社会厚生が失われている可能性がある。

---

　　supra note 372, at 415–17. Easterbrook教授およびFischel教授も競争上の考慮から，「問題は，囚人のジレンマに関連している」と述べたことがある。Easterbrook & Fischel, *supra* note 130, at 685. しかし，両者が開示をためらう場合に，両者が開示するよりもそれぞれの発行者が得る利得が減少するという状況が実際にどのような状況であるのかは説明し難いように思われる。Macey教授は，「両社で開示が行われない場合，市場参加者が報告会社の開示を信用しなくなるから」と述べる。Macey, *supra* note 372, at 416. Macey教授が例に挙げる通り，2社しか市場に存在しないと仮定すれば，この議論も成立するのかもしれないが，現に市場に多くの発行者が存在する場合にどこまで適用することができるかは，別途検討を要するように思われる。

[397]　類似の例に言及するものとして，例えば，Macey, *supra* note 372, at 412（強制開示を肯定する意見として外部性を挙げるものが存在することを指摘した上で，強制開示を否定する意見として競争者に利益を与えるという外部性が存在することを指摘する。結果，外部性が強制開示を肯定するものか，否定するものかは，明らかではないと述べる）。

追加で考慮すべき要素として,株主による分散投資が挙げられる[398]。すべての株主が分散投資をしていると推定することはできない[399]が,合理的な投資戦略であることが主張されているため[400],この点を検討する。分散投資をしている会社の場合,ある発行者だけでなく,その競争者に対しても投資を行っている可能性が高い。この場合,強制開示により,個々の発行者が,開示することで,個々の発行者が不利益を被るとしても,ポートフォリオ全体について[401]正味で正の影響を享受できるのであれば,当該情報の開示は,正当化されうる。また,類似の考え方として,分散投資をする投資家にとっては,個々の発行者の不利益よりも,ポートフォリオ全体が利益を享受できるかがより重要であるし[402],また,分散投資をする投資家は,個々の産業での競争について,個別投資をする投資家よりも開示による個々の会社への不利益を懸念しないであろう[403]。実際,株主全体で考えれば個々の株主の間での利益移転よりも,全体としての社会厚生が増加しているか否かがより重要であろう[404]。

---

398) ポートフォリオ理論と開示制度の限界について,本章第6節第3款(288頁)参照。
399) 有名な例として,2001年に破綻したエンロン社(Enron Corp.)について,2000年末の時点で,従業員退職基金の62%が自社株に投資されていたことが挙げられる。Brad M. Barber & Terrance Odean, *The Behavior of Individual Investors*, in 2B HANDBOOK OF THE ECONOMICS OF FINANCE 1533, 1561 (George M. Constantinides, Milton Harris & René M. Stulz eds., 2013). 2009年に自社株への投資は,36%に減少したが,5%の従業員は,80%以上を自社株に投資しているといわれる。*Id.* 実証研究では,米国のブローカーに投資している投資家が保有している株式は,平均4銘柄という研究がある。*Id.*
400) *See* MALKIEL, *supra* note 362, at 391-98. HARRY M. MARKOWITZ, PORTFOLIO SELECTION: EFFICIENT DIVERSIFICATION OF INVESTMENTS 3 (1959) (良いポートフォリオは,単なる良い株式と社債の長い羅列というだけではない。それは,全体として均整がとれており,多様な偶発性に対する保護と機会を投資家に提供するものであると述べる).
401) 市場に存在するすべての発行者に関するインデックスに投資する投資家の場合,例えば,株式時価総額に応じて分散投資をするTOPIXとの連動を目的とするインデックスに投資する投資家の場合,ポートフォリオ全体の利益が,社会全体の利益と近似するか否かは,必ずしも明らかではないが,個別の株式にのみ投資する投資家よりも,インデックス投資家の利益は,社会全体の利益と方向を共にしているといえるだろう。
402) *See* KRAAKMAN ET AL., *supra* note 146, at 278.
403) *See id.* 仮屋広郷「ポートフォリオ理論と取締役の信認義務:アメリカ法の視点」一論120巻1号6-8頁(1998)(取締役の信認義務の文脈でポートフォリオ理論を取り扱い,会社の利益と株主の利益が異なりうることを示す)は,取締役の信認義務との関係で,株主の分散投資を扱う。
404) 投資家により分散投資の程度が違うため,個々の投資家にとって得が最大化されるかよりも,全体として社会厚生が最大化されているかが問題となる。例えば,株主価値が同じである会社Aと会社Bに同じ額の投資を行う投資家Cにとって,会社AとBのどちらが利益を得るかは問題とならない。しかし,会社Aの持分が会社Bの持分の2倍である投資家Dにとって,会社Bの利益を損なって会社Aが利益を得る方が,個人的な得は高くなる。

情報開示が事業上の競争者に利用される可能性があるという議論をまとめると，①外部利益を有する開示が行われるか否かは，発行者が自らの利益を最大化できるかによって決定される，②外部利益を有する開示が促されるのであれば，強制開示を正当化する理由となりうる，③外部利益を有する開示が回避されるのであれば，個々の発行者の利益だけではなく，技術革新などの要素も勘案して社会厚生を最大化するか否かが考慮されるべきである，および④分散投資を行なっている投資家を前提とすれば，事業上の競争を行っている投資家間の利益移転を考慮する必要が減じられるとなる。

第4款　不完全情報

第1目　序　論

本款では，市場の失敗をもたらす要素としての不完全情報 (imperfect information) を，企業内容の開示に関する文脈において検討する。特に，情報が不完備[405]である場合において結果として生じる，情報の非対称性 (asymmetric information, informational asymmetry) を扱う。

本書が扱うテーマは，発行者による企業内容の開示であるから，発行者と投資家の情報の非対称性を扱うことが基本になる。また，発行者による企業内容の開示には，発行市場および流通市場への開示が存在する。情報の非対称性の観点からは，強制開示制度は，情報の偏在を矯正して市場の失敗を回避するための方策であるといえそうである。本款では，発行市場および流通市場への双方の開示について，情報の非対称性が存在するのか，および情報の非対称性に

[405) 一般に情報が完備であるとは，すべての経済主体が同じ情報を持っていることを指す。情報が完備ではない状況を情報が不完備であるという。藤田＝松村・前掲注224) 2110頁。また，情報が不完備である場合とは，情報が偏在している場合を指す。藤田＝松村・前掲注224) 2110頁（情報が不完備であるということは，特定の情報を持っている人と持っていない人がいるということであり，言い換えれば情報が偏在している状況である）。情報の偏在が存在すると，合理的な経済主体の自発的な交換に基づく市場均衡が必ずしも効率的にならないことが知られている。藤田＝松村・前掲注224) 2110頁。なお，完全情報と完備情報の違いについて，藤田＝松村・前掲注224) 2110頁注3（「完全情報とは，全ての人が全ての情報を持っている状態をいう。全ての人が全ての情報を持っていれば必然的に情報の偏在はないことになるから情報が完全であれば必然的に完備であるが，逆は真ではない。ある銀行の不良債権がいくらであるのか誰も何も知らないとすると，情報は完備であるが完全ではないことになる」）。]

基づく市場の失敗を回避するために，発行者による企業内容の開示が正当化できるかを検討する。

情報の非対称性は，発行者と投資家以外の当事者との間でも生じうる。主要な問題として，投資家と経営者との情報の非対称性が問題となる。情報の非対称性の問題ではあるが，重要な問題なので，市場の失敗の一類型として扱うのではなく，投資家と経営者との情報の非対称性に基づくエージェンシー問題として独立に扱う（本書400頁）[406]。

なお，発行市場では，証券取引が発行者と投資家の間で行われるため，投資家間での情報の非対称性は問題とならない[407]。また，会社の内部情報を有する発行会社の経営者や発行会社自身が流通市場で取引することは，一定の制限が掛けられているため，流通市場での取引は，基本的に投資家間で生じるものと考えられる[408]。

第2目　流通市場における投資家間の情報の非対称性の不存在

序論　本目および次目では，流通市場における情報の強制開示（企業内容の継続開示）の問題を取り扱う[409]。

---

[406] MANKIW, *supra* note 1, at 468（情報の非対称性について，隠された行動(hidden action)と隠された特性(hidden characteristic)に分けた上で，隠された行動について，モラル・ハザードを扱う）。本款では，主に，Mankiw教授が分類するところの，隠された特性を扱う。

[407] 発行者以外の者が証券の価値に関する有用な情報を有しており，発行者や他の投資家と証券取引を行うことの是非は，インサイダー取引の文脈で議論されている。本書51頁注83)に掲げた文献および本款第2目245頁参照。

[408] 発行者以外の者が証券の価値に関する有用な情報を有しており，発行者や他の投資家と証券取引を行うことは，発行市場と同様，インサイダー取引の問題である。発行者自身が流通市場で取引する場合，論点が，証券の売却と購入で違う。証券の売却について，理論的には，新株発行と自己株式（株式会社が有する自己の株式をいう。会社法113条4項）の売出しに差異を設ける理由は，ほとんど存在しないように思われ，発行者による証券の募集の問題として理解できよう。会社法199条1項。また，金商法は，有価証券の募集（金商法2条3項）とは別に有価証券の売出し（金商法2条4項）を定め，別個の制度として取り扱っているが，自己株式の処分を取得勧誘類似行為として有価証券の募集の定義に含めている。金商法2条3項第1括弧書き，定義府令9条1号。証券の購入については，会社法155条が株式会社による自己の株式の取得が可能な場合を列挙し，また，156条が株主との合意による取得の規定を定めている。金商法162条の2は，発行者である会社が行う会社法156条1項の規定またはこれらに相当する外国の法令の規定（当該会社が外国会社である場合に限る）による上場等株券の売買に関する規制を定めている。同条は，相場操縦等のセーフハーバーになっているわけではなく，同条の要件に従って自己株式を取得しても，相場操縦にあたる可能性はあり，他方，同条の要件を満たさない場合でも，直ちに相場操縦に該当するということでもない。神田秀樹＝黒沼悦郎＝松尾直彦編『金融商品取引法コンメンタール（4）』64頁（商事法務・2011）〔梅本剛正〕。

[409] 本書で議論する論点の他に，江頭・前掲注143)342頁は，投資家保護機能として情報開示が行われていた歴史的経緯に言及し，その後，セミ・ストロング型の効率的市場を前提とした上で，開示され

まず，Zohar Goshen 教授および Gideon Parchomovsky 教授が会社の内部情報に関する限り，流通市場において投資家間の情報の非対称性が存在していないことを指摘しているところから議論を進めたい[410]。発行者は，一般的に，情報の選択的開示を禁止されており[411]，流通市場での取引では，投資家は，売買当事者ともに発行者の非公開の内部情報を利用することはできず，この意味で投資家の間に会社の内部情報に関する情報の非対称性は，存在しない[412]。情報の非対称性が存在しないため，いわゆるレモンの市場における価格の低下は，生じない[413]。

発行市場の場合，売主である発行者が情報を開示しないとき，買主である投

た情報が証券価格に織り込まれるために，多額の費用を掛けて法定開示により情報を開示することに対する批判があることを指摘している。本節では，この問題を直接扱わないので，その理由を明らかにしておきたい。本節は，強制開示制度の是非を，強制開示制度が要求する情報量が多すぎるから，または，投資家保護として機能していないからという理由で問題としているのではない。情報の多寡や投資家保護を扱う前段階として，発行者が自主的に情報を開示する誘因が存在するかを扱っている。江頭教授が指摘した強制開示の問題点は，情報が自主的に開示されることが示されれば，この観点からも否定されるものである。実際，江頭教授も発行会社が情報を自主的に開示するという意見を紹介している。江頭・前掲注143）342-343頁。また，情報が自主的に開示されないのであれば，強制的に情報を開示させることが一定程度で許容される可能性があり，その際の論点の一つとして，強制開示に係る情報の多寡が議論されよう。

410) Goshen & Parchomovsky, *supra* note 157, at 762.
411) 米国では，レギュレーションFDによって明示的に選択的開示が禁止されている。17 C.F.R. §§ 243.100-03 (2014) (Regulation FD). わが国には，米国のように選択的開示を禁止するように規則が制定されているわけではないが，適時開示規則，インサイダー取引の幇助犯および不法行為に基づく責任を負い得ることになり，実質的には規制されているといえよう。黒沼悦郎「電子化時代の企業情報の公開（特集電子化時代の情報と法）」ジュリ1215号31頁（2002）。情報伝達・取引推奨行為の禁止を含む金商法の改正が，平成25年6月12日に成立，同年6月19日に公布された。平成25年6月19日法律第45号（金商法167条の2，175条の2，197条の2，207条）。
412) 個々の投資家が独自の情報入手の努力（例えば，ある発行者の取引先へのヒアリング）を行い，また，当該発行者の公開された情報を独自に分析する努力を行う（例えば，当該発行者が開示した情報と市場環境に関する情報を組み合わせて分析，製品の将来の需要予測を行う）場合，投資者間での流通市場での取引についても，情報の非対称性が存在する。しかし，証券市場における取引では，この意味での情報の非対称性は許容されている。*See* Chiarella v. U.S., 445 U.S. 222, 235 n.20 (1980) (情報の平等理論(equal access theory)の否定); Dirks v. Sec. & Exch. Comm'n, 463 U.S. 646, 657 (1983) (同上). 小林成光「判批（Chiarella事件）」アメリカ法1982-2号259頁（1983），荒谷裕子「判批（Dirks事件）」アメリカ法1985-1号144頁（1985）。選択的開示の禁止は，一定の状況において発行者に対して開示義務を課す場合があり，会社が選択的開示をすると，当該情報を秘密にする利益を失われたと看做され，開示義務の即時の履行を拒否することができなくなる仕組みであると捉えることもできよう。尾崎・前掲注158) 94頁。
413) Goshen & Parchomovsky, *supra* note 157, at 762-64 (流通市場で取引をする買主と売主には情報の非対称性が存在しないため情報の非対称性は市場取引では生じないこと，および強制開示がない場合，両者とも発行者に関する情報を知らず，投資家は最悪を予想せず，真の価値を予想するかもしれないことを指摘する。その結果，流通市場での取引価格は最低にはならない）。なお，Goshen教授およびParchomovsky教授は，新規株式公開では，逆選択が，生じうると述べる。*Id.* at 763 n.196.

資家は，証券の購入価格を下げることで情報を発行しない投資家を罰することができる。しかし，流通市場では，情報の非対称性が存在しないため，売買の当事者となる投資家は，双方とも，証券が有するであろう価値を推測して，売買を行う[414]。証券を保有する者が証券を売却するにあたり，発行者からの情報開示が存在しないからといって，低い価格で証券を売却しなければならないということはない[415]。発行者は流通市場での取引の当事者になっておらず，市場が情報を開示させるために，購入価格を低くして発行者を罰するという機能は働かない[416]。

両者に情報の非対称性が存在しないため，基本的に，不公正であるという問題は生じないと考えられる。また，企業内容の開示に関する限り，流通市場での売買の当事者について情報の非対称性が存在しないのであれば，これに基づく市場の失敗は生じないということになる。

流通市場への企業内容の開示に関する論点　流通市場への企業内容の開示について，関連する論点を検討してみたい。流通市場への強制開示が存在せず，選択開示の禁止やインサイダー取引の禁止が存在する場合を考えてみよう。ここでは，次の2点が問題となる。第一に，発行者が流通市場に対して情報を開示する誘因が存在するかである。なぜなら，発行者が流通市場に対して情報を開示する十分な誘因が存在する場合，法制度で，情報開示を強制する理由が失われるからである。第二に，発行者が流通市場に対して情報を開示する十分な誘因が存在しない場合，法制度で，情報開示を強制する理由が存在するかが問題となる。

発行者が流通市場に自主的に情報を開示する誘因が存在するか　第一に，発行者が流通市場に対して情報を開示する誘因が存在するかという問題がある。端的にいえば，法律や契約で強制されない限り，発行者は，基本的に，情報を開示する誘因が存在しないものと思われる。発行者にとって情報開示は，費用がかかり，流通市場への情報開示から得られる利益が間接的[417]なものに留まるからである。

---

414) *Id.* at 762.
415) *Id.*
416) *Id.* at 763.
417) 流通市場への情報開示において発行者が間接的に得る利益について，本書233頁参照。

他方，流通市場への強制開示制度が存在しないとしても，この場合，発行者に対して，投資家は，投資を行う際に，投資家が契約上の情報開示を要求することが，容易に想像される[418]。しかし，取引の規模が大きくなり，投資家の数が増加する場合，集合行為の問題が存在し，投資家による監視機能に限界が生じうる[419]。特に，少額の投資しか行わない投資家は，監視費用が投資額と比較して大きくなりがちなため，情報開示を要求することができる権利を有していたとしても，当該権利を行使せずまた行使したとしても開示に係る情報を十分分析できないことが考えられる。この点について，後述する（本書279頁）。そのため，私的自治に基づく流通市場への情報開示に任せるということも難しいように思われる。

　なお，関連する問題として，流通市場への開示の頻度や時期がある。一年に一度（例えば，有価証券報告書）の流通市場への開示で十分なのか，半期に一度（例えば，半期報告書）で十分なのか，四半期に一度で十分なのか（例えば，四半期報告書），適時開示制度が必要なのか（例えば，臨時報告書），適時開示における報告書の提出期限がいつまでなのかといった問題は，別途詳細な検討を要するものであるが，本書では省略する。

法制度で強制する理由があるか　第二に，発行者が流通市場に対して情報を開示する十分な誘因が存在しない場合，法制度で，情報開示を強制する理由が存在するかが問題となるが，これに関連して，会社が自主的または私法上の理由（例えば，契約）により流通市場に情報開示を行う場合の論点を考えてみたい。流通市場への強制開示が存在せず，選択開示の禁止やインサイダー取引の禁止が存在する場合，情報は，等しく投資家が利用可能な方法で開示されるはずである。しかし，情報の収集能力や分析能力は，投資家によって様々である。

---

418) 例えば，銀行取引に関して，全国銀行協会が作成していた銀行取引約定の雛形には，「財産・経営・業況について貴行から請求があったときは，直ちに報告しまた調査に必要な便益を提供します」および「財産・経営・業況について重大な変化を生じたとき，または生じるおそれのあるときは，貴行から請求がなくとも直ちに報告します」という条項が存在していた。村山洋介「銀行取引約定書ひな型廃止後の銀行取引約定書改訂動向——地方銀行および第二地方銀行の動向を中心に（2・完）」鹿児島大学法学論集41巻2号102頁（2007）。なお，全国銀行協会による銀行取引約定の雛形の作成は，2000年4月18日に廃止された。全国銀行協会「杉田会長記者会見（第一勧業銀行頭取）」（2000年4月18日）。また，米国において適格機関投資家間の証券の転売に関して，情報開示義務を課す米国連邦証券法規則144A(d)(4)は興味深い。17 C.F.R. § 230.144A(d)(4) (2014).
419) 集合行為について，本書228頁参照。

第 5 節 証券市場における情報開示と市場の失敗　*249*

以降は，流通市場での投資家の行動について，Lynn Stout 教授による合理的な投資家が一致しない期待 (heterogeneous expectations) を抱くという「HE モデル」に基づいて議論を進めたい[420]。情報の獲得等に費用が掛かりかつ情報が不完全である場合，合理的な投資家は[421]，一致しない期待を形成する[422]。投資家が違えば情報を得るための費用も違い，株式評価に違う情報の部分集合 (subsets) を用いる[423]。違う情報の部分集合を用いる投資家は，ある株式のリスクおよびリターンについて異なる意見を形成しうる。また，証券の価値（ひいては企業の価値）は，投資者によってそれぞれ違う[424]し，価値という用語にも様々な種類が存在する (本書 116 頁参照)[425]。さらに，企業価値を評価する手段は，科学という程厳密に定められているわけではなく，芸術 (art) に属する裁量が存在する[426]。このような一致しない期待が (ネガティブ・サム・ゲームの) 株

---

[420] *See* Stout, *supra* note 207, at 626–27.
[421] 「合理的な投資家でも」というべきかもしれない。投資家が合理的でなければ，合理的な投資家との間で，意見の相違が生じることは，自明であろう。Stout教授は，売買当事者となる投資家が両者とも合理的であっても，社会的な損失を生じるような取引が行われることを示した。*Id.* at 625–31.
[422] *Id.* at 616.
[423] *Id.* at 626.
[424] 例えば，価値評価について様々なバイアスが存在する。*See* DAMODARAN, *supra* note 218, at 2–3. 行動経済学の文脈では一物一価の法則 (law of one price) が妥当しないという議論がなされる。*E.g.*, Owen A. Lamont & Richard H. Thaler, *Can The Market Add and Subtract? Mispricing in Tech Stock Carve-Outs*, *in* 2 ADVANCES IN BEHAVIORAL FINANCE 542, 542 (Richard H. Thaler ed., 2005).
[425] 例えば，公正市場価値(fair market value)，投資価値(investment value)，本質的価値(intrinsic value)および基本的価値(fundamental value)ならびに公正価値(fair value)等の概念がある。*See* SHANNON P. PRATT, ROBERT F. REILLY & ROBERT P. SCHWEIHS, VALUING A BUSINESS 28–33 (4th ed. 2000). この他，株式評価に関する価値論について，例えば関俊彦『株式評価論』175–187頁（商事法務・1983），また，株式利益と私的利益を分ける考え方について松中学「市場価格が高騰している場合の有利発行の判断基準」商事1911号28頁 (2010)。法律上問題となる価値は，文脈によって，異なる考慮が必要になる場合がある。例えば，組織再編の文脈で買収会社と対象会社が買収価格を交渉する場合，事業価値や企業価値がいくらであるかを交渉することになるが，この交渉は，株式買取請求権がどの程度行使されるかや，株式買取請求権の手続きにおいて公正な価格が幾らと算定されるかを考慮した上で行われるはずである。結果，買収会社と対象会社が与える事業価値が相違し，また，それらが買取請求権の手続きにおいて公正な価格と相違するということは，容易に考えられる事態である。
[426] In the Matter of Appraisal of Shell Oil Co., 607 A.2d 1213, 1221 (Del. 1992) (「本件では各当事者の価値評価の証拠は欠陥に満ちており，無差別にどちらかを是認(endorsement)することは弁解しがたい程にバイアスの影響を受けやすい。正式事実審(trial)においてシェル社の主任専門家が率直に認めた通り『価値評価は科学というよりは芸術であ』り ("Valuation is an art rather than a science.")，反対株主の株式買取請求権の手続き (appraisal process) も同様である。何よりもこれは，価格を算定するにあたり〔事実審である〕衡平法裁判所が有すべき広い裁量を強調するものである」。本書で議論するものの他に，「最終的な将来の価値」 (ultimate future value) という意味での本源的価値が観念できるが，市場参加者は未来を予見できないために，この価値を知ることはできない。*See Xcelera*, 430 F.3d at 509.

式取引の誘因となりうる[427]。特に，取引費用が低い場合に，投機が発生することが指摘されている[428]。

ここで，投資家による情報収集や分析を補助する目的で，（自発的である場合を含めて）情報を開示すること，情報開示の方法を指定すること（例えば，当局が運営する情報開示システムへの情報の提出）や情報の開示の形式を統一することの影響を考えてみよう。実際，発行者が法定開示書類として EDINET[429] や EDGAR[430] に提出する書類，TDnet[431] にて開示する書類およびウェブ上で開示するプレスリリース等の流通市場に開示する情報は，どの投資家も等しく利用することが可能である。流通市場への情報提供は，投資家一般による情報に基づく投資判断を補助する効果があるといえよう[432]。問題は，強制開示による流通市場への情報開示が社会厚生の増加を導いているのかという点である。この点は実証的に確認されるべき事項であるが，考えられる影響を指摘しておきたい。第一に，投資家間で有する情報を標準化することにより，一致しない期待を減殺する効果が生じ，流通市場での取引を生じさせにくくするとい

---

427) 例えば，ジョンが現在市場において100ドルで取引されている General Motors 株式について105ドルに値上がりすると予想し，逆にメアリーが95ドルに値下がりすると予想するとし，それぞれが取引に2ドルの費用をかけるとする。事前にはお互いが3ドルずつ利益を得るつもりであったが，事後的にみれば2人の利得の総額は4ドルのマイナスとなる。Stout, *supra* note 207, at 626–27. 梅本剛正「空売り規制の再検討」甲南法務研究3号7–15頁（2007）（「非常に大雑把な言い方をすると，流通市場での取引は，投資家が相互にいだいている投資対象に関する予想や期待に違いがあるために行われる。すべての市場参加者が，同一の情報，予想，リスク選好を持っていたとすると，それらに相違がある場合と比べて，取引量は大きく減少するはずである」）。
428) *See* Stout, *supra* note 207, at 631–32.
429) 金商法に基づく有価証券報告書等の開示書類に関する電子開示システム (EDINET: Electronic Disclosure for Investors' NETwork)。
430) 米国証券取引委員会が運営する電磁的情報収集，分析および取得システム (EDGAR: The Electronic Data Gathering, Analysis, and Retrieval system)。
431) 東京証券取引所が運営する適時開示情報伝達システム (TDnet: Timely Disclosure network)。
432) ただし，情報が入手しやすい方法および分析しやすい方法で開示されたとしても，必ずしも一般投資家が当該情報を入手し，分析するとは限らない。すなわち，分析を補助する目的で情報開示が行われる場合，投資家の情報処理に係る費用を軽減することは間違いない。しかし，僅少な株式しか保有しない株主は，補助を受けたとしても依然として情報を処理することが費用倒れに終わる可能性が残る。Stout教授のモデルに従って示せば，次の通りとなる。ある発行者 x の株式に関して複数の投資家が存在し，投資家の評価が $V_{\min}$ から $V_{\max}$ の間で分布しているものとする。P_x を市場価格とし，当該株式を取引するための取引費用を T_x とする。すると，$|P_x - V_x| < T_x$ の間では，取引から得られる利益よりも取引費用のほうが高いため取引が行われない。他方，$V_x + T_x < P_x$ の場合，投資家は株式を売却するか空売りし，$V_x - T_x > P_x$ の場合，投資家は株式を購入する。取引費用が低下する場合，意見の相違 $|P_x - V_x|$ が小さなものであっても HE モデルに基づく取引が生じる。Stout, *supra* note 207, at 630 n.47, 630–32.

う効果が考えられる[433]。第二に，強制開示により投資家が流通市場で取引するための費用が低減するため，流通市場での取引が活発になるという効果が生じうる。過度に取引が活発になると，社会厚生が減少する可能性もある[434]。どちらの影響が強いかは，やはり実証によって判断されるべきといえよう。

本目で指摘した論点は，流通市場における投資家に利用可能な情報の非対称性を問題としているのではない。潜在的に利用可能な情報が同じであったとしても，投資家は限定合理性に縛られ，また，投資家間で投資判断に利用できる資源，情報収集能力および情報分析能力に非対称性が存在することを指摘するものである[435]。

流通市場への情報開示が社会厚生の増大を導いているのか，および市場への情報開示の程度が適切か否かという論点は，本目では十分に議論ができなかった。これらの点は，将来の課題としたい。

第3目　流通市場における発行者と投資家の情報の非対称性

序　論　本書では，ここまで，流通市場に関して，発行者と投資家の間に情報の非対称性が存在することを前提に議論を進めてきた。実際，

---

[433] Stout, *supra* note 207, at 631–32, 695. 例えば，投資家に対して強制的な情報開示が存在しない場合，投資家は，それぞれが発行者に関する情報を得る努力をすることになる。結果，得られる情報は，投資家によって異なるであろう。この場合，発行者を判断するために利用される情報が違うのだから，ある投資家Aは，発行者の株式について安いと考え，他の投資家Bが発行者の株式について高いと考えるなど，発行者に対する評価が投資家によって異なることが考えられる。このような発行者に対する評価の違いは，流通市場での取引の誘因となる。発行者から開示される情報が強制開示として投資家Aおよび投資家Bの両方に開示される場合，開示された情報に基づき投資家Aおよび投資家Bの評価に違いが生じる可能性は存在するものの，互いが違う情報に基づき評価する場合よりもその差異は小さなものとなるであろう。*See id.*

[434] 例えば，ある株式xを取引するための取引費用が10であるとする。現在市場において一定の取引がされているとして，事後の観点からみると，当該取引は，社会厚生を減少させるネガティブ・サム・ゲームである。仮に，1年間に100回の取引がなされていたとしよう。すると，取引から生じる取引費用（＝社会厚生の減少）は，総額で $10 \times 100 = 1{,}000$ となる。ここで，取引費用が4減少して6になったとする。取引の回数が100回のままであれば，取引から生じる取引費用（＝社会厚生の減少）は，総額で $6 \times 100 = 600$ に減少する。しかし，取引費用が減少すると，取引が活発になる。仮に取引が2倍の200回になると仮定すると，取引から生じる取引費用（＝社会厚生の減少）は，総額で $6 \times 200 = 1{,}200$ と増加してしまう。取引費用の減少がどの程度の取引の増加をもたらすかは，どれだけ弾力性があるかという問題である。Stout, *supra* note 207, at 698 (取引費用の下落が投機的取引の出来高に与える影響について，弾力性が高く，社会損失を生じている可能性に言及する).

[435] ある情報が市場に開示されあらゆる投資家に潜在的に利用可能であるとしても，投資家が取引を行う根拠となる情報，取引費用や当該取引費用に基づく取引が利益を生じさせるか（期待値が正になるか）は，投資家によって異なるものとなる。これにより，市場において利用可能な情報が同じだとしても，投資家の投資行動には違いが生じうる。

インサイダー取引の規制（金商法166条）や短期売買差益の提供義務（金商法164条1項）は，市場と発行者の間に情報の非対称性が存在することを前提とした規定である[436]。ただ，流通市場における発行者と投資家の情報の非対称性には，幾つかの留意点が存在する。

本目では，例として，平成24年のテクモ事件の須藤正彦裁判官の補足意見がどのように解釈できるかについて検討する。

発行者の内部情報が与える影響 まず，発行者と投資家の情報の非対称性は，どのように発生するだろうか。発行者に関する重要な情報は，発行者の内部で発生することが多いであろう。例えば，新たな油田の発見，自動車のリコールを生じさせるような欠陥の発見，企業買収の合意，四半期ごとの決算情報等が典型例である。しかし，このような重要情報は，次第に，市場に開示される。わが国において，市場価格が客観的価値を表していると裁判所が述べる場合で，株価に影響を与える内部情報が存在することを十分に検討しているのか，不明なときがあるので，例を挙げて議論したい。

株式移転完全子会社の反対株主がした株式買取請求に係る「公正な価格」の文脈において，平成24年のテクモ事件の最高裁決定の補足意見で須藤正彦裁判官は「上場された株式の市場株価は，企業の客観的価値が投資家の評価を通して反映され得る」[437]と述べる。この文章に先立ち，須藤裁判官は，①会社法807条の買取価格の決定は，客観的な企業価値と無関係ではなく，これを基礎に置くものでなければならない[438]，②企業の客観的価値は，理論的，分析的

---

436) 市場の強度の効率性を否定した規定であるということもできる。
437) 最二小決平成24・2・29民集66-3-1784。
438) 学説では，第三者割当ての文脈で，公正な発行価格を株式の時価を基準に決定すべきことは，時価が企業の客観的価値を反映していることによるものと考えるべきではなく，株式について，市場で時価が形成されている場合，株主は時価で株式を処分でき，投資家は時価を支払わなければ株式を取得できず，会社は時価で新株を発行できるという理由に基づき，時価が公正な発行価格の基準とされるのが合理的であることによるとの意見がある。神崎克郎「第三者割当と公正な発行価格」商事1191号8頁（1989）。端的にいえば，株価が用いられる根拠は，現に当該価格で売買できるからということであろう。この点，株主が企業の客観的価値を反映していない株価で取引できる状態を保護しても，別段社会的な利益は生むことにはならず，かえって望ましくない効果をもたらす可能性すらあるという理由で，経済学的に正当化しにくいとの批判がある。藤田・法教265号・前掲注359) 75頁。また，平成17年会社法改正前商法下の「ナカリセバ価格」を算定するにあたり，当該株式が上場されている株式である場合には，市場株価をその算定の基礎に用いることができるとする見解があり，利点として，①評価費用が安価，②評価値が明瞭および③1人の裁判官よりも投資家の判断の集積であり信頼度が高いことが挙げられていた。関・前掲注425) 259-262頁。本書では，第2章にて述べた通り，株価が用いられるのは，事案に応じて何らかの効率性が存在するから（または，当該効率性が必要ないから）であるとの立場をとっている。

には，当該企業の将来のキャッシュ・フローの割引現在価値の総和から負債価値を控除したものとされる，および③市場株価は，相当の長い期間を通して観察すれば企業の客観的価値を忠実に反映するものであるとしても，市場ないしは投資家は，企業の経営状況や事業の見通し等について必ずしも十分に正確な情報を有しているわけではないと述べ，この状態について「情報の非対称性」との用語を明示的に用いる。これらの理解は，いずれも正しいものと思われる。これらの須藤裁判官の前提において，「上場された株式の市場株価は，企業の客観的価値が投資家の評価を通して反映され得る」という判示は，どのように理解されるべきだろうか。

発行者の重要な内部情報が既に開示されているという解釈 第一に，開示義務を課されている会社は重要な情報を既に開示済みであるから，株価に影響を与える内部情報は存在せず，株価が，内部情報を含めた企業の客観的価値を表しているという前提に立脚していると解釈できるだろうか。この解釈の当否は，現在，法律上および規則上どのような開示義務が課されているか，ならびに検討する事案において会社はどのような開示を行っていたかに依存する[439]。後者の点は，事案固有の問題であるため措くとして，第一の点について考えると，東京証券取引所の有価証券上場規程[440]では，会社に重要情報を秘密としておく利益がある場合でも[441]，当該重要情報の開示が要求される[442]。この規程を上場会社が厳格に順守していると仮定すれば，重要な内部情報は存在しないという定式化が可能になるのかもしれないが，現実的とは言い難い。

---

[439] この論点は，例えば，さらに会社が投資判断のために重要な情報をすべて開示しているとの立場をとるために必要な，開示に関する制度や基盤が事実として整っているか，およびそのような制度上の前提が存在した上で，会社が投資判断のために重要な情報をすべて開示しているとの立場をとるかという論点に細分化できるかもしれない。

[440] 東京証券取引所有価証券上場規程402条および403条。同規程の402条（会社情報の開示）は，「上場会社は，次の各号のいずれかに該当する場合……は，施行規則で定めるところにより，直ちにその内容を開示しなければならない」と定める。

[441] 開示を遅らせることで発行者が利益を得ることの例として，例えば，BAINBRIDGE, *supra* note 341, at 46.

[442] 神崎ほか・前掲注16) 420頁。この規定は会社が情報公開のタイミングについて裁量を有しないと解される。これを問題視するものとして，黒沼・前掲注411) 31頁および注20参照，証券取引法研究会「取引所・証券業協会によるディスクロージャー規制」インベストメント54巻3号53-54頁〔黒沼悦郎報告〕(2001)。東京証券取引所の当該規則の制定前の論文において，適時開示は，発行者の営業上の利益を優先させて，情報開示を遅らせることを認める趣旨であると解釈するものとして，黒沼・前掲注179) 292-295頁。他方，米国証券取引法規則は，情報を即時に開示することを求めている一方で，政策的配慮からその履行は延期できるともしている。尾崎・前掲注158) 125頁。

須藤裁判官は，情報の非対称性の存在に明示的に言及しており，重要情報がすべて開示されているために情報の非対称性が存在しないと理解しているとは解釈し難いように思われる[443]）。

発行者の内部情報が株主価値に影響を与えないという解釈

第二に，須藤裁判官の補足意見は，企業の内部情報が価格に反映していないこと，すなわち，情報の非対称性を考慮しても，市場株価は，企業の客観的価値が投資家の評価を通して反映されていることを意図しているといえるだろうか。情報の非対称性が存在しているという前提を置くと，市場価格は，発行者内部に存在する重要な情報が反映されていないということになる。そして，当該重要な情報が開示された場合に，株価が変動する可能性がある。このような状態で，市場価格が企業の客観的価値を表しているといえるだろうか。

須藤裁判官の補足意見を肯定する解釈があるとすれば，事前 (ex ante) の観点から，会社の内部に存在するであろう情報を予想すると，その情報が開示され，市場価格に反映された場合の株式の期待利得がゼロになるということであろう[444]）。言い換えれば，発行者の開示されていない内部情報について，ある時点において株価にとって上昇要因となる情報が多いか，下落要因となる情報が多いかという問題となる。

ナカリセバ価格のように会社の内部情報を考慮せずに，情報効率性のみに依拠して株価を利用する場合は，そもそも，発行者の内部情報にどの程度の価値があるかを無視することができる。しかし，シナジー分配価格のように，発行者が有する内部情報が価格決定に影響を与える場合，当該内部情報について，

---

443) *Airgas* 事件では，実質的強圧性を判断する文脈で，取締役会のみが有している内部情報が存在するかに関して言及がある。16ヶ月に及ぶ委任状合戦の後に行われた聴聞手続きで，買収対象会社の取締役が以下のような回答を行っている。質問「株主は〔公開買付者〕の提案を受け入れるか拒否するかについて，情報に基づく決定を行うためのすべての必要な情報を有している。そうですね？」McLaughlin 取締役「ええ，そうです」。質問「〔対象会社の株主は公開買付けに〕応募するか否かを決定するために合理的な投資家にとって必要で利用可能な情報をすべて有していますか？」Thomas 取締役「有していると思います」。質問「あなたは……株主が有していない情報で，株主に知らせるまたは提示したい情報がありますか？」McCausland 取締役「株主に提示することにより会社に損害を与える可能性がある経営戦略のようなものがあるかもしれない点を除き，ありません」。Air Products, Inc. v. Airgas, Inc. 16 A.3d 48, 78–79 (Del. Ch. 2011) (Chandler, C.). 16ヶ月に及ぶ委任状合戦の後であればともかく，平時において取締役と株主の情報の非対称性が否定されるだろうか。

444) 発行者 i について，時点 t において発行者内部に存在する情報を $\Phi_{i,t}$ とし，当該情報が時点 t において開示された場合の時点 $t+1$ での期待利得が $E[\tilde{r}_{i,t+1} \mid \Phi_{i,t}] = 0$ の状態を意味する。

株価の上昇要因と下落要因がランダムに生じるのだから,ゼロであると一般化できるかには,幾つかの考慮が必要になる[445]。

例えば,株式市場が一定の傾向を有する場合[446]および発行者の経営者が情報の開示について特定の傾向を有する場合[447],発行者が有する内部情報は,株価を下落させる情報が株価を上昇させる情報よりも多くまたは少なく存在することになりうる[448]という点である[449]。須藤裁判官の補足意見を,発行者の内部情報が株主価値に影響を与えないという観点から正当化するためには,このような傾向が存在しない必要がある。しかし,このような傾向が全く存在しないと解釈することは難しいようにも思える。このため,発行者と投資家の間の情報の非対称性の存在を肯定した上で,客観的価値として株価を用いることには,慎重である必要があるように思われる。

流通市場に関する情報の非対称性に関する議論は,次目以降では,発行市場における情報の非対称性を検討する。

第4目　発行市場における発行者による情報の自発的開示

序論　本目では,基本的に,発行者と投資家との間に情報の非対称性が存在することを前提として議論している[450]。しかし,強制開示が存

---

445) 本目で採り上げている須藤裁判官の補足意見が書かれたテクモ事件は,シナジー分配価格が争われた事例である。
446) すなわち,発行者が有する内部情報にも一定の偏りが存在する可能性がある場合である。
447) 例えば,株価を上昇させる情報は即時に開示するが,株価を下落させる情報は,開示をできるだけ遅らせる場合である。
448) 例えば,株価を上昇させる情報と下落させる情報が会社内部にランダムに発生するという前提を置き,株価を上昇させる情報は即時に開示するが,株価を下落させる情報は,開示をできるだけ遅らせるという情報開示の政策を採用する場合,会社内部には株価を下落させる情報が多く存在することになろう。
449) See Stephen J. Choi & A.C. Pritchard, *Behavioral Economics and the SEC*, 56 STAN. L. REV. 1, 62–63 (2003) (行動経済学の観点から,経営者が楽観的である可能性に言及する); Donald C. Langevoort, *Organized Illusions: A Behavioral Theory of Why Corporations Mislead Stock Market Investors (and Cause Other Social Harms)*, 146 U. PA. L. REV. 101, 121 (1997) (行動経済学の観点から,部下が上司に対して悪い情報を伝えにくいとことに言及する); Paredes, *supra* note 144, at 422 (いつか悪い状況が回復するのではないかという希望の下に,悪い情報の開示をためらう可能性を指摘する)。江頭・前掲注143) 349頁,黒沼・前掲注33) 52–55頁 (マネジメント・バイアウト (MBO: management buyout) に際して株価を低く導く誘因が存在することに言及する)。
450) 岸田監修・前掲注46) 143頁〔川口恭弘〕(金商法4条の文脈での言及)。本文で後に議論するアンバンドリングは,発行市場で問題となる概念であり,流通市場では適用とならない。See Fox, *supra* note 203, at 1361 n.57 (アンバンドリングは,新規株式公開の文脈における理論であると述べる)。増資では,発行価額は,市場価格を基準として設定されるため,アンバンドリングが実効性を発揮する

在しなくても，発行者が情報を自発的に開示するという意見があり，その代表的な論者は，Easterbrook 教授（当時）および Fischel 教授である。Easterbrook 教授および Fischel 教授は，1984 年の論文において，発行者による情報の自発的開示について，次のように説明する。

発行者による自発的開示の概要 まず，証券の発行者が利益を得ることのできるプロジェクトのために，証券の発行を計画するものとする[451]。発行者が何らの開示も行わない場合，情報の非対称性が存在するために，投資家は最悪を予想し，発行者は資金を得ることができない[452]。この点で，沈黙は，悪いニュースであると解釈される[453]。証券の購入者は，発行者に関する情報が存在しない場合，市場に存在する発行者が有する平均的な価値と同等の価格で証券を購入するとの指摘がある[454]。しかし，市場には，低い価値を有する発行者と高い価値を有する発行者が存在する。高い価値を有する発行者の経営者が自発的な開示を行わない場合，当該発行者が発行する証券は，市場平均の価格でしか購入されないことを不満に思うはずである[455]。高い価値を有する発行者の経営者が，発行者の真実の価値について，自発的な，信頼のおける開示を低い費用で，投資家に対して行うことができる場合，高い価値を有する発行者は，より高い価格で証券を販売することができる[456]。それゆえ，発行者が高い利益を得ることのできるプロジェクトを有し

としても新規株式公開に限られるという考え方は，支持できるであろう。
451) Easterbrook & Fischel, *supra* note 130, at 683.
452) *Id.*
453) *Id.*
454) *See* CHOI & PRITCHARD, *supra* note 134, at 24.
455) *See* MANKIW, *supra* note 1, at 470; CHOI & PRITCHARD, *supra* note 134, at 24. 市場に品質の高い財と低い財が存在し，買主は，買う前にその品質を知ることができないとする。その場合，買主が支払う価格は，品質の高い財を買う確率にその価格を乗じて得られた積に品質の低い財を買う確率にその価格を乗じて得られた積を加えた和となる。例えば，品質の悪い財の価値が50円で市場の半分（つまり，品質の悪い財を購入する可能性が50％）を占めているとし，品質の良い財の価値が150円で市場の半分（つまり，品質の良い財を購入する可能性が50％）を占めているとすると，リスク中立の買主は，当該財について100円を支払うことが予想される。50 × 0.5 + 150 × 0.5 = 100 となる。つまり，市場において，品質の高い財は，品質の低い財に足を引っ張られるかたちで過少評価され，品質の低い財は逆に過大評価されることになる。すると，150円の財を有する売主は，100円でしか売れないために，財を売りに出さなくなる。その結果市場に残る財の平均的な品質が下がり，これに対応して市場価格も下がることになる。逆選択により，高品質の財の取引量が過少になるという点で，非効率性が発生することになる。藤田＝松村・前掲注224) 2109頁。
456) *See* CHOI & PRITCHARD, *supra* note 134, at 24. 高い価値を有する発行者が低い価値を有する発行者と自己を差別化できない場合，低い価値を有する発行者のみが証券募集を行うことになり，投資の質が悪化する。*See* Easterbrook & Fischel, *supra* note 130, at 674.

ている場合,当該発行者は,プロジェクトを有していないまたは通常の利益しか上げることしかできないプロジェクトのみを有している会社と差別化するために,最適な量の情報を開示する[457]。ここで最適な量とは,情報の頒布に直接掛かる費用と競合他社へ情報を渡すことの間接的な費用を含む当該発行者が開示に費やす限界費用が,投資家全体の限界利益と概ね一致するまで行うことをいう[458]。

また,同様の理由により高い価値を有する発行者は,低い価値を有する発行者との差別化を図るための良い情報だけでなく,悪い情報も開示するようになるとされる[459]。会社が悪い情報を開示しないと,投資家は,さらに悪い状態を仮定するからである[460]。

Easterbrook 教授および Fischel 教授は,発行者が発行市場を用いる限り,流通市場での株価を維持する必要があるため,流通市場に対しても情報開示を行うと主張し,この理由として,①発行者による情報開示は,株主が行うよりも費用が低いこと,および②発行者が自主的に行う開示は,株主全体の利益を勘案していることを挙げる[461]。

また,Easterbrook 教授および Fischel 教授は,自主的な開示の例として,① 1934 年の取引所法制定前に自主的な開示が行われていたこと[462],② 1934 年から 1964 年の間,国法取引所 (national exchanges) に上場する証券のみが開示を義務付けられていたところ,発行者が自ら証券を上場し,また,上場していない会社も,法律と同様の開示を行ったこと[463],および③州などの地方公共団体が開示を強制されていないにもかかわらず,開示を行っていることを挙げる[464]。

---

457) Easterbrook & Fischel, *supra* note 130, at 683.
458) *Id.* 情報開示の量が投資家全体が欲する量と「概ね」(roughly)でしか一致しない理由として,情報の提供には証明や検証の費用が掛かることが挙げられている。*Id.* at 685.
459) *Id.*
460) *Id.* Easterbrook教授およびFischel教授は,詐欺防止条項の執行が完全であれば,ただの開示だけでも十分であるが,実際は,詐欺防止条項の執行が完全ということはないため,発行者は,情報の検証や証明を行うことを指摘する。さらに,情報の検証や証明は,開示という行為に加えて行われるため,無駄であり,また,詐欺防止条項や情報の検証が上手く働かない場合,開示自体の執行ができないために,強制開示も無駄ということになることを指摘する。*Id.*
461) *Id.* at 684.
462) *Id.*
463) *Id.*
464) *Id.* at 684–85.

アンラベリング　　Easterbrook 教授と Fischel 教授の主張は,典型的な,アンラベリング (unraveling) の議論と捉えることができる[465]。アンラベリングとは,情報の非対称性が存在する場合に,ある者が他者より劣っていないことを示すために自主的に情報を開示し,それが質の高い方から順に行われるために,結果,一番質の悪い者以外が開示することを意味する[466]。

そこで情報の偏在の結果生じる情報の非対称性が,アンラベリングによる自発的な開示によって解消されるか否かを検討する。特に,発行市場において,証券の価値に関する情報を有する発行者が自発的に情報を開示する結果,投資者が発行される証券の価値を知りうる立場に置かれるのかを検討するために,アンラベリングが生じるためには,一定の条件が必要であり,発行者による企業内容情報について,当該要件を満たしうるかという点を検討する。すなわち,アンラベリングが機能する前提として,①アンラベリングに係る情報が検証可能である,②情報開示に費用が掛からない,および③投資家が会社が情報を有していることを知っているという点が指摘されている[467]。これらの前提

---

465) 順にすべての開示が行われること (unraveling) と企業情報の開示に関する分析について,例えば, Stephen A. Ross, *Disclosure Regulation in Financial Markets: Implications of Modern Finance Theory and Signaling Theory, in* ISSUES IN FINANCIAL REGULATION 177, 185 (Franklin R. Edwards ed., 1979); Franco, *supra* note 277, at 239; Goshen & Parchomovsky, *supra* note 157, at 755 (強制開示の批判者が,①市場は情報を開示する誘因を与える,②そうでなければ投資家は最悪を想定する,③それゆえ,開示は,選択的(自発的)(elective)でなければならないと主張することを紹介する)。アンラベリングに言及するものとして,江頭・前掲注143) 342–43頁(継続開示の文脈での言及),藤田友敬「情報,インセンティブ,法制度」成蹊43号354–316頁, 338頁(1996),藤田=松村・前掲注224) 2105–2102頁,黒沼・前掲注230) 17–18頁。
466) *See* DOUGLAS G. BAIRD, ROBERT GERTNER & RANDAL PICKER, GAME THEORY AND THE LAW 89–119 (1994) (ある者が他者より劣っていないことを開示し,それが質の高い方から順に行われるために,結果,一番質の悪い者以外が開示することによりアンラベリングが生じることを示す)。
467) 他に,例えば, BAIRD ET AL., *supra* note 466, at 89 は,製品に関する瑕疵の情報開示の文脈において,裁判所が売主が情報を有していることを知っているということを挙げる。企業開示の文脈に置き換える場合,企業開示に関する特定の情報を企業が有しているか否かと置き換えることができるであろうが,より抽象的に,開示に関する重要な情報を各発行者が有していることを知っているかと置き換えることができるであろう。本書では,これ以上の点について議論を省略する。例えば,「知られた傾向」(known trends) の開示に関する議論では,経営者に知られているか(known to management)が基準とされている。Management's Discussion and Analysis of Financial Condition and Results of Operations; Certain Investment Company Disclosures, Securities Act Release No. 6,835, 1989 WL 258977, § III.B. (May 18, 1989) (interpretative release); 17 C.F.R. § 229.303(a)(1) (2014) (Regulation S–K, Item 303(a)(1)); 17 C.F.R. § 229.303(a)(3)(ii) (2014) (Regulation S–K, Item 303(a)(3)(ii)); Langevoort, *supra* note 216, at 1155 (将来情報の開示に関する文脈での,

第5節　証券市場における情報開示と市場の失敗　259

は，企業内容の開示の文脈では，完全には満たされないことを示す。また，アンラベリングの議論は，④情報開示主体が財をできるだけ高額で売却することで利益が得られる状況を前提としているため，MBOにより情報開示主体が株価を低く導く誘因がある場合に機能しないという指摘があるため，この点も補足する。

情報の検証可能性　アンラベリングの第一の前提は，アンラベリングにかかる情報が検証可能 (verifiable) であるということである[468]。検証可能であるとは，開示された後，当該情報が正しいことを確認できることをいう[469]。検証可能な情報の例として，金庫の鍵が挙げられる。ある鍵について，金庫の鍵を開けることができるか，できないのかの二択だからである[470]。検証不可能 (nonverifiable) な情報の例として，雇用者にとって被雇用者が勤勉か否かが挙げられる。雇用者は，被雇用者の勤務状況を通じて，勤勉か否かの推論を導くことができるかもしれないが，有用な情報が存在しないかもしれないし，存在したとしても信頼できないかもしれない[471]。この点，企業内容の開示に係る情報は，検証可能な場合もあれば，検証が不可能であることも多い。例えば，自動車会社の経営者が，自動車業界で経歴を積んだという点は，有価証券報告書以外の情報源からも検証が可能であろう。しかし，外部の投資家が有価証券届出書の「経営上の重要な契約等」[472]に必要なすべての契約等が記載されているかを検証することは難しい[473]。情報が検証可能ではない場合，投資家は，開示された情報に完全に依拠することができない。なぜなら，開示された情報を完全に信じることができないからである。開示に係

知られた傾向に関する議論）．
468) BAIRD ET AL., *supra* note 466, at 89. 黒沼・前掲注33) 53頁（良い情報しか開示しない発行者と悪い情報も開示する情報も開示する発行者を投資家が区別できない場合，悪い情報を開示する発行者について，資金調達コストが相対的に高くなり，資本市場を通じた資金調達が行われなくなり，ひいては，資本市場が成り立たなくなるというディスクロージャーに対する反論に言及する）．
469) BAIRD ET AL., *supra* note 466, at 89. 他に，アンラベリングの議論に際して，開示が信頼できることを確保するために詐欺防止条項を前提とし，または，詐欺が存在しないことを前提とするものもある。Franco, *supra* note 277, at 239, 262.
470) BAIRD ET AL., *supra* note 466, at 89.
471) *Id.*
472) 開示府令第二号様式第二部【企業情報】第2【事業の状況】5【経営上の重要な契約等】．
473) 検証が難しい企業内容の開示として，将来情報の開示が挙げられる。尾崎・前掲注138) 65頁（ソフト情報の確実性を客観的に検証することが実際には困難または不可能であることを，米国証券取引委員会がソフト情報に対して消極的態度をとった理由の一つであることを指摘する）．

る情報が検証可能ではない場合について，2通りの効果を考えてみたい。第一に，企業価値を増加させる新製品に関する計画を有しており，資金調達のために当該情報を企業秘密に該当しない範囲で開示する発行者を考えてみよう。この場合，投資家は，当該新製品に関する情報が正しいのか否かについて確信が持てないために，当該新製品に関する情報の価値を割り引くことになるであろう。投資家が価値のある情報を割り引く場合，発行者が情報を開示する誘因を減殺するものとなるであろう。第二に，企業価値を増加させる新製品に関する計画を有していない会社が，あたかも企業価値を増加させる新製品に関する計画を有しているかのように開示する可能性が考えられる。この場合，情報が開示されたとしても，投資家は開示された情報に依拠することができないということになる。このような開示を防止することができるかは，証券法制の責任規定による抑止効果や補償効果がどの程度であるかによることになるだろう。

また，検証可能性の問題は，換言すれば開示された情報について，当該開示を市場が信じることができるかということであるように思われる[474]。金商法との関係では，経営者が何らかの証明（例えば，有価証券報告書等の記載内容にかかる確認書（金商法24条の4の2, 24条の4の8, 24条の5の2）および内部統制報告書（金商法24条の4の4第1項，内部統制府令3条））を行うことや十分に機能する責任制度が抑止として存在することが考えられよう。また，責任規定の執行可能性と検証可能性とは，別個に条件として捉えることもできよう[475]。本書では，強制開示制度と責任制度の関係は，別途本書第4章第3節第2款（392頁）において検討する。

情報費用　アンラベリングの第二の前提は，情報が費用なしに伝えられるという点である[476]。この前提も，企業内容の開示の文脈で，完全に満たされることはない。企業内容の開示に係る情報の取得および開示に掛かる費用は，様々である。発行済株式総数という情報開示ですら，情報を確認

---

474) 例えば，自主的開示に関するあるモデルとして，経営者が市場に対して，ある発行者の価値がある値以上であることを証明できることを挙げるものがある。See PATRICK BOLTON & MATHIAS DEWATRIPONT, CONTRACT THEORY 177 (2004).
475) 任意開示と開示費用の関係について，BAIRD, GERTNER & PICKER, supra note 466, at 89–119（任意開示が行われる前提として観察可能 (observable)，検証可能 (verifiable) および執行可能 (enforceable) であることを挙げる）。
476) See Franco, supra note 277, at 263.

し，それを開示資料に記載するという費用が掛かる[477]。多くの従業員を雇用する大企業の場合，従業員の平均年間給与を計算するためには費用が掛かるであろう[478]。従業員のすべてについて，正規雇用であるのか非正規雇用であるのか，給与が幾らであるか，臨時賞与が幾らであるか等を計算しなければならないからである。開示を行う者は，費用を勘案して得られる利益が費用よりも大きい場合に，自発的に情報を開示する誘因を有する。情報の開示に費用が掛かる場合，アンラベリングは，不完全にしか行われない。

投資家が会社が情報を有していることを知っている　アンラベリングの第三の前提は，投資家が，ある情報について会社が当該情報を有していることを知っていること（観察可能である (observable) こと）である[479]。

企業内容の開示の文脈では，投資家が会社が情報を有していることについて，高い蓋然性を有するものと低い蓋然性しか有しないものとが混在している。例えば，組織化された会社形態の企業であれば，管理会計の必要性から，会計帳簿を作成していることが予想され，投資家は，会計帳簿の開示を要求することができるだろう。他方，新製品の売上が好調かどうか，新製品の開発が順調か否か，新製品の開発計画が存在するか，中期経営計画の策定または変更の予定があるか等は，会社が情報を有しているかについて必ずしも明らかではない[480]。

発行者が株価を上昇させる誘因を有しない場合　アンラベリングに関する追加の論点として，企業内容の開示の文脈では，アンラベリングに対して，MBO のように株価が低いことが経営者の利益となる場合に，自発的な開示が行われない[481]ことが指摘されている。また，インサイダー取引の議論と

---

[477] 単元未満株式について会社に対する買取請求権（会社法192条および193条）や単元未満株式の売渡請求制度が定款で定め（会社法194条）られる場合，発行済株式総数は，常に変動しうる。
[478] 開示府令第二号様式記載上の注意(29)従業員の状況(a)。
[479] 松村敏弘「ディスクロージャー問題」三輪芳朗＝柳川範之＝神田秀樹編『会社法の経済学』381頁注18（東京大学出版会・1998）（発行開示の文脈での言及）。See BOLTON & DEWATRIPONT, supra note 474, at 176; Franco, supra note 277, at 263.
[480] 他にも，重要な訴訟を有しているか，当該重要な訴訟の帰趨に関する見積もり，発行者が重要な企業買収を計画しているか，発行者を買収する旨の提案が存在するか，経営者に健康不安があるか，次世代幹部経営者の育成が順調か等，枚挙に暇がない。
[481] 黒沼・前掲注230) 18頁，黒沼・前掲注33) 52-53頁。Coffee, supra note 143, at 722, 741-42. 同様に株価を低下させる誘因として，一時的な株価下落を引き起こして，その間に自社株式を購入するか（例えば，連邦証券取引所法規則10b5-1に基づく株式の購入）および一時的な株価下落の時点で報酬目的でストック・オプションを発行すること等が考えられよう。

同様，株式市場では，空売りが可能であるため，株式の上昇だけでなく，下落からも利益を得ることができる。株価の下落から発行者の内部者が利益を得ることができる場合，当該内部者は，株価を低下させる誘因が存在し，情報開示を減らすことで，株価を低く誘導することができる。この場合，情報開示を減らすことが内部者の利益となるため，株価を上昇させるための自発的な開示を期待することができない。

アンラベリングの検討から得られる示唆

本目では，これまで企業内容の開示に関してアンラベリングの前提が必ずしも満たされないことを示した[482]。しかし，アンラベリングが開示制度の検討に示唆を与えないわけではない。

第一に，アンラベリングの前提は，程度を有する概念である。情報が検証可能であるか否かについて，ある程度の蓋然性で検証が可能である情報も多いであろうし，また，情報開示の費用がゼロでなくてもゼロに近いほど低いという可能性や情報開示の費用が掛かるにしてもその重要性と比較すれば十分低い可能性は考えられる[483]。発行者が情報を有しているかについても，投資家がある程度の蓋然性をもって，発行者が情報を有していると予想される情報が存在しうる。これらの条件が整う場合，アンラベリングが不完全ながら自主的な情報開示を促す可能性がある。この程度で，強制開示制度により開示を強制することが合理的であるのか，疑問がある[484]。

---

482) *See* Langevoort, *supra* note 124, at 782（市場が強制開示なくしてどの程度の情報を生産するか，また，それが最適な水準であるかは，複雑で知ることは一般的にいって難しいであろうと述べる）; Franco, *supra* note 277, at 260（ロス教授による1979年の論文を引用して，自主的な開示が社会的に最適な状態を導くかは，未解決の問題であると述べる）.
483) コストが低い場合，一部だけのアンラベリングが生じうる。*See* BOLTON & DEWATRIPONT, *supra* note 474, at 175.
484) 例えば，松村・前掲注479) 381頁および注18は，一定の条件の下で，発行開示に関しては，企業は自主的に情報を開示する誘因があり，特別に厳しい規制は必要なく，むしろ事務費用の低減に関心を持つべきであると述べる。松村教授がここで発行開示を挙げる理由として，発行開示は，比較的アンラベリングによる自主的な開示が促進されやすいからであると思われる。例えば，発行開示により開示される情報は，①（強制開示制度に基づく有価証券届出書や登録届出書を原型として）定型化されており情報の有無や検証性について投資家が情報を得やすく，また，②多額の証券募集において，情報を確認する費用は，募集金額に比して僅少といえる。*See* John Kell, *Corporate News: Total for GM Offering Rises to $23.1 Billion*, WALL ST. J., Nov. 27, 2010, at B5 (General Motors 社が新規株式公開で231億ドルを調達したことを伝える); Kathy Shwiff, *Visa's IPO Price: $44 a Share—Record Debut Comes With Rough Timing But Brisk Demand*, WALL ST. J., Mar. 19, 2008, at C3 (Visa社の新規株式公開での調達額が178億6,000万ドルであることを伝える).

第二に,アンラベリングの効果が生じる場合,アンラベリングによる自主的な開示の範囲と強制的に開示が要求される範囲の差異が問題となる。具体的には,開示制度によって強制される個々の開示項目がアンラベリングによる開示の対象となっているかが検討されるべきであろう。アンラベリングによる自主的な開示の範囲に含まれる場合,当該開示項目は,少なくとも無意味ということになる[485]。抽象的にいえば,この検討は,法令上列挙される個々の開示項目および重要性の基準の両方について行うべきであろう[486]。強制開示の範囲がアンラベリングの範囲を超える場合,市場の失敗が生じているか(すなわち,自主的な開示が社会厚生を最大化するものではないか),市場の失敗を矯正する程度で強制開示制度が用いられているか(すなわち,過度な開示を要求していないか)が問題となる。

第5目 発行市場における逆選択とペッキング・オーダー理論

序論 本目では,情報の非対称性から生じる逆選択が発行市場で生じるか否かを検討する。発行市場には,発行者と投資家の間に情報の非対称性が存在する。開示制度の意義として,情報が存在しないと,危険な企業だけが資金を調達しようとする逆選択 (adverse selection) が生じうるという意見がある。価値の高い発行者は,開示により価値の低い発行者との差別化を図ろうとするかもしれないが,投資家が,事前に,価値の低い会社と価値の高い会社を区別することができるかという問題といえよう[487]。

特に,ペッキング・オーダー理論 (pecking order theory) に基づき,発行市場において情報の非対称性が投資家にどのような影響を与えるかを検討する[488]。

---

485) 強制開示が存在しなくても自主的に開示されるであろう情報について,開示義務が課される場合で法令遵守にかかる費用が増加するとき,当該開示事項は,費用の分だけ無駄ということになりうる。See Franco, *supra* note 277, at 260.

486) 投資家による情報処理能力が無限ではないため,証券法制は,重要性という限定を付することにより,投資家へ提供される情報を選抜していると考えられる。Paredes, *supra* note 144, at 448 & n.143 (投資家への情報提供の文脈で財務諸表の標準化や経営者の討議と分析 (MD&A) に加えて,証券法制は,投資家による過剰な情報提供の問題を既に重要性の問題として対処していることを指摘し,過剰な開示がなされると投資家が情報に基づく投資判断をできなくなってしまうと述べる *TSC Industries v. Northway* 判決および重要性の要件の役割は,合理的な投資家が重要ではないと考えるであろう情報を濾過して取り除くするためのものであるとの趣旨の *Basic* 判決に言及する).

487) See Cox, Hillman & Langevoort, *supra* note 212, at 242.

488) ペッキング・オーダー理論に言及するものとして,例えば,Brealey, Myers & Allen, *supra*

結論として，情報の非対称性に基づく市場の失敗を否定はできないが，ペッキング・オーダー理論およびその他の制度に基づけば，情報の非対称性の問題は，相当程度緩和されていると思われる。

発行市場では，発行者と投資家との間で，情報の非対称性が発生しうる[489]。例えば，経営者は，発行者が事業を行う業界，発行者の現状，手取金で行うプロジェクト等について投資家よりも多くの情報を有している。

発行者と投資家との間の情報の非対称性に関して次のような論点が考えられる。

- 第一に，投資家は，発行者の資金調達行動から，情報の非対称性を勘案した値付けを行う。発行者または売出人が証券を販売する理由として，新たなプロジェクトのための資金調達，リスク分散，流動性を得るため（現金化するため）の他に，現在，株式の評価が高すぎることを知っているため，高いうちに当該資産（株式）を販売しようとしているという可能性が考えられる[490]。
- 第二に，資金調達を行う場合に，情報の非対称性を緩和するためにどのような措置をとることができるか。例えば，資金調達の手段として，資本市場での公募を用いず，銀行借入れや私募を用いることができる。発行者は，秘密保持契約を締結する等して，営業秘密を開示して，情報の非対称性を軽減した上で資金調達を行うことができる。公募に際して，引受証券会社による引受審査を受けるが，引受証券会社にのみ営業秘密を開示することにより営業秘密の秘密性を確保することができる。他

---

note 183, at 467–69; PASCAL QUIRY, MAURIZIO DALLOCCHIO, YANN LE FUR & ANTONIO SALVI, CORPORATE FINANCE THEORY AND PRACTICE 659–60 (3d ed. 2011) (企業は94％を内部留保に依存し，内部留保が不足する部分は，主に，負債による調達がなされていることを示し，ペッキング・オーダーが妥当することを示す); Bessler et al., *supra* note 188, at 19–20. 森田果『金融取引における情報と法』219頁（商事法務・2009）。ペッキング・オーダー理論の概観として，藤田友敬「基礎講座 Law & Economics 会社法（3）会社法と関係する経済学の諸領域（3）」法教261号75–76頁（2002），広瀬純夫＝大木良子「日本におけるエクイティ・ファイナンスの実情（コーポーレート・ガバナンスと実証分析 会社法への示唆）（日本私法学会シンポジウム資料）」商事1874号34頁注20（2009），柳川範之＝広瀬純夫「株価と企業価値：イベント・スタディの意義と注意点」ソフトロー研究20巻56頁（2012）。ロスほか・前掲注183) 832頁注20は，ペッキング・オーダー理論は，Stewart C. Myers, *The Capital Structure Puzzle*, 39 J. FIN. 575–92 (1984) に帰すると述べる。

489) 所有と経営の分離の自然な帰結といえるであろう。Myers & Majluf, *supra* note 155, at 196.
490) *See* JEAN TIROLE, THE THEORY OF CORPORATE FINANCE 237 (2005).

方，投資家は，引受証券会社が引受審査を行っていることを前提とした価格で証券を購入することができる。類似の議論として，公募に際して，何らかの証明や保証を行うという方法がある[491]。証券の価値を直接担保するものではないが，監査法人による監査報告書（金商法193条の2）は，この例であろう。他にも，情報開示を行う場合に，重要性の基準を用いて，重要な事項について虚偽の記載がありまたは記載すべき重要な事項もしくは誤解を生じさせないために必要な重要な事実の記載が欠けているときに民事責任を課すという方法が考えられる。

次に，発行者が株価が高すぎることを知っているということを投資家が推測できるという点，および引受人などの情報の媒介者となる第三者が用いられている点について概観する。

ペッキング・オーダー理論の概観

まず，1984年のMyers教授およびMajluf教授の論文に基づいて，ペッキング・オーダー理論を概観してみたい。ペッキング・オーダー理論は，様々な示唆を与えてくるものであるが，ここでは，株式と負債の選択に関する部分に絞って紹介する。

投資に必要な額を I，発行者が有する手元資金 (cash on hands) および売買可能有価証券 (marketable securities) を資金的余裕 (financial slack) S とし，時点 $t=0$ において投資を実行しないと，投資の機会が失われるものとする。例えば，ここで，$S<I$ である場合，株式による投資 (equity investment) E または負債による投資 D が，$E=I-S$ または $D=I-S$ だけ必要になる[492]。

時点 $t=0$ の前後の時点を，$t=-1$ および $t=+1$ とする。時点 $t=-1$ において，経営者は，投資家と同じ情報を有している。$t=0$ において経営者は，発行者の事業用資産の価値 (asset-in-place) に関する情報を入手し，また，この時点で投資の機会を有するものとする。市場は，時点 $t=+1$ において発行者の価値に関する情報を利用可能になるとする[493]。

時点 $t=-1$ における発行者の事業用資産の価値は，将来に期待される事業

---

491) 森田・前掲注488) 228–229頁。これは，債権者と債務者の間に情報の非対称性が存在する場合に，債権者とも債務者とも情報の非対称性が存在しない第三者の信用を活用していると言い換えることができるかもしれない。
492) Myers & Majluf, *supra* note 155, at 190.
493) *Id.*

用資産の価値と同額である。$\overline{A} = E(\tilde{A})$。$\tilde{A}$ は，$t = 0$ の時点で考えられる事業用資産の価値 (possible (update) values) を表す確率変数である。$t = 0$ における経営者による事業用資産の価値 $\tilde{A}$ の予測値 (estimate) を a とする[494]。

同様に，$t = -1$ における投資機会の正味現在価値 (NPV: net present value)（すなわち，投資によって得られる価値）を，$\overline{B} = E(\tilde{B})$ とする。$\tilde{B}$ は，時点 $t = 0$ において考えられる投資機会の正味現在価値 (possible updated NPV) である。時点 $t = 0$ における経営者による $\tilde{B}$ の予測値 (estimate) を b とする[495]。

有限責任の原則に鑑みて a は，負の値をとらないものとする[496]。また，投資プロジェクトを行わないという選択肢が存在することに鑑みて，b も負の値をとらないものとする[497]。経営者は，株式を発行した場合に新株を取得した者以外の既存の株主（旧株主）の価値 $V_0^{\text{old}} = V(a, b, E)$ を最大化しようとすると仮定する。この価値は，①株式を発行して投資を行う選択，および②発行者の事業用資産の価値 (asset-in-place) と投資により得られる価値に依存する。投資家が有する情報は，経営者と比較して限られているため，株式の価値 V^{old} は，一般的に，市場価格と同一ではない[498]（偶然同じであることは考えられよう）。

ここで，株式が発行される場合の時点 $t = 0$ での旧株主の市場価値を P' とし，株式が発行されない場合の時点 $t = 0$ での市場価値を P とする[499]。

投資の機会に必要な資金 $I - S$ について，負債 D または株式 E で資金調達するものとする[500]。

株式発行の場合 株式の発行の場合，$V^{\text{old}} = a + b + I - E_1$ であり，E_1 は，発行された株式が $t = 1$ の時点で有する価値とする。株式の発行時の価値は，時点 $t = 0$ において $E = I - S$ である。それゆえ，$V^{\text{old}} = S + a + b - (E_1 - E) = S + a + b - \Delta E$ となる。ここで，ΔE は，新たな株式の $t = 1$ 時点での資本利得または損失 (capital gain or loss) を表す[501]。

投資しない場合の旧株主の価値は，$V^{\text{old}} = S + a$ であるから，次の式が成立

---

494) Id.
495) Id. at 190–91.
496) Id. at 191.
497) Id.
498) Id.
499) Id.
500) Id. at 207.
501) Id.

する場合，証券が発行される[502]。

$$S + a \leq S + a + b - \Delta E \tag{3.13}$$

この式を移項すると次の式が得られる。

$$b \geq \Delta E \tag{3.14}$$

すなわち，投資による正味現在価値が，新たに発行される株式の資本利得と同額か，それを超えるものでなければ，証券は発行されない。

事前の損失　式 3.14 は，投資による正味現在価値 b が正であるにもかかわらず，株式の資本利得以下である場合，投資は実行されないことを意味する。すなわち，正の正味現在価値を有するプロジェクトが実行されないことを意味する。これを事前の損失 (ex ante loss) L と呼ぶ[503]。企業の基礎的価値，ひいては，社会厚生の最大化のためには，正の正味現在価値を有するプロジェクトを実行することが望まれる。

負債発行の場合　負債の場合も同様であり，E と E_1 を D と D_1 で置き換えたものとなる。すなわち，$\Delta D \equiv D_1 - D$ とした場合，発行者は，$b \geq \Delta D$ のときに投資を行う[504]。負債がリスク・フリーの場合，$\Delta D = 0$ であるから，発行者は，$b \geq 0$ の場合に，必ず証券を発行するということになり，また，負債がリスク・フリーの場合，財務余力と同等の効果があるということになる[505]。

リスク・フリーではない場合，ΔD は，正にも負にもなりうる。オプション価格理論に基づき，ΔD は，ΔE と同じ符号を持つが，その絶対値は，常に ΔE より小さくなると仮定する[506]。

株式発行か負債発行かの選択　$b \geq 0$ であるから，発行者は，ΔD および ΔE がゼロまたは負の場合には証券を発行する。仮に，ΔD または ΔE が正の場合を考えてみる。発行者が株式を発行することを望むのであれば，発行者は，負債を発行することも望むはずである。$\Delta D < \Delta E$

---

[502] *Id.*
[503] *Id.* at 201.
[504] *Id.* at 207.
[505] *Id.*
[506] *Id.* at 207–08.

（負債のほうがリスクが小さい）であるから，$b \geq \Delta E$ の場合には $b > \Delta D$ も成立する。株式を発行できない場合でも負債を発行できる場合 $\Delta D \leq b < \Delta E$ がありえる。それゆえ，負債を発行する資本政策のほうが，株式を発行しないことによる事前の損失 L を減少させることができる[507]。

このモデルでは，発行者は，株式を発行しない。発行者が証券を発行し，投資を行う場合，発行者は，必ず負債を選択する[508]。証券を発行しない場合の旧株主の価値は $V^{\mathrm{old}} = a + S$ である[509]。株式を発行する場合の追加利得は，$b - \Delta E$（株式の場合）または $b - \Delta D$（負債の場合）である。株式の選択は，$b - \Delta E > b - \Delta D$ すなわち $\Delta E < \Delta D$（株式を選択したほうが負債を選択するよりも，時点 $t = +1$ の段階で新株主が得るキャピタル・ゲインが小さくなる）であることを示すシグナルとなる[510]。

株式を発行する場合の均衡の価格 P'_E において，$\Delta E = 0$ となるはずである。負債の場合も同様に，価格 P'_D において，$\Delta D = 0$ となるはずである。a, b, S が所与であるとすると，ΔD と ΔE は，同じ符号となるが，（負債のほうがリスクが小さいため）$|\Delta E| > |\Delta D|$ である[511]。

しかし，株式を発行しうる均衡価格 P'_E は存在しない。P'_E は，$\Delta E < \Delta D$ となるほどに高くなる必要があるが，これは，（ΔD と ΔE は同じ符号をとるため）$\Delta E < 0$ の場合しか存在せず，新株主にとって資本利得が負となることになる（それゆえ，新株主は，募集に応募しない）[512]。

株式よりも負債が発行されるという点でのペッキング・オーダー理論の概要は以上の通りである。なお，ペッキング・オーダー理論には，次のような前提がある。

- 経営者は，証券の発行に際して旧株主の利益を優先する[513]。すなわち，V^{old} の本源的価値 (intrinsic value) が証券を発行して投資することにより増加する場合に，証券を発行して投資する。証券発行後に株主全体が

---

507) *Id.* at 208.
508) *Id.*
509) *Id.*
510) *Id.*
511) *Id.*
512) *Id.*
513) *Id.* at 191, 207.

有する価値の最大化ではない。
- 旧株主が，証券発行に応じてポートフォリオのリバランスを行わない[514]。

ペッキング・オーダー理論に基づく検討　ペッキング・オーダー理論から得られる示唆は，次の通りである。

第一に，発行者が株価が高すぎることを知って証券募集に踏み切る場合，流通市場で株価が下落する。投資者は，証券募集を行う旨の開示により，ようやく株価が高すぎることを知るからである[515]。

第二に，情報の非対称性に基づき発行者が資金調達を行う際に，①情報の開示に費用が掛かること[516]，②資本市場が完全であり，利用可能な情報に関して効率的であること，すなわち，発行される株式の価値は，市場で利用可能な情報に基づき期待される将来キャッシュ・フローを現在価値に割り引いたものと同等であること[517]，③証券の発行に取引費用が存在しないこと[518]，④経営者は，旧株主の利益のために行動し，旧株主は会社の行動に対して消極的（発行される新株式を購入しない）に行動する[519]という仮定の下でペッキング・オーダーが発現する。すなわち，発行者は，①まず，投資の資金を確保するために内部留保を用い，②内部留保が投資の資金に満たない場合，最初に負債（最も

---

514) Id. at 191.
515) Id. at 192-93 (株式が発行された場合の$t=0$での旧株主の市場価値をP'とし，株式が発行されない場合の$t=0$での市場価値をPとして，二つの状態を仮定する。状態1を$a=150$かつ$b=20$とする。状態2を$a=50$かつ$b=10$とする。$S=0$として，$I=100$とすると，$E=100$となる。問題は，P'が$t=0$の時点で幾らであるかである。$\overline{A}+\overline{B}=115$であり$P'=115$とする。以上の前提において，状態1および2において投資はなされるだろうか。状態2の場合，$E=100$を調達した後の価値は，$V=V^{\text{old}}+V^{\text{new}}=160$である。$t=0$における市場価値は，$P'+E$である。換言すれば，既存株主の有する価値115と新株式100の割合で，160を配分するということになる。状態2においてaは，50であった。これは$V^{\text{old}}=85.58$（状態2）より高い。そのため，経営者は，状態2の場合，株式を発行したほうが良いということになる。しかし，状態2を経営者が選択することにより，株主は，市場価格が高すぎることを知ってしまう。この場合，市場価格は，115から$P'=60$まで下落してしまう。この場合，経営者は，正の正味現在価値を有するプロジェクトを実行しない); TIROLE, supra note 490, at 237-38.
516) Myers & Majluf, supra note 155, at 189.
517) Id. at 190.
518) Id.
519) Id. at 191. なお，発行者の経営者がどのように行動するかには，①新旧両方の株主の利益を勘案し，新旧株主間の利益相反を無視する，②旧株主の利益のみを考慮し，旧株主が発行者の活動に対する反応について消極的（発行者の行動に対応してポートフォリオのリバランスを行わない），③旧株主の利益のみを考慮し，旧株主が発行者の活動に対する反応について積極的（発行者の行動に対応してポートフォリオのリバランスを行う）の三つの仮定が存在しうると指摘されている。Id. at 189.

安全な証券)を発行し,③転換社債のような負債 (debt) と持分証券 (equity) の両方の性質を有した証券を発行し,④これでも投資の資金に足りない場合,最後の手段として株式を発行する[520]。

以上がペッキング・オーダー理論から得られる示唆であるが,ここで検討すべき情報の非対称性と市場の失敗との関係では,次のような点が指摘できよう。

第一に,既存の株主のために,株価が高騰していることを奇貨として,また,情報の非対称性を最大限に活かして株式を発行しようとしても,投資家は,株式を発行するという事実により株価が高すぎることを知って,株価が下落してしまう。すなわち,株式を発行すること自体がシグナルとなる。企業内容の開示との関係でいうと,発行者の価値に影響を与えるような企業内容に関する重要な内部情報が存在していたとしても,発行者が株式の発行により情報の非対称性の影響を完全に利用することはできないということになるであろう。

第二に,会社は,投資のための資金として,最初に,情報の非対称性が適用とならない内部留保を用い,内部留保が投資の資金に満たない場合,最初に最も安全な負債を発行し,それでも足りない場合にリスクの低い順に証券を発行する。例えば,担保付きの負債[521],優先債,社債,劣後債,優先株,普通株式というような順番である。安全性の高い証券の場合,ΔD ($t=+1$ の時点の D の価値から $t=0$ の時点での D の価値を減じた差)の値が小さくなるため,情報の非対称性の影響を低く抑えることができよう。同様に,銀行借入が,負債であるというだけでなく,内部情報を銀行のみに開示し,一般に開示する必要がない点で有利であることが指摘されている[522]。企業内容の開示に関して情報の非対称性が存在するとしても,負債を用いることによってその影響を軽減することができるといえよう。

第三に,ペッキング・オーダー理論は,情報の非対称性による影響を減じるために,安全性の高い証券を用いるという点を示唆してはいるが,安全性の高い証

---

520) *Id.* at 188; TIROLE, *supra* note 490, at 238.
521) 情報の非対称性を克服するための手段として担保を設定することに言及するものとして,森田・前掲注488) 225頁(担保財産を監視すればたり,債務者一般の財産を監視する必要から解放される)が挙げられる。
522) *See* Tim S. Campbell, *Optimal Investment Financing Decisions and the Value of Confidentiality*, 14 J. FIN. & QUANTITATIVE ANALYSIS 913, 922 (1979). 原文では,銀行借入とは明示されず,私的な負債(private debt)の用語が用いられている。Campbell教授は,銀行借入について有意な説明を与えているが,負債の公募による調達が問題となる。

券を用いても生じる情報の非対称性の影響が残る可能性がある。例えば，長期的に財務状態が悪化することを経営者が予想しつつ，社債を発行する場合でも，投資家は，現状の財務状態を前提として，社債の利率を決定するかもしれない。

実際は，資金調達を行う場合，情報の非対称性を緩和するための措置が設けられている。本目では，第三者を用いて内部情報の確認を行う装置であり，ひいては，情報の非対称性を緩和する措置であると考えられるゲートキーパーの役割，特に，引受審査および監査報告書を検討する[523]。

虚偽記載について，民事責任を課すことも，開示される情報の正確性を担保するという点で，情報の非対称性を緩和する措置といえる。民事責任は，本書第4章第3節第2款（392頁）で扱うため，本目では検討しない。

第三者を情報の媒介とする方法——引受人にのみ情報を開示する方法

発行者と投資家の間の情報の非対称性を解消する方法として，第三者による監査および投資銀行の利用が挙げられる[524]。まず，引受人にのみ情報を開示する方法を検討する。

引受証券会社は，投資者への勧誘および販売行為を行うとともに，証券が売れ残った場合（募残），これを引き受ける[525]。引受証券会社は，使用した目論見書や提出された有価証券届出書に不実記載がある場合，投資者に対して損害賠償責任を負いうる（金商法17条，21条1項4号）[526]。引受証券会社は，不実記載を知らずかつ相当な注意を用いたにもかかわらず知ることができなかったことを証明した場合には，当該損害賠償責任を免れることができるため（金商法17条但書，21条2項3号），証券会社は，証券の引受けに際してデュー・ディリジェンス (due diligence) を行う[527]。この際，証券会社は，会社の内部情報に

---

523) *See* Andrew Tuch, *Multiple Gatekeepers*, 96 VA. L. REV. 1583, 1594 (2010)（ゲートキーパーが情報の非対称性を緩和することに言及する）．野田耕志「複合的なゲートキーパー——Andrew Tuch, *Multiple Gatekeepers*, 96 VA. L. REV. 1583 (2010)」アメリカ法2011-2号533頁（2012）．

524) *See* COX, HILLMAN & LANGEVOORT, *supra* note 212, at 242–43 (他に内部者による発行者株式の保有，配当についての約束等が言及されている)．

525) 中村聡ほか『金融商品取引法——資本市場と開示編〔第2版〕』645頁（商事法務・2011）．

526) この他に，引受人は，引き受ける証券の質に関して信用を維持する誘因があることもゲートキーパーとしての役割を期待する理由となりうる．*See* Easterbrook & Fischel, *supra* note 130, at 675. ある証券募集についてシンジケート団を組む場合，当該証券募集に掛かっている信用が増加していると捉えることができる．*Id.*

527) 中村ほか・前掲注525) 646頁．

接する機会がある528)。引受証券会社が内部情報に接することにより，①内部情報に接した上で推定される証券の価値と，有価証券届出書等の開示書類に基づき投資家が推定する証券の価値に乖離が存在する場合，虚偽記載が存在する可能性が高く，このような場合には，有価証券届出書等の開示書類を訂正し，もし発行者が開示書類を訂正しない場合には，引受人を辞することが期待される529)。また，②投資家は，証券会社が内部情報に接した上で証券を引き受けていることを知っているから，一定程度の内部情報（発行者内部の情報のすべてではないにしても，デュー・ディリジェンスの対象となるであろう内部情報）を勘案しても，募集にかかる証券には，募集価格の価値があると判断していると推測することができる530)。すなわち，引受人が存在することにより，投資家と発行者の間の情報の非対称性が緩和される531)。

引受証券会社は，発行会社およびその証券の発行を独立して評価し，さらに，調査することが可能な独特な立場に置かれている532)。

しかし，引受証券会社が情報の非対称性を完全に埋めることができるとは，

---

528) 大和証券資本市場本部『エクイティファイナンスの実際』66頁（日本経済新聞社・1997）。
529) 龍田・前掲注8) 514頁，岸田監修・前掲注46) 277頁〔加藤貴仁〕（元引受金融商品取引業者が発行者の事情を調査する専門能力および機会をもつことに言及した後，有価証券届出書に虚偽記載等が存在する可能性が高い発行者とは，元引受契約を締結しないことができることに言及する）。
530) 同様に，米国において，証券の引受人が証券法11条に基づく責任を課される理由は，証券引受人が，①証券の分売における その役割のために，本質的な事実を認識し，さらに，当該事実が開示されたことを保証することが可能な者であり，また，②この目的のために公衆によって信頼される者であるためであると理解されてきた。野田耕志「開示規制における証券引受人の『ゲートキーパー責任』」商事1636号77頁（2002）。
531) *See* JOHN C. COFFEE, JR., GATEKEEPERS: THE ROLE OF THE PROFESSIONS IN CORPORATE GOVERNANCE 9 (2006). 大川昌男「米国資本市場の競争力に関する最近の議論について—SOX法制定から5年を経て」金融研究26巻103頁，117頁，123頁（2007）（「監査法人（より広義にゲートキーパー）には，公開会社と投資家（株主等）の間の情報の非対称性を解消し市場の透明性を高めること等を通じて，資本市場の競争力を高める役割を果たすことが期待されている」と述べる）。Goshen & Parchomovsky, *supra* note 157, at 763 n.196（発行者は，発行者と投資家の情報の非対称性に基づくレモンの市場が生じないように，新規株式公開において引受証券会社を用いると述べる）。
532) 野田・前掲注530) 77頁。監査法人による監査対象と異なり，引受証券会社のデュー・ディリジェンスの対象は，財務データのみに限られず，証券の価値に関して包括的なものである。野田・前掲注530) 77頁（米国の証券法11条に関する言及）。例えば，株式の新規公開における引受審査の項目として，①公開適格性，②企業経営の健全性および独立性，③事業継続体制，④コーポレート・ガバナンスおよび内部管理体制の状況，⑤財政状態及び経営成績，⑥業績の見通し，⑦調達する資金の使途（売出しの場合は当該売出しの目的），⑧企業内容等の適正な開示，ならびに⑨その他会員が必要と認める事項が挙げられている。日本証券業協会「有価証券の引受け等に関する規則」16条1項1号（平成24年4月16日）。社債の募集に関しては，①適格性，②財政状態およびキャッシュ・フロー，③調達する資金の使途，④企業内容等の適切な開示，ならびに⑤その他会員が必要と認める事項が挙げられている（同18条1項）。

考えられないだろう。引受証券会社が証券の価値に関してゲートキーパーたる役割を果たすことができないのではないかという懸念の理由として，米国では①統合開示および（自動発効）一括登録届出書の下では，デュー・ディリジェンスのための時間を確保することが難しいのではないか，ならびに②一括登録届出書に基づく証券募集では，（監査人や発行者および引受証券会社に対する弁護士事務所と違い[533]）引受証券会社が，募集の度に入れ替わるため，継続的なデュー・ディリジェンスを行うことができないのではないかという点が指摘されている。

第三者を情報の媒介とする方法
――監査法人による監査証明

監査法人による監査も，発行者と投資者の間の情報の非対称性を緩和するという点で引受人と同様の機能を有する[534]。特に，監査法人の場合，発行市場だけでなく流通市場に対しても，開示される情報を担保する役割が期待されているといえる[535]。監査法人がゲートキーパーとしての役割を果たす理由として，①監査法人は，信用（評判）を維持する誘因がある，および②評判への悪影響が虚偽記載から得られる利益よりも少ない場合に，虚偽記載を防ぐ誘因となるという点が挙げられる[536]。しかし，監査法人による監査証明は対象が限られていること，また，監査の対象となっている財務情報に関しても完全には情報の非対称性を埋めることはできない[537]ことから，情報の非対称性の問題が完全になくなるわけではない。

その他のゲートキーパー

証券市場の参加者には，引受人と監査法人以外にも，ゲートキーパーとしての役割を果たす者がい

---

533) *See* Stephen J. Choi & G. Mitu Gulati, *Innovation in Boilerplate Contracts: An Empirical Examination of Sovereign Bonds*, 53 EMORY L.J. 929, 983–86 tbl.11 (2004)（メキシコ政府の複数回の証券発行に関して，発行者および引受証券会社の弁護士事務所は，一貫しているにもかかわらず，引受証券会社は，様々である）．
534) 近藤ほか・前掲注9) 174頁（「監査法人は発行者の財務書類に監査証明を付すことにより，企業と投資者の情報の不均衡を補完する機能を果たしているということができる」と述べる）。山下＝神田編・前掲注10) 148頁〔久保大作〕は，監査証明について「第三者によるチェックを受けることにより，その内容の正確性を担保するためである」と述べ，また，神崎ほか・前掲注16) 203頁は，監査証明について「職業的専門家による監査を受けることで，開示についての真実性・正確性を担保し，開示に対する投資者の信頼を高めることを目的としている」と述べるが，これらの機能も情報の非対称性を緩和するものであるといえよう。企業会計基準委員会「討議資料財務会計の概念フレームワーク」第1章本文第1段落（2006年12月）（ディスクロージャー制度の意義として，情報の非対称性の緩和を挙げる）。
535) 野田耕志「会社法におけるコーポレート・ガバナンスと証券市場の規律」上法53巻2号13頁（2009）。
536) *See* Easterbrook & Fischel, *supra* note 130, at 675.
537) 野田・前掲注535) 28頁（監査法人による監査によっても不正が完全に発覚することを期待することはできないことに言及する）。

る。例えば,格付会社[538],弁護士[539]等である。これらのゲートキーパーは,直接的にしろ間接的にしろ,発行者と投資家との情報の非対称性を緩和する役割を果たすものであるといえよう。しかし,ゲートキーパーと投資家との情報の非対称性が発生しうることから,情報の非対称性の問題が完全になくなるわけではない[540]。

ゲートキーパーのサービスが適正な水準で提供されるかは,ゲートキーパーのサービスが社内的に提供されるよりも安価であること[541]や,当該サービスが市場で効率的に提供されていることが必要であろう[542]。ゲートキーパーの責任に関する議論は,既に多くの議論がなされているため,本書では,ゲートキーパーがどの程度有効に機能しているのか,有効に機能させるために責任制

---

[538] 格付会社が証券募集に正式に組み込まれている場合,ゲートキーパーとしての役割を果たし,情報の非対称性を緩和しうる。しかし,いわゆる,勝手格付(非依頼格付)の場合,情報の非対称性を緩和するという機能は,期待できないであろう。他方,格付け会社は,内部情報を利用して格付けを行う場合がある。例えば,米国証券取引委員会は,内部情報を利用する実務が発行者と投資家の情報の非対称性の緩和に資するものであり,ひいては,資本コストを軽減するものであることに言及している。Credit Ratings Disclosure and Concept Release on Possible Rescission of Rule 436(g) Under the Securities Act of 1933, Securities Act Release No. 9,070, 74 Fed. Reg. 53,086 (2009) (proposed rule). *See* John C. Coffee, Jr., *Gatekeeper Failure and Reform: The Challenge of Fashioning Relevant Reforms*, 84 B.U. L. REV. 301, 309 (2004).

[539] *See* Reinier H. Kraakman, *Gatekeepers: The Anatomy of a Third-Party Enforcement Strategy*, 2 J.L. ECON. & ORG. 53, 54 (1986) (ゲートキーパーとしての弁護士への言及); Coffee, *supra* note 538, at 357 & n.168 (証券募集における弁護士の開示に関する意見書を交付する実務およびRichard R. Howe, *The Duties and Liabilities of Attorneys in Rendering Legal Opinions*, 1989 COLUM. BUS. L. REV. 283, 287を引用して当該意見書が実際は投資家によって依拠できる意見書ではない点に言及する)。野田・前掲注535) 34頁(弁護士のゲートキーパーとしての可能性および責任の必要性に言及する),仮屋広郷「米国企業会計改革法と法曹倫理:アメリカにおける証券弁護士のゲートキーパー規制と守秘義務をめぐる議論からの示唆」一論135巻1号25頁(2006)。

[540] ゲートキーパーの問題に関して,ゲートキーパーと顧客との間の情報の非対称性を検討するものとして,例えば,黒沼悦郎「ディスクロージャーの実効性確保—民事責任と課徴金」金融研究25巻法律特集号80-81頁(2006)(Assaf Hamdani, *Gatekeeper Liability*, 77 S. CAL. L. REV. 53, 74-82 (2003)を引用して,ゲートキーパーと顧客との間の情報の非対称性に関して,違法的な顧客が市場から退出する,違法的な顧客に加えて不法な顧客も市場から退出する,および両者ともに市場に残る場合の3通りのシナリオを検討する)。

[541] *See* Tuch, *supra* note 523, at 1592 (citing Ronald H. Coase, *The Nature of the Firm*, 4 ECONOMICA 386, 394-95 (1937))。コース教授の論文の簡単な解説として,藤田友敬=柳川範之「契約・組織の経済学と法律学」北法52巻5号1884頁,1881頁(2002)。

[542] 引受証券会社や監査人の市場がバルジ・ブラケット(bulge bracket)と呼ばれる大手の証券会社や少数の監査法人による寡占状態にあることは,効率的なゲートキーパーのサービスが提供されていないという点で,社会損失を生じているかもしれない。ただ,この点は,本項の目的である企業内容の開示の問題というよりは,証券市場におけるサービス提供者の市場が効率的かという問題であり,また,ゲートキーパー一般に関する問題として議論されるべきものであろう。神作・前掲注324) 16頁参照。

度を含めてどのような制度が必要かといった問題には立ち入らない。企業が外部サービスを利用する理由は，内部的に同じサービスを生産するよりも外部サービスを利用するほうが効率的であると仮定する543)。

事前の損失 (ex ante loss) への対処　既存の株主の利益のために，正の正味現在価値を有するプロジェクトを実行しないことは，確かに，事前の損失 (ex ante loss) を生じさせる。この事前の損失が生じないことが良いという点には同意できるものの，それを法制度で強制できるかは検討を要する。

正の正味現在価値を有するプロジェクトを実行した方が良い理由は，それが社会厚生を増加させるからである。そして，この抽象的な段階では，効率性は，カルドア＝ヒックス基準によって測られている。

しかし，会社法が，株主を残余権者とし，既存の株主の利益最大化を基本的な方針としている限り，カルドア＝ヒックス効率性 (Kaldor-Hicks efficiency)544)を強要することができなくなる545)。この論点は，企業内容の開示の問題というよりも企業の理論 (theory of the firm) の問題として，さらに二つの観点から検討を要する。

第一に，誰が資金調達を実行するか否かを決定するかという点である。例えば，会社法では，公開会社（会社法2条5号）で，特に有利な金額でなければ（会社法201条1項，199条3項），（譲渡制限株式を除く）546)株式の発行は，取締役会の決議で行うことができる（会社法201条1項，199条1項)547)。取締役会設置会社（会社法2条7号）の場合，社債の発行についても取締役会の決議で可能である（会社法362条4項5号）。この場合，取締役会は業務執行としての性格を有

---

543) *See* Tuch, *supra* note 523, at 1592.
544) *See* COOTER & ULEN, *supra* note 140, at 42. 林田清明「法は経済である―ポズナーの『法の経済分析』入門」北法42巻5号1412頁，1396頁（1992）。William J. Carney, *Fundamental Corporate Changes, Minority Shareholders, and Business Purposes*, 1980 AM. B. FOUND. RES. J. 69, 110–18 (1980) (会社の基礎的変更(fundamental change)の文脈での言及).
545) *See* Andrei Shleifer & Lawrence H. Summers, *Breach of Trust in Hostile Takeovers*, *in* CORPORATE TAKEOVERS: CAUSES AND CONSEQUENCES 33, 34–37 (Alan J. Auerbach ed., 1988).
546) 譲渡制限種類株式の発行または自己株式処分を第三者割当ての方法により行う場合には，一定の事項につき，種類株主総会の特別決議が要求される（会社法199条4項，324条2項2号）。
547) 指名委員会等設置会社では，執行役への委任が可能である（会社法416条4項）。

するものであり[548]，資金調達を行うか否かの判断を取締役会が行うということになっている。公開会社においては，取締役会の判断のみで機動的に資金調達等を許す方が，効率的な会社経営，ひいては株主の利益になるとの考えに基づいている[549]。

　第二に，会社は，誰の利益を勘案することができるかという問題である。これは，利害関係人の利害の衝突が存在する場合に問題となる。すなわち，資金調達の際に既存の株主の利益のみを勘案することで足りるかという問題である[550]。

　追加して，金商法が社会厚生の最大化の観点から（主に会社法の文脈で論じられてきた）この論点に介入すべきであるかも別途の検討を要する問題であるといえるだろう。

　現実世界では，情報の非対称性を緩和するための投資家の行動が完全であるとはいえない。ペッキング・オーダー理論にしても情報を媒介する第三者にしても情報費用を含む取引費用の存在から，完全に情報の非対称性を緩和することはできないであろう。それでも，投資家が合理的であり，発行者が情報の非対称性を緩和する措置に取り組めば，相当程度の情報の非対称性は，克服できるのではないだろうか。

第6目　小　括

　本款の議論を前提とする限り，情報の非対称性の問題が存在することは否定

---

548) 江頭憲治郎『株式会社法〔第6版〕』772–773頁注6（有斐閣・2015）（募集株式の発行等が取締役・取締役会の権限とされている場合には，その行為は業務執行に準ずる性格のものであると述べる）。
549) 神田秀樹『会社法〔第17版〕』138頁（弘文堂・2015）（株式発行に際した出資の履行，および成立後の会社については，既存株主と新たに新株を取得して株主となる者との利害の調整が確保できれば，個々の新株発行は取締役会等の判断で機動的に行うことができるようにすることが，資金調達の便宜という見地から望ましいと述べる），洲崎博史「支配権維持目的の募集株式・募集新株予約権の第三者割当発行等」浜田道代＝岩原紳作編『会社法の争点』80頁（有斐閣・2009）。
550) See Stephen M. Bainbridge, *Director Primacy: The Means and Ends of Corporate Governance*, 97 Nw. U. L. Rev. 547, 599–600 (2003)（取締役優位モデル（director primacy model）に基づくチーム・プロダクション理論の批判）。伊藤秀史「現代の経済学における株主利益最大化の原則」商事1535号5頁（1999）（契約の束理論から，残余権者の利益最大化が導かれるものの，契約の不完備性を認識すると「なぜ株主にコントロール権を与えることが会社の生み出す価値最大化にもっとも近づくのか」という問題が生じることを紹介する）。チーム・プロダクション理論の紹介として大杉謙一「アメリカのコーポレート・ガバナンス論（下）」商事1506号21頁，22–25頁（1998）。

できないように思われる[551]。しかし，ペッキング・オーダー理論や情報の仲介者の存在を考慮すれば，情報の非対称性は，相当程度緩和されており，情報の非対称性自体が市場の失敗の強い根拠とならないようにも思われる。

　一点留意する必要がある。それは，本款の議論が，合理的な投資家を前提としているということである。情報の非対称性が存在する場合でも，合理的な投資家であれば，当該情報の非対称性の存在を認識し，リスクを勘案して値付けを行うことができる。しかし，投資家の限定合理性により情報の収集や処理が不十分である場合，情報の非対称性が原因となり，市場の失敗が生じる可能性がある。これを限定合理性の問題であり情報の非対称性の問題ではないと捉える可能性はありえよう。しかし，情報の非対称性の問題は，合理的な投資家を前提としても完全には解決できないように思われる[552]。そうであれば，非対称性の問題が投資家の限定合理性により増幅されていると捉えることができよう。限定合理性の問題は，本章第6節（279頁）にて検討する。

第5款　小　　括

小括と検討　　公共財，外部性および不完全情報の影響は，問題がないものもあるが，過剰供給を生じさせるものや過少供給を生じさせるもの等様々である。

　本節から得られる含意として，①公共財，外部性および不完全情報の影響により市場の失敗が生じる可能性は否定できない，ならびに②企業内容の開示等の法制度により市場の失敗を矯正する場合には，どの影響を対象として過剰供給を矯正するものなのか過少供給を矯正するものなのかに留意する必要があるといえるだろう。

　なお，現在，開示制度が免除されている少人数私募等に，本節に基づく分析を適用した場合にどうなるのかという関連する論点が考えられる。まず，一般の投資家が購入することができない私募の場合，一般の投資者の間で情報獲得

---

551) 証券市場を通じた資金調達（および金融機関を利用した資金調達）に関して，当事者間の契約による規律では情報の非対称性から生じる問題を克服することができなくなったため，国家や社会制度が一定の役割を果たす必要があることが森田果教授により指摘されている。森田・前掲注488) 234頁。
552) ΔD が依然として存在し，取引費用等により情報の非対称性の存在を克服できない場合がありえよう。

のための過剰な投資は行われないであろうから，本節の公共財の議論はあてはまらない。次に，外部性の問題についてだが，この論点は，実務的に複雑である。例えば，わが国の場合，少人数私募に該当するためには，多数の者への勧誘が禁止されているため，正の外部性が存在する場合には，過少供給の問題が生じそうである。ただし，小規模の非公開会社の場合，そもそも正の外部性が存在するような会社が存在するのかが問題となる。他方，公開会社が株式を第三者割当するような場合には，割当先が1人だけであっても有価証券届出書の提出が要求されている（金商令1条の7第2号イ(1)）。この場合，開示がなされるため，過少供給の問題は，減殺されよう[553]。実際の法制度は，どのような場合にどの開示制度の適用を免除するかで入り組んでおり，詳細な議論が必要である。本書では，分析の視座を提示するに留める。

最後に，情報の非対称性の問題をみてみると，少人数私募の場合に，投資家が発行者から情報開示を求めるために交渉することができる立場にあれば，強制的な開示制度の必要性は，減じるといえる[554]。また，発行者の最高経営責任者など，登録届出書と同様の情報に接することができる者に対して，強制的な情報開示制度は，不要であるといえるだろう[555]。ただし，すべての情報開示の免除が，これらの情報開示の必要性を減じるような状況を想定しているのかは，検討の余地がある。

---

553) 届出のための費用が生じる正の外部性を上回るのかという問題が考えられる。
554) *See* CHOI & PRITCHARD, *supra* note 134, at 540.
555) Sec. & Exch. Comm'n. v. Ralston Purina Co., 346 U.S. 119, 125–26 (1953).

第6節　開示制度の限界

第1款　序　論

　本節では，開示制度の限界について検討する。開示制度に限界が生じる理由として，第2款にて開示制度に関する費用を，また第3款にて投資者が有するポートフォリオに基づく理由について検討する。本節は，主に，行動経済学および限定合理性を扱うものであるが，関連する論点として，これら二つの問題を予め取り扱うものである。その後，第4款において，行動経済学と開示制度の関係を検討する。

第2款　開示制度に関する費用

　本款で取り上げる論点は，開示制度の費用に関する問題である。前述の通り，開示制度が有効に機能するためには，発行者および投資者の双方に様々な費用が掛かる（本書228頁参照）。そのため，開示制度の対象となる証券募集や流通市場において取引される証券の額が少額であると，①発行市場や流通市場における発行者による費用負担について，最終的に費用の負担者となっている株主の利益にならない[556]，②発行市場または流通市場での費用負担が大きすぎる場合，株主である創業者は，証券を公募しまたは上場することを回避することになり，投資者による投資の選択肢が減少する[557]，および③資金が不足する企業に対して家計から投資するという金融の機能が阻害されるという問題が考えられる[558]。

---

[556] 黒沼悦郎「ディスクロージャー制度の展望」ジュリ1444号28頁（2012）（ディスクロージャーには費用がかかるため発行者の負担を考慮する必要があると述べる）。
[557] 黒沼・前掲注556) 28頁。
[558] 特に，投資家に掛かる費用の問題は，投資者が多数となった場合の集合行為や合理的無関心の問題と関係している。この点，前述した通りである（本書230頁）。特に，所有者が多数となった場合の集合

金商法における少額募集およびクラウドファンディングの概要は，本章第2節第8款（162頁）にて概観した。少額募集における開示の免除は，開示に要する費用と開示から得られる利益を勘案しているのだと考えられよう。この点，理論的な根拠は明快である。

本書が比較法の対象とする米国でも同様の少額募集における開示の免除が存在しているので，簡単に紹介する。

第1目　米国連邦証券法3条(b)項(1)号に基づく開示規制の適用免除

米国連邦証券法における少額免除の規定は，証券法3条(b)項(1)号である。同号では，米国連邦証券取引員会に対して500万ドルの範囲に限り，規則を制定して一定の証券を，少額であるまたは募集が限定的である (by reason of the small amount involved or the limited character of the public offering) という理由に基づき，証券法の適用除外にすることができると定めている[559]。証券取引員会は，同号に基づく登録免除として，レギュレーションD[560]の規則504[561]および規則505[562]，規則701[563]を策定している。また，小規模報告会

行為の問題の尖鋭化について，本書230頁注356)参照．See CHOI & PRITCHARD, supra note 134, at 540. より一般化して，私募形式による資金調達に関する証券法制の規制は，発行開示コストを抑えることによる発行会社（ひいては株主）の利益と，情報強制開示による投資者の利益とを調整する方策の一つとみることができると述べるものがある。黒沼・前掲注179) 290頁。

559) 15 U.S.C. § 77c(b)(1) (2014). 黒沼・前掲注230) 52-53頁。
560) レギュレーションDは，発行者に対する証券法5条に関する免除であり，発行者の関連会社やその他の者による転売には適用とならない。また，証券に対する適用免除ではないため，発行者から証券を取得した者がさらに転売する場合には，当該転売を対象とした登録免除が必要である（17 C.F.R. § 230.500(d) (2014))。規則504および規則505は，証券法3条(b)項(1)号に従って定められた。15 U.S.C. § 77c(b)(1) (2014); Revision of Certain Exemptions From Registration for Transactions Involving Limited Offers and Sales, Securities Act Release No. 6,389, 47 Fed. Reg. 11251, § II.A (Mar. 16, 1982) (final rule). 証券法3条(b)項(1)号は，500万ドルまでの証券募集に関して，証券取引委員会に対して，登録免除を定める規則の制定権限を付与している。証券法4条(a)項(2)号に基づく登録免除である規則506と違い，募集を行う各州の規制は先占されていない（17 C.F.R. § 230.500(b) (2014))。
561) 規則504に基づく証券募集には，幾つかの条件が課せられている。まず，①一番重要な金額に関する条件がある。これは100万ドルであるが，証券の募集開始から過去1年を遡って合計100万ドルである（17 C.F.R. § 230.504(b)(2) (2014))。募集の合計金額は，およそ証券の対価である（17 C.F.R. § 230.501(c) (2014) (募集の合計金額の定義))。この100万ドルには，規則504を含む証券法3条(b)項に基づく登録免除に従って発行した証券を含む（17 C.F.R. § 230.504(b)(2) (2014))。②発行者に関する条件として，発行者が取引所法13条または15条(d)項に基づく報告義務を負っていないこと（すなわち，証券を国法証券取引所に上場しておらず，取引所法12条(g)項に定める外形基準に該当せずかつ証券法に基づく証券の登録をする証券募集を行っていないこと)，投資会社では

第 6 節 開示制度の限界 281

社 (smaller reporting companies) の定義[564)]に該当する発行者は，発行開示や継続開示において，開示の程度を軽減することができる。

ないこと，一定の会社 (development stage company) ではないことが挙げられる（17 C.F.R. § 230.504(a) (2014))。実務上は，報告義務を負っていないことが重要である。その他の条件として③規則502条(a)項，規則502条(c)項および規則502条(d)項に定める条件を満たす必要がある（17 C.F.R. § 230.504(a)(3) (2014))。502条(c)項は，一般への勧誘 (general solicitation) の禁止，502条(d)項は，転売に関する規制を定めているが，これらの規定は，ある特定の州内で行われる州の開示規制に従った証券募集（17 C.F.R. § 230.504(b)(1)(i) (2014).)，ある州への証券の登録を行うことで，他の州での登録が不要となる証券募集（17 C.F.R. § 230.504(b)(1)(ii) (2014).）または，適格投資家 (accredited investor) への証券募集であるために州での一般への勧誘が許容され，登録が免除されている証券募集（17 C.F.R. § 230.504(b)(1)(iii) (2014).）には適用にならない。

562) 規則505の条件は，次の通りである。①証券法3条(b)項に基づく過去12ヶ月の募集総額が500万ドルを超えない（17 C.F.R. §§ 230.505(b)(2)(i), 230.501(c) (2014))。②発行者が投資会社ではない（17 C.F.R. § 230.505(a) (2014))。③規則502の条件を満たす（17 C.F.R. § 230.505(b)(1) (2014))。すなわち，一定の情報提供義務を満たす（17 C.F.R. § 230.502(b) (2014))。一般に対する勧誘を行わない（17 C.F.R. § 230.502(c) (2014))。転売について一定の条件を満たす（17 C.F.R. § 230.502(d) (2014))。なお，502条(a)項は，いわゆる統合 (integration) に関する条件であるが，過去12ヶ月での募集の金額に上限があるために，特に問題にならないものと思われる。④購入者が35名を超えない（17 C.F.R. § 230.505(b)(2)(ii) (2014))。⑤一定の欠格事由に該当しない（17 C.F.R. § 230.505(b)(2)(iii) (2014))。

563) 規則701は，証券法3条(b)項に基づく権限により策定されている。Compensatory Benefit Plans and Contracts, 1988 SEC LEXIS 737, at *3 (Apr. 14, 1988) (final rule)。規則701は，証券法5条の適用免除規定である（17 C.F.R. § 230.701(a) (2014))。5条のすべての観点（募集，売買等の規制）から免除される。ただし，民事責任，詐欺防止等の条項から責任免除を規定しているわけではない（17 C.F.R. § 230.701, Preliminary Note 1 to Rule 701)。また，州法にも留意すべきである（17 C.F.R. § 230.701, Preliminary Note 2 to Rule 701)。規則701は，発行者が発行する証券に関する適用免除であり，関係会社は規則701を用いることはできない。また，転売に関する適用免除でもない（17 C.F.R. § 230.701, Preliminary Note 4 to Rule 701)。規則701は，報酬として証券を提供するための規定であり，資金調達目的等で使用することはできない。また，技術的に規則701に従うことで証券法の登録義務を潜脱することはできない（17 C.F.R. § 230.701, Preliminary Note 5 to Rule 701)。発行者は，取引所法13条または15条(d)項に基づく継続開示義務を負ってはならない。また，投資会社であってはならない（17 C.F.R. § 230.701(b)(1) (2014))。規則701は，発行者，発行者の親会社，発行者の子会社，兄弟会社の従業員，取締役，ジェネラル・パートナー，信託管理人 (trustees), 上級職員 (officers), コンサルタントおよびアドバイザーならびに一定の場合それらの家族（規則701(c)(3)で定義される）に対する，書面による報酬プラン (written compensatory benefit plan) または書面による報酬契約 (written compensation contract) に適用される。また，一定の場合，過去の従業員等にも適用がある（17 C.F.R. § 230.701(c) (2014))。規則701に関して，勧誘 (offer) については金額に関する上限はない（17 C.F.R. § 230.701(d)(1) (2014))。売却については，規則701に基づく証券の売却金額の合計 (aggregate sales price) が過去12ヶ月の間で，100万ドル，総資産の15％，発行済みの当該証券の15％のいずれか高い金額を超えないとされる（17 C.F.R. § 230.701(d)(2) (2014))。

564) 17 C.F.R. § 240.12b-2 (2014); 17 C.F.R. § 229.10(f) (2014)。小規模報告会社の定義は，投資会社 (investment company), 資産担保発行者 (asset-backed issuer) または過半数を所有された子会社 (majority-owned subsidiary) ではなく，最新の会計年度の末日において，関係会社 (affiliates) 以外が所有する議決権の有無を問わず株式時価総額が7,500万ドルを超えないか，上場株式が存在しない場合，年間の売上が5,000万ドルを超えない会社をいう。

第2目　新興企業活性化法に基づくレギュレーション A の拡充

新興企業活性化法 (Jumpstart Our Business Startups Act of 2012) は，500 万ドルまでの証券募集に関連して登録免除を定める証券法旧 3 条 (b) 項を 3 条 (b) 項 (1) 号に変更した[565]。加えて，同法は，3 条 (b) 項 (2) 号として新たな登録免除を制定した（以下，3 条 (b) 項 (2) 号として規定される新たな登録免除を「レギュレーション A ティア 2」(Regulation A Tier 2) という）。

この 3 条 (b) 項 (2) 号に基づき，証券取引委員会は一定の証券の登録を免除する規則を制定しなければならない[566]。同項は，いわゆる自己執行 (self-executing) な規定ではないため，本登録免除を利用する為には証券取引委員会が制定する規則に従わなければならない。同号に基づく規則は，2015 年 3 月に制定された[567]。以下では新規事業活性化法上の規定を簡単に検討する。検討は，①対象となる証券の種類，②発行に際して登録免除を得るための条件，③発行後の継続開示義務の順に行う。

なお，新興企業活性化法は，レギュレーション A の根拠となった法律の条文（現取引所法 3 条 (b) 項 (1) 号）に修正を加えていない。レギュレーション A は，登録免除として残っているといえる[568]。

レギュレーション A ティア 2 の対象となる証券は，株式を含む持分証券 (equity securities)，負債証券および持分に転換または交換することができる負債証券であり，また，これらの証券の保証 (gurantees of such securities) を含む[569]。なお，レギュレーション A ティア 2 に基づいて発行された証券は，国法証券取引所において証券を募集または販売される場合または証券取引委員会が定める適格購入者 (qualified purchaser) に対して募集または販売される場

---

565) Jumpstart Our Business Startups Act, § 401(a)(1).
566) Jumpstart Our Business Startups Act, § 401(a)(2).
567) Amendments to Regulation A, Securities Act Release No. 9,741, Exchange Act Release No. 74,578 (Mar. 25, 2015) (final rule); Proposed Rule Amendments for Small and Additional Issues Exemptions Under Section 3(b) of the Securities Act, Securities Act Release No. 9,497, 79 Fed. Reg. 3925 (Dec. 18, 2013) (proposed rule).
568) 証券取引委員会による最終規則では，既存のレギュレーション A は，幾らかの修正を受けながら，レギュレーション A のティア 1 として存続している。
569) 15 U.S.C. § 77c(b)(3) (2014).

合，連邦法の専占を受ける[570]。この場合，州法の規制はほとんど適用とならない[571]。この点は，既存のレギュレーション A よりも有利である。

レギュレーション A ティア 2 の対象となる証券の発行の概要として，以下の点が挙げられている[572]。

- 過去 12 ヶ月の間に募集および販売にかかる証券の金額が 5,000 万ドルを超えない[573]。
- 証券を公に勧誘しおよび販売することができる。
- 販売された証券は，「制限証券」(restricted securities) とならない。
- 証券法 12 条 (a) 項 (2) 号に基づく民事責任は，適用となる。
- 証券取引委員会が定める規則に従い，発行者は募集書類 (offering statement) の提出前に需要調査 (solicit interest) を行うことができる。
- 発行者は，監査済みの財務諸表を毎年証券取引委員会に提出しなければならない。
- 発行者は潜在的な投資家に対して監査済み財務諸表や発行者の事業に関する開示を含む募集書類を頒布しそれを証券取引委員会に提出する。また，利用資格要件を含め，その他証券取引委員会が制定する規則に従う。

証券取引委員会は，レギュレーション A ティア 2 を用いて発行された証券の発行後の継続開示義務について，規則を制定することができる。この規則の中で，証券取引委員会は，発行者に対して継続開示を開示する (make available) こと，および証券取引委員会に提出する (file) こと等を求めることができる[574]。レギュレーション A ティア 2 が頻繁に用いられるようになるかは，まだ不明である。

---

570) Jumpstart Our Business Startups Act, § 401(b) (adding 15 U.S.C. § 77r(b)(4)(D)).
571) ただし，州の詐欺防止条項には専占の効果は及ばない。*See* COX, HILLMAN & LANGEVOORT, *supra* note 212, at 238. また，証券法 4 条 (2) 項に基づく専占を受ける証券であっても，州は，一定の通知義務を課すことができる（15 U.S.C. § 77r(b)(4)(D) (2014)）。
572) 15 U.S.C. § 77c(b)(2) (2014).
573) この金額は 2 年ごとに見直される。15 U.S.C. § 77c(b)(5) (2014).
574) 15 U.S.C. § 77c(b)(4) (2014).

第3目 米国におけるクラウドファンディング

序 論　米国において，募集金額が少額であることに基づく登録義務の免除（ひいては，登録形態での開示義務の免除）は，伝統的に，証券法3条(b)項または4条(2)項に基づく規則として制定されてきた。しかし，今般，新しい登録の免除の形態として，クラウドファンディングが法律で制定された[575]。クラウドファンディングは，少額の証券募集について，登録を免除するという点では，既存の登録免除と思想を同じくしている。他方，後述する通り，クラウドファンディングにみられる特色もある。このクラウドファンディングという新しい制度に触れる。

2013年10月23日に連邦証券取引委員会は，クラウドファンディングに関する規則提案をした[576]。証券取引委員会は，新興企業活性化法に基づくクラウドファンディングの規定が，創業間もない会社および小規模の会社に，証券募集を少ない費用で行うことで，比較的少額の資本を提供するものであると述べる[577]。クラウドファンディングに関する規制は，①発行者に対する開示規制の適用を免除するという点，および②仲介者に対するブローカー＝ディーラー規制の適用を免除するという点で少額の証券募集に対する費用負担が割に合わないという問題に対応している[578]。証券取引委員会は，新規株式公開のための法令遵守費用として，250万ドルおよびその後の法令遵守の費用として150万ドルという統計を挙げる[579]。最終規則制定前の時点では，証券取引委員会の最終規則が発行されておらず，米国では，いわゆるエクイティ型[580]の

---

[575] 新規事業活性化法の第3編 (Title III) は，別途，詐欺や非倫理的な不開示を抑制しつつ行うオンラインを通じた資金調達法(Capital Raising Online While Deterring Fraud and Unethical Non-Disclosure Act of 2012)またはクラウドファンド法(The CROWDFUND Act)とも呼称される。Jumpstart Our Business Startups Act, § 301. 米国におけるクラウドファンディングの規制について言及するものとして，千田雅彦「クラウドファンディングの幕開け：JOBS Act 成立の意義とその内容：米国の起業支援に見る金融規制緩和」資本市場323号38-47頁（2012），中村聡「米国JOBS法による証券規制の変革」金融商品取引法研究会研究記録40号16-20頁 (2013)。
[576] Crowdfunding, Securities Act Release No. 9,470, 78 Fed. Reg. 66,428 (Oct. 23, 2013) (proposed rule) [hereinafter *Crowdfunding Proposed Rule*].
[577] *Id.* at 66,429.
[578] *Id.* at 66,429.
[579] *Id.* at 66,509.
[580] C. Steven Bradford, *Crowdfunding and the Federal Securities Laws*, 2012 COLUM. BUS. L. REV. 1, 33-34.

クラウドファンディングは，他の登録免除の下でしか行われていなかった。最終規則は，2015 年 10 月 30 日に制定された[581]。

第 4 目 新興企業活性化法による開示の簡素化

新興企業活性化法は，新興企業 (emerging growth company) という定義を設け，新興企業に関して，証券法および取引所法上の一定の義務を，資金調達，内部統制等の点で軽減している。

「新興企業」の定義　　「新興企業」は，新たに証券法および取引所法に追加された定義であり，直近に終了した会計年度の売上高 (total annual gross revenues)[582]が 10 億ドル以下の発行者であり，2011 年 12 月 9 日以降に登録届出書に基づくエクイティ証券の販売を行った者をいう[583]。新興企業に該当するかは，会計年度の初日に決定する。その後，①売上高が 10 億ドルを超えた会計年度の末日[584]，②証券法に基づき発効した登録届出書に基づき普通株式を最初に販売 (sale) した日から 5 年後の会計年度の末日[585]，③過去 3 年間（この 3 年間は随時過去 3 年を遡る方法 (rolling basis) で計算される[586]）に 10 億ドル超の非転換社債[587]を発行した日[588]，または④取引所法規則 12b–2 に基づき大規模早期提出会社 (large accelerated filer) に該当する日[589]までの間，新興企業に該当する。

上述の通り，新興企業という定義で用いられている新興 (emerging growth)

---

581) Crowdfunding, Securities Act Release No. 9974 (Oct. 30, 2015) (final rule).
582) 年間総売上 (total annual gross revenue) とは損益計算書の (total revenues) を意味する。Sec. & Exch. Comm'n, Jumpstart Our Business Startups Act Frequently Asked Questions Generally Applicable Questions on Title I of the JOBS Act, Question 1 (Apr. 16, 2012), http://www.sec.gov/divisions/corpfin/guidance/cfjjobsactfaq-title-i-general.htm (last visited Aug. 13, 2014) [hereinafter *JOBS Act Title I FAQ*].
583) Jumpstart Our Business Startups Act, § 101(a), 101(d) (codified at 15 U.S.C. § 77b(a)(19)); Jumpstart Our Business Startups Act, § 101(b) (codified at 15 U.S.C. § 78c(a)(80)). 通常であれば，新規株式公開を行った者と言い換えることができるだろう。なお，10億ドルという閾値は5年ごとに消費者物価指数を用いて調整される。
584) 15 U.S.C. §§ 77b(a)(19)(A), 78c(a)(80)(A) (2014).
585) 15 U.S.C. §§ 77b(a)(19)(B), 78c(a)(80)(B) (2014).
586) JOBS Act Title I FAQ, Question 17.
587) 非転換社債 (non-convertible debt) は，登録された募集により発行される証券か否かにかかわらず，負債を構成する非転換社債という定義を有する。JOBS Act Title I FAQ, Question 17.
588) 15 U.S.C. §§ 77b(a)(19)(C), 78c(a)(80)(C) (2014).
589) 15 U.S.C. §§ 77b(a)(19)(D), 78c(a)(80)(D) (2014).

の部分は,定義では要素として用いられていない。つまり,「新」(emerging) という意味で,創業後何年以内といった制限はかけられていないし(ただし,証券取引委員会に登録してから 5 年という制限はある),「興」(growth) ということで,売上高が伸びているとか,そういった制限も掛けられていない(売上高が一定程度に達するまでを「興」と捉えているのかもしれない)。

新規株式公開を行う会社のうち新興企業の定義に該当するものがどれくらいであるかについて,ある資料は,2012 年 4 月 4 日から 2012 年 9 月までの証券取引委員会への提出書類を検討し,235 の新規株式公開を行った会社のうち,新興企業に該当するものは 148(約 62%)であったと述べている[590]。

経営者の報酬と発行者の業績との関係の開示の不適用 金融規制改革法 953 条 (b) 項で,レギュレーション S–K の規則 402 を改正し,経営者の報酬と従業員の報酬との比率の開示が求められていたが,新興企業には,この規定は適用とならない[591]。

新興企業の登録届出書の開示事項の削減 新興企業は,新規株式公開のための登録届出書について監査済みの財務諸表を 2 年分を超えて開示する必要がない[592]。また,新興企業は,その他の登録届出書および継続開示書類において新規株式公開の登録届出書で開示した監査済みの財務諸表を有する期間を超えてレギュレーション S–K の規則 301 に定める主要財務データ (selected financial data) を開示する必要がない[593]。

財務統制に関する監査人の証明義務の免除 企業改革法 (Sarbanes-Oxley Act)[594] 404 条は,登録会社に財務統制に関する経営者の証明書の提出を求め[595],また,財務統制に関する経営者による評価[596]と監査人の評価に

---

590) Chris Hitt, *Is the Emerging Growth Company provision of the JOBS Act Really Encouraging IPOs?*, KNOWLEDGE MOSAIC (Sept. 13, 2012), http://www.knowledgemosaic.com/net/Blogwatch/Blogwatch.aspx?ID=20852 (last visited Aug. 13, 2014).
591) Jumpstart Our Business Startups Act, § 102(a)(3) (amending Section 953(b)(1) of the Investor Protection and Securities Reform Act of 2010).
592) Jumpstart Our Business Startups Act, § 102(b) (adding 15 U.S.C. § 77g(a)(2)(A)).
593) Jumpstart Our Business Startups Act, § 102(b)(1) (adding 15 U.S.C. § 77g(a)(2)(A)); Jumpstart Our Business Startups Act, § 102(b)(2) (amending 15 U.S.C. § 78m(a)).
594) Sarbanes-Oxley Act, Pub. L. No. 107–204, 116 Stat. 745 (2002).
595) Sarbanes-Oxley Act, § 404(a)(1); 17 C.F.R. § 240.13a–14 (2014).
596) Sarbanes-Oxley Act, § 404(a)(2).

関する証明書 (attestation) の提出を求めている[597]。

新興企業活性化法は，新興企業について，監査人の証明義務を免除する[598]。大規模早期提出会社 (large accelerated filer) または早期提出会社 (accelerated filer) に該当しない発行者について認めていた免除[599]を拡張したものといえよう。

この規定も開示費用の削減に寄与するものである。

第5目　小括と検討

開示制度に関する費用との関連で，開示制度には免除規定が設けられている。金商法に基づく制度については，既に概観しているため，本款では，米国連邦証券法3条 (b) 項 (1) 号に基づく開示規制の適用免除として，レギュレーション A，規則 504 および規則 505，ならびに米国のクラウドファンディングの制度を概観した。さらに，継続開示に関して，新興企業活性化法が新興企業の流通市場への情報開示の費用を低減させていることに言及した。

本款において紹介した開示制度からの免除について，次の示唆を得ることができよう。

- ●少額の募集および売出しにおいて開示義務が免除される主要な理由は，開示制度を要求することで発行者に掛かる費用と，開示制度から得られる利益が釣り合わない（費用が高すぎる）からであろう。そして，法制度は，募集金額（または売出金額）に応じて，開示制度の適用を制限したり免除したりしている。
- ●開示制度の適用が免除される場合でも，虚偽記載に関する責任がすべて免除されるわけではない[600]。
- ●少額の募集の場合，法執行の費用（例えば，損害賠償の請求に必要な費用）が

---

597) Sarbanes-Oxley Act, § 404(b); 17 C.F.R. § 210.2–01(f) (2014).
598) Jumpstart Our Business Startups Act, § 103 (amending § 404(b) of the Sarbanes-Oxley Act).
599) Sarbanes-Oxley Act, § 404(a)(3).
600) 私募でも不法行為の責任を負う可能性がある一方，特定の状況で，開示制度の免除が一定の法定責任の免除となる場合がある。例えば，私募の場合に，金商法17条の責任が免除される（金商法17条冒頭）。米国連邦証券法において，私募でも取引所法10条 (b) 項および規則10b–5の適用がある。15 U.S.C. § 78j(b) (2014). THOMAS LEE HAZEN, THE LAW OF SECURITIES REGULATION 446 (6th ed. 2009).

高いため,虚偽記載に関する責任が免除されないとしても,その実効性は,疑問がある。法執行については,刑事罰や課徴金に期待しているのかもしれない[601]。
- クラウドファンディングに関する規制では,募集および売出しの総額という発行者が社会に与える影響ではなく,募集および売出しが個々の投資家に与える影響を考慮している点で,特筆に値する。
- 虚偽記載に関する法的責任を課すことの実効性が疑われるとしても,個々の投資家に与える影響が小さければ,問題がないという法政策なのかもしれない。不正を行う者が存在するとしても,その不正により生じる被害が制限されているのであれば,費用のかかる法執行を行わないという立場であると考えられる。

開示制度の効率性は,結局,社会全体が情報費用を減少させているかという観点から判断されるべきであるが[602],少額募集への開示制度の免除は,この点を考慮しているといえよう。

第3款 ポートフォリオ理論

第1目 序 論

開示制度が機能しなくなる理由として,本節で主要な問題として扱う限定合理性の問題の他に,株主がどのようなポートフォリオを有しているかという問題がある[603]。すなわち,投資家がどのような証券のポートフォリオを有しているかによって,開示制度および開示制度に基づく責任が投資家にもたらす利益が変化するのである。

本款では,次目にて,ポートフォリオ理論を概観する。そして,第3目において,ポートフォリオ理論から得られる含意を検討する。

---

601) そうでなければ,民事責任が投資家の損害の填補とならず,また,刑事罰や課徴金が抑止の効果を有さず,虚偽記載があっても責任追及がなされないということになる。
602) Gilson & Kraakman, *supra* note 217, at 640.
603) 黒沼・前掲注230) 18-19頁。投資家による分散投資の効果を考慮にいれるという考え方は,例えば,取締役の信認義務の文脈で既に検討されている。仮屋・前掲注403) 6-8頁。

第2目　ポートフォリオ理論の概観

議論の前提として，基本的なポートフォリオ理論 (portfolio theory) を概観する。証券を購入する際に留意すべき点として，個々の証券の収益 (return)[604]の他に個々の証券の不確実性 (uncertainty)[605]および二つの証券の収益の相関 (correlation)[606]が挙げられる。端的にいって，投資をポートフォリオとして検討することの意味は，高い収益率を維持しながら，不確実性を減少させることにあるといえよう[607]。

証券の利得の分散　　$\overline{R_A}$ を証券 A の期待利得 (expected return) とし，R_A を実際の利得 (return) とすると，個々の株式の分散 (variance) σ_A^2 は，次の式で表される[608]。

$$\sigma_A^2 = E(R_A - \overline{R_A})^2 \qquad (3.16)$$

証券の標準偏差と共分散　　証券 A の標準偏差 (standard deviation) σ_A は，分散の平方根 $\sigma_A = \sqrt{\sigma_A^2}$ である[609]。証券 A と証券 B の共分散 (covariance) $\sigma_{A,B}$ は，$\overline{R_A}$ を証券 A の期待利得，R_A を証券 A の実際の利得，$\overline{R_B}$ を証券 B の期待利得，R_B を証券 B の実際の利得とし，次の式で表される[610]。

$$\sigma_{A,B} = (R_A - \overline{R_A}) \times (R_B - \overline{R_B}) \qquad (3.17)$$

---

[604] *See* MARKOWITZ, *supra* note 400, at 12 (収益の計算方法について).
[605] *See id.* at 4.
[606] *See id.* at 5.
[607] *See id.* at 6.
[608] *See* STEPHEN A. ROSS, RANDOLPH W. WESTERFIELD & JEFFREY JAFFE, CORPORATE FINANCE 337 (10th ed. 2012); BREALEY, MYERS & ALLEN, *supra* note 183, at 168. なお，過去の株価の収益率等から推定する場合には，N を観察されるサンプル数，$\overline{R}$ を観察された利得の平均，R を観察された利得として，不偏分散を次の式に基づいて計算する。

$$\sigma^2 = \frac{1}{N-1} \sum_{t=1}^{N} (R - \overline{R}) \qquad (3.15)$$

See BREALEY, MYERS & ALLEN, *supra* note 183, at 168 n.16.
[609] *See* ROSS, WESTERFIELD & JAFFE, *supra* note 608, at 338; BREALEY, MYERS & ALLEN, *supra* note 183, at 168; MARKOWITZ, *supra* note 400, at 19.
[610] *See* ROSS, WESTERFIELD & JAFFE, *supra* note 608, at 338; BREALEY, MYERS & ALLEN, *supra* note 183, at 175 n.28.

証券の相関係数　相関係数 (correlation) $\rho_{A,B}$ は，$\sigma_{A,B}$ を証券 A と証券 B の共分散，σ_A を証券 A の標準偏差，σ_B を証券 B の標準偏差とし，次の式で表される[611]。

$$\rho_{A,B} = \frac{\sigma_{A,B}}{\sigma_A \sigma_B} \tag{3.18}$$

なお，相関係数を用いると，二つの証券の共分散は，次の通り表すことができる[612]。

$$\sigma_{A,B} = \rho_{A,B} \sigma_A \sigma_B \tag{3.19}$$

二つの証券から構成されるポートフォリオの期待利得　二つの証券に分散投資するポートフォリオ P について考えてみると，X_A を証券 A に投資する割合，X_B を証券 B に投資する割合とした場合，P の期待利得 $\overline{R}_P$ は，次の通り表される[613]。

$$\overline{R}_P = X_A \overline{R}_A + X_B \overline{R}_B \tag{3.20}$$

すなわち，個々の証券の期待利得の加重平均である[614]。

二つの証券から構成されるポートフォリオの分散　証券 A および証券 B の二つの証券から構成されるポートフォリオ P の分散 σ_P^2 は，次の式で表される[615]。

---

611) *See* ROSS, WESTERFIELD & JAFFE, *supra* note 608, at 339. 相関係数は，-1 から $+1$ までの値をとる。*See id.* at 341.
612) *See* ROSS, WESTERFIELD & JAFFE, *supra* note 608, at 344; BREALEY, MYERS & ALLEN, *supra* note 183, at 175.
613) *See* ROSS, WESTERFIELD & JAFFE, *supra* note 608, at 342; MARKOWITZ, *supra* note 400, at 19.
614) *See* ROSS, WESTERFIELD & JAFFE, *supra* note 608, at 341.
615) *See id.* at 342; BREALEY, MYERS & ALLEN, *supra* note 183, at 175. なお，多数の証券に投資する際の分散は，次の通り表すことができる。*See* BREALEY, MYERS & ALLEN, *supra* note 183, at 177 n.30.

$$\sigma_P^2 = \sum_{i=1}^{N} \sum_{j=1}^{N} x_i x_j \sigma_{i,j} \tag{3.21}$$

また，標準偏差は，分散の平方根であるから，二つの証券から構成されるポートフォリオ P の標準偏差 σ_P は，次の式で表される。ROSS, WESTERFIELD & JAFFE, *supra* note 608, at 343.

$$\sigma_P = \sqrt{\sigma_P^2} \tag{3.22}$$

$$\sigma_P^2 = X_A^2\sigma_A^2 + 2X_AX_B\sigma_{A,B} + X_B^2\sigma_B^2 \tag{3.23}$$

$$= X_A^2\sigma_A^2 + 2X_AX_B\rho_{A,B}\sigma_A\sigma_B + X_B^2\sigma_B^2 \tag{3.24}$$

二つの証券に投資する場合の分散投資の効果 X_A を証券 A に投資する割合,X_B を証券 B に投資する割合とした場合,二つの証券の標準偏差の加重平均は次の通り表すことができる。

$$標準偏差の加重平均 = X_A\sigma_A + X_B\sigma_B \tag{3.25}$$

これを自乗すると次の式が得られる。

$$標準偏差の加重平均^2 = (X_A\sigma_A + X_B\sigma_B)^2 \tag{3.26}$$

$$= X_A^2\sigma_A^2 + 2X_AX_B\sigma_A\sigma_B + X_B^2\sigma_B^2 \tag{3.27}$$

これを式 3.24(二つの証券から構成されるポートフォリオの分散)と比較すると,$\rho_{A,B}$ が 1 の場合に,両方の値が同値となる。すなわち,二つの証券に投資する場合のポートフォリオの分散は,ρ が 1 である場合に,二つの証券の標準偏差の加重平均の自乗と同じとなる[616]。さらに換言すると,ρ が 1 より低い限り $\rho < 1$,二つの証券から構成されるポートフォリオの標準偏差は,個々の証券の標準偏差の加重平均よりも低くなるといえる[617]。端的にいえば,$\rho < 1$ である限り,ポートフォリオを構築することで,リスクの減少という利益を得ることができる。

多数の証券に投資する場合の分散投資の効果 ある証券の実際の利得を R とし,期待される利得を $\overline{R}$ とし,期待されなかった利得 (unexpected part of the return) を U とすると,この証券のリターンは,次の通り表すことができる[618]。

$$R = \overline{R} + U \tag{3.28}$$

期待されなかった利得 U は,システマティック・リスク (systematic risk) とアンシステマティック・リスク (unsystematic risk) に分けることができる。システマティック・リスクは,多かれ少なかれ,多くの証券に影響を与えるリ

---

616) *See* Ross, Westerfield & Jaffe, *supra* note 608, at 345.
617) *See id.*
618) *See id.* at 353.

スク[619]) で，マーケット・リスク (market risk) とも呼ばれる[620]）。アンシステマティック・リスクは，一つの資産または少数のグループの資産にのみ影響を与えるリスクである[621])。

システマティック・リスクを m とし，また，アンシステマティック・リスクを ϵ とした場合，証券のリターンは，次のように表すことができる[622])。

$$R = \overline{R} + m + \epsilon \tag{3.29}$$

定義上，アンシステマティック・リスクは，個別または少数の証券に影響を与えるリスクであるため，ある証券 A のアンシステマティック・リスク ϵ_A は，別の証券 B のアンシステマティック・リスク ϵ_B とは，相関がないと考えられる[623])。

証券 A をポートフォリオに組み込む場合，どのような影響が考えられるだろうか。別の証券 B との組み合わせで，証券二つから構成されるポートフォリを考えてみる。証券 A のアンシステマティック・リスクは，証券 B のアンシステマティック・リスクとは相関がない。一方の証券におけるアンシステマティック・リスクが正で，他方が負の場合，ポートフォリオのアンシステマティック・リスクは，二つの証券の双方よりも低くなる[624])。

さらにポートフォリオに証券 C を追加すると，ポートフォリオのアンシステマティック・リスクは，証券二つから構成されるポートフォリオよりも低くなる[625])。例えば，適切に選択した場合，20 の証券から構成される株式のポートフォリオは，おおよそ 95％ のアンシステマティック・リスクを軽減し，100 の証券から構成される株式のポートフォリオは，おおよそ 99％ のアンシステマティック・リスクを軽減すると指摘されている[626])。

---

619) *See* Ross, Westerfield & Jaffe, *supra* note 608, at 354; Malkiel, *supra* note 362, at 216; Fabozzi, Modigliani & Jones, *supra* note 170, at 248.
620) *See* Malkiel, *supra* note 362, at 216; Fabozzi, Modigliani & Jones, *supra* note 170, at 248.
621) *See* Ross, Westerfield & Jaffe, *supra* note 608, at 354; Malkiel, *supra* note 362, at 216; Fabozzi, Modigliani & Jones, *supra* note 170, at 248.
622) *See* Ross, Westerfield & Jaffe, *supra* note 608, at 354.
623) *See id.*
624) *See id.*
625) *See id.* at 355.
626) *See* Ronald J. Gilson & Bernard S. Black, The Law and Finance of Corporate Acquisitions 92 (2d ed. 1995).

これを続けて無限に証券を追加すると，ポートフォリオのアンシステマティック・リスクは，消える[627]が，システマティック・リスクは残る[628]。投資家は，リスク回避であることが多いであろうから，同じ期待利得であれば，リスクが低い方を選択するはずであり，ポートフォリオを構成して，リスクを減らすことは合理的な行動となるであろう[629]。

実際の投資家には，分散投資をしている投資家だけでなく，分散投資をしていない投資家も存在する。このため，投資家が分散投資を行なっていることを前提として，議論をすることはできない。しかし，前述の通り，ファイナンスの理論によれば，分散投資を行うことは，アンシステマティック・リスクを排除することができる点で有用であるため，分散投資を行う投資家も含めて，開示がどのような影響を与えるかを考えてみたい。

第3目　ポートフォリオ理論から得られる含意

前述の議論から得られる示唆は，次の通りである。

一つの証券にのみ投資する投資家　第一に，ポートフォリオ理論を無視すると（すなわち，例えば，複数の投資家のそれぞれが，ある同一証券のみを有していると仮定すると），意識的な収奪 (intentional taking)（ある会社の企業価値の減少が経営者の利益となる状況）または経営の失敗 (mismanagement)（経営の失敗による企業価値の減少）のいずれの原因による企業価値の減少も各投資者に対して同じ影響を与える。特に，経営の失敗に関して，企業間の競争（ある会社の利益が別の会社の利益となる状況）による場合でも，各投資家に対して同じ影響を与える。

また，開示制度が証券に伴うリスク（例えば，株式でいえば，株主価値の減少をもたらすリスク）に関する開示を目的としているのであれば，そのリスクの様態が，意識的な収奪に関するものでも，経営の失敗に関するものでも，これを開示す

---

627) *See* ROSS, WESTERFIELD & JAFFE, *supra* note 608, at 355; MALKIEL, *supra* note 362, at 218（ランダムに証券を選択すると約60の証券で構成されるポートフォリオによってベータが約1に収束すると述べる）。
628) *See* ROSS, WESTERFIELD & JAFFE, *supra* note 608, at 355; MALKIEL, *supra* note 362, at 219.
629) *See* MALKIEL, *supra* note 362, at 219.

る意義を見出しうる[630]。

　虚偽記載に基づく責任追及に関していえば，投資家は，一つの証券について証券を購入する（または売却する）のみであるから，虚偽記載の影響を受ける程度が大きく，虚偽記載に基づく補償を提供する意義が二つ以上の証券に投資する場合と比較して大きい。

二つ以上の証券に投資する投資家　第二に，各投資家が二つ以上の証券を有するポートフォリオを有している場合，各投資家は，ポートフォリオ理論からリスクの減少という利益を得ることができる。そして，各投資家が有するポートフォリオに相違がある場合，すなわち，証券への投資の比率が異なる場合，ある証券を追加購入した場合のリスクの変化は，各投資家によって異なる。また，開示から得られるアンシステマティック・リスクの減少の程度は，その証券のみを有する場合と比較して，小さくなる。

分散投資をする投資家　第三に，企業内容の開示が分散投資をする投資家との間で問題となる理由は，企業内容の開示が，その性質上，企業の個別リスク，すなわちアンシステマティック・リスクを減少させるものであるということである。そして，分散投資をする投資家は，アンシステマティック・リスクを有していないので，企業内容の開示によって，アンシステマティック・リスクを減少させるという効果は期待できない[631]。

　すなわち，ポートフォリオ理論によるアンシステマティック・リスクの減少により，情報開示によって証券の個別リスクを減少させるという情報開示制度の機能が減退する。しかし，逆にいえば，すべての投資家が，市場平均に従ったポートフォリオを有していない限り，この機能は，（限定的ではあっても）認めうる。

分散投資と責任制度の関係　第四に，ポートフォリオ理論を利用して，例えば市場全体に分散投資し，システミック・リスクの

---

630) なお，意識的な収奪や経営の失敗に関するあらゆる開示が正当化されるという意味ではなく，本文の分析に伴う視点から，開示を正当化する根拠となる場合があるというにすぎない。
631) Merritt B. Fox, *Civil Liability and Mandatory Disclosure*, 109 COLUM. L. REV. 237, 253 (2009). 1986年当時の意見であり，また，米国に関する文脈ではあるが，継続開示制度によって提供される情報の多くは一般の投資家の役に立たないと指摘するものもある。江頭・前掲注143) 350頁。

みを有する投資家にとって，証券の購入および売却は，現金が必要になるか否か (liquidity needs) によることになる[632]。この場合，当該投資家は，情報開示の内容を検討して投資判断を行うということをしない(情報に基づく投資をしない)[633]。そのため，虚偽記載があった場合に，長期的にみれば，証券を売却する側にいる可能性と購入する側にいる可能性がそれぞれ50％となる[634]。このため，市場全体に分散投資する投資家は，情報開示による虚偽記載に基づく責任が可能となる権利を得るために追加の支払いをしない(市場全体に分散投資をする投資家にとって，虚偽記載に基づく責任の追及は意味のないものとなる)[635]。逆に，インデックス投資家は，訴訟に関して費用が掛かる場合には，訴訟費用，弁護士費用および役員保険等の費用を負担する[636]。インデックス投資家にとって，情報開示自体は，流動性の提供等で有用であるとしても，情報開示に基づく訴訟制度は，利益になり難いといえるだろう。

第4目　ポートフォリオ理論に基づく開示制度の限界への反論

本款で検討したポートフォリオ理論に基づく開示制度の限界には，幾つかの反論がある。

発行市場での不適用　第一に，分散したポートフォリオによるアンシステマティック・リスクの除去は，発行市場における開示には，適用されない[637]。発行市場での証券の発行価格は，均一であるため，ポートフォリオの有無およびポートフォリオに基づくリスクの減少に関する価格調整が存在しない。これは，発行市場における開示制度を，維持する理由となりうる。

分散投資をしない投資家に関する考察　第二に，ある発行者Aの株主が，発行者Aの株式を含むポートフォリオを保

---

632) William W. Bratton & Michael L. Wachter, *The Political Economy of Fraud on the Market*, 160 U. PA. L. REV. 69, 94 (2011).
633) Goshen & Parchomovsky, *supra* note 157, at 765 (インデックス投資家(liquidity traders)は，情報に基づいて投資していないことを指摘する。なお，Goshen教授およびParchomovsky教授は，流動性を促進し，また，株主が搾取されることを避けるために，強制開示制度は，インデックス投資家に対しても有用であると述べる).
634) Bratton & Wachter, *supra* note 632, at 94-95.
635) *Id.* at 95.
636) *Id.*
637) Fox, *supra* note 203, at 1351.

有しているとする。発行者Aの開示が他の複数の発行者(例えば,発行者Bおよび C とする)に影響を与えるとして,株主のポートフォリオが発行者Bおよび Cの株式を含んでいるとは限らず[638),また,株主が発行者BおよびCの株式を保有しているとしても,経営者と株主の情報の非対称性および投資家の合理的無関心から,株主は,発行者BおよびCが得られる利益を考慮して,発行者Aが多くの情報を自主的に開示するように自ら行動することはしないであろう[639)。このように,投資家がポートフォリオを保有する場合,ポートフォリオ効果により情報開示による個別リスクの減少の効果が減殺されることになるが,それでも情報開示により証券の個別リスクを減少させる効果があり,社会厚生を増加させる効果が生じうる[640)。

第4款　行動経済学

第1目　序　論

本書では,これまで市場参加者が合理的[641)であることを前提として議論を

---

638) *See id.* at 1352.
639) *See id.*
640) *See id.* at 1357.
641) 合理的選択理論における合理性の程度は,様々なものが提唱されている。Russell B. Korobkin & Thomas S. Ulen, *Law and Behavioral Science: Removing the Rationality Assumption from Law and Economics*, 88 CALIF. L. REV. 1051, 1060–61 (2000). Korobkin 教授およびUlen教授は,その類型の例として,次の四つを挙げる。*Id.* at 1061–1066. ①定義版(Definitional Version)では,「人は,その人の目的のために合理的な最大化を行う」と定義される。*Id.* at 1061. この定義では,どのような目的のために個人が最大化を行うのか,どのような手段を講じるのか明らかではない点で抽象的である。*Id.* ②期待利益版(Expected Utility Version)の定義の例は,エージェントは,期待利益を最大化するというものである。*Id.* at 1062 n.34. この定義は,どのような選好または目的を追求するかを明らかにしない点で定義版と同様に抽象的なものであるが,期待効用を最大化するという点を明らかにする点で定義版よりは限定的なものである。*Id.* at 1062. ③自己利益版(Self-Interest Version)の定義の例は,「われわれが食事を期待するのは,肉屋や酒屋やパン屋の慈悲心からではなく,彼ら自身の利益に対する配慮からである。」アダム・スミス著(水田洋監訳)『国富論(一)』(岩波文庫・2000)というものである。Korobkin & Ulen, *supra*, at 1064. ④富の最大化版(Wealth Maximizing Version)は,行動者が「財務状態(financial well-being)または貨幣状態(monetary situation)の最大化を試みる」というものである。*Id.* at 1066. これは,端的にいえば,利益の最大化ということであろう。合理的期待モデルの定義における論点は,抽象度が増すと,具体的な事案の予測に寄与するところが少なく,抽象度が減少して具体性が増すと,具体的な事案の判断で誤りが生じるという点である。例えば,単に「エージェントが期待利得を最大化する」という定義を用いた場合,当該エージェントがどのような選好を有しているのかが全く明らかではない。このため,具体的な事案においてエージェントがどの

進めてきた。しかし，行動経済学 (behavioral economics) の研究者から，この前提についての批判が提示されている[642]。そして，行動経済学の研究およびこの研究から得られる示唆は，多岐にわたる。

行動経済学によって，人は，合理的ではなく，限定合理性 (bounded rationality)[643]，限定自制心 (bounded willpower) および限定自己利益 (bounded self-interest) を示すことがあり，これら三つの限定は，伝統的な経済学からの（ランダムや恣意的ではない）体系的な乖離を示すことが明らかになった[644]。本書では，このうち，①限定合理性による伝統的な経済モデルからの乖離，および②これに伴って生じる非効率的市場が開示制度に与える影響を検討する。

限定合理性による伝統的な経済モデルからの乖離には二つの類型，すなわち，判断 (judgment) と決定 (decisionmaking) がある[645]。特に判断や決定におけるバイアス[646]が問題となる。本款では，次目において限定合理性について

ような判断をするのかは予測ができない。他方，エージェントの選好や戦略について何らかの前提を置く場合，例えば，「エージェントは自らの利益を最大化する」という定義を用いる場合，エージェントが行動経済学でいう限定自己利益 (bounded self-interest) の影響を受けるとき，エージェントは自らの利益を最大化していないのであるから，この定義に違反していることになる。Id. at 1066–70. 本書では，抽象的な議論を行っているため，期待利益版の合理性の基準を用いて議論を進めることにする。

642) Barbara Black, *Behavioral Economics and Investor Protection: Reasonable Investors, Efficient Markets*, 44 LOY. U. CHI. L.J. 1493, 1495, 1504 (2013)（米国の裁判所が，現実とは相容れない高い合理性を有する裁判所を認めており，また，現在の市場において，実際の投資家は，法律が想定するような合理的な投資家ではないと述べる）。

643) 限定合理性という用語は，Herbert Simon に帰する。*E.g.*, RICHARD H. THALER, THE WINNER'S CURSE PARADOXES AND ANOMALIES OF ECONOMIC LIFE 3 (1992). 本書では，適宜，日本語訳であるリチャード・セイラー（篠原勝訳）『セイラー教授の行動経済学入門』（ダイヤモンド・2007）を参照している。

644) Christine Jolls, Cass R. Sunstein & Richard Thaler, *A Behavioral Approach to Law and Economics*, 50 STAN. L. REV. 1471, 1476–77 (1998). 他に，法と経済学における合理的行為者モデル (rational actor model) に批判的なものとして，例えば，メルビン・アイゼンバーグほか「アイゼンバーグ教授に聞く――アメリカ企業法制と市民社会」企業と法創造1巻3号44頁（2004）〔メルビン・アイゼンバーグ発言〕（合理的行為者モデルに対する巻き返しが起こっていると述べる）。

645) Jolls, Sunstein & Thaler, *supra* note 644, at 1477. 他の分類方法として，川濱昇「行動経済学の規範的意義」田中成明先生古稀記念『現代法の変容』405頁（有斐閣・2013）は，①非標準的信念として，ヒューリスティックの利用（特に，代表制ヒューリスティック，利用可能性ヒューリスティック，アンカリング）および過剰な自信，楽観，願望思考を，②非標準的選好として，賦与効果，初期設定効果，現状維持バイアス，およびプロスペクト理論（参照点・損失回避），フレーミング効果，時間不整合（意志力の弱さ），社会的選好，ならびに③非標準的意思決定として，メニュー効果，関連要因の無視と過大視，その他の要因として，説得，社会的圧力・同調圧力，情動を挙げる。

646) 法学の論文において判断におけるバイアスが言及される幾つかの例がある。例えば，森田果教授は，行動経済学が指摘するバイアスの例として，①意思決定に際して十分に情報を収集し当該情報に基づき意思決定を行うのではなく直ちに利用可能な情報や代表的な事例に依拠して，②初期値に大き

概観した後，第3目において限定合理性と開示制度との関係を概観する。開示制度に限界が生じる場合に，規制主義との関係が問題になるので，この点は，第4目にて検討し，関連する問題として，情報の提供方法に関する論点を第5目にて扱う。

次に，第6目において，限定合理性の結果として生じる非効率的市場について概観する。非効率的市場は，限定合理性のみに基づいて生じるものではない。しかし，市場の非効率性をもたらす一要素として，非合理的な投資家が挙げられるため[647]，本節で検討する。

最後に，第7目において市場が非効率的な場合の開示制度への含意を検討する。市場が非効率的である場合，個人投資家が，情報効率的な価格で株式を購入するため，この点で保護されているという議論を用いることができない。

第2目　限定合理性の概要

序論　本目では，限定合理性を概観する。まず，実験経済学等で明らかになった限定合理性の例をみる。次に，個人投資家に焦点を当てて限定合理性の観点を中心とした投資行動を概観する。

な影響を受け，③過度に楽観的であり，④利得に比して損失を過大評価し，⑤現在の状況に過剰に固執し，また⑥問題設定の仕方により結論が変わることを挙げる。森田・前掲注488) 231頁。尾崎安央教授は，Christine Jolls, Cass R. Sunstein & Richard Thaler, *A Behavioral Approach to Law and Economics*, in BEHAVIORAL LAW AND ECONOMICS 15–16, 50 (Cass R. Sunstein ed., 2000) を引用して，行動経済学に基づく人間像は，①合理的ではない，(bounded rationality)，②意思決定に際しても自主・独立的ではない(bounded willpower)および③利己的ではない(bounded self-interest)であると述べ，①ヒューリスティックスとして利用可能性・想起の容易性(availability)，代表制(representative)および固着性・係留性(anchoring)，②バイアスとして極端の回避(extremeness aversion)，後知恵バイアス(hindsight bias)，楽観のバイアスおよび現状維持バイアス，ならびに③価値判断基準として，損失回避(loss aversion)，心の計算(mental accounting)，選択・選好の逆転(reversal of choice, reversal of preference)，公正性および好き嫌い・評判(reputation)を挙げる。尾崎安央『行動経済学に基づく法と経済学』と会社法制―公開型株式会社における株主像を検討するにあたって」石山卓磨先生上村達男先生還暦記念『比較企業法の現在―その理論と課題』246頁（成文堂・2011）。他にも，村本武志「顧客限定合理性の下での適合性原則・説明義務と錯誤の役割と要件：複雑性金融商品取引における判決例を素材として」新世代法政策学研究13号254–261頁（2011）（代表性ヒューリスティクス(representative heuristics)，利用可能性ヒューリスティクス(availability heuristics)，係留と調整のヒューリスティクス(anchoring and adjustment heuristics)，プロスペクト理論，双極型割引(hyperbolic discounting)，時間選好(time dependent preference)，メンタルアカウンティング(mental accounting)の説明），野田・前掲注339) 99頁注71，野田耕志「米国における証券市場のゲートキーパーの有効性」上法52巻1-2号45頁，56頁注19（2008）等がある。

647) *See* ANDREI SHLEIFER, INEFFICIENT MARKETS: AN INTRODUCTION TO BEHAVIORAL FINANCE 2 (2000) (効率的市場の理論的前提の一つとして，投資家が合理的であり，証券の価値を合理的に測ることができることを挙げる).

限定合理性の例　行動経済学は，人の非合理性や，これに由来する市場の非効率性を解明するための一手法といえるが，その内容は多岐にわたる[648]。さらに，行動経済学という用語で包括される概念は，統一理論として表される確立したモデルを有しているわけでもない[649]。しかし，行動経済学の名の下で，合理性への疑義および効率的市場への疑義が明らかになったことも確かである。合理性への疑義として，次のような例が挙げられる(効率的市場への疑義については後述する)。

- 公共財への投資に関する実験において，投資の機会が一度だけの場合，ただ乗りすることが最も合理的な場合であっても，典型的には 40-60％ の投資が行われる[650]。ただし，この割合は，実験を繰り返すことで低下し，これはプレイヤーがゲームの構造を学ぶからであると考えられる[651]。
- 一定の金額を配分者が決定し，配分額が少ない場合に相手方が受け入れない場合には，配分者と相手方の双方が何らの利得を得ることができないという 1 回だけの最後通牒ゲーム (ultimatum game) では，配分者がゼロに近い金額を提案し，相手方がこれを受け入れることが合理的であるのに対して，配分金額を半々とすることが最頻値であり，また，相手方が提案を断ったという実験がある[652]。
- 瓶に入った小銭（参加者は小銭の合計額を知らない）をオークションにかけるという実験において，入札の平均値 (5.13 ドル) が実際の小銭の合計額 (8 ドル) より低い（リスク回避）のに対して，落札額の平均は，10.01 ドルであり，実際の小銭の合計よりも高いという 勝者の呪い (winner's

---

[648] わが国で行動経済学に基づく主張がなされた例として，大阪地判平成24・3・16判例集未登載（当事者により行動経済学に基づく主張がなされたが，裁判所の判断は，この点に触れない），名古屋地判平成24・2・8判例集未登載（当事者により行動経済学に基づく主張がなされたが，裁判所の判断は，この点に触れない），名古屋地判平成23・11・21判例集未登載（当事者により行動経済学に基づく主張がなされたが，裁判所の判断は，この点に触れない）。
[649] Korobkin & Ulen, *supra* note 641, at 1075（合理的選択モデルに関する研究の最終的な目的は，人間の意思決定の行動について完全に説明し，また，予測する統一理論を打ち立てることではないであろうと述べる）。
[650] THALER, *supra* note 643, at 10-11.
[651] *Id.* at 11-12.
[652] *Id.* at 22-23.

curse)⁶⁵³⁾の現象がみられる。
- 既に所有している物について高い価値を与えるという賦与効果または既得益権効果 (endowment effect) は，ある財について，入手のために支払っても良い金額 (WTP: willingness to pay) と手放すために受け入れても良い金額 (WTA: willingness to accept) に乖離を生じさせる⁶⁵⁴⁾。財の交換を阻害する効果を有するといえ，コースの定理が成立しなくなるといえよう⁶⁵⁵⁾。
- 現状維持バイアス (status quo bias) は，何らかの選択肢が現状として設定されている場合に，他の選択肢よりも重要となることを示す⁶⁵⁶⁾。
- Daniel Kahneman 教授および Amos Tversky 教授が提唱するプロスペクト理論 (prospect theory) に基づく行動がある⁶⁵⁷⁾。損失を利得よりも重視するという損失回避 (loss aversion) の傾向が存在し，少額または中程度の損失と利得に関する価値関数の傾きの比率は，2対1となる⁶⁵⁸⁾。他にも，損失回避を理由として投資家が証券を購入後価格が下落した際に，手仕舞いをせずに挽回の可能性に賭けること（損失を確定させることを回避する心理）⁶⁵⁹⁾および損失の挽回は少額であっても高い効用を得ることができる一方，利益の獲得が少額であると比較的少ない効用しか得られないことから，投資家は，証券を購入後価格が下落した際に手仕舞いして新規に取引せずに，同じ銘柄への投資を続けること⁶⁶⁰⁾がプロスペ

---

653) *Id.* at 52.
654) *Id.* at 64–66; Donald C. Langevoort, *Theories, Assumptions, and Securities Regulation: Market Efficiency Revisited*, 140 U. PA. L. REV. 851, 859–60 (1992).
655) Daniel Kahneman, Jack L. Knetsch & Richard H. Thaler, *Experimental Tests of the Endowment Effect and the Coase Theorem*, 98 J. POL. ECON. 1325, 1339–40 (1990). コースの定理について，本書211頁注275参照。
656) THALER, *supra* note 643, at 69; Langevoort, *supra* note 654, at 859–60.
657) 山本顯治「投資行動の消費者心理と勧誘行為の違法性評価」新世代法政策学研究5号208–211頁 (2010)（プロスペクト理論の概説として，①参照点の存在，②損失回避，および③感応度逓減性を挙げる）。
658) THALER, *supra* note 643, at 70–71 & fig.6–2.
659) 山本・前掲注657) 218–219頁（損失を拡大する選択をなぜ行うのかについて，プロスペクト理論に基づけば損失領域では，手仕舞いによる損失の確定よりも挽回の可能性に賭ける性質を有していることを示す）。
660) 山本・前掲注657) 219–220頁（損失を抱えている場合に，一度開始した投資からなぜ手を引けなくなるのかについて，プロスペクト理論に基づけば損失領域では，手仕舞いして新規に取引するよりも，同じ額の利得で大きな効用を得ることができることを示す）。

図 3.7 プロスペクト理論に基づく証券価格と効用の関係

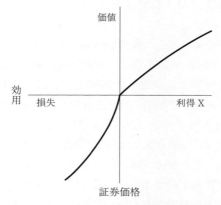

出所：Daniel Kahneman & Amos Tversky, *Prospect Theory: An Analysis of Decision under Risk*, 47 ECONOMETRICA 263, 279 fig.3 (1979).

クト理論に基づき説明されている（図 3.7 参照）。

● 選好逆転 (preference reversal) とは，選好の順序が個人の中で一貫しておらず，矛盾を生じる場合をいう[661]。9分の8の確率で4ドルがあたる（期待値は，3.55 ドル）賭け (H bet) と9分の1の確率で40ドルがあたる（期待値は 4.44 ドル）賭け (L bet) が存在する場合，71％ の実験対象者が H bet を選択したにもかかわらず，対象者が賭けを主催する（売る側）に立つとした場合には，67％ が L bet を H bet よりも高く設定したという例がある[662]。

● 異時点間選択 (intertemporal choice) の問題の例として，人が負の割引率 (negative discount rate)[663]や極端に高い割引率を有することが挙げられる[664]。極端に高い割引率は，近視眼的選好 (myopic preferences) と呼ばれる。割引率に関して，時間が長くなると割引率が，減少する，得るこ

---

661) THALER, *supra* note 643, at 81.
662) *Id.* at 80–81.
663) 具体的な例として，学校の教師は，給与の9月から翌年5月の9回払いか，9月から翌年8月の12回払いを選択できるが，ほとんどは後者を選ぶことが挙げられる。*Id.* at 93. ファイナンス理論によれば，現金は，早く入手するほうが価値が高い。しかし，それをあえて引き延ばしているのだから，割引率が負になっていると捉えることができる。
664) *Id.* at 93.

とのできる報酬が大きくなると割引率が減少する,および利得に関する割引率は,損失に対する割引率よりも高いということが指摘されている[665]。

● フランコ・モディリアーニ教授 (Franco Modigliani) のライフ・サイクル仮説 (life-cycle hypothesis) では,遺産を残さず,一定期間に一定額を消費するという前提を置くと,消費額は,各期間において,現在の収入,現在の正味資産および将来の収入を含む金融資産 (financial wealth) の現在価値から導き出される一定の年金額 (level annuity) となる[666]。しかし,実証研究では,同仮説と比較して消費額が少なすぎること,各期間の支出額の収入との相関関係が高すぎること,および資産の類型により支出額への影響額が違うことが指摘されている[667]。

● 証券市場は美人投票であるというケインズ (John Maynard Keynes) の比喩[668]にもある通り,証券市場の参加者は他の参加者の動向に無関心ではいられず,この点で,証券市場の参加者が群集心理と無縁とも言い切れない[669]。これは,証券市場の参加者が自ら合理的な判断を下すというだけでなく,他者の判断に影響を受けうるということでもある。また,このような影響が強くなる場合,証券市場の参加者が群れを作ることになる。行動経済学で群集行動 (herd behavior) と呼ばれる[670]。

個人投資家の投資行動 証券規制における投資家像として,個人投資家を主に想定すべきかは,それ自体が難しい問題である[671]。本書では,議論を個人投資家に限定するものではないが,個人投資家に特有の

---

665) *Id.* at 96.
666) *Id.* at 107–08.
667) *Id.* at 108.
668) 本書78頁注196)参照。
669) ROBERT J. SHILLER, IRRATIONAL EXUBERANCE 159 (2d ed. 2005).
670) Langevoort, *supra* note 654, at 868 (Yale大学のSchiller教授の研究について論じる).
671) ソフト情報の文脈での投資者像の変化について,例えば,尾崎・前掲注138) 81–82頁。そもそも,金商法の開示が一般投資家向けであるべきなのか,専門家向けであるべきなのかも議論があろう。神田秀樹ほか「座談会ディスクロージャー制度の展開と最近の諸問題」商事1377号20頁(1995)〔神田秀樹発言〕(ディスクロージャーが複雑化したため,開示は,一般投資家向けではなく,専門家に対してであり,一般投資家は,間接的にディスクロージャーの恩恵を得ているのではないかという点を指摘する),同〔新原芳明発言〕(開示は,一般投資家および機関投資家の双方のためであるとし,開示書類を読む程度であれば,機関投資家と一般投資家の間で前提となる知識が違うとは思えないと述べる)。

性質についてここで概観する。

　個人投資家 (individual investors) の投資行動については，実証研究が行われている。実証研究[672]によると，平均的な個人投資家は，取引費用を考慮する前と考慮した後の両方で市場平均に劣る収益しか得ていないことを示している[673]。

　平均的な個人投資家が市場平均に劣るという点は，1999年の実証研究において明らかになった。そして，当該研究は，同時に，特定の投資家集団が取引費用前の段階で市場平均に劣ることを初めて明らかにしたものでもあった[674]。取引費用を勘案せずとも個人投資家の収益率が市場平均に劣る理由は，明らかではないように思われる[675]。取引費用を考慮する前の個人投資家の収益率が市場平均に劣る理由については，今後の実証研究が期待される。

　（取引前の収益率ではなく）取引後の収益率で個人投資家が市場平均に劣る収益率しか得ることができない主要な理由として，取引費用が挙げられる[676]。これより，個人投資家保護の手段として，取引費用の減少を政策目的として掲げることが正当化されるといえよう[677]。

　他方，平均的な個人投資家の収益率が市場平均に劣り，その理由として取引費用があるのであるから，平均的な投資家は，費用の低いインデックス・

---

672) 本目が依拠する論文は，サーベイ論文であり，様々な地域の実証研究の結果をまとめたものであるが，当該実証研究論文の対象に日本を含むものはない。Barber & Odean, *supra* note 399, at 1536 tbl.1. 他国を対象とするものではあるが，わが国における投資家一般の行動を推測する材料となるため検討対象とする。
673) Barber & Odean, *supra* note 399, at 1535. 例えば，1987年から1993年の期間について10,000人の取引の記録を調べた実証研究では，個人投資家が取引後1年間について，月当たり23ベーシスポイント（年換算で2.79％）収益が悪いことを示した実証研究がある。Barber & Odean, *supra* note 399, at 1540.
674) Barber & Odean, *supra* note 399, at 1540. これは，必然的に，他の特定の投資家集団が取引費用前の段階で市場平均に優ることを含意するものであろう。
675) 本書が依拠する論文 (Barber & Odean, *supra* note 399) では，明示されていない。
676) Barber & Odean, *supra* note 399, at 1540. 1991年から1996年の6万5,000の投資家についての実証研究では，上位20％で積極的に取引をする投資家の収益率が取引費用を除いて年に11.4％であったのに対し，買い持ち戦略をとる投資家 (buy-and-hold investors) の収益率は，取引費用を除いて18.5％であった。すなわち，積極的に取引することによる取引費用は収益率に7％の影響を与えるということになる。*Id.* at 1540. ここで取引費用とは，証券会社へのコミッション，買呼値 (bid) と売呼値 (ask) の差額 (bid-ask spread)，売買の市場に与える影響および取引税が含まれる。*Id.* at 1547.
677) 他に，個人投資家に関して加齢と共に，収益率が減少するという実証研究がある。*Id.* at 1545. 個人投資家の中の，特定の種類に分類される投資家に対して，規制により保護を与えるかは，今後検討されるべき課題といえよう。

ファンドを買ったほうが良いということがいえそうである[678]。では，なぜ，個人投資家は，インデックス・ファンドを購入して消極的な投資戦略 (passive investment strategies) をとらないのかが問題となる。これには，個人投資家の自信過剰 (overconfidence)，投資家の刺激追求 (sensation seeking)，および親近 (familiarity) が説明として提示されている[679]。

第一に，自信過剰について，人は一般的に自信過剰であることが指摘されている[680]。また，自信過剰は，自らが物事に対して正確に予測することができるという点での自信過剰と，自らが平均と比較して優れているという点での自信過剰が観察されている[681]。

自信過剰を裏付ける実証研究としては，取引を最も多く行う者が最も収益率が悪いことや，自信過剰の傾向が女性よりも大きい男性がより多く取引をして収益率が女性よりも悪いことが挙げられる[682]。また，有能であると自らが判断する場合において取引が多くなる傾向が存在することから[683]，取引費用を削減するためには，個人投資家が市場取引において平均すれば超過収益を挙げられないということを教育することが有効かもしれない[684]。

第二に，刺激追求の裏付けとしては，例えば，交通速度違反を刺激追求の性質の代理変数とし，また，軍隊に入ることを自信過剰の代理変数として行った実証研究において，刺激追求と自信過剰の両方が取引に影響を与えたとの結果[685]，アンケートにおいて投資や賭博を楽しむと答えた回答者の証券取引が

---

678) *Id.* at 1547.
679) *Id.* at 1547–51.
680) *Id.* at 1547.
681) *Id.* at 1547–48 (自らが物事を正確に答えることができるという点での自信過剰の例として，ナイル川の長さのような難しい質問をし，90％の信頼区間で当たるであろう上限と下限を答えるという実験を挙げ，平均的な実験対象者は，正しい回答を含むことができないことを指摘する。また，自らが平均と比較して優れているという点での自信過剰の例として，自動車の運転が平均より優れているかという質問に対して，ほとんどの人が自らを平均よりも優れていると答えるという研究を挙げる).
682) *Id.* at 1548.
683) *Id.* at 1549.
684) 例えば，確定拠出年金法22条は，事業者の責務として，年金加入者等に対し資産の運用に関する基礎的な資料の提供の他，加入者等の資産の運用に関する知識を向上させるように配慮することが定められている。See IOSCO, REGULATION OF RETAIL STRUCTURED PRODUCTS FINAL REPORT 27 (Dec. 20, 2013), http://www.iosco.org/library/pubdocs/pdf/IOSCOPD434.pdf (last visited Aug. 13, 2014).
685) Barber & Odean, *supra* note 399, at 1549.

他の回答者の 2 倍であるとの結果[686]，および台湾において合法的な宝くじが導入された 2002 年 4 月に証券取引が 25% 減少したこと[687]等が挙げられる。

第三に，親近に基づく投資は，例えば，個人投資家が住む地域に所在する発行者への投資や個人投資家が雇用されている業界の発行者への投資である[688]。個人投資家が親近に基づき投資を行う点については，親近という情報に基づく有利さが高い投資成績を導くため相対的に高い利益を得るという意見と，親近に基づく投資は非分散投資となるため，平均的かさもなければ平均未満の投資成績となるという意見がある[689]。この点は，まだ，結論が出ていない[690]。

この他に，個人投資家にみられる傾向としては，市場価格が上昇した株式 (winners) を売却し，下落した株式 (losers) を売却しない傾向がある (disposition effect)[691]，個人的な経験から学習をする[692]，あることへの注目が他の事象の不注意[693]および注目していることへの過度の反応[694]をもたらす[695]，ならびに分散していないポートフォリオの保有[696]が挙げられる。

小 括　個人投資家の限定合理性をみてきたが，個人投資家を含めた投資家に限定合理性が存在する場合，非合理性を規制により是正すべきなのかは，難しい問題である[697]。非合理性に対し規制による保護が必要かと

---

[686] *Id.* at 1549.
[687] *Id.* at 1550.
[688] *Id.*
[689] *Id.*
[690] *Id.* at 1551.
[691] *Id.* at 1554-55（購入後証券価格が上昇した銘柄 (winners) が下落した銘柄 (losers) よりも 50%高い確率で売却されたこと，すなわち，60%の売却が上昇した銘柄であったことを報告する研究を引用する）.
[692] *Id.* at 1559（投資家が過去に利益を得た株式を再度購入する傾向が損失を被った株式と比較して高い，過去に利益を得た業界の株式を再度購入する傾向が高い，直近の取引で利益を得ると，より積極的に (actively) 取引を行う，過去に新規株式公開の株式を引き受けて利益を得た投資家は，新規株式公開の株式を引き受ける傾向が高い，および株価の上昇の時期が長い世代は，リスク回避の程度が低く，株式に投資する傾向が高いという研究を引用する）.
[693] 例えば，業績発表の集中日に業績を発表した会社は，業績発表直後の変動が小さく，その後のドリフトが大きい。*Id.* 金曜日の業績発表は，影響が小さく，ドリフトが大きい。*Id.*
[694] 例えば，急激な出来高の増加，前日の収益率およびニュースメディアによる報道を注目の代理変数として行った実証研究で，個人投資家は，注目を浴びた株式をより多く購入した。*Id.* at 1560. ストップ高となった株式についての売注文と買注文の不均衡。*Id.*
[695] *Id.*
[696] 本書 243 頁注 399) 参照。
[697] Choi & Pritchard, *supra* note 449, at 17-20（行動経済学に基づく問題は，個人投資家に限られないと述べ，損失回避，低い確率で生じるリスクを過少に見積もること，フレーミング，係留性 (anchoring)，楽観バイアス等に言及する）.

いう問題は，個人投資家の文脈で，尖鋭化する問題といえるかもしれない[698]。

ここまで，個人投資家の限定合理性について，概観したが，本来，証券市場に関連して限定合理性を検討する場合，その検討は，個人投資家に留まるべきではない。証券市場の参加者は，個人投資家に限られないからである。発行者[699]，機関投資家および証券会社の従業員，証券市場の規制者である政府職員および証券取引所の職員[700]ならびに立法府[701]にも限定合理性に基づいた検討が可能である。本書では，この点を措く。

本書では，個人投資家に限定合理性に基づく非合理性が認められる点を踏まえて，次の論点である限定合理性と開示制度との関係に進む。

第3目　限定合理性と開示制度との関係

序論　限定合理性に関して統一理論が存在しないように，限定合理性と開示制度について，統一的な視点から説明することは難しい。代わりに，どのような点で限定合理性との関係で開示制度に問題が生じるかを検討する。

第一に，すべての投資家において情報開示が無意味となる例として，複雑な投資商品を検討する。

第二に，個人投資家には理解できない程度に複雑な投資商品を検討する。

第三に，限定合理性に対処するための開示を検討する。

複雑な投資商品　複雑な投資商品に関する問題は，理解するために必要な費用が高いため，投資家が理解できないか，理解するための費用を費やさないような投資商品，および一定の投資家には理解がしやすいが，他の投資家には理解がしにくい投資商品が考えられる。ここでは，前者の問題を扱い，どの投資家にも理解するために必要な費用が高い投資商品を考え

---

[698] 類似の議論の例として，志谷匡史「証券市場と公的規制」神戸54巻4号58-60頁（2005）（個人投資家保護との関係で個人投資家モデルを検討し，平成3年の証券取引法改正では，自己責任原則の前提である自立した個人投資家という理想像とはかけ離れた，他人の判断に影響を及ぼされやすい「幼い投資家」とでも呼ぶべきモデルが，前提にあるのではないかと指摘する）。投資者保護における投資者は，一般的な投資者を想定するものだと述べるものとして，松尾・前掲注27) 6頁。

[699] Langevoort, *supra* note 449, at 108; Donald C. Langevoort, *Behavioral Approaches to Corporate Law*, in RESEARCH HANDBOOK ON THE ECONOMICS OF CORPORATE LAW 442, 452 (Claire A. Hill & Brett H. McDonnell eds., 2012).

[700] Langevoort, *supra* note 699, at 449; Bainbridge, *supra* note 140, at 1057–58.

[701] Bainbridge, *supra* note 140, at 1057–58.

てみたい[702]。

　経済学のモデルで用いられる合理的な人間であれば，複雑な構成を用いる資産担保証券であってもそのリスクを完全に理解できよう。しかし，実際の人間は，複雑なことを理解することが難しく，それを理解することには費用を支払うことになる[703]。投資商品が複雑さを増すと，ある点で，取引費用（理解にかかる費用）が，当該取引費用に基づく利益（理解をすることによる利益）を超えることがある[704]。この場合，複雑な投資商品を理解しないことが合理的な選択となり，また，情報開示がなされても投資家は当該情報を読まないことが合理的な選択肢となる[705]。例えば，米国において，サブプライム・ローンを組み込んだ仕組み投資商品について，その商品内容の複雑性を理由に，もはやディスクロージャーによる投資家保護策は，有効に機能しないのではないかという疑問が表明されるに至っていること，およびそもそも理解し難い商品性であるという理由で，説明義務による保護を論じる意味がなくなってしまうことが指摘されている[706]。

　また，Gilson 教授および Kraakman 教授のモデルに基づき，複雑な情報について，理解されるまでに必要な時間が長くまた情報を理解する投資家が少ないため，情報が完全に反映されたら実現されるであろう価格とはならないこと[707]（すなわち，市場の効率性が達成されないこと）が指摘されている。非効率的な市場については，後述する（本書 328 頁）。

　投資商品のリスクが理解されない場合，実体資産への投資や投資家に与える

---

702) 事例として，例えば，東京高決平成17・6・15金判1219-8（「本件プランの内容は複雑であり，短期間のうちに一般投資家に広く理解されるようになっているとは言い難い」と述べる）。
703) この点で，複雑な商品に関する議論は，開示制度の限界としての費用負担と重複している。
704) Steven L. Schwarcz, *Disclosure's Failure in the Subprime Mortgage Crisis*, 2008 UTAH L. REV. 1109, 1114; Steven L. Schwarcz, *Rethinking the Disclosure Paradigm in a World of Complexity*, 2004 U. ILL. L. REV. 1, 13–14.
705) 実際，理解するために必要な費用が高すぎる場合，投資商品を購入する投資家が誰も当該商品のリスクを理解していないという可能性も考えられるし，ひいては，流通市場での値付けが当該商品のリスクを織り込んでいない価格となる可能性も考えられる。
706) 志谷匡史「デリバティブ取引に係る投資勧誘の適法性」商事1971号11頁（2012）（Schwarcz, *supra* note 704, at 1113–15を引用する）。類似の指摘として，清水俊彦「デリバティブ損失問題の深相（10）」NBL 925号126頁（2010）は，極めて複雑難解なデリバティブ商品について，プロといえるほどの投資家がまず存在しないことを指摘する。清水・同上「(9) –アマ対アマのメリルリンチ日本証券事件」NBL 924号88頁（2010）（プロおよびアマという呼称による議論は冷静さを欠くきらいがあり，金融商品の複雑さおよび当該複雑さとの相対的な投資家の知識経験や理解力を見極めた上で，勧誘の態様を慎重に評価し，結論を導く必要があることを指摘する）。
707) Schwarcz, *supra* note 704, at 18–19.

影響をどのように考えれば良いだろうか。本章第 4 節（180 頁）にて検討した通り，これには次の二つの論点があるように思われる。第一に，実体資産への投資が効率的ではなくなる可能性がある（本書 185 頁）。前述した議論[708]を本目での議論に適用すると，投資家がリスクを理解できないことにより投資商品が販売者に有利な条件である場合[709]，限定合理性により理解できない事項について，理解するために費用を負担する場合，および実体資産への投資が非効率的な配分を生じさせる場合となろう。

　まず，投資商品が販売者に有利な条件であることについて，投資家が限定合理性により理解できない場合，投資家から販売者への利益移転が存在する。これを投資家保護の対象とすべきかを検討すると，次のような特徴が挙げられる。投資家から販売者への利益移転は，社会厚生を減少させない。投資家から販売者への利益移転が存在することを投資家が認識し，そのリスクを合理的に計算できない場合，投資家は，そもそも販売者から投資商品を購入することをためらうかもしれない。投資家により投資がなされることにより，実体資産への投資がなされ，社会厚生が増加する場合，投資家保護のためにかける費用と実体資産への投資による社会厚生の増加のどちらが大きいかを検討する必要がある。例えば，わが国では，金融商品販売法に関する限り，業者が説明義務を尽くしたかについて，「顧客の知識」が考慮されるため（金融商品の販売等に関する法律 3 条 2 項）[710]，わが国の証券法制では，業者への利益移転について一定の配慮がなされていると考えられる。また，適合性原則[711]および金商法上の

---

[708] 本書185頁では，①取引による犯罪者に対する純移転（net transfer）が存在する場合，②詐欺をみつけるために講じる予防策の費用，訴訟費用，善良な会社が詐欺を行う会社とは違うことを明らかにするための費用等が存在する場合，および③非効率的な配分が生じる場合について議論した。

[709] ここで，「投資商品が販売者に有利な条件である」ということは，①投資商品の正味現在価値が負である場合と②リスク中立の投資家にとって販売手数料等を差し引いてもなお投資商品の正味現在価値が正であるものの，投資家がリスク回避であるために，投資商品から生じるリスクを勘案すると，当該投資家にとって負の価値を与える場合を意味するものとする。

[710] 池田和世「金融商品販売法の改正」商事1782号17頁（2006）。松尾直彦＝池田和世『逐条解説新金融商品販売法』4頁（金融財事情研究会・2008）（金融商品販売法は，投資家による相手方の故意・過失の主張，立証を不要とし（業者の無過失責任），権利侵害（違法性）と損害との間の因果関係および損害額についても推定されるため，顧客側ではなく業者側が立証責任を負う（立証責任の転換）という点で，民法709条の特則を定める）。

[711] 最一小判平成17・7・14民集59-6-1323（適合性の原則から著しく逸脱した証券取引の勧誘をしてこれを行わせたときは，当該行為は不法行為法上も違法となると述べる）。「著しく逸脱した」という点を重視するものとして，池田・前掲注710) 13-14頁。他方，適合性の原則は幅のある概念であるから，この点が結論に与える影響は，大きくないと述べるものもある。黒沼悦郎「証券会社の適合性

開示に関する民事責任規制(金商法17条,18条,21条1項3号,21条の2,22条)も,同様の効果を有するであろう[712]。ただし,説明義務および適合性原則は,それぞれ,投資目的を判断要素に含んでおり,リスクの高い取引を認容している顧客に対する関係では,違反が認められにくくなる[713]。

限定合理性により理解できない事項について,理解するために費用を負担することに対する対策は,情報開示についていえば,情報を処理しやすい形態での開示を要求するということであろう。本書では,どのような情報を開示すべきかという点を中心的に検討しているが,情報開示の方法については,後述する(本書324頁)。

実体資産への投資が非効率的になることについて,会社が投下された資本の一部(または全部)を,意図されたプロジェクトに用いない場合,期待利得は同じだが意図されたプロジェクトよりもリスク(ボラティリティ)の高いプロジェクトに資本を投じる場合,および意図されたよりも期待利得が低いプロジェクトに資本を投じる場合が考えられるが(本書185頁参照),限定合理性によりこれらの非効率が生じているのであれば,開示する情報の項目を増やすことは,対処法になり難い[714]。そうであれば,対処法として考えられるのは,情報開示の方法および民事責任ということになろうか。

第二に,流通市場での取引の場合,投資商品を売却した者と購入した者との

原則違反と不法行為—最判平17年7月14日民集59巻6号1323頁」ジュリ1313号120頁(2006)。
[712] 一般論として,事前規制,特に開示規制を及ぼしたうえで民事責任を問うという政策は,複雑な証券について困難が予想されるとの指摘がある。青木浩子「仕組債に代表される複雑な証券を私募発行する場合の民事責任—アメリカ法(下)」NBL 697号49頁(2000)(複雑な証券に関し,事前の開示規制ではなく,業界の自主規制のような柔軟な規制が良いとする意見や,自主規制は機能しないため民事責任という事後規制が良いとする意見を紹介し,また,民事責任という事後規制について,司法が複雑な証券の取引条件を合理的といえる水準に導けるか疑問という意見があることに言及する)。この問題は,商品の複雑さが,戦略的に決定され,利益移転の手段として用いられている場合に,特に先鋭化する問題といえよう。U.K. FIN. SERV. AUTHORITY, THE TURNER REVIEW: A REGULATORY RESPONSE TO THE GLOBAL FINANCIAL CRISIS 49 (2009) (金融商品の仲介が効率的なサービスの提供ではなく,①利ざやの不透明さ,②エンドユーザと金融機関との情報の非対称性,③投資家と会社のエージェンシー費用,および④会社と会社の従業員の間のエージェンシー費用に基づくレント(economic rent)の獲得という動機に基づくものではないかと指摘する),http://www.fsa.gov.uk/pubs/other/turner_review.pdf (last visited Aug. 13, 2014)。なぜなら,戦略的に複雑さが用いられる場合,虚偽記載と複雑さに基づく不理解を峻別することが難しいからである。
[713] 金商法40条1号,金融商品販売法3条2項。黒沼・前掲注711) 120頁。
[714] 限定合理性の問題の一つに,情報が多すぎることが挙げられる。Paredes, *supra* note 144, at 441. そのため,情報開示の項目を増やすことは,限定合理性を解消するどころか,悪化させる可能性がある。

間で利益移転が生じうるといえる[715]。非合理な投資家が成行 (market order) で注文するか，指値 (limit order) で注文するか，また，市場が効率的か非効率的かで分類し，次の三つの状況を検討し[716]，第一の状況と第二の状況で利益移転が生じる可能性が高いことを示す。

第一の状況は，効率的な流通市場が存在しない場合（例えば，流通市場での取引が散発的にしか行われない場合）で，非合理的な投資家が指値で投資商品の売買を行う場合である。この場合，当該投資家の指値が投資商品の価値と乖離するとき，売買の相手が合理的な投資家だとすれば，取引が成立しないかまたは当該非合理的な投資家が損失を被ることになる[717]。なお，売買の相手方が，非合理的な投資家だとすれば，非効率的な価格（すなわち，基礎的価値よりも安い価格や高い価格）で売買が成立することもありうるであろう。

第二の状況は，効率的な流通市場が存在する場合で，非合理的な投資家が指値で投資商品の売買を行う場合である。この場合，市場価格を参照するため，投資家の指値の価格は，効率的な価格から大きく乖離していないと考えられる。この点で影響は第一の場合と比較して小さいものの，売買の相手が合理的な投資家だとすれば，取引が成立しないかまたは当該非合理的な投資家が（少額の）損失を被ることになる[718]。

第三の状況は，効率的な流通市場が存在する場合で，非合理的な投資家が成

---

715) この点，本書201頁では，新株発行について，旧株主と新株主の間の利益移転として議論した。なお，発行市場での取引の場合，発行者と投資家との間で利益移転が生じるが，これは，前述の「投資商品が販売者に有利な条件である場合」と同様の状況といえよう。
716) 非効率的な市場（例えば，流動性がほとんど存在しない証券の購入）において，成行で注文することは，検討しない。
717) 当該投資家が指値で買注文を出す場合，価格が低すぎるという点で非合理的であれば，取引は成立しない。他方，価格が高すぎるという点で非合理である場合，取引は成立し，当該投資家から投資商品を売った者への利益移転が生じる。当該投資家が指値で売注文を出す場合，価格が高すぎるという点で非合理的であれば，取引は成立しない。他方，価格が低すぎるという点で非合理である場合，取引は成立し，当該投資家から投資商品を買った者への利益移転が生じる。See Barber & Odean, supra note 399, at 1544.
718) 当該投資家が指値で買注文を出す場合，効率的な市場で値付けされる効率的な価格より高い価格を指定するとは考えられない。効率的な市場で値付けされる効率的な価格より低い価格であれば，取引は成立しない。投資家が低い価格で買注文を継続する場合，当該投資商品の価値が何らかの理由で当該投資家の指値の額を下回った場合にのみ，取引が成立する。この場合，市場価格は，効率的なのだから，投資家は，僅少ながら損失を被るであろう。Barber & Odean, supra note 399, at 1544. なお，個人投資家の指値注文と成行注文に関する実証研究に関する実証研究がある。Id. at 1543-44（①個人投資家が成行と指値の両方で利益を得ている，②個人投資家が指値で損失を蒙り，成行で利益を得ている，および③個人投資家が消極的な注文 (passive orders) において利益を得，成行で損失を被るという相反する実証研究があり，結論が出ていないと述べる）。

行で投資商品の売買を行う場合である。この場合，投資家の投資判断が合理的か非合理的かにかかわらず，注文は，効率的な価格で実行される。効率的な市場であれば，売注文と買注文の差額も小さいであろうし，このような取引費用を無視すれば，当該投資家は，売買に関して，特段に利益も損失も被らないということになろう。

ここまでの分析から，法制度との関係で検討すべき問題として，次の二点が考えられる。第一の論点は，非合理的な投資によって実体資産への投資が非効率的になる場合が考えられる。特に，非効率的な実体資産への投資が，社会厚生を減少させる場合には，パレート最適にするための法制度が望まれよう。

第二の論点は，社会厚生の減少を伴わないが，非合理的な投資家からの利益移転が生じる場合である。この場合，非合理的な投資家の保護のための法制度が必要か否かが問題となる。

個人投資家には理解できない程度に複雑な投資商品

個人投資家には理解できない程度に複雑な投資商品[719]にかかる，個人投資家の保護に関しては，次の二つの考え方があるように思われる。

- 個人投資家に特定の投資商品を認めないことは，当該投資商品に対する投資を許さないという点で個人投資家が不利益を被る差別である。
- 個人投資家に特定の投資商品を認めないことは，当該投資商品に関するリスクを勘案して政策的に行う投資家保護である。

前者の理由での規制が許されないとして，もっとも明快な対処方法は，証券の購入に関して個人投資家を差別しないということである。そして，わが国の法制度は，開示主義（開示主義と規制主義について，本書 316 頁参照）を採用しており，リスクが高いという理由で，個人投資家への販売が禁止されている証券というものは存在しない。ただ，一定の状況で，開示制度が免除される条件として適格機関投資家や特定投資家を主要な投資家として証券の販売を行うことが

---

719) そもそも，個人投資家という抽象的な存在を一括りにして，個人投資家が投資商品の理解に欠けると決めつけるのには問題がある。個人投資家の中にも洗練された投資家が存在し，また，市場平均を上回る投資成績を上げている投資家も存在するだろう。そうであれば，ここで対象となるのは，個人投資家の一部ということになる。ただ，この個人投資家の一部をどのように定義するのかは難しい問題である。ファイナンスの基礎的知識に欠ける投資家，経済一般に関する基礎的知識に欠ける投資家，投資対象に関する基礎的知識に欠ける投資家，（個人または世帯）の収入が一定額に満たない投資家，（個人または世帯の）資本力に劣る投資家，過去の投資成績が芳しくない投資家，過去に投資経験のない投資家等が考えられよう。

定められ,結果として,一般の個人投資家には,当該私募にかかる証券を購入する機会がなくなることになる[720]。

開示制度が適用にならない証券を個人投資家以外の投資家が安く購入できているのかという点には疑問があり,公正な価格で購入しているのであれば,この点は問題とならない[721]。そのため,個人投資家が直接投資することができない証券について,不公正が存在しているのかは,検討の余地がありそうである。

個人投資家が複雑な投資商品を理解できないという問題への対応方法として,第一に,投資信託経由で個人投資家が複雑な投資商品に投資することを許容することが考えられる[722]。わが国では,投資信託経由で適格機関投資家私募および特定投資家私募に基づいて発行される有価証券を,一般投資家が購入する途が開かれている(金商法2条3項1号,定義府令10条2項,3号,投資信託及び投資法人に関する法律2条1項,2項,投資信託及び投資法人に関する法律施行令3条1号)。残された論点は,一般投資家が投資信託経由でしか適格機関投資家私募および特定投資家私募に基づいて発行される有価証券に投資することができないことが不公正かということである。また,第二の方法として,一般への勧誘を伴わない金融機関経由で投資商品を販売するという方法が考えられる。欧州におけるリテール・カスケード (retail cascades) がその例であろう[723]。

「個人投資家に特定の投資商品を認めないことは,当該投資商品に関するリスクを勘案して政策的に行う投資家保護である」という点については,第一に,個人投資家にのみ問題となる限定合理性が存在するのか,ひいては,個人投資家にのみ理解できない投資商品が存在するのかという問題がある。個人投資家の投資行動について概観したところによると (本書302頁),個人投資家に

---

720) *See* Usha Rodrigues, *Securities Law's Dirty Little Secret*, 81 FORDHAM L. REV. 3389, 3490–91 (2013).
721) 例えば,ベンチャーキャピタルが創業間もない会社の株式を安く購入できるのは,その株式に内在するリスクが高いからであろう。また,新規株式公開前の株式を安く購入することができる理由の一つとして,流動性が欠落していることによるディスカウントを受けるからであろう。市場性の欠落によるディスカウントについて,本書第2章第5節第3款第2目 (125頁)。ただし,証券がプロ向けの市場で取引できる場合には,市場性の欠落によるディスカウントの幅は,小さくなるだろう。結局,高いリスクを有する証券を購入することで高いリターンを得る機会が複数存在するとして,それらすべてに投資することで個別リスクを限定することを考慮した上で,そこから個人投資家を排除することが不公正といえるのかが検討されるべきであろう。*Id.* at 3428.
722) *Id.* at 3430.
723) Prospectus Directive 2010/73/EU, Art. 3(2) as amended. GULLIFER & PAYNE, *supra* note 383, at 539.

のみ存在する限定合理性も観念できそうである[724]。とりあえず，投資家全般ではなく，個人投資家にのみ存在する限定合理性があるという前提で議論を進める。

次の論点は，どのように個人投資家が投資できない投資商品を決定するのかと，その投資商品をどのように規制するのかである。

個人投資家が投資できない投資商品をどのように決定するのかという問題は，個人投資家に限定合理性が存在するのかという問題以上に難しい問題である。なぜなら，限定合理性の問題は，商品の特性だけでなく，その投資様態との組み合わせで生じるからである。例えば，わが国では，平成22年8月1日に外国為替の証拠金取引において保証金の料率を規制した[725]。これは，投資家保護の一例[726]であるといえるが，商品そのものを規制するのではなく，証拠金の料率を規制するという方法を採用している。個人投資家との関係で投資家保護を検討する場合，投資商品の特性だけではなく，その規制の方法についても問題となることを示す例であろう。

---

[724] わが国においても個人投資家が同様の限定合理性を有しているかについては，実証研究が必要であろう。

[725] 金融商品取引業等に関する内閣府令の一部を改正する内閣府令（平成21年8月3日号外内閣府令第43号，平成22年8月1日施行）。

[726] 比較的ボラティリティの高い通貨と低い通貨が存在するのだから，一律に保証金の料率を定めることが，リスクに応じているとは必ずしもいえない。しかし，400倍のレバレッジを許容する場合，証拠金をすべて失いロスカットされるまでの余地が0.25％しか存在しない。ボラティリティの低い通貨といえども，0.25％程度の変動は生じうると思われる。例えば，2014年1月20日から3月28日までの50営業日について日本円＝スイスフランの変動を日次で検討すると，49日ある変動のうち30日で0.25％の変動（±0.25％の変動）を超えている。同様の検討を日本円＝米国ドルの組み合わせで行うと，25日で0.25％の変動を超えている。すなわち，(ありえない例かもしれないが) 日本円＝スイスフランの例を一般化すると，当該期間において，400倍の取引をして，一日中ポジションを保有し続ける場合，49分の15の確率で証拠金を失うということになる（半分の確率で利益を得，半分の確率で損失を被るが，損失側で0.25％を超える可能性は，30のうち半分と推定している）。400倍のポジションを一日中保有し続けるという前提に疑義があるものの，為替相場のボラティリティの程度を勘案すれば，保証料率を一定程度に限定することは，理由のあることであるように思われる。無論，保証料率を下げても，購入する額を大きくすれば，その分リスクは大きくなる。この点，どこまで大きなポジションをとることができるかは，個人投資家の資本力と比例すると考えているのだろうか。なお，通貨によってボラティリティが違う点については，平成21年5月29日に公示された「『金融商品取引業等に関する内閣府令の一部を改正する内閣府令（案）』等の公表について」（平成21年7月31日に結果公示）の「お寄せいただいたコメントの概要及びそれに対する金融庁の考え方」において，「証拠金規制導入の趣旨からは，1日の為替の価格変動をカバーできる水準を基本とすることが適当と考えられます。具体的には，規制の簡明性の観点から，通貨ごとではなく一律に定めることとし，一番取引量の多い米ドル─円について，平成17年にFXに登録制度を導入した後の半年毎間に見て，最も変動の激しかった平成20年下半期を基準に1日の為替の価格変動をカバーする水準を勘案して，4％以上としたものです。なお，リスク管理等を踏まえ，業者の判断で適切に内閣府令で定める基準以上の証拠金の預託を受けることは妨げられるものではありません」との記述がある。

限定合理性に対処するための強制開示　本款では、様々な限定合理性を例示した。議論の中には、例えば、複雑な情報について、限定合理性により開示自体が無意味になる場合があることも示した（本書306頁）。しかし、反対に限定合理性の問題が大きくなり、これに対して法制度で対処しなければならないとした場合、規制主義と比較して比較的行政的な介入が少ない開示主義に基づき、対処するということは考えられよう。

　例えば、限定合理性に基づくバイアスとして、投資家が楽観的すぎるという問題がある[727]。すなわち、情報が存在しない場合でも投資家がリスクを評価できずに高い価格で購入してしまうことを懸念するのである。この場合、情報開示によりリスクが強調されることにより、投資家が当該リスクを認知する機会を与えられ、楽観的なバイアス (optimistic bias) を矯正する効果を有しうる[728]。

　限定合理性に対処するために強制開示を用いるということには、幾つかの論点が考えられる。

- 第一に、対処すべき対象である投資家の限定合理性（その存在、限定合理性の種類、影響の程度など）を把握することが難しい[729]。特に、強制開示という規制で対処する場合、法令の立案にあたり、どのような限定合理性が存在するのかを正確に把握する必要がある。例を挙げると、投資家がどの程度に楽観的すぎるのかを把握するのは、困難であろう。
- 第二に、限定合理性に対処するために、どのような事項を開示すべきなのか、また、どのように開示すべきなのかを把握することが難しい[730]。ある限定合理性が問題となる場合に、当該問題が開示により対処できることが把握されなければならない。そして、開示の効果は、開示される内容だけでなく、開示される方法により変わってくる[731]。例を挙げる

---

[727] *See* Stout, *supra* note 207, at 636–37; Cass R. Sunstein, *Behavioral Law and Economics: A Progress Report*, 1 AM. L. & ECON. REV. 115, 136–37 (1999).

[728] *See* Sunstein, *supra* note 727, at 137.

[729] *See* Bainbridge, *supra* note 140, at 1054–55, 1059.

[730] *See id.* at 1056.

[731] 情報開示の受領者である投資家の理解力および情報処理能力を含む能力の程度が多様であること、ならびに能力の程度に応じて情報提供の内容および方法に違いが生じる点について、尾崎・前掲注214) 55頁。投資家が非合理的な場合、情報開示制度は、情報の開示の内容の重要性（この点は、前節までの議論において中心的な論点であった）よりも、いかに情報を開示するかという点が重要になる。例えば、説明義務の文脈で、「事業者による商品情報の提供や助言は、顧客の行動バイアスの是

と，投資家の楽観バイアスを強制開示により矯正しようとする場合に，どのような情報を開示することで楽観バイアスが矯正されるのか（例えば，有価証券報告書に含まれる事業等のリスクで対処できるのか），また，それをどのように開示するのか（例えば，有価証券報告書に記載するというだけでは足りないのであれば，もっと目立つ場所に掲示すべきか）という問題である[732]。

また，単に開示事項を増やすだけでは，限定合理性を矯正することにはならない。限定合理性が存在することにより，人間は，大量の情報を与えられた際に，情報をすべて評価することができず[733]，特に複雑な選択を迫られる際に，情報を最適化するのではなく，捨象する[734]。開示事項を増やすことで，さらなる限定合理性の問題を増やすという可能性がある。

● 第三に，強制開示には費用が掛かるのであるから，強制開示から得られる効果が，強制開示に掛かる費用を超えなければならない[735]。例えば，楽観バイアスに対処するために有価証券報告書の最初の 3 頁に大きなフォントで事業等のリスクを書くことにしたとして，それに掛かる費用とそこから得られる利益は，どれほどのものだろうか。

限定合理性に対応するための投資家保護の方法として，規制主義と開示主義

正・排除に一定の有効性を有する。しかし，他方では，その是正・排除が限定的なものに止まる」と述べるものがある。村本・前掲注646）294-295頁。同様に，投資家の限定合理性および市場の非効率性を考慮すると，開示制度には限界が生じる。

732) See Langevoort, supra note 276, at 1050; Bainbridge, supra note 140, at 1059（行動経済学を強制開示の正当化根拠とするためには，①実際に組織的なバイアスが現れ，市場の力により消し去られずに持続していること証明し，かつ②規制者が規制が存在しないよりも適量な開示を導く規制を制定することができることを証明しなければならないと主張する）．

733) 神崎ほか・前掲注16) 196頁。

734) See Paredes, supra note 144, at 435-36；神崎ほか・前掲注16) 196頁。Paredes, supra note 144, at 432（情報は，開示され，提供されるだけではなく，効率的に活用されなければならないと述べる）；Mary Jo White, Chair, U.S. Sec. & Exch. Comm'n, The Importance of Independence, 14th Annual A.A. Sommer, Jr., Corporate Securities and Financial Law Lecture, Fordham Law School (Oct. 3, 2013)（開示が多すぎるか脇道にそれると，情報の過多 (information overload) を招くと指摘する), http://www.sec.gov/News/Speech/Detail/Speech/1370539864016; Mary Jo White, U.S. Sec. & Exch. Comm'n, The Path Forward on Disclosure (Oct. 15, 2013), http://www.sec.gov/News/Speech/Detail/Speech/1370539878806 (last visited Aug. 13, 2014); Troy A. Paredes, U.S. Sec. & Exch. Comm'n, Remarks at The SEC Speaks in 2013 (Feb. 22, 2013), http://www.sec.gov/News/Speech/Detail/Speech/1365171492408 (last visited Aug. 13, 2014).

735) See Bainbridge, supra note 140, at 1056.

第4目　規制主義と開示主義の比較

序論　　前述の通り，投資家に限定合理性が存在するとした場合，法制度としては，どのような対応が考えられるだろうか。様々な対応方法が考えられるだろうが，証券法制の基本的な考え方として，開示主義および規制主義があるので，これらについて検討してみたい[736]。

具体的な検討の前に，規制主義の検討が本書における議論においてどのような位置付けを有するかを明らかにしておきたい。本章は，強制開示という規制が証券法制上正当化できるかを議論してきた。つまり，議論の軸は，強制開示が必要か不要かということである。他方，規制主義と開示主義の比較は，何らかの規制が必要であることを前提として，開示主義だけでは問題に対応できないために，さらなる規制で対処しようという思想であるといえる。

本目では，まず，金商法が採用する開示主義を概観し，次に規制主義を概観する。最後に，規制主義とは異なる規制主義的手法（この意味については後述する）について概観する。

開示主義　　金商法では，有価証券の取引等の監督機関は，有価証券に関する投資判断に必要な情報が完全かつ正確に開示されているか否かを審査するものの，有価証券の価値自体につき，一定の判定をなし，取引を許容または拒否することはない[737]。また，金商法では，証券の価値を一定水準に維持し，または，これを保証する制度設計にはなっていない[738]。それに

---

[736] 規制主義と開示主義の概要について，例えば，神崎克郎『証券取引規制の研究』41頁（有斐閣・1968）（規制主義は，証券の性質，価値の判定を投資者の判断のみにゆだねて，完全な事実開示を伴うならば，いかなる性質，価値の証券でも，これを発行して投資者から資金を調達することを認めることは投資者保護にとって危険であるとの前提を置いていると述べる）。龍田・前掲注8) 486頁は，開示主義(disclosure philosophy)に対応する用語として，規制主義(regulatory philosophy)を用いる。龍田・前掲注33) 34–35頁。PAUL L. DAVIES & SARAH WORTHINGTON, GOWER & DAVIES' PRINCIPLES OF MODERN COMPANY LAW 900 (9th ed. 2012).

[737] 神崎ほか・前掲注16) 193頁。有価証券の価値自体につき，一定の判定をなし，取引を認可する制度は，価値審査(merit review)と呼ばれる。Paredes, *supra* note 144, at 418. 他方，金商法は，価値審査は行われず，代わりに発行者や証券についての開示を要求している。Affiliated Ute Citizens of Utah v. United States, 406 U.S. 128, 151 (1972) (米国連邦取引所法は，「買主注意せよ」の原則を，開示で置き換えたものであると説示する)。

[738] 金商法23条1項および2項。金商法23条1項および2項と同等の規定は，米国連邦証券法23条にある。15 U.S.C. § 77w (2014). 上村・前掲注179) 3頁（投資者保護とは，投資者に損失を蒙らせないことでないことを指摘する），松尾・前掲注27) 6頁，89頁（自己責任の原則および金商法が投

代わり，証券の価値に関する情報を開示させ（開示主義）[739]，投資者が自らの勘定および判断で証券を売買すること（自己責任の原則）が期待されている[740]。

行動経済学の観点から情報開示を検討した文献において，開示は常に機能するものではないが，情報開示は，規制の方法としては，もっとも押し付けがましくない (intrusive) と述べるものがある[741]。現状，開示主義が規制の方法として好まれる理由は，この点が大きいように思われる。

なお，開示主義を採用する場合でも，詐欺防止条項による規制は必要であろう。この点は，後述する（本書 392 頁）。

規制主義　開示主義に対して，健全な発行者の証券発行のみを認めるという規制主義の考え方がある[742]。

規制主義の定義は難しい[743]。本書では，Richard W. Jennings 教授がカリフォルニア州会社証券法 (Corporate Securities Law) に関して挙げた特徴を規制主義の例として検討してみたい[744]。すなわち，次の通りである[745]。

資対象となる有価証券の価値の保証や承認をするものではない点への言及）。
[739] 連邦証券法制における開示主義の思想は，後の連邦最高裁判所裁判官であるLouis D. Brandeis氏による著書の果たした役割が大きいとされる。1 LOUIS LOSS, JOEL SELIGMAN & TROY PAREDES, SECURITIES REGULATION 261 (4th ed. 2006) (citing LOUIS D. BRANDEIS, OTHER PEOPLE'S MONEY AND HOW THE BANKERS USE IT 92 (1914)).
[740] 黒沼・前掲注179) 284–285頁。神田ほか・前掲注671) 15頁〔新原芳明発言〕（当時の大蔵省証券局企業財務課長が昭和23年の証券取引法の制定により当局が証券の内容をメリットレビューするのではなく，投資家が自己責任原則に基づき企業の内容を判断して投資するという判断が示されたと述べる）。上村・前掲注179) 38頁は，金融商品取引所への上場および上場の維持には，一定の要件が課されており，これを投資者保護の実質を有するものであると述べる。開示主義の例外としての証券内容の実質的な規制 (merit approach) と捉えることができ，その目的を投資家保護と解することができよう。橋本・前掲注127) 22頁も同様。
[741] *See* Ryan Bubb & Richard H. Pildes, *How Behavioral Economics Trims Its Sails and Why?*, 127 HARV. L. REV., 1593, 1597 n.10 (2014).
[742] 黒沼・前掲注230) 4頁，志谷匡史「企業内容開示制度(1)」法教361号74頁，77頁 (2010)（規制主義を，国が有価証券の価値を事前に審査し，一般投資者に不適当と判断するときはそのような有価証券を多数の投資者に取得させる取引を禁止するものと述べる）。規制主義に関する研究として，例えば，The Ad Hoc Subcomm. on Merit Reg. of the State Reg. of Sec. Comm., *Report on State Merit Regulation of Securities Offerings*, 41 BUS. LAW. 785, 795–96 (1986); Jonathan R. Macey & Geoffrey P. Miller, *Origin of the Blue Sky Laws*, 70 TEX. L. REV. 347 (1991)や熊潔「アメリカの州証券規制におけるメリット・レギュレーション――情報開示規制と実質規制をめぐって」早稲田大学審査学位論文（博士）23–76頁（2011）がある。
[743] メリット・レギュレーションの定義について，The Ad Hoc Subcomm. on Merit Reg. of the State Reg. of Sec. Comm., *supra* note 742, at 795–96. 熊・前掲注742) 31–32頁。
[744] Richard W. Jennings, *The Role of the States in Corporate Regulation and Investor Protection*, 23 LAW & CONTEMP. PROBS. 193, 209–30 (1958).
[745] *Id.*

詐欺防止と開示のコンセプトからの最も大きな相違は〔カリフォルニア州当局の〕委員長が許可を与えるか否定するかの判断基準である。証券の新規発行について，委員長は，彼が①提案された計画およびビジネスおよび提案された証券の発行が公正，正義および公平に適う (fair, just and equitable) ものであること，②申請者がビジネスを公平かつ正直に (honestly) 行うこと，ならびに③提案されている証券および発行の方法およびそれらの処分が，彼の意見において，購入者に対する詐欺等とはならないことを認めた場合にのみ，許可を発行する。

当時の（1968年改正前）カリフォルニア州会社証券法の特徴として，許可の基準が証券発行の結果に注目していることが挙げられよう[746]。許可の権限に付随して裁量権が与えられることが規制主義の特徴として挙げられることがあるようだが[747]，結果として公正性を基準の内容とするものと，結果としての公正性を基準の内容とせずに，その過程のみを規律するものとは，別の概念として検討すべきように思われる[748]。例えば，開示主義に立脚する現状の証券法制においても，規制当局が開示内容についてコメントすることは可能である[749]。しかし，規制主義的な思想に基づいて証券募集の過程や内容について規制を及ぼすことと結果として証券の内容の公正性について行政当局が判断することの間には，大きな差が存在する。そこで（規制主義的手法ではなく）純粋な形態としての規制主義にデメリットがあるかを検討する必要がある。

規制主義の懸念や問題点は，既に多く指摘されている。抽象的には，規制主義は，開示主義に比較して投資者保護のための強力な証券発行規制ではある

---

746) カリフォルニア州会社証券法には，未だに「公正，公平および正義に適う」という基準が残されている。CAL. CORP. CODE § 24140(a) (West 2014). しかし，全国証券市場改革法(National Securities Markets Improvement Act of 1996, Pub. L. No. 104-290)が制定されたため，州法の規定の重要性は，減じたものと思われる。4 R. BRADBURY CLARK, BALLANTINE AND STERLING CALIFORNIA CORPORATION LAWS § 447.01 (4th ed. release 122 2014). なお，カリフォルニア州について，CAL. CORP. CODE § 25100(o) (West 2014); 1 HAROLD MARSH, JR. & ROBERT H. VOLK, PRACTICE UNDER THE CALIFORNIA SECURITIES LAWS § 3A.04 (rev. ed. rel. 41 2013).
747) 熊・前掲注742) 9頁（「広範な自由裁量権を付与するカンザス州ブルー・スカイ・ローのようなタイプの証券規制は，メリット・レギュレーションと一般的に呼ばれている」と述べる）。
748) 上村達男「証券取引における開示の機能的限界：会社支配権移転行為に対する規制のあり方をめぐって」早稲田法学会誌27巻94頁（1977）。
749) 近藤ほか・前掲注9) 152頁。15 U.S.C. § 77h(e) (2014); CHOI & PRITCHARD, *supra* note 134, at 422.

が，証券発行，資金調達における行政的統制の危険[750]や開示と比較して費用がかかる[751]ことが懸念される。具体的には，①一定程度リスクのある投資商品にも需要がある[752]，②資本主義社会において資本を効率的に用いるためには市場に任せるほうが良い[753]，③行政機関の審査に費用がかかり，審査をすることで費用を超える便益を得ることができるか不明である[754]，④個々の商品が複雑ではあっても当該商品のリスクと価格が見合っていれば，購入しても事前の観点から損害を観念することに困難が伴う[755]，⑤社債等と比較し残余権者としての地位である株式の価値の見積りは，資本構成が複雑な会社の場合，複雑に組成された投資商品と同様の難しさを有するが，規制対象とはなっていない，⑥発行者が資本市場にアクセスすることを否定する[756]，という点が挙げられる。

規制主義的手法 開示主義によって投資家の限定合理性の問題に対処できない場合には，規制主義的な（規制主義自体ではない）方法

---

750) 神崎・前掲注736) 41-42頁。
751) Schwarcz, *supra* note 704, at 26 (規制主義には，政府に費用が掛かりすぎる懸念があることへの言及).
752) 規制主義では，多少のリスクが有る証券について，当該リスクに応じた価格で証券を購入することを妨げる可能性がある。See DAVIES & WORTHINGTON, *supra* note 736, at 900.
753) See Rutheford B. Campbell, Jr., *An Open Attack on the Nonsense of Blue Sky Regulation*, 10 J. CORP. L. 553, 566 (1985). 換言すれば，証券を発行することが社会厚生を最大化するか否かを審査する行政機関の審査能力に疑問があるといえるかもしれない。*Id.*
754) See The Ad Hoc Subcomm. on Merit Reg. of the State Reg. of Sec. Comm., *supra* note 742, at 843.
755) 第一に，リスクが高くても価格が低いのであれば購入する理由となる。第二に，リスクが複雑で理解できない場合でも，当該リスクを勘案した期待利得に見合った価格なのであれば，事前の観点からは，当該商品の購入を正当化できる。第三に，当該リスクを理解できず，投資家が，もっと低いリスクであると理解していた場合や商品を販売した者がリスクが低いと虚偽を述べていた場合には，販売における虚偽 (fraud in inducement) の問題となりうる。この場合に問題となるのは，投資家が投資商品の期待利得を正しく理解していたにもかかわらず，当該投資商品のリスク（例えば，商品価格のボラティリティ）を正しく理解していなかった場合である。実際，リスク回避の投資家の場合，リスクを正しく判断できない場合に，期待利得に影響を与えるが，この点を無視して検討すると，投資家が期待利得を正しく判断できていたのであれば，リスク中立な投資家を前提とする場合，事前の観点から問題があるというのは難しい。しかし，リスクを正しく判断できていなかった場合，事後の観点から，投資家が理解していなかった過度のリスクを負わされ，そのために予期していなかった損失が生じたという主張はありえるだろう。このような事案において難しい点は，損害額の算定である。①要素の錯誤として投資商品の購入自体を無効と考えて，原状回復または原状回復的損害賠償請求を認めるという方法や②過度に負担したリスクに関してリスク回避である投資家が要したであろう期待利得の減少分を損害とするという方法が考えられよう。後者の損害賠償請求は，投資家により賠償額が異なる上に算定には技術的な困難を多く伴うことになるため，実際に用いることが難しいように思われる。なお，金融商品の販売等に関する法律5条および6条参照。
756) *See* Campbell, *supra* note 753, at 565.

が候補となりうる757)。既存の規制主義的規制の例は，格付け会社の規制である758)。

規制主義的な方法は，開示主義に基づく規制では不足しているが，規制主義では，規制が過度であるという考え方に基づくものといえよう。例えば，複雑な投資商品を規制して，販売前に何らかの審査を行うという対応策が提案されている759)。商品の設計を規制するという方法は，確かに，医薬品等に用いられているし，民間機関によるものだが証券取引所による上場商品の審査等も開示主義ではなく，規制主義的といえよう760)。例えば，わが国では，金融審議会に設置された投資信託・投資法人法制の見直しに関するワーキング・グループによる平成24年の最終報告が，投資信託制度に関する一般投資家を念頭に置いた適切な商品供給の確保として，運用財産の内容についての制限（一定の類型のリスクに対する規制）に言及していることが興味深い。特に，「リスクの軽減・分散が不十分な場合には，投資家にとって突発的・不連続な損失が発生し得ることになる〔ため〕信用リスクの分散については，一定の定量的な規制の枠組みを整備する」761)と述べている点は，投資対象を規制する点で，開示制度を越えた規制であるといえよう。

規制主義的手法を今後の証券法制でどのように位置付けるかは，とても難しい問題である。その理由として，①情報化が進み個人投資家が様々な情報に容

---

757) *See* Schwarcz, *supra* note 704, at 24（開示主義が機能しない場合，開示主義よりも費用が低いのであれば規制主義的な制度が開示主義を補うものとなりうることを指摘）。
758) 2008年の金融危機以前は，米国において，複雑な投資商品に関して格付機関が投資商品の分析について重要な役割を担った。FIN. CRISIS INQUIRY COMM'N, THE FINANCIAL CRISIS INQUIRY REPORT: FINAL REPORT OF THE NATIONAL COMMISSION ON THE CAUSES OF FINANCIAL AND ECONOMIC CRISIS IN THE UNITED STATES 43 (2011), http://fcic-static.law.stanford.edu/cdn_media/fcic-reports/fcic_final_report_full.pdf (last visited Aug. 13, 2014). しかし，格付機関が十分にリスクを把握できたかは，疑問が付されている。投資家が開示された情報を分析せず格付機関による格付けに依拠し，また，格付機関がリスクを十分に把握できない場合，投資商品のリスクが理解されないまま，投資家が投資を行うということになる。野崎彰「格付会社に対する規制の導入」商事1873号60頁（2009）。
759) *See* Omarova, *supra* note 172, at 84.
760) *See id.* at 66 n.8.
761) 金融審議会投資信託・投資法人法制の見直しに関するワーキング・グループ「最終報告」10頁（平成24年12月12日）。最終報告に言及するものとして，本柳祐介『投資信託法制の現状と展望』別冊商事376号69-70頁（商事法務・2013）。同最終報告は，規制主義だけでなく，開示主義も併用している。例えば，デリバティブ取引を行う場合のリスク量制限については，「リスク量に係る計算方法を一定程度規格化し，その概要の情報を提供する」述べる。金融審議会投資信託・投資法人法制の見直しに関するワーキング・グループ・前掲・10頁。この点は，開示主義と整合的である。

易に触れることができること,②日本国内にいながら全世界の様々な投資商品を購入することができるため日本国内での規制強化が意味を持たなくなる可能性があること,③投資商品がファイナンス技術の発展に伴ってさらに複雑になる可能性があること,④投資家の能力や教育が二極化して,洗練された投資家がさらに洗練され,経験や知識を持たない投資家との差がさらに広がること,⑤行動経済学の知見が行動経済学の知識を持たない投資家を搾取するために用いられる可能性があること[762],⑥行政当局が効率的に規制を行うことができるような国際的または情報システム上の仕組みを構築する可能性等が考えられる。

小括と検討　今後の証券規制をどのように考えるかは難しい問題である。特に,証券市場,科学技術および証券市場における行動経済学の理解の発展により,証券規制としての対応が変化する可能性があるが,現時点での試論を述べておく。

第一に,純粋な規制形態としての規制主義には反対する。理由は,前述した通りである。

第二に,開示主義への評価である。開示主義は,合理的な投資家を前提とし,完全開示と強く結びついている。すなわち,開示主義は,そのすべての情報(すなわち,完全開示(full disclosure))を合理的に理解する投資家が存在しなければ,有用ではない[763]。そして,その投資家は,市場を合理的な水準に導く程の資本力を有していることが望まれる。逆にいえば,開示主義に基づき開示される情報は,合理的な投資家を想定しており,資本市場で最も合理的な投資家像に近いのは機関投資家であるといえる。そのため,開示主義に基づいて開示される情報は,情報に基づき取引する投資家(information traders)向けの情

---

762) *See* Choi & Pritchard, *supra* note 449, at 18; Langevoort, *supra* note 276, at 1046 n.63.
763) 本文において後述する通り,情報に基づき取引を行う投資家(information traders)への情報開示が想定される。Goshen & Parchomovsky, *supra* note 157, at 732. Choper教授,Coffee教授およびGilson教授は,証券法において目論見書が潜在的な投資者に個別に頒布される点と取引所法において継続開示書類等が各株主には個別に頒布されない点を捉えて,取引所法では市場の効率性について専門投資者(professional investor)に情報を伝達することに注力しているのだとする。また,このように情報を反映した市場(informed market)が投資者を保護できるのだとする。JESSE H. CHOPER, JOHN C. COFFEE, JR. & RONALD J. GILSON, CASES AND MATERIALS ON CORPORATIONS 313 (6th ed. 2004). 神崎ほか・前掲注16) 196頁。

報ということになる[764]）。

　第三に，開示主義と併存して，規制主義的な規制が許容される。規制主義的な手法のうち，最も開示主義に近い部分は，情報に基づき取引する投資家以外（例えば，一般投資家）に向けた開示規制である。一般投資家に向けた開示は，情報を理解しやすく提示する必要があり，また，完全開示ではない一部の情報開示について適用される[765]）。情報の提供方法に関する論点は，本款第5目（324頁）にて検討する。金融商品取引所への上場基準等では，既に証券法制において規制主義的な方法が用いられている[766]）。また，証券市場との関連で限定合理性が議論される場合，説明義務との関係を扱うものがある[767]）。2008年の金融危機で明らかになった問題点を含めて，今後，規制主義的手法に基づく規制は，増加するように思われる。その際には，次の3点に留意するように提案したい。

　第一に，個々の法制度が合理的な人間を前提としているのか，非合理的な人間を想定しているのかを検討すべきである。法律が合理的な人間を前提として

---

764) この点は，証券法制の目的が情報に基づいて取引する投資家(information traders)による競争的な市場を確保するためという意見に基づいている。See Goshen & Parchomovsky, supra note 157, at 714. 情報に基づいて取引する投資家は，内部情報へのアクセスはないが，投資判断のために，開示された情報を集め，分析するために資源を費やすことを厭わない者である。情報に基づいて取引する投資家は，機関投資家，資産運用会社(money managers)等の洗練されたプロ投資家とアナリストに分けることができる。See id. at 723. アナリストは，さらに，セルサイド，バイサイドおよび独立系に分類可能である。See id. 情報に基づいて取引する投資家は，インサイダーと同様，会社固有の情報および市場全般に関する情報を収集し，評価しおよび値付けする力および知識を有している。しかし，インサイダーと違い，情報に基づいて取引する投資家は，規模の経済(economies of scale and scope)を働かせることができる。See id.
765) 完全開示を免除しているわけではなく，例えば，一般投資家は，完全開示をしたとしてもすべての情報を処理することを期待できない。そうであれば，一般投資家向けの情報開示は，（完全開示と平行して）一般投資家が少しでも情報を処理できるように開示の形態を容易にする必要があると思われる。ポートフォリオ理論の部分で議論した通り，アンシステマティック・リスクは個々の投資家によって異なる（本書293頁）。そうであれば，分散投資をしていないような投資家向け（典型的には個人投資家）に簡易な情報開示の形態があっても良いはずである。完全開示ではないために，証券の価値を完全に測定することはできないにしても，個々の証券のアンシステマティック・リスクを減じる効果を期待できるはずである。
766) KRAAKMAN ET AL., supra note 146, at 290.
767) 村本・前掲注646)（適合性原則および説明義務と限定合理性について）。See Choi & Pritchard, supra note 449, at 18（金融商品取引業者が投資家の有する限定合理性を利用する可能性を指摘する）。金融商品取引業者が投資家の有する限定合理性を利用して，投資商品を販売しようとすること（および販売した投資商品の残高を維持しようとすること）が考えられよう。説明義務という観点ではなく，消費者取引の観点から限定合理性に言及するものとして，林秀弥「消費者取引と優越的地位の濫用規制」NBL 981号105-112頁（2012）。

いると述べる文献があるが[768]，多くの法令が非合理的な人間の存在を（意識的か無意識的かは別にして）考慮していると思われる。合理的な人間を前提としている場合，その前提が妥当するのかが検討されるべきであろう。非合理的な人間を前提としている場合，合理的な人間を前提とすることができないのか，非合理的な人間への対応方法が望ましいものか（社会厚生を最大化するものか）を検討する必要があろう。

　第二に，規制主義的な手法は，開示規制が機能しない場面に用いるべきである。規制主義的手法と開示を比較すると，規制主義的な手法の方が，規制の程度としては強い。軽い規制で済ませることができるのであれば，軽い（開示）規制で済ませるべきである。

　第三に，開示によって対応できないということは，開示が機能しない何らかの理由があるはずであり，それに対応する規制主義的方法が選択されるべきである。本節で検討するように，それは複雑な投資商品を理解するためにかかる費用が高すぎるという費用の問題（本書306頁）かもしれないし[769]，ポートフォリオによる問題（本書293頁）かもしれない。もしそれが，限定合理性によるのであれば[770]，限定合理性に基づく経済的な知見を応用するような規制が望まれる[771]。限定合理性が存在する場合，開示制度は合理的な投資家を相

---

[768] 法律が合理的な行動を仮定していると言及する例として，Frank H. Easterbrook, *The Inevitability of Law and Economics*, 1 LEGAL EDUC. REV. 3, 3 (1989).

[769] 専門家ですら開示を精査していないのではないかという問題もある。効率的市場仮説が洗練された投資家が情報を解析して価格付けを行うことを前提としているにもかかわらず，機関投資家に販売された債務担保証券（CDO: collateralized debt obligation）の分析を通じて，情報開示が機能していないのではないかと論じるものとして，Steven M. Davidoff, *Reading the Fine Print in Abacus and Other Soured Deals*, N.Y. TIMES DEALBOOK, Nov. 2, 2012, http://dealbook.nytimes.com/2012/11/02/reading-the-fine-print-in-abacus-and-other-soured-deals/ (last visited Aug. 13, 2014); Steven M. Davidoff & Claire A. Hill, *Limits of Disclosure*, 36 SEATTLE U. L. REV. 599, 603 (2013).

[770] 情報開示が想定する投資家は，一般投資家なのか，専門家なのかという問題は，従前から議論がなされてきた。例えば，神田ほか・前掲注671）20-21頁では，両方である〔新原芳明発言〕および現実的には専門家向けとなっている〔伊藤邦雄発言〕という意見がある。

[771] 例えば，「選択の自由を保障しつつも，人々の厚生を進める方向に社会制度の設計をすべきであり，また『道』を誤りがちな人間に厚生を促進するような方向で選択肢を選択し……，それを制度の初期設定(default)として『誘導(nudge)』すべきであると」いう意見がある。尾崎・前掲注646）260頁注22。ナッジ(nudges)は，選択に関する行動として，Thaler教授およびSunstein教授が挙げる，①誘因(Incentive)，②マッピングの理解(Understand mappings)，③初期設定(Defaults)，④フィードバックを与える(Give feedback)，⑤誤りを想定する(Expect error)，および⑥複雑な選択を構成する(Structure complex choices)ことに由来する。RICHARD H. THALER & CASS R. SUNSTEIN, NUDGE: IMPROVING DECISIONS ABOUT HEALTH, WEALTH, AND HAPPINESS 102 (rev. ed. 2009). 尾崎・前掲注646）247頁，250頁，259頁注21，265頁（行動経済学の知

手とする場合よりも低い効果しか得ることができない。投資間の非合理性が程度の問題であるとするならば，開示は，一定程度で有効であるが，その効果が完全ではないということになる。それでも情報開示をするのであれば，開示の費用と非合理的な投資家への便益を勘案することになる。そして，重要な情報のみ開示することや開示の方法を工夫することにより，非合理的な投資家でもアンシステマティック・リスクを減少させるような（ひいては非合理的な投資家であっても利益を得るような）開示が求められることになろう[772]。

第5目　情報の提供方法に関する論点

序論　情報開示の理由として，①実体資産への投資の効率性に寄与する（本書185頁），および②富の配分の公正性に寄与する（流通市場について，本書188頁，発行市場について本書201頁）ことが考えられるが，これらは開示された情報が用いられることによって生じる効果であるといえる。これらに加えて，社会厚生の最大化の観点からは，情報の提供方法を検討することが必要である。なぜなら，社会厚生の最大化のためには，適切な水準で投資家が投資判断を行うための情報が開示されること以外にも，①情報が理解および利用しやすい方法で開示されること[773]，②効率的な市場が形成されるための情報

見によれば，人間の「不合理な行動」に「一定のパターン」があると指摘し，そのパターンを前提とした法制度設計の可能性が模索されて良いと述べる）。限定合理性を前提として社会厚生を促進する法制度の設計がなされるべきであるというThaler教授およびSustein教授による「リバタリアン・パターナリズム」（libertarian paternalism）について，同260頁注22。証券投資の分野でのナッジの提案の例として，従業員による年金投資に関してTHALER & SUNSTEIN, supra, at 120–33。本書では詳しく検討できていないが，本書での議論に鑑みれば，社会厚生の最大化や非合理的な投資家のアンシステマティック・リスクの減少のために，リバタリアン・パターナリズムの考え方を証券法制に応用することは，検討に値するように思われる。

772) 黒沼悦郎教授は，ディスクロージャー規制と情報提供規制を区別し（重なり合う部分もある），前者は商品の価値を判断するのに役立つ情報（投資判断資料）の提供を主な目的とし，後者は商品の内容を理解するのに必要な情報（商品の仕組み・リスク等）を提供することを主な目的としていると述べ，投資者は，まず商品内容を理解した上で，その商品内容を前提として価格が適正かどうかを判断して投資決定を行うと指摘する。黒沼・前掲注33）600頁。情報提供規制は，限定合理性を考慮に入れた規制をし，ディスクロージャー規制は，原則として合理的な投資家を想定するという規制の方法もありそうである。

773) Gallagher, supra note 5（情報過多について，情報量だけでなく，情報の提供方法も問題であると指摘する）。企業内容等開示ガイドライン1–1–2には，基本的な考え方として「開示行政を行うに当たっては，個別具体的に列挙された規定のみを機械的・画一的に適用するのではなく，法令の趣旨を踏まえ，投資者が投資判断を行うに当たり必要な情報が，投資者に理解しやすく，誤解を生じさせない形で，適切に開示されることを確保することが必要である」と定められている。わが国でも投資者に利用されることを容易ならしめるために，開示は，内容が容易なものでありかつ容易に接近しうるものでなければならないとの指摘がある。神崎ほか・前掲注16）199頁。例えば米国では，登録届出

第 6 節 開示制度の限界 325

開示のシステム（情報開示を行うための電子システムの利用）やインフラ（情報サービス会社による情報の頒布）が構築され，利用されること[774]，③これらにより取引費用が低減すること[775]が必要であると考えられるからである。本章では，情報開示に関する理論的な問題を検討したが，端的にいえば，強制開示が必要か，および強制開示が必要な場合にどのような情報が開示されるべきかに焦点をあてている。換言すると，強制開示の対象となっていない情報が，強制開示の対象となる場合に，どのような効果があるかを検討しており，どのような情報開示の手法，手段，提供方法をとるべきかは検討してこなかった[776]。しかし，社会厚生の観点からは関連するため，情報の提供方法に関連する論点について，本目で検討する。

情報の提供方法（開示の方法）　情報提供自体に費用が掛かるのだから，情報提供の手段の選択は，情報が拡散する範囲，情報

書は，平易な英語を用いて記載しなければならないとされ，これは平易な英語の原則(plain English rule)と呼ばれる。17 C.F.R. § 230.421(d) (2014); Plain English Disclosure, Securities Act Release No. 7,497, 63 Fed. Reg. 6,370 (Jan. 28, 1998) (final rule). 平易な英語の原則に言及するものとして，神崎ほか・前掲注16) 200頁注1。これは，一般投資家が開示を利用することを前提とした意見であるといえる。

[774] 黒沼悦郎「証券市場における情報開示に基づく民事責任」私法51号229頁（1989）は，効率的配分のために，情報効率性だけでなく，取引効率性の確保が必要であると述べる。上村達男「投資者保護概念の再検討──自己責任原則の成立根拠」専法42巻1頁 (1985) は，証券取引法がなすべきことは，第一に，市場が市場として成立するための条件を確保することであり，第二に，完全競争の前提が満たされない場合でも，一定の有効な競争を確保するための措置をとることであると述べる。尾崎安央「アメリカ連邦証券法規制における MD&A 制度の生成──経営者による財務状況と経営成果に関する討議・分析情報の開示」早法77巻3号21-46頁 (2002) は，情報提供の方法を改善して情報利用者の理解を高める工夫をなすことも重要な政策課題であるという観点から，米国における「経営者の討議と分析」(MD&A: management's discussion and analysis)の沿革，意義を検討する。

[775] 情報開示に費用がかかる場合でかつ強制開示制度が存在しない場合，売主が情報開示を過剰に行う誘因を有しているときが考えられる。藤田・前掲注318) 35頁 (Boyan Jovanovic, *Truthful Disclosure of Information*, 13 Bell J. Econ. 36, 41-42 (1982)を検討する)。また，市場が効率的であるために，売買手数料，情報収集コスト，税金，取引成立までの時間などと取引コストが十分に低いことが必要であると述べ，この効率性を取引効率性(operational efficiency)と呼ぶものがある。黒沼・前掲注177) 11頁。

[776] 情報の提供方法に関する規制として，例えば，Sarbanes-Oxley Act, § 402(b) (非GAAP財務指標); 17 C.F.R. § 244.100 *et seq*. (非GAAP財務指標); 17 C.F.R. § 229.10(e) (2014) (非GAAP財務指標). 企業会計基準委員会「セグメント情報等の開示に関する会計基準」企業会計基準第17号10項（2009年3月27日改正）（報告セグメントの決定）。神崎ほか・前掲注16) 203-204頁（開示機能の確保に関して，①内閣総理大臣による審査，②公認会計士による財務諸表監査，③内部統制報告書および確認書制度，ならびに④損害賠償，罰則および課徴金を挙げる）。投資家に限定合理性が認められるため，一部の投資家は，ノイズとなり，市場の効率性を損なう存在となりうる。このようなノイズを阻害する要因を取り除くことが法的に重要な課題であると理解される。尾崎・前掲注646) 246頁。

の利用可能性,ひいては社会厚生に影響を与える[777]。情報提供の対象を機関投資家とするのか,個人投資家とするのかによって,また,合理的な投資家を前提とした情報開示を行うのか,非合理的な投資家が存在することを考慮するのかによって,好ましい情報提供手段が変わってくる[778]。さらに,好ましい情報提供手段が認識される場合,どのような情報の頒布手段を許容するのか,また,情報の頒布手段を法令で強制すべきかという問題が生じる[779]。

　情報への接近が容易か否かという点は,強制開示の要否という論点とは趣を異にする問題である。情報を頒布するための費用が,頒布する量に比例し,そこから得られる利益が逓減する場合(収穫逓減の法則),情報の頒布の費用がそこから得られる利益を超える点が存在し,それ以上の情報の頒布は,費用倒れになる。他方,情報技術等の発達により,情報の頒布の費用が頒布する数に比例しない場合(典型的には,情報頒布の費用がインターネット・サーバーの設置および電気代という固定費に概ね限定され,変動費用がほとんど存在しない場合),固定費用がそれほどかからないのであれば,情報の頒布が広範に行われることが望ましい。ここで問題となるのは,①誰もがインターネット等を通じた情報獲得手段に習熟しているわけではないこと(デジタル・デバイド)[780],②情報を容易に獲得できることが情報を容易に理解できることを意味せず,かつ③投資家が情報を容易に入手することができたとしても,投資家が当該情報を理解するために必ずしも費用を費やすことを意味しない(例えば,合理的無関心について,本書230頁)という点であろう[781]。

---

777) See Langevoort, supra note 124, 759 (情報が広範に入手可能になると,市場がより効率的になること,および超過収益を得ることがより難しくなることをする).
778) 尾崎・前掲注214) 55頁(情報利用者の理解力や情報処理能力が多様であり,情報の内容に加えて,提供方法にも工夫が必要であることを指摘する)。
779) 例えば,情報の広範な頒布に変動費用がかからず,かつ,「入手可能=交付」(access equals delivery)モデルを採用する場合,公衆縦覧と投資者への直接公布の境界線が曖昧となるだろう。See Sec. & Exch. Comm'n, supra note 67, at 44,783–85.「入手可能=交付」モデルに言及するものとして,若林泰伸「アメリカにおける証券規制の改革提案」企業と法創造6巻2号315頁(2009)。さらに,電子ファイルの目論見書の電子メールボックスへの送付と「入手可能=交付」モデルも類似の概念となろう。
780) 総務省の平成25年版情報通信白書によれば,パーソナル・コンピュータの世帯普及率は,75.8%であり,また,インターネットの人口普及率は,79.5%である。総務省編『平成25年版情報通信白書』331–332頁(日経印刷・2013)。
781) 例えば,強制開示で開示される情報を処理するのは専ら機関投資家であって,個人投資家は,強制開示で開示されている情報を読まないのだとしたら,強制開示は,個人投資家と機関投資家の間の情報の不均衡を是正しているのではなく,拡大している可能性がある。CHOI & PRITCHARD, supra note 134, at 31. また,この不均衡が個人投資家が効率的な市場にただ乗りできることで埋め合わ

待機期間　　本書での中心的議論は，企業内容の強制開示であり，開示される情報が投資家に対してどのような影響を与えるかという点である。そのため，開示に関する待機期間の問題は，中心的なものとはいえない。しかし，開示された情報が瞬時に理解されるという合理的人間を前提としたモデルには限界が存在するため，待機期間を設定することが妥当である場合が存在する。

　証券募集の文脈では，情報開示の中心は，有価証券届出書である。しかし，証券募集に伴う義務には，有価証券届出書の提出という開示義務だけではなく，有価証券届出書が効力を発生するまで待機する義務（金商法8条1項）[782]が含まれる。前述の通り，待機期間は，投資家の限定合理性を前提とした制度であるように思われる[783]。なぜなら，理想的に合理的な投資家を前提とすれば，その判断に時間を要しないからである。

　わが国では，金融審議会新規・成長企業へのリスクマネーの供給のあり方等に関するワーキング・グループが発行した報告書において，待機期間の撤廃が提案された[784]。同報告書では，特に周知性の高い企業について，普通株式や投資証券（REIT等）など，仕組みが単純かつ標準的であり，かつ，例えば増資による希薄化率が20%以下である場合など，投資判断に与える影響が限定的な場合に限り，待機期間を撤廃する特例措置を設けても，投資者保護上，大きな問題は生じないとし，待機期間を撤廃することが適当であるとしている[785]。

　待機期間は，米国の自動発効一括登録届出書制度 (automatic shelf registration)

せできるのかが問題となろう。

782) 松尾・前掲注27）102頁は，待機期間の趣旨として，①投資者が投資について検討する熟慮期間および②行政当局が届出の形式および内容について審査する審査機関としての性格があると指摘する。鈴木＝河本・前掲注123）126頁。

783) 黒沼・前掲注33）55頁は，販売圧力に対して，ディスクロージャーに加えて，熟慮期間を設けることで投資家を保護していると指摘する。ディスクロージャーがそうであるように，熟慮期間を設けることも，投資家の合理性に限界が存在することを示している。なぜなら，経済学的に合理的な投資家が想定できれば，ディスクロージャーが存在しない場合には，その分のリスクを勘案して証券の購入価格を下げるという対応が可能であるし，その判断には，時間を要しないからである。証券購入の文脈ではないが，Cass R. Sunstein & Richard H. Thaler, *Libertarian Paternalism Is Not an Oxymoron*, 70 U. CHI. L. REV. 1159, 1187–88 (2003)は，クーリング・オフ期間について，限定合理性および限定自制心 (bounded self-control) を原因にすると述べる。

784) 金融審議会新規・成長企業へのリスクマネーの供給のあり方等に関するワーキング・グループ・前掲注121）14–15頁。

785) 金融審議会新規・成長企業へのリスクマネーの供給のあり方等に関するワーキング・グループ・前掲注121）14–15頁。

において完全に免除され[786]，また，わが国での発行登録届出書制度において短縮されている。本書では，効率的市場の観点との関係で，発行登録制度における金融庁の立場をごく簡単に概観したが[787]，様々な形態での届出（登録）を要しない証券の私募との関係で，待機期間が免除される理由が存在するのかを検討することは有益であろう[788]。

興味深いのは，前述のワーキング・グループ報告書が「特に周知性の高い企業」に限って，待機期間を免除していることである。同報告書では，①準強度の効率的市場に対する明示的な言及は存在しないが，②特に周知性の高い企業という表現自体は，情報が価格に織り込まれやすい発行者という概念と整合的である。特に，同報告書が指摘している通り，「証券情報」について，投資者は，有価証券届出書が提出された後でなければ，その検討を行うことができず[789]，それにもかかわらず，特に周知性の高い企業について待機期間を撤廃するのであるから，特に周知性の高い企業に関する証券情報の伝達が，即時であると理解したものと推測される。これは，準強度の効率的市場の概念と整合的であるといえ，準強度の効率的市場が成立していれば，各投資家の限定合理性を無視できるという立場をとったものと理解できる。

第6目　非効率的市場の概要

序論　本目では，非効率的な市場に関連する問題を検討する。非効率的市場がどのように生じるかという理論的な問題を後回しにして，まずは，現実に存在する非効率的市場の例を概観する。Richard H. Thaler 教授は，次の例を挙げる。

- 労働市場の非効率性として，産業の違いにより賃金格差が存在する[790]。
- 競馬のようなパリミュチュエル方式[791]の賭博市場 (pari-mutuel betting

---

786) 17 C.F.R. §§ 230.415(a)(5), 230.462 (2014).
787) 本書81頁参照。
788) 類似の指摘として，神田監修・前掲注55) 116頁注3（投資熟慮期間の設定を制度として捉えるならば，勧誘の有無にかかわらず届出の効力発生前の（募集または売出しによらないで取得させ，売り付ける場合を含め）すべての取引を禁止すべきであることを指摘する）。
789) 金融審議会新規・成長企業へのリスクマネーの供給のあり方等に関するワーキング・グループ・前掲注121) 15頁。
790) THALER, *supra* note 643, at 37–38.
791) パリミュチュエル方式とは，予想の対象について賭博者に賭金を払わせた上で投票させ，賭金の合計

markets) において，あらゆる賭けが正の期待値を持たず，かつ取引費用を t とし，すべての賭けが $1-t$ の期待値を持つという条件を満たさないことがある[792]。
- 1986年の米国において，競馬における配当率 (odds) が同一レースについて，競馬場ごとに違う例があった[793]。
- 古い例も多いが，証券市場における非効率性には，次のようなものが挙げられていた。1月の収益率が他の月よりも高い[794]。月曜日の収益率が他の平日よりも悪い月曜日効果 (the Monday effect)[795]。正確には，月曜日の始値から終値を調べると価格が上がっているため，月曜日の収益率が悪いことの理由は，週末に求められる（週末効果：the weekend effect）[796]。休日前の取引日に収益率が良いという休日効果 (holiday effect)[797]。任意の4日の平均リターンは，0.612% であったのに対し，前月最終日からの4日のダウ平均の収益率が 0.473% であった。これは，月替り効果 (turn-of-the-month effect) と呼ばれる[798]。市場価格の平均への回帰 (mean reversion) が観察されている[799]。
- クローズド・エンドのミューチュアル・ファンド (closed-end mutual funds) について，純資産額 (net asset value) と市場価格の乖離が存在する[800]。

本書では，効率的市場を前提として議論を進めてきたが，これらの例にみられる通り，市場が必ず効率的だという前提は，成立しない。次に，非効率的市場がどのように生じるかを概観する。

から，一定の額（賭博の開催に掛かる費用や胴元の利益）を控除した上で，残額を予想の的中者に配分する賭博の方法をいう。See BLACK'S LAW DICTIONARY 1225 (9th ed. 2009). 競馬法（昭和23年7月13日法律第158号）7条1項は，「日本中央競馬会は，……勝馬投票の的中者に対し，当該競走に対する勝馬投票券の売得金……について，〔一定の〕金額を控除した……金額を，当該勝馬に対する各勝馬投票券にあん分した金額を，払戻金として交付する」と定める。

792) THALER, supra note 643, at 124–25.
793) Id. at 130.
794) Id. at 141.
795) Id. at 143–46.
796) Id. at 144–45.
797) Id. at 146–47.
798) Id. at 147.
799) Id. at 154, 158 fig.12–1.
800) Id. at 169.

非効率的市場 　伝統的なファイナンスにおいて，金融市場の参加者 (agent) は，合理的（理知的）(rational) であるという前提が置かれている。本書においても合理的な参加者による証券市場を前提として分析を行ってきた。合理的な参加者を前提としない場合，開示制度に関して行ってきた幾つかの議論が成立しなくなる[801]。同様に，市場が効率的であるための条件に市場参加者の合理性が関係するため，非合理的な市場参加者を想定すると，市場が非効率的となりうる[802]。

Shleifer 教授による非効率的市場の理論的基礎 　Andrei Shleifer 教授は，市場が効率的であるためには，第一に，証券価格が合理的 (rational) に値付けされるために，投資家が合理的であり，第二に，投資家が合理的でないとしても，合理的ではない投資がランダムに行われるため，その影響は打ち消し合って価格に影響を与えず[803]，第三に，投資家が同じように〔つまり，打ち消し合わないように〕非合理である場合でも，非合理な投資家の影響を消し去る（鞘取り (arbitrage) を行う）合理的な投資家が市場に存在するとの前提が置かれるとする[804]。Shleifer 教授が指摘する 3 点は，そのいずれもが投資家の合理性に関連している。

投資家が合理的に値付けを行うか 　第一の点は，投資家が値付けを合理的に行うかという点である。合理性は，①参加者が新しい情報を受け取ると，ベイズの定理[805]に従って彼らの信念 (belief) を正しく更改する (update) こと，および②この信念に基づき，参加者は，主観的期待効用 (SEU: Subjective Expected Utility) に従って，規範的に許容される

---

801) 例えば，本章第5節の不完全情報に関連したで議論した強制開示が不要である理由としてのアンラベリングは，情報の受領者が非合理的であるときには成立し得ない。See Langevoort, *supra* note 699, at 443.
802) ROSS, WESTERFIELD & JAFFE, *supra* note 608, at 439–40.
803) 実際に，類似の概念に言及する判決が存在する。*In re* Apple Computer Sec. Litig., 886 F.2d 1109, 1114 (9th Cir. 1989), *cert. denied*, 496 U.S. 943 (1990). Langevoort, *supra* note 654, at 906 (discussing *Apple*).
804) SHLEIFER, *supra* note 647, at 2. この前提は，どれかが満たされれば市場は，効率的となる。ROSS, WESTERFIELD & JAFFE, *supra* note 608, at 439–40. 市場の非効率性の理論的分析は，Shleifer教授に限られない，Stout教授は，市場の非効率性の要因として，①資産価格の決定が不完全であること，および投資者間で一物一価が妥当しないこと，②空売りが制限的であることを含め裁定取引が限定的であること，ならびに③行動経済学に代表される通り投資者が非合理的であることを挙げる。Lynn A. Stout, *The Mechanisms of Market Inefficiency: An Introduction to the New Finance*, 28 J. CORP. L. 635, 638 (2003).
805) ベイズの定理の簡単な説明として，尾崎・前掲注646) 261頁注34。

(normatively acceptable) 選択を行うことを意味する[806]。しかし，人間の合理性が限定的であることは既に述べた通りである。

本書では，既に限定合理性に基づく判断・決定におけるバイアス[807]や個人投資家の非合理性について概観したが[808]，投資に関する文脈でも行動経済学に基づく指摘が参考になる。例えば，Nicholas Barberis 教授および Richard Thaler 教授は，自信過剰[809]，楽観主義[810]，代表性 (representativeness)[811]，固着性 (belief perseverance)[812]，係留性 (anchoring)[813]，想起の容易性 (availability heuristics)[814]，プロスペクト理論[815]，不明確さの回避 (ambiguity aversion)[816]を挙げる。

投資家が必ずしも合理的ではなく，また，投資家による価格決定が必ずしも合理的ではないとして，次に投資家の非合理的な行動がランダムであるかを概観する。

投資家の行動には組織的な逸脱がみられるか 非合理な投資家の値付けがランダムに行われるのかという点は，投資家について合理性からの組織的な逸脱がみられるのかと言い換えることができよう。行動経済学一般に関して，人間の合理性からの逸脱がランダムではなく組織的だと述べられている

---

806) Nicholas Barberis & Richard Thaler, *A Survey of Behavioral Finance*, in 1B HANDBOOK OF THE ECONOMICS OF FINANCE 1051, 1053 (George M. Constantinides et al. eds., 2003).
807) 本書297頁注646)参照。
808) 本書302頁以下参照。
809) Barberis & Thaler, *supra* note 806, at 1063-64.
810) *Id.* at 1064.
811) *Id.* at 1064-65. 代表性は，Aという物や事柄がBという種類や類型に属しているかを判断するために，AがBの代表的な性質を有しているかを考慮することをいう。*See* Amos Tversky & Daniel Kahneman, *Judgment under Uncertainty: Heuristics and Biases*, 185 SCIENCE 1124, 1124-27 (Sep. 27, 1974). 保守性(conservatism)も代表性の一種であり，ある出来事の後にその出来事が生じる確率を推定する際に，当該出来事が生じる可能性を過少に判断することをいう。Tversky & Kahneman, *supra*, at 1125; Barberis & Thaler, *supra* note 806, at 1065.
812) 信念への固執の具体的な例として，①人が自ら信じていることと矛盾する証拠を探すことに億劫であること，および②そのような証拠をみつけたとしても，その証拠に対して過度に懐疑的であることが指摘されている。Barberis & Thaler, *supra* note 806, at 1066.
813) *Id.*
814) *Id.*
815) *Id.* at 1067 (期待効用理論以外の様々な理論の中で，プロスペクト理論は，実験の結果を最も上手に説明できていると述べる).
816) *Id.* at 1072. 投資家が，リスク中立ではなく，リスク回避的であることを意味しているように思われる。

ように[817]，投資家による合理性からの逸脱もランダムではなく，組織的に生じる可能性が高いであろう[818]。

非合理的な投資家の取引が組織的だとしても，非合理的な投資家の取引が市場に影響を与えない可能性が考えられるので，次に，合理的な投資家が鞘取りを行うことができるかについて概観する。

非合理的な投資家の影響が打ち消されるか　第三に，小規模の非合理な投資家が存在するとしても，その影響を打ち消す規模の合理的な投資家が存在するかが問題となる[819]。以下では，鞘取りの不完全性について，Barberis 教授および Thaler 教授の論文に沿って，概観する[820]。

まず，市場が効率的である場合，投資家は，リスク調整済みの平均利得を超える利得を得ることができない[821]。

これに対して，投資家が合理的ではないために，価格が効率的な価格から乖離する場合が考えられる。この場合，合理的な投資家が鞘取り (arbitrage) を行う。すなわち，ある証券 A の市場価格が基礎的価値から乖離した場合に，例えば，価格が下落しすぎた場合に，投資家は，証券 A を購入し，また，代替証券 (substiute security) である証券 S を空売りする[822]。例えば，証券 A が大手自動車製造会社である場合に，証券 S は，類似の大手自動車製造会社となる。証券 A を購入することで株価が，基礎的価値と同額まで回復する[823]。

この鞘取りが上手くいかない理由として，①基礎的価値の変動リスク (funda-

---

817) Jolls, Sunstein & Thaler, *supra* note 644, at 1475.
818) *See* SHLEIFER, *supra* note 647, at 3 (非合理的な投資家の投資行動は相関がないという前提を置いているため，この主張は，極めて限定的だと述べる)。
819) 市場が価格の乖離を矯正する効果的な仕組みを有しているか否かに基づき，市場を分類することができる。Goshen & Parchomovsky, *supra* note 157, at 730. そのような仕組みを有していない市場は，値付けが完全にランダムであり，かつ，値付けが価値に回帰するという能力を欠いている程度で，非効率である。Goshen & Parchomovsky, *supra* note 157, at 730. また，効率的な価格に回帰するメカニズムを有していないという点で非効果的 (ineffective) ともいえる。Goshen & Parchomovsky, *supra* note 157, at 730. 逆に，このような仕組みを有している市場の価格は，価値に回帰するという意味で効率的 (efficient) である。Goshen & Parchomovsky, *supra* note 157, at 730. また，そのようなメカニズムを持っている市場は，効果的 (effective) であるといえる。Goshen & Parchomovsky, *supra* note 157, at 730.
820) Barberis & Thaler, *supra* note 806.
821) *Id.* at 1054.
822) *Id.* at 1054–55; SHLEIFER, *supra* note 647, at 3.
823) Barberis & Thaler, *supra* note 806, at 1055.

mental risk), ②ノイズ投資家リスク (noise trader risk) および③取引費用[824]）が指摘されている[825]。前二者について順に概観する。

　第一に，基礎的価値の変動リスクは，証券 A の購入後に，証券 A の発行者である A 社の基礎的価値が下落し，損失を被るリスクである[826]。代替証券を空売りすることで，基礎的価値の変動リスクを一部ヘッジできるが[827]，代替証券の株価変動が証券 A の株価変動と完全に一致するとは限らず，基礎的価値の変動リスクを完全にはヘッジできない[828]。

　第二に，ノイズ投資家リスクは，合理的な鞘取りを行う投資家が利用しようとする株価の基礎的価値からの乖離が短期的にさらに大きくなるリスクをいう[829]。たとえ，代替証券 S が完全に証券 A を代替するとしても，証券 A の市場価格が基礎的価値からさらに乖離することが考えられる[830]。投資ファンドが投資家の資産を運用している場合，運用成績の悪化によって投資家が運用契約を解約すると，損失を被る状態で取引を中止せざるをえない[831]。同様に，証券 A の購入が借入れによって行われている場合，証券 A の価格の下落が追加保証金を必要とすることになり，追加保証金を差し入れることができない場合には，損失を被ることになる[832]。

---

824) 鞘取りを実行する費用として，ブローカーへのコミッション，買い呼び値と売り呼び値のスプレッド，空売りに関する株式貸借費用，基礎的価値からの乖離を発見するための費用等が挙げられている。Id. at 1057-58.
825) *E.g.*, Ronald J. Gilson & Reinier Kraakman, *The Mechanisms of Market Efficiency Twenty Years Later: The Hindsight Bias*, 28 J. CORP. LAW L. 718, 731, 738 (2003)（行動経済学と情報の開示を考える場合，大きく①投資家の合理性の不在と②鞘取りの不完全性に分けられるとする。この場合，投資家の非合理性は，情報の取得，分析，価格決定等に係る取引費用と同様，効率性の程度に影響を与える。また，投資家の非合理性は，当該投資家の価格決定が，市場に存在する情報に基づく価格から乖離する場合に問題となる。(at 731); 鞘取りの不完全性を克服するためには鞘取りに関する法的または制度的な問題を解消する必要がある。例えば，空売りに関する価格規制 (uptick rule) の解消が考えられる。(at 738); 認識の偏向 (bias) が価格に影響を与えるためには，①認識の偏向が普遍的に存在し (pervasive)，②それらが相互に相関関係を有しており互いに相殺し合わず，かつ③これにより鞘取りの機能が働かないことが必要となる。(at 738)).
826) Barberis & Thaler, *supra* note 806, at 1056.
827) 証券Aの株価を下落させる要因が証券Sの株価も同等に下落させるのであれば，空売りによって，証券Aの株価の下落から生じる損失をヘッジできることになる。
828) Barberis & Thaler, *supra* note 806, at 1056. 証券Sの空売りは，証券Aのみに生じる基礎的価値の下落のリスクをヘッジできないということになる。Id.
829) Id.
830) Id.
831) Id.
832) Id. at 1057.

これらのリスクにより，合理的な投資家といえども，非合理的な投資家の影響を完全に消し去る（ひいては市場を効率的にする）取引を行うことはできないと考えられる[833]。すなわち，市場が非効率的になりうるということである。

なお，この非効率的な市場は，効率的な市場と同様，投資家は，リスク調整済みの平均利得を超える利得を得ることができないということも考えられる[834]。この点で，効率的な市場と同様の性質を持つ可能性が考えられる。

次に，市場が非効率的になることを踏まえて，非効率的市場と情報開示の関係について検討してみたい。

第7目　非効率的市場における情報開示の論点

序　論　本目では，市場が非効率的である場合に生じる情報開示に関する論点を検討する。まず，非効率的な市場に対して情報開示をすることの意味を検討する（本書334頁）。次に，非効率的な市場への情報開示と社会厚生の関係についてごく簡単に言及する（本書338頁）。その後，非効率的市場を解消するための情報開示（本書338頁）を検討し，最後に，非効率的市場に基づく虚偽記載責任（本書339頁）を検討する。

非効率的な市場への情報開示　まず，非効率的市場の市場参加者が情報の開示を求めるか否かを検討する。前提として，非効率的市場に情報が開示された場合の株価の動きについて検討し，次に，市場参加者と情報開示の関係を検討する。

情報効率性を有していない非効率的市場に情報が開示される場合，情報が価格に反映しないことが考えられる（本書90頁）[835]。ここで会社が情報を開示する場合に，あらゆる情報の期待値がゼロとなるような非効率的市場の場合，すなわち，情報に対する株価の反応が完全にランダムに生じる場合，開示は，意味を持たない[836]。効率的市場仮説に疑義が表明されているとして

---

833) *Id.* at 1111.
834) 価格が正しければリスク調整済みの平均利得を超える利得を得ることができないという命題は正しいが，リスク調整済みの平均利得を超える利得を得ることができないということは，必ずしも価格が正しいということを意味しない。*Id.* at 1055.
835) *See* Stout, *supra* note 804, at 657.
836) すなわち，次の式を満たすことにことになる。

$$E(\tilde{r}_{x,t+1} \mid \forall x \in \Phi_t) = 0 \tag{3.30}$$

も[837]，株価が情報に全く反応しないということは，いえないであろう。そこで，情報が開示された場合，一定程度株価に反映するが，完全には反映しないような非効率的市場を検討する。

　Goshen（ゴーシェン）教授およびParchomovsky（パーチョモフスキー）教授の枠組みに従えば，市場参加者として，①インサイダー[838]，②情報に基づいて取引する投資家(information traders)[839]，③インデックス投資家(liquidity traders)[840]，④ノイズ投資家(noise traders)[841]，および⑤マーケット・メーカー(market makers)[842]が考えられるので，これらの参加者について，非効率的市場への情報開示がどのような影響を与えるのかを考えてみたい[843]。

　　時点tにおける情報集合Φに含まれるすべての情報xについて，どの情報xを開示しても，開示後の時点$t+1$での利得r（確率変数）の期待値がゼロである。
837) SHLEIFER, supra note 647, at 2.
838) インサイダーには，①会社に親しいため，会社内部の情報にアクセスでき，②情報を値付けしおよび評価する知識と能力を有し，③内部情報だけでなく市場全般に関する情報も生み出すことができ，④インサイダーの自らの会社に対する狭い焦点の当て方は，市場全般に関する情報の収集，評価および値付けに関して，規模の経済を利用することを妨げるものである，および⑤会社に親しいため，自らの事業判断について客観的な評価を行うことができないという性質がある。Goshen & Parchomovsky, supra note 157, at 722.
839) 情報に基づいて取引する投資家については，前述した。本書322頁注764)。
840) インデックス投資家(liquidity traders)は，情報の収集および評価を行わず，インデックス投資家による投資は，貯蓄および消費と投資との間の配分を反映したものである。合理的効用投資家(rational utility traders)は，新たな情報を収集し分析する資源を費やさず，通常インデックスファンドである株式のポートフォリオを購入して保有し続ける戦略をとる。Goshen & Parchomovsky, supra note 157, at 724. また，インデックス投資家は，情報に基づき取引することをせず，現金が必要な場合に証券を売却し，貯蓄をする際に証券を購入する。Id. at 726.
841) ノイズ投資家(noise traders)は，個人または集団として，非合理的に行動し，また，それぞれに違った投資の方法に従う。Id. at 724. ノイズ投資家は，しばしば，自らが価値のある情報を有していると信じ，また，情報に基づいて取引する投資家であるかのように投資をする。Id. ノイズ投資家には，一時的流行，噂および経済的根拠のない投資戦略に従う非合理な投資家(irrational investors)から，情報に基づいて取引する投資家と同様に情報を収集および評価し，経済的に合理的で情報に基づく投資判断を行おうと試みる，「株式を選択する者」(stock pickers)がいる。Id. 「株式を選択する者」は，関連するすべての情報の収集および分析について遅く，彼らの評価の正確性は，情報に基づいて取引する投資家と比較して劣っている。Id. at 725. 実際，「株式を選択する者」は，既に価格に反映されている古い情報に基づいている。「株式を選択する者」は，買い持ち戦略(buy and hold strategy)をとらないために，情報に基づいて取引する投資家と比較して利益を得ることができず，また，無駄な取引費用を負担する。Id.
842) マーケットメーカー(market makers)は，取引を促進し，規則的に証券の売買のオファーをすることで証券の市場を維持する専門家であり，買い呼び値(bid price)と売り呼び値(ask price)を掲示し，売買を行おうとする投資家の相手方となる。Id. at 725. マーケットメーカーは，証券の需給に関する情報を売り呼び値と買い呼び値を決定するために用いるため，証券の需給に詳しいが，情報の収集と分析に時間と努力を費やしていないために，会社固有の情報について，情報に基づいて取引する投資家ほどには，情報を有していない。Id.
843) この検討は，Goshen教授およびParchomovsky教授の論文を基礎に，非効率的市場を考慮したものである。See id. at 722-32.

第一に,インサイダーは,内部情報を有しているため,会社の基礎的価値を投資家よりも正確に把握できる立場にあると考えられる。また,内部情報が外部に開示されるタイミングを知ることができる立場におり,内部情報が開示された後の市場価格の変動を正確に予想できるのであれば,インサイダー取引を行うことで利益を得ることができる。市場が非効率的である場合,内部情報が開示された後の市場価格の変動を正確に予想することは,市場が効率的である場合よりも難しいであろう[844]。しかし,市場がどちらの方向に変動するのかを予想できれば,インサイダー取引には十分であろう[845]。なお,わが国では,インサイダーは,内部情報に基づいて取引することは禁止されている(金商法166条)ため,実際に,取引から利益を得ることはできない。

　第二に,情報に基づき取引する投資家は,内部情報が開示され,情報が市場価格に反映しない場合,①市場価格と開示された情報に基づく基礎的価値との乖離に注目して取引(鞘取り)を行う,または②取引を行わない(静観する)という二つの選択肢を有している。取引を行うか否かの選択は,情報に基づき取引する投資家に委ねられており,現時点での乖離の幅が十分に大きく,乖離が解消され利益が実現できると見込まれる場合のみ,鞘取りを行う。すなわち,情報が市場に反映されないことは,情報に基づき取引する投資家に対して不利益を与えるものではない[846]。また,市場が非効率的であっても,情報に基づき取引する投資家は,情報開示により情報の処理費用を減少させるという利益を得ることができるだろう[847]。なお,情報に基づき取引する投資家が既にポジションを有している場合,市場価格が非合理的に変動することがリスクとなりうる。しかし,市場の非効率性がランダムに生じる限り,長期的には(ボラティリティが多少増加する程度で),情報に基づき取引する投資家に大きな悪影響を与

---

[844] 例えば,多額の投資を要する新製品の開発および販売は,当該新製品の開発および販売に成功すれば企業価値を増大させるであろうが,失敗する場合には,多額の損失をもたらすことが予想される。当該新製品の開発を発表した後の株価の反応は,市場が当該新製品の開発および販売に成功するかをどのように予想するかに依存する。当該開発および販売が成功すると予想する投資家と失敗すると予想する投資家の数と資本力により株価が決定されることになるため,市場がどのように反応するのかを予想し難いであろう。

[845] 例えば,製品の大規模なリコールは,株価を下落させることはあっても,上昇させることはないであろう。株価が上昇する可能性(システミックな株価変動を含む)と大規模なリコールの公表により株価が下落する可能性を比較して,インサイダー取引を実行するかを決定することになるであろう。

[846] 市場が非効率的な場合に,鞘取りが行い難くなることは前述した(本書332頁)。

[847] Goshen & Parchomovsky, *supra* note 157, at 737–38.

えることにはならないだろう。

　第三に，インデックス投資家は，個々の発行者の情報開示が株価に正確に反映されないリスク[848]を分散投資によって無視することができる。このため，インデックス投資家は，非効率的な市場において取引される証券について情報開示を理解するという方法で，アンシステマティック・リスクを軽減するという方法をとらない。すなわち，インデックス投資家にとって，情報開示は（効率的な市場における場合と同様）役に立たない。

　第四に，ノイズ投資家は，情報開示が株価に与える影響を理解する能力を有していないと考えられるので，もともと情報開示から利益を得ていない。市場が非効率的な場合，情報開示により，証券の基礎的価値と市場価格が乖離することが考えられるが，ノイズ投資家は，証券の基礎的価値と市場価格の乖離を理解する能力を有していないと考えられるので，情報開示は役に立たない。

　第五に，マーケットメーカーは，主に需給に基づき売買を行い，情報の収集と分析に時間と努力を費やしていないために，会社固有の情報について，情報に基づき取引する投資家ほど情報開示によって利益を得ているわけではない。

　このように非効率的市場への情報開示がこれらの参加者にどのような影響を与えるのかを検討してみると，そもそも，情報に基づいて取引をする可能性がある投資家は，インサイダーと情報に基づき取引する投資家であることがわかる[849]。このうち，インサイダーは，法律で禁止されていて内部情報に基づき取引することができないのであるから，非効率的市場における情報開示は，情報に基づき取引する投資家のために行うべきということになる[850]。

　情報に基づき取引する投資家のための情報開示が非効率的市場に対する情報開示義務の主要な目的となるが，副次的な目的として，次の2点が挙げられる。

　第一に，情報に基づき取引する投資家は，インサイダー情報を有する者との

---

848) 例えば，市場が非効率的な場合，株式の市場価格が100円の発行者Aについて，発行者Aが株価が50円上昇すべき情報を開示したとき，株価が50円以上上昇する可能性，50円未満の変動となる可能性，および株価が下落する可能性がある。同様に，株価が下落すべき情報を開示した場合に，株価が下落しすぎる場合，下落額が少なすぎる場合，および株価が上昇する場合が考えられる。
849) Goshen & Parchomovsky, *supra* note 157, at 722–23.
850) Goshen教授およびParchomovsky教授は，証券法制の目的を「証券規制の役割は，情報に基づいて取引する投資家(information traders)のための競争的な市場を作り出し，促進すること」と述べるが，開示制度の目的とも整合的である。*Id.* at 714.

間で行う取引では，損失を被る（情報に基づき取引する投資家からインサイダーへの利益移転が生じる）可能性があるため，インサイダー取引の予防として一定の情報開示は有用であろう[851]。

第二に，非効率的市場であっても，投資家がリスク調整済みの平均利得を超える利得を得ることができない状況は作りだすことができ[852]，市場が非効率的であるとしても，そのような状況を目指すという法政策は考えられよう。

非効率的な市場への情報開示と社会厚生　開示される情報が一部しか市場価格に反映しないのであれば，開示制度が費用との勘案で正当化できないのではないかという問題は考えられる。市場の非効率性は，情報開示に基づく市場の価格発見機能への寄与を減殺するものである。しかし，情報開示により生じる正の外部性（外部利益）（本書227頁）や市場の流動性の向上などは，依然として考えられるのであって，価格への反応が減殺されることだけをもって開示制度が不要ということにはならない。例えば，①正の外部性である書式および質の標準化や②情報開示によって潜在的な投資家や投資家以外の者が情報獲得の費用を削減するという点は，市場における価格が正確か否かに関係なく存在するであろう。

非効率的市場を解消するための情報開示　限定合理性が市場の非効率性をもたらす場合には，社会厚生の減少や投資家間の利益移転を生じる可能性があり（本書180頁），そのことが市場の非効率性を解消する政策的な理由となりうる。非効率的市場を解消するための情報開示は，すなわち，市場の非効率性をもたらす限定合理性を解消するための情報開示ということになる。しかし，これが難しいことは，限定合理性に対処するための強制開示として既に論じた（本書313頁）。

関連する論点として，市場価格が非効率的である場合に，発行会社は，当該非効率性を解消するために都合の良い情報だけを開示するという選択的開示を行うことが考えられる。例えば，会社の内部情報を考慮した本源的価値の見積りに基づく株主価値が100円だとして，現実の株価が50円であるとき，発行者は，

---

851) Ian Ayres, *Back to Basics: Regulating How Corporations Speak to the Market*, 77 VA. L. REV. 945, 995 (1991); Goshen & Parchomovsky, *supra* note 157, at 733–37. インサイダー取引の予防としての情報開示について，*See* CHOI & PRITCHARD, *supra* note 134, at 25.

852) 本書334頁注834）参照。

社内にある良い情報だけを選んで開示して，株価を 100 円に近づける努力をすべきだろうか。わが国の法制度は，①開示された情報が効率的な市場で価格に反映されるか，または，非効率的な市場で価格に反映されないかを考慮しておらず，また，②発行会社が開示すべき情報は，内部情報や本源的価値の最良の推定から乖離するか否かを考慮していない[853]。わが国の法制度は，非効率的市場であっても，投資家がリスク調整済みの平均利得を超える利得を得ることができない状況を作り出せれば[854]，その状態で満足しているといえる。

非効率的市場に基づく虚偽記載責任　効率的市場仮説に立てば，重要な虚偽記載がされれば，株価への影響は必然であるようにも思われる。他方，非効率的市場に対して虚偽記載を行った場合の虚偽記載の責任は，どのように考えるべきだろうか[855]。まず，流通市場での虚偽記載の損害額の算定に株価が用いられる場合で，市場が非効率的であるとき，どのように考えれば良いだろうか。虚偽記載に基づく民事責任を市場価格を参照して行う場合を考えてみたい（例えば，有価証券報告書への虚偽記載が株価を参照して行われる場合である）[856]。

---

[853] 会社Aの株式について，株式の市場価格（株価）が100円であるとする。また，会社Aの経営陣による会社Aの基礎的価値の見積りは，株価と一致して1株当たり100円であるとする。その後，会社Aは，革新的な新製品をもたらす発明が社内でなされたこと（株価を1株当たり50円増加させる）と大規模な製品のリコール（株価を1株当たり50円下落させる）の両方の内部情報を有するに至った。これらの内部情報は，外部に開示されておらず，株価に反映していないものとする。発明とリコールを同時に発表する場合，株価は，会社Aの基礎的価値の見積りと一致し続けることができるが，わが国の法制度では，発明とリコールを同時に発表するために，一方の開示を遅らせるという法制度にはなっていない。発明が先に発表されれば，株価は，経営陣の基礎的価値の見積りと比較して高騰するし，リコールが先に発表されれば，株価は，経営陣の基礎的価値の見積りと比較して廉価となる。また，この例は，株価が非効率的である場合も同様に当てはまる。例えば，会社Aの経営陣による会社Aの基礎的価値の見積りが1株当たり150円であるとして，株価が100円である場合に，発明のみを開示して，リコールを開示しないという法制度にはなっていない。

[854] 本書334頁注834）。

[855] 非効率的市場の場合に，虚偽記載に関する責任追及で株価を用いることができるかという点は，本書94頁にて簡単に検討した。民事責任に関する論点は，追って検討する（本書第4章）。

[856] 上場会社の株式について民事責任を追及し，損害賠償請求をする場合，損害額算定との関係で株価を参照することが考えられる。他方，民事的な損害賠償請求の場合には，責任追及に際して株価に言及しなくて良いときが考えられよう。第一に，証券取得の勧誘過程について虚偽表示がある場合である。この場合，原状回復がなされれば良いから，必ずしも株価を参照する必要がない（株式を返却して購入代金を返却してもらえば良い）。黒沼悦郎「証券市場における情報開示に基づく民事責任（3）」法協106巻2号291頁（1989）。第二に，刑事責任や課徴金を課す場合が考えられる。金融商品取引法は，有価証券報告書の重要な事項につき虚偽の記載のあるものを内閣総理大臣に提出した者に対して，10年以下の懲役もしくは1000万円以下の罰金またはこれを併科するという刑事罰を定めている（金商法197条1項1号）。法人に対しては，両罰規定として，7億円以下の罰金刑が定められている（金商法207条1項1号）。何が「重要な事項についての虚偽の記載」に該当するかが検討された事

第一に，株価の反応が情報の開示から遅れるとき，ある時点の株価を用いた損害賠償の算定が難しくなる。例えば，公表後1週間かけて情報が株価に反映すると仮定した場合を考える。金商法21条の2第3項は，虚偽記載等の事実の公表日前1ヶ月間の当該有価証券の市場価額の平均額（以下，本節において「公表日前価格変動」という）から当該公表日後1ヶ月間の当該有価証券の市場価額の平均額（以下，「公表日後価格変動」という）の有価証券の市場価額の平均額の差額を，当該虚偽記載等により生じた損害の額とする推定規定を設けている[857]。しかし，情報が市場に反映するまで時間がかかる場合，公表前後1ヶ月という期間の機能が，一部で損なわれる。なぜなら，①公表日前1ヶ月と1週間前から公表日前1ヶ月までの間に生じた情報も，公表日前価格変動に影響を与えてしまい，②公表日1週間前から公表日までの間に生じた情報が，公表日前価格変動に完全に反映されず，③公表日1週間前から公表日までの間に生じた情報が，公表日後価格変動に影響を与えてしまい，かつ④公表日3週間後から1ヶ月の間に生じた情報が公表日後価格変動に完全に反映されないからである。

　第二に，新たな情報に対して株価が過小または過大に反応する場合，虚偽記載の開示および虚偽記載等の事実の公表と株価変動との間の因果関係が損なわれるため，市場価格の変動を基礎として，損害額を算定する理論的根拠が一部で損なわれることになる。つまり，情報開示に対して，株価が反応しなかったことにより，虚偽記載が重要ではなかったということはできなくなるし，株価が反応したことについて，虚偽記載が重要であったという根拠が一部で損なわれることになる。

　　案が存在するが（例えば，神戸地判昭和53・12・26金判568-43〔山陽特殊鋼事件〕や大阪地判昭和52・6・28商事法務780-30〔日本熱学工業粉飾決算事件〕），虚偽記載が重要か否かの判定を株価への影響を結びつけて検討はしていない。ただし，株価への言及が皆無だというわけではない。例えば，山陽特殊鋼事件判決では，「株価を維持し，或いはその増資ならびに金融機関よりの資金の借入れを円滑にするため」という言及があり，虚偽記載が株価に影響を与えるという認識がある。損害の発生が必要な民事責任と違い，刑事罰に関しては，株価への影響を必ずしも求めず，虚偽記載を行わないという規範を定立していると考えられる。有価証券報告書の虚偽記載に対する課徴金の額が虚偽記載の内容にかかわらず，所定の額（600万円または有価証券の市場価額の総額の10万分の6のいずれか大きい額（金商法172条の4第1項））だという点も，同様の考え方に基づくものであろう。

857) Donald C. Langevoort, *Taming the Animal Spirits of the Stock Markets: A Behavioral Approach to Securities Regulation*, 97 Nw. U. L. Rev. 135, 177–78 (2002)（株価の参照を一時点ではなく，期間とすることで，ノイズおよび他の株価を変動させる情報が存在する可能性が，株価に基づく計算を難しくすることを指摘する）。

ここで,「一部で」という限定が付される理由は,新たな情報が株価変動に影響を与えたかという点については,統計的な主張や立証が可能だからである[858]。しかし,この場合にも,当該情報が与えた影響がどの程度なのかを立証することは難しく,統計的な主張や立証には限界があるように思われる[859]。

第三に,既に市場に存在する情報が著名なメディアに取り上げられることにより株価が変動する場合,発行者による情報開示と株価変動との間の因果関係が損なわれるため,市場価格の変動を基礎として,損害額を算定する理論的根拠が損なわれることになる[860]。つまり,発行者が適切に情報開示義務を果たしたにもかかわらず,株価変動は,その後どのようにメディアが開示された情報を取り扱うかによるのであれば,発行者による開示と株価変動との間の因果関係を認めることが難しくなり,発行者等に対して株価変動の責任を負わせることが難しくなるであろう[861]。

---

[858] 本書96頁注242)参照。
[859] 過去のデータから非効率的市場においてベータが1であると判明している会社Aが存在し,虚偽記載から虚偽記載の判明や当該虚偽記載の判明による株価の変動の時点においても市場平均が一定であると仮定する。虚偽記載が判明した日に株価が1,000円から500円に下落したことが,会社Aのボラティリティと比較して統計的に有意であるかを検証することは市場が非効率だとしても可能である。本書96頁注242)参照。株価が500円下落したことが統計的に有意であることは,虚偽記載の判明と株価の下落の相関が有意であることを意味する。しかし,虚偽記載の影響が幾らであるかを統計的に明らかにするものではない。
[860] 市場が効率的な場合,既に開示された情報は,市場価格に反映されるため,メディアで取り上げられて株価が下落しても,当該下落について責任を負うことにはならないと解されよう。Longman v. Food Lion, Inc., 197 F.3d 675, 684 (4th Cir. 1999) (既に市場に開示済みであることによる抗弁(truth-on-the-market defense))。このような事例を取り上げて議論する例として,Donald C. Langevoort, Basic at Twenty: Rethinking Fraud on the Market, 2009 WIS. L. REV. 151, 173–74.
[861] ある上場会社が製品の不具合を開示した1ヶ月後に,著名なテレビ局のニュース番組で特集が組まれ,当該不具合を報道し,翌日に株価が下落する場合,当該株価変動について,発行者等が責任を負うのは酷であろう。

第7節　小括と検討

本章から得られる示唆　本章では，開示制度が必要となる理論的な根拠を検討した。本章での検討は，次のように類型化できるであろう。

第一に，①投資家の合理性および市場の効率性を仮定し，また，取引費用が存在しないと仮定した場合，企業内容の開示制度は，発行者と投資家の間の情報の非対称性の解消というより（本書244頁）も，潜在的な投資家に利益を与えることにより生じる外部利益を得る役割の方が大きいように思われる（本書227頁）。

第二に，投資家の非合理性および市場の非効率性を前提とし，また，取引費用が存在する場合でも，投資家の合理性を仮定した場合と同様，正の外部性を得ることができるという効果が考えられる。しかし，投資家が非合理的である場合または市場が非効率的である場合，開示制度による効果が減少し（本書306頁），ひいては得られる正の外部性は減少すると考えられる（本書338頁）。投資家の非合理性および非効率的市場を改善するためという観点から開示を用いることが考えられるが，投資家の合理性を仮定した場合よりも開示の方法がより重要になる（本書325頁）。非合理的な投資家を前提とした開示制度は，非合理的な投資家のアンシステマティック・リスクの軽減に資するという点が重要となる（本書324頁）。

本章を踏まえてみると，金商法上の情報開示は，会社と投資家の間に存在する情報の非対称性を解消し投資家の自己責任を問うためのものであるといった主張は，あまりに曖昧であることがわかる。なぜなら，投資家が合理的であることを前提とすれば，情報が存在しない場合には，証券の購入価格を下げるという対応ができるのであり，情報の非対称性を解消することなく自己責任を問うことができる（本書176頁注166））からである。それでも情報開示を強制するのは，正の外部性を生じさせるなど，情報開示制度により社会厚生を増加させるためであろう（本書211頁）。

他方，投資家が非合理的であることも多く（本書299頁），非合理的な投資家がすべての情報開示を理解することによって情報の非対称性を完全に解消することは望むべくもない。そうだとすれば，当該非合理的な投資家には，完全開示ではなくても情報の開示方法を工夫して，当該投資家がアンシステマティック・リスクを少しでも減少させることで満足するという法政策が考えられる（本書324頁）。

本書と過去の論考の主張の関係　　本書では，投資家の合理性と非合理性，市場の効率性と非効率性，社会厚生，市場の失敗，利益移転などを意識して開示制度を検討したが，過去の論考においても，これらの論点は，暗黙のうちに考慮されていたように思われる。そのような例を幾つか挙げてみたい。

第一に，「投資者が有価証券について合理的な投資判断をするためには，基礎となる十分な情報を有していることが必要である」[862]という開示制度の根拠付けは，投資家が合理的に証券の価値判断ができることを前提としていると理解できる。同様に，開示制度の理由付けとして投資家の自己責任を問うための前提を形成するという理由[863]が挙げられていたが，これも合理的な投資家を前提とした上での議論と理解できる。

第二に，「一般投資者は，有価証券の投資判断に必要な情報を，発行者その他の者から入手する経済的な力を有しない」[864]という場合や会計情報に関して「会計情報の正確性と比較可能性の確保のために，財務諸表の作成について一定の規制を置く必要がある」[865]という場合には，情報開示に正の外部性が存在することを前提としていると理解できる。情報の公衆縦覧は株主以外の投資者（潜在的な投資者を含む）が情報を安価に入手することができるようになるという正の外部性を生じ（本書240頁），また，財務諸表の比較可能性を高めることも正の外部性を生じうる（本書238頁）からである。

第三に，「投資判断に有益な情報の確保の必要性」[866]という理由も支持される。合理的な投資家は，完全開示によって証券の価値を把握することができる

---

[862] 神崎ほか・前掲注16) 193頁。
[863] 本書175頁参照。
[864] 神崎ほか・前掲注16) 193頁，山下＝神田編・前掲注10) 59頁〔久保大作〕。
[865] 山下＝神田編・前掲注10) 144頁〔久保大作〕。
[866] 山下＝神田編・前掲注10) 58頁〔久保大作〕。

し，非合理的な投資家を前提とするとしても開示の方法を工夫することによって当該投資家のアンシステマティック・リスクを減じることができるかもしれないからである。

　第四に，情報の非対称性に言及するもの[867]は，情報格差を正確に理解できないという点で，投資家の限定合理性を考慮に入れていると理解できる。

　第五に，開示制度の目的として，既存の株主と新たに証券を購入する者との利益調整の機能があることに言及したが，過去の論考で証券の価値を把握するために情報開示が必要だと述べる文献は，典型的な詐欺の事案だけでなく，証券保有者間の利害調整も考慮していると理解できる[868]。なお，開示制度が効率的な資源配分に資するという意見があったが，本章の分析によれば，この機能は富の公正な配分に資するという機能と比較して限定的であるといえよう（本書 180 頁）。

小 括　本章では，法の経済分析の観点から開示制度を分析する視座を定め，その役割を一定程度明らかにすることができたと思われる。抽象的にいえば，金商法の開示制度は，様々な目的や対象について，規制をし，社会厚生を最大化しようと努めているように思われる。具体的にいえば，次の二点である。

　第一に，金商法には，合理的な投資家を対象としている部分と非合理的な投資家を対象とした部分の両方が明示的に分けられずに混在している。そして，市場参加者には合理的な投資家と非合理的な投資家の両方が存在するのだから，両方を対象とした法制度が必要だという点は首肯できよう。開示制度に関していえば，今後は，法制度の目的が合理的な投資家（情報に基づき取引する投資家）のための情報提供なのか，または，非合理的な投資家（情報を処理する能力のない投資家）のための情報提供なのかを場面ごとに意識する必要があろう。

　第二に，金商法には，富の配分（富の配分の公正性）を対象としている部分と富の増加（社会厚生の最大化）を対象とした部分も混在しているといえよう。本書が主張するように，富の配分を公正にすることで社会活動が活発化するのであれば社会厚生の最大化に資する面もあるのであるから（本章第 4 節），これらの

867）松尾・前掲注27）89頁（投資者と発行者との情報の非対称性に言及する）。
868）近藤ほか・前掲注9）104頁。

両方が金商法に存在するという点は首肯できよう。開示制度に関していえば，実証研究等の手法を用いて，富の配分の公正や費用便益を分析し，富の配分の公正性と富の最大化の実現を目指すことが必要となろう。

情報開示に基づく責任の理論

第1節 序　論
第2節 開示に基づく民事責任制度の概要
第3節 開示制度と責任制度
第4節 損害因果関係と損害額
第5節 金商法21条の2に関する諸問題

第1節 序　　論

第1款　序　　論

　民事責任規定は，被害者の救済（つまり賠償）だけでなく，情報の開示を行う者に対して正確かつ誤解を生じせしめない開示を行わせる予防的な機能を有することが指摘されている[1]。

　開示書類に対する虚偽記載について民事責任を負わせる規定は，金商法中に複数存在する[2]。それぞれの責任規定の要件や効果は，対象となる書類の種類や目的に応じて異なっている。金商法における開示に基づく民事責任の規定を一つ一つ順に検討することも重要ではあるが，既にコンメンタール等が存在し，個々の条文の意味を明らかにするための努力が続けられている。また，浅く広く多くの論点を研究するよりは，幾つかの重要な論点について，検討することで，本書が目的とする市場の効率性や法と経済学の視点を活かすことができると思われる。

　そこで，本章では，開示書類に対する虚偽記載に基づく民事責任に関して，重要であると思われる理論的な課題を検討することにする。

第2款　検討対象(外)とする虚偽記載

　本章において検討対象(外)とする虚偽記載は，次の通りである。

---

1) 神崎克郎「証券取引法上の民事責任」大森忠夫先生還暦記念『商法・保険法の諸問題』212-213頁（有斐閣・1972）（民事責任規定一般について，情報開示に際して十分に注意を払い，正確かつ誤解を生ぜしめない開示を行なわせる予防的機能を有すると述べる），神田秀樹「上場株式の株価の下落と株主の損害」曹時62巻3号637頁注5）(2010)。
2) また，神田秀樹教授は，金商法のエンフォースメントの強化および複線化の理由を，日本の証券市場の公正さと健全さが確保されることを目的とするものと解している。神田・前掲注1) 637頁注5)。

価格が下落する情報の隠匿，価格が上昇する虚偽記載　本章では，特に損害賠償の請求の文脈において，発行者である株式会社が，株式の価格が下落する情報を隠匿し（例えば，損失が発生したにもかかわらず，その事実を隠匿する）または株式の価格が上昇する虚偽記載を行い（例えば，実際の業績よりも良い決算発表を行う），その後，隠匿または虚偽記載を行った事実が判明して株価が下落するという例を前提として議論を行う。しかし，株式の価格が上昇する情報を隠匿し（例えば，マネジメント・バイアウトの直前に株価を上昇させないために企業価値を大幅に増大させることになる新薬の開発成功の事実を隠匿する）または株式の価格が下落する虚偽記載を行い（例えば，市場価格を大幅に上回るプレミアムを付した企業買収の提案が第三者によって非公開でなされ，そのうわさが市場に流れて株価が上昇したがその事実を否定する），その後，隠匿または虚偽記載を行った事実が判明して株価が上昇する場合でも，理論的には，同様の問題が存在する[3]。株価を下落させる開示を怠ったことについてのみ責任が生じる場合，経営者は，株価を上昇させる情報の開示をためらい，株価を下落させる情報は進んで開示するということになりかねないからである[4]。

しかし，説明を簡略化するために，株式価格が上昇する情報を隠匿しまたは株式の価格が下落する虚偽記載を行う場合については，議論を省略する[5]。

---

[3] 黒沼悦郎「証券市場における情報開示に基づく民事責任（五・完）」法協106巻7号1189頁，1202頁（1989）。実際，平成26年改正前金商法21条の2のように前者の場合のみについて責任規定を置く場合が存在した。この点に批判的な意見として，黒沼悦郎「証券取引法における民事責任規定の見直し」商事1708号5頁（2004）。例えば，米国連邦取引所法10条(b)項に関して争われたBasic Inc. v. Levinson, 485 U.S. 224 (1988)事件は，Basic社が他社と合併の交渉中である事実を明示的に否定し，その後，他社と合併交渉中である事実に続き，他社によるBasic社株式への公開買付けを発表した事案であった。Id. at 227–28. Basic事件では，原告は，Basic社が合併の交渉中である事実を明示的に否定したため，株式を売却したと推定される投資家であった。Id. at 228 n.5. 平成26年改正前金商法21条の2について，河本一郎＝大武泰南『金融商品取引法読本〔第2版〕』107頁（有斐閣・2011）。

[4] 株価を下落させる情報のみ進んで開示することの意味は，検討する必要があろう。

[5] 平成26年改正前金商法21条の2に関して，証券の売却に関する責任が認められない点を問題視するものとして，黒沼悦郎「金融商品取引法21条の2の見直しに当たっての意見」金融審議会新規・成長企業へのリスクマネーの供給のあり方等に関するワーキング・グループ（第8回）」1頁（2013年11月13日），http://www.fsa.go.jp/singi/singi_kinyu/risk_money/siryou/20131121/04.pdf (last visited Aug. 13, 2014)。類似の指摘として，黒沼・前掲注3) 1203頁（旧証券取引法22条および24条の4に関する類似の指摘）。この問題は，より広い問題を含意している。すなわち，①流通市場での価格が虚偽記載によって歪む場合について誰かが責任を負うのか，②誰かが責任を負う場合には，誰が責任を負うのか（そしてそれが厳しすぎないか），および③流通市場の価格に情報が反映されるにもかかわらず，誰も責任を負わない場合がある場合には（任意開示が典型例である），当該情報に基づき歪んだ株価が形成されるという事実を法政策として許容できるかという問題である。この問題は，簡単には解決できないが，①虚偽の情報開示について誰も責任を負わないという状

任意開示書類　　金商法上の虚偽記載は，法定開示書類が対象だが，任意開示書類に対しても法的な関与が必要であると指摘されている[6]。民法上の不法行為責任が問われる可能性はある[7]。

思うに，任意開示書類に対して法的責任を課すことが許される潜在的な理由は，二つ挙げられるように思われる。第一に，任意開示書類も法定開示書類と同様に投資家の投資判断に影響を与え，また，市場価格に影響を歪ませる可能性があるからである[8]。第二に，決算情報等のように任意開示に基づき開示される情報が法定開示として追って開示される場合，市場価格への影響は，任意開示の時点でほとんど織り込まれるため，任意開示の時点でその影響を測ることが整合的であるからである。

任意開示に対する法的責任を課す場合の留意点として，法定開示より短い時間で任意開示書類の開示を行わなければならない場合，開示に関与する者に対して過度の負担を課すことになり，ひいては，迅速な任意開示書類の開示が行われなくなる可能性があることが考えられる。

この問題は重要ではあるが，本書では取り扱わない。

段階的に行われる虚偽記載，徐々に明らかになる真実　　虚偽記載が行われる場合，同一の虚偽を複数回にわたって開示する場合や複数の事項について虚偽記載を行い，虚偽記載（の開示）のタイミングが複数となる場合が考えられる。また，真実が明らかになる場合も，複数回の開示によってある一つの虚偽記載の真実が徐々に明らかになる場合や複数の虚偽記載が複数の開示によって

　　況は，相場操縦との関係で許容できないため，何らかの責任を負わせる必要があるとして，不法行為責任で十分か，相場操縦等の不公正取引の規制で十分か，虚偽記載として責任を負わせべきかといった検討の余地があろう。また，②この責任を補償として捉えるか抑止として捉えるかという法政策的判断の問題があるように思われる。なお，米国の証券訴訟の数について調べると，悪い（企業価値を下落させる）情報を隠匿する事案の数が良い（企業価値を上昇させる）情報を隠匿する事案よりも多い。Jennifer H. Arlen & William J. Carney, *Vicarious Liability for Fraud on Securities Markets Theory and Evidence*, 1992 U. ILL. L. REV. 691, 735 tbl.1（1975年から1990年までのデータに関する実証研究において企業価値を低く開示する事案の数は，8.7%を占めるのみである）。

6) 尾崎安央「開示制度に関する覚書」別冊商事369号58頁（2012）（理由として，虚偽表示による弊害が任意開示にも生じること，および虚偽表示を排除する法的関与が許されるであろうことを挙げる）。
7) 山下友信＝神田秀樹編『金融商品取引法概説』143頁〔有斐閣・2010〕〔久保大作〕，同217頁〔小出篤〕（投資者保護に欠けるという意見があることに言及），近藤光男＝吉原和志＝黒沼悦郎『金融商品取引法入門〔第4版〕』301頁（商事法務・2015），神崎克郎＝志谷匡史＝川口恭弘『金融商品取引法』424頁（青林書院・2012）。
8) 尾崎・前掲注6) 58頁 。

徐々にあきらかになる場合が考えられる。特に虚偽記載が行われる期間が長期にわたる場合，このように虚偽記載が複数回行われる可能性や複数の事項について虚偽記載が行われる可能性が高まるであろう。

虚偽記載が段階的に行われる場合や真実が徐々に明らかになる場合，虚偽記載の株価への把握は，1回だけ虚偽記載を行い，虚偽記載を行った事実の開示が1回だけの開示で明らかになる場合と比較して，複雑になる。

本書では，議論を単純にするために，別途明示する場合を除き，ある一つの事項について虚偽記載が1回だけ行われ，それが1回の開示で判明するという事案について議論する。

第2節　開示に基づく民事責任制度の概要

第1款　序　論

　金商法上の情報開示に関する責任は，様々な観点から分類が可能である。
- 第一に，金商法上の情報開示に関する責任は，民事責任，行政上の措置または刑事罰に分類できる。本書では，民事責任に関して検討する。
- 第二に，金商法上の情報開示に関する民事責任は，虚偽記載に基づく民事責任，それ以外に基づく民事責任に分類できる[9]。実務において，①有価証券の届出の必要性の有無，②金商法13条2項1号に従った目論見書の交付の必要性の有無，③届出の免除規定を用いる場合には免除規定等の確認が重要視されるのは，これらの違反への責任が規定されており，違反行為により生じた損害の賠償責任を課せられるからに他ならない。この点で，虚偽記載以外に基づく責任も重要ではあるが，本書では，情報開示に焦点をあてているため，主に虚偽記載に基づく民事責任を扱う。
- 第三に，虚偽記載に基づく民事責任について，責任を負う文書に基づく分類が可能である。すなわち，有価証券届出書および発行登録書，目論見書，有価証券報告書等の継続開示書類，ならびに確認書および内部統制報告書という分類である。本書では，重要性の観点から，有価証券届出書，目論見書および継続開示書類に基づく責任を検討する。
- 第四に，虚偽記載に基づく民事責任について，責任を負う者に基づく分類が可能である。すなわち，発行者，役員，売出人，公認会計士および

---

9) 岸田雅雄監修『注釈金融商品取引法第1巻』229頁（金融財政事情研究会・2011）〔加藤貴仁〕，黒沼・前掲注3) 1193-1194頁。後者の例として，届出の効力発生前の有価証券の取引禁止および目論見書の交付に違反した場合の責任規定（金商法16条）ならびにこの規定の発行登録への準用（金商法23条の12第4項）がある。

監査法人，元引受金融商品取引業者ならびに有価証券を取得させた者という分類である。本書では，発行者による情報開示を扱っているが，責任に関しては，発行者以外の者が責任を負う場合も重要であるため，発行者の責任に限定せず，議論を進める。

本節では，次の順で，金商法における開示に関する民事責任規定を概観する。
- 金商法18条1項
- 金商法21条1項
- 金商法22条
- 金商法21条の2
- 金商法18条2項
- 金商法21条3項
- 金商法17条
- 金商法16条

第2款 有価証券届出書に関する虚偽記載に基づく発行者の賠償責任（金商法18条1項）

第1目 序 論

序論 　金商法18条1項において，発行者（有価証券届出書の届出者）は，有価証券届出書のうちに，重要な事項について虚偽の記載があり，または記載すべき重要な事項もしくは誤解を生じさせないために必要な重要な事実の記載が欠けているとき（以下，本款において「虚偽記載等」という），有価証券を当該募集または売出しに応じて取得した者に対し，損害を賠償する責任を負う（金商法18条1項）。

重要性 　重要性は，有価証券の取得者が立証しなければならないが，金商法18条のように立証責任の軽減を図った規定が置かれている場合，厳格な重要性の立証責任を負わせることは，法に民事責任規定を置いた意味を失わせることになるとの指摘がある[10]。

---
10) 山下＝神田編・前掲注7) 179頁〔小出篤〕。もっともな意見であるが，重要性の定義が損害賠償請求する条文によって変わるということはないようにも思える。小出篤教授が指摘するように，重要性

不法行為との比較　民法709条は,「故意又は過失によって他人の権利又は法律上保護される利益を侵害した者は,これによって生じた損害を賠償する責任を負う」と定める。同条に関し,原告は,①権利侵害(違法性),②相手方の故意・過失,③権利侵害(違法性)と損害との間の因果関係,④損害額の主張・立証を要する[11]。金商法18条1項について,因果関係と故意過失の立証を軽減し(金商法18条),損害額について,法定している(金商法19条)。

損害因果関係の推定,取引因果関係　投資家は,金商法18条1項に基づく責任を追及する場合,虚偽記載等と損害との因果関係(損害因果関係)の立証を免除される[12]。

金商法18条1項に基づく責任では,虚偽記載等と同法19条に定める賠償額という損害との間に因果関係が認められるということになる。同法19条が損害額を法定し,これが原状回復的損害賠償責任額であることから,金商法は,届出書の虚偽記載等がなければ証券を取得しなかったと考えているように思われる[13]。同法18条に基づく責任は,有価証券を取得する際に,虚偽記載等を信頼したか(取引因果関係)も問題としていない[14]。取引因果関係が要求されな

は,投資者投資市場一般にとって抽象的に客観的に重要かで判断されると解する場合,なおさらである。山下=神田編・前掲注7) 179頁〔小出篤〕。

11) 内田貴『民法II債権各論〔第3版〕』331頁(東京大学出版会・2011)。
12) 近藤ほか・前掲注7) 196-197頁,山下=神田編・前掲注7) 187頁〔小出篤〕。
13) 岸田監修・前掲注9) 247頁〔加藤貴仁〕(虚偽記載等の重要性との関係で,虚偽記載等がなかったら(真実の記載がされていたら)同じ条件で有価証券を取得したとはいえなかった場合には,虚偽記載等の重要性が認められると指摘されていることに言及し,また,この考え方によると,虚偽記載等の重要性の判断と不実表示と損害の因果関係の判断の大部分が重なることになると指摘する)。かつて米国において市場に対する詐欺理論に関して,重要性,取引因果関係,損害因果関係および損害が一つの論点となることがあると指摘された。Daniel R. Fischel, *Use of Modern Finance Theory in Securities Fraud Cases Involving Actively Traded Securities*, 38 BUS. LAW. 1, 13 (1982). Daniel R. Fischel教授の論文で挙げられた論点を検討するものとして黒沼悦郎「証券市場における情報開示に基づく民事責任(3)」法協106巻2号289-292頁(1989),黒沼・前掲注3) 1234-1235頁。重要性,取引因果関係,損害因果関係および損害が一つの論点となるためには,①市場が効率的,および②損害額算定の法理が取得時差額説であるという条件を満たす必要があるように思われる。Fischel教授の論文は,市場に対する詐欺理論(fraud-on-the-market theory)を議論したものであり,市場の効率性を前提とし,また,損害額算定方式は,現実損害賠償方式(out-of-pocket measure)を意図していると思われる。Fischel, *supra* note 13, at 8 n.25. 市場が効率的ではない場合,重要な情報が開示されたとして,株価の反応が有意であれば重要性の条件を満たすという基準を設定することができるが,それでも損害額を測ることができない。損害額の算定の法理が取得時差額説でない場合,損害因果関係と損害は,別途計算しなければならないという問題がある。
14) 岸田監修・前掲注9) 250頁および注19〔加藤貴仁〕,鈴木竹雄=河本一郎『証券取引法〔新版〕』227頁(有斐閣・1984),神崎ほか・前掲注7) 549頁,山下=神田編・前掲注7) 187頁〔小出篤〕,近藤ほか・前掲注7) 196-197頁。

い理由として,有価証券届出書が公衆縦覧され,市場価格の形成に影響を与えるなどを通じて,有価証券の取得者に間接的な影響を与えているからと解されている[15]。取引因果関係の推定が市場への情報開示を基礎とする場合は,投資家が,市場価格に信頼を置いていると解しているからであろうか。

　損害因果関係との関係でも虚偽記載等によって,証券の市場価格形成が影響を受けることが挙げられることがある[16]。この点,①流通市場の効率性と発行市場の効率性では,発行市場の効率性の方が認められ難い(例えば,新規の証券募集では,流通市場でのオークションと比較して価格形成プロセスが脆弱である),および②販売圧力が存在している,という理由から,虚偽記載等が市場価格形成に影響を与えていると言い切ることが難しい。そのため,損害因果関係に関連して,発行開示書類への虚偽記載と発行価格を結びつけることには,慎重であるほうが良いと思われる。発行市場では,重要性,取引因果関係,損害因果関係および損害を分けることが難しい[17]が,救済として原状回復的損害賠償が法定されているのだから,単に重要な虚偽記載等があれば,取引因果関係を満たすことができ,取引因果関係が満たされれば,原状回復的損害賠償が正当化できると考えるだけで十分なように思われる(本書62頁参照)。

虚偽記載公表前に処分した株主　なお,あたり前のことではあるが,金商法19条1項2号の文言[18]にもかかわらず,虚偽記載が発覚する前に証券を売却した投資家は,同法18条に基づく損害賠償請求はできないと理解すべきであろう。虚偽記載が発覚する前に売却した場合[19],損害因果関係が観念できないからである。

---

15) 岸田監修・前掲注9) 250頁および注20〔加藤貴仁〕。近藤ほか・前掲注7) 197頁,神崎ほか・前掲注7) 551頁注1。この考え方は,有価証券届出書の開示と市場価格,ひいては,購入価格への影響を肯定している。発行市場において,発行市場に対する詐欺が成立するか否かという論点(または,発行価格を歪ませるかといった論点)を惹起するものである。

16) 近藤ほか・前掲注7) 197頁,山下＝神田編・前掲注7) 188頁〔小出篤〕。

17) *See* Fischel, *supra* note 13, at 13.

18) 金商法19条は,「前条〔虚偽記載のある届出書の届出者等の賠償責任〕の規定により賠償の責めに任ずべき額は,請求権者が当該有価証券の取得について支払つた額から次の各号の一に掲げる額を控除した額とする。……二〔損害賠償を請求する時より〕前に当該有価証券を処分した場合においては,その処分価額」と定める。

19) 事案によって,真実が徐々に株価に反映する場合や,虚偽記載と表面的には別だが本質的には同様の理由が明らかにされ株価が徐々に下落する場合などが考えられるが,ここでは限界事例は考慮に入れていない。

損害因果関係の推定　有価証券の取得者が，当該取得の申込みの際，有価証券届出書の記載が虚偽でありまたは欠けていることを知っている場合，届出者は，金商法 18 条の責任を負わない（金商法 18 条 1 項但書）。虚偽記載等を知りながら取得することで，虚偽記載等と損害の間の因果関係が認められないためである[20]。証券取得者が虚偽記載等を知っていたことは，発行者が立証しなければならない[21]。

無過失責任　金商法 18 条 1 項の責任は，無過失責任であり，発行者は虚偽記載等について過失がなかったということを証明しても，責任を免れない[22]。同条の無過失責任について，政策的な意味で合理性があると述べたものがある[23]。

流通市場に対する責任　本条は，昭和 23 年の制定当初は，「当該有価証券を取得した者に対し」と規定されていたものが，証取法昭和 46 年改正において，「当該有価証券を当該募集または売出しに応じて取得した者」に改められた（募集または売出しに応じないで取得した者についての規定は証取法 22 条として定められた。ただし，同条の規定では，発行者は，責任主体に含まれていない）ものである[24]。

有価証券届出書により開示された情報により，市場価格が歪められることが考えられる。この場合，募集または売出しに応ずることなく有価証券を取得した者も損害を被ることがある。しかし，募集または売出しに応ずることなく有価証券を取得した者は，有価証券の発行者と直接の取引関係に立たず，発行者は，責任を負わない[25]と説明されている。発行者が，募集または売出しに応ずることなく有価証券を取得した者に対して，不法行為責任に基づく損害賠償責

---

20) 山下＝神田編・前掲注 7）187 頁〔小出篤〕，岸田監修・前掲注 9）248 頁〔加藤貴仁〕。
21) 近藤ほか・前掲注 7）196 頁，山下＝神田編・前掲注 7）187 頁〔小出篤〕。
22) 近藤ほか・前掲注 7）197 頁，山下＝神田編・前掲注 7）187 頁〔小出篤〕，神崎ほか・前掲注 7）550 頁，岸田監修・前掲注 9）248 頁〔加藤貴仁〕。
23) 前越俊之「証券不実開示訴訟における『損害因果関係』―合衆国連邦最高裁判所 Dura Pharmaceuticals, Inc. v. Broudo 判決とその示唆を中心に」福岡 53 巻 4 号 384 頁（2009）。
24) 上田善久「企業内容開示制度の見直し（改正証取法・金融先物取引法の解説）」商事 1147 号 9 頁，11 頁（1988）は，「当初の証取法においては，有価証券届出書提出者についてのみその後の有価証券報告書提出義務が発生するという構造になっていたため，後者が前者に対しある程度従たる位置づけとなっていたことによるものと考えられる」と述べる。
25) 神崎ほか・前掲注 7）550 頁，神田秀樹監修『注解証券取引法』124-125 頁（有斐閣・1997）。

任を負う可能性は，残されている[26]が，金商法における有価証券届出書に関する虚偽記載等に基づく発行者の責任は，募集または売出しに応じて有価証券を取得した者に限定されていたといえる。

ただ，理論的に考える場合，不法行為責任に基づき有価証券届出書に関する虚偽記載に基づく発行者の責任が認められるのであれば，直接の取引関係に立たないことだけでは，必ずしも十分な説明にならないように思われる[27]。すなわち，昭和46年の時点で，政策的に，不法行為の特則として，有価証券届出書に関する虚偽記載等に基づいて流通市場において証券を取得した者に対する発行者の責任を規定しない理由を考えるべきであろう。流通市場に対して発行者が責任を負わない理由を考える場合，後述する循環問題（株主間の利益移転）が考えられる（本書378頁）。有価証券届出書の虚偽記載等に基づき発行者に対して責任追及ができない理由として，直接の取引関係に立たないという理由付けよりも，理論的な説得力は，高いように思われる[28]。なお，現在であれば金商法21条の2が存在し，有価証券届出書に基づく流通市場への虚偽記載について，発行者は責任を負う（金商法21条の2, 25条1項1号2号）。有価証券届出書に基づく流通市場への虚偽記載に対する責任規定の効果について，金商法21条の2条に基づく効果の方が金商法18条に基づく効果よりも適切であると考えることができるかもしれない。

消滅時効・除斥期間　金商法18条に基づく損害賠償請求権は，請求権者が虚偽記載等を知った時または相当な注意をもって知ることができた時から3年間で消滅する（金商法20条前段）。除斥期間は，届出がその効力を生じた時から7年間と定められている（金商法20条後段）。大量かつ迅速に行われる証券取引について早期に解決する必要性と流通市場の安定が理由とされている[29]。

---

26) 神崎ほか・前掲注7) 550頁，岸田監修・前掲注9) 247頁〔加藤貴仁〕。
27) 虚偽記載等と損害との因果関係の立証を不要とする理由として，有価証券届出書の虚偽記載等によって証券の市場価格の形成が影響を受け，その影響を受けた価額で投資者が証券を取得したことを挙げる場合に，特に問題となる。近藤ほか・前掲注7) 196–197頁。
28) この論点は，突き詰めると，会社（法人）自体に民法709条の責任を認める立場をとる場合も，流通市場における虚偽記載による損害が株主が一般的にその地位に基づいて被る損害である場合には，株主が会社に対し同条の責任を追及できないことになる。田中亘「金融商品取引法21条の2による発行会社の不実開示責任——ライブドア有価証券報告書虚偽記載事件」ジュリ1405号188頁（2010）。理論的に説得力の高い主張であると思われる。
29) 近藤ほか・前掲注7) 197–198頁，山下＝神田編・前掲注7) 189–190頁〔小出篤〕。

第2目　損害額

損害賠償額の法定　　金商法18条に基づく損害賠償額は，同法19条において法定されている[30]。この金額は，請求権者が当該有価証券の取得について支払った額から①同法18条の規定により損害賠償を請求する時における市場価額もしくは市場価額がないときは，その時における処分推定価額または②金商法18条の規定により損害賠償を請求するより前に当該有価証券を処分した場合においてはその処分価額を控除した額と定められている（金商法19条1項）[31]。ただし，損害の全部または一部が虚偽記載等によって生ずべき当該有価証券の値下がり以外の事情により生じたことを証明した場合は，責任を免れることになっており，この額も控除されることになる。

原告は，損害額を立証する必要がないという点で不法行為と比較して有利である[32]。

また，金商法19条で定める損害賠償額は，原状回復的な損害賠償という考え方と整合的であると指摘されている[33]。原状回復的な損害賠償を意図しているため，例えば，相場全体の変動や虚偽記載等とは関係ない発行者の状況の変動に基づいて当該有価証券の市場価格が下落したことによる損害の額を賠償額から減額することは認められるべきではないという意見がある[34]。

---

30) 法定しているので，金商法19条に定める以上の損害が現に発生しているとしても，損害賠償請求権を有しない。山下＝神田編・前掲注7) 188頁〔小出篤〕。この点，金商法19条は，損害賠償額の上限を定める機能があるといえる。山下＝神田編・前掲注7) 188–189頁〔小出篤〕。

31) 金商法18条に基づく損害賠償の損害額の観点からみれば，金商法19条1項1号の請求と2号の処分に差は存在しない。処分した場合には，その時点で19条に基づく損害額が確定し，保有する場合には，請求の時点で損害額が確定する。株式を保有し続けることは，課税の繰延べなどの点で利益がある一方，18条に基づく訴訟を提起すること自体が新たな情報として市場価格に反映し会社の株式時価総額を下げ，ひいては保有している株式の時価を下げる可能性があろう。

32) 山下＝神田編・前掲注7) 188頁〔小出篤〕。

33) 山下＝神田編・前掲注7) 188頁〔小出篤〕，神崎ほか・前掲注7) 550頁，近藤ほか・前掲注7) 197頁（虚偽記載がなければ投資者が有価証券を取得しなかったであろう蓋然性が高いものとみていると述べる）。神田・前掲注1) 5頁。

34) 山下＝神田編・前掲注7) 189頁〔小出篤〕。黒沼悦郎「ディスクロージャーの実効性確保─民事責任と課徴金」金融研究25巻法律特集号76頁（2006）は，19条2項に鑑みて原状回復方式としては不徹底であると指摘する。そもそも，何が金商法19条2項が規定する虚偽記載等によって生ずべき有価証券の値下がり以外の事情により生じた損害に該当するのかは解釈の余地がある点を措いて少し検討してみたい。近藤ほか・前掲注7) 197頁（金商法21条の2第5項の議論が妥当すると指摘する）。仮に，①当該有価証券のベータを勘案した市場平均の変動と連動した下落と②当該有価証券のベータを勘案した当該証券固有の株価変動（超過収益）を損害額控除すると解釈する場合で，③投資家が虚偽記載等を行っていたことが判明してその情報が反映された直後に株式を売却し，かつ，

第3目　有価証券届出書の虚偽記載等と売出人への利益移転

金商法 19 条は損害賠償額に基づく株価下落を含むか

前述の通り，金商法 18 条は，有価証券の取得者が原状回復的損害賠償を請求できると定めている。この点，売出しの場合には，①同法 18 条に従って負う損害賠償に基づく株価下落を含むか，および②売出人と残存株主との利害調整の問題がある。次の前提を置いた上で，例を挙げて検討する。

- 取引費用が存在しない。
- 価値判断に際して時間価値を考慮しない。
- インフレを考慮しない。

会社 Y の発行済株式総数は，120 株であり，負債は存在しないとする。A が 80 株，B が 40 株を保有している。会社の本源的価値（＝ 株主価値）は，120 万円とする。そのため，1 株が 1 万円の価値を持つことになる（1,200,000/120 ＝ 10,000）。

今般，会社は，有価証券届出書を提出して，B を売出人とする売出しを行ったとする。当該有価証券届出書には，虚偽記載等が存在し，それに基づき株主価値は，180 万円と算出されたとする。すなわち，1 株当たり 1 万 5,000 円である（1,800,000/120 ＝ 15,000）。B は，40 株すべてを第三者である X に売却し[35]，購入者である X は，対価として 60 万円を支払ったとする（15,000×40 ＝ 600,000）。その後，虚偽記載等が判明し（真実が明らかになり），本源的価値が 120 万円であ

---

④虚偽記載等が明らかになった際の株価下落が虚偽記載等によって生じた企業価値の下落と一致するとき（例えば，会社の金庫に 100 万円あるという虚偽記載等をしていたが，当該記載が虚偽であると判明して（真実の判明）株式時価総額が 100 万円下落するとき），当該損害額説は，取得時差額説（取得時差額説については後述する）と整合的になる。④の金額が，100 万円を超える場合が考えられる。例えば，会社の信用が下落するときである（信用下落（credibility decline））。James J. Park, *Shareholder Compensation as Dividend*, 108 MICH. L. REV. 323, 330 (2009). 真実が判明して 100 万円を超える下落をした際に，原状回復的損害賠償額から①と②を控除するのであれば，それは実質的には，市場下落説（市場下落説については後述する）と整合的であるといえよう。この論点について，黒沼悦郎「有価証券届出書の虚偽記載 (1)」金融商品取引法（2009年 1 月 24 日），http://blogs.yahoo.co.jp/mousikos1960/23421576.html (last visited Aug. 13, 2014) および黒沼悦郎「有価証券届出書の虚偽記載 (2)」金融商品取引法（2009年2月12日），http://blogs.yahoo.co.jp/mousikos1960/24334781.html (last visited Aug. 13, 2014) を参照した。また，同様の議論が西武鉄道事件についてなされている。黒沼悦郎「判批」金判1396号6頁（2012）。なお，金商法19条2項の規定は，市場の影響（上昇する場合も下落する場合も考えられる）を除くとは規定されておらず，値下がりのみについて規定しているため，必ずしも取得時差額説や市場下落説と整合的な結果となるわけではない。

35) X は，1 人でも複数でも良い。

ることが明らかになったとする（すなわち，1株当たり1万円）。Xは，40万円の本源的価値の証券に60万円を支払ったことになる。

ここで，Xの損害賠償請求額が，損害賠償額に基づく株価下落を含むかが問題となる。この例に基づいていえば，株価が5,000円を超えて値下がりする場合[36]に，Xは，その分の値下がりも18条に基づいてYに請求できるかという問題である[37]。仮に，5,000円超の株価下落も，18条に基づいて請求できるとしよう。その上で，証券市場が，Xが有価証券届出書の虚偽記載等で会社Yを訴えることを予想するとする[38]。また，Xは，虚偽記載等が判明して株価が下がったところで当該証券を第三者であるCに売却するとする。結論からいうと，この状況では，Cに売却する際の市場価格は，1株当たり7,500円となる[39]。

この状況で，Xは，1株あたり7,500円（購入代金の1万5,000円から市場株価の7,500円を減じた差）を金商法18条および19条に基づき請求できるだろうか。関連条文をみる限り，1株当たり7,500円の損害を請求できないとする根拠は，

---

36) 損害賠償を会社が支払うことを予想して，株価が下落する点は，Park, *supra* note 34, at 330で指摘されている。
37) 金商法19条2項に基づく，「重要な事実の記載が欠けていたことによって生ずべき当該有価証券の値下り以外の事情」に該当するかが問題となる。
38) 訴訟の結果を予期した価格への言及として，Martin Gelter, *Risk-shifting Through Issuer Liability and Corporate Monitoring*, 14 EUR. BUS. ORG. L. REV. 497, 502 (2013).
39) Xが会社Yに対して18条に基づき20万円の損害賠償を請求することを勘案すると，株主価値は，120万円から100万円（1,200,000 − 200,000 = 1,000,000）に下がる。すると，株価は，100万円を発行済株式総数の120で除した8,333円（1,000,000/120 = 8,333.333）になる。Xは，15,000円で株式を購入しているのであるから，8,333円を前提とすると，1株当たり6,667円の損害を被っていることになる（15,000 − 8,333 = 6,667）。この前提だと，損害賠償額は，26万6,680円（6,667 × 40 = 266,680）になる。当初20万円しか損害賠償額として勘案していなかったが，それが26万余に増加しているため，再度これに基づいて，株主価値を算定すると，株主価値は，93万3,320円（1,200,000 − 266,680 = 933,320）に下落する。これを繰り返すと，1株7,500円で均衡する。なぜなら，Dを損害賠償額とすると，Xが保有する株式の価値は，120万円からDを減じた差に3分の1を乗じた積となる。これに損害賠償額Dを加えた和が60万円になれば，Xにとって原状回復ができるわけだから，次の式を解けば良い。

$$(120 - D) \times \frac{1}{3} + D = 60 \tag{4.1}$$

$$D = 30 \tag{4.2}$$

すると，Dは，30となる。株価が7,500円に下落すると，Xの損害額は，1株当たり7,500円（15,000 − 7,500 = 7,500）である。これに40を乗じた30万円（7,500 × 40 = 300,000）が損害賠償額となる。株主価値は，120万円から30万円の損害賠償額を減じた90万円（1,200,000 − 300,000 = 900,000）となる。90万円を発行済株式総数の120で除すと，商は，7,500円となる（900,000/120 = 7,500）。

見当たらないように思われる。

残存株主から売出人への利益移転　仮に，株価が 7,500 円となったところで，X が株式を売却し，訴訟により 30 万円の損害賠償を得たとする。X は，金商法 18 条の意図するところの原状回復的損害賠償を得たわけである。そこで，X が満足して，同法 21 条に基づく B に対する訴訟を提起しないとする。

　A と B の関係をみてみると，まず，B は，1 株当たり 1 万 5,000 円で売り抜けている。1 万円で売るべきところ，1 万 5,000 円で 40 株売却しているのだから，虚偽記載等により，20 万円の利益を得ているといえる（$(15{,}000 - 10{,}000) \times 40 = 5{,}000 \times 40 = 200{,}000$）。次に，A をみてみると，A が保有する株式は，1 株当たり 7,500 円となっている。この金額は，虚偽記載等を行う前の 1 株当たり 1 万円を 2,500 円下回るものである。虚偽記載等を行う前の価値が 1 株当たり 1 万円だったのだから，保有している 80 株で $2{,}500 \times 80 = 200{,}000$ の損失を被っている。すなわち，株主として残った A から株式を売り出した B に対して，利益移転が生じるのである。少なくとも，金商法上，A がこの損失を B に対して請求する手段は存在しない。B が共同創業者であるような場合はともかく[40]，少数株主であったベンチャーキャピタルであるような場合，有価証券届出書の作成にも関与しておらず，A による B への利益の返還は困難なように思われる[41]。また，X から B への共同不法行為に基づく求償について検討してみると，①そもそも，B が少数株主であるような場合には有価証券届出書の作成に過失が存在せず，B が責任を負わない可能性がある，②責任を負ったとしても，X への支払いが A に与える影響は持分割合に従うので，填補の効果が薄い，および③共同不法行為に基づく求償は，過失割合（あるいは損害への寄与の割合）に従ってなされるので[42]，必ずしも B が得た利益の額の吐き出しにはならないということがいえるだろう。

　ここから得られる示唆は，次の通りである。

---

40) 売出人が責任主体となり，連帯債務を負い，ひいては，連帯債務者間で求償が行われるような事案が考えられよう。岸田監修・前掲注9) 271頁〔加藤貴仁〕参照。

41) 山下＝神田編・前掲注7) 196頁〔小出篤〕（金商法21条に基づく責任について，売出人が有価証券届出書の虚偽記載に積極的な関与をしておらず，かつ，知りうる立場にないことが多いため，無過失が認められることは比較的多いであろうと指摘する），神崎ほか・前掲注7) 556頁注4。

42) 内田・前掲注11) 543頁。

- 第一に，第三者である有価証券の取得者を想定すれば，金商法 18 条に基づく発行者に対する責任追及により，虚偽記載が判明した時点の証券取得者の損害が填補される。
- 第二に，損害がすべて填補されれば当該証券取得者は，満足するのであるから，金商法 18 条と 21 条の立証責任の差から，21 条よりも 18 条に基づく責任を追及する可能性が高い。
- 第三に，売出した証券に対して発行者が原状回復的な損害賠償をすると，売出人と会社に残った株主の間に利益移転が生じる。

売出人の責任については，立法的な検討の余地があるように思われる[43]。

第 3 款　有価証券届出書に関する発行者以外の賠償責任（金商法 21 条 1 項）

序論　有価証券届出書に関する発行者以外の責任には，金商法 21 条に基づく責任と 22 条に基づく責任がある。ここでは，21 条について概観する。

金商法 21 条 1 項は，①有価証券届出書を提出した会社のその提出の時における取締役，会計参与，監査役もしくは執行役もしくはこれらに準ずる者（以下，本款において「役員」という）または当該会社の発起人（その提出が会社の成立前にされたときに限る）（金商法 21 条 1 項 1 号），②売出しに係る有価証券の所有者（以下，本款において「売出人」という）（金商法 21 条 1 項 2 号）[44]，③監査証明をした公認会計士または監査法人（以下，本款において「監査人」という）（金商法 21 条 1 項 3 号）[45]，④元引受金融商品取引業者等（以下，本款において「引受人」という）（金商法

---

[43] 神崎克郎教授，志谷匡史教授および川口恭弘教授の代表的教科書において，すべての売出人に有価証券届出書の虚偽記載の責任を課すことの立法的妥当性は検討の余地があったとの記述がある。神崎ほか・前掲注 7) 555 頁。岸田監修・前掲注 9) 274 頁〔加藤貴仁〕，黒沼悦郎ほか「座談会不適切開示をめぐる株価の下落と損害賠償責任（上）」商事 1906 号 11 頁（2010）〔黒沼悦郎発言〕（立法論としては，売出しの場合は手取金を取得している売出人に売出し分についての無過失責任を課し，発行者の責任は過失責任にすべきであると述べる）。

[44] 売出人は，必ずしも有価証券届出書を作成する立場にないが，発行者に相当の影響力を行使できる立場にいることが考慮されたと指摘される。神崎ほか・前掲注 7) 555 頁。

[45] 監査人は，財務計算に関する書類であるから，それ以外の虚偽記載等には，責任を負わないと解される。山下＝神田編・前掲注 7) 197 頁〔小出篤〕，近藤ほか・前掲注 7) 199 頁，神崎ほか・前掲注 7) 556 頁注 4，岸田監修・前掲注 9) 275 頁〔加藤貴仁〕。

21条1項4号,21条4項)が,有価証券届出書に重要な事項について虚偽の記載があり,または記載すべき重要な事項もしくは誤解を生じさせないために必要な重要な事実の記載が欠けている(以下,本款において「虚偽記載等」という)とき,有価証券を募集または売出しに応じて取得した者に対し,記載が虚偽でありまたは欠けていることにより生じた損害を賠償する責任を課している。

「応じて取得した者」　　本条は,昭和46年改正に際して追加されており,その範囲は,発行者の場合と同じく,「募集又は売出しに応じて取得した者」となっている[46]。「募集又は売出しに応じて取得した者」は,民法709条に基づく損害賠償請求を行うことができるが,本条により民法と比較して,投資家側が故意・過失を立証せずとも良い(役員等が免責事由を証明した場合に免責されるため,立証責任の転換された過失責任となっている)という点で損害賠償責任の追及が容易になっている[47]。

発行者以外に責任主体を拡大し,有価証券届出書の虚偽記載等に関して,役員,発起人,売出人,監査人および引受人が責任を負う理由として,①募集または売出しについて重大な責任を有していること[48],ならびに②発行者の責任だけでは,損害の救済を担保するためには不十分な可能性があること[49],および救済としても抑止としても不十分であることが挙げられる[50]。

投資家の主観　　有価証券の取得者が,当該取得の申込みの際,有価証券届出書の虚偽記載等を知っていた場合,提出会社の役員,発起人,売出人,監査人および引受人は,金商法21条に基づく責任を負わない(金商法21条1項但書)[51]。

過失責任　　金商法21条1項は,立証責任を転換した過失責任であり(同条2項)[52],それぞれ,次の事項を証明した場合は,責任を免除される。

---

46) 鈴木＝河本・前掲注14) 229頁注5。
47) 岸田監修・前掲注9) 267–268頁〔加藤貴仁〕,山下＝神田編・前掲注7) 192–193頁〔小出篤〕。
48) 河本一郎＝関要監修『三訂版逐条解説証券取引法』163頁(商事法務・2008)。
49) 河本＝関監修・前掲注48) 163頁。
50) 岸田監修・前掲注9) 267頁〔加藤貴仁〕,河本一郎「証券取引法の基本問題――民事責任を中心として」神戸21巻3–4号237頁(1972)。
51) 有価証券の取得者が虚偽記載等を知っていたことは,有価証券の発行者の役員,発起人,売出人,監査人および引受人の側が立証することを要する。神崎ほか・前掲注7) 553頁,近藤ほか・前掲注7) 198頁,山下＝神田編・前掲注7) 195頁〔小出篤〕。
52) 神崎ほか・前掲注7) 553頁,山下＝神田編・前掲注7) 193頁〔小出篤〕,近藤ほか・前掲注7) 198–199頁,岸田監修・前掲注9) 268頁〔加藤貴仁〕。

- 役員，発起人，売出人は，①記載が虚偽でありまたは欠けていることを知らず，かつ，②相当な注意を用いたにもかかわらず知ることができなかったこと。
- 監査人は，監査証明をしたことについて故意または過失がなかったこと。
- 引受人は，①記載が虚偽でありまたは欠けていることを知らず，かつ，②監査証明をされた財務計算に関する書類に係る部分以外の部分については，相当な注意を用いたにもかかわらず知ることができなかったこと。

引受人は，監査証明をされた財務計算に関する書類に係る部分については，過失に基づく責任を負わないと読めそうであるが，これについては，ゲートキーパーとしての責任を負うべき立場にあることから批判がある[53]。

損害額および損害因果関係　損害額は，虚偽記載等によって生じた損害の額であり，有価証券の取得者が立証する[54]。

損害因果関係も有価証券の取得者が立証すると解される[55]。損害因果関係の法理として，①取得時差額説，②取得自体損害説，③市場下落説[56]のどれが該当し，どれが該当しないかが問題となるが[57]，事案によりどれも考えられるように思われる[58]。

取引因果関係　取引因果関係について，金商法18条の責任と同様に，虚偽記載等のある有価証券届出書を実際に読んだことまでは要求

---

53) 近藤ほか・前掲注7) 200頁，山下＝神田編・前掲注7) 198-199頁〔小出篤〕，神崎ほか・前掲注7) 558頁，岸田監修・前掲注9) 278頁〔加藤貴仁〕。
54) 神崎ほか・前掲注7) 553頁。
55) 山下＝神田編・前掲注7) 194頁〔小出篤〕，岸田監修・前掲注9) 268頁〔加藤貴仁〕。
56) これら三つの説の概要について，例えば，神崎ほか・前掲注7) 569頁注8，岸田監修・前掲注9) 269-271頁〔加藤貴仁〕。
57) 神崎ほか・前掲注7) 553頁（金商法19条が参考になると述べる），山下＝神田編・前掲注7) 194-195頁〔小出篤〕。
58) 一般論として，理論的には，取得時差額説が優れていると思われる。ただ，法理上は，西武鉄道事件で修正取得自体損害説が認められ，ライブドア事件で金商法21条の2第3項でいう損害が取得時差額に限定されないと判示されたため，21条の損害賠償法理もこれに影響を受けると思われる。西武鉄道事件の評釈として，黒沼悦郎「判批」神田秀樹＝神作裕之編『金融商品取引法判例百選』別冊ジュリ214号12頁（有斐閣・2013），黒沼・前掲注34) 4頁，飯田秀総「判批」ジュリ1440号111頁（2012），近藤光男「判批（上）」商事1951号4頁（2011），近藤光男「判批（下）」商事1953号21頁（2011）。なお，西武鉄道事件とライブドア事件の法理の差について，黒沼悦郎教授は，結論として，「修正取得自体損害説は，……市場下落説と同じ結論になる可能性が高い」と指摘する。本書も，この理解に依拠している。黒沼・前掲注34) 6頁。

されないと考えるべきという意見がある[59]。しかし,発行市場の効率性は,流通市場とは別に考えられるべきであるし[60],損害額の推定や法定も無過失責任を定める条項も存在しないため,金商法21条1項に関して,取引因果関係の推定には,慎重であるべきと思われる。

第4款　有価証券届出書に関する発行者以外の賠償責任（金商法22条）

序論　金商法22条1項は,①発行会社の取締役,会計参与,監査役もしくは執行役もしくはこれらに準ずる者（以下,本款において「役員」という）または当該会社の発起人（その提出が会社の成立前にされたときに限る）,および②監査証明をした公認会計士または監査法人（以下,本款において「監査人」という）が,有価証券届出書に重要な事項について虚偽の記載があり,または記載すべき重要な事項もしくは誤解を生じさせないために必要な重要な事実の記載が欠けている（以下,本款において「虚偽記載等」という）とき,流通市場で当該有価証券を取得した者（募集または売出しによらないで取得した者）に対し,記載が虚偽であり,または欠けていることにより生じた損害を賠償する責任を課している。流通市場における投資家を救済する理由として,有価証券届出書が公衆縦覧に供されることが挙げられている[61]。

---

[59] 山下＝神田編・前掲注7）194頁〔小出篤〕。

[60] 本書第2章で検討した通り,米国連邦裁判所は,取引所法10条(b)項および規則10b-5に基づく証券クラスアクションに関連して,市場に対する詐欺理論を認め,その前提として,市場が効率的であることを要求している。しかし,連邦裁判所は,発行市場の効率性については,明示的に認めていない。2006年の第2巡回区合衆国控訴裁判所の判決では,新規株式公開は,効率的ではないと述べる。*In re* Initial Public Offerings Sec. Litig., 471 F.3d 24, 42 (2d Cir. 2006). 同様に,1990年の第6巡回区合衆国控訴裁判所の判決では,新規に発行された地方債について効率的な市場ではない理由として,①公開の市場は,誰でもまたは多くの者が売買を行うことができるものであること,②発達した市場は,高い水準での活動および頻度で〔売買が行われ〕かつ価格や取引高などの情報が広く利用可能である,および③効率的な市場は,価格が新たな情報に速やかに(rapidly)反応するものであると述べる。Freeman v. Laventhol & Horwath, 915 F.2d 193, 198–99 (6th Cir. 1990) (citing Cammer v. Bloom, 711 F. Supp. 1264, 1276 n.17 (D.N.J. 1989)). なお,増資の場合に,流通市場の株価を参照して発行価格が決定される点は,効率的な市場として検討の余地があるように思われる。

[61] 鈴木＝河本・前掲注14）231頁,岸田監修・前掲注9）313頁〔加藤貴仁〕,山下＝神田編・前掲注7）192頁〔小出篤〕。

責任主体　金商法 22 条の責任主体は，役員，発起人と監査人に限定され，売出人や元引受契約を締結した証券会社に対しては適用がない。その理由として，本条に基づく責任が流通市場に関するものであることが挙げられている[62]。

過失責任，損害因果関係，取引因果関係　金商法 21 条 2 項が準用され，立証責任を転換した過失責任となっている（金商法 22 条 2 項）[63]。発行者の責任とは異なり，有価証券届出書の虚偽記載等と，自己の損害との因果関係（損害因果関係）を積極的に立証する必要があると解されている[64]。取引因果関係については，必ずしも明示的に議論されていないように思われる[65]。なお，下級審において，金商法 24 条の 4，21 条 1 項 1 号，22 条 1 項の責任追及が認められた事案において，修正取得自体に損害が認められた事案がある[66]。

投資家の主観　金商法 22 条には，「ただし，当該有価証券を取得した者がその取得の申込みの際記載が虚偽であり，又は欠けていることを知っていたときは，この限りでない」という文言がないことから取得者の側で虚偽記載等を知らずに取得したことを立証する必要があるとの見解がある[67]。

準用　なお，金商法 22 条は，24 条の 4（有価証券報告書），24 条の 4 の 6（内部統制報告書），24 条の 4 の 7 第 4 項（四半期報告書），24 条の 5 第 5 項（半期報告書および臨時報告書）において準用されている。これらの規定については省略する。

---

62) 鈴木＝河本・前掲注14) 231 頁，岸田監修・前掲注9) 313 頁〔加藤貴仁〕，近藤ほか・前掲注7) 202 頁。
63) 山下＝神田編・前掲注7) 193 頁〔小出篤〕，神崎ほか・前掲注7) 553 頁。
64) 近藤ほか・前掲注7) 202–203 頁，山下＝神田編・前掲注7) 194 頁〔小出篤〕。
65) 虚偽記載等が市場価格に何らかの影響を与えたことを示せば足りるという意見として，近藤ほか・前掲注7) 209 頁。
66) ①上記投資者が当該虚偽記載の公表後，上記株式を取引所市場において処分したときはその取得価額と処分価額との差額，また，②保有し続けているときはその取得価格と事実審口頭弁論終結時の上記株式の市場価格との差額という原状回復的損害賠償額を基礎とした上で，西武鉄道事件最高裁判決（最三小判平成23・9・13民集65–6–2511）を引用して経済情勢等による下落分を虚偽記載に起因しないとして差し引いている。東京地判平成25・2・22金法1976–113。
67) 岸田監修・前掲注9) 315 頁〔加藤貴仁〕，河本＝関・前掲注48) 172 頁。他方，役員の側で立証すべきと解するものとして，神崎ほか・前掲注7) 554 頁注1。

第5款　虚偽記載等のある公衆縦覧書類の提出者の賠償責任（金商法21条の2）

第1目　序　論

　本款では，虚偽記載等のある公衆縦覧書類の提出者の賠償責任を定める金商法21条の2を検討する。

　なお，本款が参照する条文は，平成26年に成立した金融商品取引法等の一部を改正する法律（法律第44号，平成26年3月14日提出，平成26年5月23日成立）による項番号の繰り下げを反映していることに留意されたい。

序　論　　金商法21条の2は，同法25条1項各号に掲げる公衆縦覧書類[68]（以下，本款において「書類」という）のうちに，重要な事項について虚偽の記載があり，または記載すべき重要な事項もしくは誤解を生じさせないために必要な重要な事実の記載が欠けているとき（以下，本款において「虚偽記載等」という）は，当該書類の提出者である発行者は，当該書類が公衆縦覧期間中に当該書類の提出者[69]が発行者である有価証券を募集または売出しによらないで取得した者に対し，虚偽記載等により生じた損害を賠償する責任を負うと定める。

　金商法21条の2には，以下の通り，損害額に関する規定が存在する。

- 金商法21条の2に基づく賠償責任の限度額を同法19条1項の例によって算出した額とする（金商法21条の2第1項本文）[70]。
- 虚偽記載等の事実の公表がされた日（以下，「公表日」という）前1年以内に当該有価証券を取得し，当該公表日において引き続き当該有価証券を所有する者は，当該公表日前1ヶ月間の当該有価証券の市場価額（市場価額がないときは，処分推定価額）の平均額から当該公表日後1ヶ月間の当該有価証券の市場価額の平均額を控除した額を，虚偽記載等により生じた損害の額と推定することができる（金商法21条の2第3項）[71]。この推

---

[68] 金商法25条1項5号および9号の確認書を除く。
[69] 親会社等状況報告書およびその訂正報告書（金商法25条1項12号）に関しては，同報告書の提出者を親会社等とする発行者を意味する。
[70] 金商法19条1項は，上限を定めるのみであり，後述する損害賠償の推定額が19条1項により定められるという趣旨ではない。山下＝神田編・前掲注7) 203頁〔小出篤〕。
[71] 黒沼・前掲注3) 6-7頁，山下＝神田編・前掲注7) 205頁〔小出篤〕。なお，虚偽記載によって証券を（購入した者ではなく）処分した者について，損害額の推定規定は，適用とならない（金商法21条

第 2 節　開示に基づく民事責任制度の概要

定規定について，次の二つの規定が存在する。

　第一に，損害額の推定について，損害の額の全部または一部が，虚偽記載等によって生ずべき当該有価証券の値下がり以外の事情により生じたことを発行者が証明したときは，損害から除外される（金商法21条の2第5項)[72]。

　第二に，損害額の推定について，損害の全部または一部が，①虚偽記載等によって生ずべき当該有価証券の値下がり以外の事情により生じたことが認められ，かつ，②当該事情により生じた損害の性質上その額を証明することが極めて困難であるときは，裁判所は，口頭弁論の全趣旨および証拠調べの結果に基づき，賠償の責めに任じない損害の額として相当な額の認定をすることができる（金商法21条の2第6項)。

発行者が責任を負う根拠について，市場の価格形成に影響を与えるという理由を挙げるものが多い[73]。ただし，市場の効率性を意図しているのか，市場の効率性を前提としないで価格の歪み (price distortion) に基づいて議論しているのかは，必ずしも明らかではないように思われる[74]。

提訴期間　　金商法21条の2に基づく提訴期間は，虚偽記載等がされた書類の同法25条1項に基づく公衆縦覧期間中に限られる。準強度の効率的市場仮説に基づけば，虚偽記載等は，開示された瞬間に市場価格に反映されるのだから，公衆縦覧に供されている間は当該提出者の発行する有価証券の市場価格形成に影響を与える[75]という考え方は（準強度の効率的市場を前提とする限りで）正確ではない。他方，非効率的市場を前提とすれば，①（その合理性は措くが）投資家が古い情報をみて投資判断を行う可能性，②古い情報に基づいて市場価格が影響を受ける可能性，③情報が開示された後，株価に反映するまで時間が掛かるという可能性が考えられるだろう[76]。

の2第3項）。大谷潤ほか「新規上場企業の負担軽減および上場企業の資金調達の円滑化に向けた施策」商事2040号74頁（2014）。
72) 投資者による損害因果関係の立証が難しいように，発行者による損害因果関係の切断の立証も難しいことが指摘されている。山下＝神田編・前掲注7) 208頁〔小出篤〕。
73) 山下＝神田編・前掲注7) 201–202頁，216頁〔小出篤〕，黒沼・前掲注3) 6–7頁。
74) 第2章96頁注242) 参照。
75) 山下＝神田編・前掲注7) 201–202頁〔小出篤〕。
76) 提訴期間は，法的安定性という面からは短い期間となり，非効率的な市場において情報が株価に反映するまで長い期間が必要となるのであれば，長い期間となりうるだろう。西武鉄道のように虚偽記載が長期に継続する場合に，どの程度の期間とすべきかは，検討の余地があろう。

無過失責任の過失責任への改正　金商法 21 条の 2 に基づく責任は，無過失責任であった[77]が，平成 26 年に改正され（以下，「平成 26 年改正」という）[78]，立証責任が転換された過失責任となった。新設された金商法 21 条の 2 第 2 項は，「前項の場合において，賠償の責めに任ずべき者は，当該書類の虚偽記載等について故意又は過失がなかったことを証明したときは，同項に規定する賠償の責めに任じない」と定める。

　立法化にあたり，提出会社の無過失とは，当該提出会社の役員等に過失がない場合とすべきか，従業員を含めた提出会社の構成員全体に過失がない場合とすべきかを明記することが考えられる[79]。この点，金融審議会内に設置されたワーキング・グループでは，①過失の前提となる注意義務を負うべき者は，個々の事案ごとに相当程度異なりうること，および②他の法令においても，法人自身の不法行為責任における故意・過失の判断対象となるべき者を具体的に例示している規定は見当たらないことから，法令において特段の明記は行わず，個別の事情に応じた妥当な解釈に委ねることが適当であるとされた[80]。なお，当該ワーキング・グループでは，金商法上の損害賠償責任が発生するのは，そもそも，当該有価証券報告書等の重要な事項について虚偽の記載があった場合等に限定されており，重要な事項について虚偽の記載がある事案では，通常，役員に何らかの注意義務違反がある場合が多いと考えられることから，両者いずれの立場に立っても，結果的には実際には大きな違いは生じないものと考えられると指摘されている[81]。

損害賠償を請求できる者　損害賠償を請求できる者は，有価証券の取得者に限定され，処分者は，含まれていなかった[82]。この点，金商法平成 26 年改正 1 条により，虚偽記載等のある有価証券報告書等の提出者に係る賠償責任について，損害賠償の請求権者に有価証券を処分した

---

77) 近藤光男＝吉原和志＝黒沼悦郎『金融商品取引法入門〔第3版〕』198頁（商事法務・2013），山下＝神田編・前掲注7) 201–202頁〔小出篤〕，神崎ほか・前掲注7) 564頁。
78) 金融商品取引法等の一部を改正する法律（法律第44号，平成26年3月14日提出，平成26年5月23日成立）第1条。
79) この論点について，例えば，藤林大地「不実開示に対する発行会社の故意・過失の意義―我が国の法改正とアメリカ・カナダ・イギリス法の動向を中心に」金法1997号25頁（2014）。
80) 金融審議会新規・成長企業へのリスクマネーの供給のあり方等に関するワーキング・グループ（以下，「リスクマネーWG」という）「報告書」21頁（2013年12月25日）。
81) リスクマネーWG・前掲注80) 21頁。
82) この点，批判があった。近藤ほか・前掲注77) 292–293頁。

投資家の主観 　有価証券の取得者が，当該有価証券の取得の際，虚偽記載等を知っている場合，金商法21条の2に基づく責任は，生じない（金商法21条の2但書）。取引因果関係がなくなるからだと解されよう[83]。この立証責任は，発行者の側にあると解されている[84]。

損害額，損害因果関係，損害因果関係論 　判例は，金商法21条の2第1項にいう「損害」とは，一般不法行為の規定に基づきその賠償を請求することができる損害と同様に，虚偽記載等と相当因果関係のある損害をすべて含むものと解する（最三小判平成24・3・13民集66-5-1957）。

一般的に，虚偽記載と因果関係のある損害の立証は難しいが，金商法21条の2は，一定の損害額の推定により（同条3項），投資家の立証負担を軽減している[85]。ただし，推定損害額を超える損害の賠償を請求するときは，投資者の側で虚偽表示等と超過部分の損害との間の因果関係を立証しなければならない[86]。

公表日前後の株価を用いた趣旨は，虚偽記載等によって影響を受けた（価格の歪み）市場価格で有価証券の取引をした者は，取引時のあるべき市場価格（想定価格）と市場価格（売買価格）との差額分（取得時差額）の損害を被るとした上で[87]，下落額を取得時差額と評価したものであると理解できよう[88]。

金商法21条の2の法理では，同法19条1項の上限を満たすのであれば，取得時差額説，市場下落説および取得自体損害説のいずれも用いることができるように思われる[89]。

---

83) 黒沼・前掲注3) 5頁。
84) 山下＝神田編・前掲注7) 209頁〔小出篤〕。
85) 近藤ほか・前掲注7) 202頁，山下＝神田編・前掲注7) 204頁〔小出篤〕。
86) 近藤ほか・前掲注7) 299頁。
87) 黒沼・前掲注3) 7頁，山下＝神田編・前掲注7) 204頁〔小出篤〕。
88) 黒沼・前掲注3) 7頁。現実に，下落額と取得時差額が一致しない場合の問題について，後述する。近藤ほか・前掲注7) 298頁，近藤光男「ライブドア株主損害賠償訴訟判決の検討」商事1846号11頁(2008)，山下＝神田編・前掲注7) 204-205頁〔小出篤〕（金商法21条の2は，理論的にありうる推計方法のうちの一方法によってその近似値をシミュレートするものにすぎないと述べる），神田・前掲注1) 7頁。
89) 最三小判平成24・3・13民集66-5-1957（金商法21条の2第3項における損害について取得時差額に限定されないと解する）。松岡啓祐「判批」神田＝神作編・前掲注58) 15頁。19条1項を上限としているのは，取得時差額説とは整合的である。取得時差額は，取得時の取得価額を超えることがないからである。また，同法21条の2第3項の推定の規定ぶりは，本文において議論した通り，市場下落説と整合的な規定といえよう。また，19条1項を上限として原状回復的な損害賠償が可能であると

金商法21条の2第3項を援用できる者　金商法21条の2第3項を援用できる者は，公表日前1年以内に当該有価証券を取得し，当該公表日において引き続き当該有価証券を所有する者である。公表日前1年以内に限定されている点には，批判がある[90]。本来の趣旨に鑑みれば，虚偽記載後に取得した株主のうち虚偽記載後公表日まで保有したものとすべきだろう[91]。

取引因果関係　金商法21条の2の規定は，取引因果関係を推定したものと解されている[92]。取引因果関係を推定する法理については，公衆縦覧に供されている書類の虚偽記載などに基づいて市場の価格形成がされていること[93]が挙げられているが，少し詳しく試論を述べておきたい。

● 米国における市場に対する詐欺理論は，採用しない。米国における市場に対する詐欺理論は，市場の効率性を前提としているが，金商法21条の2において市場の効率性を前提とする必要はないと考える[94]。

● 市場が効率的ではないとしても，市場に情報が反映して市場価格が歪む可能性はある。価格の歪み (price distortion) が取引因果関係を推定する根拠となる[95]。

● 価格の歪み（換言すれば，虚偽記載の市場価格への影響）は，本来的には，原告が立証すべきであるが，金商法21条の2では，同条3項によって推定されていると解する。価格の歪みが存在しない場合，同条5項により，発行者は免責されるはずである。

この試論は，黒沼悦郎教授がかつて議論したもの[96]と類似しているが，①市場に対する詐欺理論の考え方ではなく，価格の歪み（価格に対する影響）を用いている点（およびこれに付随する点）ならびに②金商法21条の2に価格の推定規定が存在することを前提としている点に相違がある。ファイナンスの分野での

　　解するものとして，山下＝神田編・前掲注7) 205頁〔小出篤〕。
90) 山下＝神田編・前掲注7) 206頁〔小出篤〕。
91) Park, *supra* note 34, at 331–32. 加藤貴仁「流通市場における不実開示と投資家の損害」新世代法政策学研究11号322–328頁（2011）。
92) 近藤ほか・前掲注7) 209頁，山下＝神田編・前掲注7) 209頁〔小出篤〕，近藤・前掲注88) 11頁，神崎ほか・前掲注7) 566頁。
93) 山下＝神田編・前掲注7) 209頁〔小出篤〕。
94) 市場に対する詐欺理論については，本書55頁参照。
95) 本書96頁注242) 参照。
96) 黒沼・前掲注3) 1235–1237頁。

市場の非効率性の研究の発展を考慮すれば[97]，この修正は，妥当なものであると思われる。

損害賠償額の上限（金商法19条1項の準用） 理論上，取得時差額説を突き詰めると，損害賠償額の上限は，取得時の購入価格となる。金商法21条の2が，取得時差額説に立つと理解すれば，損害賠償額に上限を設けるという考え方には，根拠があることになる。ただし，同法19条の規定は，原状回復的損害賠償を前提としており，これは，取得時差額説とは整合性がとれない[98]。

また，市場下落説に基づく場合，損害賠償額の上限は，取得時の購入価格に限定されないから，そもそも上限を設けるという発想と平仄を合わせるのは，難しいように思われる。

公表日の定義 虚偽記載の事実の公表は，当該書類の提出者または当該提出者の業務もしくは財産に関し法令に基づく権限を有する者により，当該書類の虚偽記載等に係る記載すべき重要な事項または誤解を生じさせないために必要な重要な事実について，金商法25条1項の規定による公衆の縦覧その他の手段により，多数の者の知りうる状態に置く措置がとられたことと定義されている（金商法21条の2第4項）。発行者や監督官庁による報道発表，取引所のウェブサイトを通じた適時開示は「その他の手段」に含まれると解されている[99]。強制捜査によって風説の流布および偽計取引が明らかになった事案において，捜査権限を有している検察官も公表主体となるとされた判例がある[100]。また，同じ判決において，虚偽記載等に係る事項についての真実の情報がすべて公表される必要はなく，有価証券に対する市場の評価の誤りを明らかにするに足りる基本的事実が公表されれば足りると判示された[101]。

当該公表日前後1ヶ月間の市場価額平均 この論点については，市場の効率性との関係で議論した（本書83頁）。

なお，公表日後に1ヶ月の市場価額平均を参照する理由は，主に，公表日に

---

97) 市場の非効率性について，本書328頁参照。
98) 黒沼・前掲注3) 5頁。
99) 近藤ほか・前掲注7) 298頁。
100) 最三小判平成24・3・13民集66-5-1957，白井正和「ライブドア事件最高裁判決の検討（中）」商事1971号14頁（2012）。
101) 最三小判平成24・3・13民集66-5-1957。

公表された情報が市場に反映するまでに時間がかかるからであろう[102]。また，副次的な理由として，市場価格が操作されることを防ぐということもあるかもしれない[103]。

他方，「公表日に公表された情報が市場に反映するまでに時間がかかるから」という理由は，公表日前に1ヶ月の市場価額平均を参照する根拠にならない。そのため，公表日前に期間を用いて参照する理由は，市場価格が操作されることを防ぐということだけとなろう。この観点から，1ヶ月という期間が長すぎるのではないかという問題が生じうる[104]。

なお，金商法21条の2第3項における「公表日前」および「公表日後」に「公表日」は含まない（最二小判平成24・12・21集民242-91）。

法定開示書類以外の開示書類　なお，流通市場に対する責任を負担すべき書類は，法定開示に限られ（金商法21条の2について公衆縦覧書類），任意開示書類に基づく法的責任は，生じない[105]。

第2目　原告が売買を繰り返す場合

試　論　原告株主が売買を繰り返している場合に賠償責任の対象となる株式数について理論的に検討してみたい[106]。筆者の試論は，次の通

---

102) 山下＝神田編・前掲注7) 205頁〔小出篤〕（市場の過剰反応の影響に言及する）。
103) 山下＝神田編・前掲注7) 205頁〔小出篤〕（公表前後1ヶ月の市場平均を用いる理由として，市場価格形成における偶発的要因に言及する）。
104) 例えば，アーバンコーポレーション事件では，「平成20年5月14日にその市場価格が716円（終値）となった以降，本件公表日に至るまで，ほぼ一貫して値下がりを続けていたことがうかがわれる」と株価が一定の傾向を示すことが裁判所によって認められている。最二小判平成24・12・21集民242-91〔アーバンコーポレーション再生債権査定異議申立事件判決〕。虚偽記載の内容がリークされ，少しずつ反映して下落する場合ならともかく，虚偽記載公表日前に一定の傾向を有する場合，本来の制度趣旨から外れている可能性に留意すべきであろう。同判決は，公表日前の株価の値下がりについて，虚偽記載等と相当因果関係のある値下がり以外の事情により生じた分が含まれていると認定している。①そもそも，金商法21条の2第5項が公表日前の株価変動に適用されることをどれだけ意識していたのかという点と②公表日前に株価が上昇している場合には修正がなされないであろうという点は，解釈上および理論的な問題として興味深い。
105) 山下＝神田編・前掲注7) 217頁〔小出篤〕（タイムリー・ディスクロージャーに規定が置かれていないことを指摘する）。
106) 同じ論点の研究について，藤林大地「不実開示に対する発行会社等の民事責任の構造に関する一考察」同法63巻4号1975頁（2011）（投資者間の利益移転問題の緩和という観点からも，損益相殺を行うことは不合理なことではないと考えられると述べる）。ただし，東京地判平成27・3・19資料商事379-213では，信用取引に基づく利益について損益相殺を認めていない。現物株式の売買以外について，損益相殺をどこまで認めるかは難しい問題である。

りである[107]。

発行者が虚偽記載を行うの時点を T_0 とし，当該虚偽記載が発覚する（真実が明らかになる）時点を T_1 とする。T_1 では，株価が下落するとする。株主 S が時点 T_0 より前に1株を購入し，当該株式を T_0 と T_1 の間で売却後，さらに T_1 の前に2株を購入した場合，理論的に考えれば株主 S は1株分について損益相殺の後，損害賠償請求権を有するはずである。

つまり，株主が T_0 の時点で所有している株式数を N_0 とし，T_1 の時点で所有している株式数を N_1 とする場合，$N_1 - N_0$ の株式に関して被った損害の賠償を請求できるということになる[108]。

なぜこのような考え方が理論的かといえば，取得時差額説の立場に立つか，または，株価の下落が取得時差額と同額だと仮定して考えればわかりやすい。まず，個々の株主の損害は無視して，虚偽記載によって株価が高騰し，その後，真実が明らかになったと仮定する。損害の総額は，虚偽記載が発覚した際の時価総額の下落額から虚偽記載により利益を得た株主の利益を減じた差と一致するはずである。上述の計算方法はこの考え方と整合的である。つまり，① $N_1 - N_0$ が正の値をとる株主は，虚偽記載について損害を被った株主，② $N_1 - N_0$ がゼロの株主は虚偽記載の影響を受けていない株主，および③ $N_1 - N_0$ が負の値をとる株主は，虚偽記載について利益を得た株主ということになる[109]。

---

107) 本試論は，流通市場での取引が専らゼロ・サム・ゲームであることから演繹的に導かれよう。Janet Cooper Alexander, *Rethinking Damages in Securities Class Action*, 48 STAN. L. REV. 1487, 1496 (1996)。米国のクラスアクションにおけるクラスの損害の総額の問題として言及するものとして，王子田誠「流通市場における会社の不実開示責任について（2）」駿河台25巻2号43頁（2012）。米国の取引所法10条(b)項に基づく証券クラス・アクションは，いわゆるオプト・アウト(opt-out)式であるために，わが国よりも難しい問題を有する。Daniel R. Fischel & David J. Ross, *The Use of Trading Models to Estimate Aggregate Damages in Securities Fraud Litigation: A Proposal for Change*, in SECURITIES CLASS ACTIONS: ABUSES AND REMEDIES 133–35 (Edward J. Yodowitz et al. eds., 1994)は，クラス・アクションにおける損害の総額に影響を与える要素として，①クラス期間における取引高，②発行済み株式総数，③クラス期間における価格と真実の価格の差の推移，④取引のパターンを挙げる。
108) 各株主が請求できる賠償額は，$N_1 - N_0$ に，虚偽記載が株価に与えた影響額を乗じた積となる。取得時差額説に立てば株価取得時の想定額と取得額の差額であるし，市場下落説に立てば，真実が明らかになった際の株価の下落額である。
109) $N_1 - N_0$ が負の値となる株主が有する株式数の合計と $N_1 - N_0$ が正の値となる株主が有する株式数の合計は，一致する。流通市場での取引は，専ら，ゼロ・サム・ゲームであるから当然ともいえる。本書187頁参照。逆にいえば，誰かが流通市場で利益を得たから，他の株主に損害が発生したともいえる。例えば，虚偽記載の時点の株主構成と真実が明らかになった時点の株主構成が全く同じであれ

この試論に基づいて，①ライブドア事件の控訴審判決，②金商法21条の2に基づく請求可能額の算定方法が個別比較法により行われるべきか総額比較法により行われるべきか，および③原告が複数の口座を保有する場合について検討してみたい。

ライブドア事件の控訴審判決の評価　ライブドア事件の控訴審判決は，虚偽記載のある本件有価証券報告書提出後に取得した株式を上記公表前に一部売却している点について，高値で売却したことの利益を損害から差し引くこと（判決では，「損益相殺」という用語を用いている）を認めていないが，試論の考え方に立てば当然である（東京高判平成21・12・16金判1332-7）。虚偽記載等がなされた後に取得した株式を公表前に売却しても，$N_1 - N_0$ は変わらないため，利益が観念できないからである。

もし，この事案において，虚偽記載前から保有している株式を，虚偽記載の後に売却しているのであれば，高値で売却するという利益を得ており，この利益と損失との相殺を認めるべきであろう。

個別比較法，総額比較法　個別比較法とは，個々の取引ごとに金商法19条1項に定める限度額と同法21条の2第6項による控除後の推定損害額とを比較して，損害額を算定する方法である。総額比較法とは，取引の総額について19条1項に定める限度額と21条の2第6項による控除後の推定損害額を比較して，損害額を算定する方法である[110]。

本試論は，虚偽記載等が開示されるまで，虚偽記載等の影響は一定である[111]（取得時差額説と整合的な立場である）という立場に立っており，この観点からは，個別比較法よりも総額比較法が整合的である。ただし，事案によっては，真実が徐々に公表されるような場合が考えられ，この場合には，試論および総額比較法を用いることができず修正を余儀なくされるであろう。

原告が複数の口座を有する場合　原告が複数の口座を有する場合，個々の口座において試論でいう $N_1 - N_0$ を計算するの

ば，株式時価総額(market capitalization)が下がったようにみえても，そこに被害者は存在しない。他方，虚偽記載がされた後，真実が明らかになるまでに株主構成が変化する場合，売り抜けた株主が利益を得る一方，新たに株主となった者が虚偽記載等による損失を被るのである。

110) 白井正和「ライブドア事件最高裁判決の検討（下）」商事1972号25頁注86（2012）。
111) 例えば，「虚偽記載の事実は市場価格に影響を与え，市場価格で取引する者は等しく損害を被る」という指摘がある。黒沼・前掲注3) 6頁。

みならず，すべての口座で合計して $N_1 - N_0$ を計算しなければならない。実務的に煩雑であるという批判は免れないであろうが，これを行わない場合に，どのような問題が生じるのかを示しておきたい。

先ほど（本書360頁）用いた例と類似した事例を考えてみたい。次の前提を置いた上で，例を挙げて検討する。

- 取引費用が存在しない。
- 価値判断に際して時間価値を考慮しない。
- インフレを考慮しない。

会社 Y の発行済株式総数は，120株であり，負債は存在しないとする。A が 80 株，B が 40 株を保有している。会社の本源的価値（＝株主価値）は，120万円とする。そのため，1 株が 1 万円の価値を持つことになり流通市場においても 1 株 1 万円で取引されていたとする（1,200,000/120 = 10,000）。

会社 Y は，有価証券報告書を提出したとする。当該有価証券報告書には，虚偽記載等が存在し，それに基づき株主価値は，180万円と算出されるものとする。すなわち，流通市場において株価が 1 株当たり 1 万 5,000 円まで上昇する（1,800,000/120 = 15,000）。B は，二つの口座を持っていたとする。B′ と B″ である。B は，B′ において保有していた 40 株を売却し，その後，虚偽記載が発覚する前に（真実が明らかになる前に）B″ の口座において 40 株を購入したとする。その後，虚偽記載等が判明し（真実が明らかになり），本源的価値が 120 万円であることが明らかになったとする（すなわち，1 株当たり 1 万円）。

試論に基づけば，B の $N_1 - N_0$ は，ゼロであるから，B から会社への金商法 21 条の 2 に基づく損害賠償請求は行われない。このため，株価は，1 株当たり 1 万円となる。

他方，B′ の口座と B″ の口座を別のものと考える場合，B は，B″ の口座だけをみた場合に $N_1 - N_0$ が正の値になるから，B は，損害賠償請求権を有することになり，B は，40 万円の本源的価値の証券に 60 万円を支払ったことになる。

以下の分析も，前述の例と類似する。市場価格が，1 株当たり 7,500 円となり，B は，市場下落説に基づいて 1 株当たり 7,500 円（購入代金の 1 万 5,000 円から市場株価の 7,500 円を減じた差）を金商法 18 条および 19 条に基づき請求できるとする。B が，発行者から 30 万円の損害賠償を受けた後の経済的な状況は，

次の通りである。
- Aは，7,500円の株式を80株保有しており，60万円分の資産を有している（7,500×80＝60,000）。
- Bは，30万円の損害賠償に加えて，7,500円の株式を40株有しており，60万円分の資産を有している（300,000＋40×7,500＝600,000）。

これは，AからBに対して，20万円の利益移転が生じたものと等しい。試論の分析に基づけば，AからBに対する利益移転は生じるべきではないから，B′の口座とB″の口座は，別のものと考えるべきではない。

第3目 循環問題，株主間の利益移転

序論 流通市場への情報開示について発行者が責任を負うべきだという意見がある一方[112]，流通市場への情報開示について発行者が責任を負うことへの理論的な批判がある[113]。

旧証券取引法において，有価証券届出書の虚偽記載に基づく発行者の責任は，流通市場において証券を取得した者に対して定められておらず，また，有価証券報告書の虚偽記載に基づく責任も発行会社について定められていなかった。さらに，これらは，一般法に基づく賠償請求をも排除するものであると考えられていた[114]。理由として，①流通市場での取引に発行者が関与しないこと，②発行者による賠償が株主に対する払戻しになること[115]，③会社には手取金が入っていないのに多数の者が会社に対して損害賠償を請求することが不都合であること[116]が挙げられていた。

循環問題（circularity problem）に付随して検討する要素は多岐にわたるが[117]，

---

112) 近藤ほか・前掲注7) 201–202頁。
113) 神崎ほか・前掲注7) 567頁注2。批判とまではいかずとも，検討の余地があることを示すものとして，近藤・前掲注58) 25頁。
114) 龍田節「証券取引の法的規制」竹内昭夫ほか『現代の経済構造と法』513頁（筑摩書房・1975）（旧商法251条3項および旧民法44条1項（会社350条）を引用する）。
115) 龍田・前掲注114) 516頁注5。龍田節教授は，この意見に対し，責任が売出しの場合との不整合を挙げて，論理が一貫せず，政策的配慮による妥協的立法であると指摘する。龍田教授は，責任を肯定すべき理由として，①不法行為責任は，直接の取引関係を前提としないこと，②任意の払戻しではなく，強制的な払戻しであること，③賠償者の資力の点で発行者を加える実際的必要性があることを挙げ，一般法に基づく賠償請求を肯定する。
116) 鈴木＝河本・前掲注14) 231頁注1。
117) 近藤・前掲注88) 14頁。

既にわが国でも幾つかの論考が存在するため，本目では，この問題がどのようなものであるかを概観するに留める[118]。

発行市場で用いられる金商法に基づく開示書類であるところの有価証券届出書や目論見書に虚偽記載がある場合，投資家は当該虚偽記載から利益を得た発行者に対して[119]損害賠償を請求し，原状回復的損害賠償請求を認めることには理由がある[120]。しかし，金商法21条の2に基づいて流通市場に対して開示された書類における虚偽記載が発行者を被告とした民事訴訟の対象になる場合，当該虚偽記載に基づき被告である発行者が得る利益は，発行市場での虚偽記載と比較して，間接的なものに留まる[121]。例えば，虚偽記載で株価が高騰した後に，株主が流通市場で証券を取得した場合，その当該虚偽記載に基づく利益は，虚偽記載による株価の高騰後に市場で株式を売却した別の株主が得ており，発行者には金銭の払込みがまったく行われていない。それにもかかわら

---

[118] この問題は，金商法21条の2に関する問題の中で特に重要である。同条に関してどのように流通市場への虚偽記載に対する発行者の責任を規定すべきかという法理上の問題が存在する一方，そもそも流通市場への虚偽記載に対する発行者の責任を規定すべきかという理論上の問題を提起するからである。もし，理論上認められないのであれば，法理上の問題や解釈上の問題を検討する際にも影響が避けられないであろう。例えば，理論上の問題点を回避または軽減するような解釈がとれないか，適用範囲を減じるような解釈をとるべきかということを検討する必要が出てくる。循環問題に言及するものとして，王子田誠「流通市場における会社の不実開示責任について（1）」駿河台25巻1号10-13頁（2011），潘阿憲「有価証券報告書の虚偽記載と損害額の算定（1）」都法51巻2号106-107頁（2011）。

[119] *See* John C. Coffee, Jr., *Reforming the Securities Class Action: An Essay on Deterrence and its Implementation*, 106 COLUM. L. REV. 1534, 1556 (2006).

[120] *See* STEPHEN J. CHOI & A.C. PRITCHARD, SECURITIES REGULATION: CASES AND ANALYSIS 319 (3d ed. 2011)（現実損害賠償方式(out-of-pocket measure)の損害賠償の理由として，発行者が詐欺を行う誘因を減殺すること，および投資家が詐欺を回避するために過度の費用を費やす誘因を減殺することを挙げる）。王子田・前掲注118）7-8頁（投資家の損失と発行会社の利益が対応関係にあるため不法行為的な原状回復に向けられた損失補償の目的は合理的と述べる）。

[121] 例えば，Janet Cooper Alexander教授は，出世，ストックオプションの価値の増加，個人的な評判および名声の増進，資本コストの減少，敵対的買収の防衛および一時的な商業取引における利益を挙げる。Alexander, *supra* note 107, at 1498. Barbara Black教授は，簡易な登録届出書である様式S-3の利用資格を挙げる。Barbara Black, *Eliminating Securities Fraud Class Actions under the Radar*, 2009 COLUM. BUS. L. REV. 802, 807 n.18. 他に，Elizabeth Chamblee Burch, *Reassessing Damages in Securities Fraud Class Actions*, 66 MD. L. REV. 348, 369 (2007). 平成17年2月8日に開催された第25回金融審議会金融分科会第一部会で用いられた資料では，継続開示書類の虚偽記載により生ずる経済的利得の例示として①財務状況が実際よりよく見えることによる会社の格付の上昇等による借入コストの低下，②レピュテーションの上昇ならびにそれに伴う取引拡大および人材確保の容易化，ならびに③上場の維持等を通じた当該会社の有価証券の価格水準ないし流動性の確保を挙げる。金融審議会金融分科会第一部会「継続開示書類の虚偽記載に対する課徴金について（案）」1頁（2005年2月8日），http://www.fsa.go.jp/singi/singi_kinyu/siryou/kinyu/dai1/f-20050303_d1sir/03_09b.pdf (last visited Aug. 13, 2014)。

ず,金商法 21 条の 2 は,発行者の投資家に対する責任を規定している[122]。米国では,証券訴訟の和解金は大半が発行者が支払っている[123]。また,わが国では,同条に関する事案において,それなりの金額の損害賠償が認められたことがある[124]。流通市場への虚偽記載等について発行者のみが責任を負う状況では,①発行者への損害賠償請求を株主が行うことは資金が循環しているだけで,実質的な補償の効果が存在しない,②発行者以外の者が責任を負っておらず,発行者以外の役員等に対して虚偽記載を抑止する誘因が存在しない[125]といった問題が存在する。

本目では,前者の循環問題を概観する。次にどのような循環が起こるのかを概観する。

循環と利益移転 前述の通り,継続開示書類等に対する虚偽記載に基づく発行者への損害賠償請求を株主が請求することは,会社の所有者としての株主から原告としての株主への支払いであり,資金が循環しているだけであるという主張がある。この主張には 2 通りの循環が考えられる[126]。

第一に,発行者の所有者は株主であり,株主が発行者に損害賠償を請求しても発行者が株主のために行う投資を減らすだけであるという指摘がある[127]。また,この点,証券訴訟の原告となることができる株主[128]と証券訴訟の原告

---

122) 米国の場合,主に米国取引所法取引所法 10 条 (b) 項によって,流通市場に対して行った虚偽記載の発行者の責任が問われている。15 U.S.C. § 78j(b) (2014). 米国において 2013 年に提起された証券クラスアクションのうち,84%は,1934 年証券取引所法 10 条 (b) 項および同法規則 10b–5 に基づく訴えを含んでいる。CORNERSTONE RESEARCH, SECURITIES CLASS ACTION FILINGS 2013 YEAR IN REVIEW 7 (2014).
123) *See* Coffee, *supra* note 119, at 1550; Merritt B. Fox, *Civil Liability and Mandatory Disclosure*, 109 COLUM. L. REV. 237, 292 (2009).
124) 例えば,ライブドア事件では,原告に対して合計数十億円の損害賠償が認められている。最三小判平成24・3・13民集66–5–1957。
125) この点は,黒沼悦郎「証券市場における情報開示に基づく民事責任(4)」法協 106 巻 5 号 789 頁(1989)において指摘されている。
126) *See* Park, *supra* note 34, at 328–29. 循環問題に言及するものとして,COMM. ON CAPITAL MKTS. REGULATION, INTERIM REPORT OF THE COMMITTEE ON CAPITAL MARKETS REGULATION 79 (Nov. 2006), http://www.fsa.go.jp/singi/singi_kinyu/tosin/20070613.html (last visited Aug. 13, 2014).
127) 損害賠償を受ける株主が株主であり続ける場合について,Alexander, *supra* note 107, at 1503–04 (citing *In re* Cal. Micro Devices Sec. Litig., 168 F.R.D. 257, 271 (N.D. Cal. 1996)).
128) 金商法 21 条の 2 第 3 項に定める推定規定は,開示書類に対する虚偽記載について,原告となるための条件ではないが,この推定を使わずに損害額を立証することが難しいため,実質的には救済を受けるための必要条件となっているかもしれない。同項は,虚偽記載等の後でかつ虚偽記載の公表日前 1 年以内に株式を取得し,かつ,虚偽記載等の公表日において引き続き有価証券を所有していた者と定める。

となることができない株主を分けて考えることで，証券訴訟の原告となることができない株主から証券訴訟の原告となることができる株主へ利益移転が生じているとの指摘がある[129]。すなわち，一定程度で循環が生じており，金商法21条の2が目的としている損害賠償による補償機能が減殺されることになる。証券訴訟は，原告側弁護士費用という取引費用[130]が掛かり，保険料の高騰，事業の中断，対象会社の評判の低下などの費用を負うため[131]，証券訴訟で得る利益が費用を下回るということにもなりかねない[132]。

また，循環の程度に関する論点として，虚偽記載が判明した（真実が明らかになった）際の株価の下落を，①高騰していた市場価格と株式の基礎的価値との乖離が修正される結果として生じる取得時差額分の株価の下落（基礎的下落），②虚偽記載の発覚によって発行会社の評判が失われる結果として生じる株価の下落（信用下落），③発行会社の責任を追及する訴訟の提起が予想され，損害賠償責任，訴訟費用などについて生じる株価の下落（訴訟下落）に分類するものがある[133]。そして，証券訴訟の損害賠償請求額は，基礎的下落に限定されるべ

---

[129] *See* Coffee, *supra* note 119, at 1557–58. 代表訴訟によって役員が支払った費用を会社が補償することが循環を生じるため否定されていることに言及するものとして，Arnold v. Soc'y for Sav. Bancorp, Inc., 678 A.2d 533, 540 n.18 (Del. 1996); JESSE A. FINKELSTEIN & R. FRANKLIN BALOTTI, DELAWARE LAW OF CORPORATIONS & BUSINESS ORGANIZATIONS § 4.13[B] n.516 (3d ed. 2012). 岩原紳作ほか「金融商品取引法セミナー（第11回）民事責任(1)」ジュリ1397号82頁（2010）〔藤田友敬発言〕（流通開示に関して発行者が責任を負う場合，訴訟当事者となっていない株主が支払っていることと同じであるという点を指摘する），藤林・前掲注106) 1940–1941頁，野田耕志「米国のゲートキーパー責任の理論と我が国の引受証券会社の責任」上法56巻4号89頁（2013）（循環問題に起因し，流通市場での取引に関して発行者の責任を認めるべきではないとする見解）。

[130] 社会的には被告側弁護士費用や司法制度を用いるための費用が掛かっている。また，取引費用（社会的費用の一部である）という観点からは被告側に発生する弁護士費用，保険費用および被告企業内で負担するその他の費用も考慮に入れる必要がある。被告側の弁護士費用について，原告側弁護士の報酬と同等だとするものがある。COMM. ON CAPITAL MKTS. REGULATION, *supra* note 126, at 79. 藤林・前掲注106) 1941頁。

[131] *See* Coffee, *supra* note 119, at 1558–59. 王子田・前掲注118) 10頁。

[132] 証券訴訟が社会厚生を最大化するかという観点からすれば，株主間の利益移転（ゼロ・サム・ゲーム）よりも社会利益と社会費用が意識されるべきである。この点を検討するものとして，藤林・前掲注106) 1936–1939頁。

[133] Park, *supra* note 34, at 330. 藤林・前掲注106) 1972頁，加藤・前掲注91) 321–322頁。*Compare* Janet Cooper Alexander, *The Value of Bad News in Securities Class Actions*, 41 UCLA L. REV. 1421, 1434 (1994). 追加で，虚偽表示の発覚に対して，証券市場が過剰に反応した場合の追加的な株価の下落が議論されている。藤林・前掲注106) 1972頁。これについて，過剰な反応は，損害と評価すべきではないという指摘がある。藤林・前掲注106) 1972頁。現在の判例では，流通市場での虚偽記載について，証券市場が過剰に反応した場合にも，その追加的な株価の下落が損害に含まれ得る（取得時差額に限定されない）。最三小判平成24・3・13民集66-5-1957。

きであり，信用下落と訴訟下落は，株主全員が被る損失であるから証券訴訟の対象とはならないと指摘する[134]。また，この立場をさらにおし進めると，株主は民法 709 条による不法行為に基づく損害であっても，会社の信用毀損による株主の間接損害の損害賠償を求めることはできないということになる（最三小判平成 24・3・13 民集 66-5-1957 における岡部喜代子裁判官反対意見）。

第二に，分散投資をする株主（インデックス投資家）は，売買を流動性の必要性に応じて行うと想定される[135]。虚偽記載が行われている間に株式を購入することもあれば，売却することもある。虚偽記載の事実がその後明らかになるとき（つまり真実が明らかになる場合），証券を購入していた投資家は損失を被るが，証券を売却していた株主は利益を得る。投資家が分散投資を行う場合，この両方に該当することがあり，その場合，株主は長期的にみれば平均的には損失を被らない[136]。

現在では，分散投資を行う投資家も多く，分散投資に掛かるコストが非常に低いため，証券訴訟のような費用の掛かる制度は，非効率的であるとの主張がある[137]。このような第二の循環が生じる場合，第一の循環が生じていないとしても，やはり長期的には（第二の）循環が生じるため，証券訴訟に基づく損害賠償の支払いが意味を持たなくなる。

このような第二の循環に対する反論として，分散保有には限界があることが指摘されている[138]。例えば，洗練されていない (unsophisticated) 投資家は分散保有をしない，詐欺が時折しか起こらないということが仮定されているがそうでないかもしれない，つまり，市場全体が詐欺のコストを割り引くかもしれ

---

134) 田中・前掲注28) 188頁，田中亘「流通市場における株式取得者に対する発行会社の損害賠償責任——ライブドア事件最高裁判決の問題点」金判1392号1頁 (2012)，加藤・前掲注91) 326頁（信用下落について，このような損害については，株主代表訴訟による解決を優先するというのが現行法の立場であると述べる），藤林・前掲注106) 1974頁，白井・前掲注110) 19頁，大杉謙一「判批」神田=神作編・前掲注58)。See Baruch Lev & Meiring de Villiers, *Stock Price Crashes and the 10b-5 Damages: A Legal, Economic, and Policy Analysis*, 47 STAN. L. REV. 7, 10 (1994)（株価の急激な下落に基づく損害賠償額は，しばしば過大になると指摘する）.
135) インデックス投資家について，本書335頁注840)。
136) *See* Alexander, *supra* note 107, at 1502; Coffee, *supra* note 119, at 1558; Frank H. Easterbrook and Daniel R. Fischel, *Optimal Damages in Securities Cases*, 52 U. CHI. L. REV. 611, 635, 641 (1985). 藤林・前掲注106) 1945頁，王子田・前掲注118) 10頁。
137) *See* Merritt B. Fox, *Why Civil Liability for Disclosure Violations When Issuers Do Not Trade?*, 2009 WIS. L. REV. 297, 307–09. 王子田・前掲注118) 10–11頁。
138) 王子田・前掲注118) 11頁（分散投資が投資全体に占める割合は半分であるという研究を引用する）。

ない,すなわち,詐欺による費用負担が均一でなく,一部に偏るかもしれない,といった反論である[139]。証券の分散保有と違い,株主の損害賠償という形態での損失の分担は,投資家ではなく,市場を守るという効果があるとの主張もある。これにより,投資家は特定の企業に対する保有比率を増加させることができるとされる[140]。株主の賠償により,開示の正確性を確認する費用が減り,流動性が増すという議論である[141]。

循環問題については,後述する(本書442頁)。

長期保有株主に関する補足 米国において,買持ち戦略(buy and hold)の投資家と「頻繁に取引を行う」(in and out)投資家についても検討が加えられ,長期保有投資家から頻繁に取引を行う投資家への利益の移転が行われているということが指摘されている[142]。発行者が信用下落および訴訟下落について損害賠償を支払うことになるという場合,ここでいう長期保有投資家からの利益移転が生じていると主張される。長期保有投資家についてわが国で言及するものも多い[143]。この問題は,原告が売買を繰り返す場合の損害賠償の影響を受ける株式数に関する調整(本書374頁)が米国において行われないことにより悪化する問題である[144]。わが国でも,原告が売買を繰り返す場合の調整が行われない場合,同様の問題が生じる。また,長期保有の投資家は,証券訴訟により損害賠償を得ることができないのだから,発行者が負う証券訴訟の対応費用を負担していることになる。

---

139) *See* Park, *supra* note 34, at 341.
140) *See id.* at 342.
141) *See id.* at 343.
142) *See* Coffee, *supra* note 119 at 1559–61; COMM. ON CAPITAL MKTS. REGULATION, *supra* note 126, at 80; Gelter, *supra* note 38, at 503–04. 田中・前掲注28) 186頁。
143) 王子田・前掲注118) 12頁,藤林・前掲注106) 1943–1944頁,加藤・前掲注91) 329頁注61。
144) 例えば,2010年の米国連邦最高裁判決である,Morrison v. Nat'l Australia Bank Ltd., 130 S. Ct. 2869 (2010)の訴状では,1999年4月1日から2001年9月3日までの期間に証券を購入した者というクラス期間(class period)が定められていた。Morrison v. Nat'l Australia Bank Ltd., J.A., 2010 WL 319944, at *39A (Jan. 19, 2010). 他方,同一証券について,別個の取引の利得が通算されると述べるものがある。Anjan V. Thakor, Economic Reality of Securities Class Action Litigation 5 (2005). しかし,Thakor教授は,根拠を示してはいない。米国のオプト・アウト(opt-out)に基づくクラス・アクションでは,クラスのメンバーの別個の取引の利得を通算することは,現実的には難しいように思われるし,現実の訴訟が和解で終了している点に鑑みれば,なおさらであろうと思われる。*Cf.* Aranaz v. Catalyst Pharm. Partners Inc., 2014 U.S. Dist. LEXIS 136684, at *38 (S.D. Fla. Sept. 29, 2014) (証券クラス・アクションのクラスを一定期間の間に株式を購入した者で,クラスの終期までに売却していない者と定める例)。

第6款　虚偽記載のある目論見書に基づく発行者の賠償責任（金商法18条2項）

序論　金商法18条2項は，同条1項（虚偽記載のある届出書の届出者の賠償責任）の規定が，同法13条1項の目論見書（すなわち，金商法4条1項本文，2項本文および3項本文の適用を受ける）に重要な事項について虚偽の記載があり，または記載すべき重要な事項もしくは誤解を生じさせないために必要な重要な事実の記載が欠けている（以下，本款において「虚偽記載等」という）場合について準用される旨定めている。

この場合，次の通り読み替えがなされる。
- 「有価証券届出書の届出者」が「目論見書を作成した発行者」
- 「募集又は売出しに応じて」が「募集又は売出しに応じ当該目論見書の交付を受けて」

無過失責任，立証責任，損害額，投資家の主観，損害因果関係および取引因果関係　金商法18条1項が準用されているため，①無過失責任であり，②立証責任は転換され，③19条による賠償額の法定が存在するため，損害因果関係と取引因果関係の立証を要さないと解され[145]，④投資家が悪意の場合の免責があると解される[146]。

売出し　金商法13条1項に基づく目論見書は，売出しの場合にも用いられるため，有価証券届出書と同様，売出しの場合に残存株主から売出人への利益移転が生じるであろう（本書360頁）。

なお，売出しの定義を定める金商法2条4項の本文第2括弧書でいう政令で定める有価証券の取引は，金商令1条の7の3第7号ハにおいて，金商法163条1項に規定する主要株主以外の者が所有するものの売買を売出しの定義から除外している。すなわち，主要株主以外の売出人は，目論見書の虚偽記載等について民事責任を負わない[147]。

---

145) 近藤ほか・前掲注7) 209頁。
146) 山下＝神田編・前掲注7) 190頁〔小出篤〕，神崎ほか・前掲注7) 560頁。
147) 神崎ほか・前掲注7) 555-556頁。

第 7 款　虚偽記載のある目論見書に基づく役員等の賠償責任（金商法 21 条 3 項）

序　論　金商法 21 条 3 項は，同条 1 項 1 号および 2 号（虚偽記載のある届出書の提出会社の役員，発起人および売出人の賠償責任）の規定および同条 2 項 1 号（無過失の抗弁）の規定が，同法 13 条 1 項の目論見書（すなわち，金商法 4 条 1 項本文，2 項本文および 3 項本文の適用を受ける）について，重要な事項について虚偽の記載があり，または記載すべき重要な事項もしくは誤解を生じさせないために必要な重要な事実の記載が欠けている場合に準用される旨定めている。

この場合，次の通り読み替えがなされる。

- 「募集又は売出しに応じて」が「募集又は売出しに応じ当該目論見書の交付を受けて」
- 「当該有価証券届出書を提出した会社」が「当該目論見書を作成した会社」
- 「その提出」が「その作成」

過失責任，損害額，損害因果関係，取引因果関係　金商法 21 条 3 項の責任は，同条 2 項が準用されているため，立証責任の転換された過失責任である[148]。

損害額，損害因果関係および取引因果関係については，金商法 21 条 1 項と同様，明示されていないため，解釈の余地がある。

準用の範囲　金商法 21 条 3 項の責任は，監査人および引受人に適用がない。監査人については，有価証券届出書に基づく責任で十分であり，引受人は，目論見書の使用に基づく責任（金商法 17 条）で十分だからと解される[149]。

---

148) 山下＝神田編・前掲注7) 199頁〔小出篤〕。売出しの定義について，神崎ほか・前掲注7) 561-562 頁参照。
149) 山下＝神田編・前掲注7) 200頁〔小出篤〕，近藤ほか・前掲注7) 203-204頁，岸田監修・前掲注 9) 268頁〔加藤貴仁〕。

第8款　虚偽記載のある目論見書等を使用した者の賠償責任（金商法17条）

序　論　金商法17条は，重要な事項について虚偽の記載があり，もしくは記載すべき重要な事項もしくは誤解を生じさせないために必要な事実の記載が欠けている（以下，本款において「虚偽記載等」という）同法13条1項の目論見書，または重要な事項について虚偽の表示もしくは誤解を生ずるような表示[150]がありもしくは誤解を生じさせないために必要な事実の表示が欠けている（以下，本款において「虚偽表示等」という）資料を使用して，有価証券を取得させた者が，当該有価証券を取得した者が受けた損害を賠償しなければならないと定めている。

流通市場および私募への不適用　金商法17条は，同法4条第1項本文，同条1項本文もしくは同条3項本文の規定の適用を受ける有価証券または既に開示された有価証券の募集または売出しにしか適用されないため，私募で用いられる目論見書に適用がない[151]。また，目論見書または資料を用いることが前提となっているため，流通市場での有価証券の取得者には適用がない[152]。

過失責任　目論見書を使用した者が，虚偽記載等または虚偽表示等について善意であり，かつ，相当な注意を用いたにもかかわらず知ることができなかったことを証明したときは，責任を免れる（金商法17条）。すなわち，立証責任が転換された過失責任となっており，投資家の保護との均衡が図られている[153]。

有価証券を取得させた者　有価証券を取得させた者の範囲は明示されておらず，発行者に限定されず（最二小判平成20・2・15民集62-2-377），取得のあっせん，勧誘，説明などを行った者も含まれうる[154]。

---

150) 何が虚偽または誤解を生ずるような表示に該当するかについての検討として，黒沼悦郎「目論見書制度の改革」証券取引法研究会編『証券・会社法制の潮流』11頁（日本証券経済研究所・2007）。
151) 近藤ほか・前掲注7) 205頁注39。米国において私募の目論見書の民事責任を排除した事案として，Gustafson v. Alloyd Co., Inc., 513 U.S. 561 (1995)。田村詩子「判批」アメリカ法1996-1号216頁（1996），石田眞得「判批」商事1412号31頁（1996），黒沼・前掲注150) 17頁。
152) 黒沼・前掲注150) 17頁。
153) 山下＝神田編・前掲注7) 185頁〔小出篤〕，近藤ほか・前掲注7) 204頁。
154) 金商法13条5項違反に対応する民事責任を金商法17条が定めていると読むのが合理的であり，何人

最も重要なのは，元引受金融商品取引業者を含む引受シンジケート団であろう[155]。

損害額，損害因果関係 金商法17条の責任を追及するためには，有価証券の取得者は，損害額に加えて，虚偽記載等・虚偽表示等と損害との間の損害因果関係を立証しなければならず，この立証は難しい[156]。

取得者の主観 損害賠償の対象になるのは，虚偽記載等または虚偽表示等について，善意である取得者に限る（金商法17条）。この立証責任をどちらが負うかには，争いがあるが，多数説は，投資家側が立証責任を負うと解している[157]。

投資家の善意無過失 本条の責任追及に際して，投資家の善意無過失を要求する説がある[158]。他方，要件として無過失まで要求することは，投資家に，目論見書等に虚偽記載等・虚偽表示等が存在するか否かを，逐一，調査することを要求することに等しいとして，善意無過失を要求することに反対するものがある[159]。

も金商法17条の責任主体になりうると解すべきこととなる。前田雅弘「判批」神田＝神作編・前掲注58）11頁。最二小判平成20・2・15民集62-2-377。近藤ほか・前掲注7）205頁。
155) 山下＝神田編・前掲注7）185頁〔小出篤〕，神崎ほか・前掲注7）563頁，岸田監修・前掲注9）238頁〔加藤貴仁〕。
156) 山下＝神田編・前掲注7）186頁〔小出篤〕，近藤ほか・前掲注7）205頁。
157) 岸田監修・前掲注9）237頁〔加藤貴仁〕。反対説として，神崎ほか・前掲注7）562頁。
158) 河本＝関監修・前掲注48）156頁。
159) 岸田監修・前掲注9）268頁〔加藤貴仁〕。この点，法と経済学では，寄与過失(contributory negligence)の問題として議論されている。See ROBERT B. COOTER & THOMAS ULEN, LAW AND ECONOMICS 68 (6th ed. 2011). 金商法17条との関係では，投資家への無過失の要求は，投資家に予防の誘因を与えるといえる。See A. MITCHELL POLINSKY, AN INTRODUCTION TO LAW AND ECONOMICS 50 (4th ed. 2011). 投資家に予防の誘因を与えるとして，その予防の水準が適切かという問題が生じる。すなわち，投資家側の無過失と過失の切り分けの水準が効率的な水準で設定されているかという問題である。See Steven Shavell, *Liability for Accidents*, in 5 THE NEW PALGRAVE DICTIONARY OF ECONOMICS 97 (Steven N. Durlauf & Lawrence E. Blume eds., 2d ed. 2008). 具体的には，無過失を要求しないか，無過失とされる水準が低すぎることで投資家が負う予防の水準が低すぎることになるか（ひいては，投資家が無謀な行動をするか）という問題であり，これは投資家が一定の注意を払うべきという議論に繋がる。ただ，幾つかの前提の下で理論上は，加害者側の過失責任の水準が効率的に設定されていれば，合理的な投資家は，最適な水準で注意を払うようになるため，事前の観点からは，無過失を要求することの重要性は低いように思われる。See COOTER & ULEN, *supra*, at 207, 210. 他方，無過失となるための予防の水準が高すぎる場合，投資家側で，予防に無駄な費用が発生するか，または，無過失となること諦めて予防に費用を支払わない（上場会社に関していえば，投資家は，分散投資が可能である）可能性があるように思われる。社会費用を最小化する観点からの分析が不十分なので推測でしかないが，企業内容の開示に関する限り，発行者側で情報の正確性を確認するほうが，投資家側で正確性を確認するよりも安価である，および投資家が複数存在するという理由から，投資家側に課す予防の水準は，一般的に低いものとなるように思われる。See Mireia Artigot i Golobardes & Fernando Gómez Pomar,

第9款　届出の効力発生前の有価証券の取引禁止等に基づく賠償責任（金商法16条）

序論　金商法16条は，同法15条に違反して，有価証券を取得させた者に対して，当該違反行為により生じた損害を賠償する責任を課している。開示規制に服させる（つまり，同法15条に従わせる）こと自体を目的にしていると考えられる[160]。このことの具体的な意味は，投資者の意思決定のプロセスが法が定めた手順に則ることを確保することを意味し，さらに換言すれば，①届出書が提出される前に不十分な資料に基づいて投資判断を行うことを避けること（金商法4条1項），②届出書が提出された後は，届出書および目論見書と整合的な資料を用いた勧誘がなされることを確保すること（金商法13条5項）[161]，③熟慮期間が確保されること（金商法8条1項）[162]，④目論見書の交付を受けることを確保すること（金商法15条2項）等を意味すると考えられる。

無過失責任　金商法16条に基づく責任は，無過失責任[163]であると解されている。このため，投資家は，違反者の故意や過失を立証する必要はない。

投資家が立証すべき事項　金商法15条の違反について，投資家は，①契約が同条の規定に違反すること，②同条違反と自己の損害との間の因果関係[164]，および③損害額を立証しなければならないとされ

Contributory and Comparative Negligence in the Law and Economics Literature, in TORT LAW AND ECONOMICS 56 (Michael Faure ed., 2009); Shavell, *supra*, at 97; COOTER & ULEN, *supra* note 159, at 212–13. 近藤ほか・前掲注7) 208頁。社会費用を最小化する観点からの分析には，幾つかの考慮点があり，加害者側の注意義務の水準やこれに伴って生じる加害者側の活動水準が所与であるとした上で，①虚偽記載等・虚偽表示等から生じる社会的費用は何か（投資家からの利益移転の他に社会的損失が発生しているか，そしてそれを誰が負担しているのか），②社会的損失を最小化するために課されるべき投資家への注意水準はどの程度か，③訴訟費用，リスク分散（投資家からの利益移転を戻す）の観点がどのような影響を与えるか，④投資家による分散投資の影響は投資家の注意水準にどのような影響を与えるか等の諸問題を追加で考慮する必要があるだろう。*See* Golobardes & Pomar, *supra*, at 59.

160) 近藤ほか・前掲注7) 207頁。
161) 金商法13条5項は，「虚偽の表示又は誤解を生じさせる表示をしてはならない」と定めるのみだが，これは届出書や目論見書の内容と整合的であることを意味すると考えられる。
162) 近藤ほか・前掲注7) 181頁（熟慮期間の確保に言及する）。
163) 黒沼・前掲注3) 1194頁，近藤ほか・前掲注7) 207頁，岸田監修・前掲注9) 229頁〔加藤貴仁〕，山下＝神田編・前掲注7) 183頁〔小出篤〕。
164) 神崎ほか・前掲注7) 326頁注2，岸田監修・前掲注9) 230頁〔加藤貴仁〕。

る[165]。このうち，②および③と私法上の効果の関係が問題となる。

私法上の効果との関係　金商法 15 条 1 項の規定に違反する取引の効力について，下級審判決および通説は，私法上有効であると解釈している[166]。無効説[167]も有力である[168]とされ，その理由として，同法 15 条違反に対する刑事制裁や行政処分等の発動が実際には難しいこと[169]，および同法 16 条は賠償額を法定しておらず，しかも投資者による損害額の立証は容易でないこと[170]が挙げられている。無効説は，実質的に，因果関係（前述の②）および損害額（前述の③）の立証を免除するものとなる。無効説の目的が，因果関係と損害額の立証を免除する[171]というものであるとして，有効説において，同様の救済を認めることができないかが問題となる。

第一に，原状回復的損害賠償が認められるか否かである。金商法 16 条は，民法 709 条の特則と解されている[172]。同様に民法 709 条の特則と解されている金商法 21 条の 2 に関して，最高裁判所は，補正をした原状回復的損害賠償を認めている（西武鉄道事件）[173]。この点，金商法 15 条に違反する虚偽記載がなければ，投資者が有価証券を取得しなかったと認められる場合，損害賠償額の算定方法として取得自体損害説を採用することは妥当であろう[174]。金商法 16 条の責任を認定する際に，同法 21 条の 2 と同様の補正が必要かが問題となる。同法 16 条は，非上場証券に対しても適用となりうるから，この場合，西武鉄道事件における補正を適用せずに，原状回復的損害賠償を認める余地があ

---

165) 近藤ほか・前掲注7) 207頁，山下＝神田編・前掲注7) 184頁〔小出篤〕。
166) その理由として，金商法15条1項が取締規定であること，および金商法16条の規定が私法上有効であることを前提としていることが挙げられている。岸田監修・前掲注9) 231頁〔加藤貴仁〕，神崎ほか・前掲注7) 326頁，近藤ほか・前掲注7) 181頁。
167) 取得者の側からのみ無効を主張しうるものと解すべきであろう。近藤ほか・前掲注7) 181頁，黒沼悦郎「判批」竹内昭夫編『新証券・商品取引判例百選』別冊ジュリ100号130頁（有斐閣・1988）。
168) 神田秀樹「判批」神田＝神作編・前掲注58) 7頁は，「どちらかといえば無効説のほうが有力であるように見受けられる」と述べる。
169) 近藤ほか・前掲注7) 181頁。
170) 近藤ほか・前掲注7) 181頁。
171) 神崎ほか・前掲注7) 326頁は，無効説の根拠として，「有価証券を取得しまたは買付けをした者が有価証券を返還して支払った対価の返還を請求できる」ようにするためと述べる。
172) 岸田監修・前掲注・9) 230頁〔加藤貴仁〕。
173) 最三小判平成23・9・13民集65-6-2511，最三小判平成23・9・13集民237-337。かつて，黒沼悦郎教授は，16条を不法行為責任の特則と解した上で，原状回復型の損害賠償請求ができることを説いたことがあるが，西武鉄道事件によって強固になったといえよう。黒沼・前掲注167) 130頁（不法行為責任であるからといって，原状回復型の損害賠償が認められないとは限らないと指摘する）。
174) 黒沼・前掲注34) 4頁。

る。逆に,上場株式については,西武鉄道事件と同様,補正をした原状回復的損害賠償を認めることができよう。

第二に,有効説の場合,原状回復的損害賠償が認められるとしても,投資家には,取引因果関係の立証が必要になると思われる[175]。この点,既に指摘されているように,因果関係の立証は,難しい[176]が,取引因果関係の立証であれば,事案によって不可能ではないように思われる[177]。

立証責任等を勘案すれば無効説が認められることの利益は存在するが,裁判所が有効説を維持し続けたとしても,無効説と同様の救済を与えることは,不可能ではないように思われる。

---

[175] 過去になされた金商法16条でいう因果関係の議論は,損害因果関係の議論と取引因果関係の議論が明確に分けられていない場合がある。特に,不法行為に関して,原状回復的損害賠償請求が認められた西武鉄道事件以前の議論でこの傾向がみられるように思われる。この二つを区別した議論として,加藤貴仁准教授は,①「有価証券を取得したこと自体を損害と主張すること」と②「有価証券の取得価格が不当に高かったこと」を区別した上で,取得自体損害を主張する場合であっても,金商法15条違反と損害との因果関係の証明をすることは非常に困難であることに変わりはないと指摘する。岸田監修・前掲注9) 230-231頁〔加藤貴仁〕。これは,西武鉄道の最高裁判決以前に執筆されたものであり,現在もその困難さは変わらないであろうが,不可能だとは言い切れないように思われる。

[176] 山下=神田編・前掲注7) 184頁〔小出篤〕,近藤ほか・前掲注7) 207頁。

[177] なお,神作裕之「判批」神田=神作編・前掲注58) 9頁(有斐閣・2013)は,金商法16条に基づく損害賠償責任は,届出の効力発生前の取引禁止(金商法15条1項)の違反と目論見書交付義務(同条2項)の違反の場合とで区別して検討すべきであると述べる。取引因果関係について,事案に応じて,立証の程度を変える必要があるのであれば,有効説に従う必要があるように思われる。

第3節　開示制度と責任制度

第1款　序　　論

　責任制度と開示制度は，わが国の金商法の母法である米国証券法制において，二つの基本的な要素であるといわれる[178]。これは，わが国の金商法にも妥当するであろう。本書では，ここまで，強制開示制度の要否について，議論してきたので，ここで関連する重要な問題である虚偽記載に対する責任制度が必要である根拠を示したい。本節において，開示に基づく責任という場合，開示には，①強制開示制度によって強制される開示と，②自主的な開示の両方を含むものとする[179]。

　第2款では，責任制度と開示制度の関係を検討する。結論として，①責任制度が必須であることは容易に説明がつくこと，すなわち，強制開示に基づく開示も自主的な開示も，責任制度が存在しない場合，役に立たないこと，および②責任制度が存在している場合に，強制開示制度が必要であるかは，アンラベリングが生じるか否かという問題になることを示す。また，追加の論点として，責任制度によって生じる費用および金商法上の責任規定と不法行為責任[180]の関係に簡単に触れる。

　第3款では，責任制度が投資家の費用を減少させるために存在していることを示す。投資家の費用減少の例として，エージェンシー費用が挙げられ，その内訳として監視費用，保証費用および残余損失がある。虚偽記載に対する責任

---

178) FRANK H. EASTERBROOK & DANIEL R. FISCHEL, THE ECONOMIC STRUCTURE OF CORPORATE LAW 276 (1991).
179) 金商法では，虚偽記載に基づく民事責任は，自主的な開示には適用されないため，この前提は，奇異にみえるかもしれない。しかし，理論的な検討をするにあたり，強制的な開示と自主的な開示の差異を区別せず，虚偽記載に責任が発生する場合にはどのような効果があるか，虚偽記載に責任が発生しない場合にはどのような効果があるかを検討することは有用であろう。
180) わが国では，西武鉄道事件において証券取引に関して不法行為責任が認められている。最三小判平成23・9・13民集65-6-2511，最三小判平成23・9・13集民237-337。

が，エージェンシー費用の減少をもたらしうることを示す[181]。

本節の検討は，民事，行政および刑事責任を含めた一般的な責任規定と開示制度の関係を対象とするものである。本書は，行政および刑事責任を含めた包括的な責任制度を検討するものではないが，本節は，民事責任の効果の一端を明らかにするために，責任制度一般と開示制度一般の関係を議論する。

第2款　開示制度と責任制度の関係

開示が虚偽である場合，当該開示に責任が生じるときにのみ当該開示が意味を持つようになる。本款では，この問題，すなわち，開示された情報の検証可能性の文脈での法執行の問題（本書260頁）を取り扱う。

強制開示が存在するか否か，責任制度が存在するか否かで次の4通りの制度設計が考えられる。

1. 開示に関する責任制度が存在せず，強制的な開示制度も存在しない場合
2. 開示に関する責任制度が存在せず，強制的な開示制度が存在する場合
3. 開示に関する責任制度が存在し，強制的な開示制度が存在しない場合
4. 開示に関する責任制度が存在し，強制的な開示制度も存在する場合

以下，第1の場合と第2の場合を責任制度が存在しない場合としてまとめてケースAとして検討し，続いて，第3の場合をケースBとして検討する。最後に第4の場合をケースCとして検討する。

第1目　責任制度が全く存在しない場合――ケースA

責任制度が全く存在しない場合，証券市場における開示（自主的な開示と強制的な開示の両方を含む）は，全く意味を持たない[182]。株主価値が低い発行者は，

---

181) 例えば，尾形祥「支配株主による会社支配と企業統治――アメリカの議論とスウェーデン型会社支配の検討」早稲田法学会誌58巻2号207–209頁（2008）（法規範によってエージェンシー・コストは削減することができると述べ，Lucian A. Bebchuk, Reinier Kraakman & George Triantis, *Stock Pyramids, Cross-ownership, and Dual Class Equity, in* CONCENTRATED CORPORATE OWNERSHIP 295 (Randall K. Morck ed. 2000) を引用する）。
182) CHOI & PRITCHARD, *supra* note 120, at 207–08（連邦法による開示制度は，虚偽記載を罰しない場合ほとんど役に立たないと述べる）; Stephen A. Ross, *Disclosure Regulation in Financial Markets: Implications of Modern Finance Theory and Signalling Theory, in* ISSUES IN FINANCIAL REGULATION 177, 184 (Franklin R. Edwards ed., 1979)（政府の役割の一つとして，詐欺に対する法執行を挙げる）。

開示する情報について責任を負わなくて良いのであるから，株主価値が高い発行者の開示を模倣することになる[183]。この場合，投資家は，どちらの発行者の株主価値が高いのかを判別することができなくなる。開示される情報が虚偽である場合にまったく責任が課されることがないと，投資家は，開示される情報を信頼することができず，すべての証券の購入価格を下げることになる[184]。例えば，株主価値が高い発行者と低い発行者がある場合，投資家は，株主価値が高い発行者の開示について，責任制度が存在しないために，信頼することができない。詐欺があるにもかかわらず，投資家が，発行者に対して投資を行う場合，当該投資は，配分的効率性を損なうものとなる[185]。

発行者が開示する情報をまったく信頼出来ないのであるから，投資家は，発行者の価値を知りたいと希望する場合，情報の収集から検証までを発行者の開示を用いずに行わなければならなくなる[186]。情報費用が高くなると，取引費用が高くなるのであるから，投資家による発行者への投資が正当化される案件が少なくなる。次目以降で概観する通り，虚偽記載に対する責任は，検証費用を低下させる効果がある[187]。虚偽記載に対する責任は，正確な開示を行う会社に対して責任に基づく費用を課さない一方で，価値が高い会社の開示を模倣しようとする価値が低い会社について，虚偽記載を行うことによって価値の高い会社を模倣することの費用を高くするのである[188]。

---

183) *See* Frank H. Easterbrook & Daniel R. Fischel, *Mandatory Disclosure and the Protection of Investors*, 70 VA. L. REV. 669, 674 (1984).
184) *See* Lynn A. Stout, *Type I Error, Type II Error, and the Private Securities Litigation Reform Act*, 38 ARIZ. L. REV. 711, 713 (1996); CHOI & PRITCHARD, *supra* note 120, at 208.
185) *See* Easterbrook & Fischel, *supra* note 183, at 673 (詐欺が配分的効率性を損なうと述べる)。なお，本書199頁参照。
186) *See* Easterbrook & Fischel, *supra* note 183, at 673–74; Stout, *supra* note 184, at 713 (詐欺は証券市場に非常な悪影響を及ぼす。これは，詐欺が，投資家が購入する証券の質の違いを理解することを難しくさせるからである。価値が低い発行者の証券でも，詐欺により，投資家が価値の高い発行者の証券と価値の低い発行者の証券を区別できなければ，当該証券を高く（本来あるべき低い価値に基づく価値よりは，相対的に高く）販売することができる。この場合，市場は，価値の低い発行者が増えることになり，投資家が価値の低い発行者が増えたことを理解する場合，投資家が証券に対して支払う額が減少する（「市場への信頼の低下」）。結果，レモンの市場の現象が生じる); CHOI & PRITCHARD, *supra* note 120, at 208 (虚偽記載が罰せられないと，最悪の場合，レモンの市場が生じると述べる)。
187) *See* EASTERBROOK & FISCHEL, *supra* note 178, at 283 (詐欺防止条項は，証券市場の必須の要素ではないしまたは重要な構成要素でもないと述べるが，監査等の証明の手段は費用が掛かるものであり，虚偽記載に対する責任がこの費用を低減することを指摘する)。
188) *See id.* at 283. すなわち，価値の低い会社が，虚偽記載を行なって価値の高い会社と同等の開示

第2目 責任制度は存在するが，開示義務が存在しない場合――ケースB

序論　強制開示制度が存在しないが，自主的に開示された情報について，虚偽記載が存在する場合に民事責任が生じるという法制度が考えられる。以下の議論のために，本目で想定される制度の意味するところについて，少し述べておきたい。本目における制度の場合，強制開示制度が存在しないのだから，発行者は，まったく開示を行わないという選択肢も取りうる。そして，まったく開示しなければ虚偽記載に基づく責任も負わない。しかし，自主的に開示するのであれば，当該情報は，虚偽であってはならないと定める制度である。

この場合，自主的に開示される情報について，虚偽記載が存在する場合には責任が課されるのだから，責任制度が詐欺を抑止する効果を持つであろう[189]。ひいては，自主的に開示された情報に関して，責任制度により監視費用を低減させる[190]。

開示される情報の量　強制的な開示制度が存在しないため，開示される情報の量は，発行者がどれだけ自主的に開示するかに依存する。この点は，本章第5節第4款第4目（255頁）にて議論した発行者による自主的な開示の議論が妥当する[191]。すなわち，強制開示制度で情報開示を強制せずとも自発的な情報開示が質の高い発行者から順に行われるというアンベリングは，アンベリングに係る情報が，①検証可能であること[192]，②情

を行うとしても，民事責任を追及されるため，価値の低い会社が虚偽記載を行うことの利益を減殺するのである。

[189] *See* Stephen J. Choi, *Company Registration: Toward a Status-Based Antifraud Regime*, 64 U. CHI. L. REV. 567, 576 (1997) (詐欺に基づく責任は，詐欺の抑止力となる。発行者の開示の質が減少することにより，詐欺に基づく責任の可能性が増加すると，発行者は，より高い質の開示を行う誘因を有する)．

[190] *See* CHOI & PRITCHARD, *supra* note 120, at 208 (虚偽記載は，会社の業績および経営者の能力に関する株主による監視の能力を減退させる)．同時に，会社支配権市場の機能にも悪影響を及ぼす。*Id.*

[191] 実際，詐欺の禁止はアンベリングにおいて必須である。*See* Joseph A. Franco, *Why Antifraud Prohibitions Are Not Enough: The Significance of Opportunism, Candor and Signaling in the Economic Case for Mandatory Securities Disclosure*, 2002 COLUM. BUS. L. REV. 223, 239 (発行者が開示する際に開示が正確であることを確保するために詐欺防止条項は決定的な機能を果たすと述べる)．

[192] 検証可能性が損なわれる場合に，投資情報としての価値が失われる点を前述したが，投資家はそ

報開示に費用がかからないこと，および③投資家が発行者が情報を有していることを知っていることが前提であり，この前提が満たされない場合（現実に完全に満たされることはない）に，アンラベリングは完全なものとはならない[193]。

責任制度と自主的な開示　責任制度は，自主的な開示を萎縮させる[194]。

　第一に，自主的に開示された情報に虚偽が存在する場合に責任が発生するのだから，経営者および関係者は，開示に係る情報の正確性に留意するようになり，正確性を担保するための費用を掛ける（保証費用の増加）[195]。これは開示を抑制する方向に作用する。

　第二に，ある情報の開示が記載の省略として民事責任を生じさせることにより，開示を抑制する方向に作用する。特に，金商法上の民事責任は，記載の省略について責任を生じさせる文言を明示的に含んでいる。このため，自主的に情報を開示しようとする者は，自主的に開示しようとする情報（例えば，この情報を情報 A とする）だけでなく，記載が虚偽とならないために必要な情報（例えば，この情報を情報 B とする）の開示も検討しなければならなくなる。そして，情報 B が貴重な情報であり，情報 A および B の両方を開示する費用が情報 A および B の両方を開示する利益を上回るときは，情報を両方とも開示しない。責任が存在しなければ，情報 A だけの開示が可能なのであるから，記載の省略に関する責任規定は，自主的な情報開示を抑制する。

　　もそもすべての情報を検証できるわけではない。*See* Easterbrook & Fischel, *supra* note 183, at 674. また，開示には，定量的かつ検証可能な情報（以下，「ハード情報」という）と開示の時点では検証不可能な将来情報等の（以下，「ソフト情報」という）が存在する。検証不可能な情報については，法執行が難しいため，開示をする経営者または発行者が責任を負う可能性が低い。結果，投資家にとってソフト情報を用いるには，ハード情報よりも高い費用が掛かる。Alex Edmans, Mirko Stanislav Heinle & Chong Huang, *The Real Costs of Disclosure* 2–3, ECGI—Finance Working Paper No. 380/2013 (Oct. 8, 2013), http://papers.ssrn.com/sol3/papers.cfm?abstract_id=2316194.

193) *See* Joel Seligman, *Historical Need for a Mandatory Corporate Disclosure System*, 9 J. CORP. L. 1, 9 (1983)（強制開示を肯定する歴史的な理由として，強制開示がない場合，私人による法執行および刑事罰では，最適な開示の水準を確保できないという意見があることを指摘する）。

194) *See* William W. Bratton & Michael L. Wachter, *The Political Economy of Fraud on the Market*, 160 U. PA. L. REV. 69, 114 (2011).

195) 野田耕志「会社法におけるコーポレート・ガバナンスと証券市場の規律」上法53巻2号6頁（2009）（民事責任に開示される情報の正確性を担保するという機能があることに言及する）。強制開示が必要な理由として，強制開示がない場合，一定の発行者が，投資判断のために重要な情報について，情報を隠匿しまたは虚偽を表示するという理由が挙げられることがある。Seligman, *supra* note 193, at 9. この意見は，情報を開示しないことについて責任が生じないまたは自主的な開示では虚偽記載をすることが可能であることを前提としている。本書では，これらの前提について場合を分けて検討しているといえる。

責任制度の費用　　責任制度の程度を議論する際の視点は，①責任制度によって得られる利益と，②責任制度から生じる費用（機会費用等を含む社会厚生に与える影響）を勘案することになる。責任制度から得られる利益としてエージェンシー費用の低減が挙げられることは，本節第3款（400頁）で議論する。ここでは，①責任制度自体の執行に掛かる費用および②責任制度が存在することによる機会費用を検討する[196]。なお，本書では，具体的に，どの程度の責任制度が社会厚生の最大化を導くかを述べることはできていない。

第一に，責任制度の執行自体にも費用が掛かる[197]。すなわち，執行のための捜査や司法当局に掛かる運営費用および執行制度の誤りである[198]。

訴訟に関連する運営費用として，当事者の弁護士費用，当事者が訴訟に対応する機会費用，公的機関による訴訟遂行の場合には検察や警察が証拠を収集し訴訟を遂行する費用，課徴金の納付命令の場合には証券取引等監視委員会による調査や金融庁長官による課徴金納付命令の手続費用，裁判所による対応の費用等が考えられる[199]。

また，責任制度の費用として，執行制度の誤りが挙げられる。ここで執行制度の誤りとは，虚偽記載のすべてについて民事責任が執行されるということがないこと，および虚偽ではない記載について民事責任を課すことをいう。すなわち，執行制度が民事責任を課すか否かについて，虚偽記載であるか否かという観点に鑑みて不正確であることである[200]。民事責任の追及が，虚偽記載があったすべての事案で行われるということはない[201]。虚偽記載に基づく民事

---

196) 虚偽記載の社会的損失として，証券市場の機能不全による非効率的な資源配分，経営者に対する規律付けの低下ならびに投資者の調査費用の増加および証券市場の流動性の低下が指摘されている。藤林・前掲注106) 1937–1938頁。
197) *See* Easterbrook & Fischel, *supra* note 183, at 678.
198) *See* COOTER & ULEN, *supra* note 159, at 385（訴訟の文脈で，社会費用を運営費用（administrative costs）c_a と過誤費用（costs of errors）$c(e)$ とした上で，訴訟手続法の目的は，運営費用と過誤費用の和を最小化する $\min SC = c_a + c(e)$ ことであると述べる）; Richard A. Posner, *An Economic Approach to Legal Procedure and Judicial Administration*, 2 J. LEGAL STUD. 399, 400–01 (1973)（①実体法の重要な目的が経済効率性を増加させることである，②誤って法的責任を課すことや誤って法的責任を課さないことが，効率性を減少させる，および③司法の誤りは，社会的費用となり，誤りを減少させることは手続法の目的の一つであると述べる）.
199) *See* Posner, *supra* note 198, at 401. 一般的にいえば，訴訟の判断の誤りを50セント（または99セント）減らすために，運営費用（Posner教授は，直接費用（direct costs）という用語を用いる）を1ドル増やすことはしない。*Id.*
200) *See* CHOI & PRITCHARD, *supra* note 120, at 24.
201) *See id.*; EASTERBROOK & FISCHEL, *supra* note 178, at 283, 289.

責任の追及が行われない場合が存在するとなると，投資家は，虚偽記載に基づく民事責任が存在することに依拠して，開示を信頼することができなくなってしまう（少なくとも信頼の程度が減少する）[202]。他方，虚偽記載の責任追及を容易にするために，立証責任を簡単にしすぎれば，虚偽記載が存在しないにもかかわらず，虚偽記載の責任を負わされるという過誤も生じうる[203]。状況に応じてどちらの過誤に対処すべきなのかを検討する必要がある[204]。

第二に，取締役が萎縮してしまうという効果が考えられる[205]。会社法における取締役の責任に関する議論として，取締役にあまりに厳しい基準で責任を課すと，取締役がリスク・テイクの結果責任を負うことをおそれて，保守的な経営に終始し，結果，株主の利益にならないといった議論がある[206]。同様に，開示に関して，証券訴訟の和解（による費用）が内部者が得る利益を超える場合，内部者が会計，将来の予測および会社の投資方針に関して，過度にリスク回避的 (risk averse) になるという過剰抑止 (overdeterrence) の危険が生じると指摘されている[207]。

強制開示制度は，エージェンシー費用の低減という観点からは，業績やその他の定量的および定性的な開示に基づき，一定の取締役の行為（経営）に関して開示を要求するものになるであろう。そして，強制開示によって開示されることを嫌って，何らかの経営上の意思決定を保守的に行う場合，そのような保守的な意思決定が株主の利益にならない可能性がある。この場合，株主は，経営者が保守的な意思決定を行う費用を負担していることになる[208]。

---

202) *See* CHOI & PRITCHARD, *supra* note 120, at 24.
203) *See* Stout, *supra* note 184, at 711.
204) *See id.* at 712（米国の証券民事訴訟改革法は，虚偽記載の責任が存在しないにもかかわらず責任を負わされるという第一種過誤 (type I error) を，虚偽記載が存在するのに責任を負わないという第二種過誤 (type II error) よりも重視していると述べる）.
205) 藤林・前掲注106) 1938–1939頁（虚偽記載による責任に関する抑止効果の議論）。
206) *See* John C. Coffee, Jr., *Shareholders Versus Managers: The Strain in the Corporate Web*, 85 MICH. L. REV. 1, 17–19 (1986); Stephen M. Bainbridge, *Business Judgment Rule as Abstention Doctrine*, 57 VAND. L. REV. 83, 114–15 (2004); Michael Klausner, *Fact and Fiction in Corporate Law and Governance*, 65 STAN. L. REV. 1325, 1367 (2013)（取締役および上級職員 (officers) が株主からの訴訟の費用負担から保護されなければならないという点については，広く合意されている，およびアクティビスト株主も役員等の補償 (indemnification) には反対しないと述べる）.
207) *See* Coffee, *supra* note 119, at 1548.
208) 米国1995年証券民事訴訟改革法の制定時には，将来情報の開示に関して迷惑訴訟が提起されると，開示の頑強さと率直さが脅かされ，株主が損害を被ると述べられている。Private Securities Litigation Reform Act of 1995, Conference Report, H.R. Conf. Rep. No. 369, 104th

不法行為責任　わが国の場合，金商法に定める虚偽記載に対する責任以外にも，虚偽記載について民法に基づく不法行為責任を追及することができる[209]。

一般的に金商法の民事責任は，不法行為の特則であると解されている[210]。不法行為と金商法上の虚偽記載の責任の要件には違いがあるが，金商法上の虚偽記載の責任は，不法行為と比較して立証がしやすくなっていると理解することができる[211]。すなわち，不法行為責任は，金商法上の責任と責任制度が存在しない場合の中間に位置していると理解できる。前述の通り，責任制度には費用が掛かるため，厳格な責任制度が必ずしも良いとは限らない。このため，不法行為に基づく責任制度で十分なのか，それとも不法行為だけでは足りずに特則として金商法上の責任制度が必要なのかが検討され，金商法上の責任制度が必要であると判断される場合，金商法上でどの程度の責任制度が必要なのかが検討されるべきである。

Cong., 1st Sess. 1995, 1995 U.S.C.C.A.N. 730, 741–42 (Conf. Rep.); Jill E. Fisch, *Cause for Concern: Causation and Federal Securities Fraud*, 94 IOWA L. REV. 811, 870–71 (2009)（証券訴訟による過度の抑止および開示が減少する可能性への言及）。黒沼悦郎教授は，1995年の米国の証券民事訴訟制度改革は，直接には，被告に和解を強いるような証券クラス・アクションの濫用を抑止することを目的とし，それを通じて究極的には，会社法上の民事責任の規定による情報開示の促進と投資家の保護を達成しようとするものであったと述べる。黒沼悦郎『証券市場の機能と不公正取引の規制』307頁（有斐閣・2002）。

209) 最三小判平成23・9・13民集65-6-2511，最三小判平成23・9・13集民237-337。現在の金融商品取引法21条の2に相当する規定が導入された平成16年改正より前の証券取引法において，流通市場に対する開示に関する発行者の責任については規定がなく，発行者が民法上の不法行為責任も負わないかどうかについて学説上議論があった。近藤ほか・前掲注7) 201頁。また，金融商品取引所が要請する適時開示に虚偽のものがあった場合，法定開示ではないため，金商法上の民事責任の規定は直接適用されないが，不法行為による損害賠償責任は発生しうる。神崎ほか・前掲注7) 424頁。虚偽の適時開示に基づいて発行者・取締役等の不法行為責任が認められた例として，東京地判平成21・5・21金判1318-14。米国では，法定開示以外の任意開示についても（不法行為ではなく）証券法制上の責任が生じうる。例えば，15 U.S.C. § 78j(b) (2014); 17 C.F.R. § 240.10b–5 (2014)。わが国では，任意開示について金商法上の責任は及ばないが，任意開示での開示事項が，その後，法定開示として開示される場合，虚偽の任意開示に対して不法行為責任が追及される可能性があることから，任意開示の情報の真実性を高める効果があるといえよう。黒沼悦郎『アメリカ証券取引法〔第2版〕』17頁（弘文堂・2004）。

210) 最三小判平成24・3・13民集66-5-1957（金商法21条の2を不法行為の特則と解する）。岸田監修・前掲注9) 229頁，236頁，248頁，267頁，313頁〔加藤貴仁〕（金商法16条，17条，18条，21条および22条を不法行為の特則であると述べる）。

211) 例えば，近藤ほか・前掲注7) 196–197頁（証券発行者の責任（金商法18条1項，23条の12第5項）について，不法行為と比較して請求者に有利な点を挙げる）。なお，民法よりも責任を認め難くする方向の規定も存在する。例えば，金商法18条（有価証券届出書の届出者等の賠償責任）の短期消滅時効として金商法20条，21条の2（公衆縦覧書類への虚偽記載の提出者の賠償責任）の短期消滅時効として同法21条の3。

第3目　開示義務と責任制度が両方存在する場合——ケースC

　開示義務が存在し，また，開示された情報について責任制度が存在する場合を検討する。この検討は，ケースBと類似する点と相違する点がある。では，強制開示制度が存在することにより，ケースBとどのような点に相違が認められるだろうか。

　第一の相違は，開示される情報量が増加しうるという点である。強制開示制度が存在する場合でも，強制開示が存在しない場合と同程度に任意の情報開示は許されているとすれば[212]，開示が強制されない情報について，強制開示が存在しない場合と同程度に任意の情報開示は行われるであろう。そうであれば，開示が強制される部分について，任意開示制度では開示されない情報が開示される可能性がある。

　第二の相違は，強制的な開示制度が存在しているため，一定の範囲で，法制度は発行者に対して強制的に開示される情報についての情報の正確性を担保するための保証費用を課すことになるという点である[213]。強制開示制度が適用される発行者は，開示を要求される情報について，開示しないという選択肢がない。そのため，責任制度に基づく責任を回避するために，一定の情報開示を行い，当該情報開示を行うための費用を負担する[214]。

　第三の相違は，責任規定が「記載すべき重要な事項若しくは誤解を生じさせないために必要な重要な事実の記載が欠けている」場合にも適用される場合，発行者は，追加で情報を開示する義務を負い，さらに当該追加的な情報に関しても正確性を担保するための保証費用を負担することになる[215]。この相違点

---

[212] 情報開示を禁止する規定について，本書12頁参照。
[213] 有価証券の投資判断に必要かつ十分な情報を有するときは，当該取引は詐欺的取引とはならず，投資家は自己の責任で投資を行い，その結果生じる利益を得または損失を被る。逆にいえば，投資判断に必要かつ十分な情報が得られない場合，投資家の自己責任を問えない場合があり，その一例として，詐欺的取引に巻き込まれることが考えられる。投資者は，詐欺的な取引でないことを確認するために，強制開示で開示される情報を用いることができる。投資判断資料の提供としての情報開示には，投資家を詐欺的な行為から保護する効果もあるとされる。神崎ほか・前掲注7) 194頁。投資家を詐欺的な行為から保護するという効果は，虚偽記載に関する責任を前提としている。
[214] 開示義務に意図的に違反することで利益が生じる場合，発行者（経営者）は，開示義務に意図的に違反することで生じる利益と開示義務に違反することで生じる費用を勘案し，利益の方が大きい場合，意図的に強制開示義務に違反することが合理的な選択肢となる。しかし，この点は措く。
[215] 明示的な虚偽記載（不実表示）と記載の省略を分けることにどれだけ意味があるのかは，検討の余地がある。明示的な虚偽記載を行わない場合，被害が生じる可能性が少なくなりそうだが，これにより

は，次の二つの形態をとる。第一に，強制開示で要求される情報のみでは誤解を招く場合に，追加の情報提供を発行者に強要する。第二に，強制開示に加えて何らかの追加情報の開示を行おうとする場合，当該追加情報が誤解を招くものか否かを検討した上で，当該追加情報のみでは誤解を招く場合に，さらなる情報の開示が必要になる。ケースBの場合，発行者には追加的な情報を含めて，情報を開示するか否かの選択権が存在したが，ケースCの場合，このような選択権は存在していない。

他方，ケースBと類似する点として，次の点が挙げられる。これらの点については，議論を省略する。

- 責任制度により監視費用の低減を含む，エージェンシー費用低減という利益を得る。
- 責任制度の執行自体にも費用が掛かる。
- 前述の相違点を踏まえた上で，アンラベリングが生じるか否かを考えると，アンラベリングの前提が満たされないという点が同じであるため，ケースCにおいても，アンラベリングは完全なものとはならない。

第3款　エージェンシー費用

第1目　序　論

本款では，投資家と経営者との情報の非対称性に基づくエージェンシー問題[216]を取り扱う。

なお，開示に基づく民事責任の文脈では，その目的または機能が損害の補償なのか損害が発生することの抑止なのかという重要な問題がある。本款で扱うエージェンシー費用の問題は，補償との関係ではなく，抑止との関係で理解すべきものといえる。また，補償ではなく，抑止に関する問題なので，本款にお

帰責性が減少するのであろうか。考慮すべき要素としては，例えば，①明示の虚偽記載と記載の省略は，明確に区別されるものではなく，どの程度の情報を明示し，どの程度の情報を隠匿したのかという点で，様々な程度の事案が考えられる，②違反者が意図的に明示的な虚偽記載を行わない場合に，違反者の帰責性を低く捉えるよりも逆に高く捉えるべき場合が考えられる，③誤解を招くという点では，明示の虚偽記載も記載の省略ももたらす結果は同じである等という点が考えられよう。

216) エージェンシー問題は，本書245頁において言及した問題である。また，前款および本款の議論は，開示の権利の実質化としての機能（本書174頁）に関係するものである。

ける法執行は，私人によりなされる場合だけでなく，政府によってなされる場合も考慮に入っている[217]。

第2目　エージェンシー費用の定義

エージェンシー費用 (agency costs) は，①本人 (principal) による監視費用 (the monitoring expenditures by the principal)，②代理人 (agent) による保証費用 (the bonding expenditures by the agent) および③代理人が本人にとって最善の行動をとらないことによる残余損失 (the residual loss) により構成される[218]。

株式が広く分布する上場会社の場合，個々の株主にとって本人に規律を与えることから得られる利益とエージェンシー費用の割合が悪化する（エージェンシー費用の割合が増加する）ため，エージェンシー問題が深刻になる[219]。

---

[217] 政府が課徴金や民事制裁金を得た場合に，投資家に還元する場合は，政府による法執行でも，補償の問題として捉えることができる。例として，米国の企業改革法308条および金融規制改革法929B条に基づく投資家の損害回復のための基金 (FAIR fund: Federal Account for Investor Restitution fund) が挙げられる。Sarbanes-Oxley Act of 2002, § 308, Pub. L. No. 107–204, 116 Stat. 745 (2002); Dodd-Frank Wall Street Reform and Consumer Protection Act of 2010, § 929B, Pub. L. No. 111–203, 124 Stat. 1376 (2010). 米国における投資家の損害回復のための基金の状況について，例えば，Sec. & Exch. Comm'n, Report Pursuant to Section 308(c) of the Sarbanes-Oxley Act of 2002 (Jan. 24, 2003), https://www.sec.gov/news/studies/sox308creport.pdf (last visited Aug. 13, 2014); U.S. Government Accountability Office, Securities and Exchange Commission: Information on Fair Fund Collections and Distributions (Apr. 22, 2010), http://www.gao.gov/new.items/d10448r.pdf (last visited Aug. 13, 2014); Urska Velikonja, *Fair Funds Forever*, THE CONGLOMERATE (Feb. 18, 2014), http://www.theconglomerate.org/2014/02/fair-funds-forever-1.html (last visited Aug. 13, 2014). この点は措く。

[218] Michael C. Jensen & William H. Meckling, *Theory of the Firm: Managerial Behavior, Agency Costs and Ownership Structure*, 3 J. FIN. ECON. 305, 308 (1976); EASTERBROOK & FISCHEL, *supra* note 178, at 10. REINIER KRAAKMAN ET AL., THE ANATOMY OF CORPORATE LAW: A COMPARATIVE AND FUNCTIONAL APPROACH 35–36 (2d ed. 2009) は，エージェンシー問題に関する説明として，「特に，代理人が本人に対して何らかの履行を約するとき，ほとんどの契約関係がエージェンシー問題の対象となる。難しさの中心は，関係する事実について，一般的に，代理人の方が本人よりもより優れた情報を有しているため，本人が，エージェントが約束した通りの履行を行ったのかについて確信が持てない点にある。その結果，エージェントは，履行の質を下げるかまたは本人に対して約した何かを自らに流用するという，機会主義的な行動をする誘因を有する。これは，直接には本人への代理人の履行による価値が減少することを意味し，また，エージェントの履行の質を確保するために本人が費用を掛けて代理人の監視を行わなければならないことを意味する。より複雑な仕事を代理人が約束すればするほど，また，代理人に与えられる裁量が増えれば増えるほど，エージェンシー費用は，増加しがちである」と述べる。ここで，機会主義的とは，狡猾さ，欺瞞，不実表示または不誠実を伴う自己中心的な行動を意味する。*Id.* at 35 n.2.

[219] 本人が複数の場合，協調費用 (coordination costs) が増加する。*See* KRAAKMAN ET AL., *supra* note 218, at 36–37 (協調費用は，エージェンシー問題を悪化させると述べる。複数の本人が存在する場合，共同行為 (collective action) を行うことを妨げる協調費用に直面する。複数の本人が存在する場合，エージェンシー費用との関係で，①複数の本人の間で協調する費用が高くなり，代理人

エージェンシー費用[220]が生じる場合とは，例えば，経営者が過度の給与を得ているが，集合行為の問題により，それが放置されている場合が挙げられる。わが国では，取締役と会社の関係は，委任に従う（会社 330 条，民法 643 条以下）。取締役と会社との委任関係は，米国において，代理 (agency) の理論として，分析されている[221]。会社形態で事業が行われる場合，株主（本人）(principal) は，事業を経営する能力がなくとも，代理人 (agent) である経営者を通じて，企業が獲得する利得に参加することができ，他方，経営者は，個人的な資本を有せずとも，事業の機会を追求することができる。つまり，役割分担 (division of labor) がある[222]。会社の残余請求権者 (residual claimants/residual risk bearers) である株主は，経営陣により富の最大化がなされることを望む[223]。残余請求権とは，企業価値からあらゆる債務を支払った残りの価値に対する権利を指す[224]。しかし，経営者は，成功しても会社が得た利益を自らのものとすることができず，また，失敗しても自らが損失を被るものではないため，本人が経営者である場合と比較して，富の最大化に対する誘因が少ない[225]。逆に，経営者は，過度に休暇を取得し，手当を消費し，富の最大化に献身しない[226]。エージェンシー費用を削減するための方策および仕組みとして，①監視の強化，②株主価値の最大化の誘因を雇用（わが国の場合委任）契約で与えること，③経営者が自らのサービスを最大化するために他の経営陣を監視すること，④製品市場での競争のために会社を効率的に運営すること，⑤非効率的に運営される会社は，資本市場において資本コストが増加すること，⑥株価が低迷する

　　に対して意思決定を委任することが多くなる，および②代理人に対して唯一の目的を設定することが難しくなると，代理人が正しいことをしているかを確保することがより難しくなることが挙げられる); Larry E. Ribstein, *Market vs. Regulatory Responses to Corporate Fraud: A Critique of the Sarbanes-Oxley Act of 2002*, 28 J. CORP. L. 1, 7 (2002).
220) エージェンシー理論について，例えば，仮屋広郷「アメリカ会社法学に見る経済学的思考」一法 30 巻 124–127 頁（1997）。
221) *See* Eugene F. Fama & Michael C. Jensen, *Separation of Ownership and Control*, 26 J.L. & ECON. 301, 304–05 (1983).
222) *See* Daniel R. Fischel, *The Corporate Governance Movement*, 35 VAND. L. REV. 1259, 1262 (1982).
223) *See* Fischel, *supra* note 222, at 1262; Fama & Jensen, *supra* note 221, at 302–03.
224) 藤田友敬「企業形態と法」岩村正彦ほか編『岩波講座現代の法 7 企業と法』56 頁注 15（岩波書店・1998）。
225) *See* Fischel, *supra* note 222, at 1262.
226) *See id.* at 1262–63.

と，買収の対象となりうること，⑦取締役の信認義務等が挙げられる[227]。

第3目　情報開示とエージェンシー費用の関係

強制開示の目的の一つとして，企業経営の監督が挙げられる[228]。企業の開示に基づいて値付けがなされる株価を含めて，経営者に有形無形の圧力をかけ，企業の支配権の配分を含めた，資源の効率的配分に寄与していると考えられるからである[229]。例えば，2010年に企業内容等の開示に関する内閣府令が改正され一定の場合に開示が強制されることになった経営者の報酬の個別開示は，代理人の業績と報酬を比較することを可能にすることで，代理人（特に，株主総会で決議された報酬総額の具体的配分を一任される代表取締役）に対する本人（株主）による監視費用を低減（エージェンシー費用の一つとして監視費用がある）し，また，代理人の業績と報酬を比較されるという圧力がかかることで，代理人（特に，代表取締役）が本人にとって最善の行動をとらないことによる残余損失（エージェ

---

[227] *See id.* at 1262–64. 実際，企業統治（corporate governance）と企業価値評価との正の相関関係および企業統治と株価のリターンの正の相関関係が実証研究によって示されている。*E.g.*, Paul Gompers, Joy Ishii & Andrew Metrick, *Corporate Governance and Equity Prices*, 118 Q.J. ECON. 107 (2003); Rafael La Porta, Florencio Lopez-de-Silanes, Andrei Shleifer & Robert Vishny, *Investor Protection and Corporate Valuation*, 57 J. FIN. 1147–70, 1162 tbl.III (2002) (Anti-director rightsの係数が有意水準1%で有意であり，支配株主が存在する会社を対象に，少数株主の保護措置の存在と株価との正の相関関係を示す); Robert Daines, *Does Delaware Law Improve Firm Value?*, 62 J. FIN. ECON. 525–58, 534 tbl.2 (2001) (デラウェア州を設立準拠法とする会社と他の州を設立準拠法とする会社を比較し，Tobin's Qが1%の水準で有意であることを示して，デラウェア州の会社の優位を示す). *Cf.* Guhan Subramanian, *The Disappearing Delaware Effect*, 20 J.L. ECON. & ORG. 32, 48 fig.2, 49 fig.3 (2004) (小規模会社で1997年以降にデラウェア州の影響がみられなくなっていること，また，大規模会社では，そもそも統計上それほど優位な影響がみられないことを示す); Jere R. Francis & Michael D. Yu, Incorporation Choice and Implied Cost of Equity (July 20, 2015), http://ssrn.com/abstract=2634694 (トービンのQではなく，目次の資本コスト（implied cost of capital）を用いる場合，①州外に設立した会社と州内に設立した会社との間で40から100ベーシス・ポイントの差があり，また，②デラウェア州の会社と州外の設立との間には，統計的に有意な差はないことを示す).

[228] 例えば，弥永真生「株式会社とディスクロージャー」商事1400号23頁 (1995)（「ディスクロージャーの目的の大きな一つの柱は，……ディスクロージャーをその対象となる行為をなす者の行為を適正ならしめるインセンティブとすることである」と述べる），河本一郎「ディスクロージャーによる企業の不正不当行為の防止」神戸30巻1号2頁 (1980)（「企業の不当・不正な支出のチェック……を制度的に補強するものとして，……ディスクロージャー制度は是非必要である」と述べる）。

[229] 黒沼悦郎「証券取引と法」岩村正彦ほか編『岩波講座現代の法7 企業と法』284頁（岩波書店・1998）。エージェンシー問題は，社会厚生の最大化との関係でも理解できるが，本書では，さしあたり，投資家と経営者の情報の非対称性の問題として取り扱う。*See* Luca Anderlini & Leonardo Felli, *Agency Problems*, *in* 1 THE NEW PALGRAVE DICTIONARY OF ECONOMICS 43–44 (Steven N. Durlauf & Lawrence E. Blume eds., 2d ed. 2008).

ンシー費用の一つとして残余損失がある）を低減させる可能性が考えられる[230]。また，報酬を開示することや報酬の開示が強制されていることは，終局的には本人（株主）が負担する保証費用（エージェンシー費用の一つとして保証費用がある）であると考えられる。

次に検討する通り，開示に関する責任規定は，これらのエージェンシー費用をいずれも低減しうる[231]。

監視費用　開示に関する責任規定は，監視費用を低減しうる。前述の通り，株主は，投資判断に際して取引費用を負担する。取引費用には，情報収集，情報処理および情報検証に掛かる費用が含まれる[232]。開示に関する責任規定は，このうち，情報検証に掛かる費用を低減する[233]。責任規定により株主は開示された情報を信用することができるようになるからである。情報開示を信頼することができれば，株主は，開示された情報に関して，再度信頼できる別の情報源から同じ情報を収集して確認するような，検証費用を節減することができる。これは，エージェンシー費用の第一の要素である監視費用[234]の低減であるともいえる。

保証費用　次に，開示に関する責任規定は，保証費用[235]を低減しうる。取締役は，虚偽があった場合に責任を負う可能性を理解した上で情報を開示しているのであるから，情報が正確であることについて担保を提供していることと等しい[236]。開示に関する責任規定の存在により，取締役は，別途株主に対して保証費用を負担する必要が減じる（例えば，開示が正確であることについて別途の費用をかけて第三者の証明等を取得する必要性が減じる）。保証費用は，

---

230) 実際に，報酬の個別開示がエージェンシー費用を低減しているのかは，実証研究によって確認する必要がある。
231) 本人（株主）は，経営者が課すエージェンシー費用を認識して経営者との雇用契約に反映するかもしれないが，完全ではない。Eugene F. Fama, *Agency Problems and the Theory of the Firm*, 88 J. POL. ECON. 288, 296-97 (1980).
232) Ronald J. Gilson & Reinier Kraakman, *The Mechanisms of Market Efficiency*, 70 VA. L. REV. 549, 594 (1984)（情報費用として，情報収集，情報処理および情報の検証の費用に言及する）.
233) *See* Paul G. Mahoney, *Mandatory Disclosure as a Solution to Agency Problem*, 62 U. CHI. L. REV. 1047, 1048 (1995).
234) Jensen & Meckling, *supra* note 218, at 308.
235) *Id.*; RONALD J. GILSON & BERNARD S. BLACK, THE LAW AND FINANCE OF CORPORATE ACQUISITIONS 155 n.135 (2d ed. 1995).
236) なお，Bratton & Wachter, *supra* note 194, at 128は，エージェンシー・モデルでは，詐欺は，外部的なものであると述べ，詐欺に対する法執行は前提とされていると述べる。

最終的には本人が負担しているのであるから[237]，保証費用を減じることは本人である株主の利益となる。

本書では取り扱わないが，経営者による証明（例えば，有価証券報告書等の記載内容にかかる確認書（金商法24条の4の2, 24条の4の8, 24条の5の2）および内部統制報告書（金商法24条の4の4第1項，内部統制府令3条））や第三者による証明も保証費用を減少させる効果がありうると捉えることができよう。

残余損失 最後に，開示に関する責任規定は，エージェンシー費用の残余損失[238]を低減しうる。例えば，取締役は，利益相反取引を行うか否かを決定する際に，当該利益相反取引に関する情報が将来的に開示されるか否かを考慮する。そして，虚偽記載に関する責任規定が存在する場合，取締役が，当該利益相反取引を実際に行うにもかかわらず，当該事実を隠匿する（すなわち，虚偽記載を行う）誘因が減少する。すなわち，取締役の行動が株主の利益と一致する方向に是正されるわけであるから，エージェンシー費用の残余損失が減少することになる。また，取締役が利益相反に関する開示を行う場合，株主は当該利益相反取引について評価をして承認をするか，取締役を交代するかなどの対応を執ることが可能となる。この点で，情報開示は，権利の実質化の機能を有している[239]。

第4目　小　　括

本款では，エージェンシー費用に関する議論を概観した（**表4.1**）。エージェンシー費用とは，①監視費用，②保証費用および③残余損失により構成される。エージェンシー費用の問題は，株式が広く分布する上場会社の場合に特に問題となる。強制開示の目的の一つとして，企業経営の監督が挙げられ，前述の三つのエージェンシー費用がいずれも低減しうることを示した。

---

237) Jensen & Meckling, *supra* note 218, at 308.
238) *Id.*
239) 尾崎・前掲注6) 60–61頁（企業統治に関する情報が開示されることにより，企業統治の質的向上への間接的な強制力が働くことが期待できると述べる）。利益相反の開示の例として，会社法356条1項2号および3号，公開買付府令第2号様式第4【公開買付者と対象者との取引】1【公開買付者と対象者又はその役員との間の取引の有無および内容】および2【公開買付者と対象者又はその役員との間の合意の有無および内容】。また，同様式記載上の注意(6)fは，公開買付価格の価格算定の経緯に加えて「公開買付者が対象者の役員〔等〕であって，買付価格の公正性を担保するためのそのほかの措置を講じているときは，その具体的内容」を開示する旨定めている。17 C.F.R. § 229.404 (2014) (Transactions With Related Persons, Promoters and Certain Control Persons).

表 4.1 開示制度に基づくエージェンシー費用の低減

分類	概要
監視費用（本人による監視費用）	責任規定により情報を収集し，検証する費用を節減する
保証費用（代理人よる保証費用）	責任規定により取締役が情報が正確であることについて保証していることに相当
残余損失（代理人が本人にとって最善の行動をとらないことによる残余損失）	利益相反の開示等により，代理人が本人にとって最善の行動をとらないことを防止する

　本款では，開示に基づく責任がエージェンシー費用の構成要素である監視費用，保証費用および残余損失を低減しうることを示した。それゆえ，開示に基づく責任がエージェンシー費用（すなわち，監視費用，保証費用および残余損失の合計）を低減しうることを示すものである。しかし，ある制度がエージェンシー費用のうち一つの構成要素を低減させるとしても，他の構成要素の費用をも低減させるとは限らず，また，他の構成要素の費用を増加させる可能性がある。すなわち，ある制度がエージェンシー費用（すなわち，監視費用，保証費用および残余損失の合計）を増加させるということも考えられる[240]。

　例えば，残余損失を減らすために，強制開示での開示項目を増やした上で開示違反に対して厳罰を課す場合，残余損失を低減しまたはゼロに近づけることができるであろうが，その分，監視費用（増やされた開示項目について株主が適正か否かを監視する必要が増える）と保証費用（経営者は責任を逃れるために，または，責任基準に合致した品質の開示を行うために，開示項目が正しいことを内部的に確認する必要があり，これに多額の費用を費やすことになる[241]）が増加することになり，それらの合計であるエージェンシー費用が増加するということも考えられる。本書は，責任規定がエージェンシー費用の低減に寄与する可能性を示唆するものではあるが，必ずしも厳罰を良しとするものではない。

---

240) *E.g.*, Ribstein, *supra* note 219, at 36.
241) *Id.* at 38.

第4節　損害因果関係と損害額

第1款　序　論

　本節では，「重要な事項について虚偽の記載があり，又は記載すべき重要な事項若しくは誤解を生じさせないために必要な重要な事実の記載が欠けている」（以下，本節において「虚偽記載」という）場合の金商法21条の2に基づく責任について，損害因果関係と損害額の問題を扱う。本節の議論は，虚偽記載に基づく民事責任を議論する際に有用なものとなろう。投資家の損害額を刑事責任や行政責任を負わせる際の考慮要素とするのであれば，部分的ではあるが本節の議論が有効であるかもしれない[242]。

第2款　検討の視座

第1目　株価変動の分類

序　論　損害因果関係と損害額を検討する際に最も重要な点は，損害賠償の対象とすべき株価変動は何かという点である。金商法21条の2の文脈では第3項に損害賠償額の推定規定があるため，同条5項における「当該書類の虚偽記載等によつて生ずべき当該有価証券の値下り以外の事情により生じた」損害が何かという問題に通じることになる。
　そして，なぜ，損害賠償の対象とすべき株価変動は何かという問題が重要であるかといえば，この範囲に含まれない株価変動が投資家のリスクとなるから

---

[242] 課徴金の額に関しては，わが国では，株価の下落額に応じて金額が大きくなるような仕組みはとられていない。例えば，株式の発行に係る発行開示書類に虚偽記載が存在した場合，課徴金の額は，有価証券の発行価額の総額の4.5%となっている。金商法172条の2第1項，2項。また，有価証券虚偽記載に虚偽記載が存在した場合，課徴金の額は，600万円または市場価額の総額に10万分の6を乗じた積のうち，どちらか大きい額となっている。金商法172条の4。

である。金商法21条の2の文脈でいえば，損害賠償の範囲の決定は，不可避的に，発行者と投資家のリスク配分を意味することになる。

株価変動の分類　損害賠償の対象とすべき株価変動は何かを検討する第一歩は，どのような株価変動が存在するかを理解することである。ポートフォリオ理論との関係で概観した通り（本書289頁），株価の変動は，①市場の変動に連動する部分と②個々の株式に関する変動に分けることができる。市場の変動に連動する部分はマーケット・モデルに基づいて推計される部分である。また，個々の株式に関する変動は，マーケット・モデルに基づいて推計される部分を除いた残差である。

個々の株式に関する変動は，虚偽記載に関係する株価変動（典型的には虚偽記載が判明した際の株価の下落）と虚偽記載に関係しない株価変動に分けることができる。

前述の通り虚偽記載が判明した際の株価の下落として，基礎的下落，信用下落，および訴訟下落が指摘されている（本書381頁）。虚偽記載に関係しない株価変動とは，例えば，創業者兼経営者の健康について虚偽記載を行った（創業者兼経営者の健康は短期的な会社の業績には全く影響を与えないと仮定する）後，四半期業績の発表により生じる株価変動である。

このうち，「基礎的下落」は，虚偽記載が行われた後株式を取得し虚偽記載が判明するまで株式を保有していた株主が被る損害である。他方，「虚偽記載に関係しない株価変動」，「信用下落」および「訴訟下落」は，株主全員が影響を受ける（本書382頁注134））。なお，「虚偽記載に関係しない株価変動」は，株価を上昇させる方向に変動する可能性があるため，必ずしも投資家の損害になるわけではない。

これをまとめると，**表4.2**の通りとなる[243]。**表4.2**からも明らかな通り，虚偽記載に基づく損害額の算定に関しては，これらの要素のうちどの要素が損害として認められるかを個々に検討する必要がある。

---

[243] なお，本目における分類について，虚偽記載を組織再編と置き換えれば，反対株主の買取請求権の行使の文脈でのナカリセバ価格の決定にも応用できよう。ただし，信用下落や訴訟下落は観念できないので，この点は考慮する必要がないという相違は存在しよう。

表 4.2 株価変動の分類

大分類	中分類	小分類	備考
市場の変動に連動			株主全員が影響を受ける
個々の株式の変動	虚偽記載に関係	基礎的下落	一部株主のみ影響を受ける
		信用下落	株主全員が影響を受ける
		訴訟下落	株主全員が影響を受ける
	虚偽記載に無関係		株主全員が影響を受ける

第2目　損害因果関係論の概要

序論　本目では，上場証券の虚偽記載に関する損害因果関係論として，差額説，取得自体損害説，修正取得自体損害説，取得時差額説，市場下落説を概観する。

差額説　虚偽記載に基づく損害賠償責任における損害の概念は，虚偽記載がなかったであろう状態を予想して，現実の状態とそうした仮定の状態の差をもって損害とするものと解されている（差額説）[244]。ここで「仮定の状態」とは，①虚偽記載が存在しなければ当該株式を取得しなかった状態（以下，「取得自体損害」という）[245]と②虚偽記載が存在していなくとも株式を取得していたが，より低い価格で取得していた状態（以下，「高値取得損害」という）[246]が考えられる[247]。本書では，虚偽記載がなければ存在したであろう価格（想定価格）と市場価格（売買価格）との差額を取得時差額と呼ぶ。

取得自体損害説　わが国において公開市場での取引に関する損害賠償の方法について，原状回復の損害賠償が認められる余地があるとの指摘があり[248]，また，西武鉄道事件の最高裁判決（最三小判平成23・9・13民

---

244) 神田・前掲注1) 622頁。
245) *See* Frederick C. Dunbar & Arun Sen, *Counterfactual Keys to Causation and Damages in Shareholder Class-Action Lawsuits*, 2009 WIS. L. REV. 199, 219.
246) *See id.* at 220.
247) 黒沼悦郎「西武鉄道事件判決の検討（中）」商事1839号23頁（2008)，神田・前掲注1) 622頁，山田剛志『近時の企業情報開示を巡る課題：実効性確保の観点を中心に』証券取引法研究会研究記録第6号34-35頁（日本証券経済研究所・2005)〔太田洋発言〕(パッシブ運用について〔取引〕因果関係が存在しないという反証が許されるのかという点を指摘)，同35頁〔中村聡発言〕(取引因果関係が認められずとも価格の相違が認められる点を指摘)。
248) 黒沼・前掲注13) 291頁。

集65-6-2511）は，修正されたものではあるが原状回復的損害賠償を認めた。

取得自体損害説のうち，理論的に難しい問題点は，虚偽記載の発覚前に既に売却した者が損害賠償請求をすることができるかという点である[249]。虚偽記載の発覚前に株式を売却しているのだから，売却価格は，虚偽記載の影響を受けていない。売却価格が虚偽記載の影響を受けていないのであれば，損害賠償請求ができないという結論の方が，社会厚生の増加（訴訟の数を減らす）に資するであろう。そこで，売却価格が虚偽記載の影響を受けていない場合に，虚偽記載がなければ株式を取得することがなかったという理由に基づいて原状回復的損害賠償請求ができない根拠を考える必要がある。結論からいえば，虚偽記載公表前の株価の変動について，損害因果関係が観念できないからということになろう[250]。では，虚偽記載公表時に証券を保有していた株主について，取得自体損害が認められる場合に，なぜ，虚偽記載公表前の株価変動について発行者が責任を負うかを考える必要が出てくる[251]。思うに，取得自体損害が問題となるような事案では（取得時差額が問題となるような事案とは異なり），虚偽記載公表前の株価変動が虚偽記載の公表後の株価変動にも重要な影響を与えるからではないだろうか[252]。逆にいえば，そのような事案こそ，取得自体損害を認めるに足るということになる[253]。

---

249) 近藤・前掲注58) 13-14頁。
250) 近藤・前掲注58) 21頁（公表時までに売却があった投資家について，損害は他の投資家に転嫁したと考え，虚偽記載による損害はないと指摘する）。同様の解釈を金商法19条1項2号に適用することで，同号の文言にもかかわらず，虚偽記載が発覚する前に証券を売却した投資家は，金商法18条に基づく損害賠償請求はできないと解することができる。本書356頁参照。
251) 筆者は，投資家個別の事情を考慮に入れなければ，通常，取得自体損害の場合には，①市場の変動に連動する株価の変動と②虚偽記載に無関係な会社固有の株価変動について，両方とも発行者がリスクを負うべきだと考えている。これは，寺田逸郎裁判官の補足意見と同様の立場である（修正取得自体損害の検討について，後述する）。
252) これは，弱度の効率的市場が認められないという意味ではない。虚偽記載の発覚を市場が予想できないという点で，弱度の効率的市場は満たされる。取得自体損害を認める場合，虚偽記載公表後の株価変動については，基礎的下落はもとより，信用下落，訴訟下落が発行者のリスクとなり，さらに，市場の変動に連動する株価変動や虚偽記載に無関係な個々の株式の変動も発行者のリスクとなる。ここで，信用下落や訴訟下落は，過去の株価の水準により変動額が影響を受けると考えられる。そして，取得自体損害は，虚偽記載の様態に鑑みて，これらすべてのリスクを，虚偽記載前のものも含めて，発行者のリスクとすると解されよう。
253) 補足として，取得自体損害説を①市場の変動に連動する株価の変動，および②虚偽記載に無関係な会社固有の株価変動について，修正する場合の論点を検討してみたい。相当因果関係を考慮する際に，①市場の変動に連動する株価の変動と②虚偽記載に無関係な会社固有の株価変動について，投資家がリスクを負担したと考えると，原則として（徐々に株価に情報が反映する場合や，虚偽記載の公表前に株価に反映される場合等の例外的な場合が考えられる），虚偽記載公表までの株価変動が投資家のリスクとなる。そのため，虚偽記載公表前に株式を処分した株主について，修正の結果，損害賠償額

第 4 節 損害因果関係と損害額　411

　飯田秀総准教授は，西武鉄道事件の射程について，「虚偽記載の内容が粉飾決算のように株式の価値の評価に影響を与える場合の取得自体損害説にまでは本判決の射程は及ばない」と解する[254]。投資家の投資方針が予め決まっている場合などの特別な事情がない限り[255]，市場が流動性を有し，虚偽記載の内容が株式の価値の評価に影響を与えることのみである場合（すなわち，虚偽記載がなければ上場廃止になっていただろう西武鉄道事件のような虚偽記載の他にも，虚偽記載により株式の価値に影響を与え，ひいては上場廃止になるような事案は除かれる）は，取得自体損害説の適用がないように思われる[256]。換言すれば，市場が流動性を有しているなら，虚偽記載が開示された場合にも市場価格は（低い価格で）存在し，投資家が，その金額で購入すると考えられるからである[257]。これは，取

がゼロになるという結果をもたらす。西武鉄道事件の最高裁判決もこの結論を得るために，取得自体損害を修正したものと考えられる。ここまでは都合の良い結果であるが，ここから先が問題である。虚偽記載公表後の株主の取扱いについて，この議論を演繹的に当てはめると，修正取得自体損害説においても，①市場の変動に連動する株価の変動と②虚偽記載に無関係な会社固有の株価変動の両方を考慮しなければならなくなる。すなわち，（修正）取得自体損害といいながら，①市場の変動に連動する株価の変動だけでなく，②虚偽記載に無関係な会社固有の株価変動を控除する場合，その損害額は，取得自体損害の思想が基本とする原状回復的な救済ではなく市場下落説に基づく損害額と同じになる。近藤・前掲注58) 14頁（最高裁の考え方を突き詰めていくと，公表時下落説に接近していくと指摘する）。虚偽記載公表前の損失については，単に損害因果関係が存在しないと解する方が，投資家と発行者とのリスク分配を修正するよりも良いと思われる。

254) 飯田・前掲注58) 111頁。
255) 黒沼悦郎「判批」ジュリ1202号103頁（2001）は，「投資者としては，具体的な事業経営上のリスク情報を知らされた場合に，自己の投資目的に照らして当該証券の購入を取り止めることがありえ，その場合には目論見書の交付義務違反と投資者の損害との間には因果関係が認められるのである」とする。
256) 理由は，次の通りである。第一に，虚偽記載がなかった場合，発行者は，上場廃止や倒産を回避するための手段をとることが容易に想像できるため，そのような回避策が奏功しない（可能世界が存在しない）とは言い切れない。立証の程度の問題なのかもしれないが，西武鉄道事件のように取得しなかったことが立証される事案は，まれであるように思われる。第二に，発行者が虚偽記載から利益を得ているわけではないので，取得自体損害を認めても社会厚生は，直接には増加しない（公平性を確保するということにより間接的に社会厚生が増加する可能性はある）。投資家は市場下落説よりも取得自体損害の方が損害賠償額が大きい（と見積もられる）場合に，取得自体損害を主張する。しかし，損害賠償額を認める額が大きくなればなる程，真実の発覚時の株価下落が大きくなり，ひいては市場価格がゼロになるリスクが増大する。市場下落説と比較した場合（取得時差額説に立脚した場合も，類似の議論ができるが省略する），投資家が取得自体損害を主張するのは，取得自体損害の方が市場下落説よりも損害賠償額が大きくなるときである。概ね，証券の取得から訴訟の提起までの期間における株価変動から，虚偽記載の発覚の際の株価下落を除いた株価変動がマイナスである場合にのみ投資家は，取得自体損害を主張することになる。これは，訴訟を提起することができる投資家が損害賠償額を大きくするオプションを有していることと同義である。損害賠償額を大きくすることは，循環問題を悪化させるため，このようなオプションを与えることには慎重であるべきであるように思われる。
257) 米国の取引所法では，上場された証券を市場で売買したことによって生じる損害に対する救済は，取得時差額による損害賠償(out-of-pocket damages)によってなされるとの考え方が支配的であった。See James D. Cox, Robert W. Hillman & Donald C. Langevoort, Securities

得自体損害の立証が取得時差額説や株価下落説に基づく損害の立証よりも厳しいことを示唆するものである[258]。

修正取得自体損害説 最高裁判所は，西武鉄道事件において，取得自体損害説を採用するにあたり，単純な原状回復的損害賠償を認めるのではなく，原状回復的損害賠償額[259]から「経済情勢，市場動向，当該会社の業績等当該虚偽記載に起因しない市場価額の下落分を〔取得価額と処分価額との差額または取得価額と事実審の口頭弁論終結時の上記株式の市場価額との差額〕から控除して」因果関係のある損害額を算定すると述べる（修正取得自体損害説）。修正取得自体損害説について，幾つか検討したい。

前目で検討した通り，株価の変動は，①市場の変動に連動する部分，②虚偽記載に関係する株価変動（会社固有），および③虚偽記載と無関係で個々の株式に固有の変動[260]の三つに分類できる。最高裁判所の判示は，このうち，「市場の変動に連動する部分」と「虚偽記載と無関係で個々の株式に固有の変動」を控除するといえよう。

西武鉄道事件における寺田逸郎裁判官の補足意見は，原状回復的損害賠償請求を修正する点を批判する。寺田裁判官が譲歩する通り，「〔虚偽記載が存在し

REGULATION: CASES AND MATERIALS 757 (7th ed. 2013). CHOI & PRITCHARD, *supra* note 120, at 318–19は，上場された証券の市場での売買について，取得時差額で責任を負うと述べる。首藤優「証券流通市場における不実表示に対する損害額の算定方法」比較法雑誌45巻1号389–398頁（2011）は，米国において用いられる代表的な算定方式として，現実損害賠償方式 (out-of-pocket measure)，原状回復方式 (rescissory damage measure)，取引利益賠償方式 (benefit of bargain measure)，不当利得返還方式 (windfall measure of damages)，利益吐き出し方式 (disgorgement measure) を挙げる。しかし，相対の取引では，利益の返還 (restitution) や原状回復も認められうる。CHOI & PRITCHARD, *supra* note 120, at 320–21。例えば，Garnatz v. Stifel, Nicolaus事件は，保守的な運用を望む投資家が，債券の証拠金取引をブローカーに委託した事案であり，投資のほぼすべてが失われた後に，当該投資家が当該ブローカーを取引所法10条(b)項および規則10b–5に基づき訴えた事案である。Garnatz v. Stifel, Nicolaus & Co., Inc., 559 F.2d 1357 (8th Cir. 1977)。第8巡回区合衆国控訴裁判所は，Garnatz事件のような事案では，①証券を公正な価格で購入したかは問題ではなく，証券を購入したか否かが問題である，および②原状回復的損害賠償の方法 (rescissory damage measure) が適切であるとした。Id. at 1360–61。

258) 荒達也「判批」ジュリ1423号118頁（2011）は，取得自体損害が認められるという問題は，どのような事実をどの程度立証するべきかという問題であると指摘する。この点，その要件や立証の程度は厳格に解するべきであると指摘されている。荒・前掲118頁。
259) ①株式を取引所市場において処分したときはその取得価額と処分価額との差額を，また，②株式を保有し続けているときはその取得価額と事実審の口頭弁論終結時の株式の市場価額（上場が廃止された場合にはその非上場株式としての評価額）との差額を意味する。
260) 例外的に，市場価値が巨大な会社の株式が大きく変動する場合に，市場平均に僅かでも影響を与える可能性があるが，そのような可能性は本書では考慮しない。

なくとも，虚偽記載のある株式を購入した〕資金はそれ以外の株式を保有することに用いられていたに違いないから，市場における株式一般の価額下落による損失を被っていた」といえるような場合には，虚偽記載が存在しなくても被った損害として，マーケット・リスクを観念できる。他方，寺田裁判官は，「会社の業績不振による株式価額の下落など当該株式に特有の価額下落による損失を相当因果関係なしとして損害額から控除することには無理がある」と述べる[261]。前目において，株価変動の分類を行ったが，寺田裁判官が，市場の変動の他に虚偽記載と無関係な個々の株式の変動リスクについて意識的に言及し，当該リスクを発行者のものとしている点に留意されたい[262]。西武鉄道事件の最高裁判決について，幾つか補足する。

- 法廷意見が原状回復的損害賠償額を修正する際に「下落分を上記差額から控除して」と述べる部分は，虚偽記載に起因しない市場価額の上昇分を控除しない趣旨なのか不明である。市場の変動や虚偽記載に無関係な変動は，株価が上昇する場合も下落する場合も考えられる。株価変動のリスクを発行者と投資家のどちらが負担するかという問題について，一方向の変動のみ特定の投資家がリスクを負う（本件の場合，市場全体の下落について投資家がリスクを負う）ということは，理論的な正当化が難しいであろう。

- 西武鉄道事件の最高裁判決で示された考え方（修正取得自体損害額）は，投資者の取得価額と虚偽記載の公表直前の市場価額との差額を取得および処分差額から控除することとなり，虚偽記載の公表後の市場価額の下落を損害額の基礎とする市場下落説と同じ結論になる可能性が高い[263]。これにより，損害を受けた投資家が，虚偽記載がなければ当該有価証券を取得することがなかったであろうことを主張および立証するメリットがほとんど失われた[264]。

---

[261] 寺田裁判官の意見に同意するものとして，黒沼・前掲注34) 4-5頁。
[262] 虚偽記載と無関係な個々の株式の変動リスクについて明示的に議論するものとして，神田・前掲注1) 628頁。
[263] 黒沼・前掲注34) 6頁（損害額が類似するものになるという点を指摘した上で，立証責任について相違が存在するかも検討する）。
[264] 黒沼・前掲注34) 7頁，黒沼悦郎「有価証券報告書等の不実表示に関する責任について」法セ695号22頁，23頁（2012）。

取得時差額説（高値取得損害説）　取得時差額説（高値取得損害説）は、証券が効率的な市場で取引され、投資者が情報に基づき取引せず、市場価格を信頼する場合（例えば、インデックス投資家による売買）に特に有用な概念であろう。なぜなら、効率的な市場であれば、開示された情報に基づいて何らかの市場価格が付くことが予想され（価格発見機能）[265]、インデックス投資家は、その市場価格に基づいて証券を購入することが期待されるからである[266]。取得時差額説の難しさは、取得時差額の算定が困難であること、特に、想定価格を算出することの困難さにある[267]。

また、取得時差額説は、不法行為に基づく差額説と整合的ではないという指摘がある[268]。理由として、加害原因がなかったとしたならばあるべき利益状態とは、想定価額で株式を取得していたならばあるべき利益状態であり、現在の利益状態とは虚偽記載が明らかになった後の投資者の利益状態を意味するのであるから、株式の取得段階で損害額が確定すると捉える取得時差額の考え方とは相容れないと述べられている[269]。この点、最高裁判例の立場は、「とりあえず現在のところ、意見の対立や学説からの批判を受けつつも、柔軟な相当因果関係説に固まりつつある」とも指摘されている[270]。金商法21条の2が不法行為の規定の特則であることから演繹的に導かれる解釈であるといえよう。他方、ライブドア事件（最三小判平成24・3・13民集66-5-1957）における岡部喜代子裁判官の反対意見が、民法709条の解釈として、「〔株価下落〕損害は株主であることによって全株主が被る損害である。株価下落損害の賠償請求権は、利益虚偽記載という高値取得損害を生じさせた事実と同一の事実によって生じたものではあっても、被侵害利益が異なるのであって、高値取得損害の賠償を求める権利とは異なる」と述べ、「株主が株主であることによって被るこのよ

---

265) *See* FRANK J. FABOZZI, FRANCO P. MODIGLIANI & FRANK J. JONES, FOUNDATIONS OF FINANCIAL MARKETS AND INSTITUTIONS 5–6 (2009).
266) インデックス投資家について、本書335頁注840）。
267) 取得時差額を主張する際、従来想定価格の立証が難しかった点について、岸田監修・前掲注9）281頁注17〔加藤貴仁〕。
268) 梅本剛正「ライブドア事件最高裁判決と金商法21条の2の損害論」金法60巻19号59頁、63頁（2012）。
269) 梅本・前掲注268）63頁（神田・前掲注1）632頁および潮見佳男「虚偽記載等による損害—不法行為損害賠償法の視点から」商事1907号15頁（2010）を挙げる）。
270) 松岡啓祐「虚偽の情報開示を巡る会社及び役員等の責任—金商法の継続開示違反を中心に」青竹正一先生古稀記念『企業法の現在』361頁（信山社・2014）。

うな損害の賠償を会社に求めることはできない」と述べているように，流通市場での損害額を取得時差額に限定するという意見は，金商法21条の2に基づく損害だけでなく，不法行為に基づく損害も，取得時差額に限定するものと理解できる[271]。そうであれば，一般不法行為の法理がどこまで同条に適用となるかという論点であったといえよう。

虚偽記載の事実が判明した後の株価が取得価額よりも大きい場合　虚偽記載の事実が判明した後の株価が取得価額よりも大きい場合，修正を行わない取得自体損害説（原状回復）による救済を求める場合には，損害が観念できず，投資者は救済を得ることはできない[272]。これは虚偽記載に起因しない株価の下落が控除されるだけでなく，株価の上昇が生じた場合に，虚偽記載に起因する株価の下落と相殺されるという意味であろう。

　他方，①取得時差額説（もしくは取得時差額説で株価の下落額を取得時の差額と推定するような場合）または②市場下落説（後述する）では，虚偽記載の事実が判明した後の株価が取得価額よりも大きくとも救済が認められうる。なぜなら，株価の下落額または取得時の想定価額との差額が損害として観念されるからである[273]。

市場下落説　次に，市場下落説を概観する。市場下落説は，虚偽記載が公表された後の市場株価の下落分を損害と認める[274]。公表後の下落額が取得時差額に近似すると考えるのが，市場下落説の基本的な考え方であるといえよう[275]。この点で，市場下落説は，取得時差額説との類似性がある。また，後述する通り，市場下落説には，信用下落および訴訟下落を損害賠償の対象に含めるという意味がある。

---

271) そもそも，取得時差額に限定しても一定の循環および一定の利益移転が起こるのであるから，この点が正当化されるかという理論的な問題は残されている。この点は，追って検討する。本章第5節（435頁）。
272) 原状回復的損害賠償が定められる場合には，共通して論点となる点である。例えば，金商法19条1項1号は，虚偽記載のある有価証券届出書に関する発行者の賠償責任額について，請求権者が当該有価証券の取得について支払った額から損害賠償を請求する時における市場価額を控除した額と定める。このため，請求権者が当該有価証券の取得について支払った額と損害賠償を請求する時における市場価額を比較し，後者の方が大きい場合，損害賠償額は観念しえない。黒沼悦郎「西武鉄道事件最高裁判決（3）」金融商品取引法（2012年2月6日），http://blogs.yahoo.co.jp/mousikos1960/36772375.html (last visited Aug. 13, 2014)（修正取得自体損害の文脈での議論）。
273) *E.g.*, Goldberg v. Household Bank, F.S.B., 890 F.2d 965, 966–67 (7th Cir. 1989).
274) 黒沼・前掲注58) 13頁。
275) 黒沼・前掲注3) 7頁，近藤・前掲注58) 15頁，近藤・前掲注88) 12頁。

市場下落説の論点として，循環問題があるが，この点は後述する。

検討 　実際の事案においてどの損害因果関係論を用いるべきかは，幾つかの考え方がありえよう。まず，虚偽記載がなかったならばどのような仮定の状態が考えられるかを仮定して，損害因果関係論を特定していく方法が考えられる[276]。この方法は，既に存在する損害因果関係論を用いることができる点で優れている。しかし，個別具体的な事案と抽象的な相当因果関係論におけるリスクの分配が必ずしも一致するわけではない。

本節第2款（407頁）にて検討した通り，損害賠償の範囲の決定は，不可避的に，発行者と投資家のリスク配分を意味することになる。すなわち，**表4.2**（409頁）に掲げる株価変動のリスクのすべてを発行者か投資家に分配することが必要になる。そうであれば，必要なのは，次目で論じるように，損害因果関係論というよりも，相当因果関係論に基づいて，**表4.2**に掲げる株価変動のリスクを発行者か投資家に配分する方法で十分なように思われる。西武鉄道事件およびその判例評釈で明らかになったように，個別具体的な事案の多様性は，**表4.2**に掲げる株価変動のリスクを単純に分配することを許さないからである[277]。そこで，次に，流通市場での虚偽記載における損害額算定の視座を検討したい。

第3目　流通市場での虚偽記載における損害額算定の視座

序論 　損害額の算定は，取引因果関係や損害因果関係の議論を踏まえてなされるべきであるが，取引因果関係や損害因果関係を考慮しな

---

[276] 神田・前掲注1) 625頁は，差額説のもとで，具体的な事案が取得自体損害が適用となる事案であるか，取得時差額（高値取得損害）が適用となる事案であるかは，どちらの状態をもって虚偽記載がなかったならばあったであろう仮定の状態であると考えるべきかという問題であると述べる。

[277] 表4.2（本書409頁）に掲げる株価変動のリスクが個々の事案により投資家のリスクにも発行者のリスクにもなりうる点を指摘しておきたい。市場変動のリスクは，原則として，取得時差額が適用となるような事案では投資家のリスクであるし，取得自体損害のような原状回復（原状回復的損害賠償）が認められるべき事案（証券を取得していなかったといえるような事案）では，発行者のリスクであるといえよう。しかし，投資家が当該証券を取得しないといえるような事案でも，株式の購入に充てたであろう資金を他の株式の購入に充てる場合，平均すれば市場平均と同等の株価変動が生じたはずである。どこまでが相当因果関係の範囲であるのか（株式を取得しなかったといえるところまでか，その資金を他の証券の購入に充てたといえるところまでか）は，個別具体的な事案によるであろう。また，虚偽記載に無関係の当該株式の固有の株価変動についても類似の指摘が可能である。取得時差額の考え方に立てば，固有の株価変動は，投資家のリスクであり，また，原状回復（原状回復的損害賠償）が認められる事案では，発行者のリスクであるといえよう。

第 4 節　損害因果関係と損害額　*417*

がら議論を進めると，議論が複雑になりすぎるきらいがある。そこで，本目では，純粋に理論的な観点から，損害額について検討したい。それにより，損害額を算定する際の理論的な視座を明らかにすることを試みる[278]。

流通市場での虚偽記載が問題になる事案において考慮すべきイベントは，①虚偽記載の実行，②虚偽記載の影響が株価に反映し終わる時点，③株式の購入，④虚偽記載の発覚（真実が明らかになる），⑤虚偽記載の発覚が株価に反映し終わる時点[279]，⑥訴訟の提起，および⑦最終口頭弁論である[280]。市場が効率的でない場合や証券取引所の取引制限により，虚偽記載の実行および虚偽記載の発覚は，損害賠償の算定の目的では，一時点ではなく，期間となりうる。

時点①から②を期間 A，時点②から③を期間 B，時点③から④を期間 C，時点④から⑤を期間 D，時点⑤から⑥を期間 E，時点⑥から⑦を期間 F とする（図 4.1）。

図 4.1　損害額算定の視座

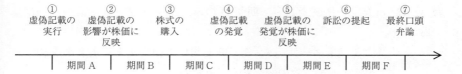

前　提　本書では，マーケット・モデルを用いて損害額算定の視座を明らかにしたい。マーケット・モデルとは，任意の所与の証券の収益（リターン）をマーケット・ポートフォリオのリターンに関連付ける統計モデルである。事案を簡単にするために，以下の前提を置いて検討する。

● 発行者 I の株式 S は，効率的な市場で取引されている。
● マーケット・モデルにおける S のアルファ α は，すべての関連する期

---

278) 本目の議論は，Park, *supra* note 34, *passim* および加藤・前掲注91) 322–323頁の議論を発展させたものである。
279) 市場が非効率的な場合の他にも，値幅制限等で，市場価格に反映しない場合が考えられる。日本経済新聞「ライブドア，求心力に腐心——苦境脱出，道見えず，市場，『解散価値』にらむ」朝刊3頁（2006年1月25日）（ライブドア社の証券取引法違反事件の発覚後，6日連続でストップ安となったことに言及する）。
280) 信用下落および訴訟下落は，株式を購入した後に虚偽記載が実行された場合（本文でいう時点①と時点③の順序が逆転する場合）でも被るため，事例を分けるべきであろうが，本書では省略する。株主全員が被る損害であるため，発行者の責任を追及するよりは，役員等の責任追及がなされるべきであるし，株主代表訴訟の問題として，議論されるべきだからである。本書382頁注134)参照。

間において 0 から変化がなかった。
- マーケット・モデルにおける S のベータ β は，すべての関連する期間において 1 から変化がなかった[281]。
- すべての関連する期間において，市場平均は，100 からまったく変化しなかった。
- 取引費用が存在しない。
- 価値判断に際して時間価値を考慮しない。
- インフレは考慮しない。

発行者 I の株価の変動を R_i と表し，期間 A から F までの添字を付して表す。例えば，期間 A の株価の変動を $R_{i,A}$ と表す。また，同様に，市場価格の変動を R_m と表す。マーケット・モデルに基づき，R_i から R_m に連動して変動した部分を減じた差である超過収益を R_e と表す。期間 D における，虚偽記載（真実）が判明することによる株価変動は，$R_{t,D}$ と表す。本書では，虚偽記載が判明した後株価が下落する場合を取り扱うため，$R_{t,D} \leq 0$ である。すなわち，$R_i = R_m + R_e$，ただし，期間 D のみ，$R_{i,D} = R_{m,D} + R_{e,D} + R_{t,D}$ である。

基本例 ここで，マーケット・モデルを用いて損害額を算定する基本的な事例として，次の例を考えてみたい。
- 虚偽記載の実行の後，期間 A において，株価の変動はなかった。
- 虚偽記載の発覚の後，期間 D において，株価が下落した。
- すべての関連する期間において，S のマーケット・モデルに基づく超過収益 R_e は，虚偽記載に関係する変動 $R_{t,D}$ を除いてゼロであった（発行者 I 固有の株価変動 R_e は存在しなかった）。

この前提を置くと，株価の変動 R_i は，虚偽記載に関係する変動 $R_{t,D}$ が，期間 D に生じるだけである。次の点が指摘できよう（**図4.2**）。
- 第一に，取得自体損害説および修正取得自体損害説における損害賠償額と市場下落説における損害賠償額が一致する。
- 第二に，期間 D における株価の下落額が取得時差額と一致する場合，取得時差額説に基づく損害賠償額（取得時差額），取得自体損害説および修

---

[281] $\alpha = 0$ かつ $\beta = 1$ であるため，$R_i = R_m + R_e$ となる。

図 **4.2** 損害額算定の視座——基本例

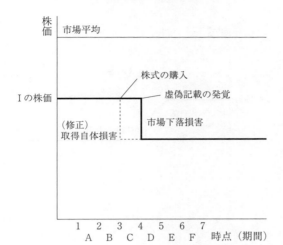

正取得自体損害説ならびに市場下落説における損害賠償額が一致する。

期間 C　次に，前提を一部変えて，期間 C について，市場変動 $R_{m,C}$ と個別変動（超過収益）$R_{e,C}$ が存在する場合を検討する。次の点が指摘できよう（図 **4.3** は，市場変動 $R_{m,C}$ が存在せず，個別変動 $R_{e,C}$ が存在する場合を示す）。この場合の論点は，次の通りである。

- 第一に，市場価格の変動 $R_{m,C}$ が上昇し，それと同じ割合で株価 $R_{i,C}$ が上昇する場合（すなわち，$R_{e,C} = 0$）[282]，取得自体損害説に基づく損害賠償額を減少させる。また，取得時差額説に基づく取得時差額，ならびに修正取得自体損害説[283]および市場下落説に基づく損害賠償額は，影響がない[284]。逆に，市場価格の変動 $R_{m,C}$ が下落し，それと同じ割合で株価 $R_{i,C}$ が下落する場合（すなわち，$R_{e,C} = 0$），取得自体損害説に

---

[282] ベータが1という前提であるため，超過収益は，生じていない $R_{e,C} = 0$。
[283] 本書412頁以下において，修正取得自体損害の修正について，最高裁の判例が虚偽記載に起因しない市場価額の上昇分を控除しない趣旨なのか不明である点に言及した。本文では，上昇分も修正される趣旨で記述している。すなわち，この変動が存在するとしても市場動向として修正の対象となり，結果に影響を与えない。
[284] ただし，虚偽記載発覚後の信用下落および訴訟下落に基づく株価下落の余地（潜在的に可能な下落額の上限）を増加させる効果がある。このため，市場下落説に基づく損害賠償額が影響を受ける可能性がある。

420 第 4 章 情報開示に基づく責任の理論

図 4.3 損害額算定の視座——期間 C に超過収益がある場合

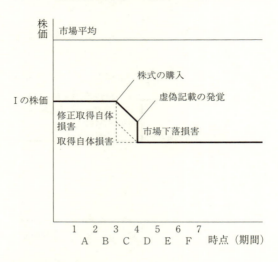

基づく損害賠償額を増加させる。また，取得時差額説に基づく取得時差額，ならびに修正取得自体損害説および市場下落説に基づく損害賠償額は，影響がない[285]。

- 第二に，市場価格の変動 $R_{m,C}$ が一定で，超過収益がプラスである場合 $R_{e,C} > 0$，取得自体損害説に基づく損害賠償額を減少させる。また，取得時差額説に基づく取得時差額ならびに修正取得自体損害説[286]および市場下落説に基づく損害賠償額は，影響がない[287]。逆に，市場価格の変動 $R_{m,C}$ が一定で，超過収益がマイナスである場合 $R_{e,C} < 0$，取得自体損害説に基づく損害賠償額を増加させる。また，取得時差額説に基づく取得時差額ならびに修正取得自体損害説および市場下落説に基づく損害賠償額は，影響がない[288]。

---

285) ただし，虚偽記載発覚後の信用下落および訴訟下落に基づく株価下落の余地（潜在的に可能な下落額の上限）を減少させる効果がある。このため，市場下落説に基づく損害賠償額が影響を受ける可能性がある。
286) この変動が存在するとしても「当該会社の業績等……当該虚偽記載に起因しない市場価額の下落分」として修正の対象となり，結果に影響を与えない。
287) ただし，虚偽記載発覚後の信用下落および訴訟下落に基づく株価下落の余地（潜在的に可能な下落額の上限）を増加させる効果がある。このため，市場下落説に基づく損害賠償額が影響を受ける可能性がある。
288) ただし，虚偽記載発覚後の信用下落および訴訟下落に基づく株価下落の余地（潜在的に可能な下落額

- 第三に，いつ株式を取得したかによって，個々の投資家の期間 C の長さが異なり，また，個々の投資家の証券の購入額が変わる。損害額の算定が取得自体損害説である場合（取得時差額説，市場下落説または修正取得自体損害説ではない場合），投資家によって損害賠償額が異なることになる。

市場価格の変動 $R_{m,C} > 0$ と超過収益 $R_{e,C} > 0$ が両方正である場合[289]と両方負ある場合[290]やそれぞれの符号が違う場合[291]については省略する。

期間 D　期間 D における分析も先に検討した期間 C に類似するが，幾つかの相違点がある（図 **4.4**）。
- 第一に，虚偽記載が発覚することによる株価変動 $R_{t,D}$ が存在する。
- 第二に，効率的市場では，虚偽記載の発覚という情報は，一瞬で市場価格に反映される。他方，市場が非効率的である場合や市場に取引制限が存在する場合などでは，情報が市場価格に反映されるまでに時間が掛かる可能性がある[292]。
- 第三に，虚偽記載の発覚と同時に開示された情報によって，超過収益 $R_{e,D}$ をもたらす会社固有の株価変動が生じる可能性があるが，$R_{t,D}$ が存在するため，$R_{e,D}$ の算定が困難である（本節第 3 款第 3 目・432 頁参照）。虚偽記載の公表と会社固有の株価変動が同時に生じる典型的な例は，虚偽記載の事実と再生手続開始の申立てをした事実が同時に公表されたと

の上限）を減少させる効果がある。このため，市場下落説に基づく損害賠償額が影響を受ける可能性がある。

[289] 市場価格の変動 $R_{m,C} > 0$ と超過収益 $R_{e,C} > 0$ が両方正である場合，市場価格の変動 $R_{m,C}$ と超過収益 $R_{e,C}$ の両方が取得自体損害説に基づく損害賠償額を減少させる。取得時差額説に基づく取得時差額ならびに修正取得自体損害および市場下落説に基づく損害賠償額は，影響がない。ただし，虚偽記載発覚後の信用下落および訴訟下落に基づく株価下落の余地（潜在的に可能な下落額の上限）を増加させる効果がある。このため，市場下落説に基づく損害賠償額が影響を受ける可能性がある。

[290] 市場価格の変動 $R_{m,C} < 0$ と超過収益 $R_{e,C} < 0$ が両方負である場合，市場価格の変動 $R_{m,C}$ と超過収益 $R_{e,C}$ の両方が取得自体損害説に基づく損害賠償額を増加させる。取得時差額説に基づく取得時差額ならびに修正取得自体損害および市場下落説に基づく損害賠償額は，影響がない。ただし，虚偽記載発覚後の信用下落および訴訟下落に基づく株価下落の余地（潜在的に可能な下落額の上限）を減少させる効果がある。このため，市場下落説に基づく損害賠償額が影響を受ける可能性がある。

[291] 市場価格の変動と超過収益の合計が正である場合 $R_{m,C} + R_{e,C} > 0$，取得自体損害説に基づく損害賠償額は，市場価格の変動と超過収益の合計の絶対値 $|R_{m,C} + R_{e,C}|$ だけ減少する。逆に，市場価格の変動と超過収益の合計が負である場合 $R_{m,C} + R_{e,C} < 0$，取得自体損害説に基づく損害賠償額は，市場価格の変動と超過収益の合計の絶対値 $|R_{m,C} + R_{e,C}|$ だけ増加する。

[292] 例えば，東京証券取引所は約 14％から 30％の間で値幅制限を行っている。東京証券取引所「更新値幅，制限値幅と呼値の刻み」（2015 年 12 月 22 日），http://www.jpx.co.jp/equities/trading/domestic/06.html (last visited Feb. 9, 2016).

図 4.4　損害額算定の視座——期間 D に市場変動がある場合

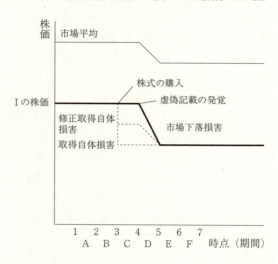

認定された最二小判平成 24・12・21（集民 242-91）であろう。なお，図 4.4 では，修正取得自体損害を点線で示しているが，これは市場変動しか修正されておらず，固有の株価変動 $R_{e,D}$ が修正されていない。

- 第四に，市場が非効率的な場合や取引制限などで期間 D が数日にわたる場合が考えられる。この場合の損害額は，投資家がいつ証券を売却したかによって異なりうる[293]。

期間 E　　期間 E における分析も期間 C に類似するが，幾つかの相違点がある（図 4.5 は，市場変動 $R_{m,E}$ が存在せず，個別変動 $R_{e,E}$ が存在する場合を示す）。

- 第一に，期間 E の株価変動は，虚偽記載に基づく株価変動 $R_{t,D}$ が市場価格に反映された後のものであるから，定義上，虚偽記載と関係のない株価変動ということになる。

---

[293] 例えば，市場下落損害や（修正）取得自体損害の場合，情報が 14 時 0 分 0 秒に株価が 100 円であり，虚偽表示を行った事実が開示されたとして，14 時 0 分 1 秒に 90 円で売り抜けた株主と，14 時 0 分 2 秒に 80 円で売り抜けた株主について，異なる損害額を観念しうる。他方，取得時差額説に基づけば（実際にその額をどのように測るかという問題は別にして）理論的には，どの時点で株式を売却したかは損害額に影響を与えないはずである。

図 4.5 損害額算定の視座──期間 E に超過収益がある場合

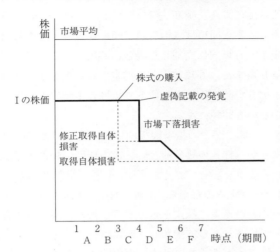

- 第二に，期間 E における市場変動 $R_{m,E}$ および会社固有の株価変動 $R_{e,E}$ が損害額に影響を与えうるかを考えると次の通りとなる。

取得時差額説　取得時差額説に立つ場合，虚偽記載の時点で損害額が決定されるのだから，期間 E における市場変動 $R_{m,E}$ および会社固有の株価変動 $R_{e,E}$ は，損害額の算定に影響を及ぼさない。

市場下落説　市場下落説に立つ場合も，本来的には，期間 D において損害額が確定しているはずであり，期間 E における市場変動 $R_{m,E}$ および会社固有の株価変動 $R_{e,E}$ は，損害額の算定に影響を及ぼさないはずである。

取得自体損害　取得自体損害説に立つ場合，期間 E における市場変動 $R_{m,E}$ および会社固有の株価変動 $R_{e,E}$ は，損害額の算定に影響を及ぼす。

修正取得自体損害説　西武鉄道事件に基づく修正取得自体損害は，結果として市場下落損害となる。このため，期間 E における市場変動 $R_{m,E}$ および会社固有の株価変動 $R_{e,E}$ は，損害額の算定に影響を及ぼさない。

- 第三に，虚偽記載が発覚した後に，投資家は証券を売却することができ

る。証券を売却することが損害額にどのような影響を与えるかは，それぞれの法制度による。金商法 21 条の 2 の場合，同条 3 項が損害額の推定を定めている。同項は，損害賠償額の推定規定であるため，虚偽記載の公表後 1 ヶ月以内に売却した場合にも用いることができるのだとすると，同条 5 項または 6 項により，推定される損害額に「虚偽記載等によつて生ずべき当該有価証券の値下り以外の事情により生じた」ものが含まれるかという問題になる。

総論　株主がどの損害因果関係論に従って損害賠償を請求するのかにもよるが，株式の処分前と処分後の株価変動が損害賠償額に考慮される場合の論点を記しておく。まず，市場が効率的な場合，株価は，ランダム・ウォークするのだから，株価が上昇する可能性も下落する可能性も半々であるといえる。株式を処分するか否かに関する投資判断が，損害賠償額を増加させるか下落させるかについて，片方にしか影響を与えない場合，投資家が株式を処分するか保持するかに関する誘因を与えることになる[294]。損害賠償額が投資家に処分するか保持するかの誘因を与える場合，虚偽記載が発覚した後の投資家の行動に影響を与えることになる。この場合，市場価格は，効率的な水準から乖離しうることになる。

取得時差額説　取得時差額説の立場に立てば，虚偽記載がなされていた期間中（期間 C）において，虚偽記載が株価に与えた影響は一定である。このため，1 株当たりの損害賠償額は，株主によって異ならないと考えれば，虚偽記載公表後のいつの時点で売却しても，損害額は一定ということになろう。

市場下落説　市場下落説をとる場合で株主が売り抜けた場合，損害賠償額は，株主が売り抜けた時点での市場価格の下落額を超えることはないであろう。

取得自体損害　取得自体損害説に立脚する場合，与えられる救済は，原状回復なのだから，市場変動や個々の株価の変動は，救済を与えられた後の投資家の経済的な立場に影響を与えない。

---

[294] 例えば，株式を保持した結果，株価が下落した場合に漫然と株式を所有していたと認定され株価下落が損害額に算定されず，他方，株価が上昇した場合に損害賠償額が減額されるのであれば，株主に，株式を処分する誘因を与えることになる（これはさらなる株価下落を呼びこむことになろう）。

修正取得自体損害 西武鉄道事件に基づく修正取得自体損害は，結果として市場下落損害となる。このため，損害賠償額は，株主が売り抜けた時点での市場価格の下落額を超えることはないであろう。

小 括 投資家は，発行者に対して訴訟を提起するか否か，どの損害因果関係論に従って訴訟を提起するかという選択権を有している[295]。この選択権を考慮した損害因果関係論を検討する必要があるが，将来の課題としたい。

期間 F の検討は，期間 E の検討に類似するので省略する。

第4目 小　括

損害因果関係論やこれに基づく損害額の算定は，理論的にいえば，各期間の株価変動について，市場平均に基づく株価変動，虚偽記載に基づく株価変動および虚偽記載以外の会社固有の株価変動について，被告が原告に対して賠償を要するかを決定する手続きであるといえる。

そして，$R_{i,C} + R_{i,D} + R_{i,E} + R_{i,F} + R_{t,D} < 0$ の場合（虚偽記載が判明して株価が下落した後でも，株価が取得額よりも高い場合），取得自体損害に基づく損害は，生じていないことになる。

また，訴訟の提起（時点⑥）の段階で，$R_{i,C} + R_{i,D} + R_{i,E} < 0$ であれば，投

---

[295] リアル・オプションのうち，時期を選択することができるオプション（timing option）について，STEPHEN A. ROSS, RANDOLPH W. WESTERFIELD & JEFFREY JAFFE, CORPORATE FINANCE 224 (10th ed. 2012); RICHARD A. BREALEY, STEWART C. MYERS & FRANKLIN ALLEN, PRINCIPLES OF CORPORATE FINANCE 565–66 (11th ed. 2013). 米国において新規株式公開の株式を購入することが部分的なオプション（partial put option）となることを指摘するものとして，Alexander, *supra* note 133, at 1441. 株式市場がこのオプションについて知っている場合，株価は，当該オプションの価値を反映したものとなろう。*Id.* at 1442. 様々な場面で株価変動が生じ，投資家は，金商法上の虚偽記載の原告適格を得ることになる。この際，投資家は，金商法上の虚偽記載の訴えを提起するか否かについて選択権を有している。そして，このような選択権は，リアル・オプションとして，損害賠償請求権を有している投資家が損害賠償請求権を有していることから得られる期待値を増加させるものである。また，訴訟に係る費用等を考慮した上で訴訟から得られるオプションの期待値が正となる場合，訴訟が提起されることになる。訴訟から得られる利益は，どのような損害因果関係論を主張するかによって異なる。例えば，取得自体損害説を主張する場合（そしてそれが認められると考えられる場合），訴訟から得られる利益は，市場における株価の変動の影響を受け，刻々と変わることになる。すなわち，訴訟を提起するか否かだけでなく，どのような損害因果関係論を主張するかという点も，投資家がリアル・オプションを有していることになる。このようなリアル・オプションが，投資家の訴訟の提起に関する行動にどのような影響を与えるのかの検討が必要であろう。*See* Stewart C. Myers, *Determinants of Corporate Borrowing*, 5 J. FIN. ECON. 147, 163 (1977). デービッド・G・ルーエンバーガー（今野浩ほか訳）『金融工学入門』429–430頁（日本経済新聞社・2002）。

資家は，(修正しない) 取得自体損害を主張する誘因を有するだろう。なぜなら，株価下落損害に基づく損害額よりも，(修正しない) 取得自体損害に基づくほうが損害額が大きいからである。

そして，取得自体損害説とは，期間 C から F までのすべての株価変動が発行者のリスクとなる場合を意味し (**表 4.3**)，修正取得自体損害説または株価下落説は，期間 D の $R_{t,D}$ のみ発行者のリスクとするものといえる (**表 4.4**)[296]。

表 4.3 損害額算定の視座――取得自体損害におけるリスク分配

変動の期間	期間 C	期間 D	期間 E	期間 F
虚偽記載による変動	―	発行者[297]	―	―
市場の変動	発行者	発行者	発行者	発行者
虚偽記載以外の個別の変動	発行者	発行者	発行者	発行者

表 4.4 損害額算定の視座――株価下落説および修正取得自体損害におけるリスク分配

変動の期間	期間 C	期間 D	期間 E	期間 F
虚偽記載による変動	―	発行者	―	―
市場の変動	投資家	投資家	投資家	投資家
虚偽記載以外の個別の変動	投資家	投資家	投資家	投資家

具体的な損害額の算定には，統計を用いた分析が行われるものと思われるので，この点を次に検討する。

第 3 款　統計を用いた分析

第 1 目　序　　論

序　論　損害額の算定に関して，マーケット・モデルやマーケット・モデルに基づく超過収益の算定[298]を検討する論考は多い[299]。ま

---

[296] 投資家が引き受けていたリスクの内容が問題となると述べ，リスク分配の議論をするものとして，加藤貴仁「高値取得損害／取得自体損害二分論の行方―判例法理における有価証券報告書等の虚偽記載等と投資者が被った損害の相当因果関係の判断枠組みの検討」落合誠一先生古稀記念『商事法の新しい礎石』840 頁，841-843 頁 (有斐閣・2014)。

[297] 発行者が株価変動のリスクを負担することを意味する。

[298] 池谷誠「会社訴訟におけるマーケットモデルとイベント分析の利用 (上)」商事 1990 号 14 頁 (2013)，田中亘編『数字でわかる会社法』274-278 頁 (有斐閣・2013)〔森田果〕，黒沼・前掲注13) 251-252 頁。Lev & de Villiers, *supra* note 134, at 9 n.10; Fischel, *supra* note 13, at 18 n.47.

[299] 黒沼悦郎「有価証券報告書の虚偽記載と損害との間の因果関係」法の支配 157 号 34-35 頁 (2010)，神

た，取得時差額の算定方法として，一定金額適用法 (constant dollar method)，一定比率適用法 (constant percentage method)，真実価格一定法 (constant true value method) が検討されている[300]。市場下落説と整合的な，ドル価格高騰法 (dollar-price inflation approach) もある[301]。

本款では，統計を用いた株価の算定に関して，幾つか具体的な論点を挙げて検討したい。この検討は，網羅的なものではないが，損害額の算定においてどのような場合に，どのような考え方で統計に基づく損害額の算定を用いるべきかの一端を明らかにするものである。

第2目　統計を用いた損害額の算定

前提　前款における議論と同様，事案を簡単にするために，以下の前提を置いて検討する。

- 虚偽記載の実行の後（期間A）において，株価の変動はなかった。
- 虚偽記載の発覚の後（期間D）において，株価が下落した。
- 発行者Iの株式Sは，効率的な市場で取引されている。
- マーケット・モデルにおけるSのアルファαは，すべての関連する期間において0から変化がなかった。
- マーケット・モデルにおけるSのベータβは，すべての関連する期間において1から変化がなかった。
- すべての関連する期間において，市場平均は，一定率で下落していた。
- すべての関連する期間において，Sのマーケット・モデルに基づく超過収益R_eは，一定であり，下落していた。

田・前掲注1) 623頁，山下＝神田編・前掲注7) 213頁注186〔小出篤〕(マーケット・モデルからイベント時の超過収益を算定することに言及する)，田中編・前掲注298) 276頁〔森田果〕，潘・前掲注118) 110頁。

300) 池谷誠「経済分析を用いた因果関係と損害額の立証」第一東京弁護士会総合法律研究所金融商品取引法研究部会『事例研究証券訴訟―不実開示の法的責任』179頁（清文社・2011），池谷誠＝中野八英＝岸谷暁『証券訴訟の経済分析―日米の事例動向と損害立証アプローチ』185–189頁（中央経済社・2009）。

301) 市場下落説と同様の算出方法は，ドル価格高騰法 (dollar-price inflation) と呼ばれ，「1株当たりの価格高騰を推定する方法。〔真実の〕開示が一度だけであり，価格の高騰が複数回で行われていない場合，関連する真実の開示による株価の下落額を〔虚偽記載が行われていた期間の〕価格の高騰額とみなす」と説明されている。*See* Dunbar & Sen, *supra* note 245, at 217; Frederick C. Dunbar & Dana Heller, *Fraud on the Market Meets Behavioral Finance*, 31 DEL. J. CORP. L. 455, 513 (2006).

- 取引費用が存在しない。
- 価値判断に際して時間価値を考慮しない。
- インフレは考慮しない。

マーケット・モデルで虚偽記載が発覚した後の株価から想定株価を逆算する場合，虚偽記載の発覚以前の想定株価は，α と β を用いて逆算され，個々の日の超過収益は無視される（図 4.6）[302]。マーケット・モデルに基づき株価を補正して取得時差額を算定する方法は，虚偽記載が存在していなかった場合でも市場平均の影響を受けていたであろうと考えられる場合に有用であるといえる。典型例としては，虚偽記載の対象となる発行者 I の株式 S を取得してはいなかったが，他の株式に投資していただろうから，市場平均の影響を受けていたといえる場合である。虚偽記載が存在していなかった場合の想定価格の推移を価値ライン (value line) というが，これは，市場平均と平行に推移する[303]。

図 4.6　市場平均の補正

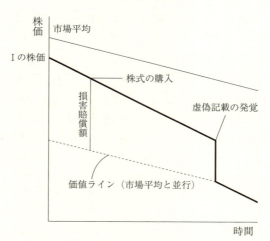

出所：類似の図は，Bradford Cornell & R. Gregory Morgan, *Using Finance Theory to Measure Damages in Fraud on the Market Cases*, 37 UCLA L. REV. 883, 904 fig.3 (1990) に見出しうる。

---

302) *See* Lev & de Villiers, *supra* note 134, at 9 n.10. 池谷誠「会社訴訟におけるマーケットモデルとイベント分析の利用（下）（東京地裁平成22・3・29）」商事1991号19頁（2013）（株式買取請求権の文脈でのナカリセバ価格の算定）。

303) 黒沼・前掲注13) 240頁（「現実損害賠償方式においては，被告による不実表示を反映した証券の価

修正取得自体損害説の場合，株価は，市場平均と固有の変動の両方が補正される（図4.7）。その結果，価値ラインは，実際の株価と平行に推移し，損害額は株価下落損害と一致する[304]。どのリスクを投資家のリスクとして補正すべきかは事案による[305]が，西武鉄道事件以後は，市場平均と虚偽記載以外の固有の株価変動の両方が投資家のリスクと解されるのかもしれない[306]。

　本目では，統計を用いた具体的な損害額の算出方法を概観したが，次に，統計を用いた分析の限界について，幾つか例を挙げてみたい。具体的な議論をし

図4.7　市場平均および固有の変動を補正

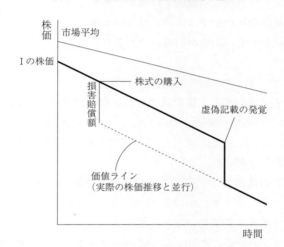

出所：類似の図は，Bradford Cornell & R. Gregory Morgan, *Using Finance Theory to Measure Damages in Fraud on the Market Cases*, 37 UCLA L. REV. 883, 904 fig.3 (1990) に見出しうる。

　　格ラインと，証券の真の価値を示す価値ラインとが確定されれば，損害はそのスプレッドとして表現される」）。
304)　*See* Bradford Cornell & R. Gregory Morgan, *Using Finance Theory to Measure Damages in Fraud on the Market Cases*, 37 UCLA L. REV. 883, 899 (1990).
305)　Langevoort教授は，市場平均のみを補正する場合，虚偽記載以外の株価変動も損害賠償に含まれやすいため，賠償額が過大になりやすく，他方，イベント・スタディにより株価下落損害を測る方法は，公表日前に市場が虚偽記載について株価に織り込む場合に損害賠償が過少となりやすいことを指摘する。Donald C. Langevoort, *Theories, Assumptions, and Securities Regulation: Market Efficiency Revisited*, 140 U. PA. L. REV. 851, 910 (1992).
306)　西武鉄道事件以前に，市場平均だけの補正が許されないと明示的に判示したものがある。東京地判平成21・5・21判タ1306-124（「不実開示以外に株価に影響を与える事情は，市場一般要因以外にも多々存在するにもかかわらずこれを除外していない点で問題がある」と述べる）。

第3目　統計を用いた損害額算定の限界

序論　市場の効率性を前提とし，幾つかの追加の前提を置いた理想的な事案では，マーケット・モデルおよび超過収益の算定が損害額の決定に役立つ。しかし，マーケット・モデルおよび超過収益の算定に基づく損害額の決定には限界が存在する。本目では，マーケット・モデルによって損害額が算定できない場合として次の例を挙げる。

- 虚偽記載と関係のない理由で株価が下落する場合
- 虚偽記載の内容が徐々に株価に反映する場合
- 虚偽記載と本業の悪化が同時に公表される場合
- 情報漏洩

これらの事例では，次の通り前提を置く。

- 発行者 I について，虚偽記載が行われた時点を T_0 とし，虚偽記載が発覚した時点（真実が明らかになった時点）を T_1 とする。
- T_0 の前から T_1 の後のすべての期間において市場平均は 100 からまったく変化しなかった。
- 発行者 I の株式 S が効率的な市場で取引されている。
- マーケット・モデルにおける S のアルファ α は，すべての関連する期間において 0 から変化がなかった。
- マーケット・モデルにおける S のベータ β は，すべての期間において 1 から変化がなかった。
- 取引費用が存在しない。
- 価値判断に際して時間価値を考慮しない。
- インフレは考慮しない。

実際の事例では，これらの限界に対して，立証責任を発行者と投資家の間で配分することになる。たとえば，金商法 21 条の 2 の場合，同条 3 項の推定規定を使う限り，投資家は，これらの限界を気にする必要がないが，推定規定を用いない場合，投資家は，統計を用いた立証の限界について，リスクを負担することになる。

事例 1（虚偽記載と関係のない理由で株価が下落する場合） 発行者 I には優秀と目され市場からの信頼が厚い創業者兼経営者 J がいた[307]。この経営者 J が膵臓癌を患っていることが T_0 の前の時点で社内の健康診断において発覚した。J が膵臓癌を患っていることは、J が創業から市場の信頼を集めていることに鑑みて重要な情報であった。発行者 I は、J には健康不安がない旨の虚偽の情報開示を T_0 の時点で行った。その後、I の業績が悪化し、T_1 の前の時点で破産に追い込まれ、S の株価は 0 となった。この間、J が職務を行うことにまったく支障はなかった[308]。その後、破産手続中の T_1 において J の健康に関する虚偽記載が発覚したが、株価が存在しないため株価の変動を観察することができなかった[309]。

この事例では市場平均が 100 から全く変化せず S のアルファが 0 かつベータが 1 であるから、発行者 I の株価の下落はすべて I 固有の情報によってもたらされたことになる。つまり、業績の悪化である。この業績の悪化と経営者の膵臓癌にはまったく関係がないとすると、マーケット・モデルを用いて T_1 の価格から T_0 の価格を推測することはできない。

事例 2（虚偽記載の内容が徐々に株価に反映する場合） 発行者 I のトレーダーが金属の市場取引で失敗して多額の損失を被った。損失が多額であったため、当該損失を生じたことは重要な情報であった。発行者 I は、時点 T_0 において、当該損失の為に実質債務超過に陥っていたが、市場に対して当該損失を隠して虚偽の四半期の決算発表を行った。特に、発行者 I は、市場取引での失敗を隠し、売上高と純利益が前期並みであるにもかかわらず、「通常の事業が悪化した為に売上高が 10％ 減少し、純損失への転落した」と発表した。この情報を受けて、株価は減少した。次の四半期（時点 $T_{0'}$）でも I は市場取引での失敗を隠し、通常の事業の悪化として売上高減少と純損失増加を発表した。この情報を受けて、株価は、さらに下落した。これを繰り返しているうちに、I は財務諸表上も債務超過に陥り、その後破産した。破産後、I の市場取引の失敗および虚偽記載が発覚した（時点 T_1）が、株価が存在しないため株価の変動を観察することができなかった。

---

[307] 例1について、黒沼・前掲注299) 36頁、図3参照。
[308] 仮に、Jの病は、短期的には執務に影響を与えないが、長期的には執務に影響を与えるものとする。
[309] 破産中の虚偽記載発覚と市場下落損害について、黒沼・前掲注264) 36頁。

この事例の問題点は，市場取引の失敗と通常の事業の悪化が，同じ結果をもたらしている[310]。すなわち，真実が徐々に開示されて株価に反映する場合と類似している[311]。

それゆえ，一つの考え方は，各決算発表日の超過収益（損失）を，市場取引を開示した場合に生じる株価の下落と推定することである。しかし，実際の損失（市場取引の失敗）と，開示に係る損失の理由（通常の事業の悪化）が違う場合，株価の超過的な下落を短絡的に市場取引を開示した場合に生じる下落と推定できるか疑念が残る[312]。このような事例では，虚偽記載が行われた時期や虚偽記載の発覚の時点について解釈や認定で工夫が必要になるであろう[313]。

類似の事例として，市場取引の損失を四分割して，四半期の決算で4分の1ずつ公表する場合が考えられる。これは，虚偽記載の内容が徐々に市場価格に反映する場合と捉えることができるだろう。

事例3（虚偽記載と本業の悪化が同時に公表される場合）

発行者Iのトレーダーが金属の市場取引で失敗して多額の損失を被った。損失が多額であったため，当該損失を生じたことは重要な情報であった。発行者Iは，時点T_0において，当該損失の為に実質債務超過に陥っていたが，市場に対して当該損失を隠して虚偽の四半期の決算発表を行った。決算発表では前期並みの業績を発表し，株価は変動しなかった。翌期，Iの本業が悪化して売上高が大幅に減少，純損失に転落した上に純損失の額が非常に大きかった。経営者は，覚悟を決め，翌期の決算発表（取引時間終了後）で純損失への転落と市場取引で失敗して多額の損失を被り，債務超過に陥ったことを同時に発表した。翌日，株価は大幅に下落した（時点T_1）。

---

310) 類似の論点が問題になった例として，*In re* Williams Sec. Litig.—WCG Subclass, 558 F.3d 1130, 1139–40 (10th Cir. 2009).
311) 真実が徐々に開示される場合は，既に議論されている。黒沼悦郎「アメリカ連邦最高裁Dura Pharmaceuticals判決について」石山卓磨先生・上村達男先生還暦記念『比較企業法の現在―その理論と課題』353頁（成文堂・2011）（米国での規則10b–5に関する訴答要件の文脈で，情報のリークによって株価に情報が反映する場合，真実が開示された後に株価が下落しないことがあることを指摘する）。なお，真実が開示されるだけでなく別途真実が発見され，株価に反映する可能性もある。ある研究グループが副作用のない新薬を開発したと発表したが，他の研究グループが副作用を発見するような場合である。Donald C. Langevoort, Basic *at Twenty: Rethinking Fraud on the Market*, 2009 Wis. L. Rev. 151, 184.
312) *See* Langevoort, *supra* note 311, at 181（類似の事例を仮定した上で，このような場合，投資者は損害の回復を求めることはできないとする）。
313) 黒沼・前掲注125) 777–778頁。

この場合の問題点は，下落幅のうち，どの程度が市場取引の失敗（すなわち，虚偽記載と関連がある）を要因とし，どの程度が本業の悪化によるものなのか，判別ができないことである[314]。

類似の事案として，①真実の公表を良い決算と同時に開示することで，市場価格の下落幅を抑える場合[315]や②株価を下落させるような別の情報を開示してから，虚偽記載を行っていたことを開示することによって株価の下落幅を限定させる場合[316]などが考えられる。

事例 4（情報漏洩） 発行者 I のトレーダーが金属の市場取引で失敗して多額の損失を被った。損失が多額であったため，当該損失を生じたことは重要な情報であった。I は，時点 T_0 において，当該損失の為に実質債務超過に陥っていたが，市場に対して当該損失を隠して四半期の決算発表を行った。決算発表では前期並みの業績を発表し，株価は変動しなかった。その後，金属の市場取引の失敗が漏洩 (leak) されたようで，株価は上下変動を繰り返しながら，徐々に下がり始めた。初めは根拠のない噂だったが，株価は上下変動を続けながら下がり続けるに至り，最終的に I は金属の市場取引の失敗を（取引時間終了後に）発表した。翌日，株価は変動しなかった（時点 T_1）[317]。

---

314) この問題点は，黒沼・前掲注125) 767頁において既に指摘されている。類似の問題点を指摘するものとして東京地判平成21・5・21判タ1306-124（「複数の行為を区別することなく株価への影響を分析したのでは，それぞれの行為によって生じた株価下落を明らかにすることができないからである」）。Donald C. Langevoort, *Taming the Animal Spirits of the Stock Markets: A Behavioral Approach to Securities Regulation*, 97 Nw. U. L. Rev. 135, 177 (2002)（同じ問題点を指摘する）。*See* Bricklayers & Trowel Trades Int'l Pension Fund v. Credit Suisse Securities (USA) LLC, 2014 WL 1910961, at *11 (1st Cir. May 14, 2014)（イベントスタディに際して，同時に起きた出来事の影響についても検討する必要がある旨判示する。特に，この事案では，日中の株価変動に言及する）。
315) 黒沼・前掲注311) 354-355頁。Langevoort, *supra* note 311, at 184.
316) 黒沼・前掲注311) 355頁。損害額が取得時差額説で算出される場合，事前に株価を下げておくことに意味はない。他方，損害額が市場下落説で算出される場合，株価がゼロ以下にならないという株式のオプションとしての性質に鑑みて，市場価格を予め下げておくことで株価の下落額の絶対額を限定することが可能であろう。*See* Aswath Damodaran, Damodaran on Valuation: Security Analysis for Investment and Corporate Finance 639 (2d ed. 2006).
317) Langevoort, *supra* note 314, at 177（同じ問題点を指摘する）; Langevoort, *supra* note 311, at 184. 情報の漏洩の可能性に言及するものとして，Dura Pharmaceuticals, Inc. v. Broudo, 544 U.S. 336, 342 (2005)（情報漏洩の前に売却していれば，損害が生じないと述べる）; Williams, 558 F.3d at 1137-38（情報が漏洩したと主張すること自体は，*Dura* 判決に反しないと述べる）。*Williams* 事件について，首藤優「SEC Rule 10b-5における損害因果関係 (loss causation) の有無の認定基準」比較法雑誌46巻1号283-288頁 (2012)。なお，*Williams* 事件では，原告は，具体的な漏洩について立証しなかったため，損害因果関係は認定されなかった。Williams, 558 F.3d at 1138.

この場合の問題点は,「市場取引の失敗による多額の損失」という情報は, I による公式発表時点で既に株価に織り込まれていたようであるが, いつ, どの程度の影響が存在したのかを判別し難い点である。特に, 情報漏洩の場合, ①どの時点でどの程度の確度の情報が市場価格に反映したのかが不明であり, また, ②噂に基づく投機が行われるとき, 株価の上下変動が激しく, どの情報に反応して株価が上下したのかを特定することが難しくなる。

第5節　金商法21条の2に関する諸問題

第1款　序　論

第1目　序　論

　金商法21条の2については，既に様々な論考が存在し，様々な指摘がなされている[318]。本書との関係でいえば，例えば，次の点である。
- 同条1項における虚偽記載等により生じた損害の意味[319]。
- 同条3項における公表日の解釈[320]。
- 同条5項および6項における「虚偽記載等によって生ずべき当該有価証券の値下り以外の事情により生じた」損害の意味。同条1項，5項および6項の背景には，同条に基づく損害賠償額は，取得時差額に限られるか，株価下落損害を含むか，また，取得自体損害を主張できるかという論点がある（本書371頁）。
- 金商法19条1項に定める限度額の適用方法（本書376頁）。

　これらの問題も重要ではあるが，本節では，同条が実際に用いられることにより生ずる効果について，大きく二つに分類して検討する。第一に，第2款において，金商法21条の2が用いられることによって生じる事後の効果 (ex post effects) を検討する。株主間での利益移転の他，幾つかの論点を議論する。
　第二に，第3款において，金商法21条の2が存在することによる事前の効果を検討する。特に，同条が関係者に与える事前の誘因 (ex ante incentive) を

---

[318] 金商法21条の2に関する逐条解説として，岸田・前掲注9) 284–308頁〔加藤貴仁〕，黒沼悦郎＝太田洋編著『論点体系金融商品取引法』144–161頁（第一法規・2014）〔荒達也〕。
[319] これは，虚偽記載等と相当因果関係のある損害を意味すると解されている。最三小判平成24・3・13民集66–5–1957。
[320] 公表日前1ヶ月間および公表日後1ヶ月間には，公表日を含まないと解されている。最二小判平成24・12・21集民242–91。その他の論点について，本書373頁参照。

中心に検討する。

次款以降でこの問題について議論する前に，前提として，まず，次目において，金商法 21 条の 2 の過失責任化と過失責任化された後に訴訟が提起される理由について検討しておく。

第 2 目　過失責任化と訴訟の提起

序論　裁判は，原告の私的な費用だけでなく，社会的費用も掛かる手続きである[321]。平成 26 年改正による金商法 21 条の 2 の過失責任化も，訴訟が提起された際の社会費用（過失責任は，無過失責任と比較して裁判所の認定が難しく裁判所が負担する費用が増加する）を増加させる方向に働く[322]。しかし，過失責任化は，過失とされる水準が適切に設定されれば，訴訟を減少させる効果がある[323]。第一に，無過失責任と比較して，過失責任の場合，投資家が発行者に過失のない事案で訴訟を提起することがなくなるため，訴訟が減少する[324]。第二に，過失のある発行者に対して投資家が訴訟を提起するとして，訴訟費用等に鑑みて，発行者に過失がないように行動する誘因を与える。発行者が過失がないように行動することが合理的であるような状態なのであれば，合理的な発行者は，過失がないように行動するし，投資家は，過失がない発行者を訴えないのだから，訴訟は提起されない[325]。この場合，むしろ，訴訟が

---

321) *See* Posner, *supra* note 198, at 401. 小林秀之＝神田秀樹『「法と経済学」入門』114 頁（弘文堂・1986）。

322) *See* Louis Kaplow & Steven Shavell, *Economic Analysis of Law*, *in* 3 HANDBOOK OF PUBLIC ECONOMICS 1661, 1668 (Alan J. Auerbach & Martin Feldstein eds., 2002)（過失責任 (negligence rule) では，裁判所は，損害を観察することに加えて，最適な注意の水準を決定し，実際に費やされた注意を観察しなければならないのに対し，無過失責任 (strict liability) では，損害を観察するだけで良い）。

323) *See* Kaplow & Shavell, *supra* note 322, at 1724. また，過失責任が優れているとされる点として，無過失責任制度の下では，過失のない本人が発覚をおそれて代理人による不法行為について隠蔽を図るおそれがあるが，過失責任制度の下では，過失のない本人は，代理人による不法行為について隠蔽をすることがない，というような例が挙げられている。COOTER & ULEN, *supra* note 159, at 245.

324) *See* Kaplow & Shavell, *supra* note 322, at 1724. 無過失責任は，原告の立証の負担を軽減するという効果がある。COOTER & ULEN, *supra* note 159, at 244. なぜなら，例えば，ある会社の従業員の不法行為について，原告が訴訟を提起する場合，無過失責任では，その会社の誰かが不法行為を行ったことを立証すれば足りるが，過失責任の場合，会社の過失を立証する必要がある点で相対的に負担が増すからである。*See id.* at 244–45.

325) *See* Kaplow & Shavell, *supra* note 322, at 1724; Shavell, *supra* note 159, at 97; Gerhard Wagner, *Tort Law and Liability Insurance*, *in* TORT LAW AND ECONOMICS 380 (Michael Faure ed., 2009).

過少となる可能性がある[326]。

本目では,過失責任に関連して,過失責任化しても訴訟が提起される(と予想される)理由を検討する。

訴訟が提起される理由　過失責任の水準が効率的に設定される場合,発行者は,過失がないように行動する誘因を与えられ,発行者が過失がないように行動する結果,理論上,まったく訴訟が提起されないことになる[327]。しかし,現実には,過失責任化したとしても,金商法21条の2に基づく訴訟は,提起されるであろう。実際に訴訟が提起される理由として,次の理由が考えられる。

- 無過失となるための水準が高すぎる。
- 発行者への責任追及が発行者内の役員や従業員の抑止力になっていない。
- 発行者は,過失がないよう行動したつもりだったが,実際は,過失があった。
- 発行者に過失が存在しないにもかかわらず,投資家が訴訟を提起する。

以下,順に検討する。

無過失となるための水準が高すぎる　第一に,責任を負う過失の水準が高すぎる(厳しすぎる)ため,発行者が責任を負わない水準の注意を払うことが費用倒れとなる場合である。無過失となるための水準が高すぎ,費用倒れになる場合,発行者は,無過失となるための注意を払わず,訴訟が提起されたときには,甘んじて損害賠償責任を負うことになる[328]。この場合,結果として,無過失責任と同様の結果が生じるであろう。すなわち,発行者は,自らの利益を最大化させる水準で,注意を払うことになる[329]。

発行者への責任追及が発行者内の役員や従業員の抑止力になっていない　第二に,発行者への責任追及が発行者内の役員や従業員の抑止力になっていないため,金商法21条の2への違反が生じる場合を検討する。一因として,

---

326) *See* Kaplow & Shavell, *supra* note 322, at 1724.
327) 本書436頁注325)。
328) 本文では,無過失となるための水準が高すぎることを発行者が知っている場合について述べた。発行者がある水準において過失がないと考えたにもかかわらず,裁判所が,過失の認定に際してより高い水準を示す場合について議論したものとして,Shavell, *supra* note 159, at 97参照。
329) *See* POLINSKY, *supra* note 159, at 46; STEVEN SHAVELL, FOUNDATIONS OF ECONOMIC ANALYSIS OF LAW 179–80 (2004); COOTER & ULEN, *supra* note 159, at 203.

同条に違反しないための措置をとる誘因が発行者または発行者内の役員もしくは従業員に存在しないということが考えられる[330]。

金商法21条の2に基づく責任を発行者が負い，ひいては，取引費用を支払いながら株主間での利益移転が生じているにもかかわらず，発行者の役員や従業員が繰り返し同条に違反するのであれば，発行者の役員や従業員が，同条に違反しない誘因を有していないということが考えられる。

この問題は，発行者の役員と従業員の抑止に関する問題である。抑止の問題は，金商法21条の2の違反だけでなく，他の様々な要素も考慮しなければならない。例えば，同条以外の違反で責任を負うことがあるか，同条に基づいて会社が責任を負う場合に，会社から求償がなされるか，責任追及がなされた場合にどの程度，責任保険の対象となるかといった問題である。

金商法21条の2以外の違反に基づく責任としては，同法に基づく継続開示に関する課徴金（金商法172条の4）および刑事責任（例えば，有価証券報告書について金商法197条の2第5号），ならびに会社法上の責任（会社法429条）および民法上の責任（民法709条）も考慮に入れる必要がある。

金商法21条の2と抑止との関係で発行者の求償が問題となる点も既に指摘がある[331]。平成26年改正前金商法21条の2について，発行会社の損害賠償責任が成立する範囲と役員などの責任が成立する範囲を揃えることで，発行会社から役員などへの求償を容易にするために，同条を過失責任化することが提言されていた[332]。この点，提出会社の無過失とは，当該提出会社の役員等に過失がない場合とすべきか，従業員を含めた提出会社の構成員全体に過失がない場合とすべきかが明記されておらず[333]，例えば，金商法21条の2に基づく発行者の過失責任と同法24条の4に基づく役員の過失責任の範囲が一致するのかは，必ずしも明らかではない。

---

[330] *See* Luigi Zingales, *Corporate Governance*, *in* 2 THE NEW PALGRAVE DICTIONARY OF ECONOMICS 252 (Steven N. Durlauf & Lawrence E. Blume eds., 2d ed. 2008).

[331] 加藤・前掲注91）333頁（流通市場における不実開示が役員などが私的利益を追求するために行われている場合に，期待利益を上回る期待費用を課す必要があり，求償の実効的な仕組みが必要であることを指摘する），岩原紳作ほか『金融商品取引法セミナー開示制度・不公正取引・業規制編』137頁，143頁（有斐閣・2011），近藤・前掲注88）14頁，黒沼悦郎「ディスクロージャー制度の展望」ジュリ1444号36頁（2012）。

[332] 加藤・前掲注91）344-345頁。

[333] リスクマネーWG・前掲注80）21頁。

最後に,抑止力と責任保険の範囲が問題となる。会社役員が株主と比較してリスク回避的であることが指摘されている[334]。そして,リスク回避的な者からリスク中立である者へのリスクの移転ができないことは,(リスク回避的な者からリスク中立である者へのリスクの移転ができれば,社会厚生が増加するのであるから)それ自体が損失であると指摘されている[335]。この観点から,リスク回避的な役員からリスク中立である保険者に対してリスクを移転する効果をもたらす会社役員賠償責任保険の付保が,基本的に[336],正当化されよう[337]。

抑止との関係では責任保険の不完全性[338]から生じる[339]モラル・ハザードが問題となる[340]。

---

[334] *See* EASTERBROOK & FISCHEL, *supra* note 178, at 340. 株主は,ポートフォリオ理論に基づき会社固有のリスクを排除することができ,また,有限責任の利益も享受できる。Bainbridge, *supra* note 206, at 111–12.

[335] *See* Wagner, *supra* note 325, at 379. *See* COOTER & ULEN, *supra* note 140, at 6 (効率性のためには,リスクを最も低い費用で負うことができる者に課すほうが良いと述べる)。

[336] 取引費用に鑑みて,会社役員賠償責任保険が社会厚生を増大させているのかという点を検討する必要があろう。Tom Baker & Sean J. Griffith, *The Missing Monitor in Corporate Governance: The Directors' & Officers' Liability Insurer*, 95 GEO. L.J. 1795 (2007) は,公開会社の会社役員賠償責任保険(D&O insurance)に関して,①保険会社が損失を回避する措置を講じておらず,また,企業統治の監視を行っていない,②保険会社が証券法制上の責任に関して,抑止力となっていない,③証券法制で責任を課すことにより,株主が保護されるのではなく,保険会社を実質的に支払っている株主に損失が生じる,④被保険者にモラル・ハザードが生じるという点を指摘する。また,保険会社のブローカーが,監視よりもリスクの分散というサービスを提供していると指摘している。保険会社は,既存の企業統治に基づいてリスクを勘案し,引き受けたリスクの分散をしているだけと捉えることもできよう。Baker & Griffith, *supra*, at 1813 (保険会社がリスクを勘案して保険料を設定していることに言及する)。

[337] 付保の範囲やその費用を誰が支払うかといった問題は,既に議論されているため,省略する。山下友信「会社役員賠償責任保険と会社法」ジュリ1031号52–53頁(1993)(リスク回避的な役員が民事責任を回避するための保険のコストを会社に求めることを指摘する),神田秀樹「株主代表訴訟に関する理論的側面」ジュリ1038号70頁(1994),山下友信ほか「役員責任の会社補償とD&O保険をめぐる諸論点(下)―ガバナンス改革と役員就任環境の整備」商事2034号43–47頁(2014)。

[338] 保険契約が不完全である理由として,①保険者が完全なリスクの算定に必要な情報にアクセスできず,②このため保険料の算定が不完全となり,および③被保険者の行動を監視できないことが挙げられる。Wagner, *supra* note 325, at 386–87.

[339] *Id.* at 387–88 (保険契約の不完全性から逆選択とモラル・ハザードが生じると述べる)。また,情報の非対称性から逆選択とモラル・ハザードが生じるとも述べられている。*Id.* at 390.

[340] モラル・ハザードについて,例えば,Y. Kotowitz, *Moral Hazard*, *in* 5 THE NEW PALGRAVE DICTIONARY OF ECONOMICS 773–77 (Steven N. Durlauf & Lawrence E. Blume eds., 2d ed. 2008); Wagner, *supra* note 325, at 389–90. モラル・ハザードの問題について,良く引用される文章は,アダム・スミスによる「このような会社の取締役は,しかし,自らが有する資金の運営者ではなく,他者の資金(other peoples' money)の管理者であり,取締役が他者の資金を,私的なパートナーシップにおけるパートナーが自らの資金について頻繁に監視するような用心深さで,監視することを期待することはできない。……それゆえ,会社業務の運営において,過失および浪費が,多かれ少なかれいつもはびこることになる」というものである。ADAM SMITH, AN INQUIRY INTO THE NATURE AND THE CAUSES OF THE WEALTH OF NATIONS (1776).

保険制度を利用した上で，どの程度の抑止力を与えるべきなのかを検討する必要があるが，関連する要素は，多岐にわたる。例えば，和解を行う際の保険会社の権限[341]，保険の対象とならない行為の範囲[342]，和解が保険の対象となるか[343]などである。

発行者は，過失がないよう行動したつもりだったが，実際は，過失があった

第三に，発行者は，過失がないよう行動したつもりだったが，実際は，過失がある場合が考えられる。発行者は，過失がないよう行動するつもりでも，常に無過失であることは難しい。過失を犯してしまうこともあるであろう[344]。

事前の観点からみる場合，責任制度が発行者が不正を犯すことの抑止力となっているかが重要である。一般化していえば，責任制度は，外部費用を内部化する制度であり，効率的な水準で注意が払われるのであれば，その目的を果たしているといえる[345]。

この文脈で生じる問題は，発行者がリスク回避である場合に，事後に責任を負うことを予期して，過度に保守的になること（過度に注意を払いすぎること）であろう。この観点からは，リスク回避である発行者から，リスク中立である保険者へリスクを移転する，責任保険が有用であろう[346]。

発行者に過失が存在しないにもかかわらず提起される訴訟

第四に，発行者に過失が存在しない場合でも，投資家が誤った信念を抱いて，発行者（および役員等）を訴えるということが考えられる[347]。この場合の論点として，次の点が考えられる。

第一に，発行者に過失が存在しない場合，裁判所が認定を誤らなければ[348]，

---

341) 保険会社は，和解を行うか否かに関する正式な権限を有している。Baker & Griffith, *supra* note 336, at 1814.
342) 役員保険の対象とならないものには，詐欺，個人的な利益を得る行為等がある。*Id.* at 1804–05. 詐欺に関する保険の適用除外は，詐欺であることが訴訟手続きで確定することが条件となっている。*Id.* at 1805, 1820.
343) ほとんどすべての役員を対象とする訴訟は，保険の適用範囲内で和解される。*Id.* at 1806. 2007年の論文では，役員保険の対象となる損失の最高額は，3億ドルであった。*Id.* at 1806.
344) *See* SHAVELL, *supra* note 329, at 394.
345) *See* COOTER & ULEN, *supra* note 159, at 189–90.
346) *See* Wagner, *supra* note 325, at 379.
347) *See* SHAVELL, *supra* note 329, at 394.
348) 裁判所が判断を誤る可能性やその帰結について，様々な論考が存在するが，本書では措く。RICHARD A. POSNER, ECONOMIC ANALYSIS OF LAW 774–76 (9th ed. 2014); COOTER & ULEN,

訴訟の結果，発行者には過失がないとの判断が下されることになる。

第二に，過失が存在しないのであるから，発行者への訴訟が生じないようにすべきである。例えば，原告が訴訟を提起する際に費用を負担することは，訴訟を減少させる効果がある。金商法 21 条の 2 に基づく責任が発生するかについて，事前に明確化できれば，投資家が訴訟を提起するか否かについての判断がしやすくなる。例えば，重要性の定義や，平成 26 年改正による過失責任の範囲を明確化する努力が必要であろう[349]。

第三に，勝訴したとしても発行者には訴訟に関して費用負担が生じる[350]。この点，責任保険[351]および役員の責任との関係で，幾つかの論点が考えられる。第一に，発行者がリスク回避的であるか否かであり，リスク回避的である場合に保険制度を利用する[352]。第二に，株主についてみてみると，株主は分散投資ができるのであるから，分散投資によってリスクを分散することができるのではないかという論点が考えられる[353]。特に，分散投資と保険制度のどちらが費用が低いかという論点が考えられる[354]。第三に，発行者が責任保険に加入することは，発行者が破綻し，役員が職を失うことを防ぐという効果を生じうる[355]。第四に，虚偽記載に基づく発行者に対する責任に関連して，役員の責任に直接または間接に影響を与える場合[356]，発行者の役員も訴訟費用

---

　　supra note 159, at 217–20.
349) 判例による規範の形成について POSNER, *supra* note 348, at 760–62.
350) 典型例は弁護士費用である。上田徹一郎『民事訴訟法〔第7版〕』458頁（法学書院・2011）。
351) 米国において，役員保険は，個々の役員を対象とする Side A 保険（"Side A" coverage），会社が個々の取締役に対して負う補償の責任を対象とする Side B 保険（"Side B" coverage）および会社自身が株主からの請求により被った損失を対象とする Side C 保険（"Side C" coverage）がある。Baker & Griffith, *supra* note 336, at 1802. Side A 保険は，会社が個々の取締役に対する補償（indemnity）を果たせない場合に用いられ，通常，これは会社が破産した場合や代表訴訟の和解で用いられる。Baker & Griffith, *supra* note 336, at 1802–03. Side B は，会社が附属定款または契約による義務に従い取締役に支払った補償額を対象とする。Side C は，会社自身が訴訟の対象となり責任を負いまたは費用を負担した額について対象とする。Tom Baker & Sean J. Griffith, *Predicting Corporate Governance Risk: Evidence from the Directors' & Officers' Liability Insurance Market*, 74 U. CHI. L. REV. 487, 538 (2007). ここでは発行者の責任に関する保険を意味しているため，会社が個々の取締役に対して負う補償の責任を対象とする Side B 保険および会社自身が株主からの請求により被った損失を対象とする Side C 保険が重要である。
352) *See* Wagner, *supra* note 325, at 377–78.
353) *See id.* at 379.
354) *See id.*
355) *See id.*
356) 発行者と役員が同時に訴えられる，発行者に責任が認められることで役員に求償がなされる，発行者

を負担しなければならなくなる可能性がある[357]）。

第 2 款　金商法 21 条の 2 による事後の効果

第 1 目　序　　論

　流通市場について発行者の民事責任が議論される場合，循環問題が生じるか否かが問題となる（本書378頁）。前述の通り，第一の循環は，発行者の所有者が株主であり，株主が発行者に損害賠償を請求しても発行者が株主のために行う投資を減らすだけであるという点にある。端的にいえば，金商法21条の2に基づいて原告となることができる株主に対して，それ以外の株主からの利益移転が生じるということである（以下，「第一の循環」という）。また，第二の循環は，分散投資をする株主について，虚偽記載から利益を得る可能性と損失を被る可能性があり，長期的には損失を被らないという指摘である（以下，「第二の循環」という）。

第 2 目　株主間の利益移転

序　論　本目では，第一の循環について，実際は，完全な循環になっておらず，株主間の利益移転となっていることを示す[358]）。また，その利益の程度がどの程度のものであるのかを示すため，原告となる株主が虚偽記載の発覚後，株式を売却する例を示したい。

具体例　金商法21条の2のように株主が会社に対する損害賠償を請求することを認める場合，虚偽記載が発覚した時点で投資家は，発行者が損害賠償の被告となることを予見して株式を取引する。既に述べた通り（本書381頁），投資家が株式を売却する場合[359]），株価は，基礎的下落だけでな

　　の責任の認定の水準と役員の責任の認定の水準が同様である，役員の責任が争われる場合と同じ事実（例えば，虚偽記載の有無）が争われるなどが考えられよう。
357) 役員保険の対象となる損失には，補償としての損害賠償，和解，弁護士費用が含まれる。Baker & Griffith, *supra* note 336, at 1804. 弁護士は，被保険者が選任し，訴訟も選任された弁護士が行い，保険会社は，費用が合理的であれば上限の範囲内で費用を負担する。*Id.* at 1814.
358) *See* Arlen & Carney, *supra* note 5, at 699–700.
359) 株式の売却には，損害を確定させるという効果と，損害賠償による資金の循環の輪を断ち切るという意味がある。

く，信用下落および訴訟下落の影響を受ける。虚偽記載が発覚した後に株式を購入する投資家は，購入価格を決定する際に損害賠償請求額を考慮して（その分を減額した）買い注文を出すことになる360)。この虚偽記載に基づく損害賠償請求の株価への影響について例をもって補足する361)。

株式が2株しか存在しない上場会社を想定し，株主AおよびBが1株ずつ保有しているとする。株価が100円であり，時価総額が200円であるとする。ここで，時価総額が50円減少する（つまり，1株当たり25円減少する）虚偽記載が公表されたとする。Aは，金商法21条の2に基づき損害賠償を請求する原告適格があるが，Bには原告適格がないとする。Aが市場において株式を売却して，金商法21条の2に基づく損害賠償請求をすることが予想される場合，株価は幾らになるであろうか。

議論を単純にするために，時間的価値，物価変動，取引費用，税金，資本市場の不完全性，および信用下落等は考えず，また，Bは株式を保有し続ける上に，不法行為に基づく損害賠償請求等を行わないと仮定する。また，Bが株式を売却しないことおよび不法行為に基づく損害賠償請求をしないことを，Aや市場が知っていると仮定する（情報の非対称性の不存在）。

まず，虚偽記載の影響を考慮して，時価総額が50円（株価が25円分）下がり，株価が75円となる。ここでAが株式を売却し，第三者であるCが購入し，Bは株式を保有し続けると仮定する。Aは，市場下落説に基づけば25円の損害賠償請求を得る362)。それゆえ，Cはこの点を考慮すると，75円ではなく，62.5円で売却すべきということになる。なぜなら，発行者に25円の損害賠償が認められるのであれば，その分を時価総額から控除した値段で購入するべきだからである363)。しかし，Cが62.5円で購入し，Aが62.5円で売却する場合を想定すると，Aに認められる損害賠償額は37.5円となる。これを続

---

360) 加藤・前掲注91) 325頁注54も不実開示発覚によって，発行会社が将来的に損害賠償責任を負担しなければならない可能性が市場価格に反映されることを前提にしている。

361) この論点に言及する論文として，例えば，Allen Ferrell & Atanu Saha, *The Loss of Causation Requirements for Rule 10b-5 Causes of Action: The Implications of* Dura Pharmaceuticals, Inc. v. Broudo, 63 BUS. LAW. 163, 183-84 (2007)（虚偽記載が発覚することにより，発行者が訴訟の対象になるとの懸念が生じ，それが株価に影響を与えうることを指摘する）。

362) 金商法21条の2第3項に基づく推定が認められ，これが覆されないと仮定しても良い。

363) 元々の200円の時価総額から，虚偽記載の影響50円および損害賠償請求25円を控除して，125円が事後の時価総額になる。

けると，最終的に株価は 50 円となる[364]。つまり，A は，50 円の損害賠償を請求することができ，C はこれを予期して時価総額 200 円から虚偽記載の影響 50 円と損害賠償 50 円を予期した時価総額 100 円を基に 50 円で購入することになり，均衡する[365]。

小 括 株価下落損害について損害賠償が認められなければ（すなわち，損害賠償額が取得時差額（＝基礎的下落）に限られれば），株価は 25 円しか下落しない。しかし，信用下落や訴訟下落についても損害賠償請求が認められるために，株価は 50 円下落する。その後，株主 A が 50 円の損害賠償請求を発行者に対して得たとすると，A は株価下落 50 円について補償を得ることになる。C は会社による損害賠償の支払いを見越して時価総額 100 円の計算で株式を購入しており損失はない。それゆえ，B が A に対して虚偽記載の支払いおよび損害賠償の支払いをしたことと同義になる[366]。

---

[364] 田中・前掲注134) 1頁は，「スパイラル的に下落する」という表現を用いる。
[365] 公表後の株価の期待値 $E[P]$ は，当初の時価総額 (pre-event market cap) を M_0，虚偽記載の影響額（1株当たりではない総額をいい，基礎的下落額とする）(drop by misstatement) を D，損害賠償を請求できる株主の割合 $0 \leq \theta < 1$，発行済株式総数 N とすると，以下の通りとなる。なお，この式は虚偽記載の影響額の全額について請求をすれば損害賠償を認められることを投資家が予想していると仮定している。損害賠償請求が全額認められないと予想されるのであれば，この部分を修正する必要がある。また，取締役等に対する求償により会社が得られる損害賠償額や保険による填補を考慮に入れていない。

$$E[P] = \frac{M_0 - (D/1-\theta)}{N} \tag{4.3}$$

ここで，時価総額がゼロになる場合は，以下の通り表すことができる。

$$M_0 < \frac{D}{1-\theta} \tag{4.4}$$

これを移項すると以下の通りになる。

$$1 - \theta < \frac{D}{M_0} \tag{4.5}$$

ここから株式を売却しなかった株主の割合（左辺）と，下落の時価総額に占める割合（右辺）を比較し，下落の割合が売却しなかった株主の割合を超える場合に，事後の株価はゼロとなるといえる。例えば，株価下落を含めた損害賠償が下落額全額について認められると予想または仮定される場合，発行済株式総数の半数を有する株主が株式を売却して損害賠償を請求する権利を有するとき，企業価値の半分超が消失する虚偽記載の公表後，株価がゼロまで下落することになる。発行済み株式総数の半数を有する株主が株式を売却する場合，最後の式の左辺は，0.5になる。また，企業価値が51％下落する虚偽記載の場合，最後の式の右辺は 0.51 になり，式を満たす。変数の設定の仕方が違うが同様の分析を行うものとして，田中亘『流通市場における不実開示による発行会社の責任―インセンティブの観点から」落合誠一先生古稀記念『商事法の新しい礎石』888–890頁（有斐閣・2014）。
[366] B から A への利益移転の他に，含意として，①当初の虚偽記載の影響額が大きい場合，および②株式を売却する株主が多い場合，損害賠償額が大きくなるために真実の開示の後の株価がゼロに近づいてしまうということである。また，③市場が完全ではない場合，株主が売り抜けるようとするため，株

なお，Aが株式を売却しない場合も，市場価格が50円まで下がるとすれば，同様の結論となる[367]。

本目では，金商法21条の2に基づき生じる利益移転について例を示した。また，本目では，同条を考慮して市場価格が下がることを示したが，これは同条が発行者の倒産可能性を高めることを意味しているかもしれない[368]。

第3目　取引費用

序論　本書では，金商法に基づく開示に関する理論を検討し，そのために取引費用が存在しないという前提を置くことが多かった。しかし，本目では，取引費用が存在することと金商法21条の2の関係を検討する。これにより，同条が僅少な株式しか保有していない者によって用いられることがない（同条に基づく損害賠償請求がなされない）ことを示す。

投資家の取引費用　金商法21条の2に基づく訴訟を提起する場合，投資家は，訴訟に関する取引費用を負担しなければならない。この訴訟に関する取引費用には，①訴訟を提起するか否かを判断するために必

価が低下する可能性がある。さらに，④市場が効率的ではない場合，できるだけ早く株主の株式を売却する誘引が増大すること，および⑤多くの株主が株式を一度に売却すると予想される場合，需給の関係から株価の下落は大きくなる可能性がある。

[367] 原告が株式を売却しない場合は，次の通りとなる。先ほどの例と同様，株式が2株しか存在しない上場会社を想定し，株主AおよびBが1株ずつ保有しているとする。株価が100円であり，時価総額が200円であるとする。ここで，時価総額が50円減少する（つまり，1株当たり25円減少する）虚偽記載が公表されたとする。Aは，金商法21条の2に基づき損害賠償を請求する原告適格があるが，Bには原告適格がないとする。Aが株式を保有したまま，同条に基づく損害賠償請求をすると仮定する。Aが株式を売却しないにもかかわらず，株価は，50円となるであろう。なぜなら，Aが同条に基づく損害賠償請求を行うことができることを知っている合理的な投資家は，最悪を想定し，50円超の価格で株式を購入しないからである（株式が2株しか存在しないため，市場価格が付くためにはAまたはBが株式を手放す必要があるのだが，この点は無視する）。前の議論と同様，議論を単純にするために，時間的価値，物価変動，取引費用，税金，資本市場の不完全性，および信用下落等は考えず，また，Bは株式を保有し続ける上に，不法行為に基づく損害賠償請求等を行わないと仮定する。また，Bが株式を売却しないことおよび不法行為に基づく損害賠償請求をしないことを，Aや市場が知っていると仮定する。株価が50円となり，Aは，発行者に対して同条に基づく損害賠償を請求する。虚偽記載が発覚すると株主価値は，200円から50円下がって，150円となる。その後，Aに対して損害額の50円が発行者から支払われると，発行者の株主価値がさらに50円下がって，100円となる。AおよびBが有する株式の価値は，それぞれ50円となり，これに加えて，Aのみ金商法21条の2に基づく50円を得ることになる。

[368] 米国では，この旨を示す実証研究がある。Lynn Bai, James C. Cox & Randall S. Thomas, *Lying and Getting Caught: An Empirical Study of the Effect of Securities Class Action Settlement on Targeted Firms*, 158 U. PA. L. REV. 1877, 1907 tbl.7 (2010)（和解の後に破産の可能性を示すAltman's Z-scoreが低下（悪化）する）。Z-scoreについて，例えば，ZVI BODIE, ALEX KANE & ALAN J. MARCUS, INVESTMENTS 464 (9th ed. 2011).

要な費用，②弁護士費用，③敗訴した場合に負担する費用が含まれる[369]。投資者は，救済から得られる期待利益と救済に掛かると予想される費用を勘案した上で，救済から得られる期待利益が大きい場合に，当該救済を求める[370]。訴訟費用を c_p とし，議論を単純にするために，訴訟から得られる利益を損害 (harm) と一致する h とし，原告をリスク中立とし，勝訴等で h を得られる確率を p とすると，$c_p < ph$ の場合に，原告は，訴訟を提起することになる[371]。

平成 26 年金商法改正による金商法 21 条の 2 の過失責任化は，取引費用を増加させる方向に働く。第一に，過失責任を立証しなければならなくなった分だけ，原告は，訴訟にかかる費用が増加するため[372]，訴訟が提起され難くなる。第二に，過失責任を立証しなければならなくなった分，勝訴の見込みが減少するためである[373]。

これは，僅少な株式しか保有していない投資家が金商法 21 条の 2 に基づく訴訟を提起することがないということを意味する。なぜなら，僅少な株式しか保有していない投資家の h は，小さくなりがちであるが，訴訟に掛かる費用は，h の大きさにかかわらず，一定程度が最低限必要になるからである。

消費者の財産的被害の集団的な回復のための民事の裁判手続の特例に関する法律

小規模な損失を被った投資家の損害を束ねるという意味で，消費者の財産的被害の集団的な回復のための民事の裁判手続の特例に関する法律に基づく共通義務確認の訴えがある。結論は変わらないが，この制度について簡単に概観する。

2013 年 12 月 4 日，第 185 回臨時国会において，集団的消費者被害回復のための新たな訴訟制度の導入を内容とする「消費者の財産的被害の集団的な回復のための民事の裁判手続の特例に関する法律」（平成 25 年 12 月 11 日法律第 96 号。以下，「消費者裁判手続特例法」という）が可決され，成立した。同法 3 条 1 項

---

[369] 訴訟の各段階において掛かる費用（キャッシュ・フロー）にその費用が必要となる可能性を乗じた積を，現在価値に引き直した総和。訴訟費用は，敗訴当事者の負担となる（民事訴訟法61条）。弁護士費用は，通常，訴訟費用に含まれない。上田・前掲注350) 458頁。
[370] COOTER & ULEN, *supra* note 159, at 388; SHAVELL, *supra* note 329, at 390; Kaplow & Shavell, *supra* note 322, at 1722.
[371] Kaplow & Shavell, *supra* note 322, at 1722–23.
[372] SHAVELL, *supra* note 329, at 390 (訴訟の費用が下がると，訴訟が提起されやすくなると述べる).
[373] *Id.* (勝訴の見込みが上昇すると，訴訟が提起されやすくなると述べる).

は，消費者契約を「消費者と事業者との間で締結される契約（労働契約を除く）」と定める。消費者庁消費者制度課は，「有価証券報告書等の虚偽記載に係る事案も対象とすべき」という意見に対して，「本制度では，対象を消費者契約に関する請求（第3条第1項）に限定しており，有価証券報告書に虚偽があることによる発行者に対する損害賠償請求は，株券等の有価証券では，通常，発行者と消費者の間に契約関係が無いので，本制度の対象とならないと考えられる」として，流通市場での虚偽記載に関して，共通義務確認の訴えの適用を排除する旨の意見が示されている[374]。

発行市場での虚偽記載に関して，発行者や売出人との契約関係の存在から共通義務確認の訴えが可能であるのか，また，引受人が存在する場合にはどのように解釈すべきかが問題となるが，発行市場での取引について共通義務確認の訴えを提起する余地があるように思われる。この点，同法3条1項5号では，民法の不法行為に基づく損害賠償の請求が共通義務確認の訴えの対象となる旨，規定されている[375]。西武鉄道事件[376]において流通市場での虚偽記載に基づく不法行為責任が認められており，発行市場における虚偽記載についても不法行為責任を認める余地はあろう。発行市場において証券を購入する行為が消費者契約なのかという疑問が生じるが，「消費者と事業者との間で締結される契約（労働契約を除く。）」という消費者契約の定義（消費者裁判手続特例法2条3号）から明示的に除外されているとはいえないように思われる。

この場合，原告は，立証責任を緩和された金商法の責任を追及するのか，または，集団的に救済を求めることができる共通義務確認訴訟を用いるのかを検討することになるであろう[377]。

---

374) 消費者庁消費者制度課「『集団的消費者被害回復に係る訴訟制度案』についての意見募集主な意見の概要及び意見に対する考え方（別紙）」6頁（2013年4月19日），http://www.caa.go.jp/planning/pdf/130419_bessi.pdf (last visited Aug. 13, 2014)。また，加納克利＝松田知丈「消費者の財産的被害の集団的な回復のための民事の裁判手続の特例に関する法律の概要」商事2026号27頁，29頁（2014）。
375) 加納＝松田・前掲注374) 29頁。
376) 最三小判平成23・9・13民集65-6-2511，最三小判平成23・9・13集民237-337。
377) なお，前述の意見に対する考え方において，「民法上の請求権だけではなく，特別法（金融商品取引法や製造物責任法等）上の損害賠償請求権についても本制度の対象とすべき」および「民法上の請求権に対象を限定し，立証責任の転換や損害額の推定等の特別法による不法行為の特則が設けられている場合を対象から除外することを明確にすべき」という意見に対して，「不法行為に基づく損害賠償責任については，消費者被害の回復という制度目的の達成に必要かつ十分な範囲で制度の対象を画することが必要であり，特別法において不法行為について過失の立証責任の転換や損害額の推定規定等の

本節での関係でいえば，消費者裁判手続特例法は，僅少な株式を有する投資家が発行市場における虚偽記載によって生じた損害について，不法行為に基づいて集団的な救済を求める途を拓くものであるが，金商法21条の2について用いることはできず，僅少な株式を有する投資家が同条を用いることが想定されていないということになる。

投資家による分散投資　投資家による分散投資により第二の循環（本書380頁）という問題が生じることは前述した。分散投資をする投資家は，ポートフォリオからアンシステマティック・リスクを取り除くことができるため（本書291頁），証券訴訟による利益移転の利益を得る側にも損失を被る側にも立ち，長期的にみると平均的には，損失を被らない[378]。この場合，アンシステマティック・リスクがないのだから，証券訴訟に費用が掛かる分だけ，分散投資をする投資家を害しているということになる[379]。

投資家による分散投資は，投資家が個別の株式に投じる投資額を減少させ，証券訴訟に掛かる費用と証券訴訟から得られる利益の割合に影響を与える。すなわち，わが国のように流通市場における虚偽記載に関してクラス・アクション制度が存在しない場合，前述の投資家の取引費用（本書445頁）を前提とすると，分散投資をすればするほど，金商法21条の2に基づく原告となる可能性が低くなるということであろう[380]。

第4目　保険制度

序論　米国では，流通市場への開示に基づく虚偽記載に関して，会社役員賠償責任保険 (directors' and officers' liability insurance) の特約として，発行者は，発行者を被保険者として株主が提起する証券訴訟により生じ

特則を置いている場合については，これらの特則による損害賠償請求権を本制度の対象とすることにより，利害関係者の利益バランスを崩すのではないかという問題があることから，本制度の対象としないこととした。なお，本制度では，いわゆる拡大損害，逸失利益，人身損害及び慰謝料に係る請求は，対象から除外しており（第3条第2項），対象となる損害の額は，おおむね事業者が消費者から支払を受けた商品・役務の対価相当額にとどまることから，損害賠償請求についても，実質的には，契約上の債務の履行の請求又は不当利得に係る請求と同程度の請求となると考えられる」との回答がなされている。消費者庁消費者制度課・前掲注374）5頁。

378) 本書382頁注136)。
379) Coffee, *supra* note 119, at 1558.
380) 例外として，分散投資をするにもかかわらず，金商法21条の2に基づく証券訴訟により利益を得られるような大規模な年金基金や投資ファンドが考えられるが，数としては限られるであろう。

る発行者の損害を対象とする保険制度に加入しており[381]，また，虚偽記載に基づく発行者の損害賠償責任に基づく支払いは，保険者によって填補されることになる[382]。また，証券訴訟が生じたことによる損失（典型的には，和解額）が保険者から填補されるため，発行者の株主価値は，和解金を支払ったとしても減少しない。しかし，発行者は，毎年，保険料を支払っているため，保険料を支払っている期間の株主が（同じ保険に加入している他の株主と共に），和解額を支払っていることと同義になる[383]。

会社補償支払特約 わが国においても会社による役員の補償が議論されることがある[384]。また，わが国の会社役員賠償責任保険において，会社補償支払特約として，役員が会社の役員として業務を行った行為に起因して，損害賠償請求がなされた場合，会社が法律等に基づいて保険金を支払うべき損害の補償を役員に対して行ったことによって生じる損失に対して保険金を払う旨を約することがある[385]。この保険者が会社に対して支払う

---

381) Baker & Griffith, *supra* note 351, at 499–500（会社役員賠償責任保険のSide C保険について）。わが国の会社役員賠償責任保険において，米国に関して，「米国取締当局に関する賠償請求補償対象外特約」や「北米特殊リスク補償対象外特約」が付帯されて米国における証券訴訟が保険の範囲外とされる場合がある。例えば，あいおいニッセイ同和損害保険株式会社の会社役員賠償責任保険の資料には，「米国従業員退職基金補償法に関する損害賠償請求補償対象外特約（ERISA Exclusion）」および「米国証券取引所に関する損害賠償請求補償対象外特約（SEA Exclusion）」に関する記載がある。あいおいニッセイ同和損害保険株式会社「会社役員賠償責任保険（D&O保険）のご案内」6頁，15頁（平成22年10月1日以降始期契約用），http://www.eiki-i.com/file_h_kigyo/nd/pdf/d_o.pdf (last visited Aug. 13, 2014)。逆に，「北米特殊リスク補償対象外特約」の範囲を狭くして，米国における証券訴訟を保険の範囲内とすることが考えられるが，この点は，詳しく検討しない。
382) 井上健一「D&O保険と企業・役員の裁量的行動の抑止」岩原紳作＝山下友信＝神田秀樹編集代表『会社・金融・法〔上巻〕』333頁（商事法務・2013）。実際は，免責金額，限度額，縮小填補割合等の規定が存在し，発行者のリスクは，完全には移転されないが，この点は措く。なお，和田宗久「役員賠償責任保険と企業不祥事の相関関係—TOM BAKER & SEAN J. GRIFFITH, ENSURING CORPORATE MISCONDUCT: HOW LIABILITY INSURANCE UNDERMINES SHAREHOLDER LITIGATION, The University of Chicago Press, 2010, pp. viii + 285」アメリカ法2013-1号123頁（2013），王子田・前掲注118）18頁。人事コンサルティング会社のTowers Watsonがまとめた研究では，米国では，サイドA/B/C（Side A/B/C）のすべての保険に加入する会社は，公開会社の70％を占める。TOWERS WATSON, DIRECTORS AND OFFICERS LIABILITY SURVEY 2011 SUMMARY OF RESULTS 12 fig.21 (2012)。また，独立取締役のみを保険の対象とする会社は公開会社のうち7％のみである。Id. at 13 fig.23.
383) 保険料は，損失の期待値に取引費用を付加したものであるから，発行者は，損失の期待値以上の支払いを行っていることになる。井上・前掲注382) 335頁。
384) 山下友信＝山下丈＝増永淳一＝山越誠司＝武井一浩「役員責任の会社補償とD&O保険をめぐる諸論点（上）—ガバナンス改革と役員就任環境の整備」商事2032号12–21頁（2014）。
385) ただし，「Side Bは日本では補償対象では」ないと述べるものがある。山下ほか・前掲注384) 24頁。なお，Baker & Griffith, *supra* note 351, at 499–500（会社役員賠償責任保険のSide B保険について）。

保険金は，結局のところ，保険料によって賄われているのであるから，発行者の株主（同じ保険に加入している他の株主と共に）が負担していることと同義である[386]。

企業情報開示危険補償特約　わが国では，発行者自体が証券訴訟の被告となった場合の保険についての議論がほとんどないが[387]，あいおいニッセイ同和損害保険株式会社の会社役員賠償責任保険に関する資料に，発行者に対する「企業情報開示危険補償特約」についての記載があるので，紹介したい[388]。

この資料によると，企業情報開示危険補償特約とは，企業の開示書類の記載不備（不実記載や記載の欠如）に起因して有価証券保有者から損害賠償請求をされた場合に発行者が負う損害賠償金や争訟費用・示談交渉費用を補償するものである[389]。ここで，開示書類とは，次の書類を意味する[390]。

- ●金商法2章（企業内容等の開示）に定める企業内容等の開示書類
- ●会社法435条2項に定める計算書類および付属明細書
- ●会社法444条3項に定める連結計算書類

すなわち，この保険は，流通市場への情報開示に基づき生じる株主に対する損失を保険者が填補することを意味し，保険者に保険料を支払う発行者（複数）

---

386) 王子田・前掲注107) 39頁。
387) わが国において，財務諸表保険の観点から米国の制度を検討するものとして，江頭憲治郎「財務諸表保険」大谷孝一博士古稀記念『保険学保険法学の課題と展望』273頁（成文堂・2011）がある。
388) あいおいニッセイ同和損害保険株式会社・前掲注381) 4頁。
389) あいおいニッセイ同和損害保険株式会社・前掲注381) 11頁。なお，通常の免責事由に加えて，①発行者等が法令に違反することを認識しながら（認識していたと判断できる合理的な理由がある場合を含む）行った開示書類の記載不備に起因する損害賠償請求，②この保険契約の保険期間の開始日において発行者等が認識していた開示書類の記載不備に起因する損害賠償請求，③この保険契約の保険期間の開始日において，発行者に対する損害賠償請求がなされるおそれがある状況を発行者等が知っていた（知っていたと判断できる合理的な理由がある場合を含む）開示書類の記載不備に起因する損害賠償請求，④この特約引受開始日より前に発行者等に対して提起されていた損害賠償請求において申し立てられていたのと同一または関連する開示書類の記載不備に起因する損害賠償請求，⑤この特約引受開始日より前に作成された開示書類の記載不備に起因する損害賠償請求，⑥開示書類の記載不備に関連して役員が私的な利益を得たことに起因する損害賠償請求，⑦開示書類の記載不備に関連する情報を違法に利用して，発行者等が有価証券の売買等を行ったことに起因する損害賠償請求，⑧開示書類の記載不備に関して発行者等が刑を科されるべき行為に起因する損害賠償請求，⑨役員，発行者社，発行者によって議決権の20％以上を直接または間接に保有される者，発行者の総株主の議決権の5％以上を直接または間接に保有する者，または種類株主によって，またはこれらの者が関与してなされた損害賠償請求に該当する損害賠償請求をなされたことによって被る損害に対しても保険金が支払われない。あいおいニッセイ同和損害保険株式会社・前掲注381) 16頁。
390) あいおいニッセイ同和損害保険株式会社・前掲注381) 11頁。

の株主によって保険料が支払われていることになる[391]。ひいては，流通市場への情報開示に基づく損失について，リスクの分散がなされているということになる[392]。

第5目　小括と検討

序論　訴訟自体は，費用がかかる手続きであり，また，訴訟の結果は，加害者から被害者への利益移転が生じるだけであるから，それだけをみれば，社会厚生は増加せず，減少するのみである（訴訟にかかる社会的費用の分だけマイナスとなる）[393]。しかし，訴訟が抑止力となり不法行為を減少させる（そのために社会厚生を増加させるような注意を払う）ような場合，訴訟が提起されることが社会厚生を増加させる場合も考えられる[394]。

訴訟の社会的費用は，被告の訴訟費用と司法制度の費用が存在するため，原告の私的費用を必ず上回る[395]。訴訟の社会的利益は，抑止効果，被害者への補償，先例としての価値であり，原告は，私的利益を勘案するとしても，社会的利益を勘案しないことが多いであろう[396]。

この観点からすると，金商法21条の2に基づく訴訟が社会厚生を増加させる可能性は，相当低くなる。本目における議論のうち，もっとも正当化が難しいのは，第二の循環に対する反論であろう。

ポートフォリオ理論と責任制度の関係　投資家が分散投資をする場合，金商法21条の2に基づく損害賠償請求が，当該投資家の利益とならない可能性が高い。なぜなら，長期的にみれば，当該投資家は，利益移転による利益を享受する側にも損失を被る側にも半分ずつの可能性で立ち，利益がなくなるからである（本書382頁）。他方，証券訴訟の費用や保険料は払い続けるのであるから，分散投資をする投資家は，全体でみれば実質的には損失を被ることになる。

---

391) 藤林・前掲注106) 141頁。
392) 藤林・前掲注106) 208頁。
393) 無過失責任において訴訟が社会厚生を減少させる例として，SHAVELL, *supra* note 329, at 392 参照。
394) 被害者にとって割に合わないとしても，訴訟が提起されることで，社会厚生が増加する例として，*Id.* (無過失責任を前提として，事故による社会厚生の減少が削減される例)参照。
395) *See id.* at 394.
396) *See* Kaplow & Shavell, *supra* note 322, at 1725; SHAVELL, *supra* note 329, at 394.

典型的な主張として，分散投資をする投資家を前提として，会社固有の開示を要求して当局が執行することの需要が低いと指摘する論考がある[397]。この主張は必ずしも責任制度すべてが不必要だと主張したものではないが，議論のために極論すれば，①会社固有の情報の開示を要求する必要はない，および②開示についての法執行が不要であるという結論に行き着くであろう[398]。

情報に基づき取引する投資家　これらの議論は，分散投資をする投資家を前提とする限り正しいように思われる。本書でも，分散投資が投資手法として優れているという前提に立っているが，これは，必ずしも金商法の制度のすべてが分散投資をする投資家のために制度設計されていることを意味しない。むしろ，開示制度は，情報に基づき取引する投資家のための制度である（本書 321 頁）。そして，金商法 21 条の 2 も，情報に基づき取引する投資家のための制度と位置付けることができる。同条を情報に基づき取引する投資家のための制度と位置付けると次のような主張が可能である。

第一に，会社が情報を開示することは，投資家が投資を行うために必要であろう。まったく開示が存在しなければ，合理的な投資家は，最悪を想定して価格をゼロとするであろう（本書 256 頁）。そして，会社が開示する情報が正の外部性を有し，費用との関係で利益が得られる限りで，開示を強制することも正当化されるであろう（本書 238 頁）。また，開示がなされる場合，必要な情報は，市場全体に関する情報ではなく，会社固有の情報の開示であろう。会社固有の情報は，投資家が得ることが難しく，外部の投資家が会社固有の情報を得るための費用が高いからである。

第二に，金商法 21 条の 2 は，情報に基づき取引する投資家および分散投資をしない投資家への補助金として機能しうる[399]。情報に基づき取引する投資家は，情報を処理する費用を負担しており，分散する投資家は，これを負担していない[400]。また，分散投資をしない投資家は，典型的には大株主であり，

---

[397] *See* Jonathan R. Macey, *Administrative Agency Obsolescence and Interest Group Formation: A Case Study of the SEC at Sixty*, 15 CARDOZO L. REV. 909, 936 (1994). 井上・前掲注382) 335頁。

[398] Macey教授は，本文に掲げた主張を述べているわけではないが，証券取引委員会について，批判的である。Macey, *supra* note 397, at 936–37.

[399] *See* Alexander, *supra* note 133, at 1451–52; Park, *supra* note 34, at 342.

[400] *See* Zohar Goshen & Gideon Parchomovsky, *The Essential Role of Securities Regulation*, 55 DUKE L.J. 711, 723–24 (2006).

集合行為の問題が生じるような場面で小規模株主が大株主にただ乗りしていることも多いであろう[401]。この点，同条は，情報に基づき取引する投資家および分散投資をしない投資家を増やそうという政策と整合的である。

　第三に，発行者の責任に対する責任保険制度は，①情報に基づき取引する投資家が金商法21条の2に基づいて責任を追及しても発行者が破綻しないようにするための制度であり，また，②虚偽記載が発覚した際の株価下落を一定程度に限定するための制度であると位置付けることができよう[402]。長期的にみれば，保険料は，株主が持分割合に応じて負担していることになるが，取引費用が存在するため同条に基づいて訴訟を提起することができる投資家が限定される点を考慮に入れると，訴訟を提起することができない投資家による保険料負担分が相対的にみて大きいということになる。この点も，訴訟を提起することができる投資家への補助金として作用することになろう。

　金商法21条の2を運用するためには相当程度の取引費用が掛かるため[403]，本目で主張する情報に基づき取引する投資家のための制度という試論が，どれほど強固なものかは，追って検討する必要があろう[404]。特に，同条が与える取締役等への誘因が問題となるため，この点を次款にて検討する。

---

401) Mancur Olson, *Collective Action*, in 1 THE NEW PALGRAVE DICTIONARY OF ECONOMICS 878 fig.1 (Steven N. Durlauf & Lawrence E. Blume eds., 2d ed. 2008).

402) 株式が2株しか存在しない上場会社を想定し，株主AおよびBが1株ずつ保有しているとする。株価が100円であり，時価総額が200円であるとする。ここで，時価総額が50円減少する（つまり，1株当たり25円減少する）虚偽記載が公表されたとする。Aは，金商法21条の2に基づき損害賠償を請求する原告適格があるが，Bには原告適格がないとする。発行者が保険に加入して（保険料は支払い済みであるとして考慮しない），訴訟費用および損害賠償額の填補を受けることができるとする。Aが市場において株式を売却して，同条に基づく損害賠償請求をすることが予想される場合，株価は幾らになるであろうか。まず，虚偽記載の影響を考慮して，時価総額が50円（株価が25円分）下がり，株価が75円となる。Aは，市場下落説に基づけば25円の損害賠償請求を得るが，損害賠償額および訴訟費用は，保険者が負担するため，損害賠償額を考慮した株価下落は，生じない。本書の例では，信用下落を考慮していないが，保険が存在するとしても，信用下落による株価の下落は生じる。このため，保険制度は，株価の下落を基礎的下落と信用下落に限定する効果を有する。発行者が保険に加入しておらず，かつ，訴訟を提起することができる者の割合が明らかでない場合，虚偽記載の公表後の株価は，式4.3（444頁）によって計算することができず，不安定になる。保険は，株価の安定性に寄与する効果もあるといえよう。

403) 例えば，金商法21条の2に基づく追加の注意を払うことがなく，また，発行者や株主が同条に基づく訴訟に関して何らの取引費用が存在しなければ，同条に基づく損害賠償額の支払いは，社会厚生を減少させず，単なる株主間での利益移転となる。田中・前掲注365) 881頁（取得時差額を金商法21条の2の対象とすべきではないと述べ，その理由として，社会的な損失は発生していないこと，ならびに同条が発行者に注意費用を課し，活動を抑制することによる便益減少が生じることを挙げる）。

404) 平成26年改正前金商法21条の2および合理的な投資家を前提として，同条の効率性を検討したものとして，田中・前掲注365)。

第3款　金商法21条の2による事前の効果

第1目　代位責任

序論　流通市場における発行者の民事責任を議論する場合，発行者の民事責任が必要な理由を議論することは有益であろう。わが国の場合，流通市場への情報開示に基づく発行者の民事責任は，平成16年の証券取引法改正によって導入された[405]。それ以前から，発行市場に対する虚偽記載に基づく発行者の責任の規定は存在しており（証取法18条[406]），また，流通市場に対する虚偽記載に基づく役員等の責任の規定は存在した（例えば，証取法24条の4[407]）。ここでは，後者と関係する論点をとり上げて検討する。すなわち，流通市場に対する虚偽記載に基づく役員等の責任では，不十分な理由があるかという論点である[408]。

米国では，役員等に民事責任を負わせるだけでは足りないという議論は，代位責任（vicarious liability）として議論されている。代位責任は，米国において，会社法の責任の理論に関連して議論される問題の一つである[409]。米国における代位責任の議論と金商法21条の2とは，前提に差異が存在するため，有用性には限界があるが，それでも示唆を得ることができると考える。米国での議論と同条は，少なくとも次の点で差異が存在する。すなわち，米国における議論では，代位責任は，「一方当事者（一般的には，本人）が他方当事者（代理人）の

---

[405] 岡田大＝吉田修＝大和弘幸「本文市場監視機能の強化のための証券取引法改正の解説──課徴金制度の導入と民事責任規定の見直し」商事1705号51頁（2004）。
[406] 岡田・前掲注405) 51頁，三井秀範編著『課徴金制度と民事賠償責任』30頁（金融財政事情研究会・2005）。
[407] 三井編著・前掲注406) 30頁。
[408] 平成16年の法改正当時に流通市場に対する虚偽記載に基づく役員等の責任で不十分であることを議論したものは存在しないように思えるが，間接的な根拠付けとして，証取法が定める民事責任規定が十分に利用されていないという批判があったことが挙げられている。三井編著・前掲注406) 30頁，岡田・前掲注405) 50頁。
[409] 会社法の文脈で代位責任を論じるものとして，メルビン・A・アイゼンバーグ（松尾健一訳）「アメリカ法における会社の違法行為に関する責任（上）」商事1741号58–59頁（2005），メルビン・A・アイゼンバーグ（松尾健一訳）「アメリカ法における会社の違法行為に関する責任（下）」商事1743号50–52頁（2005）。

違法行為について，厳格責任 (absolute liability) を負うこと」[410]を意味するとされる[411]。代表的な代位責任として，使用者責任 (respondeat superior) が挙げられている[412]。

本書において金商法 21 条の 2 に基づく責任と取締役の責任の関係を議論する場合，会社が同条に基づく責任を負ったときに，取締役に求償して，取締役に責任を負わせることが考えられる[413]。この場合，金商法 21 条 2 項に鑑みて，取締役は過失が存在しない場合に責任を負わないであろう[414]。このような差異が存在するものの，理論的な分析として興味深いため，次に，代位責任の経済的な効果について概観する。

代理人の純資産が過少である場合　会社に関して責任が生じる場合に，会社（本人）と役員（代理人）のどちらに責任を負わせるべきかという問題がある。

代位責任に関する理論に基づけば，①責任が無過失責任である，②使用者である会社が取締役である代理人の行動を支配できる，③取引費用が存在しない等の前提が置かれた上で，本人に責任を負わせても，会社に責任を負わせても，

---

410) Reinier H. Kraakman, *Vicarious and Corporate Civil Liability, in* TORT LAW AND ECONOMICS (Michael Faure ed., 2009).
411) BLACK'S LAW DICTIONARY 998 (9th ed. 1999) (定義に過失が含まれていない).
412) Kraakman, *supra* note 410, at 134. 使用者責任についても，定義に使用者の過失が含まれていない。RESTATEMENT (SECOND) OF AGENCY § 7.07 (2006); BLACK'S LAW DICTIONARY 1426 (9th ed. 1999). なお，使用者に過失がある場合については，RESTATEMENT (SECOND) OF AGENCY § 7.05 (2006).
413) 一時的に会社が損害賠償を支払い，役員に求償するということが主張されることがある。岩原ほか・前掲注331) 137頁，143頁。しかし，①発行者が責任を負う基準と役員が責任を負う基準が同じか，②保険により発行者または役員の責任が免除されることになっていないか，であれば保険費用を株主が負担していないか，③役員の資本は会社が支払った賠償額を十分填補することができるかといった問題がある。神崎ほか・前掲注7) 567頁注2。また，そもそも，求償が可能であるのかについてもはっきりとはしないが，求償が可能であるという前提に立って議論を進める。山田・前掲注247) 31-32頁〔藤田友敬発言〕，藤田友敬「サンクションと抑止の法と経済学」ジュリ1228号34-36頁（2002）。
414) そもそも，発行者が責任を負う可能性は，取締役への求償が存在するか否かにかかわらず，発行者自身が利益を最大化するために，取締役への監視を行う誘因を与える。藤田・前掲注413) 34頁。例えば，エージェントの報酬の支払いを，適切な注意義務を払うことを条件とすることが考えられるが，本人による監視が難しいため，現実的ではない。POLINSKY, *supra* note 159, at 132 n.86; SHAVELL, *supra* note 329, at 233. この点で，取締役への求償は，必ずしも必須の要素ではない。発行者が，取締役を完全に監視することができれば（または，契約等でその行動を完全に支配できれば），取締役への制裁 (sanction) は不要となろう。しかし，現実には，発行者が取締役を完全に監視することは不可能であろうから，事後の制裁をもって取締役の行動を制限する（本節の文脈でいえば，金商法21条の2に違反しないための注意を払う誘因を与える）ということになる。

どちらでも最適な選択を導く[415]。代理人が負う責任が代理人への報酬に上乗せされ，代理人の報酬と代理人が負う責任の双方を勘案した上で，本人が最適な選択を行うからである[416]。すなわち，取引費用がゼロである場合のコースの定理の適用の一類型であると考えられ，本人と代理人が費用を分担して負う場合でも同じである[417]。

次に，コースの定理の前提が満たされない場合として，代理人と本人を比較して，代理人の純資産 (solvency) が低い場合を考えてみたい[418]。

不法行為に基づく損害賠償は，基本的に，社会的に生じる費用を内部化させることを目的とするものである[419]が，不法行為者が破産によって責任から免れる場合 (judgment proof)，不法行為者に対して損害を防止する誘因を与えることができず，非効率的になりうる[420]。代位責任の文脈でいうと，エージェントが過少資本 (judgment proof) である場合，エージェントは，自らの利益を最大化するために，予防措置が過小となり，リスクをとることが合理的な選択となる[421]。この場合，本人に責任を課すことにより[422]，本人が，代理人の選

---

415) See POLINSKY, supra note 159, at 126–28 & n.83; Arlen & Carney, supra note 5, at 706.
416) POLINSKY, supra note 159, at 128.
417) See id. at 128–29. 米国証券法の文脈では，米国証券取引委員会は，補償条項が公益に反するという立場をとっており，コースの定理は成立しないように思われる。See Arlen & Carney, supra note 5, at 691, 711. 米国における補償条項について，黒沼・前掲注209) 84–85頁。
418) See Kraakman, supra note 410, at 135.
419) See COOTER & ULEN, supra note 159, at 189–90.
420) See id. at 132–33, 240–41 (厳格責任は，事故の費用を会社に内部化するが，会社が破産する場合には，会社の純資産を超える潜在的な不法行為に基づく損害賠償責任は，リスクの一部を外部化し，会社が予防措置をとる誘因を損なうと指摘する); EASTERBROOK & FISCHEL, supra note 178, at 49–50 (会社の有限責任の文脈での議論)。そもそも，本文でいうコースの定理が適用になるような単純な例の場合，責任の最適な水準は，損害額と同額になると考えられる。POLINSKY, supra note 159, at 129; Arlen & Carney, supra note 5, at 707. 責任により，損害が内部化されるからである。POLINSKY, supra note 159, at 129. 逆に，責任が損害よりも高くなる場合，本人は，過度な予防措置をとり，また，責任が損害よりも低い場合，本人による予防措置は，不十分となるといえる。本人と代理人の双方に二重に責任を課すことにより，責任が損害額を超える場合を含む。Id.
421) 過少資本の場合，エージェントの損失に制限がかかるため，ボラティリティの大きいプロジェクトの方が，期待値が高くなる。すなわち，確率50％で1万ドルの損失となり，確率50％で1万ドルの利益を得ることができるプロジェクトは，十分な資本を有する者にとって，期待値がゼロ $(-10{,}000 \times 0.5 + 10{,}000 \times 0.5 = 0)$ である。しかし，過少資本である者（説明を簡略化するために，資本がゼロとする）にとって，損失の下限は，ゼロである。そのため，このプロジェクトの期待値は，5,000ドルのプラスとなる $(10{,}000 \times 0.5 = 5{,}000)$。ボラティリティを大きくすればするほど，過少資本である者の期待値は，上昇する。例えば，確率50％で100万ドルの損失となり，確率50％で100万ドルの利益を得ることができるプロジェクトの期待値は，過少資本である者（説明を簡略化するために，資本がゼロとする）にとって，50万ドル $(1{,}000{,}000 \times 0.5 = 500{,}000)$ である。過少資本の問題について，POLINSKY, supra note 159, at 132–33.

択，代理人に行わせる仕事の選択，代理人に与える道具の決定，代理人の訓練，代理人の監視等を行い，予防措置の過小を防ぐ効果が考えられる[423]。より具体的には，①本人の純資産が代理人より多く[424]，②本人が代理人と比較して責任を負うリスクについて知っており[425]，また，③本人が代理人を監視できるが，当該知識を代理人に伝えることができないとき，本人に責任を負わせることで，本人に損害を予防する誘因を与えることができる[426]。

代位責任を課すことが効率的であるかは事案による。一方で，本人が代理人のリスクを監視し，支配することができる場合，効率性の改善（適切な予防措置の実施）がなされよう[427]。他方，本人が代理人の行動を監視できない場合には，効率的にはならない可能性がある[428]。

以上の前提から，金商法21条の2の文脈で，求償により取締役に適切な予防措置の誘因を与えるかを検討すると，次の通りとなる。

● 第一に，本人と代理人のどちらの純資産が多いかという問題である。一般論として，創業一族等が役員になっている場合を除き，会社が有する

---

422) *See* SHAVELL, *supra* note 329, at 231–32 は，過少資本の問題の対応方法として，代位責任の他に，一定程度の資産保有を義務付けること，責任保険制度，リスクを生じる活動の規制を挙げる。大規模な事業を営む発行者が存在することに鑑みれば，代理人に，一定程度の資産保有を義務付けることは現実的ではないであろう。リスクを生じる活動の規制は，銀行や保険の分野では，既に取り込まれているが，一般事業会社を対象にして規制するのは難しいであろう。
423) *See id.* at 233; COOTER & ULEN, *supra* note 159, at 244. 代理人が過少資産なのであるから，本人が代理人の注意水準を認識して制御できない場合には，過少資産の影響を防ぐことには限界がある。SHAVELL, *supra* note 329, at 233–34. 黒沼・前掲注208) 43頁。
424) 代理人と本人の資本を比較した場合，本人の資本が大きい場合に，より代位責任が効果を発揮する。*See id.* at 234.
425) *See id.* at 235.
426) *See* Kraakman, *supra* note 410, at 135（代位責任の文脈での議論）; COOTER & ULEN, *supra* note 159, at 133（代位責任の文脈での議論）; Shavell, *supra* note 159, at 99; STEVEN SHAVELL, ECONOMIC ANALYSIS OF ACCIDENT LAW 172–73 (1987). ただし，代理人の純資産が過少であるという根拠は，代理人が責任を全うできる場合には弱いものとなる。Kraakman, *supra* note 410, at 135. なお，藤田・前掲注413) 35頁は，構成員個人の資力の点を強調するなら，むしろ構成員個人に対する非財産的なサンクションを用意する必要があると述べる。
427) *See* Kraakman, *supra* note 410, at 135; SHAVELL, *supra* note 426, at 170–72（①行為者（actor）は，損失をすべて支払うことができないため，支払う注意が不足する可能性があるが，本人（principal）が行為者の注意の程度を観察することができ，行為者の注意の程度を決定できるのであれば，使用者責任を課すことにより，最適な注意が払われることとなる，②ただし，行為者の注意の程度を観察することができない場合でも，本人は，行為者が注意を払うよう促すことができるが，行為者の資産が行為者のもたらす損失を下回るため，最適な注意とはならないと述べる）。
428) *See* Kraakman, *supra* note 410, at 135–36. 代理人の監視という点の他に，被告の数が増加するため法制度を利用する際の費用が増加するという点が指摘されている。SHAVELL, *supra* note 426, at 174; SHAVELL, *supra* note 329, at 235.

リスクや純資産額は，役員が有する純資産を超えることが多いように思われる。これは，発行者の責任を肯定する要素である。
- 第二に，本人が代理人よりもリスクに関して知識を得ているかという問題である。一般的にいって，所有と経営の分離がなされた上場会社では，経営者の方が，株主よりも会社が有するリスクについて詳しいといえよう[429]。
- 第三に，本人が代理人を監視し，支配できるかという問題である。創業一族等により支配株主や相当割合の株式を保有する株主が存在する場合を除き，集合行為の問題（本書230頁）により株主は，取締役を監視する誘因を有さないであろう[430]。

第二および第三の点に鑑みると，分散所有がされている公開会社では，求償が存在しうることに基づき金商法21条の2を代位責任と捉える考え方は，正当化が難しいことがわかる。逆に，第二および第三の点が問題とならないような発行者（情報に基づき投資をする投資家が一定程度の割合を保有する場合が考えられる）であれば，同条に基づく求償が有用であるかもしれない。

加害者と被害者の情報の非対称性 不法行為の加害者と被害者の間には情報の非対称性が存在し，被害者には，正確な加害者が誰であるのかわからない場合が考えられ，この場合には，代位責任を採用することにより，原告が訴訟を提起しすくなる効果を生じうる[431]。典型的な例として，加害者が会社形態である場合，会社の中の誰が不法行為を行ったのかを被害者が知ることができないとき，会社に無過失責任を負わせることで，この情報の非対称性を緩和することができる[432]。

---

429) ここで株主の代わりに取締役会を本人と考えることができれば，内部者から構成された取締役会は，経営者と同様にリスクに対する知識を有すると考えることができるであろう。他方，社外取締役が多い場合は，株主に代わり取締役会を本人と考えれば，取締役会が経営者よりも知識が多いとはいえないだろう。わが国においてどのような会社が社外取締役を導入しているか，および社外取締役導入の効果について，宮島英昭＝小川亮「日本企業の取締役会構成の変化をいかに理解するか―取締役会構成の決定要因と社外取締役の導入効果」商事1973号85-87頁，90頁，93頁（2012），黒沼悦郎ほか「企業統治における独立役員・社外役員の意義と役割（上）」商事1965号16頁（2012）〔蔵本祐嗣発言〕。取締役会が株主が果たすべき役割の一部を果たしているという議論として，William W. Bratton & Michael L. Wachter, *The Case against Shareholder Empowerment*, 158 U. PA. L. REV. 653, 665 (2010)。
430) 田中・前掲注365) 884-885頁。
431) *See* Kraakman, *supra* note 410, at 136.
432) *See id.*; SHAVELL, *supra* note 426, at 173. 例えば，会社内部での組織だった虚偽記載の場合，

わが国の場合，金商法21条の2は，無過失責任ではなく，過失責任であるため，この議論をそのままあてはめることはできない。同条は，平成26年改正により，(立証責任が転換された) 過失責任化がなされた[433]。原告が，発行者による虚偽記載について，どの役員または従業員に過失が存在するのかを特定しなければならないのかは不明である[434]。ただし，企業内容の開示に関する限り，様式に事務連絡者氏名の記載欄が存在し[435]，また，事案により最高経営責任者や最高財務責任者が関与していることが予想されるので，誰に過失が存在するのかということを争うことが原告にとって難しくないのかもしれない。

責任を負うべき過失水準　金商法21条の2は，平成26年改正によって無過失責任から過失責任となった。過失責任の判定において無過失とされる注意水準は，発行者がどれだけ注意を払うかを検討する際の上限として機能する[436]。実際に，裁判所が過失の程度をどの程度と判断するかによるが，発行者が過剰な注意を払うことを防止する機能を有するといえるだろう。

一般的に無過失責任は，損害を生じさせる行為によって生じる損害を内部化する効果を有する[437]。しかし，企業内容の開示に関する限り，企業内容の開示に伴う外部性 (本書238頁) を考慮すると，発行者が最安価回避者 (cheapest avoider, least-cost avoider) であろうから，発行者に無過失責任を負わせることも十分に考えられるように思われる[438]。発行者の責任を過失責任とする場合

複数の違反者が存在することが考えられ，外部の投資家が具体的な違反者を知ることが難しいかもしれない。日本経済新聞「オリンパスに『執行猶予』，東証，上場維持を決定—3年内の改善要請」朝刊3頁 (2012年1月21日) (オリンパス社の虚偽記載について，東京証券取引所が『組織としての関与が認められる』とした一方で，『一部の関係者のみによってなされた』と指摘」したことを報道する)，日本経済新聞「現預金30億円保全命令，東京地裁，AIJ子会社が管理」朝刊39頁 (2012年7月13日) (AIJ投資顧問による年金詐欺事件で組織犯罪処罰法の規定に基づいて没収保全命令を出したことについての報道)。

433) 齊藤将彦＝齊藤哲「金融商品取引法等の一部を改正する法律の概要」商事2038号25頁 (2014)。
434) リスクマネーWG・前掲注80) 21頁 (この点，金融審議会内に設置されたワーキング・グループでは，法人自身の不法行為責任における故意・過失の判断対象となるべき者について，法令において特段の明記は行わず，個別の事情に応じた妥当な解釈に委ねることが適当であるされた)。
435) 例えば，有価証券報告書について，開示府令3号様式【事務連絡者氏名】。
436) 例えば，ある注意水準を超える注意を払うことで過失がないとされるのであれば，それ以上の注意を払う必要はない。
437) *See* COOTER & ULEN, *supra* note 159, at 240–41.
438) *See id.* at 352 n.42; SHAVELL, *supra* note 275, at 189; Hans-Bernd Schäfer & Frank Müller-Langer, *Strict Liability Versus Negligence*, *in* TORT LAW AND ECONOMICS 16 (Michael Faure ed., 2009); Park, *supra* note 34, at 346–47. *See* Goshen & Par-

でも，発行者が最安価回避者であることを考慮すると，発行者の責任は相当程度厳しいままであると予想されよう。

第2目　株主に与える誘因

代位責任が機能しないことに言及したところで，金商法21条の2が株主に与える誘因を検討してみたい。本目の議論は，既に議論した部分との重複が多いが，今一度，確認しておきたい。なお，原告が株式の売買を繰り返す場合に，原告が売買する株式について虚偽記載の影響を受けた株式数を算出すべきという主張（本書374頁）を前提として議論する[439]。

僅少な株式しか保有しない株主　分散投資をする株主など，個別銘柄については僅少な株式しか保有しない場合，金商法21条の2は，取引費用の観点から，行使から得られる利益が行使に伴う費用に見合わないことになる。株主は，虚偽記載の影響を受けるのであるから，分散投資をすることなどで，自衛をすることになる。また，虚偽記載が発覚した後に株式を購入する場合は，虚偽記載や虚偽記載に基づく同条による損害賠償請求による株主価値の低下を考慮して，株式を購入することになる。

また，僅少な株式しか保有しない株主は，代位責任との関係でいえば，①取締役よりも事業について知識があることは少ないであろうし，②僅少な持分の場合，集合行為の問題（本書230頁）から，取締役に適切な予防措置の誘因を与える立場にいないであろう。

金商法21条の2を行使することができる株主　金商法21条の2を行使することができる株主にとって，事前の観点からみると，株主に対して，虚偽記載を防止する誘因を増加させる効果と，減少させる効果が両方考えられる。

---

chomovsky, *supra* note 157, at 779. 経済的な観点から注意義務を払わず損害が発生した場合には甘んじて責任を負うことが経済的に合理的な場合でも，日本企業の場合，①法律に基づく責任を負うことに対する忌避や社会的な制裁が存在することや②法律を知りながら違反することに基づく刑事責任のリスクを受け入れることができないといった問題があるように思われる。これらの点に鑑みると，本文で述べる最安価回避者であるからという理由付けは，現実を過度に単純化したと批判されるものなのだろう。

439) この前提を置かない場合，例えば，税金や取引費用等の存在を無視する場合，1年の間に何度も株式を売却して同じ価格で購入することで，①金商法21条の2に基づく損害賠償請求の対象となる株式が増えることになり，また，②同条3項の対象となる株式数を維持することができてしまう。

第一に，同条は，一定程度，保険と同じ役割を果たすことになる[440]。これは，株主が虚偽記載を防止するために取締役を監視する誘因を減少させるものである。ただし，訴訟に関して負担する費用，勝訴可能性が1より低いこと，および勝訴した場合でも全額の損害賠償が認められるか不明であることから，虚偽記載が存在する場合の影響から完全に免れるわけではない[441]。

第二に，一定の持分割合を有し，分散投資をしていない株主は，代位責任の観点から，虚偽記載から生じる基礎的下落や信用下落を防ぐために，虚偽記載を防止する誘因を有するかもしれない[442]。この観点からは，金商法21条の2の存在により，虚偽記載を防止する誘因が増加するといえる。

金商法21条の2が株主に与える誘因について，第一と第二のどちらの効果が強いのかが問題となろう。

第3目　取締役に与える誘因

金商法21条の2は，発行者に対する責任であるから，直接，取締役に責任を課すものではない。前述の代位責任に関する議論（本書454頁）によれば，株主が有している情報が取締役より劣っている場合と集合行為の問題がある場合には，株主による取締役の支配は期待できない。それでも，取締役に与える誘因を議論するとすれば，次の二つの潜在的な理由が考えられよう。

第一に，金商法21条の2に基づく責任を発行者が負うことが，取締役の損失につながる可能性があり，この可能性が取締役に規律を与える。

第二に，取締役が会社財産を維持する誘因を有していることから，会社財産の流出を招く金商法21条の2に基づく責任を回避する誘因を有しているというものである[443]。ストック・オプションの制度などで，取締役への誘因を株

---

440) 事後の観点からみると，同条を行使することができる株主は，虚偽記載の判明後，自らが同条の行使により利益を得ることができるかを検討して，訴訟を提起するかを決定することになる。金商法21条の2の行使の正味期待利益が正となるかは，例えば，①影響を受けた株式の数，②1株当たりの影響額，③同条3項に基づく損害の推定額，④訴訟費用，⑤同条5項および6項に基づき損害賠償額が減額される可能性，⑥原告が立証すべき事項の立証の容易さ等によるであろう。
441) 同条の有効性は，金商法21条の2を行使することができる株主とそうでない株主を厳密に分けることができる二元論的なものではなく，程度を有する概念であるといえよう。
442) 虚偽記載が判明しないのであれば，虚偽記載をする誘因がある。虚偽記載が長期間にわたり判明しないこともありえるが，この点は措く。
443) 田中・前掲注365) 885頁（発行会社の経営陣が自社の保有する財産価値の維持・増大に強い関心を持つと考えることは，自然であると述べる）。

主の利益と一致させる努力がなされており，この範囲で，取締役が株主の利益を図ることには同意できる[444]。しかし，同時に，取締役の誘因と株主の利益が完全には一致しないことも指摘されている[445]。このため，経営陣の自尊心を満足させ，あるいは威信や社会的地位の向上につながるといった利己的な動機を超えて，発行者の経営陣が会社財産の流出を招く金商法21条の2に基づく責任を回避する誘因を有していると言い切ることは難しいように思われる。

なんにせよ，金商法21条の2が取締役に何らかの規律を与える可能性があるのであれば[446]，取締役に与える影響を検討することが有用であろう。

取締役への規律の帰趨　金商法21条の2に基づき取締役が直接責任を負うことがないにしても，同条の存在が取締役に対して何らかの間接的な責任を生じさせる可能性がある場合，取締役に対して，どのような誘因を与えるだろうか。

まず，取締役が株主よりもリスク回避的であると指摘されている[447]。虚偽記載により発行者が得る利益と虚偽記載により生じる責任を比較して，虚偽記載より生じる責任が大きい場合，発行者は，虚偽記載により生じる責任が発生しないように費用を費やすことになるか，開示自体を断念することになる[448]。金商法に基づき発行者が情報開示を行うための費用は，終局的には株主が負担しているのだから，代理人がリスク回避的である場合に，代理人が過度に予防

---

444) *See* Kevin J. Murphy, *Executive Compensation: Where We Are, and How We Got There*, *in* 2B HANDBOOK OF THE ECONOMICS OF FINANCE 211, 233 (George M. Constantinides, Milton Harris & René M. Stulz eds., 2013).

445) *See* Fama, *supra* note 231, at 296; Murphy, *supra* note 444, at 323.

446) 仮に，金商法21条の2の過失責任化により，同条と金商法21条における取締役の責任の立証基準が同じとなり，取締役を被告に追加しても，原告の立証負担が変わらないのであれば，取締役を被告とした証券訴訟が増加するかもしれない。実際は，①そもそも金商法21条の2の過失責任化がどのような立証を要求するのかが明らかではない（本書438頁），②訴訟当事者が増えるため，訴訟に関連して係る費用が増加する等の問題が考えられよう。また，訴訟戦略の観点からみても，原告が被告に取締役を追加する誘因が存在するのかは難しい。取締役に対して和解の圧力を与えるために，発行者に加えて取締役を虚偽記載に基づく訴訟の被告に加える可能性がある一方，取締役に付保されている保険の金額が低くまたは取締役が有する純資産が低い場合，取締役を被告に加えても実質的な利益を得ることができないかもしれない。

447) *See* EASTERBROOK & FISCHEL, *supra* note 178, at 260; Coffee, *supra* note 206, at 19. John C. Coffee, Jr., *Systemic Risk after Dodd-Frank: Contingent Capital and the Need for Regulatory Strategies Beyond Oversight*, 111 COLUM. L. REV. 795, 807–08 (2011)は，経営者が株主と比較してリスク回避的である理由として，①経営者は，発行者の失敗に対して法律上および評判上のリスクを株主よりも負っていること，および②経営者は発行者に対して個別の資本投資を行う傾向にあり，分散投資ができていないことを挙げる。

448) 王子田・前掲注107) 40頁。

措置449)をとるとき，当該費用を株主が負担しているということになる。そのため，本人にとって，代理人に責任を負わせて当該過度な予防措置の費用を代理人経由で本人が負担するよりも，代理人を責任から免除する（または，代理人の責任に関して補償する (indemnify)）ことが合理的な選択肢となる450)。

会社役員賠償責任保険　会社役員賠償責任保険は，取締役が負う責任を調整するための装置として機能するであろう。前述の通り，責任規定がまったく存在しない場合，開示制度は，機能しなくなってしまう（本書392頁）。完全に責任が免除されないとしても，保険者が被保険者の注意水準について観察できない場合，保険を付保することにより，被保険者が注意を払う誘因は，減少してしまう451)。

この観点から，会社役員賠償責任保険も責任を完全に免除するものであってはならないであろう。実際，会社役員賠償責任保険には，①支払限度額，②免責金額，③縮小支払割合，④故意免責，⑤違法に私的な利益や便宜の供与を得たことによる損害賠償請求の免責，⑥犯罪行為（刑を科せられるべき違法な行為）による損害賠償請求の免責等の規定が存在し452)，役員の誘因を調整することができよう。

保険の問題点　会社役員賠償責任保険の論点として，米国では，次のような点が挙げられている。
- 保険制度を維持するための費用が掛かりすぎる453)。
- 保険によるモニタリングが機能していない454)。

---

449) 注意水準を高くすることを意味している。田中・前掲注365) 885頁は，注意水準として，内部統制システムや監査体制の整備等を挙げ，活動水準として，資本市場を通じた資金調達の規模等を挙げる。金商法21条の2に関する限り，活動水準を測る指標は，専ら，資本市場を通じた資金調達の規模ではなく，流通市場での取引量であるように思われる。取締役は，流通市場での取引量に直ちに影響を与える立場にないため，本書では，活動水準に関する議論をしていない。活動水準を考慮すると，注意水準の議論にどのような影響を与えるかの例として，Shavell, *supra* note 159, at 98。
450) *See* POLINSKY, *supra* note 159, at 130. 仮屋広郷「取締役の注意義務と経営判断原則—人間観と法の役割」一法3巻2号456頁（2004）（取締役の責任の文脈での言及）。
451) *See* SHAVELL, *supra* note 329, at 276. 米国において保険者が役員等の注意水準を監視できていないという指摘がある。Baker & Griffith, *supra* note 336, at 1808. 保険者が役員等の注意水準を監視できないのであれば，保険の付保を義務化することは効率性に反するであろう。SHAVELL, *supra* note 329, at 278.
452) あいおいニッセイ同和損害保険株式会社・前掲381) 14頁，17頁。
453) 井上・前掲注382) 340頁（会社役員賠償責任保険の保険料の決定のメカニズムは，企業に対する抑止的機能を完全に代替することはできないと述べる）。
454) 井上・前掲注382) 340–341頁。Baker & Griffith, *supra* note 336, at 1812.

●モラル・ハザードを生じさせる[455]。

　保険制度を維持するために費用が掛かることは否めない。保険制度が義務付けられていないにもかかわらず，発行者や役員が保険に加入するのは，それが合理的な行動であると推定されよう。残された問題は，①保険を付保するような責任制度（例えば，金商法 21 条の 2）がそもそも必要なのかという問題と②保険制度から得られる利益が費用を超えているかであろう。

第 4 目　最終回問題

序　論　　開示に基づく責任の文脈で，最終回問題または最終期間問題 (last period problem, final period problem) を検討するものがある[456]。最終回問題は，社会的ジレンマ (social dilemma) を有する協力を伴う繰り返しゲームの最終回において，繰り返しにより報復を受けることがなくなるため，自己中心的な決定を抑止する力が失われることをいう[457]。

　繰り返しゲームにおいて，プレイヤーは，各回 (rounds) におけるプレイヤーの選択が他のプレイヤーの将来の選択や情報に与える影響を考慮しなければな

---

[455] 井上・前掲注382) 335–336頁。例えば，自動車事故に関する保険では，自動車の運転手は，事故が起きる場合に，自らの身体を危険に晒しており，この点で事故を抑止するための抑止力が存在することが指摘されている。SHAVELL, *supra* note 329, at 395. しかし，金商法21条の2への違反自体には，身体を危険に晒すようなリスクは存在しない。金商法違反により刑事責任が課されて身体的な自由が拘束される可能性は存在するが，このような危険を冒さない範囲で，発行者が注意を払うことを怠る可能性がある。他にも，製造物責任の場合，製造物に欠陥が存在すると，製品市場で商品を販売できなくなるという損失が生じるため，製造物責任の訴訟から生じる抑止力が減殺されることが指摘されている。SHAVELL, *supra* note 329, at 395–96. 金商法21条の2は，流通市場への情報開示を対象としている。既に議論した通り，発行者による流通市場への情報開示から得られる利益は間接的（高い株価を維持することなど）であり（本書第3章第5節第3款第3目・233頁），証券訴訟により流通市場への情報開示から得られる利益が阻害されるとしても，その影響は限定的であろう。この点からモラルハザードを抑止する力も働きにくい。

[456] 王子田・前掲注118) 16–17頁，同・前掲注107) 40–41頁。

[457] *See* ROGER B. MYERSON, GAME THEORY ANALYSIS OF CONFLICT 308–10 (1997); Sean J. Griffith, *Deal Protection Provisions in the Last Period of Play*, 71 FORDHAM L. REV. 1899, 1941–42 (2003); Joseph E. Stiglitz, *Some Aspects of the Pure Theory of Corporate Finance: Bankruptcies and Take-overs*, 3 BELL J. ECON. & MGMT. SCI. 458, 462 n.12 (1972); Reinier H. Kraakman, *Corporate Liability Strategies and the Costs of Legal Controls*, 93 YALE L.J. 857, 866 n.25 (1984); Susan Rose-Ackerman, *Risk Taking and Ruin: Bankruptcy and Investment Choice*, 20 J. LEGAL STUD. 277, 280 n.10, 306–09 (1991)（金融機関の文脈で，最終回問題と同様の問題に言及する）; William W. Bratton, *Enron and the Dark Side of Shareholder Value*, 76 TUL. L. REV. 1275, 1328–29 (2002)（破綻したEnron社の取締役の行動の理由の一つとして，最終回問題に言及する）; Reis v. Hazelett Strip-Casting Corp., 28 A.3d 442, 458 (Del. Ch. 2011) (Laster, V.C.)（企業買収の文脈で最終回問題に言及する）。

らない[458]。繰り返しゲームであることにより，プレイヤーは，より協力的にもなりうるし，好戦的にもなりうる[459]。

最終回問題の開示の文脈での例 　最終回問題を金商法に基づく開示の文脈に適用する例を考えてみよう。長期的な存続を前提とする場合，発行者は，虚偽記載を回避する誘因を有している。なぜなら，虚偽記載は，いつか発覚し，その際に企業価値に悪影響を与え，虚偽記載を行う経営陣は，解雇されるからである[460]。しかし，破産や企業買収[461]の文脈では，会社の存続を前提としないため，会社の長期的な存続（繰り返しゲーム）を前提とした規律が働かない。(刑事罰を考慮しなければ) 会社の存続が難しくなった時点で，虚偽記載を行うことにより追加で負担する費用（虚偽記載に伴う民事責任や経営者の失職）は，低くなり，逆に，虚偽記載で得られる利益（雇用の確保，経営者が有する発行者株式の価値の維持[462]）が高くなり，虚偽記載が正の正味現在価値を有するプロジェクトとなりうる[463]。

虚偽記載と最終回問題に関連して，Arlen 教授と Carney 教授は，1992 年の論文において代位責任 (vicarious liability) として発行者が責任を負うことが効率的であるかを検討する中で，虚偽記載は，最終回問題として生じると主張している[464]。

最終回問題の検討　最終回問題と虚偽記載の理論的な論点は，①虚偽記載が最終回問題としてどの程度説明可能であるのか，②最終回に虚偽記載を行うことがナッシュ均衡であるのか，最終回に虚偽記載を行う

---

458) *See* MYERSON, *supra* note 457, at 308.
459) *See id.* at 308 (いつ終了するかが不明である無期限の囚人のジレンマ・ゲームを繰り返し行う場合の協力について解説する)．
460) *See* Griffith, *supra* note 457, at 1944.
461) 企業買収の文脈で，最終回問題に言及するものとして，飯田秀総「MBOを行う取締役の義務と第三者に対する責任」ジュリ1437号98頁 (2012)。Griffith, *supra* note 457, at 1945-47 (企業買収の文脈での最終回問題への言及)．
462) *See* Robert Wagner, *Gordon Gekko to the Rescue?: Insider Trading as a Tool to Combat Accounting Fraud*, 79 U. CIN. L. REV. 973, 976-80 (2011) (経営者が，発行会社の株式を担保としており，担保価値ひいては株価を維持するために虚偽記載を行った例としてWorldCom社の例を挙げる)．
463) *See* Arlen & Carney, *supra* note 5, at 702-03. なお，虚偽記載が明らかになる場合，株主にとって虚偽記載で得られる利益よりも虚偽記載が判明した場合の株価の下落がより大きくなることを示す研究がある。Bai et al., *supra* note 368, at 1886 (詐欺が明らかになった会社は，詐欺によって得られた1ドルにつき，当該1ドルに加えて，3.08ドルの価値を失っていると指摘する)．
464) *See* Arlen & Carney, *supra* note 5, at 703.

ことがナッシュ均衡となる条件は，どのようなものか，最終回に虚偽記載を行うことを防止するために，どのような法制度が望ましいか，特に，発行者に代位責任を課すことが効率的かということであるように思われる。

「虚偽記載が最終回問題としてどの程度説明可能であるのか」は，そもそも，Arlen 教授および Carney 教授の研究が正しいか否かの問題である。最終回問題が全く存在しないとは思えないが，最終回問題だけで，虚偽記載のすべてが説明できるということもないであろう。例えば，Langevoort 教授は，Arlen 教授および Carney 教授の説に対して，クラスアクションの過半数について説得的な根拠となっておらず，また，破産をもたらさないような製品の欠陥や会社の財務的困難に関連する部分で問題があると指摘する[465]。また，最終回問題が生じるとして，それが合理的な選択としてもたらされているのか，認知上のバイアスを含めて，非合理的な選択としてもたらされているのか，という問題がある。Langevoort 教授は，後者の問題に言及し，虚偽記載の要因を合理的な選択以外に求める[466]。

「最終回に虚偽記載を行うことがナッシュ均衡であるのか」は，規範的な分析の結果，最終回に虚偽記載を行うことがナッシュ均衡であるのかという問題である。最終回に虚偽記載を行うことがナッシュ均衡であれば，Arlen 教授および Carney 教授の意見は，理論的に受け入れることができよう[467]。また，最終回に虚偽記載を行うことがナッシュ均衡となる条件がわかれば，同様に，最終回に虚偽記載を行うことを防止するためにどのような対策が必要かが自ずとわかるようになると思われる。

---

[465] *See* Donald C. Langevoort, *Organized Illusions: A Behavioral Theory of Why Corporations Mislead Stock Market Investors (and Cause Other Social Harms)*, 146 U. PA. L. REV. 101, 115 (1997).

[466] *See* Langevoort, *supra* note 465, at 130–46（経営者が判断する際の認知上のバイアスとして，①過去の経験に基づく保守的な判断を行うバイアス（cognitive conservatism），②過度の情報の簡素化（simplification），③過度の楽観（overoptimism），④特に公開された場合に強まる自らのコミットメントに対する盲信（commitment），および⑤自らに都合よく解釈するバイアス（自己奉仕バイアス）(self-serving bias)を挙げる）。

[467] 繰り返しゲームであっても，最終回は，報復を恐れる必要がないため，一回限りのゲームと同様，ナッシュ均衡が最適応答になるものと思われる。

第5目 小　括

　金商法 21 条の 2 に基づく責任は，同法 21 条に基づく責任の議論と同様，企業統治の一要素として検討すべきであろう。例えば，取締役がリスク回避的である場合，取締役に対して責任を負わせないことが株主の利益となる場合がある（本書 462 頁）。ただ，すべての責任を免除することは，株主の利益とならない（本書 392 頁）であろうから，金商法上の責任の他，会社法，民法上の民事責任，行政上の責任や刑事責任を含めた総合的な規律の水準の調整が必要であろう[468]。

　実際，金商法 21 条の 2 は，会社のガバナンスに影響を与える一要素であろう。そして，ガバナンスの仕組みは，①非効率なレント・シーキング (rent-seeking)[469]を最小化させつつ，価値を増大させる投資を行う誘因を最大化させる，②事後 (ex post) の交渉による非効率を最小化する，および③ガバナンスの仕組みから生じるリスクを最小化し，残余リスクをできるだけリスク回避的ではない当事者に割り当てることを目的としているといえるだろう[470]。本書での同条の検討は，数ある論点の中で限られたものであるが，同条について，企業統治の一要素としてのさらなる検討が必要であろう。

---

[468] 田中・前掲注134) 1頁（真に責任のある者に対して民事上，行政上あるいは刑事上の責任を厳格に追及することこそが重要であると述べる）。

[469] *See* Gordon Tullock, *Rent Seeking*, *in* 7 THE NEW PALGRAVE DICTIONARY OF ECONOMICS 95–98 (Steven N. Durlauf & Lawrence E. Blume eds., 2d ed. 2008).

[470] *See* Zingales, *supra* note 330, at 253. また，③の帰結として，リスクの水準と分配を決定することにより，事前の観点における (ex ante) 株式の価値に影響を与えるであろう。Zingales, *supra* note 330, at 253.

第5章

結　　論

第 1 節　本書の概観
第 2 節　今後の研究課題

第1節　本書の概観

繰り返しになるが，本書の概要は，次の通りである。

第1款　証券市場の効率性

第1目　市場の効率性の定義の分類

本書では，第3章以降において市場が効率的である場合を対象に開示制度を検討する。それらの議論の前提として，市場が効率的であるという場合に，どのような市場の状態を意味しているのかを明らかにする必要がある。そこで，第2章は，市場の効率性(market efficiency)について検討した。市場の効率性の概念は，経済学やファイナンスの分野で数多くの議論がなされている。法学の分野での議論の数は限られているが，会社法および金商法の分野では，市場の効率性を考慮した議論が必要であると思われる。

市場の効率性に関する議論の前提として，第2章第2節では，市場の効率性の定義の分類を概観した(32頁)。まず，反映される情報に基づき，効率性を次の三つに分類した。第一に，市場価格は過去の市場価格に関する情報を含んでいるとされる弱度の効率的市場である(33頁)。第二に，一般に利用可能な情報が市場価格に完全に反映されているという準強度の効率的市場である(33頁)。第三に，株式価値に関する情報で，少なくとも一人の投資家に知られているものなら，当該情報は株価に完全に織り込まれているとする強度の効率的市場である(35頁)。また，効率性のモデルに基づく分類(36頁)として，期待利得／公正ゲーム・モデル(36頁)，劣マルチンゲール・モデル(40頁)，およびランダム・ウォーク・モデルを取り上げた(45頁)。

第2目　各法域における市場の効率性の取扱い

前述の議論は，理論的な観点からどのような市場の効率性が存在するかを確

認するものである。次に必要な議論は，現実の法制度がどのような市場の効率性を前提としているかというものであろう。そこで，市場の効率性という抽象的な観点から，各法制度を検討した。これによって，現在の法制度が，市場の効率性という概念をどの程度受け容れているのか，また，受け容れていないのかを知ることができる。本書の分析によれば，市場の効率性の概念は，法域によって差異が存在することがわかる。これらの差異は，会社法および金商法の事案において市場の効率性をどのように考慮すべきかという検討の材料を与えるものである。

第2章第3節では，市場の効率性について，わが国および米国の法令および判例において，強度の効率的市場が否定されていること（49頁）を概観した。例えば，米国のデラウェア州では，会社の内部情報が株価に反映されていない前提で判示がなされており，これは強度の効率性の概念とは相容れない。連邦法についてみると，インサイダー取引の禁止が法制度として定められているが，これも強度の効率性とは相容れないものである。わが国でも金商法がインサイダー取引を禁じており，市場が強度の効率性を有しているとは考えていない。

次いで，準強度の効率性について検討した（54頁）。第一に，米国連邦裁判所において，市場価格が発行者の価値を表しているといういわゆる基礎的価値に関する効率性ではなく，情報が価格に反映されているといういわゆる情報効率性を念頭に判断を行っていることを示した（55頁）。

第二に，米国証券取引委員会の立場の変遷を検討すると，証券取引委員会は，一時期，効率的市場仮説を明示的に受け容れたが，その後，市場の効率性について明言することが少なくなっているといえる（64頁）。最近の証券取引委員会の資料をみると，同委員会は，情報効率性を重視しているようである。

第三に，デラウェア州の裁判所が市場の効率性として，情報効率性を採用する例として，2010年の *Dollar Thrifty* 事件を検討した（69頁）。デラウェア州衡平法裁判所のStrine裁判官による判示であるが，同裁判官は，情報効率性や基礎的価値に関する効率性といった区別を明示した上で，「金融市場が相対的に効率的であるとき，投資者は継続的に市場を超える〔超過収益を得ることを〕期待することはできないが，個々の株価はそれでもいつの時点でも不正確でありえる」と述べる。これは，基礎的価値に関する効率性が満たされな

い場合でも，情報効率性を満たすことができることを明示したものである。また，基礎的価値に関する効率性に関しては，株価は，「真実の価値」の代表 (representative) ではないとして，基礎的価値に関する効率性を否定する事案がみられる。デラウェア州の判決をみる限り，デラウェア州の裁判所が相当程度基礎的価値に関する効率性に懐疑的であることが伺える。しかし，例外的に，デラウェア州の裁判所が株価が基礎的価値を表していると判示する場合もある。ただし，その場合でも，「時価総額が必ずしも公正価値と厳密に同じではない——実際そうではないだろう——と認識している，また，効率的市場仮説がしかるべき批判を受けていることも認識している」と述べ，基礎的価値に関する効率性への懐疑を失ってはいない。

　第四に，わが国の裁判所は，効率的市場仮説，市場の効率性，情報効率性や基礎的価値に関する効率性といった概念を直接に扱ったことはない (73頁)。しかし，裁判例をみる限り，裁判所の考えを推測することはできる。これによるとわが国の裁判所は，基礎的価値に関する効率性を前提としているような事案が多いことがわかる。すなわち，裁判所の判示に関して，株価が証券の価値を表していると認定するものである。前述の通り，わが国の裁判所は，株価が証券の価値を表しているという立場に立つ裁判例が多いものの，基礎的価値に関する効率性を否定する事案も存在する。この場合，株価を用いることを認めずディスカウンテド・キャッシュ・フロー法などが用いられることがあること (78頁) に言及した。

第3目　市場の効率性の会社法および金商法への適用

　前述の議論によって，法制度ごとに，市場の効率性の受容に差異が存在することがわかった。これは，ある法制度の理解が誤っていて，他方の法制度のそれが正しいことを示しているのだろうか。それとも，これらの法制度の差異は，整合的に理解できるものであろうか。そこで，次に，市場の効率性の概念を分類し，会社法および金商法へ適用する場合にどの程度の市場の効率性が必要かを明らかにした。わが国では，これまで，市場の効率性を会社法および金商法へどのように適用すべきかという点について，それほど議論がなかった。本書の検討は，市場の効率性を考慮した上で，会社法および金商法の事案が解決されるべきことを示すためのものである。

本書第2章第4節では，市場の効率性の概念を，情報効率性（91頁）および基礎的価値に関する効率性（92頁）に分類した。また，市場の効率性とはいえないが，将来に生じるすべてのキャッシュ・フローを現在価値に割り引いたものを意味する本源的価値（93頁）の概念も考慮にいれて，会社法および金商法への適用を検討した。

基礎的価値に関する効率性の方が情報効率性よりも条件が厳しい。すなわち，基礎的価値に関する効率性を満たさない市場が情報効率性を満たすことがありえる。本書では，市場一般について，情報効率性や基礎的価値に関する効率性を完全に満たす市場は存在しないという前提に立っている。特に，基礎的価値に関する効率性を満たすことが難しく，情報効率性ですら，証券によっては満たされることがないという立場をとる。

本書では，会社法および証券法の事案で株価を用いる場合，株価が市場の効率性との関係で何らかの位置づけを有していることがあると考えている。そこで，会社法および証券法で株価が用いられるであろう事案の例を挙げ，これを分類した。

第一に，裁判所が株価を用いる場合，事案によっては市場の効率性を考慮せずに株価を用いることができる場合があることを示した（94頁）。第一の例は，原状回復と同等の経済効果を与える損害賠償額を算定する場合である。具体的にいえば，投資家が詐欺によって購入した証券を保有し続ける場合で，証券の購入額と時価との差額を賠償する場合である。この場合，時価を参照するにあたり市場の効率性を要求する必要はない。わが国では，最三小判平成23・9・13（集民237-337）における寺田逸郎裁判官の補足意見が，原状回復的損害賠償の考え方と整合的であるといえる。また，第二の例は，株価への影響が存在したかを統計的に判断する場合である。

第二に，裁判所が株価を用いる場合に当該株価について情報効率性が前提とされるべき事案として，①発行者内部の情報を考慮しないで証券の価格が決定されるべき場合，②虚偽記載に基づく損害賠償責任，③セルアウト権を挙げた（97頁）。情報効率性のみが認められ，基礎的価値に関する効率性が認められない場合，株価が証券の価値を表しているとは認められない。しかし，株価と証券の価値との関係を認定せずとも，株価を参照する事案が考えられる。第一の例である組織再編における上場会社の反対株主の株式買取請求権の行使の場

面における退出権の保障としてのナカリセバ価格の決定（ナカリセバ価格について計量経済学の手法を用いて補正が可能か否かを検討する場合および実際に補正する場合を含む）では，株価が証券の価値を表していることまで認定する必要はない。なぜなら，株主は，組織再編がなかったとした場合に存在する株価と同額の価値を保証されれば良いのであって，組織再編がなかったとした場合の基礎的価値や本源的価値が保証される必要はないからである。第二の例として，流通市場における発行者等による虚偽記載が問題になる場合で，いわゆる市場に対する詐欺理論を用いるときが挙げられる。このとき，発行者による虚偽記載に基づいて株価が変動し，その株価変動について発行者が責任をとるべき場合を意味している。市場の効率性は，価格への影響の有無という意味で情報効率性のみが求められ，基礎的価値に関する効率性は必ずしも必要ないと考えられる。第三の例として，セルアウト権が挙げられる。例えば，株主がナカリセバ価格を求める場合には，前述と同様の理由で，基礎的価値に関する効率性を必要とせず，情報効率性があれば，株価を用いることが正当化されよう。

　第三に，基礎的価値に関する効率性が適用されるべき事案として，本書では，①マネジメント・バイアウト（MBO）および②支配株主がキャッシュアウトを行う場合を検討した（100頁）。第一の例は，MBOでシナジー分配価格が争われる場合である。この場合，株主と経営者との間に情報の非対称性が認められる。このため，MBOでシナジー分配価格が争われる場合には会社の重要な内部情報を開示して，株主との間の情報の非対称性を解消することが検討されてしかるべきであろう。そうでなければ，株式買取請求権で株主には，株価以外の方法に基づいて算定される価値が公正な価格として認められるべきであろう。会社が重要な情報を開示する場合，株価を用いるのであれば，当該株価が情報を反映したというだけでなく，開示された内部情報を含めた価値を反映している必要がある。このとき，当該内部情報が市場価格に反映されうるか否かという意味で情報効率性が問われ，また，内部情報を含めた市場価格が発行者の基礎的価値を表しているか否かという意味で基礎的価値に関する効率性が問われることになる。第二の例として，支配株主がキャッシュアウトを行う場合を挙げた。理由付けは，MBOの場合と同様である。

　第四に，本源的価値との比較が求められる事案がある。本書では，①敵対的買収防衛策に関する取締役の信認義務，②特に有利な価格の判定，③株式

買取請求権におけるシナジー分配価格の下限としての本源的価値を検討した（102頁）。

　なお，裁判所が何らかの価値の判示をしなければならない場合に，株価を参照しなければならないということはない。非公開会社の場合には株価が存在しないし，上場会社であっても株価以外の方法で証券の価値を算定することが可能である。本書の議論は，証券の価値の算定について株価を用いることを必ず強制すべきと主張しているわけではない。単に，裁判所が株価を用いる場合に，前提としてどのような市場の効率性が必要であるか（関係するか）を事案ごとに区別したものである。

第4目　ディスカウント，プレミアムおよび株価の関係

　本書では，様々な文脈で，株価を用いた議論がなされる。株価は様々な原因であるべき価格から乖離する（ディスカウントやプレミアムを生じる）。ディスカウントやプレミアムを理解することによって，法制度によりディスカウント等を解消し，ひいては，株価を適切に利用することができる。議論で株価が用いられる場合，株価がどのように形成されているかを理解することが必要である。

　そこで，本書第2章第5節では，株式に関するディスカウントおよびプレミアムについて分類整理した。まず，会社レベルでのディスカウント（120頁）として，潜在的な譲渡課税（潜在的な売却に際して生じる譲渡課税として認識されるディスカウント），重要な役員または従業員に関するディスカウント（会社が重要な役員または従業員を失ったまたは失った場合の潜在的な影響として認識されるディスカウント），ポートフォリオ・ディスカウント（全く異なるまたは一様ではない事業を有する会社について，適用されるディスカウント），偶発債務ディスカウント（偶発債務を予期して織り込むディスカウント）を概観した。

　次に，株主のレベルでのディスカウントを概観した（124頁）。第一に，市場性の欠落によるディスカウントである。市場性 (marketability) とは，資産を最小限の費用で即座に現金化する能力をいう。市場性が存在しない場合，株主は，当該証券の現金化について不確実性という不利益を受け，これがディスカウントとして認識される。第二に，マイノリティ・ディスカウントである。少数株主が有する持分に対する減額を意味し，支配権に対する割増を意味する支配権プレミアム (control premium) を反対側からみた概念である。本書との関

係では，市場性の欠落によるディスカウントが重要である。

第2款　情報開示の理論

第3章では，情報開示の理論を検討した。

第1目　金融商品取引法における企業内容の開示の概要

第3章第2節（137頁）では，わが国の金商法における強制開示制度である，企業内容の開示制度の現状を概観した。有価証券の定義，有価証券届出書，目論見書，有価証券報告書，半期報告書および四半期報告書，臨時報告書，適時開示，少額募集等の規定についてである。

第2目　開示制度の目的および機能の分類

第3章第3節（165頁）では，既存の議論における開示制度の目的および機能を概観しつつ，分類した。具体的には，①投資家への情報の提供および投資家保護という目的，②正確な株価形成および資源配分への影響，③市場の失敗，④権利の実質化機能，⑤不正抑止機能，⑥投資家の自己責任と限定合理性，⑦市場への信頼，⑧システミック・リスクの監視および金融の安定化，ならびに⑨継続開示義務の根拠としての市場の利用である。

第3目　証券取引と社会厚生の関係

第3章第4節では，①発行会社による実体資産への投資，②流通市場での取引および③発行市場での取引という三つの場面について証券取引が社会厚生に与える影響を検討した。

第一に，発行会社による実体資産への投資（181頁）については，まず，モディリアーニ＝ミラーの第一命題（MM第一命題）に基づく検討を出発点とした。MM第一命題は，税金，取引費用，その他の市場の不完全性が存在しない場合に，会社は，証券の価値の合計をキャッシュ・フローを分割することで変えることはできないと述べる。すなわち，この前提の下で，資本構成の割合を変えることで，発行済証券の総価値を変えることはできない。次に，MM第一命題の前提を緩やかにして，税金と倒産の可能性を導入すると，加重平均資本

コストは，資金調達により変動しうることになり，ひいては，社会厚生に影響を与えうる。

また，実体資産への投資が効率的ではなくなる類型 (185 頁) として，①取引による犯罪者に対する純移転 (net transfer) が存在する場合，②詐欺をみつけるために講じる予防策の費用，訴訟費用，善良な会社が詐欺を行う会社とは違うことを明らかにするための費用等が存在する場合，および③非効率的な配分が生じる場合があるという議論を紹介した。

第二に，流通市場での取引が社会厚生に与える影響を検討した（187 頁）。流通市場での取引は，専ら，ゼロ・サム・ゲームであるため，資源配分に与える影響が限定的である。すなわち，投資家総体でみれば，利益移転にすぎず，投資家間での利益移転が起こっても，社会厚生の総量には影響を与えない。これは，企業の業績が株価に反映する結果生じる，個々の投資家に関する投資の成功や失敗は，金商法による保護が及ばない領域であると言い換えることができよう。ただし，流通市場での取引と関連して，社会厚生に影響が及ぶ幾つかの場合が考えられることに言及した。第一の例は，詐欺や虚偽記載に基づく投資により社会厚生が減少する場合であり，詐欺防止条項による責任規定等による保護が必要となりうる。第二の例は，流通市場での取引にかかる取引費用であり，これは社会厚生を減少させる。第三の例は，流通市場で生じるディスカウントであり，新たに生じるものは社会厚生を減少させる。第四の例は，流通市場が間接的に社会厚生に影響を与える場合で，問題が生じた企業に関して株価が下落することで問題が生じていることを表すシグナルとして機能することや株価が下落することで，会社支配権市場が機能することが挙げられる。

第三に，発行市場での取引が与える影響を検討した（199 頁）。投資家が発行会社から証券を購入する場合，発行会社は，当該資金を用いて何らかの投資を行うことが一般的である。この点，投資家は，金融資産を保有し，他方，発行会社は，実体資産を保有することになる。発行市場において，証券が販売される場合，発行者が証券を販売するときと，売出人が証券を転売するときの2通りの可能性が考えられる。売出人が証券を転売する場合には，発行市場における売買といえども，流通市場における株主間の売買と類似するため，ここでは，発行者が証券を販売するときについて検討した。発行価格が効率的である場合，プロジェクトに関する利益を勘案した上で証券の募集が行われるか否かが決

定される。この場合，正の正味現在価値を有するプロジェクトが実行され，また，新旧株主間での利益移転は生じない。他方，発行価格が非効率的である場合，新旧株主間で利益移転が生じうる。このため，社会厚生を増加させるはずの正の正味現在価値を有するプロジェクトが実行されず，また，社会厚生を減少させる負の正味現在価値を有するプロジェクトが実行される可能性がある。

本節の検討から得られる含意として，投資家保護と市場の効率性を促進することは二元的に独立したものではなく，相互に影響を与えうることを示した (206 頁)。これは，金商法の目的について，「効率的な資源配分を達成するような市場は，同時に投資家の保護を達成する市場であり，逆に，投資家の保護を達成しようとすれば，同時に効率的な資源配分が達成される」という学説と整合的である。

第4目　証券市場における情報開示と市場の失敗

第3章第5節では，投資家の合理性を前提とした開示制度の分析を行った。

強制開示制度の必要性に関する理論的な論点として，市場の失敗が生じているかという問題が挙げられる。すなわち，市場が競争的であれば投資家は，情報収集から利益を得ることができる場合に限り，また，情報収集の結果利益を得ることができる範囲でのみ，情報収集費用を費やすようになる。同様に，発行者も，情報開示の結果，利益が得られる範囲で費用を負担して情報開示を行う。厚生経済学では，市場の失敗は，政府による介入の必要条件であるとされる。本書では，市場の失敗 (market failure) の原因となる，公共財，外部性および不完全情報が証券市場においていかなる形で表れるのかを検討した。

公共財　第一の論点は，情報の公共財としての側面である (219 頁)。一般的に，情報は，公共財であるといわれている。公共財は，一人による財の消費が他のいかなる消費者の消費をも減少させず，また，代価を払わずに財を消費する受益者を排除する費用が非常に高いため誰もその財を供給しようとしなくなり，過小供給となる。

発行者が情報開示義務を負うことで，発行者から開示される情報に関する限り，開示に係る情報は，以後，公共財として扱われる。市場が効率的であれば，開示に係る情報が直ちに株価に反映されるため，当該情報に基づいて取引を行なっても誰も利益を得ることができない。また，当該情報が株価に反映される

ため，当該情報は，それ以後，投資情報としては価値がなくなる。

　また，法律上，情報の生産と開示が要求されているのであるから，排除不可能性や非競合的消費による過少生産や過剰生産の問題は存在しない。なお，法律で強制する情報開示の量が適切かという問題は残る。

　外部性　　第二に，情報から生じる外部性を検討した (227 頁)。取引の当事者は，一般的に，取引によって生じる利益を享受し，または費用を負担する。しかし，取引の当事者以外の第三者が，取引によって生じる利益を享受しかつ当該利益について取引当事者に支払わず，または費用 (損失) を被りかつ当該費用 (損失) について取引当事者から支払いを受けないことがあり，これを外部性 (externalities) という。外部費用が存在する場合，財は供給過多となり，逆に，外部利益が存在する場合，財の供給は過少となる。

　企業内容の開示に伴う外部性を検討すると，①ある発行者の理解が他の発行者の分析に有益であるという外部利益ならびに開示内容，書式および質の標準化による外部利益，②株主以外の潜在的な投資家への情報開示という外部利益，③投資家以外の者への情報開示という外部利益，ならびに④事業上の競争者への情報開示という外部利益が考えられる。

　不完全情報　　投資家の合理性を前提とする場合，情報の非対称性は，強制開示制度の理由としては弱いものとなることを示した (244 頁)。議論の概要は，次の通りである。

　第一に，流通市場では，投資者間での情報の非対称性は，問題にならない (245 頁)。すなわち，流通市場において，投資家がアクセスできる発行者の情報に差異は存在しない。投資家がアクセスできる発行者の情報に差異が存在しないようにするための制度として，第一に，発行者は，一般的に，情報の選択的開示を禁止されていることが挙げられる。発行者の重要な内部情報が市場の一部の投資家だけに知らされることを禁止する制度である。第二に，流通市場での取引では，投資家は，売買当事者ともに発行者の内部情報を利用することができない。重要な内部情報を有する者が，市場における取引の当事者となることが禁じられている。この意味で市場において取引する投資家の間に会社の内部情報に関する情報の非対称性は，存在しない。

　第二に，発行市場において，発行者に自主的な情報開示の誘因が存在するかを検討した (255 頁)。この情報の自主的開示に関する議論は，アンラベリン

グ[1])が生じるかというものであるが，アンラベリングは，①アンラベリングに係る情報が検証可能である，②情報開示に費用が掛からない，および③投資家が会社が情報を有していることを知っているという前提が必要である。これらの前提が満たされているかは，二元的なものではなく程度の問題であるが，アンラベリングの前提が完全に満たされることはないであろう。

　第三に，発行市場において情報の非対称性が存在するとしても，投資家はリスクに応じて，証券の購入価格を下げるという対応ができるのであり，情報の非対称性を解消することなく自己責任を問うことができる。本書では，ペッキング・オーダー理論を検討し，既存の株主のために，株価が高騰していることを奇貨として，また，情報の非対称性を最大限に活かして株式を発行しようとしても，投資家は，株式を発行するという事実により株価が高すぎることを知って，株価が下落してしまうという議論を紹介した（263 頁）。

第 5 目　開示制度の限界

　第 3 章第 5 節では，市場の失敗が生じうることが示され，その限度で，強制開示制度が正当化されうることを示したが，強制開示制度は常に正当化されるものではなく，そこには限界が存在する。本書第 3 章第 6 節では，開示制度の限界に関する議論として，開示制度に関する費用，ポートフォリオ理論および行動経済学に基づく示唆について検討した。

開示制度に関する費用　第一に，開示制度に関する費用について概観した（279 頁）。開示制度の対象となる証券募集や流通市場において取引される証券の額が少額であると，発行市場や流通市場における発行者による費用負担について，最終的に費用の負担者となっている株主の利益にならない。また，発行市場や流通市場での費用負担が大きすぎる場合，株主である創業者は，証券を公募または上場することを回避することになる。実際，わが国および米国において少額の募集は，強制開示の義務が免除されている。

ポートフォリオ理論　第二に，ポートフォリオ理論が開示制度に与える影響を検討した。投資家がどのような証券のポートフォリ

---

1) アンラベリングとは，情報の非対称性が存在する場合に，ある者が他者より劣っていないことを示すために自主的に情報を開示し，それが質の高い方から順に行われるために，結果，一番質の悪い者以外が開示することを意味する。

オを有しているかによって，開示制度および開示制度に基づく責任が投資家にもたらす利益が変化する (288頁)。ポートフォリオ理論に基づけば，分散するポートフォリオを有する株主には，開示制度によるアンシステマティック・リスクの除去という効果は意味がない。他方，完全な分散投資を行わない限り，開示制度によるアンシステマティック・リスクの除去という効果は一定程度で認められる。

行動経済学　第三に，行動経済学から得られる含意について検討した (296頁)。行動経済学によって，人は，合理的ではなく，限定合理性 (bounded rationality)，限定自制心 (bounded willpower)，および限定自己利益 (bounded self-interest) を示すことがあり，これら三つの限定は，伝統的な経済学からの（ランダムや恣意的ではない）体系的な乖離を示すことが明らかになった。本書では，この内，限定合理性による伝統的な経済モデルからの乖離およびこれに伴って生じる非効率的市場が開示制度に与える影響を検討した。

限定合理性に関する第一の論点として，複雑な投資商品を検討した (306頁)。典型的には，理解するために必要な費用が高いため，投資家が理解できないか，理解するための費用を費やさないような投資商品である。

この結果，投資商品のリスクが理解されないと，実体資産への投資が効率的ではなくなる可能性がある。また，流通市場での取引の場合，投資商品を売却した者と購入した者との間で利益移転が生じうる。

第二の論点として，個人投資家には理解できない程度に複雑な投資商品を検討した (311頁)。これには，①個人投資家にある特定の投資商品を認めないことは，当該投資商品に対する投資を許さないという点で個人投資家が不利益を被る差別であるという考え方と，②個人投資家にある特定の投資商品を認めないことは，当該投資商品に関するリスクを勘案して政策的に行う投資家保護であるという二つの考え方がありえる。

限定合理性に対処するための強制開示 (313頁) には，①対処すべき対象である投資家の限定合理性（その存在，限定合理性の種類，影響の程度など）を把握することが難しい，②限定合理性に対処するために，どのような事項を開示すべきなのか，また，どのように開示すべきなのかを把握することが難しい，③強制開示には費用が掛かるのであるから，強制開示から得られる効果が，強制開示に掛かる費用を超えなければならないという三つの課題がある。

次に，非効率的市場と開示制度との関係を検討した（328頁）。非効率的市場では，開示された情報が価格に反映しないことが考えられる。しかし，完全に情報が反映しない市場というものも考えられない。そこで，情報が開示された場合，一定程度株価に反映するが，完全には反映しないような非効率的市場を対象として検討した。

市場に存在する参加者が市場のどのような機能を担っているかを検討すると，非効率的市場においても効率的市場と同様に，情報開示は，情報に基づき取引する投資家のために行われていることがわかる。また，情報開示により生じる正の外部性（外部利益）や市場の流動性の向上などは，非効率的市場においても依然として考えられるのであって，価格への反応が減殺されることだけをもって開示制度が不要ということにはならない。

第3款　情報開示に基づく責任の理論

責任制度は，強制開示制度にとって重要な存在である。そもそも，強制開示制度に責任制度が必要かという論点が考えられ，また，責任制度の設計が，開示制度に対してどのような影響・効果を有しているのかという論点が考えられる。そこで，本書第4章では，情報開示に基づく責任に関する論点を議論することにした。責任制度のうち民事責任を扱い，また，主に，虚偽記載に基づく責任を議論した。

第1目　民事責任制度の概要

まず，個々の論点を議論する前に，現状を理解するために民事責任制度を概観した。第4章第2節（353頁）では，開示に基づく民事責任を規定する金商法16条，17条，18条，21条1項および3項，21条の2ならびに22条を概観した。また，これらの条項における既存の議論について，幾つか指摘を加えた。

第2目　開示制度と責任制度の関係

次に，強制開示制度に責任制度が必要かという論点を検討した。本書第4章第3節（391頁）では，開示制度と責任制度の関係を検討した。第2款（392頁）では，強制開示制度の前提として責任制度が必要か否かを検討するために，次

の4通りの制度設計を検討した。
- 開示に関する責任制度が存在せず，強制的な開示制度も存在しない場合
- 開示に関する責任制度が存在せず，強制的な開示制度が存在する場合
- 開示に関する責任制度が存在し，強制的な開示制度が存在しない場合
- 開示に関する責任制度が存在し，強制的な開示制度も存在する場合

　責任制度が全く存在しない場合，株主価値が低い発行者は，開示する情報について責任を負わなくて良いのであるから，株主価値が高い発行者の開示を模倣し，また，株主価値が高い発行者の開示と株主価値が低い発行者の開示を区別できなくなる。ひいては，株主価値が高い発行者の開示を信頼することができなくなる。この点で，責任制度は，開示制度において必須である。

　また，第3款（400頁）では情報開示に基づく責任とエージェンシー費用の関係を検討した。Michael C. Jensen 教授および William H. Meckling 教授の1976年の著名な論文の枠組みに基づいて，責任制度が存在することによってエージェンシー費用（すなわち，①本人（principal）による監視費用，②代理人（agent）による保証費用および③代理人が本人にとって最善の行動をとらないことによる残余損失（the residual loss））が減少しうることを示した。ただし，エージェンシー費用の総額を最小化するための責任制度がどのようなものであるかは，別途検討の余地がある。

第3目　損害因果関係と損害額

　虚偽記載に基づく民事責任が問われる場合，様々な理論的な論点が考えられるが，損害因果関係の論点は，重要な論点の一つであろう。損害因果関係の議論は，株価を用いて損害額を決定するような場合に特に重要である。既に幾つかの議論が存在し，重要な示唆が示されているが，損害因果関係の議論に関係する様々な考慮要素が整理されていないように思われる。

　そこで，第4章第4節（407頁）では，金商法に基づく民事責任について，損害因果関係と損害額に関する論点を検討した。第2款（407頁）において，検討の視座として，株価の変動を変動の種類ごとに分類した。株価変動は，市場の変動と個々の株式に固有の変動に分けることができ，個々の株価の変動は，虚偽記載に関係する変動と虚偽記載に無関係の変動に分けることができることを確認した。虚偽記載に関する変動は，さらに，基礎的下落，信用下落および訴

訟下落に分類できる。損害賠償の範囲の決定は，不可避的に，発行者と投資家のリスク配分を意味することになることを示した。民事責任に関する損害因果関係論は，投資家が負担すべき株価変動のリスクの範囲を画す作業である。第3款（426頁）では，統計により株価を補正する場合の具体例および統計を用いた損害額算定の限界の例を検討した。

第4目　金商法21条の2に関する諸問題

　金商法に基づく責任規定の中で最近利用が増加している規定として，金商法21条の2がある。既に幾つかの論考において指摘されている通り，同条の規定は，様々な理論的な論点を提供するものである。そこで，第4章第5節（435頁）では，金商法21条の2に関係する問題を検討した。前提として，同条が過失責任化された後でも訴訟が起きる理由として，①無過失となるための水準が高すぎる，②発行者への責任追及が発行者内の役員や従業員の抑止力になっていない，③発行者は，過失がないよう行動したつもりだったが，実際は，過失があった，および④発行者に過失が存在しないにもかかわらず投資家が訴訟を提起することを示した。

　第2款（442頁）では，金商法21条の2が与える事後の効果を検討した。金商法21条の2は，株主間の利益移転を生じさせる。これについて，証券訴訟の取引費用の側面について検討した。結果，以下のことが明らかになった。第一に，証券訴訟には費用が掛かるため，費用を超える期待利益を得ることができる場合のみ，訴訟が提起されることを示した。第二に，2013年に成立した消費者裁判手続特例法について，発行市場での不法行為に関して適用の可能性があるものの，同条に基づく損害賠償請求には用いることができないであろう。第三に，投資家が分散投資をする場合，個別の証券への投資額が小さくなるために，同条に基づく訴訟の原告には，なりにくくなる。

　次に，虚偽記載に関する保険制度について検討した。第一に，発行者を対象とした保険が存在する場合，保険料を発行者が支払っているため，虚偽記載に基づいて発行者が支払うことになる損害賠償額を分散して保険料として長期間にわたり支払っている（または積み立てている）ことと同義になることを示した。第二に，わが国における保険の特約として，会社補償支払特約と企業情報開示危険補償特約を紹介した。米国における議論と同様，わが国においても保険を

用いたリスクの分散がなされていることになる。

　これらの点に鑑みると，金商法21条の2は，分類された投資家のうち情報に基づき取引する投資家のための制度であると理解することができる。すなわち，同条は，情報に基づき取引する投資家および分散投資をしない投資家への補助金として機能しうることになる。同条を運用するためには相当程度の取引費用が掛かるため，本書が主張する情報に基づき取引する投資家のための制度という試論が，どれほど強固なものかは，今後の研究課題である。

　また，第3款（454頁）では，金商法21条の2による事前の効果を検討した。代位責任の理論を適用し，代理人（取締役）の純資産が過小である場合に備えて，本人（発行者）に責任を負わせることが効率的かを検討した。この点，本人（ひいては株主）が代理人よりもリスクについて詳しくない可能性がある点，および本人が代理人を監視し支配できるかという点で，分散所有がされているわが国の公開会社では，代位責任を課すことが効率的でない可能性があることを示した。

第2節　今後の研究課題

　本書は，理論的な研究の第一歩であり，残された課題も少なくない。例えば，今後の研究課題として，次の点が挙げられる。

金商法の目的に関する議論　本書では，第3章第4節において，開示制度と金商法の目的について考察した。その結果，開示制度が，「市場の効率性の達成・維持が投資家保護を図ることと同じ意義を有する」という意見と整合的に理解できることを示した。本書の議論は，開示制度に留まるものであり，広く金商法の目的について，論証したわけではない。今後，デリバティブ取引[2]を含め，金商法の他の法制度においても「市場の効率性の達成・維持が投資家保護を図ることと同じ意義を有する」という含意が得られるかを検討する必要がある。

社会厚生を最大化させる開示の範囲　第3章第5節では，強制開示が必要か否かを市場の失敗が存在するか否かという観点から検討した。

---

[2] 実際，デリバティブ規制もこの観点から整合的に理解できるように思われる。デリバティブ取引は，実体資産が取引されるわけではないため，実体資産の効率的配分に寄与するものではない。また，本書では，有価証券の流通市場での取引は，専らゼロ・サム・ゲームであるから，社会厚生に影響を与えないと述べた。すなわち，証券の取得者は，通常，証券から生じるキャッシュ・フローに影響を与えられないからである。また，「専ら」という限定を付す理由として，例外的に，流通市場で株式を買い集めて，支配権を取得するような場合，支配権を行使して対象となる発行者の経営に影響を与えて，発行者から生じるキャッシュ・フローを変化させることができるため，ゼロ・サム・ゲームにはならないことが挙げられる。実際のデリバティブ取引が投機として行われている場合，パレート改善にはならず，取引費用について社会厚生が減少している可能性がある。少なくとも，パレート改善を促す取引を増加させるという目的は正当化が可能であろう。難しい点は，流動性の確保をしつつ，投機をなくすという点である。投機による取引も流動性の向上に寄与しており，流動性の向上と取引費用の比較衡量ということになろうか。デリバティブ取引の場合，上述の流通市場での取引と類似する面が存在する。しかし，デリバティブ取引の場合，既存のリスクヘッジとして用いられる場合があり，この場合，リスク回避的な投資家は，取引自体から利益を得ることができる。すなわち，この点で，デリバティブ取引は，財の自主的な交換に等しく，パレート改善であるから社会厚生を増大させる。しかし，デリバティブ取引それ自体がリスクとリターンの交換（取引）なのであるから，一般的な財の取引と同様，社会厚生を増大させるはずである。また，デリバティブ取引に関する説明義務や適合性原則も，投資家保護経由で社会厚生を増加させようとしているように思われる（この点，投資家保護の費用がデリバティブ取引から得られる利益を上回っているかを検討する必要があろう）。雑駁な検討ではあるが，デリバティブ取引に関しても，金商法の目的は市場の効率性の増加および投資家保護という一致する目的が存在していると説明することはできるように思われる。

結果，市場の失敗が生じうる可能性は，否定できず，この点で，政府の介入を許容しうる可能性が存在することが示された。次の課題は，政府により開示が強制される場合，当該強制開示が社会厚生の最大化を導くのは強制開示に係る情報の範囲や開示の方法などの点でどのような強制開示の義務が課される場合かという論点であろう[3]。

社会厚生の最大化という観点から開示の程度を検討する場合，開示規制を実証的に検証する方法と規範的に（理論的に）社会厚生が最大化するか否かを検討する方法がある。規範的な論点の検討[4]および実証的な証明の両方について，今後も検討が必要であろう。

本書での結論を踏まえた上で，より具体的にいえば，次のような点が指摘されよう。

- 第一に，本書では，強制開示の理論的根拠として，外部性に負うところが多かった（第3章第5節）。外部性が生じるという理由で強制開示を正当化する場合，開示が正当化される範囲は，開示によってどの程度の外部性が生じるかに依存する。この開示が正当化される範囲が，現在の開示制度における開示の範囲よりも広いものなのか，狭いものなのか，検討の余地がある。
- 第二に，合理的な投資家に向けた開示と非合理的な投資家に向けた開示では，強制開示が肯定される範囲が異なる。合理的な投資家に向けた開示は，開示された情報がすべて理解された上で証券の価格を当該情報に

---

3) 強制開示に関して市場の失敗が生じるかという論点を議論する場合，まず，市場の失敗が生じるかを議論し，次に，政府の介入が効率的な水準の開示を導くかを検討すべきである。See STEPHEN M. BAINBRIDGE, CORPORATION LAW AND ECONOMICS 122 (2002); STEPHEN J. CHOI & A.C. PRITCHARD, SECURITIES REGULATION: CASES AND ANALYSIS 29 (3d ed. 2011) （政府は，開示を要求しすぎる可能性があることに言及する）。尾崎安央「開示制度に関する覚書」別冊商事369号53頁，58頁（2012）（強制開示に係る項目について，公正な価格形成の実現に必要でかつ有用な情報が求められると述べる）。

4) 強制開示の批判の一つに，法律に基づき開示の様式を作成する行政機関が，①どのような開示を求めるべきかについて十分な情報を有していないこと，および②行政機関の職員には，どのような情報が必要かを探し出す誘因が欠けていることが挙げられる。Allen Ferrell, *The Case for Mandatory Disclosure in Securities Regulation Around the World*, 2 BROOK. J. CORP. FIN. & COM. L. 81, 115–16 (2007). 金融審議会金融分科会第一部会「市場機能を中核とする金融システムに向けて」10頁（2005年12月24日）は，証券法制における開示のあり方を抽象的にいえば「投資家にとって必要な情報の提供を担保するための一定のルールは必要であるが，投資家の理解を損なわない範囲で，発行者の工夫の余地を確保しておくことが望ましい」ということになろうと述べる。

基づく基礎的価値に近づける作業となろう。他方，非合理的な投資家に向けた開示は，当該情報を処理することにより得られるアンシステマティック・リスクの減少という利益が当該開示に係る情報を処理することによる費用を超えるときに正当化されよう。

効率的市場およびリスク回避の組み合わせ　証券価格がマルチンゲールである場合，価格がランダム・ウォークする場合であっても，当該証券から得られる期待値は，当該証券の現在の価格と一致する。この場合，ある時点で証券を購入した者は，証券の対価として支払った額に見合う資産（すなわち，当該証券）を得たことになる。この場合，「対価を支払ったにもかかわらず，それに見合った価値を有していない資産しか得られなかった」という類の損害は，存在し得ない。あるとすれば，得ようと思った資産とは違う性質の資産を入手したというものであったり，証券のリスク（ボラティリティ）が大きいため，リスク回避である投資家にとって，価値が低いという意味での説明義務違反，適合性原則違反や詐欺の主張であろう。

市場価格が効率である場合や，証券の価格がマルチンゲールである場合については，他にも様々な応用が考えられよう。また，一般的に投資家は，リスク回避であるが，リスク中立である場合とリスク回避である場合で，法制度に与える含意は異なりうる。この相違についてもさらなる研究が必要であろう。

市場の効率性　第2章は，市場の効率性に関する議論が金融商品取引法だけではなく，会社法にも応用できることを示唆した。具体的には，上場会社の新株発行や株式買取請求権の行使の場面である。これらの場面では，株価が現在の法理に組み込まれている。しかし，当該株価の利用に関して，市場の効率性との関係を詳しく検討したものは少ないように思われる。一般的な市場の効率性や効率的市場仮説への言及では，不十分である場合が考えられる。なぜなら，本書で示したように，株価を用いる際に，市場の効率性を考慮する必要がある場合とない場合が存在し，市場の効率性を考慮する場合でも，必要とされる市場の効率性に様々な程度が考えられるからである。この点は，すなわち，訴訟において市場の効率性が存在するか否かが争われるべきであると換言することができるであろう。

次に，市場の効率性の有無が存在するかという問題は，訴訟という文脈で考えると，どちらが立証責任を負担するかという問題でもある。通常，市場の効

率性は，原告が立証することになるであろうが，損害額の推定が存在する場合などの例外を考える必要がある。この場合，市場の効率性の不存在を被告が立証する可能性を検討することになろう。

さらに，①市場が非効率的であることが立証された場合や②統計的に市場価格への影響 (price impact) や価格の歪みが立証された場合の取扱いを検討する必要がある[5]。市場が非効率的である場合，市場価格を用いて損害賠償額や公正な価格の算定する根拠が失われてしまう。この場合，単純に救済を認めないとするべきなのか，それとも別途の方法で損害賠償額や公正な価格の算定が認められるべきなのかが検討されるべきであろう[6]。

市場価格の利用および理解　西武鉄道事件[7]の最高裁判決は，損害額の算定に際して，市場価格を補正するという概念を導入している。準強度の効率的市場仮説を前提として，市場価格を補正するということが会社法上も想定されている。例えば，インテリジェンス事件[8]の控訴審判決である。これらの事案には，事案の背景，用いられる条文，事案が株価に与える影響等が異なり，株価を用いて補正するための前提が異なる。これらの差異を理解した上で，どのような手法を用いて株価を補正するのかが検討されなければならない[9]。

---

5) 黒沼悦郎『市場に対する詐欺に関する米国判例の動向について』金融商品取引法研究会研究記録第48号17–19頁（日本証券経済研究所・2015）。
6) 株式の価値が問題となる場合，ディスカウンテド・キャッシュ・フロー法を含めた様々な株式の価値の算定 (valuation) 手法を応用することが考えられる。他方，虚偽記載に基づく損害額の算定は，株価を用いずに行うことが難しいことも多いであろう。
7) 最三小判平成23・9・13集民237–337。
8) 東京高決平成22・10・19判タ1341–186。
9) そもそも，補正をせざるをえないのであれば，株価を用いずに，別の方法で事案の解決が図れないかも併せて検討されるべきであろう。

事項索引（和文・欧文）

あ

アンシステマティック・リスク
　(unsystematic risk) 291
アンラベリング (unraveling) 258

い

意見表明報告書 52
意識的な収奪 (intentional taking) 194
異時点間選択 (intertemporal choice) ... 301
一次導関数 (first-order derivative) 208
一括登録 (shelf registration) 65
一致しない期待 (heterogeneous
　expectation) 249
一般に利用可能な情報 34
インサイダー取引 (insider trading) 51

う

売呼値 (ask) 303

え

永久債 (perpetuities) 196
エージェンシー費用 (agency costs)
　.. 128, 401

か

開示主義 (disclosure philosophy)
　.. 316, 317
会社役員賠償責任保険 (directors' and offi-
　cers' liability insurance) 448, 463
会社レベルでのディスカウント (entity-level
　discount) 120
外部性 (externalities) 215
外部費用 (external costs) 215
外部利益 (external benefits) 215
買持ち戦略 (buy and hold strategy) 43
買呼値 (bid) 303
価格効率性 (price efficiency) 68

価格の歪み (price distortion)
　.. 369, 371, 372
価格発見機能 (price discovery function)
　... 414
隠された行動 (hidden action) 245
隠された特性 (hidden characteristics)
　... 245
確率変数 (random variable) 37
過失責任 (negligence rule) 436
加重平均資本コスト (WACC: weighted-
　average cost of capital) 182
寡占 (oligopoly) 213
価値ライン (value line) 428
株式時価総額 (market capitalization) ... 376
株式を選択する者 (stock pickers) 335
株主のレベルでのディスカウント
　(shareholder-level discount) 120
カルドア＝ヒックス効率性
　(Kaldor-Hicks efficiency) 18, 275
監視費用 (monitoring costs) 401
完全開示 (full disclosure) 321

き

機会費用 (opportunity cost) 125
企業改革法 (Sarbanes-Oxley Act)
　.. 286, 401
企業価値 (EV: enterprise value) 12
企業の理論 (theory of the firm) 275
規制主義 (regulatory philosophy) 316
基礎的価値に関する効率性 (fundamental
　value efficiency) 47, 58
基礎的価値の変動リスク
　(fundamental risk) 332
基礎的分析 (fundamental analysis) ... 117
期待利得 (expected return) 289
期待利得モデル
　(expected return model) 36
既得益権効果 (endowment effect) 300

逆選択 (adverse selection) ········ 218, 263
逆淘汰 (adverse selection) ················ 218
休日効果 (holiday effect) ···················· 329
狭義の取引因果関係 ······························· 87
競合的消費 (non-rivalrous consumption)
　··· 223
協調費用 (coordination costs) ············ 401
強度の効率的市場
　(strong form efficiency) ················ 35
共分散 (covariance) ································ 289
寄与過失 (contributory negligence) ···· 387
近視眼的選好 (myopic preferences) ····· 301

く

偶発債務ディスカウント
　(contingent liabilities discount)
　··· 122
組込方式 ·· 149
クラス期間 (class period) ···················· 383
群集行動 (herd behavior) ···················· 302

け

経営者の討議と分析 (MD&A: management's discussion and analysis)
　··· 325
経営の失敗 (mismanagement) ············· 194
経営判断 (informed business judgment)
　··· 49
契約の雛形 (standard-form contract) ··· 135
係留性 (anchoring) ································ 331
経路依存 (path-dependence) ··················· 6
　強度の—— (strong form path dependence) ··· 8
　弱度の—— (weak form path dependence) ··· 8
　準強度の—— (semi-strong form path dependence) ······································· 8
月曜日効果 (Monday effect) ················ 329
現状維持バイアス (status quo bias) ····· 300
原状回復 ·· 412
原状回復的損害賠償 (rescissory damage measure) ································· 94, 412
検証可能 (verifiable) ···························· 259
検証不可能 (nonverifiable) ··················· 259
限定合理性 (bounded rationality) ······· 297
限定された垂直的共同 (narrow vertical commonality) ································ 139
限定自己利益 (bounded self-interest) ··· 297
限定自制心 (bounded willpower) ········ 297

こ

公共債 ·· 144
公共財 (public goods) ···························· 214
公正ゲーム・モデル (fair game model) ··· 36
公正市場価値 (fair market value) ········ 116
構造的強圧性 (structural coercion) ······ 103
行動経済学 (behavioral economics) ····· 297
広範な垂直的共同 (broad vertical commonality) ································ 139
合理性 (rationality) ······························· 330
効率性 (efficiency) ···································· 17
効率的 (efficient) ··································· 332
効率的市場仮説 (efficient market hypothesis) ······ 29, 34, 36, 58, 64–66
効率的な資源配分 ·································· 180
合理的期待仮説 ·· 30
合理的無関心 (rational apathy) ··· 230, 231
コースの定理 (Coase theorem) ············ 211
個人投資家 (individual investors) ········ 303
固着性 (belief perseverance) ················ 331
コントロール・プレミアム (control premium)
　··· 127

さ

最安価回避者 (cheapest avoider, least-cost avoider) ······················ 459
最後通牒ゲーム (ultimatum game) ······ 299
財産権 (property rights) ························ 224
最終期回問題 (last period problem) ···· 464
最終期間問題 (final period problem) ··· 464
最大値 (absolute maximum, global maximum) ······································ 208
差額説 ·· 409
指値 (limit order) ·································· 310
鞘取り (arbitrage) ························· 330, 332
参照方式 ·· 149
残余損失 ·· 401

し

事業会社 (strategic buyer) ··················· 106

刺激追求 (sensation seeking) ……………… 304
資源配分の効率性 …………………………… 180
自己責任 …………………………… 175, 399
自己責任の原則 ……………………………… 317
市場 (market) ………………………………… 135
——に対する詐欺理論 (fraud-on-the-market) …………………………………… 56
——の効率性 (market efficiency) ……… 29
——の失敗 (market failure) …… 169, 213
自信過剰 (overconfidence) ………………… 304
システマティック・リスク (systematic risk) ………………………………………… 291
事前の損失 (ex ante loss) ………………… 267
実質的強圧性 (substantive coercion) …………………………………… 53, 254
私的限界効用 (private marginal benefit) ………………………………………… 217
私的限界費用 (PMC: private marginal cost) ……………………………………… 216
自動発効一括登録届出書 (automatic shelf registration) ……………………… 66, 327
シナジー (synergy) ………………………… 76
シナジー分配価格 ……………………………… 76
支配権プレミアム (control premium) … 127
資本資産価格モデル (CAPM: capital asset pricing model) ……………………… 80
シャープレー値 (Shapley value) ………… 110
社会厚生 (social welfare) ………………… 180
社会的限界効用 (social marginal benefit) …………………………………… 217
社会的限界費用 (SMC: social marginal cost) ……………………………………… 216
社会的ジレンマ (social dilemma) ……… 464
社会的費用 (social costs) ………………… 216
弱度の効率的市場 (weak form efficiency) ……………………………………… 33
収益 (return) ………………………………… 289
集合行為 (collective action) ……… 230, 231
週末効果 (weekend effect) ………………… 329
重要な役員または従業員に関するディスカウント ……………………………………… 121
主観的期待効用 (SEU: Subjective Expected Utility) ……………………… 330
出資対象事業 ………………………………… 138
取得時差額 …………………………371, 409, 411

取得自体損害 ………………………………… 409
循環問題 (circularity problem) ………… 378
準強度の効率的市場 (semi-strong form efficiency) …………………………………… 33
純粋公共財 (pure public goods) ………… 220
小規模報告会社 (smaller reporting companies) ……………………………… 281
消極的な投資戦略 (passive investment strategies) ……………………………… 304
証券募集改革 (Securities Offering Reform) ………………………………………… 66
使用者責任 (respondeat superior) ……… 455
勝者の呪い (winner's curse) …………… 299
上場投資信託 (ETF: exchange traded fund) ……………………………………… 11
譲渡制限のない海外発行証券 ……………… 148
少人数私募 …………………………………… 142
少人数向け取得勧誘 ………………………… 142
消費者の財産的被害の集団的な回復のための民事の裁判手続の特例に関する法律 ……… 446
情報カスケード (informational cascades) ………………………………………… 240
情報効率性 (informational efficiency) ………………………………………… 47
情報に基づいて取引する投資家 (information traders) ……… 232, 321
情報の社会的価値 (social value of information) ………………………………… 220
情報の最適な社会的価値 (optimal social value of information) ……………… 220
情報の非対称性 (asymmetric information, informational asymmetry) …………………………218, 244, 253
情報の平等理論 (equal access theory) ………………………………………… 246
情報費用 (information costs) …………… 229
所有と経営の分離 (separation of ownership and control) ……………………… 174
親近 (familiarity) ………………………… 304
新興企業 (emerging growth company) ………………………………………… 285
新興企業活性化法 …………………………… 282
真実の価値 (true value) ………………… 48
信用下落 (credibility decline) ………… 360

す

水平的共同 (horizontal commonality) 139
既に市場に開示済みであることによる抗弁 (truth-on-the-market defense) 341

せ

制裁 (sanction) 455
静的トレード・オフ理論 (static trade-off theory) 183
正の外部性 (positive externality) 215
正の正味現在価値を有するプロジェクト (positive NPV projects) 183
ゼロ・サム・ゲーム (zero-sum game) ... 187
選好逆転 (preference reversal) 301
潜在的な譲渡益課税に基づくディスカウント (trapped-in capital gains discount) 121
全国証券市場改革法 (National Securities Markets Improvement Act of 1996) 318
先例拘束性の原理 (stare decisis) 61

そ

相関 (correlation) 289
相関係数 (correlation) 289
想起の容易性 (availability heuristics) 331
想定価格 371, 409
ソフト情報 (soft information) 395
損失回避 (loss aversion) 300

た

代位責任 (vicarious liability) 454, 465
代替証券 (substiute security) 332
代表性 (representativeness) 331
タイムリー・ディスクロージャー 12
代理人 (agent) 401
高値取得損害 409
多重最適状態 (multiple optima) 8
ただ乗り (free rider) 220
多人数向け取得勧誘 141
探索費用 (search costs) 229

ち

超過収益 (abnormal return) 31, 33, 34, 36, 38, 54, 69, 91, 92, 108, 432

つ

月替り効果 (turn-of-the-month effect) 329

て

ディスカウンテド・キャッシュ・フロー法 (DCG: discounted cash flow) 78–80, 102
停留値 (stationary value) 208
適格機関投資家取得有価証券一般勧誘 141
適格機関投資家向け取得勧誘 141
適時開示 (timely disclosure) 12
埋没費用 (adaptive sunk costs) 7
テクニカル分析 33
テクモ事件 252
手放すために受け入れても良い金額 (WTA: willingness to accept) 300
デュー・ディリジェンス (due diligence) 271

と

投機効率的市場 (speculatively efficient market) 200
統合開示 (integrated disclosure) 65
投資価値 (investment value) 116
投資判断 (savings decisions) 200
当初の分配 (original distribution) 18
独占 (monopoly) 213
独占的競争 (monopolistic competition) 213
特定投資家私募 142
特定投資家取得有価証券一般勧誘 141
特定有価証券開示ガイドライン 154
特定有価証券の内容等の開示に関する留意事項について 154
特ニ有利ナル価額 75
独立同一分布 (i.i.d.: independently and identically distributed) 45
取引効率性 171

ドル価格高騰法 (dollar-price inflation approach) 427

な

内部者取引 (insider trading) 51
ナカリセバ価格 76
成行 (market order) 310

に

入手のために支払っても良い金額 (WTP: willingness to pay) 300

ね

ネットワーク外部性 (network externality) 8

の

ノイズ投資家リスク (noise trader risk) 333

は

ハード情報 (hard information) 395
販売圧力 143

ひ

非競合的消費 (non-rivalrous consumption) 215
非効果的 (ineffective) 332
非事業用資産 (nonoperating assets) 128
標準偏差 (standard deviation) 289

ふ

フィナンシャル・バイヤー (financial buyer) 106
不確実性 (uncertainty) 289
不完全競争 (imperfect competition) ... 213
不完全市場 (imperfect markets) 213
不完全情報 (imperfect information) 218, 244
負の外部性 (negative externality) 215
負の割引率 (negative discount rate) ... 301
不偏 (unbiased) 49
不明確さの回避 (ambiguity aversion) ... 331
賦与効果 (endowment effects) 8, 300

フランコ・モディリアーニ (Franco Modigliani) 302
プロ私募 141
プロスペクト理論 (prospect theory) 300, 331
分散 (variance) 289

へ

平均への回帰 (mean reversion) 329
米国金融規制改革法 (Dodd-Frank Act) 401
ペッキング・オーダー理論 (pecking order theory) 263

ほ

法と経済学 (law and economics) 16
法の経済分析 16
ポートフォリオ効果 (portfolio effect) 122
ポートフォリオ理論 (portfolio theory) 289
ポートフォリオ・ディスカウント (portfolio discount) 122
補完性 (complementarity) 8
保守性 (conservatism) 331
保証費用 (bonding cost) 163, 401
本源的価値 (intrinsic value) 48, 116
本人 (principal) 401

ま

マーケット・リスク (market risk) 292
マイノリティ・ディスカウント (minority discount) 127
マネジメント・バイアウト (management buyout) 51, 52
マルチンゲール (martingale) 42

む

無過失責任 (strict liability) 436

も

モディリアーニ＝ミラーの第一命題 (MM Proposition I) 182
モディリアーニ＝ミラーの第二命題 (MM Proposition II) 183

モディリアーニ＝ミラー理論 (Modigliani-Miller theorem) ……… 181

ゆ

優マルチンゲール (supermartingale) ……………………………… 41, 45

ら

ライフ・サイクル仮説 (life-cycle hypothesis) ……………………………… 302
ランダム・ウォーク (random walk) ……… 33
ランダム・ウォーク・モデル (random walk model) ……………………… 45

り

利益の返還 (restitution) …………… 412
リテール・カスケード (retail cascades) ……………………………… 312
臨界値 (critical value) ……………… 208

れ

レギュレーション A ティア 2 (Regulation A Tier 2) ……………………… 282
劣マルチンゲール (submartingale) ……… 42
劣マルチンゲール・モデル (submartingale model) ……………………… 40
レント・シーキング (rent-seeking) …… 467

ろ

漏洩 (leak) ……………………………… 433
浪費 (waste) …………………………… 224

A

abnormal return ……… 31, 33, 34, 36, 38, 54, 69, 91, 92, 108, 432
absolute maximum …………………… 208
adaptive sunk costs ………………… 7
adverse selection ………………… 218, 263
agency costs …………………… 128, 401
agent …………………………………… 401
ambiguity aversion ………………… 331
anchoring ……………………………… 331
anti-director rights index ………… 191
arbitrage ……………………… 330, 332
ask ……………………………………… 303
asymmetric information … 218, 244, 253
automatic shelf registration …… 66, 327
availability heuristics ……………… 331

B

behavioral economics ……………… 297
belief perseverance ………………… 331
bid ……………………………………… 303
bid-ask spread ……………………… 303
bounded rationality ………………… 297
bounded self-interest ……………… 297
bounded willpower ………………… 297
broad vertical commonality ……… 139
buy and hold strategy ……………… 43

C

capital asset pricing model ……… 80
CAPM …………………………………… 80
cheapest avoider …………………… 459
circularity problem ………………… 378
class period ………………………… 383
Coase theorem ……………………… 211
collective action …………………… 230
complementarity …………………… 8
conservatism ………………………… 331
contingent liabilities discount …… 122
contributory negligence …………… 387
control premium …………………… 127
coordination costs ………………… 401
correlation …………………………… 289
covariance …………………………… 289

credibility decline 360
critical value 208

D

DCF 78
directors' and officers' liability insurance 448
disclosure philosophy 316
discounted cash flow 78
disposition effect 305
Dodd-Frank Act 401
dollar-price inflation approach 427
due diligence 271

E

EDGAR (Electronic Data Gathering, Analysis, and Retrieval system) 67
efficiency 17
efficient 332
efficient market hypothesis 29, 34, 36, 58, 64–66
emerging growth company 285
endowment effects 8, 300
enterprise value 12
entity-level discount 120
equal access theory 246
ETF 11
EV 12
exchange traded fund 11
expected return 289
expected return model 36
externalities 215
external benefits 215
external costs 215
ex ante loss 267

F

fair game model 36
fair market value 116
familiarity 304
final period problem 464
financial buyer 106
first-order derivative 208
Franco Modigliani 302

fraud-on-the-market 56
free rider 220
full disclosure 321
fundamental analysis 117
fundamental risk 332
fundamental value efficiency 47, 58

G

global maximum 208

H

hard information 395
herd behavior 302
heterogeneous expectations 249
hidden action 245
hidden characteristics 245
holiday effect 329
horizontal commonality 139

I

imperfect competition 213
imperfect information 218, 244
imperfect markets 213
independently and identically distributed 45
individual investors 303
ineffective 332
informational asymmetry 244, 253
informational cascades 240
informational efficiency 47
information costs 229
information traders 232, 321
informed business judgment 50
integrated disclosure 65
intentional taking 194
intertemporal choice 301
intrinsic value 48, 116
investment value 116
i.i.d. 45

J

judgment proof 456
Jumpstart Our Business Startups Act of 2012 282

K

Kaldor-Hicks efficiency ············ 18, 275
key person discount ······················ 121

L

Large Trader Reporting System
　　Proposed ······································ 68
last period problem ························ 464
law and economics ·························· 16
leak ··· 433
least-cost avoider ···························· 459
life-cycle hypothesis ······················· 302
limit order ·· 310
loss aversion ···································· 300

M

management buyout ················· 51, 52
management's discussion and analysis
　　·· 325
market ·· 135
market capitalization ······················ 376
market efficiency ······························ 29
market failure ·························· 169, 213
market order ···································· 310
market risk ······································· 292
martingale model ······························ 42
MD&A ·· 325
mean reversion ································ 329
minority discount ··························· 127
mismanagement ······························ 194
MM Proposition I ··························· 182
MM Proposition II ························· 183
Modigliani-Miller theorem ············ 181
Monday effect ·································· 329
monopolistic competition ·············· 213
monopoly ··· 213
multiple optima ································· 8
myopic preferences ························· 301

N

narrow vertical commonality ········ 139
National Securities Markets Improve-
　　ment Act of 1996 ···················· 318
negative discount rate ···················· 301

negative externality ························ 215
negligence rule ································ 436
network externality ···························· 8
noise trader risk ······························ 333
nonoperating assets ························ 128
nonverifiable ···································· 259
non-homogeneous assets discount ··· 122
non-rivalrous consumption ····· 215, 223

O

oligopoly ·· 213
opportunity cost ····························· 125
optimal social value of information ·· 220
original distribution ························· 18
out-of-pocket damages ··················· 411
overconfidence ································ 304

P

Pareto efficiency ································ 17
passive investment strategies ·········· 304
path-dependence ································ 6
pecking order theory ······················ 263
perpetuities ······································ 196
PMC ··· 216
portfolio discount ··························· 122
portfolio effect ································ 122
portfolio theory ······························· 289
positive externality ························· 215
positive NPV projects ····················· 183
preference reversal ·························· 301
price distortion ························ 369, 372
price efficiency ································· 68
principal ··· 401
private marginal benefit ················· 217
private marginal cost ······················ 216
property rights ································ 224
prospect theory ······················· 300, 331
public goods ···································· 214
pure public goods ··························· 220

R

random variable ································ 37
random walk ····································· 33
random walk model ·························· 45
rationality ·· 330

rational apathy	230
Regulation A Tier 2	282
regulatory philosophy	316
rent-seeking	467
representativeness	331
rescissory damage measure	412
respondeat superior	455
restitution	412
retail cascades	312
return	289

S

sanction	455
Sarbanes-Oxley Act	286
Sarbanes-Oxley Act of 2002	401
savings decisions	200
search costs	229
Securities Offering Reform	66
semi-strong form efficiency	33
semi-strong form path dependence	8
sensation seeking	304
separation of ownership and control	174
SEU	330
Shapley value	110
shareholder-level discount	120
shelf registration	65
Side A coverage	441
Side B coverage	441
Side C coverage	441
smaller reporting companies	281
SMC	216
social costs	216
social dilemma	464
social marginal benefit	217
social marginal cost	216
social value of information	220
soft information	395
speculatively efficient market	200
standard deviation	289
standard-form contract	135
stare decisis	61
static trade-off theory	183
stationary value	208
status quo bias	300

stock pickers	335
strategic buyer	106
strict liability	436
strong form efficiency	35
strong form path dependence	8
structural coercion	103
Subjective Expected Utility	330
submartingale	42
submartingale model	40
substantive coercion	53, 254
substiute security	332
supermartingale	41, 45
systematic risk	291

T

theory of the firm	275
trapped-in capital gains discount	121
true value	48
truth-on-the-market defense	341
turn-of-the-month effect	329

U

ultimatum game	299
unbiased	49
uncertainty	289
unraveling	258
unsystematic risk	291

V

valuation	490
value line	428
variance	289
verifiable	259
vicarious liability	454, 465

W

WACC	182
waste	224
weak form efficiency	33
weak form path dependence	8
weekend effect	329
weighted-average cost of capital	182
willingness to accept	300
willingness to pay	300
winner's curse	299

WTA ································· 300
WTP ································· 300

Z

zero-sum game ······························ 187

法令索引（和文・欧文）

会社法
——2 条 5 号 ……………………… 275
——2 条 7 号 ……………………… 275
——113 条 4 項 …………………… 245
——116 条 1 項 2 号 ……………… 85
——155 条 ………………… 173, 245
——156 条 ………………………… 245
——172 条 …………………………… 73
——172 条 1 項 …………………… 86
——192 条 ………………………… 261
——193 条 ………………………… 261
——194 条 ………………………… 261
——199 条 1 項 …… 141, 161, 245, 275
——199 条 3 項 ………… 102, 104, 275
——199 条 4 項 …………………… 275
——201 条 1 項 …………………… 275
——277 条 ………………………… 154
——298 条 1 項 3 号 ……………… 166
——298 条 2 項 …………………… 166
——301 条 1 項 …………………… 166
——324 条 2 項 2 号 ……………… 275
——362 条 4 項 5 号 ……………… 275
——437 条 ………………………… 166
——807 条 ………………………… 252

金融商品の販売等に関する法律
——3 条 ……………………………… 9
——3 条 2 項 ……………………… 308
——5 条 …………………………… 319
——6 条 …………………………… 319

民法
——709 条 ………………………… 308

Delaware General Corporation Law
——§ 262 …………………………… 123

Dodd-Frank Act
——§ 929B ………………………… 401
——§ 953(a) ……………………… 178

Jumpstart Our Business Startups Act
——§ 101(a) ……………………… 285
——§ 101(b) ……………………… 285
——§ 101(d) ……………………… 285
——§ 102(a)(3) …………………… 286
——§ 102(b) ……………………… 286
——§ 102(b)(1) …………………… 286
——§ 102(b)(2) …………………… 286
——§ 103 …………………………… 287
——§ 301 …………………………… 284
——§ 401(a)(1) …………………… 282
——§ 401(a)(2) …………………… 282
——§ 401(b) ……………………… 283

Sarbanes-Oxley Act
——§ 308 …………………………… 401
——§ 402(b) ……………………… 325
——§ 404 …………………………… 286
——§ 404(a)(1) …………………… 286
——§ 404(a)(2) …………………… 286
——§ 404(a)(3) …………………… 287
——§ 404(b) ……………………… 287

15 U.S.C.
——§ 77b(a)(19) ………………… 285
——§ 77b(a)(19)(A) ……………… 285
——§ 77b(a)(19)(B) ……………… 285
——§ 77b(a)(19)(C) ……………… 285
——§ 77b(a)(19)(D) ……………… 285
——§ 77c(b)(1) …………………… 280
——§ 77c(b)(2) …………………… 283
——§ 77c(b)(3) …………………… 282

— § 77c(b)(4) ·············· 234, 283
— § 77c(b)(5) ··················· 283
— § 77g ························· 151
— § 77g(a)(2)(A) ··············· 286
— § 77h(e) ····················· 318
— § 77i ························· 173
— § 77j(a)(1) ··················· 151
— § 77k(e) ······················ 95
— § 77l(a)(2) ···················· 95
— § 77r(b)(4)(D) ··············· 283
— § 77r(b)(4)(D)) ·············· 283
— § 77w ······················· 316
— § 78bb(a) ····················· 95
— § 78c(a)(80) ················· 285
— § 78c(a)(80)(A) ·············· 285
— § 78c(a)(80)(B) ·············· 285
— § 78c(a)(80)(C) ·············· 285
— § 78c(a)(80)(D) ·············· 285
— § 78j(b) ············ 287, 380, 398
— § 78m(a) ·············· 234, 286
— § 78m(d) ······················ 9
— § 78m(g) ······················ 9
— § 78n(d) ······················ 9
— § 78n(i) ····················· 178
— § 78o(d) ····················· 234
— § 78p ························ 173
— § 78u–4(b)(4) ················· 95
— § 78u–4(e) ···················· 85

17 C.F.R.

— § 210.2–01(f) ················ 287
— § 229.10(e) ·················· 325
— § 229.10(f) ·················· 281
— § 229.303(a)(1) ··············· 258
— § 229.303(a)(3)(ii) ············ 258
— § 229.402 ·············· 174, 178
— § 229.404 ·············· 174, 405
— § 230.144A(d)(4) ······ 234, 248
— § 230.153a ···················· 10
— § 230.162(b) ·················· 10
— § 230.415(a)(5) ··············· 328
— § 230.421(d) ················· 325
— § 230.462 ···················· 328
— § 230.473(a) ·················· 67

— § 230.500(b) ················· 280
— § 230.500(d) ················· 280
— § 230.501(c) ············ 280, 281
— § 230.502(b) ················· 281
— § 230.502(c) ················· 281
— § 230.502(d) ················· 281
— § 230.504(a) ················· 281
— § 230.504(a)(3) ··············· 281
— § 230.504(b)(1)(iii) ············ 281
— § 230.504(b)(1)(ii) ············ 281
— § 230.504(b)(1)(i) ············· 281
— § 230.504(b)(2) ··············· 280
— § 230.505(a) ················· 281
— § 230.505(b)(1) ··············· 281
— § 230.505(b)(2)(iii) ············ 281
— § 230.505(b)(2)(ii) ············ 281
— § 230.505(b)(2)(i) ············· 281
— § 230.701 ···················· 281
— § 230.701(a) ················· 281
— § 230.701(b)(1) ··············· 281
— § 230.701(c) ················· 281
— § 230.701(d)(1) ··············· 281
— § 230.701(d)(2) ··············· 281
— § 239.11 ····················· 186
— § 239.13 ················ 67, 186
— § 239.33 ······················ 67
— § 239.34 ······················ 67
— § 240.10b–10 ·················· 9
— § 240.10b–18 ················· 173
— § 240.10b–5 ············ 173, 398
— § 240.10b5–1 ················· 173
— § 240.12b–2 ·················· 281
— § 240.13a–14 ················· 286
— § 240.13d ····················· 9
— § 240.13d–1(e)(2) ············· 67
— § 240.13e–3 ················ 9, 51
— § 240.13e–3(f) ················· 67
— § 240.14d ····················· 9
— § 240.14d–9 ··················· 51
— § 240.14e–1(a) ················· 67
— § 240.14e–3 ·················· 173
— § 243.100 ·········· 166, 173, 246
— § 244.100 ···················· 325

湯原　心一（ゆはら　しんいち）
成蹊大学法学部准教授
1978年　　　東京都板橋区生まれ
2001年　　　早稲田大学法学部卒業
2001-2007年　ソニー株式会社
2007年　　　New York University, School of Law, LL.M.
2007-2011年　Davis Polk & Wardwell LLP
2015年　　　早稲田大学大学院法学研究科博士後期課程修了
　　　　　　博士（法学）
2015-2016年　早稲田大学高等研究所助教
専　　攻　　会社法・金融商品取引法
主要論文　　「証券市場における情報開示と市場の失敗（1-2完）」
　　　　　　早稲田法学会誌64巻2号543頁，65巻1号521頁（2014）

証券市場における情報開示の理論

2016（平成28）年4月15日　初版1刷発行

著　者　　湯原心一
発行者　　鯉渕友南
発行所　　株式会社　弘文堂　　101-0062　東京都千代田区神田駿河台1の7
　　　　　　　　　　　　　　　TEL 03(3294)4801　　振替 00120-6-53909
　　　　　　　　　　　　　　　http://www.koubundou.co.jp

装　丁　　後藤トシノブ
印　刷　　三美印刷
製　本　　牧製本印刷

© 2016 Shinichi Yuhara. Printed in Japan

JCOPY 〈(社)出版者著作権管理機構　委託出版物〉
本書の無断複写は著作権法上での例外を除き禁じられています。複写される場合は、そのつど事前に、(社)出版者著作権管理機構（電話 03-3513-6969、FAX 03-3513-6979、e-mail: info@jcopy.or.jp）の許諾を得てください。
また本書を代行業者等の第三者に依頼してスキャンやデジタル化することは、たとえ個人や家庭内の利用であっても一切認められておりません。

ISBN978-4-335-35675-9

───── 好評発売中 ─────

基礎から学べる
金融商品取引法
［第3版］

近藤光男＋志谷匡史＋石田眞得＋釜田薫子 著

『基礎から学べる会社法』の姉妹編。金融商品取引法の条文は、むずかしい。ソフトな記述と図表・2色刷でわかりやすさを追求、基礎的知識と考え方を伝えるやさしいテキスト。金融商品取引法の学習は、この本から始めよう！　　Ａ5判　240頁　本体2200円

【本書の特色】
- 金融商品取引法の基本がわかる最もやさしい入門書
- 平成25・26年の法改正を十分に盛り込んだ最新の内容
- 難解な条文の読み方が身につく
- むずかしい専門用語を使わずにわかりやすく解説
- 図表と2色刷でビジュアルに学べる
- 少し学習が進んだら読んでほしい発展学習
- 社会人はもちろん、大学生であればどの学部の学生でも最後まで読み切れるコンパクトなテキスト

＊定価(税抜)は、2016年3月現在のものです。

――――― 好評発売中 ―――――
アメリカ投資顧問法

ジェフリーJ.ハース&スティーブンR.ハワード=著
岡田洋隆＋鈴木謙輔＋白川もえぎ＋佐藤智晶＋須田英明=訳

日本にも大きな影響を及ぼすアメリカ資本市場におけるバイサイド規制の内容を、歴史的背景や実務上の知識、基本的な仕組み・慣行も含め、わかりやすくかつコンパクトに解説。米国バイサイド規制の全体像がよくわかる概説書。Ａ５判 288頁　本体4000円

フィデューシャリー

タマール・フランケル=著　溜箭将之=監訳
三菱ＵＦＪ信託銀行Fiduciary Law研究会=訳

「託される人」の法理論　フィデューシャリーとは？　信認とは？　英米法の国々で発達してきたこの概念を正しく理解するための基本書。信託の根底をなすフィデューシャリーのすべてがわかる。実務で役立つとともに、学界へもインパクトを与える信託実務の中から生まれた注目の一冊。　Ａ５判 320頁　本体3000円

アメリカのインサイダー取引と法

萬澤陽子=著

コモン・ローの発展を分析の軸に据え、現行法と判例を検討・整理し、不可解とされてきたアメリカ法のインサイダー取引責任をめぐる謎を解明。規制すべき範囲を画する基準である「公正」に対する日米の考え方の違いに迫る。　Ａ５判 296頁　本体2800円

――――――― 弘文堂 ―――――――

＊定価(税抜)は、2016年3月現在のものです。

アメリカ法ベーシックス

●アメリカ法の正確な基本知識を提供する実務にも役立つシリーズ！

　現在、アメリカ法への関心の裾野は広がり、わが国の法解釈の参考とされるだけでなく、関連企業や個人が直接アメリカ法の適用をうける可能性も多くなりました。
　このようにアメリカ法が身近な存在となり、また日本法との違いが両国の関係にとって大きな壁となるなか、一方でアメリカ法研究の発展のために、他方で実務的にアメリカ法の基本的な知識を必要とする人たちのために、主要な法領域における依拠すべき信頼できる基本書が求められています。
　本シリーズは、アメリカ法の各分野における本格的な概説書として、正確な基本的知識を提供し、具体的事例を用いてアメリカ法の特色を明示します。長く基本書として引用・参照されるシリーズを目指しています。

＊現代アメリカ法の歴史［オンデマンド版］	ホーウィッツ著 樋口範雄訳	6000円
＊アメリカ契約法［第2版］	樋口範雄	3800円
＊アメリカ労働法［第2版］	中窪裕也	3700円
＊アメリカ独占禁止法［第2版］	村上政博	4000円
＊アメリカ証券取引法［第2版］	黒沼悦郎	2900円
＊アメリカ民事手続法［第2版］	浅香吉幹	2400円
＊アメリカ代理法	樋口範雄	2800円
＊アメリカ不法行為法［第2版］	樋口範雄	3700円
＊アメリカ製造物責任法	佐藤智晶	3000円
＊アメリカ憲法	樋口範雄	4200円
＊アメリカ渉外裁判法	樋口範雄	3800円
アメリカ憲法	松井茂記	
アメリカ租税法	水野忠恒	
アメリカ行政法	中川丈久	
アメリカ地方自治法	寺尾美子	
アメリカ会社法	吉原和志	
アメリカ商取引法	藤田友敬	
アメリカ銀行法	川口恭弘	
アメリカ倒産法	松下淳一	
アメリカ医事法	丸山英二	
アメリカ環境法	大塚　直	

弘文堂

表示価格は2016年3月現在の本体価格（税別）です。＊は既刊